園芸事典

新装版

松本正雄
大垣智昭
大川　清
［編集］

朝倉書店

編集者

東京農工大学名誉教授 鯉淵学園学園長	松本正雄(まつもとまさお)
元筑波大学農林学系教授	大垣智昭(おおがきちあき)
静岡大学農学部教授	大川清(おおかわきよし)

序

　私どもは，多様に分化する園芸学や園芸生産の現状に鑑み，かねがね園芸用語の的確な解説書を作成したいと考え，数年前に相計りその上梓を企画したのであるが，思いのほかの時日を経過してしまった．しかし，幸い60余名に及ぶ同学の方々の一方ならぬ執筆協力をえて，ここに『園芸事典』として刊行することができた．

　ご承知のとおり，園芸学会編の『園芸学用語集』は1972年に初版が出され11版を重ねたが，1987年に改訂がなされ12版は改訂版となっている．その改訂版の序文で，故高橋和彦氏は改訂に至った主な理由として，社会情勢の変化や科学技術の発展に伴い，研究者数が増え，研究が深化し細分化されると共に，新たな境界領域が開拓されたため，初版に収録された用語だけでは不便を感じるようになって来たことを挙げている．さらに同氏は，用語は生きており，時代の流れとともにたえず変化して行くが，今後もますます増加することは疑いないとも述べている．

　このような斯界の実状を踏まえて，本書では，現時点で可能な限りの多くの用語を収録し，しかも広範な分野の方々の利用の便を考え，簡潔明解な解説と編集を試みたつもりである．収録した用語は，園芸学用語集をはじめ，関係学会の諸用語集や多くの参考文献から，利用頻度の高いものはもちろん，古来の園芸特有な重要用語もできるだけ多く採用することにつとめた．

　その結果，収録用語総数は約2,500語，解説した用語は約1,500語に及んだ．したがって，用語解説はその態様に応じ長短精粗をつけてあるが，このことは私どもの判断による編集上の都合からであるので，お許し願いたい．

　なお，用語に対する外国語としては，多くの常用外国語を登載すべきであるが，本書では繁雑をさけ，取りあえず英語のみにとどめた．英語による用語は関係諸用語集の用語を記載することを建前としたが，他に適切な英訳がある場合はそれをも併記することにした．

本書は企画から出版まで，多くの時間を要したにもかかわらず，かならずしも完璧を期し難かったことについては恥じいるところである．しかし研究者や学生諸君をはじめ多方面の方々が座右の書として，これを活用していただければ望外の喜びである．と同時に不備不完全な点については，諸賢から然るべきご助言をいただき，よりよき事典に育てあげたいものと考えている．

最後に，用務多端にもかかわらず快くご協力下さった執筆者各位に心から感謝申し上げる．また，この間終始編集事務の労を取られた朝倉書店編集部に厚くお礼申し上げる．

1989年3月

松 本 正 雄
大 垣 智 昭
大 川 　 清

執筆者

青葉 幸二	農林水産省果樹試験場
浅平 端	京都大学農学部
芦澤 正和	全国農業協同組合連合会
天野 正之	農林水産省北海道農業試験場
新井 和夫	農林水産省野菜・茶業試験場
有隅 健一	鹿児島大学農学部
石原 愛也	岩手大学農学部
板木 利隆	全国農業協同組合連合会
伊藤 三郎	鹿児島大学名誉教授
伊東 正	千葉大学園芸学部
稲田 勝美	鳥取大学農学部
伊庭 慶昭	農林水産省果樹試験場
今西 英雄	大阪府立大学農学部
岩佐 正一	元 岩手大学農学部
岩政 正男	佐賀大学農学部
位田 晴久	宮崎大学農学部
上杉 康彦	宇部興産株式会社
上本 俊平	九州大学名誉教授
大垣 智昭	元 筑波大学農林学系
大川 清	静岡大学農学部
垣内 典夫	農林水産省果樹試験場
桂 直樹	農林水産省農業生物資源研究所
加藤 徹	高知大学名誉教授
金澤 純	日本植物調節剤研究協会
狩野 敦	静岡大学農学部
鴨田 福也	農林水産省果樹試験場
川田 穣一	農林水産省野菜・茶業試験場
菊池 乂雄	筑波大学農林学系
岸本 修	宇都宮大学農学部
国重 正昭	富山県農業技術センター
小泉 銘册	農林水産省果樹試験場
小西 国義	岡山大学農学部
斎藤 隆	東北大学農学部
崎山 亮三	東京大学農学部
佐藤 雄夫	全国農業協同組合連合会
篠原 温	千葉大学園芸学部
志村 勲	東京農工大学農学部
菅 洋	東北大学遺伝生態研究センター
鈴木 鐵男	静岡大学農学部
鈴木 基夫	日本大学短期大学部
施山 紀男	農林水産省野菜・茶業試験場
高野 泰吉	名城大学農学部
田中 宏	玉川大学農学部
玉木 佳男	農林水産省蚕糸・昆虫農業技術研究所

筒井　　　澄	北海道大学農学部	
土井　元　章	大阪府立大学農学部	
徳増　　　智	愛媛大学農学部	
中村　俊一郎	東京農業大学農学部	
成河　智　明	農林水産省北海道農業試験場	
新田　　　毅	東京農工大学工学部	
糠谷　　　明	静岡大学農学部	
萩沼　之　孝	群馬女子短期大学	
馬場　　　昂	新潟大学名誉教授	
樋口　春　三	東京農業大学農学部	
兵藤　　　宏	静岡大学農学部	
平野　　　暁	東京農業大学短期大学	
平野　和　弥	千葉大学園芸学部	
廣瀬　和　榮	農林水産省果樹試験場	
町田　英　夫	大正大学教養部	
松尾　英　輔	鹿児島大学農学部	
松本　正　雄	東京農工大学名誉教授　鯉淵学園	
山川　邦　夫	農林水産省野菜・茶業試験場	
山口　　　昭	(社)日本植物防疫協会	
湯田　英　二	元　大阪府立大学農学部	
吉田　雅　夫	農林水産省果樹試験場	
渡部　俊　三	山形大学農学部	

(五十音順)

凡　　例

1. 項目の配列
   a) 配列は五十音順とした．
   b) 長音"ー"は配列の上では無視した．
   c) 濁音・半濁音は相当する清音として，また拗音・促音は一つの固有音として扱った．

2. 項目見出しの表記
   a) 日本語・英語の順に表記した．ただし日本語に相当する適切な英語がない場合は英語を省略した．
   b) 複数の項目を一つの解説文で説明してある場合は，項目見出しを併記した．
       例：　寒害・寒風害　cold injury；cold wind damage
   c) 項目見出しにおける（　）および〔　〕は次の例のような意味をもつ．
       1： ドロッパー（垂下球）……（　）の前の語とほぼ同じ内容で別の表現があることを示す．
       2： さめ肌症（ダイコンの）……（　）の前の語の意味を補うこと示す．
       3： せん（剪）定……（　）の前のかなに相当する漢字を示す．
       4： 晩　生（おくて）……（　）の前の語の読みを示す．
       5： 永年〔性〕作物……〔　〕の中の文字は省略してもよいことを示す．

3. 記　　号
   a) 項目見出しの次にある ⟶ 印は，その次に示す語が別に解説のある項目として掲げてあることを示す．
   b) 解説文末または文中にある → 印は，その次に示す語と関連があるのでその項目を参照せよとの意を示す．

4. 用　　語
   用語の表記は原則として「改訂　園芸学用語集」（園芸学会編，1987）に拠った．ただし同用語集にない用語は適宜他の資料を参考にした．

5. 索　　引
   巻末には見出し項目の英語をすべて配列した「英語索引」を付した．

あ

IQ 選別装置　IQ sorter
　果実の内部に光線を入れ，その乱反射光を外部で測定することによって，果実内部の障害や色を非破壊で知ることができる機械である．元来はリンゴの内部の褐変などを調査するために開発されたものである．ウンシュウミカンでは，食味を非破壊で判定する手段として検討されたことがある．果肉の色がよいと味もよいことを利用して，選別する意図であったが，産地が異なると同じ色でも味が異なることから実用化されなかった．（伊庭）

アイソザイム　isozyme, isoenzyme
　生体の代謝には種々の酵素が関与しているが，同一の生物種において同一の触媒反応を行う酵素が2種以上あるとき，これらをアイソザイム（同位酵素）という．これらは構成タンパク質の一次構造が相互に異なっており，異なった遺伝子に支配されている．
　このアイソザイムの含有割合が，その生物種の群（生態型，在来種，地方種など）により，異なることから，アイソザイム分析が，品種群の類縁関係の推定に利用される．アイソザイムの検出の最も有力な手段は電気泳動法である．（成河）

アイソトープ　isotope
　同一の元素のうち，核中の陽子数（原子番号）は等しいが，中性子数が異なり，したがって質量数が異なる核種を互いに同位体という．周期表で同じ位置を占める元素という意味で同位元素ともいう．たとえば水素（陽子1，中性子0），重水素（陽子1，中性子1），三重水素（陽子1，中性子2）はアイソトープである．アイソトープには安定なものと不安定なものがあり，前者を安定同位元素といい，後者を放射性同位元素（ラジオアイソトープ，これを略してRI）と呼ぶ．同位体は質量の差による化学的性質の違い（同位体効果という）はきわめてわずかであり，特にラジオアイソトープは放射能の検出が容易であるので，その元素およびこれで標識した化合物の化学反応の追跡，生体環境中の動態などの研究にトレーサーとして利用される．ほとんどの元素はラジオアイソトープを人工的につくることができ，コバルト60，ヨード131などは科学の各分野で利用度が高い．安定同位元素は沈黙アイソトープともいわれ，炭素13，窒素15などがあり，薬物の代謝，窒素の作物による吸収，同化などの研究に利用されている．（金沢）

亜鉛欠乏症　zinc deficiency
　通常まず新葉（上位葉）に欠乏症状が現れ，後になって症状が旧葉へ移行し払大することが多い．
　〔欠乏症状〕　葉身の生長や茎，枝の節間伸長が悪く，短小になって葉は横に広がり，ロゼット化し，また新葉が異常に小葉化したり，ときには奇形状になる．この新葉で葉脈間が黄化〜黄白化し黄斑状になるか，または全面的に黄化しついに壊死する．この症状はタマネギ，ラッキョウ（黄化症），スイートピー（肋骨状葉），ウンシュウミカン（斑葉病），リンゴ，モモなどに生じる．この他に葉脈間や葉柄に褐色小斑点が旧葉で生ずる症状がトマト，キュウリ，カブなどに現れる．
　〔欠乏の生じやすい条件〕　亜鉛の絶対量の不足している土壌および土壌pHが7.5以上と高く，また水溶性リン酸肥料の過剰施用で土壌亜鉛が不可給態化した土壌．
　〔対策〕　応急的対策：0.1〜0.5％硫酸亜鉛液の葉面散布，硫酸亜鉛の帯状土壌施用（2〜5kg/10a）．基本的対策：亜鉛含有資材の恒常的適正な施用，土壌pHの矯正．（馬場）

赤玉〔土〕　→　赤土

赤　土（**赤色土**）　red soils, red earth
　東海地方や西南暖地地方の台地，丘陵地に分布する赤色を呈した土で赤色土ともいう．一般に粘質，強粘質，ち密で透水性が悪く，塩基類は強い溶脱を受けて強酸性を呈すること

が多い．腐植含量は少なく地力としては劣悪である．反応（pH）の矯正，塩基・有機物の施用，深耕・排水が必要である．（鈴木鐵）

〔赤土の利用〕 腐植質の少ない酸性土で，清潔で保水力に富むことから，挿し木，鉢物用土として利用される．園芸用としては，大，中，小にふるい分けられ赤玉土として市販されている． （町田）

秋植え fall planting ──→ 春植え・秋植え

秋植え球根 fall planting bulb

秋から春に生育・開花し，夏の高温期に休眠する球根．秋植え，春植えの類別は栽培地の気候によって異なる場合がある．たとえばテッポウユリは日本では秋植えであるが，オランダでは春植えである．アイリス，クロッカス，スイセン，チューリップなどは日本では代表的な秋植え球根である． （松尾）

秋枝 fall shoot, fall-cycle growth, fall flush of growth ──→ 春枝・夏枝・秋枝

秋果・夏果 second season crop, fall crop, mamnoni；first season crop, summer crop, breba

わが国で栽培されているイチジク品種の大部分は新しょうの基部数節上から各葉えきに果実を着生し，果実は新しょうの伸長とともに下位から順次成熟する．その熟期が8月中旬以降となるので，この果実を秋果という．晩秋のころに形成された新しょう先端近くの幼果は低温のために発育を停止し，さらに，それらは冬季の寒害によって落果する．しかし頂芽およびその下部数芽の冬芽内に分化している花芽はそのままの状態で越冬し，翌春の発芽，新しょうの伸長とともに発育して果実となる．この果実は6～7月ごろに成熟するので夏果と呼ばれる．したがって，夏果は前年枝に，秋果は当年生枝に着生する．
 （志村）

秋ギク・夏ギク fall flowering chrysanthemum；summer flowering chrysanthemum

自然条件下での開花期または生態型によって分類したキクの名称．一般的には自然の開花期によって分類し，10月中旬～11月下旬に開花するキクを秋ギク，5月下旬～7月に開花するキクを夏ギクという．園芸的キク生産の場では，温度と日長に対する反応特性によってキクを分類し，これをキクの生態的分類という．この中で，花芽分化，つぼみの発達に短日条件が必要で，この際，花芽分化にはほぼ15℃以上の温度を必要とするが，高温下でもつぼみの発達・開花は抑制されないキクを秋ギクという．夏ギクとは，日長に関係なく花芽は分化し，つぼみは発達するが，この際，花芽分化には最低7～10℃の温度を必要とするキクをいう．開花期は地域によってやや前後する． （松尾）

秋作 fall cropping, autumn cropping ──→ 春作・夏作・秋作・冬作

秋播き fall seeding ──→ 播種

秋野菜 fall〔season〕vegetable

おもな生育期および収穫期が秋にかかる野菜類を指す．近年品種改良と栽培技術，特に環境調節技術の進歩により，野菜の本来の作季が不明となっているが，おもな葉・根菜類には秋野菜が多い． （芦澤）

揚げ接ぎ・居接ぎ indoor-grafting, indoor-working；field working, field-grafting

接ぎ木を行う場合，台木を掘りあげて接ぐのを揚げ接ぎ，台木を掘りあげず苗ほに植えられているままの状態で接ぐのを居接ぎという．揚げ接ぎを行う場合は，新根の発生を促すため台木の根先きを切りつめる．接ぎ木中，根を乾かさないようにすることも大切な注意である．接ぎ木後はハウス内，ボトムヒートを付設した床などに植え込むことが多い．作業がしやすく，温湿度が好条件で管理されるので活着が促進される．春の枝接ぎで，バラ，モミジ，ブドウなどで行われる．
 （町田）

揚床 raised bed ──→ ベンチ・ベッド

亜種 subspecies ──→ 科・属・種

亜主枝 secondary scaffold limb, secondary scaffold branch　　→ 主枝・亜主枝

亜硝酸ガス障害（二酸化窒素障害） nitrogen dioxide gas injury

ハウス栽培でアンモニア窒素肥料が過剰施用されると，一部がアンモニアガスで揮散し，土壌に残った酸根で土壌が酸性になる（→酸性土壌）．土壌pHが5以下の酸性になると，亜硝酸菌は活動するが，耐酸性の弱い硝酸菌の活動は著しく低下して亜硝酸が多量に集積する．このとき日光がハウスにさし込み温度が上昇すると，亜硝酸がガス化し，ハウス内に充満し，このために作物は葉に被害を受ける．これが亜硝酸ガス障害である．

〔被害症状〕　被害は中位葉から現れ，下位・上位葉に進行するが，新葉にはあまり及ばない．軽度の被害では葉縁部・葉脈間に水浸状斑点が生じ，不鮮明な淡緑～灰褐色斑点となり，さらに黄褐色・白色斑点となる．重症では大部分の葉は熱湯でゆでたようになり黄褐色で枯死する．新芽と下葉の部分だけに緑色が残る．

〔対策〕　各作物に対する施肥基準を参考にし窒素施肥量および土壌pHを適正にする．
(馬場)

アスコルビン酸 ascorbic acid

ビタミンCとして知られ，白色無臭の結晶で水，アルコールによく溶け，爽快な酸味をもっている．果実，野菜に多く含まれている．還元型アスコルビン酸はアスコルビン酸酸化酵素によって酸化されて酸化型アスコルビン酸となり，ビタミンとしての生理作用は半減するが，貯蔵果実ではこの変化を生じやすい．同化作用により生成するグルコースが日照下で変化し蓄積するので，活性の高い器官に多く含まれる．
(萩沼)

アセチレン acetylene

無色無臭の気体である．窒素固定能の測定に，アセチレンをエチレンに還元する反応を用いる．これは土壌中または菌体や菌抽出液の窒素固定能の検出にしばしば利用される．これを acetylene reduction activity といい，測定法を acetylene reduction assay という．
(廣瀬)

アセナフテン acenaphthene, 1-naphthyacetic acid

水に不溶であるが，アルコール可溶性の無色針状結晶である．本剤にはオーキシン活性があり，植物ホルモンとしてエンバク子葉しょうに反応し，コムギ，アマの生長を調節する．また，リンゴやビートに処理して倍数体の獲得が報じられている．
(廣瀬)

アゾトバクター azotobacter

azotobacteriaceae 科の好気性細菌の一属で，単独で窒素固定を行う．根圏で植物から供給される有機物を利用して生活し，空中窒素を固定するので，緩い共生関係にあるものと考えられている．
(佐藤)

圧条法 bowed-branch layering

伏せ木法，えん（偃）枝法などとも呼ばれ，取り木の一方法である（→取り木）．母株から発生した一，二年生枝をわん曲誘引して，その枝の一部に覆土して発根させ，発根後枝を切り離して苗を得る方法である．枝の誘引の仕方により株の周囲に枝を誘引するかさ（傘）取り法（下図），枝先を土中に挿す先取

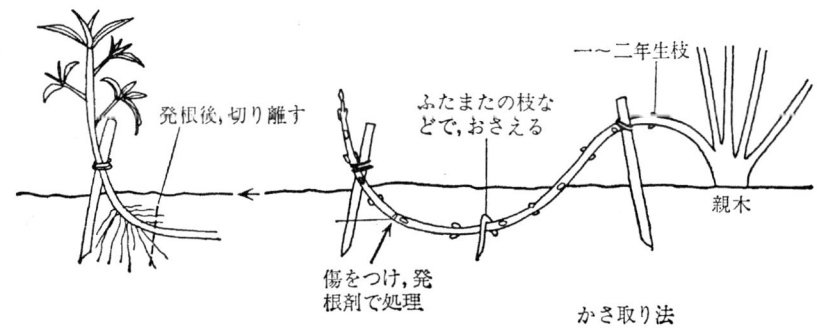

かさ取り法

り法，枝を伏せて覆土し，節から発生した新しょうに発根した前年枝をつけて切り離すしゅもく(撞木)取り法，つる性の枝を波状にわん曲して覆土する波状取り法などがある．圧条法は比較的枝の伸びのよい植物，挿し木の難しいもの，大苗を得たいときに行う．つる性の観葉植物，リンゴのわい性台木の繁殖などに用いられている．
(町田)

厚走り ——→ 厚物・厚走り

厚播き・薄播き thick seeding, dense sowing ; light sowing, light seeding, thin sowing

種子を播く場合に，種子量を多くする場合を厚播き，種子量を少なくする場合を薄播きという．厚播きをすると芽が数多く出るので間引きに手間がかかり，薄播きでは発芽不良の場合には追い播きを行わねばならない．したがって種子の発芽力が旺盛な場合には薄播きがよく，発芽力が弱くて出芽が確実でないときには厚播きを行う．同様に環境条件（温度，水分，土壌）が不良な場合には厚播きした方がよい．

苗床でも同様であるが，ある程度厚播きしても早めに移植すれば厚播きの弊害はさけられる．
(中村)

厚物・厚走り

観賞ギク大菊の代表的な花型．厚物は平弁が花心に向かってりん状に厚く盛り上り，満開時には花径が 25 cm にもなる．花容は豪華である．小玉三代司が育成した港南の錦は厚

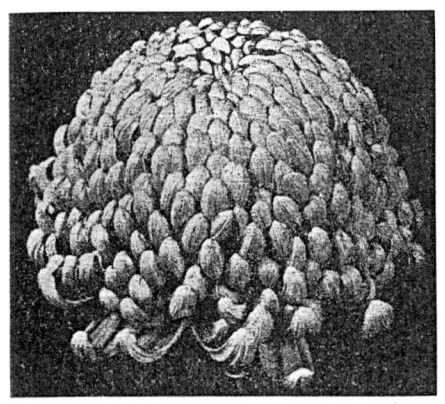

厚物——港南の錦（小玉，1975）

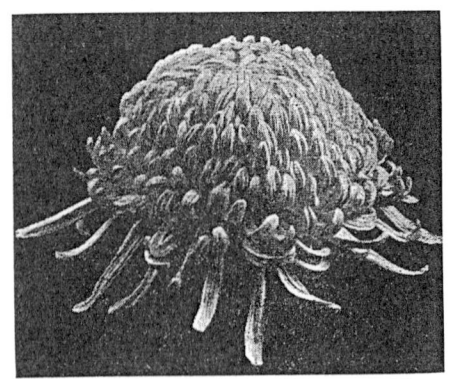

厚走り——港南の月（小玉，1975）

物の代表的品種として知られる．厚走りは厚物の下部から管弁，匙弁または平弁の走り弁が四方に均等に放出しているものをいう．
(大川)

アデノシン三リン酸 adenosine triphosphate ——→ ATP

後 作 succeeding cropping

本来，間作の中で先に定植したものを前作，前作の条間に後から定植したものを後作という．しかし，野菜栽培等では主作物のすぐ前に作付けするものを前作，すぐ後に作付けするものを後作ということが多い．
(新井)

穴蔵貯蔵 cellar storage ——→ 常温貯蔵

亜熱帯果樹 subtropical fruit tree ——→ 熱帯果樹・亜熱帯果樹

アブシジン酸 abscisic acid, ABA

アメリカでワタの果実にインドール酢酸(IAA)阻害物質として Carns が認め，Liu とともに単離し，アブサイシンと命名した．その後，Ohkuma, Addicott らがワタの幼果から単離し，構造を決定した．その構造は Cornforth らの合成によって確認された．その後多数のアブシジン酸同族体が合成され，それらの生理活性が検討された．その結果，活性発現には 2-*cis*, 4-*trans* の側鎖構造が必要と考えられた．

〔生理作用〕

1) 休眠の誘起 Wareing らによってシラカバ，カエデにおける休眠がドルミンによ

って起こされることが見出された．この物質は，Cornforth らの協力でアブサイシンと同一物質であることが確認され，1968 年の第 6 回国際植物生長物質会議で，アブシジン酸に名称を統一された．

ムカゴやグラジオラスの休眠状態の球根からもアブシジン酸の存在が確認されており，また，種子発芽を阻害することも知られている．

2) 離層形成（脱離現象の促進） 落果しやすいワタの幼果から ABA は単離され，キバナノハウチワマメの上部の花が，下部の未熟種子によって離層が形成され落花することが見出されており，生理的落果期の幼果に多いことも報告されているが，ABA が離層形成の主役であるかどうかは明らかでない．

3) 老化促進 ハツカダイコンやコムギの葉に対して，老化促進効果が確認されている．

4) 生長の阻害 子葉しょう，葉条，根，胚軸等の生長を阻害する．

5) 他のホルモン類との拮抗 IAA による子葉しょうの伸長を阻害し，ジベレリン（GA）による幼植物の伸長効果も阻害する．

6) 気孔の閉鎖 ABA によって気孔が閉鎖され水の蒸散が防止される．

〔分析方法〕 植物体からの抽出は IAA と同じでよく，酸性水溶液からエーテルやジクロロメタンで抽出する．

イソプロパノール・アンモニア・水で展開したペーパークロマトグラフィーではほぼ Rf 0.68～0.80 の位置に展開する．この位置を切りとってアベナ伸長テストを行い，伸長の阻害程度をみる．また，IAA 同様にメチル化してガスクロマトグラフィーで同定もできる（→クロマトグラフィー）．

近年の報告では，イムノアッセイでの検出も可能になっている．

生物検定法ではコリウス，ワタを使った落葉（葉柄）試験が用いられている．　（廣瀬）

アブシジン酸検定法 abscisic acid assay
── 生物検定法

油障子 oil paper sash

良質の和紙を障子わくにワラビ糊で張り，えごま油（石油加用）を温めて塗り，雨水に耐えるようにしたもので，農業用ビニルが生まれる以前の育苗用フレームや，促成・半促成の屋根面保温の代表的な被覆材として用いられた（→被覆資材）．　　　　　　（板木）

油処理 oiling, oleification

イチジク果実の熟期促進を目的として，成熟の約 15 日前ころ果頂部の目にオリーブ油，菜種油などの植物性油を塗布する処理をいう．果実は処理 5～7 日後に成熟する．処理は注射器やスポイトを用いて，果頂部の目から 0.2 ml 程度を注入する．　　　（志村）

アベナテスト avena test

この方法は Went (1928) が創案したもので，その後，多くの研究者によって改良されてきた．普通アベナテストといえばアベナ屈曲試験法 (avena curvature test) を指すが現在では屈曲テストの他に伸長テストが用いられている．

〔材料の調整〕 マカラスムギ (*Avena sativa* L.) の純系ビクトリー 1 号を用いる．種子を殻からはずし，種子の大きさをそろえる．検定数の 3 倍程度を用意して，ペトリ皿に胚を上にして並べ，水道水を静かに入れて，種子を浮遊させる．これを 27℃ の暗室内で赤色光下（20 W の蛍光ランプに赤色セロファンを 5 重に巻いて用いる）に 24 時間置く．子葉しょうが 3 mm 程度に伸びたものを植える．

1) 屈曲テスト 10 mm×15 mm×45～50 mm の箱の底に 2 mm の穴を開け，それに石英砂を均等に軽くつめる．それに胚を上向きに，斜めに挿入する．植えた箱は前述の暗室内赤色光下で育てる．赤色光はテスト前日の夕方消す．テストの開始は種子水浸後 72 時間となる．

テスト開始 30 分前に真直ぐに伸びたもの 12 本を選び，12 本入りの小箱にセットする．

まず子葉しょう先端の 1 mm を切り取る．3 時間後，切口の約 4 mm 下にカミソリで切

	材料の調整	実験開始	実験終了 オーキシン		オーキシン濃度と生理反応の関係
			無処理	処理	
アベナ屈曲テスト	3時間 / 引き上げる	90分		α	20, 10, 0 / 0 0.1 0.2 0.3 0.4 IAA (ppm)
アベナ伸長テスト	5 mm	L_0	L	L	1.6, 1.4, L/L_0 1.2, 1.0 / 0.01 0.1 1.0 IAA (ppm)

アベナテスト

り込みをつけ，子葉しょうだけを切り，第1葉を傷つけないようにする．ピンセットではさんで上方に引き上げると第1葉が抜けてくる．3〜4 mm 引き上げて，切った子葉しょうの下で第1葉を切る．寒天は切り口の側にのせる．90分後（27℃暗黒下）角度を測定する．被験液を含ませた寒天は2 mm 角に作成する．

2) 伸長テスト　石英砂を写真バットに3 cm の厚さに入れ，これに水を加える．そのときあまり砂がしまらないように注意する．これに等間隔に列に植える．植えたバットは27℃の暗室の赤色光下で育てる．これはテスト前日の夕方消す．

被験液は2%のショ糖液に溶かし中性にする．クエン酸またはリン酸緩衝液を使用するとよい．

子葉しょうの長さが2.5〜3 cm になったものの，先端から5 mm 下から10 mm の範囲を用い，5 mm の長さ（一定にする）に切る．この切片を蒸留水に浮かべ，その中から24本を選び，10 ml の被験液中に12本を浮かべ，18時間27℃暗黒下に置き，その後長さを測定する．測定以外の操作は赤色光下で行う．　　　　　　　　　　　　（廣瀬）

アポガミー apogamy　　→ 単為生殖
アポミクシス apomixis　　→ 単為生殖

雨よけ栽培 protected cultivation from rain

作物に直接降雨をあてないよう，鉄骨パイプや竹幌等の簡易な骨組みに，天井部分だけビニルやポリエチレンを張って栽培する方式をいう．直接降雨がかからず，土壌のはね返りがないため，病害の発生が少なく，また土壌の乾湿の差が少ないため，作物の品質がよく，作柄が安定している．岐阜県，大分県，長野県，福島県等の夏秋期の野菜や花の栽培，中晩生性カンキツの栽培で多くみられ，資材費が少ない割に収益が高いことから，現在は全国的に夏季の露地栽培地帯に急速に普及している．　　　　　　　　　　（伊東）

網入り・網入り果

ダイコンは播種後30日を経過すると肥大期に達するが，このころ高温，乾燥，窒素不足などが襲来すると根部の維管束の部分が網状に硬化する．これを網入りと称しているが生理障害かどうか明らかでない．一方トマト果実では表皮を透かして網の目状に維管束のすじがみえるものを網果あるいは網入り果といっている．低温期の老化苗の窒素の多い果実に発生し，軟果となりやすい．　　（加藤）

網入り果　　→ 網入り・網入り果
網掛け netting

網を被覆して作物を栽培すること．果樹園

では，ムクドリやヒヨドリ，果実吸ガ類，カメムシ類などの被害から果実を保護するために行われる．殺菌剤を付着させた網による病害防除も行われている．　　　　　　（小泉）

網室（採種用の） isolation chamber, isolation net-house

育種用の採種を行う場合，花粉媒介昆虫の飛来を防ぐために採種母本を網室の中で育成する．温室兼用の場合が多く，側壁のみサラン等のプラスチックのネットを張っておく．これによって交配が正確に行われるとともに，植物体の生育も促進される．網室はまた，イチゴ等のウイルスフリー株の育成の場合に，アブラムシの飛来を防ぐために用いられる．
　　　　　　　　　　　　　　　　（中村）

アミノ酸 amino acid

アミノ基（$-NH_2$）とカルボキシル基（$-COOH$）の両者をもつ有機窒素化合物の総称である．NH_2の水素原子が分子内の他の部分と置換した環状化合物，たとえばプロリン

$\diagdown\!\!\underset{H}{N}\!\!\diagup\!-COOH$　もアミノ酸に含める．NH_2基がCOOH基と同じ炭素原子（C）に結合しているものをα-アミノ酸（一般式$RCH(NH_2)COOH$，R：アルキル基）と称し，NH_2基の結合がこのCから順次隣のCに移るに従い，β-, γ-, δ-アミノ酸と称される．天然に得られるアミノ酸の大部分はα-アミノ酸である．α-アミノ酸が互いに水分子を失ってペプチド結合（$-\underset{}{N}\!\!-\!\!\underset{\|}{\underset{O}{C}}\!\!-$，上のNにH）したものがタンパク質やペプチドである．一般にタンパク質を構成するα-アミノ酸は20種にすぎないが，タンパク質構成アミノ酸の他に多数のα-アミノ酸が遊離状や小ペプチド形で存在する．遊離状のアミノ酸は植物種により異なるが，窒素の移行・貯蔵形態として重要である．

高等植物では必要なアミノ酸をすべて合成できるが，動物では体内で合成できないものがあり，これを必須アミノ酸という．果実，野菜中には多くの遊離アミノ酸が存在し，その種類，含量は果実，野菜の種類，品種，熟度により異なる．果実飲料の日本農林規格では，アミノ態窒素を天然果汁含有率の推定に利用している（→アミノ態窒素）．

また，植物は根から無機態で吸収した窒素を，体内でアミノ酸に変え，さらに複雑な含窒化合物として体内に分配，集積，変換，代謝する．
　　　　　　　　　　　　　（馬場・萩沼）

アミノ態窒素 amino nitrogen

アミノ酸のアミノ基（$-NH_2$）の窒素は窒素化合物アミノ酸を現すものとしてアミノ態窒素と称される．植物体中には有機窒素化合物の移行形態や一時的・永続的貯蔵形態として各種のアミノ酸が遊離状で存在する．その種類・量は植物種・品種，器官，生育時期，窒素栄養条件等によって違うが，その量・種類は窒素栄養状態を反映すると考えられる．アミノ酸自動分析計が出現し普及するまでは個々のアミノ酸を分別・定量するのは著しく困難であった．そこでアミノ酸を個々に分別せずに，アミノ酸のアミノ基の化学的性質を利用して，アミノ態窒素がアミノ酸の総量を代表するものとしてこの窒素が各種の原理に基づいて迅速簡便に測定されている．たとえば，ヴァンスライク（Van Slyke）法（N_2ガス容量法），セーレンセン（Sörensen）法（ホルモル滴定法），ニンヒドリン法（比色法）等があり，最近では酵素電極法が提案されている．
　　　　　　　　　　　　　　　　（馬場）

アミラーゼ amylase

デンプン，グリコーゲン，アミロースなどを加水分解する酵素の総称で，α-アミラーゼとβ-アミラーゼに分けられる．前者はアミロース，アミロペクチンの両方に作用するが，後者はおもにアミロースに作用する．動物消化液，微生物体内および分泌液，植物貯蔵器官などに分布し，グリコーゲン，デンプンなどをエネルギー源として利用する場合の第一段階の反応を進行させる働きをする．
　　　　　　　　　　　　　　　　（稲田）

荒木田 *arakida* soil

野菜，花きの育苗用，鉢土用などの用土として使われる水田土壌をいう．関東地方の荒川沿いに産する保水性の高い灰黒色の水田土壌に由来しているが，現在では同様の性質をもつ水田土壌一般を荒木田と呼んで用いている．
(天野)

亜硫酸ガス障害 sulfur dioxide gas injury ⟶ ガス障害

RNA ribonucleic acid ⟶ 核酸

Rf 値 Rf value

薄層やろ紙クロマトグラフィーにおいて，溶質を特徴づけるパラメータで，移動率 (rate of flow) の略．

$$R_f = 溶質の移動距離 / 原点と溶媒先端の距離$$

溶質の同定は主として R_f 値に基づいてなされるが，温度などの条件で変動しやすく，文献に表されている数値自体の比較は意味がなく，必ず同条件下の標準物質のそれと比べなければならない（→ヒストグラム）．
(大垣)

アルカリ性土壌 alkaline soil

土壌の pH がアルカリ性側を示す土壌をいう．土壌の母材となる岩石は一般に塩基成分に富むので，降水量の少ない地帯ではアルカリ性土壌が生成するが，わが国は降水量が多く，雨水の浸透によって塩基が溶脱するため，石灰岩に由来する土壌の一部以外には自然のアルカリ性土壌は存在しない．しかし石灰質資材を施用しすぎたり，降雨を遮断した施設栽培などには，アルカリ性土壌がみられることがある．土壌 pH がアルカリ性になると，鉄，マンガン，亜鉛，銅，ホウ素などの微量要素の溶解度が小さくなり，多くの作物にそれらの欠乏症が現れやすくなる．(佐藤)

アルカリはく(剝)皮 lye peeling, alkali peeling

アルカリ，主としてカセイソーダを使用して果実類の皮をむくことをいう．使用濃度，時間，温度は種類によって異なり，酸処理と併用することもある．褐変が起こりやすいので迅速に処理し，はく皮後の中和あるいは水洗は十分に行う．モモの例では半割り果を2分ぐらい蒸気ボックスを通過させた後，1～5％熱アルカリ液を約30秒間シャワー状にかけてはく皮する．
(伊藤)

アルカロイド alkaloid

含窒素・塩基性の有機化合物で，植物塩基ともいう．比較的少量でヒトや動物に強い薬理作用を示すものが多く，アルカロイド試薬によって沈殿する性質がある．ナス科，ケシ科，ウマノアシガタ科，アカネ科の植物に含まれることが多く，アブラナ科，バラ科には全く存在しない．構造がほとんど明らかになったものだけでも150種類近くあり，よく知られているものにモルフィン（ケシの未熟果実），ニコチン（タバコ葉），アコニチン（トリカブトの根），キニン（キナノキ樹皮），アトロピン（ナス科），エメチン（アカネ科の肥大根），ストリキニン（フジウツギ科の種子），エフェドリン（マオウ科），ロベリン（キキョウ科），ベルベリン（オウレンの根，キハダの樹皮），タキシン（イチイ科の葉）などがある．細胞の成長とともに液胞内に蓄積されるが，その生理作用は十分明らかにされていない．
(稲田)

アルコール抜き removal of astringency with alcohol ⟶ 脱渋法

アルビノ albino

遺伝的に色素を生じないため白化した生物．白子（しらこ）と呼ばれる．このような現象を白化現象 (albinism) という．(大川)

アルベド・フラベド albedo; flavedo

カンキツ類の花は子房上位果であり，その果実は子房の発達した真果（→真果・偽果）である．果皮は外果皮，中果皮および内果皮からなる．外果皮は表皮および油胞を含む細胞層からなっており，それらは色素体を含んでいるので成熟すると特有の果皮色を呈する．この細胞層をフラベドという．中果皮は外果皮の内側の白い海綿状組織で，これをアルベドという（図参照）．アルベド層が崩壊して空隙を生じた果実が浮皮果である．なお，

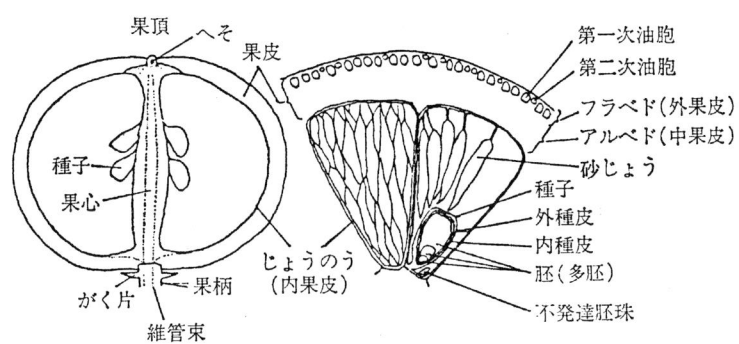

カンキツの果実

内果皮は可食部となっている．　　　（志村）

アレロパシー allelopathy

他感作用あるいは遠隔作用ともいう．異なる種属の生物が何らかの化学物質を排出し，化学的作用を通して影響を及ぼしあう現象をいい，この作用物質を他感作用物質（allelochemics）という．植物の場合，成熟したリンゴがエチレンを生成し，近くにある他の果実の成熟を促進する作用や高等植物からのフィトンチッドと呼ばれる揮発物質が微生物に阻害作用を及ぼす．キリ，ヒノキ，ヨモギ，セイダカアワダチソウなどが根から阻害物質を分泌して周辺の植物の生育を阻害する例が知られている．園芸植物ではモモやクルミ，エンドウ，キク科植物などのいや地現象の原因として養分のアンバランスや病害虫の増加だけでなく，阻害物質の分泌・集積による生育抑制があるといわれている．　　　（施山）

合わせ接ぎ ordinary splice grafting

呼び接ぎの変形と考えられ，重ね接ぎともいう．特にウリ科やナス科の野菜類で，胚軸が細く，太さのほぼ同じ台木と穂木との間では，操作が簡便で活着効果もよいとされている（→接ぎ木法）．　　　（松本）

暗期中断 night break, light break　→日長

暗きょ排水 underdrainage, tile drainage　→排水

暗呼吸 dark respiration

光照射下のタバコ葉は，通常の呼吸の数倍も多量の CO_2 を放出していることが Decker (1955) によって発見された．この光照射下で行われる特異的な呼吸は，C_3 植物の光合成器官に普遍的に認められ，光呼吸と呼ばれるようになった．このため，光合成器官における通常の呼吸を，特に暗呼吸と呼ぶことになった．暗呼吸は光によって阻害されるという説もあるが，照明下でも暗黒下と同様に行われているという報告もある．一般に，若い葉ほど暗呼吸は高く，葉齢が進むにつれて低下する．　　　（稲田）

安全使用基準 guideline for safe use

農薬の使用に関し，安全性を確保するために農林水産省が定めた基準．農作物への農薬残留が一定基準（農薬残留基準）を超えないよう施用時期と施用回数などが限定されているほか，魚類に対する毒性が強い農薬に関してもその使用基準が定められている．
　　　（上杉）

アンタゴニズム antagonism　→きっ抗作用

アンチオーキシン anti-auxin　→オーキシン

アントシアニジン anthocyanidin

フラボノイド色素の一種．色素配糖体アントシアニンから糖を分離して得られる色素の本体をアントシアニジンといい，カロチノイドと並んで植物の花，果実，葉などが示す赤，紫，青などの多彩な色の発現にあたっている．アントシアニジンの示す色はB環の水酸基の数によって大きく左右され，ペラルゴニジン──→シアニジン──→デルフィニジンと

水酸化が進むにつれてほぼ橙──→赤──→青と変化するが，その他にメチル化，アシル化，配糖体化によっても，また細胞液のpH，コピグメント化，金属との錯体形成によっても，大小様々な影響を受ける．　　　（有隅）

アントシアニン　anthocyanin　──→アントシアニジン

あんどん(行燈)仕立て　──→あんどん作り

あんどん(行燈)作り（あんどん仕立て）
　アサガオ，クレマチスなどつる性の花きを鉢花に仕立てる場合の一法で，鉢の周囲に3～4本の支柱を立て，これに竹あるいは針金製の輪を3～4段，水平に固定したものにつるを誘引する．アサガオの鉢物を例にとると

セイヨウアサガオのあんどん作り

切込み仕立てでは，本葉3～4枚で摘心をして子づるを伸ばし，さらに2～3節残して摘心をして開花させるか，孫づるを伸ばしてもう一度摘心するかして一度に数輪を開花させるが，あんどん仕立ての場合は，これよりはやや大きい鉢に苗を植え，親づるをそのまま伸ばして，支柱にらせん状に誘引し，順次開花させる．　　　　　　　　　　（筒井）

暗発芽種子　dark germinating seed, negatively photoblastic seed　──→種子

暗反応・明反応　dark reaction; light reaction
　植物の光合成は，太陽の光エネルギーを化学エネルギーに変換する明反応と，その化学エネルギーを利用して，炭酸固定を行う光を必要としない暗反応より成り立っている（→光合成）．
　明反応においては，太陽エネルギーによりクロロフィル分子が励起され，それより電子が放出されることでこの反応が動きはじめるとともに，クロロフィルはもとの基底状態にもどる．放出された電子は，特別のこの電子を運搬する電子伝達系の酵素の作用で次々と伝達され，その途中でアデノシン三リン酸（ATP）が生成され化学エネルギーとして貯蔵される．一方，電子は最後にニコチンアミド・アデニン・ジヌクレオチド（NADP）を還元してNADPHが生成される．結局，光合成における明反応は，太陽の光エネルギーをATPという化学エネルギーに変換するとともに，NADPHという還元力を生み出す反応であるといえる．明反応におけるこの電子伝達は，光合成系ⅠとⅡの二つよりなり，系Ⅰでは励起されたクロロフィルaよりの電子はフェレドキシンを経由してNADPを還元してNADPHとするが，このとき系Ⅰの電子の抜け出た穴を補充するのに働くのが系Ⅱで，これを補充するための電子は光エネルギーによる水の開裂によって得られ，そのとき酸素が発生する．水の開裂によって生じた電子はチトクロームbやc，プラストシアニンなどを経由して系Ⅰの電子の抜け出た穴をうめる．この光合成系ⅠとⅡの過程でATPが2分子生産される．
　次いで，暗反応においてはこのエネルギーと還元力を用いて，気孔より吸収した空中の二酸化炭素を固定し，複雑な経路を経て究極的には糖からデンプンを合成する．普通の植物においては，二酸化炭素はリブロース二リン酸（RuBP）カルボキシラーゼの作用で，RuBPと結合した後，ただちに開裂して炭素

3個の三炭糖となった後，カルビン・ベンソン回路といわれる代謝回路にのって六炭糖が合成される．これらでは，初期にできる物質が炭素3個の物質なのでC_3植物と呼ばれる．一方，トウモロコシやサトウキビなどでは，二酸化炭素はフォスフォエノールピルビン酸（PEP）カルボキシラーゼという酵素の作用で，リンゴ酸，アスパラギン酸などの炭素4個の有機酸ができた後，再び取り出された二酸化炭素はカルビン，ベンソン回路により六炭糖に合成される（C_4植物）．PEPカルボキシラーゼは，前述のRuBPカルボキシラーゼよりも二酸化炭素との親和性が高いので能率よく炭酸固定ができるので，C_4植物はカルビン・ベンソン回路の前に，二酸化炭素の濃縮装置を取りつけている植物だということができる． (菅)

アンモニアガス障害 ammonia gas injury
──→ ガス障害

アンモニア化成菌 ammonium-forming bacteria

有機態の窒素化合物を酵素的に分解（脱アミノ化）してアンモニア態窒素に変化させる菌のことで，糸状菌，細菌，放線菌など多くの微生物が含まれる．根圏には供給される有機物が多いのでアンモニア化成菌も多い．アンモニア化成菌の活動は，酸性よりも中性〜弱アルカリ性で活発である．また土壌を乾燥させたり，かく拌したりすると，アンモニア化成作用（ammonification）は促進される．硝酸化成菌とは異なって，農薬などによって影響を受けることは少ないので，土壌くん蒸剤や殺菌剤の処理によって，土壌中にアンモニア態窒素が集積することもある． (佐藤)

アンモニア態窒素 ammonium nitrogen

無機アンモニウム塩（NH_4塩）の窒素が慣行的にアンモニア態窒素（NH_3-N）と称される．窒素肥料では法令上アンモニア態窒素と規定されているが，生物体中ではアンモニウム態窒素ともいわれる．植物体中のアンモニア態窒素はアンモニウム塩の窒素を示す．なお，NH_4の形ではないが，植物種によっては第四アンモニウム（R_3NR'，R,R'：アルキル基）と称されるいくつかの有機窒素化合物，たとえばベタイン，コリン等が植物に含まれている．正常な植物体中のアンモニア態窒素の量は植物種・品種，器官，生育時期，窒素栄養条件により著しく違うが通常は微量である．植物体の水抽出NH_4液をアルカリ性で常圧・減圧蒸留し，NH_3として気化分離し，酸性溶液中に吸収させこのアンモニア態窒素を微量滴定法，比色法等で測定する． (馬場)

Eh（酸化還元電位） oxidation-reduction potential, redox potential

土壌の酸化還元の強さを表す値で単位はmVである．通常の畑土壌は酸化状態にあってEhが大きく，600〜700mVを示すが，水田にたん水すると次第に還元化が進み，300mVから−200mV程度まで低下する．還元状態は水田以外でも発現し，根腐れの原因となる．たとえば，内部排水の不良な果樹園土壌をタコツボ状に深耕して，未熟有機物を施用すると，微生物がそれを分解するときに酸素を消費し，嫌気的分解が進むので，土壌は還元状態となる．還元状態では3価の鉄が2価に変化して，土色は青味を帯びる．（佐藤）

ELISA ⟶ 血清学的診断

EMP経路 EMP pathway

エムデン・マイエルホーフ・パルナス経路(Embden-Meyerhof-Parnas pathway)の略で，EM経路ともいう．ほとんどの生物において，糖質が呼吸によって分解されるときの

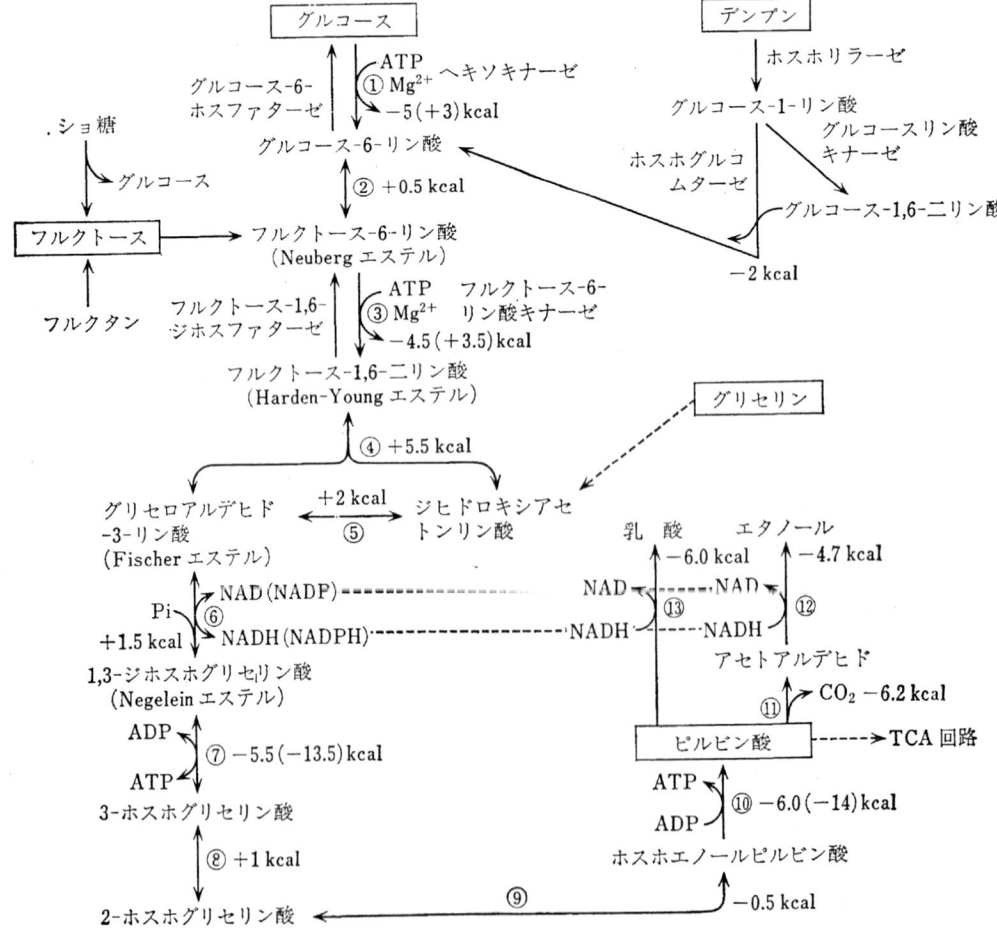

EMP経路

kcalの数値はΔGの計算値であり，反応①から⑬に向かってのpH7, 25℃におけるモル当りの値を示す．（ ）内の数値はATP合成または分解が共役しないときのΔG値である．$\Delta G<0$ 発エルゴン（エネルギー供給）反応でその方向に反応が進行することを示す．$\Delta G>0$ 吸エルゴン（エネルギー要求）反応．

初期過程の主経路で，この経路の解明に貢献した5人のうち，初めの2〜3人の名を経路の呼称としたものである．1分子のグルコースを2分子のピルビン酸まで，10段階の酵素反応によって分解する経路である．この経路によって生成されたピルビン酸はトリカルボン酸 (TCA) 回路に入り，酸素によって完全に酸化されて呼吸系が完結する．EMP 経路の酵素は細胞の可溶性部分にあり，TCA 回路はミトコンドリアに局在する． (稲田)

硫黄くん(燻)蒸 sulfuring

野菜や果実の乾燥中における褐変を防止する方法として，硫黄くん蒸が行われる．密閉室中に青果物を並べ，その中で硫黄華を燃やし，発生する亜硫酸ガス (SO_2) でくん蒸する．この処理は褐変防止の他に微生物の繁殖を防ぎ，蒸散促進効果，成分保持効果なども期待できる．通常，乾燥物当り 0.1〜0.4% の硫黄華を用いる．たとえば，干ガキ製造の際，はく皮して水分が乾かないうちに，くん蒸室に吊して入れ，容積 1 m^3 当り 2.7〜3.5 g の硫黄を燃やし，20 分間くん蒸するとよい (→くん蒸)． (伊藤)

硫黄欠乏症 sulfur deficiency

通常新葉よりも下位の旧葉に欠乏症状が現れる．

〔欠乏症状〕葉が小型化し，葉色が均一的に淡緑化，さらに黄化する．根の伸びが悪く，茎や枝が細くコルク化し，生育が貧弱である．有機物の乏しい砂質畑地で1〜2年間無硫酸根肥料だけを施用すると，硫黄欠乏が生じやすいが，一般ほ場では発生しない． (馬場)

イオン交換樹脂 ion-exchange resin

イオン交換できる酸性基または塩基性基をもつ不溶性の合成樹脂の総称．三次元網目構造の樹脂にイオン交換基が共有結合によって導入されたもので，最もよく使われる母体はスチレンとジビニルベンゼンの重合体である．交換基の性質により陽イオン交換樹脂，陰イオン交換樹脂，両性交換樹脂の3種に大別される．純水製造，ショ糖の精製，希土類元素の分離抽出，ビタミン，抗菌性物質の抽出精製，分析化学などに利用されている． (金沢)

イオン漏出 ion leakage

植物組織を水または水溶液中に浸すと無機イオン，糖，アミノ酸，色素などが原形質膜を通して細胞外に漏出する．K^+ を主体とするイオンの漏出は組織の老化，果実の成熟，追熟，低温障害などにより増大する．これは膜を構成するリン脂質の構造変化に由来するものと考えられる． (兵藤)

異化・異化作用 catabolism; dissimilation

物質代謝において化学的に高次の物質から低次の物質へ分解する反応をいい，糖類が呼吸作用で炭酸ガスと水に分解されるのは代表的な例である．同化作用 (anabolism) の反対語である． (施山)

いが bur

クリの果実は総苞の生長した毬(きゅう)で覆われている．この毬は毬肉，刺，毛茸，毬梗からなり，成熟期に裂開して，果実を放出する．刺は刺束と刺毛が毬肉の表面にヒシ形に着生したものを指し，品種により刺毛の長さを異にする．極端な場合は，刺毛の発達がほとんどみられないトゲナシグリもある． (湯田)

易還元性マンガン easily reducible manganese ―→ 過剰障害

維管束 vascular bundle

シダ植物，種子植物に特有な養水分を通道するための組織で，植物体の諸器官を通じて維管束系 (vascular system) として存在し，器官に物理的強度を与える役割も果している (→通道組織)．維管束は一般に木部 (xylem) と師部 (phloem) からなり，両者の配置により並立，複並立，包囲などの諸型がある．並立維管束 (collateral vascular bundle) は種子植物に最も普通にみられ，木部は求心側，師部は遠心側に位置する．根では木部と師部が離れて交互に環状に配列する放射型を示し，木部，師部の数により一原型 (monoarch)，二原型 (diarch) などと称し，多数の場合は多原型 (polyarch) という．木本植物ではこ

のほか，維管束形成層の活動により形成された二次維管束組織（secondary vascular tissue）があり，形成層の内側に二次木部，外側に二次師部がつくられ，それぞれ材，靱皮となる． (石原)

維管束間形成層 interfascicular cambium
⟶ 形成層

維管束病 vascular disease ⟶ 道管病

維管束閉鎖（維管束閉塞） vascular blockage

採花直後の維管束の吸水力（通導度）は非常に高いが，切口から炭水化物，ペクチンおよびリピッド様物質，さらにある種の酵素などが溶け出し，細菌や菌類が繁殖して導管や仮道管（→道管・仮道管）を塞ぎ，吸水力が低下する．このような現象を維管束閉鎖という．

通導度の低下を抑える化学物質としては，8-ヒドロオキシキノリン（8-HQ）があり，クエン酸塩（8-HQC）や硫酸塩（8-HQS）の形で，切り花保存剤（→切り花保存剤）の成分の一つとして用いられている．8-HQ の働きの一つは pH を低下させることによって細菌や菌類の繁殖を抑え，通導度をよくすることにあるが，この他特異的に維管束閉鎖を抑える働きがある． (大川)

閾値（いきち） threshold value ⟶ しきい値

育種 breeding

育種とは有用生物の遺伝的素質を望む方向へ改良することで，さらに改良した生物の維持，繁殖することも含まれる．また主として品種が育種の対象となるので品種改良とも呼ばれる．広義の育種は歴史的に農耕とともに始まり今日までやむことなく続いているが，メンデルの遺伝法則の再発見（1900 年）以後遺伝学の発展とあいまって育種技術は急速に進んだ．現在では生物工学の進歩によって，これまでの集団や個体レベルから組織，細胞さらには遺伝子レベルでの育種操作が可能になりつつある．育種の過程は，まず有用生物の遺伝的変異の探索あるいは作出に始まり，抜・固定し新品種として増殖をはかるのであるが，この過程は人間の著しい制御下にあることを除けば一般生物の進化の過程と何ら変わるところはない．作物集団および個体についての育種法は対象作物の繁殖様式や遺伝様式などにより様々であるが，おおよそ次のような方法が用いられている．

〔導入育種法〕国の内外よりある地域に作物あるいは品種を導入して試作し，実際栽培化をはかる方法であるが，現在では広く野生種など育種素材をも含めて探索・導入して新品種の育成に用いることが多い．

〔突然変異育種法〕集団の中に偶発的に現れる突然変異をみつけ利用する方法と，種子や植物体に放射線（X 線，γ 線，中性子など）照射や化学変異原（アルキル化剤，塩基類似体など）処理により人為突然変異を作出し利用する方法がある（→突然変異）．

〔分離育種法〕交配操作をその中に含まない育種法で，主として自殖性作物に対しては純系分離法（品種それ自体が一つの純系となる），他殖性作物に対しては系統分離法（品種は共通した有用形質をもつ多くの純系から成り立つ），栄養繁殖作物については栄養繁殖分離法（栄養系について個体選抜を行ったり，種子の採れる作物については実生を選抜し，再び栄養繁殖へ導く）が用いられる．

〔交雑育種法〕異なる品種間の交雑によって新品種を育成する方法で，さらにいくつかの育種法に分けられる．系統育種法（F_2 世代で個体選抜し，F_3 世代では F_2 選抜個体ごとにつくった系統について系統選抜を行い，その選抜系統の中から個体を選抜し，それら個体ごとに F_4 系統をつくるというように個体選抜と系統選抜を繰返し新品種をつくり出す），集団育種法（→集団育種法），派生系統育種法（系統育種法と集団育種法の欠点をそれぞれ補った育種法で，遺伝力の高い形質や質的形質については F_2〜F_3 世代で選抜を加え，それ以降の世代では選抜せず系統栽培ついでこれらを組み変えて新しい変異集団をつくり，この中から目的とする遺伝子型を選

し，F_6〜F_8 世代ごろにはじめて遺伝力の低い量的形質について選抜を行う），戻し交雑育種法（目的品種の1〜2の特性だけを改良しようとする場合に用いる）（→交雑），多系交雑育種法（数品種の優れた特性を一つの品種に集めたい場合に用いられる）．その他，種・属間交雑育種法（→交雑），一代雑種育種法（→雑種），倍数性育種法（→倍数性・倍数体）なども主要な育種法である．　　　　（岩佐）

育成品種（改良品種） purebred variety
在来種（native variety）に対する語であり，定められた育種目標にそって育成された品種をいう．従来の品種に比して開花が1週間早いキュウリ（早生化），糖度が2度高いメロン（高糖化），萎ちょう病に強いトマト（抵抗性）というのは，いずれも改良品種である．これらの特性が自殖により，F_1 品種ではその両親の自殖により，確実に維持されなくてはならない．育成品種は種苗法により農林水産省に登録されると，育成者の権利として保護される．　　　　　　　　　　（成河）

育　苗 raising [of] seedling
移植栽培ではまず苗をつくらなければならない．苗半作の言葉のとおり，苗の良否は作物生育の死命を制する．育苗床（苗床，nursery bed）には温床（hot bed），冷床（cold flame）および露地床の別がある．前二者はわく（フレーム）組みを行ってその中の床土で生育させるもので，温床では加温を行うが，冷床ではおおいのみで加温はしない．露地床はオープンの露地である．大量に育苗する場合にはハウスまたはガラス室を用いる場合が多い．

床土には通気性，排水性のよい土壌を用い，有機物および肥料を加えて腐熟させる．あるいは土と腐熟たい肥とを混合する．土壌改良剤を加えるのも有効である．土壌病虫害を殺滅するために土壌消毒を行う．薬剤消毒（クロルピクリン，臭化メチル）あるいは蒸気消毒（60〜80℃）による（→土壌消毒）．

温床の加温には醸熱または電熱線を用いる．醸熱はわら，油粕などを床土の下で発酵させその熱を利用する．電熱温床（電熱育苗）は床土中に電熱線をはりめぐらすもので，取扱いが簡便である．

ハウスあるいはガラス室で育苗する場合には，ふつうの床土育苗の他に，床土を入れたプラスチックポットを利用するポット育苗（鉢育苗）くん炭育苗，あるいはポリウレタン角片育苗等が行われる．後の二者は養液中に置く一種の養液育苗である．くん炭育苗ではポット中にもみがらを焼いたくん炭を入れ，ポリウレタン育苗ではウレタン角片に種子をはさみ込む．

ハクサイやキャベツでは土を練って，これを 10 cm 程の角片に切ったものに播く練り床育苗が行われる．ソイルブロック育苗では機械で約 10 cm 角のソイルブロックをつくって，これに1粒ずつ機械播きしていく．これらはいずれもそのまま本ぽに定植できるので便利である．

育苗温度は成植物の生育温度よりはやや高めとなる．ナス科野菜では昼夜の変温を行う夜冷育苗が健全な苗を育てるのに有効である．いずれにしても本ぽ定植時の植え傷みを少なくするために，育苗後半には順化，すなわち温度，土壌水分等を本ぽ（圃）の環境条件に近づけることが必要となる．移植あるいは断根も定植時の植え傷みを少なくするのに有効である．

キュウリ，スイカ，メロン，ナスおよびトマトでは土壌病虫害の回避および生育促進のために接ぎ木育苗が行われる．台木としては，キュウリでは雑種カボチャ，黒種子カボチャおよびアレチウリが，メロンでは共台，ニホンカボチャおよび雑種カボチャが，スイカではユウガオ，ニホンカボチャ，雑種カボチャおよび共台が，ナスではヒラナス等の野生ナス，種間雑種ナスおよび共台が，トマトでは野生種との種間雑種台が用いられる（→接ぎ木）．　　　　　　　　　　（中村）

異形花柱性 heterostyly　　→異形花柱・同形花柱，異形ずい現象

異形花柱・同形花柱 heterostyle；homostyle

異形花および同形花ともいう．同一種の植物に形の異なった花柱を生ずる場合を異形花といい，サクラソウ属の中に株によって長い花柱と短い花柱をもつものがある．長い花柱には短い雄ずいが，短い花柱には長い雄ずいが対応しているなどの現象を異形花〔柱〕と呼ぶ．天然に他花受粉を促すために存在すると考えられている．キュウリの同株中の雌雄異花やヤシの雌雄異株も異なった花柱（雄花では花柱が多く退化している）をもつが，これらは異形花〔柱〕とはいわない．これに対して同じ花柱形態をもつ花を同形花〔柱〕といい，大部分の植物がこれに属している（→異形ずい現象）．　　　　　　　　（上本）

異系交配 outbreeding ——→外婚

異形ずい現象（異型花柱性） heterostyly

同一種の植物に形の異なった花を生ずるときそれらの花を異形花という．ただし雌花と雄花の場合は異形化とはいわない．これらの異形花の中で花柱の差異のあるものを特に異形ずい現象，異型花柱性といい，長い花柱と短い雄ずいをもつものを長花柱花，短い花柱と高い位置に雄ずいをもつものを短花柱花という．またこれらの同じ形の花間で受精不能であり，自家不和合性の一つの典型である（→異形花柱・同形花柱）．　　（成河）

生け垣 hedge〔row〕

植木などの低木類を垣根状に並べて植えたもの，またはそれに竹，板などの支えを施したものを指す．他の垣根と同様に境界，防風などの用に供するが，刈り込み，植木の種類によって，装飾的な美観をもたせることができる．　　　　　　　　　　　　（新井）

EC electric conductivity ——→ 電気伝導度

石垣栽培 stone wall culture

南向きの傾斜床上にコンクリート板など平たい石をしき詰め，その間へ作物（主としてイチゴ）を定植し，石の輻射熱を暖房に利用する栽培法．静岡久能山の石垣イチゴが有名．なお，上部は保温のため透明ビニルなどで被覆している．　　　　　　　（新井）

異質倍数体 allopolyploidy ——→ 倍数性・倍数体

石ナシ hard end ——→ 硬果障害

石ナス

ナスの果実で発育不良の小型で硬化したものをいい，単為結果した果実で生じる．低温や極端な高温などによって，受粉，受精が不完全な場合にみられる．促成，半促成などの施設栽培や早熟栽培の早期開花にその発生が多く，ホルモン剤処理によって発生を防ぐことができる．　　　　　　　　　（斎藤）

委縮 shrinkage

植物体の全体または一部の器官が生育不全により，正常なものに比べて小さくなること．薬害や養水分が欠乏の場合，ウイルスやマイコプラズマ様微生物にり病した場合に生じやすいが，ブドウなどでは冬期の低温障害が新しょうの委縮の原因となる場合もある．　　　　　　　　　　　　（土井）

異常茎（めがね・窓あき）（トマトの） creased stem

だいたい第3あるいは第4花房付近の主茎の節間がつまり，そこに条溝がみられ，ひどいときには条溝が割れて褐変している．さらにひどいと裂開して穴があき，向こうがみえるのでめがねとか窓あきと呼んでいる．夏秋トマトおよび抑制トマトの栽培に多く，異常茎の発生は花房の若返り（葉や枝つきの花房）を伴い，育苗時の管理が大切で，ホウ素の吸収を阻害させる条件のもとで育苗し，定植後旺盛に生育させると発生する．しかし，定植後生育を抑えぎみに（日照不良下や多肥下で）すると発生が少ない．高温，乾燥，多肥，多カリ，多アンモニアの条件でホウ素の吸収が阻害され，生長点が肥厚して，その中央部がえ死し，後旺盛に伸びると太い茎となり，中央部が褐変するために異常茎となるようである．　　　　　　　　　　（加藤）

異常葉（二十世紀ナシの） abnormal leaf of Japanese pear

ニホンナシ二十世紀を植え付け後約3年間に，主枝候補枝を垂直に誘引していた後棚付

けすると，葉身が委縮して細くなったり，肉厚で凹凸を呈して不鮮明なモザイク症状を示す異常葉を発生する．二十世紀のみに主として発生し，異常葉が発生するのは基部から10節目ころからで，貯蔵養分転換期に発生し始め，根からの養分が十分供給されるころに軽微になるので，栄養条件の不良が原因と推察されている． (青葉)

異常落葉（カンキツの） anomalous defoliation, anomalous leaf fall, unusual defoliation, unusual leaf fall

マンガンの過剰吸収が原因と考えられている生理障害である．秋から初冬にかけて，葉身に赤褐色の大型斑点と褐色の小斑点が現れ，冬から春にかけて落葉する．斑点のみられる葉のマンガン含量は 100〜600 ppm に高まり，斑点部分に特に多い．1960年ごろ全国的に激発して大きな問題となったが，最近は減少している．

異常落葉の誘因として，多肥による土壌の強酸性化に伴うマンガンの活性化が指摘されている．そのため，治癒および予防対策として，石灰質資材施用による酸性の矯正，施肥量の低減，有機物の施用などがあげられている． (佐藤)

移 植 transplanting

播種後，収穫までに行う植え換えを移植という．なお，最後のまたは本ぽ（圃）への移植は定植，それ以前の移植は仮植と呼ぶことも多い．移植はポット，鉢などについても行われ，鉢上げ，鉢替，鉢植えという用語を用いることもある．

移植はじきまき（直播き）に比して次のような特色を有している．すなわち，本ぽでの栽培期間を短縮することによって作付け回数を多くできること，収穫期の拡大が可能なこと，経営の集約化が可能なことなど長所も多く認められるが，苗床づくり，苗管理，移植などに多くの労力を投入しなければならないこと，畜力や機械力の導入が難しいことなど短所もある． (新井)

移植採種 ⟶ 採種

異数性 aneuploidy, heteroploidy ⟶ 倍数性・倍数体

位相差顕微鏡 phase-contrast microscope ⟶ 顕微鏡

板囲い ⟶ 軟白

委託採種 trusted seed production ⟶ 採種

一次休眠 primary dormancy ⟶ 休眠

一次狭窄 primary constriction ⟶ 染色体

一次組織 primary tissue

高等植物の茎，根の生長は，それぞれまず一次分裂組織（茎頂分裂組織，根端分裂組織）の活動によって行われるが，これらによって形成された組織を一次組織という（→分裂組織）．一次組織が形成された後，二次分裂組織（維管束形成層，コルク形成層）の活動によって形成される二次組織と対比される．茎，根のいずれにおいても，茎頂および根端分裂組織によって形成された組織中にまず前形成層 (procambium) が分化し，これから一次木部 (primary xylem)，一次師部 (primary phloem) が形成されるが，それぞれ最初に形成された部分を原生木部，師部 (protoxylem, protophloem)，後で形成された部分を後生木部，師部 (metaxylem, metaphloem) という． (石原)

一代雑種 F_1 hybrid ⟶ 雑種

一年草・二年草 annual; biennial

一年草は播種後1年以内に開花結実して枯死する草本植物．二年草は播種後1年以内には開花結実しないが，2年目に開花結実して枯死する草本植物．一年草には，春播きして年内に開花結実する春播き一年草と秋播きして越冬し，翌春以後に開花結実する秋播き一年草とがある．前者はおもに熱帯・亜熱帯原産で，非耐寒性なので霜害のなくなった春に播種．後者はおもに温帯乾燥地域，亜寒帯原産で，耐寒性，半耐寒性．苗のとき冬の低温を感じて花を分化し，開花は種播きの翌年なので，二年草と呼ばれることもあるが正しく

ない．二年草はある大きさに生長したとき冬の低温を感じて花芽を分化し開花する性質をもつ．栄養生長期間を短縮して1年内での開花も可能である． (松尾)

一番枝・二番枝 primary shoot; secondary shoot, lateral shoot（ブドウ）

一番枝とは春にほう芽して生長する新しょう (shoot) のことをいい，カキ，クリ，ミカン，ブドウ，イチジクなどではこの新しょう上に直接花芽をつけ開花，結実する．リンゴやナシあるいは核果類は前年生枝に花芽をつけるので，春に伸びて生長する新しょう上には翌年開花する花芽をつける．いずれの場合も栄養生長が旺盛な新しょう上には側枝が発達するが，これを二番枝 (lateral shoot) または副しょうという．また，リンゴやカンキツなどでみられるように，新しょうの生長が一時停止した後その先端が生長を再開することがある．この新生部も二番枝であるが，一般に夏枝ともいわれる．つる性のブドウは葉柄の基部に側枝を発生させる性質をもっているが，摘心をすると，その発生がさらに容易になる．なお，樹勢が強い巨峰などではこの二番枝に着果することがあり，これらの二番果は花振るいが少ないことが知られている（→春枝・夏枝・秋枝）． (湯田)

一番成り first crop ⟶ 結果年齢

一毛作 single cropping ⟶ 多毛作

一文字整枝 straight line training ⟶ 整枝

一価染色体 univalent chromosome ⟶ 染色体

溢 液 guttation ⟶ 排水

居接ぎ field-working, field grafting ⟶ 揚げ接ぎ・居接ぎ

一季咲き性 one-season flowering, one-season blooming

木本植物や宿根草などで，自然条件下で1年のうちある季節に1回だけ花が咲く性質をいう．温帯や寒帯原産の植物は太陽の運行にあわせて変化する温度や日長に適応してきたので，一季咲き性のものが多い． (松尾)

一才咲き precocity

草本性植物では通常，播種後約1年以内に開花結実するが，木本性植物では播種後開花結実までに何年も要するものが多い．しかし中には播種後1年以内に開花結実する変わりものがある．このように播種して1～2年後に開花結実する樹木の性質を一才咲きという．しかし最近ではこの概念はやや拡張され実生だけでなく，挿し木や根挿しで繁殖して1～2年内に開花結実する性質もこれに含まれる．短期間で開花結実するので，一般に木が小さいところから，盆栽愛好家や好事家に喜ばれてきた．庭に植えると，生長は遅いが徐々に伸長して低木として観賞できる．一才咲きの植物として，ザクロ，サルスベリ，ネム，ユズが著名である． (松尾)

一才植物（一才物） precocious plant

一才咲きの性質を有する植物．ウメ，ウメモドキ，オレンジ，カイドウ，カキ，カラタチ，キンポウジュ，クリ，クワ，コトネアスター，サクラ，センダン，バラ，フジ（→花木），ブドウ，マキ，マユミ，ミカン，モモ，リンゴなど． (松尾)

一才物 precocious plant ⟶ 一才植物

逸出種 escaped species

本来栽培されている作物あるいは品種が畑・園地の外へ出て自生の状態になっているものをいう．種子・宿根・球根等の散逸に起因するものが多い．利根川岸の葉ガラシ，越前海岸のニホンスイセンの大群落はその例である． (芦澤)

遺 伝 heredity, inheritance

遺伝とは子が親に似る現象であるが，メンデルによって見出された遺伝様式は次のとおりである．エンドウの丸い豆としわのよった豆とを交配すると，その次代 (F_1) は丸い豆になり，孫の代 (F_2) では丸としわが3：1に分離する．これは丸い豆の因子（遺伝子）をAA，しわの豆のそれをaaとすると，F_1ではAa，F_2ではAA：Aa：aaが1：2：1になり，丸い豆が優性のためAaは丸くなるからであ

る．しわの豆は劣性である．異なる2種類の形質，たとえば上述の豆の形に，黄色と緑色との豆を組み合わせた場合，両形質は互いに独立に遺伝するため F_2 では 9：3：3：1 の比に分離する．これは遺伝子が常染色体上にある場合であるが，性染色体上にあると雌雄によって分離比が異なってくる．たとえばショウジョウバエの赤眼の雌と白眼の雄との子は赤眼であるが，その孫では雌はすべて赤眼，雄では赤眼と白眼とが 1：1 に現れる．このような遺伝を伴性遺伝という． （徳増）

遺伝子 gene

遺伝子は形質の発現を決定する内部的な因子で，親から子へ伝えられる．各形質に対応する各遺伝子は染色体の特定の場所に位置し，その場所は遺伝子座と呼ばれる．二倍体では，各染色体は 2 本ずつの相同染色体よりなり，したがって同じ座位の遺伝子は対をなしている．この対をなしている遺伝子を対立遺伝子という．対立遺伝子の各々は減数分裂時にそれぞれ別の配偶子に別れるが，配偶子の合体により生じた次代個体では再び対をつくる．対立遺伝子の各々が，その形質発現において異なる効果をもたらすとき，同じ効果をもつものが対をなす場合をホモ，異なる効果をもつものが対をなす場合をヘテロという．ヘテロの場合，一方が他方の効果を抑制し優劣関係を生ずる．同じ遺伝子座にある遺伝子は通常優劣いずれかの二種類をホモまたはヘテロに保有するが，ときに同一遺伝子座に三つ以上の異なった効果をもつ遺伝子が存在し，これを複対立遺伝子と呼ぶ．植物体は，形態的形質のみならず，生理的形質についても遺伝子の支配を受ける．したがって開花の早晩性を支配する遺伝子や，耐病性，耐冷性，耐乾性などの抵抗性遺伝子が存在する．また一つの形質に遺伝子座を異にする複数の遺伝子が関与している場合，これらを同義遺伝子と呼ぶ．同様に，遺伝的には互いに独立な遺伝子間において，形質発現に相互作用が認められる場合，それらの作用の種類によって補足遺伝子，条件遺伝子，被覆遺伝子，抑制遺伝子などと呼ぶ．遺伝子は不変性をその本質とするが，また突然変異を生じてその性質を変化させる．突然変異のなかでも，花粉不稔，胚の発育阻害，葉緑素欠乏などを生じて配偶子や個体を死に至らしめるような遺伝子は致死遺伝子といわれる．また，咲分けケイトウのように，個体の発育途上できわめて高い頻度で突然変異を起こし，もとの遺伝子と変異した遺伝子との間で斑入りをつくるような不安定な遺伝子を易変遺伝子という．量的形質に関係する遺伝子の場合，効果の明確な主働遺伝子のほかに，ポリジーンと呼ばれる微働遺伝子が存在する．個々のポリジーンは環境的影響よりも効果が少ないが，多数集まって有効な働きをする．遺伝子は染色体上に線状に配列し，同一染色体に含まれる遺伝子は同一連鎖群に属する．遺伝子は染色体 DNA の一定の領域を占め，各遺伝子は特異的な DNA 塩基配列によって決定づけられている．各遺伝子のもつ遺伝情報は，その塩基の順序にしたがって転写され，翻訳され，それぞれに特異なタンパク質合成に関与し，生化学的反応を通じて形質発現に至る． （徳増）

遺伝子型 genotype

遺伝子組成のことで，環境と対応して表現型（phenotype）を決定する．エンドウマメの子葉の色を黄色にする遺伝子を Y，緑色にする遺伝子を y とすれば，YY, Yy, yy の 3 種類の遺伝子組成をもつ個体があり，これをそれぞれの個体の遺伝子型という．Y は y に対して優性であるから，表現型は YY, Yy は黄色の子葉となり，yy は緑色の子葉となる．同一対立遺伝子 2 個をもつ YY および yy 個体は同型（ホモ）接合体，2 個の対立遺伝子が異なる Yy 個体は異型（ヘテロ）接合体である（→接合体）． （岩佐）

遺伝子組換え（組換え DNA 技術） recombination of genes, recombinant DNA technology

従来の交雑による遺伝的組換えと異なり，遺伝子操作により異種生物の遺伝子（あるい

は人工的に合成した遺伝子）を目的とする生物に組み込み，その遺伝子の働きを利用する技術で遺伝子工学（genetic engineering）の一分野である．1970年代に研究が始まり，主として微生物を利用した医薬品（インターフェロン，インシュリン，生長ホルモンなど）の生産で実用化が進んでいるが，その利用研究は農業にも及んでいる．作物育種においても作物品種の遺伝子型をほとんど変えないで目的遺伝子だけを取り込むことができるので新しい技術として期待されている．（岩佐）

遺伝資源 genetic resource

育種に必要な素材となる生物のこと，さらに利用性の期待される未利用の生物なども含まれる．作物の育種素材とほぼ同義語とされてきたが，現在はその対象資源が有用生物全般に及んでいるので植物遺伝資源，動物遺伝資源，微生物遺伝資源などのように用いることが多い．遺伝資源とほぼ同様な意味で遺伝子資源も用いられる．近代育種における高生産性，高品質などの追求は少数の優良品種の栽培拡大傾向を強める一方で，その他の多様な品種が見捨てられ，また土地や資源の開発などによる自然破壊は祖先種やその近縁野生種の生存を危うくしつつあり，現在世界的規模での計画的遺伝資源の収集，保存が急務とされている．（岩佐）

遺伝子突然変異 gene mutation

遺伝子の内部構造に変化が起こることをいう．その変異性の確認は植物では普通交雑あるいは自殖による後代の表現型についてなされる．染色体突然変異および細胞質突然変異に対応する（→突然変異）．（岩佐）

遺伝子分析 gene analysis

ある新しい形質がみつかったとき，その形質に関係する遺伝子の数や優劣関係，他の遺伝子との関係などを交雑などの手段で決定することをいう．新しい突然変異個体と正常形質個体との間に交雑を行い，F_1の表現型から突然変異形質の正常形質に対する優劣関係を知ることができる．また自殖による F_2 の分離比によって遺伝子の数を決めることができ，さらに F_1 を劣性形質の親に戻し交雑して F_2 の結果を確かめてもよい．既知の他の形質を組み合わせての交雑実験から，リンケージグループの所属を決定し，その所属がわかれば，同じグループ内に属する諸形質の間でさらに詳しい交雑実験を繰り返し，当該遺伝子のグループ内での位置を決めることができる．（徳増）

遺伝様式 mode of inheritance ⟶ 遺伝

遺伝力 heritability ⟶ 質的形質・量的形質

移動花壇 ⟶ 花壇

易変遺伝子 mutable gene ⟶ 遺伝子

いぼ wart

植物体の各器官の表面は平滑なものもあるが，表皮から由来する単細胞あるいは多細胞よりなる毛（毛茸ともいう）で覆われているものもある．毛の形状はきわめて変異に富み，種々雑多である．キュウリなどの未熟果の果面にいぼ状突起を生じている．いぼは表皮から由来し，多列をなす多くの細胞からなり，その先端に縦に1列に並んだ数個の細胞からなるとげをつけている．とげは黒色ないし白色を呈し，そのとげの色から一般に黒いぼ，白いぼと呼んでいる．（斎藤）

いや地 sick soil, soil sickness

前作と同じ作物を，前作終了後に他の作物を植え付けることなく連続して栽培することを連作という．連作を行うと，ほとんどの作物で生育が抑制されたり，収量が減少（著しい場合には皆無）する現象が認められ，これらを古くはいや地，現在は連作障害と呼んでいる．いや地の原因は土壌の物理性の低下（団粒構造の崩壊に伴う酸欠や湿害），化学性の悪化（特定養分の選択的吸収に伴う要素欠乏や塩類集積），生物性の変異（特定微生物相の形成に伴う病害虫の増殖，蔓延）のほかに作物が排出する生育抑制物質（毒素）などが考えられている．現在いや地は広義には連作障害と同じであるが，狭義には連作障害の一部，特に前作物の根などから排せつまたは分

泌される特殊な有害物質と特定微生物相の形成に伴う生育低下とを指し，病虫害の被害や土壌理化学性の劣悪化は別の機構であるため含まないようである．

野菜の場合，連作障害発生原因の9割以上が病虫害であり，典型的ないや地現象は原因解明に伴ってほとんど存在しなくなった．従来，いや地と考えられていたものにサトイモとエンドウのそれがあるが，前者は土壌線虫（ネマトーダ）害，後者は立ち枯れ性の病菌（ピシウム・フザリウムなど）の害と解明されている．
（新井）

色 color

可視光線の明暗と分光組成に対する色感覚，色感覚を生ずる光を色刺激といい，色は両者のどちらをも指す．色感覚は心理的なもので，明暗（測光的性質）に対する明るさ（明度）と，分光組成（測色的性質）に対応する感覚色度があり，後者には色の種類の色相（色調 hue）とあざやかさの彩度（chroma）に分けられる．光沢度は物理的な方向性放射反射率と対応する．色は明度（value）色相，彩度により色票系で表示できる．測色は標準刺激の3原色光（赤，緑，青）の値に明度係数をかけて表現する．すなわち，適当に選んだ三原色，赤・緑・青を混合して混色をつくれば，ほとんど同じ色感覚を起こし，等色をつくることができ，色を表示することができる．普通 CIE（国際照明委員会）-XYZ 表色系またはその変形が用いられ，混色（複色）光は加法混色の形で表示される．
（鈴木・萩沼）

色抜け・花弁の色抜け（チューリップの） "Ironuke" of flower; disappearance of flower anthocyanin pigment

花色が淡紅・赤・朱・紫等の品種で，開花期に花弁の表側・裏側の表皮細胞に含まれるアントシアニン色素が急激に消失し，花色が絞り状に抜けてなくなるチューリップの花に特有な代表的ホウ素欠乏症をいう．酸性の砂丘地畑栽培チューリップに発生しやすい．
（馬場）

陰芽（潜芽） latent bud

葉えきに生ずるえき芽のうち，1年も2年もほう芽せず，枝しょう上に休眠したままの状態で経過するものがある．そして，頂芽や他の側芽が剪除されたり，障害を受けると発芽するような芽を陰芽または潜芽といい，枝しょうの基部に着生しやすい（→頂芽，えき芽）．
（湯田）

陰樹 shade tree ── 陽樹・陰樹
陰性植物 shade plant ── 陽性植物・陰性植物

インドール酢酸 indole-acetic acid, IAA

無色りん片状結晶でエーテル，アルコール，アセトン，酢酸エチル等に易溶．水，ベンゾール，リグロインに難溶である．古くはヘテロオーキシンといわれていた．天然オーキシンのうち植物界に最も広く分布していて，オーキシン類の作用力価の基準にされている．

Kögl ら（1934）によって人尿中から生長物質が単離され，その中の第4の活性物質をヘテロオーキシンと呼んだ．これは Salkowski によって発酵液からも単離され，インドール酢酸と同定された．人尿中に多量に含まれる本剤は腸内細菌の生産物と考えられている．植物体中での本剤の生成は，トリプトファンがインドールピルビン酸を経てインドールアセトアルデヒドになり，酸化的に形成される．分解過程は明らかでないが，酸化酵素あるいは光酸化により生理的に不活性化されると考えられている．

〔生理作用と伸長最適濃度〕 Went によるカラスムギ子葉しょうの伸長効果はアベナテストとしてオーキシン活性の測定に用いられている．その他，屈光性，屈地性，背地性，発根作用，離層形成遅延作用，単為結実の促進，細胞膜の透過性，細胞の吸水性，原形質流動速度，呼吸などの増加，花粉の発芽，花粉管の伸長促進などが認められている．

伸長に対する最適濃度は，一般に頂芽，茎は 10^{-5}M，側芽は 5×10^{-9}M，根では 10^{-10}M であり，頂芽優勢性の原因となっている．

組織内での移動には強い極性があり，キュウリの茎では1時間に20 mm，エンバク子葉しょうでは1.1 mmの速さで基部に向かう．

フェニル酪酸，トリヨード安息香酸などにより拮抗的阻害作用を受ける．

〔分析・定量方法〕 通常生重量20g程度の試料を用いて，2～3倍量の75%エタノール溶液中で組織を低温下で磨細する．ろ過し，これを2回繰返し，最後の抽出は4℃で1晩行う．ろ液を集めて減圧濃縮し，50 ml 程度になったら重炭酸ナトリウムでpH 8.0に調整し，ジクロロメタンを等量に加え3回抽出し，その水層を酒石酸でpH 3.5にしてジクロロメタンで3回抽出する．ジクロロメタン層を濃縮して，ペーパークロマトグラフィーにつけ，イソプロパノール・アンモニア・水 (10:1:1) で展開する．分離したIAAを生物検定，化学的定量法(ガスクロマトグラフィー，蛍光分析)で定量する．近年，イムノアッセイでも定量されている (→生長・栄養生長)． (廣瀬)

インドール酪酸 indole butyric acid, IBA
── オーキシン

in vitro

"ガラス容器の中で"という意味のラテン語の副詞句，形容詞句． *in vivo, in situ* ("原位置に"の意) に対し，生体外に取り出されて試験管や培養瓶などガラス器の中にある状態をいい，生物学用語として慣用されている (→*in vivo*). *in-vitro culture* は，生物体(群)や生物体の一部分を摘出してガラス器内で培養することをいい，広義の組織培養を含む．
(石原)

in vivo

"生体の中で"という意味のラテン語で，生物体の部分が生体内に自然のままにある状態をいい，生物学用語として慣用されている (→*in vitro*). (石原)

インベルターゼ invertase

スクロース(ショ糖)を加水分解してD-グルコースとD-フルクトースを生成する反応の酵素 (EC 3.2.1.26). 反応の進行によりD-フルクトースの生成のため旋光度が右旋から左旋に変化するので，インベルターゼ(転化酵素)と呼ばれた．インベルターゼはサッカラーゼ，スクラーゼ，β-D-フルクトフラノシダーゼとも呼ばれる (→酵素).
(兵藤)

陰 葉 shade leaf ── 陽葉・陰葉
インライン搾汁機 In-Line juice extractor ── 果汁

う

ウイルス・ウイルス病 virus; virus disease

ウイルスとは，光学顕微鏡ではみえないほど小さく，生きた細胞に侵入して増殖し，人工培養のできないものである．宿主生物によって，植物ウイルス，動物ウイルス，細菌ウイルス（バクテリオファージ）に分けられる．1898年にオランダのベイエリンクがタバコモザイク病の病原体が細菌ろ過管を通りぬける"ろ過性"であることを発見したのがウイルス発見の最初である．植物ウイルスの形には，棒状（タバコモザイクウイルス，TMV，300×18 nm），ひも状（カンキツトリステザウイルス，CTV，2000×10 nm），球状（キュウリモザイクウイルス，直径28〜30 nm），桿菌状（アルファルファモザイクウイルス，AMV，56×16 nm ほか4種の粒子）などがある．形のいかんを問わず，中心に核酸（ほとんどがRNA，まれにDNA），まわりをタンパクが取り巻いている．核酸の含有率は，球状ウイルスでは15〜45％，ひも状ウイルスで5％程度である．ウイルスが植物に病気を起こす力（病原性）は核酸にある．植物ウイルスは宿主植物体の表面の傷から侵入する．アブラムシやヨコバイなどの昆虫によっても運ばれる．宿主植物細胞内に侵入したウイルス核酸は，それがもつ遺伝情報によって宿主細胞の代謝系を利用して核酸とタンパク質を合成し，両者が会合して親と同じウイルス粒子を形成する（ウイルスの増殖）．細胞内で増殖したウイルスは，核酸の状態またはウイルス粒子の状態で原形質連絡糸を通って隣の細胞へ，維管束を通じてやがて全身に移行する．こうして全身感染（systemic infection）が起こる．

ウイルスに感染した植物には各種の変化（症状）が起こる．モザイク，黄化，萎縮，葉脈透過，えそ（ネクロシス），ステムピッティング，奇形，枝枯れ，枯死，接ぎ木部の異常などである．ウイルスに感染しても何らの外部的病徴を現さないことがある．これを潜在感染（latent infection）という．高温時には病徴が隠ぺいされることもある（マスキング）．栄養繁殖作物では，これがウイルス伝搬のもととなる．外部病徴がなくても，細胞・組織学的な変化を認めることがある．感染組織の超薄切片を電子顕微鏡でみることによってウイルスの集塊が認められる場合や，適当な染色剤で染めたとき，光学顕微鏡下で認められる封入体などである．

植物ウイルスの伝搬法には，① 接触伝染，② り病植物の一部が次の繁殖体となることによる伝搬（種子，塊茎，りん茎，挿し木，株分け，接ぎ木など），③ 土壌伝染，④ 虫媒伝染などがある．前述のように，ウイルスの合成はウイルスゲノムの指令を受けた宿主細胞の代謝そのものであるため，現在のところ有効なウイルス治療薬は開発されていない．したがって，ウイルス病の防除は，上述の伝搬法ごとに伝搬環を断ち切ることによって行われる．① TMVによるタバコやトマトのモザイク病などで摘心作業などによる接触伝染が起こる．発病株の抜き取り，手の洗浄などが必要である．弱毒ウイルスによる弱毒ウイルスの感染阻止（干渉効果）も有効である．② 栄養繁殖作物では，すべて熱処理，茎頂培養などによってウイルスフリー株を作出し，これを繁殖して普及することが最も簡便・安価な防除法である．しかし，この繁殖母本は，たとえばアブラムシなどによって感染しやすい（再汚染）ので，フリー株の更新を要する．③ 土壌中でウイルスを媒介するものに線虫と菌類がある．これらの生物が媒介するウイルスの存在が確認されたら，土壌消毒を行う．④ キュウリモザイクウイルス（CMV）はアブラムシによって非永続伝搬する．アブラムシは，10秒〜1,2分間口針を挿入しただけでウイルスを獲得し，直ちに伝搬

する（汁液伝染）．伝搬するとウイルスを失うので，機械的伝搬と考えられている．イネ委縮ウイルスはツマグロヨコバイによって永続的伝搬をする．病植物を吸汁した後，一定時間経たないと伝搬能力を現さない．この間にウイルスは虫体内で増殖する．いったん伝搬能力を獲得した虫は一生伝搬し続け，ウイルスは卵を経由して子虫にも伝わる（経卵伝染）．虫媒伝染するウイルス病は，虫を防除するほか弱毒ウイルスの利用も試みられている．

植物ウイルスは，キュウリモザイクウイルスのように最初に発見された宿主とその病徴を冠した名がつけられてきたが，最近はウイルスそのものの性質，形，核酸の性質，伝染方法などを基準にして記載（クリプトグラムという）されるようになり，似た性質のものをグループとして Tobamovirus, Cucumovirus などと呼ばれている 27 のグループがある．ある作物を侵すウイルスは一つとは限らず複数のことが多い．防除対策をたてるには，それぞれのウイルスを同定する必要がある．ウイルスの検定・同定方法には，①り病植物の病徴による判別，②検定植物に接種して，その現す症状から判定する方法，③電子顕微鏡を用いてウイルスそのものの形をみる方法，④ウイルスを純化してウサギに注射し，抗血清をつくり，これを用いて抗原抗体反応を利用して同定する方法などがある．これらの検定法は単独でまたは併用して用いられる． （山口）

ウイルスフリー株 virus-free clone, virus-free stock ⟶ ウイルス・ウイルス病

ウイロイド viroid

ウイルスに似て非なるものという意味の新造語であり，1971年，Diener がジャガイモやせいも病（potato spindle tuber disease）の病原に対して名づけた．ウイルスは遺伝子 RNA（または DNA）がタンパクで包まれているが，ウイロイドはウイルス RNA よりさらに小さい裸の RNA であり，植物に感染増殖して病気を起こす．世界で15種類のウイロイドが報告されている．わが国でみつかっているウイロイド病は，カンキツエクソコーティス病，ホップわい化病，キクわい化病，リンゴさび果病（斑入り果病）である．ウイロイドの検定法には，検定植物を用いる方法，ポリアクリルアミド電気泳動法，相補DNA プローブ法（遺伝子診断法）などがある．ウイロイドはきわめて安定で，り病植物の茎葉の接触やせん定鋏によって容易に伝染し，感染から発病までの期間が長いため，防除は困難である．栄養繁殖植物では無病個体の作出普及が望まれる． （山口）

ウインドマシーン wind machine

逆転層の上下空気を混合し，作物周囲の温度低下を防ぎ，霜害防止を図るために用いる送風機をウインドマシーンという．直径4〜6 m のプロペラをつけ，地上6〜9 m の高さに設置する．昇温効果は，逆転強度や地形，送風量で異なり，10馬力のマシーンで1℃以上の昇温面積は0.4 ha 程度である． （鴨田）

植え穴 planting hole

果樹などの苗を植え付けるために掘る穴をいう．穴は大きく，深く掘り，その中に有機物を多く含んだ肥よくな土をみたすと，その後の生育がよい．したがって，果樹については，疎植・大木栽培の時代には，少なくとも1辺が0.8〜1.0 m の正方形で，深さが0.8 m の穴か，幅0.8〜1.0 m，深さ0.8 m の溝を掘り，粗大有機物と土壌とを交互に数層入れて埋め戻し，その中央に定植していた．この場合には，時間の経過とともに土がおちつくので，深植えにならないよう，特に高く植える必要がある．

しかし，最近は植え付け密度が高くなり，樹の生長よりも，早くから高品質の果実を多く収穫することを望むようになり，また，開園時にブルドーザーで深耕する園が多くなったので，以前ほど大きな植穴を掘らなくなった．計画密植をする場合には，永久樹には大きな植穴を掘り，間伐樹は小さくする（→栽植，栽植方式，計画密植）． （平野暁）

植木鉢（鉢・ポット） pot, flower pot, planting pot

古くは陶・磁製の植物栽培容器を指したが現在ではプラスチック，ピート，紙など材質が豊富になった．形も変化に富み，類別困難なものも多いが，一般に底部に向かって細くなり，口径と高さがほぼ等しいものを標準型とする．これより丈の高いものを腰高鉢，低いものを平鉢と呼ぶが，これにも種々の程度がある．大きさの基準として号が用いられ，直径について1号が3cmに相当する．材質によって次のように区分される．

〔化粧鉢〕 元禄のころ中国から渡来した植木鉢を原型として独得の発達を遂げたもので，釉薬（うわぐすり）をかけて1 200～1 300℃で焼いた陶あるいは磁製鉢で，質は硬く，通気・吸水性を欠く．おもに和物花き，観葉植物，盆栽などに用いられ，各植物に適合するよう形，装飾，模様などが工夫され，蘭鉢，石斛鉢，万年青鉢，盆栽鉢など専用の鉢がつくられている．盆栽鉢には釉薬をかけないものもある．近年，ビルの室内装飾に用いられる貸鉢は，大型の化粧鉢がおもに用いられる．

〔素焼鉢〕 かつて西洋鉢と呼ばれたように，明治初期の西洋の鉢から発達した．粘土を整形，乾燥して700～900℃で焼いたもので，数ミクロン以下の互いに連絡した微細孔隙を含み通気・吸水性がある．窯元により原料，焼成温度が異なるため，この性質に差がある．通気性は鉢土のガス交換を助け，吸水性は鉢表面からの蒸発熱によって，夏に鉢温度が上りすぎるのを防ぐなど，生育によい条件を備えているので，育成用として用いられる．1～10号までが普通に市販されている．

〔駄温鉢〕 原料，形は素焼鉢と変わらないが，鉢の縁の部分（桟という）に釉薬をかけ，やや高い1 000～1 100℃で焼いたもので，通気，吸水性はあまりないが，硬くて割れにくく，乾きにくいので，花木などに用いられる．

〔プラスチック鉢 plastic pot〕 通常，硬質ポリエチレン製で，軽くて割れない，鉢表面に藻類が着かないなど素焼鉢にない特徴がある．通気・吸水性のない欠点は，用土や栽培法の改善によって克服され，多くの作物で素焼鉢などにとって代った．また，整形や着色が容易なため化粧鉢に似た特色も発揮され，作物や仕立て方に応じた様々な形，色，大きさのものが市販されている．育苗用には多数の鉢を連結して運搬などの取扱いを便利にしたマルチポット（multi-pot）があり，また軟質黒ポリエチレン製の，安価なポリポットもよく用いられている．

〔ピートポット〕 商品名のジフィポット（jiffy pot）で一般に知られ，ピートにパルプを混ぜて整形したもので，育苗用に適する．通気・吸水性がよく，根は容易に鉢を貫通するので，鉢ごと定植でき便利である．こ

鉢のいろいろ

植え継ぎ培養 subculture ⟶ 継代培養

植え溝 planting furrow, planting trench

作物を仮植または定植するためにうねに掘った溝．植えた後は残土でただちに埋め，その部分は条とも呼ぶ．　　　　　（新井）

浮き皮 peel puffing, rind puffing

カンキツの果実において，果皮が果肉から離れ，その間に空隙を生じ，フラベドの崩壊した状態をいう．カンキツの生理障害の一種で，ウンシュウミカンのような寛皮性のものがなりやすく，生育中にも貯蔵中にも発生する．ぶくミカンともいい，品種，系統，栽培条件により発生に差がある．樹上浮皮は果実の成熟後期に高温，多湿である四国，九州の西南暖地に発生が多く，静岡，神奈川など東日本では少ない．また貯蔵浮皮は，貯蔵環境が高湿になると果皮が吸水し浮皮になり，さらに進むと果肉の水分が失われ，す上がり状態となる．浮皮果は長期貯蔵には不適である．浮皮程度と果実比重との間には高い相関関係があり，比重から浮皮の程度を知ることができる．　　　　　（萩沼）

羽状複葉 pinnately compound leaf ⟶ 葉形（はがた）

薄播き light seeding, light sowing ⟶ 厚播き・薄播き

うね row, ridge

整地作業の耕起・砕土後に作条（植え溝）を切って種を播く平作り法（平播き法，平うね法ともいう）と，あらかじめうねをつくって作条を切るうね立法（うね作り法）とがある．うね立てによってはほ場はうねとうね間に別れるが，うねは作物を植え付ける場所，うね間は通路，排水路などに利用される．うねは高さから高うね（うねの高さが地平面からおよそ15 cm以上），低うね（同15 cmまで）および平うねに区分されるが，降雨量，土壌の乾湿，気温，耕土の深さ，作物の種類，病害の程度などによって高さが異なる．一般に，湿田に畑作物を栽培する時は高うね，乾燥する畑地は低うねが採用されることが多い．また，高うねは平うねに比して次のような特色がある．すなわち，排水が良好で乾燥しやすいこと，通気性が良好で風化が進み，根が発育良好となること，日射量が多いので昼間の地温が高くなるが，夜は放射によって逆に低くなること，所要労力が多くかかること，土地の利用面積が少ないことなどである．うねの方向は日光の照射角度，温度，風向，雨量，ほ場の区画，傾斜方向などから決定するのが望ましいが，現状は作業の便宜上からほ場の長辺に沿ってうね立てをする場合が多い．　　　　　（新井）

うね間かん水 furrow irrigation ⟶ かんがい・かん水

うね間処理 furrow application

除草剤や土壌消毒剤などを栽培中の作物のうねの間に施用すること．作物に対する薬害が少ないもの，あるいは薬害があっても作物にかからないよう工夫したり，土壌中での水平移行に乏しく，作物に害を与えるおそれが少ないもの，などに適用される．

除草剤では接触作用型のものがうね間に散布される．土壌殺菌剤としては，そ菜類の苗立枯病や疫病対策としてエクロメゾール剤，キャプタン水和剤，TPN水和剤などの株元やうね間散布あるいはかん注などが行われている．　　　　　（小泉）

裏年 off-year ⟶ 隔年結果

うら成り end-season crop ⟶ 末成り・本成り

ウレタンフォーム polyurethan foam

ポリウレタンと二酸化炭素（CO_2）からなる多泡性の化学合成物質でふとん，マットなどのクッション材または建材に主として用いられている．園芸用資材としては水耕用のミツバ，ネギなどの育苗マット，輸送用のクッションなどに用いられているが，利用範囲はせまい．　　　　　（新井）

上根 superficial root ⟶ 吸収根

え

永久花 everlasting flower ⟶ ドライフラワー

永久しおれ点 permanent wilting point, irreversible wilting point ⟶ 土壌水

H字形整枝 H-shaped training ⟶ 整枝

永年〔性〕作物 perennial crop
　有用植物（作物）をその特性に基づいて分類する場合に，必ずしも明確な定義をもたないが，果樹，チャ，クワを始めとして，油料（ヤシ類），ゴム料（ゴム），香辛料，染料，薬料の作物のうち，多年生で木本性の作物をいう．広くは育種学上などに共通性があるので，林木や観賞樹木なども含めることがある．　　　　　　　　　　　　　（大垣）

栄養器官 vegetative organ
　植物の基本的な器官は茎（stem），葉（leaf）根（root）である．また，バラやサンショウなどのとげは茎や葉の変態ではなく，維管束もないので，突起体（prickle）と呼ぶ．これらを総称して栄養器官という．これに対して，花（flower）を生殖器官と呼んで区別する．茎とそのまわりに配列する葉とをまとめて苗条（シュート，shoot）と呼ぶこともある．一般の作物栽培では，栄養器官の生育（栄養生長）を旺盛にさせることにより，その後の生殖器官の発育（開花・結実）をはかるが，葉茎菜類，根菜類では，この栄養器官の伸長，肥大を利用する．　　（田中）

栄養系 clone, clonal line, clonal strain
　植物の1個体から，挿し木，取り木，接ぎ木，株分け，球根等の栄養繁殖により増殖された個体群をいう．カンキツ類等にみられる珠心胚は母植物の珠心に由来するもので，これより増殖された珠心胚実生も栄養系である．またメリクロンのような組織培養あるいは細胞培養やプロトプラスト培養により，同一個体から増殖された個体群も栄養系である．
　栄養繁殖では遺伝子の交換が行われないので，突然変異や染色体の増減が起こらない限り同一遺伝子型が保たれる．栄養繁殖性の作物ではこの栄養系個体群が栽培の対象となるが，これを栄養系品種（clonal cultivar）という．栄養系品種では突然変異の選抜により品種改良が行われている．　　（岩政）

栄養系選抜 clonal selection
　果樹類，チャ，クワのような木本性作物，サトイモ，ヤマノイモ，ジャガイモ等栄養繁殖性作物，あるいは多年性の牧草などでは，長年栽培されていると芽条変異（→枝変わり）が生じたり実生個体が混入するなどして，種々の変異体を含むようになる．特定の地域に分布しているような変異体を特に生態型（ecotype）という．これらの中から優良な栄養系を見つけ出す過程を栄養系選抜という．種子繁殖性作物と異なり，得られた変異体を繁殖させ次代の検定に供するときに分離が生じないため，以降の個体選抜は不用であり，優良品種決定までの期間も短い．
　次に選抜の方法を示す．
　まず，栄養体を収集する地域を選定する．その地域選定が栄養系選抜の成否をわけるので慎重に決める．栄養体を収集したときはその地域の特徴（地域名，気象環境，土壌環境ど）を明記しておく．収集された栄養体を同一条件で栽培し，優良個体を選抜する．初年目は収量性の検定はできないので主として可視的形質について選抜する．選抜個体についてはなるべく多くの栄養系を収穫する．2次選抜は収量，品質等が対象となるので，普通栽培法により比較する．このとき，栄養体が十分にあれば2反復なり3反復も可能であるが，反復を増すより反復なしで栄養系統を多く選んで比較する方がよい．第3次選抜は，生産力試験と同時に，耐病性，耐冷性，耐暑性などの特性検定試験も実施する．以後選抜系統について，地方適否試験などに繰り入

れ，最終的に優良系統を決定する．（成河）

栄養雑種 vegetative hybrid

普通の受精による有性雑種に対して無性的に生じた雑種のことを栄養雑種という．植物ではほとんど接ぎ木によっているので接ぎ木雑種（graft hybrid）ともいわれる．接ぎ木によって砧木と穂木の間に物質移行が生じ，台木または穂木の物質代謝系に変化を起こし，これが生殖細胞に及び後代に遺伝的変異を生ずるとされている．ソ連を中心に多くの研究報告があるが否定的なものも少なくない．栄養雑種形成の機構については現在十分に解明されてはいないので生化学，分子遺伝学，遺伝子工学などの進歩にまつところが多い． （岩佐）

栄養診断 diagnosis of nutrient condition

作物が正常に生育するためには，多種類の無機成分を適当な割合で吸収する必要があり，どれか一つの成分が欠乏または過剰になると，生理障害の発生，生育不良，あるいは過繁茂等，生育に変調をきたすようになる．そのため，作物体の外観の観察や化学分析によって，異常生育の原因を早期に判断し，肥培管理の改善対策の指針を得ることを栄養診断という．栄養診断は迅速に行う必要があり，葉や果実などに現れた症候から肉眼的に判定できることが望ましい．このため主要な生理障害の症状をカラー印刷した栄養診断カード，窒素栄養判定用のカラーチャート，葉色計などが市販されている．化学分析は特定成分の過不足の判定には最も確実な方法であり，果樹では葉分析が広く行われている．
（佐藤）

栄養生長 vegetative growth ⟶ 生長・栄養生長

栄養繁殖 vegetative propagation

種子繁殖（有性繁殖）に対し，栄養器官の一部を切り離すか，または人為的な操作を加えて再生作用を促し，不定根，不定芽などを発生させ，独立した個体を得る方法である（無性繁殖）．挿し木，接ぎ木，取り木，株分け，球根類の分茎繁殖，組織培養による繁殖（micro-propagation）などの方法がある．栄養繁殖した個体は，その過程で突然変異が起こらないかぎり，遺伝的形質が受け継がれること，種子繁殖に比べ開花・結実が早められること，枝変わり，雌雄株を選び増やすことができるなどの利点がある．したがって，遺伝的に複雑な雑種性の園芸植物では，主要な繁殖法となっている． （町田）

栄養繁殖分離法 cloning separation
⟶ 育種

えき（腋）芽 axillary bud, lateral bud
⟶ 頂芽・えき芽

液果類 berry fruits, berries

しょう（漿）果類ともいう．熟すと果皮（外果皮）内側の果肉部（中または内果皮）の細胞はほとんど液胞で占められ，多量の果汁を含み軟化する果実をつける果樹．ブドウ，小果樹類，イチゴなど．いずれも貯蔵性は低い． （大垣）

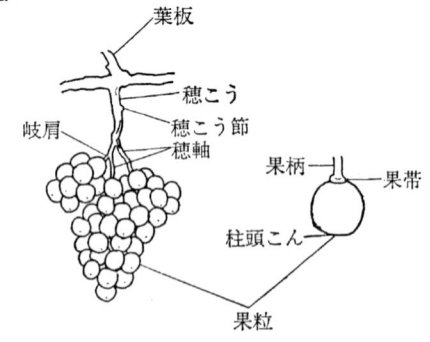

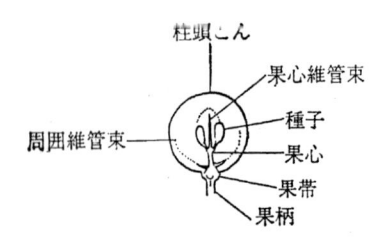

ブドウの果房と果粒の構造

液　剤 liquid formulation

一般には水溶性農薬の液状製剤をいう．そのまま，あるいは水に希釈して，塗布，注入，浸漬，土壌混和，散布などの方法で施用する．なお，乳剤，油剤などを含めて液状製

剤を液剤と呼ぶこともあり，また，最終的に散布液として使用する水和剤，乳剤を含めて液剤と呼ぶこともある． (上杉)

えき(腋)生 axillary ⟶ 頂生・えき生

液 相 liquid phase ⟶ 土壌三相

液体クロマトグラフィー liquid chromatography ⟶ クロマトグラフィー

液体培養 liquid culture

微生物培養や組織培養で液体培地を用いた培養をいう（→組織培養，培養液）．植物の組織培養で液体培地を用いる培養法としては，古くから根培養などで用いられた液体静置培養（培養液に外植片を入れ，静置して培養する方法）のほかに，懸滴培養やろ紙培地を用いた培養がある（→器官培養，懸滴培養，外植）．ろ紙培地とは，培養液を入れた培養瓶内に，ろ紙でつくった種々の形式の台を入れた培地で，ペーパーウイック培地（paper wick medium）ともいい，ろ紙台上に外植片を載せて培養する．さらに細胞培養の発展に伴い，液体培地を用いた各種の培養法が考案された．細胞培養とは，カルスを流動する培養液中で，遊離細胞や小細胞塊の状態で培養することで，細胞懸濁培養（cell suspension culture）ともいい，振とう培養，回転培養などの方法がまず使われた（→カルス）．振とう培養は培養瓶（三角コルベンなど）を振とう機にとりつけ，振とうしながら培養するもので，振とう方式には往復（reciprocal），回転（rotary）などがあり，振とう回数は 30～150 rpm 程度である．回転培養は外植片と培養液を入れたT字型培養瓶やこぶつきフラスコを回転板に取りつけ，板の中心を軸として回転しながら培養する方法で，回転数は毎分1回程度である．これらの培養法は主として植物細胞の生理，生化学的研究に用いられてきたが，細胞培養がさらに植物の生産する医薬品，色素，香料などの有用物質の工業的生産に利用することが目指されるようになると，研究用，生産用の各種大量培養装置がつくられた．これらの装置は培養液への強制通気やかく拌が可能である．一定量の培地で閉鎖的に培養することをバッチ培養（回分培養 batch culture）というが，この場合はある期間に培養細胞の増殖，生長が限界に達するので，それ以前に培養細胞の一部を新しい培地に移植して継代培養を繰り返すことになる（→継代培養）．これに対し，培養槽に新しい培養液を連続的に供給し，他方で同量の使用ずみの培養液を排出して培養する開放的な連続培養系の装置もある．これらの大量培養法は，最近，細胞培養ばかりでなく，苗を大量増殖するための多芽体の増殖培養にも利用されている（→多芽体）． (石原)

液体培地 liquid culture medium ⟶ 培地

液体肥料 liquid fertilizer ⟶ 液肥

液 肥(液体肥料) liquid fertilizer, liquid manure

液体状肥料を総称した名称で，簡単に液肥と呼ばれる．従来の固体肥料と異なり，液体状にして施用するもので，原剤が液状のものと粉状のものとがあり，粉状は水に溶かし，液状のものは希釈器などを用いて水にうすめて使用する．用途により土壌用，養液栽培用および葉面散布用があり，単成分のみを含むものと，窒素，リン酸，カリ，苦土などの主成分のほかにマンガン，ホウ素，鉄，銅，亜鉛，モリブデンなどの微量要素を含有するものもある．微量要素欠乏症を呈したときや根が障害を受けて養分吸収が低下したときに葉面から吸収をはかる場合，またスプリンクラーによりかん水と同時に液肥を葉面散布と土壌施肥を行うような省力的な施用方法も可能である． (青葉)

液 胞 vacuole

植物は生長するに従い，膨圧をもった大きな液胞が細胞の大半を占めるようになる．したがって，液胞の存在は，植物が生長するための空間充塡という点で，重要な意味をもつ．液胞は半透性の一層の液胞膜で囲まれ，内部には特定の構造がなく，様々な物質を溶かし込んでいる．たとえば，花弁のアントシ

アン色素は液胞に局在し，種子の貯蔵タンパクや有毒なアルカロイドなども液胞中に蓄積される．液胞は，老廃物の蓄積ばかりでなく，代謝物の輸送・貯蔵などを行う必要不可欠な細胞小器官とみなされる．植物細胞によっては，このような貯蔵機能をもった大型の液胞の他に，動物細胞でのリソゾーム様機能をもつ比較的多数の小型液胞が存在することがある． （新田）

X字形整枝 X-shaped training ──→ 整枝

えぐみ acridity ──→ 呈味成分

え(壊)死 necrosis ──→ ネクロシス

エージング aging, ageing

生物の成長・分化・形態形成などの後にみられる衰退の過程のことで，広義には加齢・狭義には老化と訳されている．植物では発芽直後の花成誘導の困難な状態を幼若(juvenility)，花成誘導が可能となり結実するまでを成熟(maturity)，その後の葉緑素を分解して黄色化する過程を老化(senescence)と呼んでいる(→老化)． （川田）

エスレル Ethrel ──→ エセフォン

エセフォン・エスレル ethephon; Ethrel

エセフォン（商品名エスレル）(2-chloro-ethyl-phosphonic acid)は，1966年にAmchem社によって植物生理活性物質の合成品として選抜され，エチレン発生剤として効果が試験された．

作物に散布されると体内で速やかに加水分解され，散布直後からエチレンが発生する．この加水分解は溶液の OH^- イオン濃度に依存し，物理化学分解を容易に受ける．したがって，エチレンの発生はpH 4.1以上で認められ，植物細胞液は通常pH 4以上であるため，体内でのエチレン遊離は容易に生ずると思われる．

〔作物に対する効果〕

1) 休眠打破，発芽促進　アブラナ科の作物，イチゴ，ブドウで，発芽，開花を斉一にする効果を認めている．また，ブーゲンビリア，パパイアで本剤により旧葉を落葉させ，休眠花芽の開花を促進させている．

2) 花芽分化促進　アナナス類（パイナップルを含む），クジャクサボテン，マンゴー（花芽分化を斉一にする），ウリ類については雌花率を著しく増加する．果樹ではリンゴ，ナシ，カキ，モモ，ミカン，ナッツで開花数の増加をSADH(B-9)との混用で認める．

3) 摘らい，摘果および落葉促進　摘らい・摘果剤としてカキに効果が認められている．収穫剤としても検討され，離層形成効果を認めるものの，落葉が多く実用に至らなかった（ミカン）．落葉剤としてワタ，マメ類，ブドウに効果が認められている．

4) 果実の熟期促進　ナシ(長十郎，八雲，新世紀，旭，早生二十世紀，新興，豊水，二十世紀，新水，幸水)，オウトウ（ナポレオン，佐藤錦），カキ（富有，平核無），モモ（白鳳），パイナップル，トマトに，着色促進としてポンカン，タンカンに実用化されている．

5) 果実の離層形成促進　ひきもぎ収穫を目的としたものである（ハッサク）．

これらの効果の中で品種名の記入されているのは，本剤の効果が品種で反応が異なり，ときとして裂果などの薬害が生じるためである．したがって，使用に当っては使用上の注意を確実に守ることが重要であり，特にナシの場合には注意を要する．

また，薬効の基本はエチレン生成であるところから，生理的にエチレンの生成しやすい状態（樹勢の衰弱，過乾，過湿など）の植物では落葉，落果などの薬害が生じやすいので使用しない． （廣瀬）

枝変わり bud mutation, bud sport, limb sport

突然変異には種々の変異があるが（→突然変異），枝変わりはその一つで体細胞におきた突然変異(somatic mutation)である．体細胞に突然変異がおきた場合，その細胞から生殖細胞が形成されるときはその変異は次代に伝わるが，それ以外では変異は次代に伝えられない．しかし，体細胞変異が生じた芽，茎，枝などは元の植物と変わった特性を示す

(芽条変異). 栄養繁殖性の花き (ユリ科, ラン科など) 野菜 (サトイモ, ショウガ, イチゴなど), あるいは接ぎ木繁殖の可能な果樹, 花のき (ツツジ, アオキなど) では優良な枝変わり発見により新品種を得ることが可能である. ナシ品種の長十郎, ウンシュウミカンの宮川早生, リンゴの印度, やたかなどは枝変わりから得られた品種である. (成河)

枝接ぎ scion grafting ⟶ 接ぎ木法

枝　物

木本性植物で生花材料に用いられるものを総称して枝物と呼んでいるが, 花木あるいは切枝と呼ばれることもある. 元来は季節感を出す目的もあって, わが国古来の木本性植物が用いられていたが, アカシヤ, ユーカリ, エニシダといった外来の種類も使われている. モモ, サクラ, ツバキ, ボタンのような花物, センリョウ, ナンテンなどの実物, カエデ, エンコウスギ, クジャクヒバのような葉物, ヤナギ, エニシダのような枝物 (筋物) に分けることもある. 生産者は山間, 傾斜地を利用した大面積経営のものと, 小面積多品目生産のものに分かれている. 需要は生花教室の盛衰に比例しており, 最近は減少気味である. (国重)

エチレン ethylene

1) 生理作用

エチレンは高等植物が正常な代謝産物として生成し, 植物の生長現象に対して微量で様々な効果を示す有機化合物の中で, 最も簡単な構造をもつ物質である. これが植物体によって生成されていることが化学的に証明されたのは, インドール酢酸 (IAA) が抽出同定されるのと同時期であった (1934年).

〔生理作用〕 果実の成熟促進 (リンゴ, バナナ, ナシ, キウイフルーツなど), 上偏生長 (トマト, ジャガイモ, アサガオ, バラなどの葉柄, 黄化マメ芽生えの幼芽鉤), 拡大生長 (黄化マメ芽生えの胚軸, 根, アベナの子葉しょう), 伸長生長促進 (イネ地上部), 屈地性の消失 (黄化マメ芽生えの胚軸), 不定根の発根促進 (タバコ, ベゴニア), 側芽生長の阻害 (エンドウ), 刺激運動の阻害 (オジギソウ), 花芽誘導 (パイナップル, アナナス類), 開花阻害 (オナモミ), 性の決定 (キュウリの雌花), 塊茎形成 (ジャガイモ), 落葉促進 (ワタ, ゴガツササゲ, コリウス, ミカン, クワ, ブドウ), 発芽促進 (休眠打破) (レタス, クローバー, ラッカセイ, コムギ, グラジオラス球根), 根毛形成促進 (エンドウ), 組織極性の破壊 (ソラマメ芽生え), 花色素の分解 (ラン, カーネーション), 透過性の促進 (タマネギ表皮, バナナ果皮, カンタロープの果肉), 呼吸促進 (リンゴ, バナナ, キウイフルーツなどの果実, サツマイモ塊根), カロチノイド色素の発色 (オレンジ) ミトコンドリアの膨潤 (ゴガツササゲ, カリフラワー, ネズミ肝臓, イースト), タンパク質合成促進 (サツマイモ塊根, ジャガイモ塊茎, グレープフルーツ果皮, ゴガツササゲおよびツタの葉柄離層形成部), RNA合成促進 (ゴガツササゲ離層部), 代謝物蓄積 (サツマイモ塊根 (クロロゲン酸), エンドウ莢 (ピサンチン, ニンジン根 (イソクマリン)).

〔エチレンとオーキシンとの相互関係〕 エチレンはオーキシンの生成, 移動に阻害的に働き, 可逆的不活性化が考えられている. 一方, オーキシンの高濃度処理や組織の切断, 病害, 放射線照射, 薬品傷害, 塩害, 冷害など普通の生理条件から著しく不適当な条件下でエチレン生成が激増することが認められている.

〔エチレンの植物体内での生成〕 メチオニンからの経路 (メチオニン・サルファ経路) が明らかにされ, その第3, 4炭素がエチレンに変換するとされている. メチオニンからSAM (S-アデノシルメチオニン) を経て, 前駆物質の ACC (1-アミノサイクロプロパン-1-カーボキシ酸) からエチレンに変換するが, 果実の成熟過程において, SAM→ACCは成熟の進み, オーキシン, 付傷などによって促進され, AVGによって阻害される. さらにACC→エチレンは酸素, 成熟の進みなどによって促進され, 無気状態, CO_2, 35℃

以上の高温によって阻害される．収穫後果実内にエチレン生成の活性が高まると，果実の呼吸（CO_2 生成）が高まり，引き続き二次的にエチレン生成が高まって，成熟，軟化が進む（→クライマクテリックライズ）．

(廣瀬)

2) 青果物とエチレン

青果物は種類や条件により，量は異なるが，収穫後もエチレンを生成し続ける．果実の細胞間隙のエチレン濃度は収穫操作により変わらない．クライマクテリック型果実が収穫されると呼吸上昇の時期が早まり，早く熟すようになるのは，果実組織の内生エチレンに対する感受性の高まる時期が収穫されたことにより早まったためである．アボカドは収穫されないと感受性が高まらない．

外生エチレンは青果物にとって有益となる場合と有害となる場合がある．レモンの催色（緑色除去）には古くから石油燃焼ガスが利用されたが，その効果がエチレンによるものであることが明らかになったのは1924年である．輸入緑熟バナナやアメリカにおける輸送緑熟トマトでは消費地においてエチレンを処理して追熟する．この処理は熟度をそろえる効果もある．エチレン発生源としてはエスレル，液化エチレン，ボンベのエチレンなどがある．

ほとんどの青果物や切花にとって，エチレンは商品価値を下げるように作用することが多い．スイカの果肉軟化，葉菜類の葉緑素の分解，アスパラガス若茎の繊維の発達，レタスのラセット・スポッティング，イモ類のデンプン糖化，ニンジンの苦味生成，バレイショのほう芽促進，切花における花弁の退色，しおれ，落葉，落花，カーネーションの開花異常など多くの障害が知られている．

エチレンの害作用を防ぐには，第一に青果物をエチレン発生源から遠ざけることである．貯蔵庫や長時間の輸送では混載する種類に配慮が必要である．第二に発生を抑制することである．高濃度の炭酸ガスや低濃度の酸素はエチレンの生合成を阻害するが，この原理は CA 貯蔵において利用されている．Ag^+ はエチレン生合成ときっ抗的な関係にあり，チオ硫酸銀陰イオン錯体（STS）などの薬剤は切花を長もちさせる効果がある．エチレン生成量を高める機械的障害や低温障害を防止することも必要である．第三には発生したエチレンを除去することである．換気や過マンガン酸カリウムとの反応による除去が可能であり，高温触媒による燃焼や大谷石などの多孔質材の利用も検討されている．減圧貯蔵法による貯蔵効果の一つはエチレンが果実の外へ拡散し，また周囲の濃度が低下することによる（→クライマクテリックライズ）．

(崎山)

エチレンクロルヒドリン ethylene chlorohydrine

エーテル臭をもつ無色の液体で有毒．種子（カエデ類），ジャガイモ，グラジオラス，ウドの芽，樹木の芽（*Astilbe*, *Vitis*, *Prunus*, *Pirus* など）の休眠打破，発芽覚醒の効果がある．

(廣瀬)

トランス形　　　ゴーシュ形

越冬性 overwintering

植物が冬を経過し春になって再び生長し始める能力を有するとき越冬性（越年性）があるという．冬を越すことは通常冬の寒さを潜り抜けることを意味するので，一般には耐寒性とほぼ同じような意味でも使用される．しかし耐寒性には多分に生産的意味合いがこめられているのに対して，越冬性にはともかく春に再び生長しうるかどうかが関心となっている側面がある．冬の厳しさは地域によって異なり，越冬性の有無の判断は地域によって異なる．越冬の仕方には①緑色植物のまま，②休眠芽をつくる（落葉樹），③地中に休眠芽をつくる（球根，宿根草）などがある．し

かし，種子の形で越冬する植物に対して越冬性があるという表現は使わない．　　（松尾）

越年果　biennial fruit

二年果ともいい，受粉から成熟まで足かけ2年かかる果実をいう．たとえば春に受粉が終り翌年の秋に果実が熟する場合で，マツなどの裸子植物に多い．ウンシュウミカン果実を樹上に残し，越年させてよい品質にして収穫する方法は樹上越冬(年)果と呼ぶ．
（大垣）

越年性　biennial　──→ 越冬性

ATP　adenosine triphosphate

アデノシン三リン酸の略で，分子式は$C_{10}H_{16}N_5O_{13}P_3$，分子量507の化合物である．高エネルギーリン酸結合をもつヌクレオチドの一つで，解糖・呼吸などの諸過程によって生成された遊離エネルギーを貯え，必要なときおよび場所へこのエネルギーを供給して多くの生化学的反応を推進させる物質中で最も重要なものである．ATPが分解してADP(adenosine diphosphate)と無機リン酸を生成するときに放出する遊離エネルギーは約12kcal/molである．広く生体内に分布し，特に哺乳類の骨格筋に多く含まれる．生長，分化，物質移動，吸収，運動など，エネルギーを消費するあらゆる生活現象にとって欠くことのできない物質である．　　（稲田）

ABA　abscisic acid　──→ アブシジン酸

NFT　nutrient film technique

1％前後の勾配をつけたチャンネルと呼ぶベッドに，培養液を1～2mm程の薄い膜状に流下させて，作物を栽培する養液栽培法をいう．省資源型水耕として，英国で開発され全世界に普及した．チャンネルは元来，地表面に接して設置するものであったが，わが国では，施工の簡便さ，作業性の改善等の関係から，地上20（果菜用）から80cm（イチゴ，葉菜用）に枠組みして，その上で栽培する高設NFTとなって発展した．構築費が他の養液栽培方式より安価なこと，株当りの培養液量が少ないため，培養液の冬季の加温，夏季の冷却が省エネルギー的に可能であると

高設NFTによるイチゴ栽培

いう特徴をもつ（→養液栽培）．　　（伊東）

えび症（ブドウのホウ素欠乏症）　boron deficiency of grapes

ブドウの生育初期にホウ素が欠乏して，花冠の離脱が悪く，花振るいを起こして，果房がわん曲する障害のことをえび症という．結実しても果粒が小さく，着色は早いが，果房全体がまだらとなる．また，果粒肥大期にホウ素が欠乏すると，果粒内部に褐色の斑点や筋が入って，周辺が硬化する．新しょうの症状は生育初期の先端葉に油浸状で黄白色の斑点が現れ，奇形となる．降雨があったり，ホウ素を施用すると，その後に出る葉は正常となる（→花振るい）．

土壌中の水溶性ホウ素含量が0.5ppm以下で発生しやすく，土壌の乾燥は発生を助長する．土壌pHが上昇すると，ホウ素が不溶化して発生しやすくなる．ホウ砂の施用や乾燥しやすい園におけるマルチは発生防止に有効である．
（佐藤）

エピナスティ　epinasty　──→ 上偏生長・下偏生長

F_1雑種　F_1 hybrid　──→ 雑種

FRA　──→ プラスチックハウス

FRP　──→ プラスチックハウス

F検定　F-test

F分布表を利用して，2組の分散の違いや，分散分析における要因効果の有無を調べる仮説検定の手法である．いま，大きさn_A，n_Bの2組のデータの不偏分散をV_A, V_Bとしたとき，分散比$F_0=V_A/V_B$（ただし$V_A>V_B$）の値がF表の限界値$F(n_A-1, n_B-1;$

$\alpha/2$) より大きいとき，有意水準 α で2組の母分散が等しいという仮説を棄却する（両側検定）．

分散分析法において，いくつかの処理間の差を比較する場合にも F 検定を利用する．たとえば，乱塊法による分散分析の結果，処理の分散（平均平方）を V_T，誤差分散を V_E とすれば，処理効果の間に差がないという仮説は，$F_0=V_T/V_E$ の値を有意水準 α の $F(f_t, f_e;\alpha)$ と比較し，$F_0\geqq F$ であれば処理間に有意差があると判定する（片側検定）．f_t および f_e はそれぞれ処理および誤差の自由度である．　　　　　　　　　　　　（菊池）

MH maleic hydrazide
化学名　maleic hydrazide
化学式　6-hydroxy-3-(2H)-pyridaginone
商品名　MH-30, C-MH

生育抑制効果のある化合物であり，MH-30はマレイン酸ヒドラジドエタノールアミン58％入りの製剤である．植物体に吸収されると生長点部のほか細胞分裂の盛んな部位に集合して，分裂を抑制する特性をもっている．

現在使用されている場面はタバコのえき芽抑制である．他にタマネギの貯蔵中の発芽防止に使われており，同様の使用法にジャガイモ，テンサイ，クリがある．また，野菜類の抽だい防止に有効である（夏播きカンラン，結球ハクサイ，ニンジン，ダイコン）．（廣瀬）

エムデン・マイエルホフ・パルナス経路
Embden-Meyerhof Parnas pathway　⟶ EMP経路

エライザ ELISA　⟶ 血清学的診断

LSD least significant difference　⟶ 有意差検定

LD_{50} 50% lethal dose
50％致死薬量（50% lethal dose）を略記したものである．殺虫剤などの毒物の致死薬量の表示方法の一つで，供試個体群の半数を死亡させるのに必要な薬物の量を重量で表示する．昆虫の場合には通常1匹当りの μg または体重当りの μg で表示する．LD_{50} を求めるときには数段階の薬量における死亡率のデータをプロビット変換し，得られた薬量-死亡率回帰直線から求める．　　　（玉木）

塩害 salt injury　⟶ 潮風害，塩類集積

煙害 smoke injury
製練所や各種工場などからの排煙中には，植物に有害なガスや煤などが含まれ，これによる被害を煙害という．煙害は排出される付近だけでなく，大気の状態や地形によってはかなり遠くにまで被害が発生する．

煙のなかに含まれる有害ガスの種類は数多く，二酸化イオウ，フッ化水素，窒素酸化物，塩酸や塩素などが代表的なもので，葉や果実に特有の煙斑を現す．なお，これらによる被害は直接的なものの他に，光化学スモッグや酸性雨など，さらに変化した物質による被害が最近多くみられるようになった．公害防止対策の徹底により，以前に比べ急性・激甚な煙害は少なくなり，低毒・慢性的な被害が問題になりつつある．　　　　　　　　（鴨田）

遠隔作用 allelopathy　⟶ アレロパシー

塩化ビニル polyvinyl chloride, PVC　⟶ プラスチックフィルム

塩基性肥料 basic fertilizer
肥料を水にとかしたときの水溶液のpHが，アルカリ性を示す肥料をいう．たとえば石灰窒素，熔成リン肥，ケイ酸石灰，炭酸石灰などの肥料がある．酸性土壌に施用すると，土壌pHを矯正するので，酸性土壌の改良効果がある．アンモニア態窒素を含む肥料とこのような塩基性肥料を混合すると，アンモニア態窒素がアンモニアとして揮散し，有効窒素が減少するので混合は避ける．　（青葉）

塩基置換容量 cation exchange capacity　⟶ 土壌塩基

園芸・園芸学 horticulture; horticultural science
おもに果樹・野菜・花を生産し，かつ流通させる農業の一部門である．一般にコメ・ムギのような農作物よりも集約な生産技術の適用が必要であり，また生産物は生鮮な状態

で取り扱うので特有の流通技術や加工技術を必要とする側面をもっている．園芸学は園芸に関する学理を追究する応用科学である．（→園芸作物，果樹，野菜，花き）．

作物の種類によってそれぞれ果樹園芸・野菜園芸・花き園芸に分類するが，その立地や生産様式によって都市近郊での近郊園芸，都市から離れたところでの輸送園芸，また温室・ハウスなどの施設内で営まれる施設園芸があり，貯蔵・加工のための加工園芸等も成り立っている．さらに芸能的感覚で園芸素材を利用する造園，花き装飾，盆栽等の分野や営利を目的としない家庭園芸・趣味園芸を園芸に包含している（→果樹園芸・果樹園芸学，野菜・野菜園芸学，花き園芸・花き園芸学，近郊園芸，輸送園芸，施設園芸，家庭園芸）．
〔松本〕

園芸作物 horticultural crop, garden crop

一般に園芸の生産に用いられる作物，すなわち果樹・野菜・花きを総称して園芸作物といい，コメ・ムギ・イモなどのような農作物（field crop）や林業に用いられる林木とは区別している（→果樹，野菜，花き）．

しかし，この区別は生産の目的によって規定されるのであって，その実態を踏まえて分類している．たとえば果実の生産を目的としているクリは園芸作物としての果樹であるが，用材生産の場合は林木である．未熟な種実を利用するマメ・トウモロコシは野菜であるが，完熟した種実を利用する場合は農作物として扱う．また花を観賞するためのヒマワリは花きであるが，搾油用に栽培するには農作物として扱われる．〔松本〕

園芸品種 garden cultivar, garden variety

園芸品種は選抜や交雑により改良された園芸作物につけられた品種であるが，自生植物の変種・亜種などでもそれの園芸的価値が認められれば，そのまま園芸品種としている場合もある．

一般の農作物では多少の形質変異があっても同一品種・系統と認めている場合があるが，園芸作物特に花き類などでは，花色，花型，葉形などにわずかな変異があってもそれが有用であれば品種として成立する．また同一種類でも自生植物から種属間雑種に至るまで複雑多様な品種が成立している場合が多い．たとえばバラは栽培の歴史も古く，その品種の数は1万数千に及んでいるが，これらはすべて園芸品種として扱っている．
〔松本〕

円すい（錐）花序 panicle ——→ 花序

円すい（錐）形整枝 pyramid training ——→ 整枝

遠赤色光 far-red light ——→ スペクトル

塩蔵 salting

食塩処理による食品の保蔵法で，野菜の漬物は塩蔵食品の一種である．有害微生物の発育を抑制し，保存に役立つ塩蔵の原理は，食品中の脱水による高浸透圧が微生物の原形質分離を生ずること．塩素イオンの毒作用食塩水が酸素の溶解量を減少させるなどである．

塩蔵方法には，食塩水に野菜を漬け込む立塩（たてじお）法と，直接食塩をふりかけ重石をする散塩（ふりじお）法とがある．保存期間は食塩濃度に比例するが，食味上7〜8％が限度である．ダイコンのたくあん漬け，福神漬のような調味料に漬ける方法，キュウリやオリーブのピックル漬け（これには熟果塩蔵と緑果塩蔵がある）などが有名である．
〔垣内〕

煙斑 ——→ 煙害

煙霧法 fogging, fog appreciation, smoke screen method ——→ 防寒

延命剤 preservative ——→ 切り花保存剤

塩類集積 salt accumulation, salinization

降水量の多いわが国の普通畑では，塩類濃度の高い土壌は珍しいが，降水量の少ない地域，すなわち表面蒸発量が地下透水量を上回る地域では表層土に塩類が集積する．地球の陸地の約1/3は乾燥ないし半乾燥地域であ

り，それらの地域の1/2は塩類集積が著しい．しかも現在，陸地の砂漠化と塩類集積は徐々に進行しており，このような地域での作物の栽培を非常に困難なものにしている．塩類集積と農業に関しては地球レベルでの研究が必要であり，近年この問題に関する関心は高まってきている．

わが国に多い施設栽培（ガラス室・ビニルハウス栽培）の施設内は降雨が全くさえぎられており，また気温が露地よりも高いのが普通であるため，全般的に乾燥的環境にある．たとえかん水が行われても，地表下15～20cm程度が潤う程度にとどまり，肥料成分が下層に溶脱するほどの水量を与えることはほとんどないので，施用した肥料成分やその副成分の大部分は耕土層内にとどまることになる．実際栽培においては，栽培作物の施肥基準にしたがい，作付けのたびに同一施肥を行うという誤りを犯しやすい．その結果，施設内に過剰の肥料成分や，塩素・硫酸などの副成分が集積し，これが塩類による生育阻害（塩類障害）の原因となることが多い．

塩類集積を測定するには，表層土を一定割合の水と混和し，電気伝導度（EC値）を測定する方法がとられているが，添加する水の割合がまちまちであるため，各地で得られた数値を直接比較できない場合が多い．野菜の場合，最も一般的な1:5の浸出液でEC値と各種野菜の生育限界点を調べた例がある．それによると，キュウリ，スイカは2.8mS/cm，トマト3.5mS/cmとなっている．

塩類集積を防ぐ施肥法としては，塩化物など肥効が極度に速効的なものの使用はひかえること，三要素の含有比が作物の要求量にあっていることなどがあげられる．特に緩効性肥料は，有機質肥料に近い肥効を示すものとして評価されている．

すでに塩類が集積してしまったほ場では，吸収力が強く，耐塩性のある作物（いわゆるクリーニング・クロップ）を栽培したり，何日かたん水状態にして強制的に肥料分を溶脱させる方法がとられている． （篠原）

干拓地や施設栽培土壌の塩類濃度が高い場合には，除塩（desalinization）が必要である．除塩法としては，水田地帯では耕地面に湛水して排出する方法，耕地に明渠を掘り塩分を排出する方法などがある．ハウス栽培では，夏の間ビニルを取り去り，降雨により除塩できる．ソルゴー，トウモロコシ等のイネ科作物あるいはホウレンソウなどを無肥料で栽培するのも一方法である． （糠谷）

塩類障害　salt injury　⟶ 塩類集積

お

追 肥 side dressing, top dressing
→ 追肥（ついひ）

黄 化 etiolation, yellowing

緑色植物を暗所で発育させたときに，クロロフィルが形成されないため，カロチノイドの黄色が目立つ現象を黄化という．カロチノイドの黄色が目立たないときは白化とも呼ばれるが，これも黄化に含まれている．セロリ，アスパラガス，根深ネギの軟白，取り木部の発根促進のための遮光処理はその利用例である． (川田)

黄化処理法 etiolation method

黄化した枝の発根性の高いことから，Gardner (1937) はリンゴを用い黄化処理の実用的な方法を考案した．黄化処理法は，春ほう芽直前，枝を暗黒条件下でほう芽させ，この黄化した新しょうの基部を黒テープで巻くか，覆土して光を遮断し，一方その上部は徐々に光にあて緑化の回復をはかる．このように育成した新しょうを適期に切り取って挿し木する方法である．発根の難しい落葉樹に試みられるが，一部チャ，ツバキなどの常緑樹にも実施できる．処理で得られた挿し穂は発根部が黄化の状態に保たれており，顕微鏡の観察でも，明らかに繊維組織，木質部の形成が抑制され，組織的に若い状態が維持されていることが認められている．また，黄化処理は，ある期間，ちょうど取り木と同じ状態にあることから，樹上ですでに再生のためのなんらかの生理的変化が起こっていることも推測され，黄化処理した穂木は発根に有利な条件を備えているといえる．

〔黄化処理の実際〕発根の難しい種類に行うことが多いので，再生力の強い樹齢の若い親木を準備するのがよい．一，二年生苗木を用いる場合は，先端を少し切りつめ30度くらいにあらかじめ植え込んでおく．その上にパイプや木わくを組み，ほう芽直前黒ビニルなどで密閉し，その上に遮光用のシートをかける．ほう芽して新芽がテープを巻ける長さに伸びたらなるべく早く覆いを取り，黄化新しょうの基部数cmに脱脂綿，その上に黒テープを巻き上部に光をあてる．黄化新しょうを急に強光にさらすと葉焼けを起こすので，始めは遮光して徐々にならす．しばらくして，新しょうは緑を回復するので適期に切り取って挿す．挿し穂は黄化部で切断して調製し，オーキシン処理して一般に準じて挿し木する．成木の枝に行う場合は枝を束ねて金網などで覆い新しょうが直接ビニルに触れないようにして，黒ビニル，寒冷しゃで覆う．その他は苗木の場合と同様に行えばよい．圧条と組み合わせる方法は，あらかじめ苗木を伏せて植え，その上に数cm覆土してほう芽させる．ほう芽してきたらさらに覆土して，新しょうの基部4，5cmが土中に残るようにする．このような新しょうを適期に切り取って，挿し木するか，そのままおいて発根したら切り離す．黄化処理は手数がかかり一般的な方法ではないが，特に発根の難しい種類に対して発根を期待するような場合，オーキシン処理を併用して試みられることが多い． (町田)

覆いをとり黄化新しょう部に黒テープを巻いたところ（リンゴ）

黄 熟 yellow ripe → 熟度
覆い下栽培 shaded culture

露地栽培が困難な寒冷期を越え，早春に収穫する秋播き野菜（ダイコン，カブなど）では古くからわら，よしずなどで囲う越冬栽培

がある．この方式は栽培床の北側に南向きに霜よけ用の片屋根（竹骨，わらなどでつくる）を張り出させているため，覆い下栽培と呼ぶ．栽培床は幅1.2～1.4mの東西うねとし，片屋根は陽光の角度に伴って変化（12～1月は約30度，2～3月は約45度）させるため，その幅を1.8～2mとしている．関東における小カブでは，早春の収量は10月中下旬播きが最も多く，11月は肥大期が厳寒期に当るため品質が劣る．また，12月から1月にかけては暖い日にはく種し，もみがらで厚く保護すれば早春以降の収穫が可能となる．この方式は関東以南で普及したが，プラスチック資材，特にビニルトンネルの導入によって面積が著しく縮小した． （新井）

大苗移植法 method of establishing orchard with large nursery stocks

果樹は普通一年生苗を定植するが，カンキツなど生育の遅い種類や，特殊な整枝をするナシなどでは，別のほ場で2～3年間養成した大きな苗を定植して，低収益期間を短縮する方法が，最近実用化されつつある．このような開園方法を大苗移植法という．

（平野曉）

雄株・雌株 male plant ; famale plant ⟶ 雌雄異株・雌雄同株

オキシダント oxidant ⟶ ガス障害

オーキシン auxin

インドール-3-酢酸（IAA）と同じ生理作用を引き起こす物質の総称で，天然オーキシンと合成オーキシンとがある．Kögl（1931）によって植物の成長を促す物質として名づけられた．IAA以外に天然オーキシンとしてその関連物質は，IAM，IAN，IEtなど多くの化合物が検出されている．また，合成オーキシンとしては，インドール酪酸（IBA）2,4-D，2,4,5-T，NAA，エチクロゼートなど多くの化合物にオーキシン活性が認められ，摘果剤，除草剤などに実用的に利用されている．

〔オーキシン類の生理作用〕

1) 細胞伸長効果　オーキシンの最も顕著な効果の一つである．Wentのカラスムギの子葉しょうの実験で明らかなように，細胞伸長効果は幼植物の細胞で顕著である．これを利用して，アベナ屈曲テスト，アベナ伸長テスト（→アベナテスト），エンドウ屈曲テスト，エンドウ伸長テスト，ラファナス屈曲テスト等の生物試験法が創案されている．

オーキシンによる細胞の伸長効果は，オーキシンにより細胞壁のゆるみがもたらされ，その結果吸水生長が増大して細胞の伸長が起こると考えられている．

アベナ子葉しょうに，一定方向から種々の強さの光を与えて，その屈曲度と，光側とその反対側のオーキシン量との関係を調べると，屈曲の正負は光の強さにより決定され，また屈曲する側のオーキシン量は，反対側のそれよりも常に低いことが明らかになった．このことは光の当った側とその反対側にIAAの分布の不均等が引き起こされ，その結果として屈曲が起こることを示している．このIAAの分布の不均等さは，光によるオーキシンの分解よりは，子葉しょう中におけるIAAの横軸方向への移動が促進されることによるものと考えられている．一方屈地性についても，屈光性と同様に，重力によってオーキシンの横軸方向への移動が引き起こされ，その結果，オーキシンの不均等な分布が生ずることが証明されている．

高等植物では，頂芽が存在する間は側芽の伸長が抑えられている．この現象を頂芽優勢という．しかし，頂芽を除くと側芽が伸長を開始するが，切断した頂芽の部分にオーキシンを与えると側芽の伸長は抑制される．このことは，頂芽優勢が内生オーキシンの移動によって制御されていることを示している．

2) 発根作用　一般にオーキシン類は不定根の形成を促進する．不定根原基誘導過程と，原基の形成過程の2段階が考えられ，オーキシンをはじめこれらの発根促進物質が，これらの異なった段階に作用していることも考えられる．

3) 離層形成の遅延作用　植物の葉や果実等が茎から脱離していく落葉や落果の現象

は，茎と葉柄や果実・果柄の間に離層が形成されるためである．このような葉の脱離現象を支配する要因としてオーキシン勾配説が考えられている．

4) 単為結実の促進　植物花器の子房は，受粉の後，受精すると肥大を始めるが，その受粉の代りにオーキシンを与えると肥大を始める場合がある．また，無核性のウンシュウミカン，レモン，オレンジは有核性の同種の幼果よりもIAA含量は高い．

5) 脱分化に対する作用　植物の組織切片を高濃度のオーキシンを含む培地で培養すると，カルスを形成する．この茎や葉に分化した器官から分化しない細胞群が発生することを脱分化というが，正常の組織を脱分化させるためには，高濃度のIAA, 2,4-Dのようなオーキシンを与えることが必要である．また，このカルスを持続的に増殖を続けさせるためには，サイトカイニンとオーキシンが一定の割合で培養中に存在しなければならない（→組織培養）．

6) 木部分化　高等植物における茎，根，葉柄，子葉しょう等における導管の分化は直接オーキシンによって誘導される．

〔オーキシンの生合成〕　トリプトファンからトリプタミンを経過する経路とインドールピルビン酸を通る経路の2種類が知られている．これ以外にはグルコブラシジンからインドールアセトニトリル，そしてIAAに変化する経路も知られている．

〔細胞内存在様式〕　植物体内で拡散しない，非移動型オーキシンはペプチド（インドールアセチルアスパラギン，グルコシド（IAAアラビノース，IAAグルコース）o-フェノールとの結合物などの結合型オーキシンとして知られている．これらのものは細胞内におけるある種の貯蔵の形，および過剰の量の解毒のための形と考えられている．

〔分解〕　IAAはIAA酸化酵素によって酸化され最終的には生理的に不活性な3-メチレンオキシインドールになると考えられている．

トリヨード安息香酸（TIBA）はオーキシン濃度を低下させることによってアンチオーキシン作用を表すことが知られている．リンゴの落葉剤に使われていたが，現在は農薬登録されていない．　　　　　　　　　　（廣瀬）

晩　生（おくて）　late flowering, late maturing, late ripening

比較的開花・結実・成熟が遅いこと．特に遅いものを極晩生という．　　　　　（岩佐）

押し傷　bruise

果実や野菜などを取り扱っている際に生ずる機械的傷害の一種で，表面組織の破壊はみられないが，内部組織は軟化したり，変色したりする．変形を伴うこともある．一般に衝撃と静圧により引き起こされる．（崎山）

おしべ　stamen　──→　雄ずい

オスマンダ　osmunda

シダ類のゼンマイ属の根で，日本ではゼンマイ，ときにはヤマドリゼンマイ，マシヤゼンマイの根を用いる．腐朽が遅く，通気，通水がよく，根にデンプンを含み，ラン類の植え込み材料として，単用または水ごけと混ぜて用いる．　　　　　　　　　　（鈴木基）

汚染ほ（圃）場　infected field

植物病原体やそれらの媒介生物，伝染源となる植物，あるいは有害な化学物質などが蔓延または存在しているほ場のこと．したがって，汚染ほ場では，条件次第でいつでもそれらの汚染源による植物の病気が発生する可能性がある．また，実際に病気が発生しているほ場を指して用いることもある．通常，汚染ほ場という場合には，植物病原の種類は特に限定されず，広く解釈して用いられる．土壌伝染性の病原体や，植物に障害を起こす汚染物質が土壌中に存在するときは，汚染土壌といい，第一次伝染源が土壌に由来することを意味する（→土壌伝染）．汚染ほ場における病原体の存在形態はさまざまで，り病植物体上に形成された繁殖体がおもである．

（平野和）

遅咲き性　late flowering　──→　早咲き性・遅咲き性

オゾン ozone ──→ ガス障害

オーチャードヒーター orchard heater

寒害防止の一手段として，燃焼器利用による昇温法があり，樹園用に開発されたヒーターをオーチャードヒーターという．リターンスタック型のヒーターなどはその代表的なものであり，重油燃焼量が $1.5 l/h$ のヒーターなら1 ha 当り90～180個を配置する．
（鴨田）

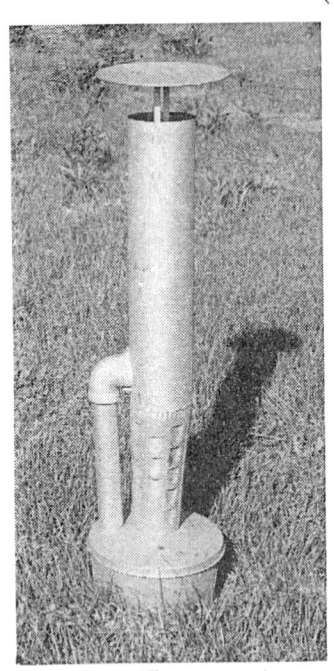

リターンスタック型オーチャードヒーター

汚泥ケーキ sludge cake

汚泥（sludge）には ①河海，湖沼などの水底に沈殿している泥状のもの，②浄水場，下水処理場，工場排水処理施設，し尿処理場などの水処理で水から分離除去された泥状物，③生産工程で生じた液状のもの，④建設工事から排水された廃泥水などを含んでいる．汚泥には多量の有機物および各種の無機成分を含むが，汚水の発生源と汚泥の処理法の違いにより著しい差を示す．脱水して水分を減少させたものをケーキという．沈殿分離剤がほとんど使用されないし尿の消化汚泥は農業に利用しやすい．カーバイトさいや多量の石灰を使用した汚泥は施用効果が一般に低い．10 a 当り2～4 t 程度とし，多量施用は障害を生じやすい．
（鈴木基）

オートクレーブ autoclave

高温高圧下で化学反応あるいは抽出，殺菌などを行わせる耐熱耐圧の装置．材質によっては 500℃，1000気圧までの実験も可能である．形式としては静止型のほか，内部かく拌，振とう，回転など内部を混合できるものとがある．微生物培地の殺菌には普通120℃で15分，1回の操作で十分である．
（金沢）

オニオンセット onion set

タマネギはふつう種子から生育させるが，促成栽培，あるいは寒冷地で生育期間が短い場合にはオニオンセット栽培が用いられる．セット（子球，dry set）は，2～3月に播種して種球を生育させ5月に掘り上げる．径1～2 cm が普通であるが，短期間の促成をねらう場合にはさらに大きくしておく必要がある．このセットを8～10月に定植すると11～3月に収穫できる．
（中村）

鬼 皮（クリの） shell

クリの果実は子房の発達した真果であるが，食用部分は主として種子の子葉である．食用部分を包む硬い外皮は子房壁（外果皮）の発達したもので，鬼皮と呼ばれる．
（志村）

帯状草生法 alternate row sod system ──→ 草生法

オフフレーバー off-flavor

果実や食品成分の化学的変化，外部からの混入によって2次的に生じた異臭，変質臭，悪変臭のことで，異物混入の汚染臭，酸敗臭，酸化臭，日光臭，加熱臭，鮮度低下臭などを含む．たとえば，ウンシュウミカン貯蔵末期の異臭は，エタノールやアルデヒド類の集積によること．あるいは，濃縮果汁製造にあたり用いられるプレート式濃縮機において，長時間の使用によりパルプが付着し，焦げつきにより果汁に異臭を与える．また，濃縮カンキツ果汁に発生するオフフレーバーの原因は乳酸菌の一種であるジアセチル産生菌で，耐熱性が弱く，蒸発缶に入れる前の急速加熱（71℃，10秒）と冷却で制御できる．な

お，カンキツ果汁のオフフレーバー指標として，ビタミンCの脱炭酸によるフルフラール含量が $55\,\mu g/l$ 以上であると劣化が激しいとされている． （大垣）

表 年 on-year ⟶ 隔年結果

親 芋 mother corm, mother tuber
⟶ 子芋・孫芋

親 株 mother plant

株分け，挿し芽あるいはランナーとりを行う際，もととなる親を親株という．親株は系統的に純正で，病虫害がなく，かつ生育力の旺盛なものでなければならない．親株はカーネーションのように特別のガラス室あるいはフレームで育成する場合もあるが，通常は普通栽培の株のうちから，形質および生育の優良なものを選んで親株とする．

イチゴ，カーネーション等のウイルス保毒性のものではウイルスフリーの必要性があり，このためにウイルス検定の必要がある．一般に茎頂培養で育てた親株を網室で育成する方法がとられている． （中村）

親食い現象（球根の） degeneration

チューリップで植え付けられた1球（株）から2〜4本の茎が立ち，それぞれ開花して見事な株になる現象．チューリップは1球から1本の主茎が伸び1花をつけるのが普通で多数の花茎が立つ場合は，球根となるべき内側球芽が花芽分化し開花してしまうので子球（daughter bulb）がほとんど着生しなくなる．つまり親球を食いつくして子球ができなくなることからこの呼び名がある．この現象は，常に発生するわけではなく，品種や年次によってときに多発して球根収量の著しい低下をもたらし，問題となることがある．その発生条件については，まだ不明の点が多いが，球根収穫後の貯蔵温度条件により花芽分化およびその発育に異常をきたすためと考えられている． （天野）

親づる main vine ⟶ つる

オールバック形整枝 all-back training
⟶ 整枝

オレンゼロ orangelo ⟶ タンゴル・タンゼロ・オレンゼロ

温 室 greenhouse

ガラスやプラスチックの被覆材で被覆された構造物で，自然環境下での気象的不足要素を人工的に補い，作物を栽培することを目的とする．一般にはフレームやトンネルなど，軒高が低く，中に入って作業ができないような小型の構造物は除外する．

ガラス室の構造形式としては両屋根式，スリークォーター式（四分の三式），片屋根式，半円型式，連棟式などがある．一般に多く普及しているのは両屋根式で，200〜300 m² なら単棟建，1 000 m² 程度では3連棟建が実用的である．スリークォーター式は冬期の採光性を重視する温室メロン栽培用として，130 m² 内外の単棟建が賞用される．連棟式は多連棟のフェンロー型で代表され，おもに野菜用として1 000〜3 000 m² の大規模温室に採用されている．ほかに観賞・展示用のドーム型（丸屋根型）や立体栽培用のタワー型など特殊な構造の温室がある．

ビニルハウスを主とするプラスチックハウスにも別項（→プラスチックハウス）のように多くの構造形式がみられる．気象立地，栽培作物の多様性，経営規模の零細性から，わが国の温室の構造形式は諸外国に比べて多彩に分化している．

温室によってつくり出される気候は，自然状態のほ場気候と著しく異なる．気候要素ごとにあげると，①温度：昼間は常に高温，夜間は外気よりやや高温，小施設では低いこともあるが，人為的に高温化が容易．日夜の較差と刻々の変化大，②光：光量は30〜40％減少し，分布は常に不均一，光質では紫外線が減少または欠如，光質制御が可能，③CO_2：昼間は常に減少，増施により外気以上に増大が可能，夜は増大，④雨：無降水，かん水により土壌水分コントロールの可能性大，⑤湿度：過湿から過乾まで大幅に変化，⑥風：常に弱い，などである．自然空間から閉鎖された条件であるので，その中の気候要素の人為的制御が可能であることが大きな特徴であ

多連棟式フェンロー型ガラス温室 　　　　　単棟大型ビニルハウス

り，それを発揮させて周年的な，計画性のある生産が行われる．その反面，性能を十分に発揮させるためには施設資材，特に暖房燃料などの直接エネルギーの多投を必要とするので，生産効率を高めるには省エネルギーの方策を講じる必要性が高い．

わが国の温室内で栽培される作物は野菜が最も多く（約75％，昭58以下同じ）次いで果樹（約16％），花き（約10％）である．近年の面積増加率は果樹が最も高く，導入作物の多様化が著しい．従来露地栽培を慣行としていた作物でも生産安定，不時出荷を目指し温室栽培をしている場合が多い．これに対し熱帯・亜熱帯性の植物などで従来からガラス室内でのみ栽培されている植物を特に温室植物といっている（→プラスチックハウス，加温栽培・保湿栽培，立体栽培）．　（板木）

温湿度勾配　temperature and humidity gradient

たとえばカンキツ類をコンテナに入れて貯蔵すると，庫内相対湿度が最適の85％であっても95％の相対湿度に貯蔵したのと同じように腐敗が多くなる．この現象の解明のために立てた仮説が湿度勾配である．果実の表面の湿度は98％であるから，貯蔵庫内の相対湿度85％の間に一定の勾配で，果面に近づくほど高くなっているはずである．コンテナ内では相対湿度が95％のところで果実が触れ合うことになり，庫内相対湿度は85％でも果実周辺（雰囲気）95％となり腐敗が増加すると推定した．

貯蔵庫内の温湿度は均一にならない場合があり，青果物自身の温度（品温）と庫内の温度が異なる場合もある．この異なった温湿度間では急に変化するのではなく一定の勾配をもって変化していると考えられる．なお，ダムの水の蒸発量は湿度勾配の測定からも算出できるといわれている．　（伊庭）

温床　hotbed

わくで囲った育苗床のうち，太陽熱以外の熱を用いない方式を冷床（フレーム），太陽熱のほかに人工熱によって床（上部の空間を含む）を暖房する方式を温床と呼ぶ．上部は保温のため，透明のビニルなどによって被覆するが，昼は昇温防止と炭酸ガスを補給するため，換気を行う．温床は農業用の電熱線を床下に埋没する電熱温床とワラ，落葉など有機物を床下に埋めて発酵熱によって昇温する踏込み温床とに大別されるが，いずれも野菜，特にキュウリ，ナスなどの好高温性果菜の早熟栽培に用いられている（→育苗）．（新井）

温帯性（果樹の）　temperate

北半球では25°以北と極圏（66°33'）との間の緯度帯が温帯とされている．その気候は緯度，海洋との関係，地形によって多様であるが，温和で比較的四季の変化がある．

たとえば，果樹では年平均温度8～12℃で夏半期少雨の北部温帯には，おもにリンゴ，オウトウ，セイヨウナシが，11～16℃の中部温帯にはカキ，クリ，ニホンナシ，ブドウ，核果類などが，15～17℃の南部温帯には常緑果樹が分布する（→常緑果樹）．　（大垣）

温湯処理 hot-water treatment

1) 病害防除

種子や穂木などの組織内に侵入した病原体を不活性化するため，温湯に浸漬処理すること．病原体の不活性化温度が種苗の致死温度より低い場合に有効で，古くからムギ類の黒穂病対策として知られていた．そ菜ではトマトのかいよう病や萎ちょう病，キャベツの黒腐病，セルリーの葉枯れ病，ナスの半身萎ちょう病，ソラマメの褐斑病などの対策として種子消毒に利用されている．処理温度40〜50℃，10〜30分ぐらいが多いが，時間および方法は対象作物と病原体によって微妙に異なっており，規定の処理方法を厳守しなければならない． (小泉)

2) 休眠打破

休眠打破を目的として，球根，根株などの温湯に浸漬する処理．テッポウユリ球根の休眠打破には45℃の温湯に60分浸漬が有効である．この場合，生長抑制物質の溶出により休眠が打破されるものと推定されている．
(川田)

温湯暖房 hot water heating ⟶ 暖房・暖房機

温度較差 temperature range

連続した温度変化のなかで，最高および最低温度の差を温度較差という．通常よく用いられるのは，1日のうちの温度変化や年間を通じての最高および最低気温の較差などである．

温度較差は晴雨や季節，植被条件，地形，緯度などによって大きく変化する．気温の日較差についてみると砂漠や内陸性気候，南斜面，無栽植のガラス室内などは大きな較差を示し，一方，海洋性気候や北斜面，植物がよく茂っているところなどは日較差が小さい．また，気温年較差は緯度や高度，地形などにより大きく異なり，月平均気温の年較差は低緯度で5〜10℃，中緯度温帯で20〜30℃，高緯度寒帯では35〜50℃に達する．

温度較差の大小により作物の生育反応が異なり，収量や品質に影響するところが大きい．
(鴨田)

温度管理 temperature control

種子の保存，作物の栽培，生産物の保蔵等に際して，周辺の気温を好ましい環境に管理することをいう．作物の生命活動は温度に支配される場面が多いため，細胞・器官の分化・発達，光合成・呼吸・代謝の調節等で，広義の生長制御の手段として利用される．
(伊東)

温風暖房 warm-air heating ⟶ 暖房・暖房機

温風暖房機 warm-air heater, hot-air heater ⟶ 暖房・暖房機

温浴法 warm bath method

気浴法は気体で処理する方式であるのに対し，温浴法は温湯で処理する方式であり，Molish(1909)によりライラックの冬芽の休眠打破に適用された．現在では温湯処理と呼ばれている． (川田)

か

科 family ⟶ 科・属・種

外衣 tunica

茎の頂端における分裂組織は，外衣と内体 (corpus) との二つの部分に区別される．外衣はこの分裂組織の外側を覆う1～数層の細胞が垂層分裂（細胞壁が植物体表面と垂直にできる）を繰り返して表面の増大をはかる．この外衣に由来する部分は，葉や茎の表皮，あるいは茎の周辺部となる． （田中）

開園 establishment of orchard

既耕地，未耕地を問わず，果樹を植え，果樹園をつくることを，開園といっている．気候，土壌，地形が目的の果樹に適した園地を選ぶことはもちろんであるが，そのほかに，1園地の面積，園の集団度，住居からの距離なども重要な要件となる．一度栽植すると長年栽培しなければならないので，園地や果樹の種類の選定には細心の注意が必要である．

園地が決定したら，まず，大型の機械が通行できる農道の整備をする．最近は園地の集団化が進んでいるので，農道は共同でつくるようになった．次に，防風垣を植える必要があるが，山林を開墾する場合は，風上部の樹を帯状に残すと，早期から防風効果をあげることができる．また，傾斜地では，山頂部に保水林を残し，園内に貯水池をつくることが望ましい．

傾斜の程度によって，園地の整備の要点が異なる．

〔傾斜地〕 利用しやすい農道を設置することと耕土の流亡を防ぐことに主眼をおく．まず，幅3～4mの園内道をつくる．傾斜の強い園では，機械の運転に無理のない程度の傾斜になるように，園地の傾斜に対して斜めに，かつ，園地のどこからでも同様の便利さで利用できるような位置に設置する．雨天時にも車が運転できるように施工することが望ましい．道のわきに，コンクリートまたは石でつくった集水溝をつくると，耕土の流亡や道路の崩壊を防ぐことができる．また，かん水や防除用の施設あるいは防風垣も同時に考慮しておくとよい．

ほ場は，急傾斜地では，階段をつくる．以前は階段の平らな部分（テラス）に果樹を植えていた（階段畑という）が，最近は間隔をおいて幅2mぐらいを平らにした階段をつくり，そこを機械が通行する作業道として，傾斜面に果樹を栽植する斜面栽植方式（または斜面畑方式）も採用されるようになった．

緩傾斜地では，階段をつくらず，もとの傾斜のまま開墾して（山なり開墾）栽植するが，そのうちで傾斜がやや急なところでは，等高線植え（→等高線栽培）をするとよい．

いずれの場合でも，人力による作業に比較して経費が安く，作業能率が高いブルドーザーを利用することがほとんどである．しかし，機械の重量によって土壌が圧密されるので，栽植するほ場全面を，ブルドーザーによって深さ0.7～0.8mに深耕しておく必要がある．

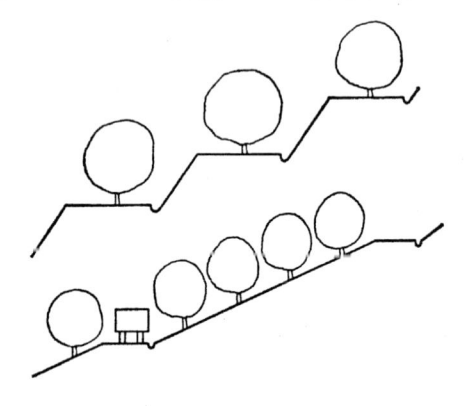

階段畑(上)と斜面栽植方式(下)

〔平地〕 園内道は作業性と果樹による土地利用率とを考慮して，直線的に一定の間隔で縦横につくる．果樹園としての平地の最大の欠点は，地下水位が高く，かつ，排水不良地が多いことである．地下水位が0.8～1.0m以下になるように排水には十分留意し，低地では，共同で排水施設を整備する必要のある

ところがある．地形を改造できるところでは，多少傾斜をつけたほうがよい．

〔栽植様式および密度〕　平地または緩傾斜地では，これまでは正方形植えが普通であった．大型機械の導入に伴って，長方形植えや並木植えもみられるようになった．最近は計画密植することが多いが（→計画密植），まず第一に永久樹の位置を決め，その何倍の本数を植えるかを考えて（普通は 2〜8 倍），栽植する位置を決める．階段畑では，テラスの中央に，成木になったときに適切な間隔に，1 列に永久樹を植え，各樹からなるべく遠いところに，1〜3 倍の間伐樹（永久樹の 2〜4 倍の密度となる）を植える．並木植えでは，必ずしも永久樹と間伐樹とを念頭において栽植する必要はない．

〔栽植〕　植え穴（→植え穴）を掘り，良苗を定植（→定植）する．生長の遅いカンキツなどでは，別のほ場で養成した大苗を移植すると低収益期間を短くすることができる（→大苗移植法）．定植後は，風によって倒伏しないように支柱を立て，かん水し，敷わらをして乾燥を防ぐ．活着して伸長をはじめるまでは，よく見回って注意をし，枯損樹は早期に補植（→補植）する．　　　　　　（平野暁）

開　花　flowering, blooming, anthesis

花器が完成して配偶子も成熟し，環境条件がととのえば開花する．開花には温度が密接に関係している．花芽が完成していく過程を花芽の発達といい，最終的に花が開くことを開花という．植物生理学で開花というのは，生長点が栄養生長状態から生殖生長状態へと，生理的な変化あるいは形態的変化をすることである．花が開くのは開やく（anthesis）と呼んで区別する．開花期（flowering period）には，咲きはじめた最初の日を開花始，開花期は全株の 40〜50% が開花始に達した日，開花揃は全株の 80〜90% の株が開花始に達した日を用いている．果樹では目測で 7 分開いた日を満開としている．　（鈴木基）

開花刺激　floral stimulus

日長に感応して葉で生成され，芽に伝達されて花芽分化を引き起こす物質をいう．この物質を想定して Chailakhyan（1937）は florigen と名づけ，わが国では開花ホルモン，花成ホルモン，花成物質などと呼ばれている．しかし，花成を誘導する物質の本体は，多くの研究者の努力にもかかわらずまだ確認されていないため，ホルモンとか物質とせずに，より抽象的に開花刺激と呼ばれることも多い．開花刺激の伝達速度は，葉の中では遅く数 mm〜数 cm/h であるが，茎の中では速くアサガオでは 50 cm/h 以上であることが実験的に推定されている．　　　　（稲田）

開花習性　flowering behavior, flowering habit

開花習性をはっきり定義することはやや難しいが，一般的には四季咲き性などのように，1 年で花の咲く時期を特定するのに用いたり，あるいはアサガオは朝に咲き，オシロイバナは夜に咲くというように 1 日のどの時間帯に咲くかという習性を指したりする．また雄ずい先熟という場合のように花の器官別の熟度を指したり，あるいは 1 本の花序に着生している花が下部から咲き始めるというような方向性を指したりすることもある．もっと広い意味では，開花に対する日長や温度の要求性を指したりするなど開花に対する性質について，いろいろの場面で用いられている．　　　　　　　　　　　　　　（菅）

開花促進　promotion of flowering　　→開花調節・開花促進

開花調節・開花促進　regulation of flowering; promotion of flowering

温度，日長等の環境の調節，化学物質処理，栽培技術などにより植物の開花を人為的に調節することをいうが，この場合は自然での開花期を上記手段により促進するいわゆる開花促進のみならず，それを意図して遅らせるいわゆる抑成栽培も包含される．

開花調節は，花が直接の収穫目標である花き栽培において特に重要であるが，他に採種栽培や育種において交配親の開花期を一致させる場合の開花促進あるいは抑成，災害の回

避などにおいては，花きのみならずその他の作物においても重要である．実際に開花調節を行うためには，対称とされる植物の開花生理，特に開花を支配する環境要因の解析が十分になされていることが必要である．

チューリップなどの球根花きの場合は，開花調節には主として温度要因が大切で，一方キクなどでは温度要因とともに日長要因も重要である．ジベレリンなどの化学物質が，開花調節に使われることも多くなった．しかし，化学物質は主として補助的な手段として用いられる．

キクの場合，現在はほぼ周年出荷されているが，わが国では開花期の異なる夏ギク，秋ギク，寒ギクなどがそれぞれの栽培適地から出荷され，全体として見れば周年供給が成立するというケースが多いが，アメリカやヨーロッパでは，日長感応性の高い秋ギクを用いその開花生理を十分に解明理解した上で，温室などで日長と温度を制御して計画的に開花調節し，周年出荷される場合が多い．わが国でもそのような計画的な周年栽培を目標にした研究が進んできている．そのため，多様な品種の開花生理を新しい概念によって整理し，不足なものは育種によって補うという作業が必要とされる．また，実用面では，単に需要の高い時期に間に合わせて開花調節をはかるというような場合だけでなく，より省エネルギーとなるような開花調節技術の開発なども要求されるであろう．キクの挿し穂冷蔵によるロゼット打破などはその好例であろう．この技術の応用により冬期の施設内の温度はより低温におさえられ省エネルギー化されている．

現在，花き生産においては多種多様な開花調節技術が開発され，その多くは実用に移されているが，今後さらに有効な開花調節のための化学物質の開発や，その基礎となる開花生理の研究が望まれる．　　　　　（菅）

外花被　outer perianth　　⟶　花被

開花ホルモン　flowering hormone

植物の開花についての種々の実験結果から帰納すると，開花は葉でつくられた物質が生長点に移動しそこで花芽分化を誘導すると考えられるが，その物質は非常に微量で作用し，ホルモン的性格を有しているとの判断からその仮定の物質は開花ホルモンと呼ばれている．開花ホルモンは，花成ホルモンまたはフロリーゲン（florigen）などとも呼ばれるが，その実体が明確でないので単に花成刺激と呼ぶ人も多い．最近では，特別の開花ホルモンの存在に疑問をもち，開花は既知の植物ホルモンあるいはその他の物質のバランスによって誘起されると考える人も多い．また，開花は開花を阻害している物質が除去されると起こると考える人もいる（→開花刺激）．
　　　　　　　　　　　　　　　　　　（菅）

開花誘導　flower induction

花成誘導と同じ意味に用いられることが多いが，これよりさらに一般的に温度や日長あるいは化学物質処理など，どのような手段を用いた場合でも，ある植物に開花を引き起こすような処理や手段を加えて開花を誘導することを開花誘導と呼んでいる．ある植物に開花を誘導するためには，どのような条件が満足されると開花が起こるのかなどの基礎的研究が必要である．　　　　　　　　　（菅）

開花抑制物質　flower inhibiting substance

自然界起源のものであろうと，合成されたものであろうと，植物の開花を抑制するような物質は開花抑制物質と呼ばれる．一方，植物の開花現象の物質的基礎が明らかでない現在，開花は植物体内に生成される特殊な開花ホルモンによって引き起こされるという説があるほか，既知の植物ホルモン等のバランスで，開花が起こったり起こらなかったりすると考える人もいる．他方，開花を誘起するような特別の物質は存在せず，開花現象には，開花抑制物質が関与し，誘導条件下でこの開花抑制物質が消失したり，あるいはその量が減少することにより生長点に花芽が分化することにより開花が起こると考える説もある．しかし，その実体は明らかでない．　　（菅）

階級 class

青果物の選果時の品質区分の用語で，外観の区分を等級というのに対して，大きさの区分を階級と呼び，階級区分ともいう．果実では農林水産省局長通達で全国規格が決められた．階級構成は一般に小さい方から S, M, L で表し，さらに細かく区分けする場合は SS, LL, 3L などの記号を用いる．カンキツ，クリなどでは果実の直径や長さで5〜7mm 単位に分けている．リンゴ，ブドウ，ナシ，カキなどでは1果重量を指標として区分けしている．大部分の果実では形状選果機や重量選果機を用い，機械で階級選別を行っている．

(伊庭)

階級区分　sizing　──→　階級
階級構成　size of fruit　──→　階級

塊茎　tuber

茎あるいは地下茎が球状または塊状に肥大したもので，葉の変形物で覆われない点が球茎と異なる．芽が頂部付近にのみあって，胚軸にあたる部分が年々肥大を続ける非更新型のもの (tuberous stem の呼称がある) と，肥大部の各部に側芽が認められ，分球していく更新型 (true tuber) とがある．前者の例がシクラメン，グロキシニア，球根ベゴニアなどで，分球することがないため，種子あるいは挿し木により増殖をはかっている．後者の例がジャガイモ，アネモネ，などであり，

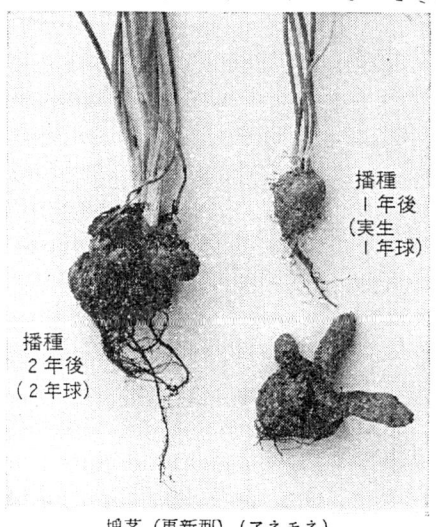

塊茎 (非更新型) (グロキシニア)

新しく形成された塊茎の分球によりふえる (→塊根)．　　　　　　　　　　(今西)

塊根　tuberous root

根自体が紡錘状または棒状に肥大して，多くの貯蔵養分を含むものである．ダリア，ラナンキュラス，サツマイモなどがその例である．サツマイモのように塊根に不定芽が形成される場合もあるが，通常は塊根の上部にクラウンと呼ばれる茎の基部がついていない

塊茎 (更新型) (アネモネ)

塊根 (ダリア)

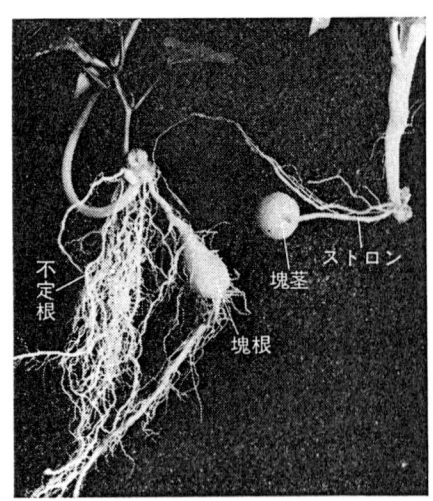

塊根（左：サツマイモ）と塊茎（右：ジャガイモ）

と，芽が伸びてこない．このため，クラウンにある芽を必ずつけて分球しなければならない．サツマイモ，ダリアでは茎から発生した多くの不定根のうち，一部が肥大して塊根化する．塊根化する不定根では，形成層環の分裂によってできる木部柔細胞の増加とその拡大により肥大が進む． （今西）

外婚（累系交配） outbreeding

近縁交配に対するもので，交配に用いられる系統間に血縁がない，あるいは遠縁にあるとき，この交配を外婚，または異系交配といい畜産学では特に外縁交配ともいう．
 （成河）

塊根類 tuberous root vegetables

塊根類は野菜の種類を分類する一項目で，サツマイモ，ジャガイモ，ショウガ，ヤマイモなど肥大した塊根，塊茎，担根体などを利用の目的にする野菜を総称している．これらの野菜は直根類とともに根菜類に含める分類法もある．
 （松本）

カイ二乗（χ^2）検定 chi-square test

χ^2 分布を利用した仮説検定の手法．χ^2 適合度検定や分割表による独立性の検定がよく用いられる．適合度検定は，いくつかの識別できるクラスに組み分けされたデータの個数，つまり観測度数と仮説により期待される度数とのくい違いの程度から，データが仮説に適合しているかどうかを判断する方法である．いま，データが k 個のクラスに分けられたとき，観測度数と期待度数とのずれの大きさの尺度として，次の式によって求められる χ^2 の値を用いる．

$$\chi^2{}_0 = \sum_{i=1}^{k} \frac{(観測度数 - 期待度数)^2}{期待度数}$$

$\chi^2{}_0$ の値を，自由度 $k-1$ の χ^2 表の有意水準 5％ あるいは 1％ の限界値と比較し，それより小さい場合には仮説を棄却できない．つまり，実験データは仮説と矛盾しないということになる．観測対象が二つの特性によって分類される分割表に基づき，両特性の独立性を χ^2 検定で調べることができる． （菊池）

改植 replanting

果樹やバラなどのような永年生作物を掘りとって，そのほ場に他の個体を植えかえることを改植という．また，この場合に，以前に植わっていたものと同一の種類を植える場合に限って改植という場合もある．「カキ園をナシに改植する」という場合は前者の例であり，「改植障害（replant problem）」の改植は後者の例である．永年同一の作物を栽培すると，特殊な養分を特に多く吸収してしまったり，特殊な病害虫が繁殖したりする．これらは，後作の他種の果樹にも影響を及ぼす可能性もあるが，同種の果樹に対しては，特に悪影響のある場合が多いと考えられるから，同種に改植するときには注意を要する．また，樹が老齢化した果樹園を改植する場合には，後作の種類に留意するとともに，低収益期間をなるべく短くするよう，技術的，経済的に努力する必要がある． （平野暁）

外植 explantation

実験発生学，実験形態学などで用いられる技術で，生物体からその一部分を摘出し，これを単独に，または他の部分と組み合わせて体外で培養することをいう．外植される部分を外植片，外植体（explant），エクスプラントといい，外植をこの意味で用いることもある． （石原）

開心自然形整枝 open-center training, open-head training ⟶ 整枝

回青 regreening

樹上で越冬し成熟期が初夏のカンキツ果実は，いったん低温を迎えて果皮中のクロロフィルが消失し，カロチノイドが発現して橙〜黄色となる．樹上で春を迎えると果皮が二次生長し，クロロフィルが再現して緑色を呈する．晩生カンキツ類で多くみられる現象で，日光を受ける果実ほど回青し，回青果実は一般に品質が低下する． （大垣）

外生菌根 ectotrophic mycorrhiza, ectomycorrhiza ⟶ 菌根

階段畑 terraced field ⟶ 開園

回転培養 batch culture, rotary culture ⟶ 液体培養

解凍 defrosting, thawing

氷や雪が融解すると水となって元の形は残らないが，凍結食品を解かすと原形はほとんどそのまま残る．氷の融解と区別して冷凍品の解凍という．凍結食品中の氷結晶や凝固している脂肪分を融解することである．氷結晶が大きい冷凍品ほど解凍するとドリップ液が多く養分が失われる．好ましい解凍程度は，食品の種類や用途により異なる．解凍後は腐敗菌による品質低下が早いので，解凍が進み氷結晶は残っているが，氷結率が小さくなってナイフが入るくらいの状態（半解凍）で調理するほうが形のくずれが少なく好ましい．また冷凍果実は半解凍で食べるほうがよい．氷結晶が完全に融解した状態を完全解凍という．高周波誘電加熱，すなわち電子解凍法がすぐれている． （垣内）

カイニン kinin ⟶ サイトカイニン

カイネチン kinetin ⟶ サイトカイニン

灰分 ash

有機物を燃焼した後に残る灰のことをいい，ほとんどが無機塩類であり，その主成分はナトリウム，カルシウム，マグネシウム，鉄などの酸化物，硫酸塩，リン酸塩，ケイ酸塩である． （金沢）

海綿状組織・さく(柵)状組織 spongy tissue; palisade tissue

葉肉 (mesophyll) は葉身の中で表皮に挟まれ，葉脈に囲まれた組織で，葉緑体に富んだ柔細胞からなる，細胞間隙の発達した組織で，光合成を営んでいる（→柔組織）．双子葉の中生植物 (mesophyte) の葉肉は，一般に，表面側（腹側）に沿ったさく状組織と，裏面側（背側）を占める海綿状組織からなる．さく状組織は，表皮と直角方向に長い柔細胞がさく状に並んだ，1〜数層の細胞間隙に富んだ組織である．海綿状組織は，球形あるいは不規則な形の柔細胞が海綿状に疎に結合した組織である．植物によってはさく状組織の細胞が不規則な形の小突起を有し，有腕さく状細胞という．イネ科植物の葉肉は一般にさく状組織と海綿状組織の分化が明らかでない． （石原）

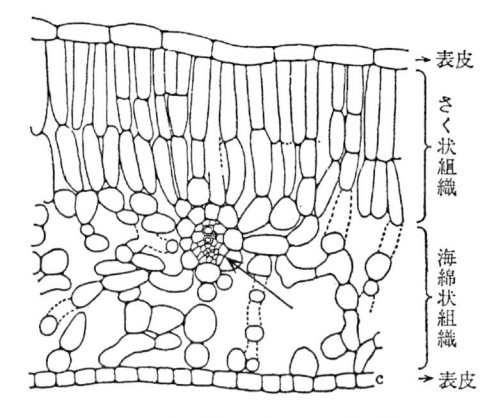

ナシの葉身の横断面（矢印は小葉脈）

界面張力 interfacial tension

二つの相の境界面の面積を小さくするように作用する力をいう．表面張力とも呼ぶ．空気中の固体が液に濡れる現象には気-固，固-液，液-気の三つの界面張力が関与し，水中に油が入ったときは水-油の界面張力が関与する．界面張力は小さい方が両相はなじんでいるわけで，表面活性剤（界面活性剤）は界面張力を下げるので，乳化剤，水和助剤，展着剤などとして用いられている． （上杉）

開やく(葯) dehiscence of anther, anthesis ⟶ 開花，やく

外来種 exotic species, exotic variety, introduced variety

わが国原産の作物ではなく，外国から渡来したものをいう．野菜類ではわが国原産のものはきわめて少なく，ダイコン・カブ等は有史前後の外来種，トマト・キャベツ等は幕末・明治初期の外来種である（→洋菜）．（芦澤）

改良品種 improved variety ⟶ 育成品種

カイロモン kairomone

異種生物間に作用する他感作用物質の一種である．生物種Aから放出され，生物種Bがこれを受容したとき，Bに有益な行動をとらせるような作用をもつ化学物質である．この場合，逆に放出者Aに有益な作用をもつ化学物質はアロモンという．ともに生物界に広く認められ，異種生物間のコミュニケーションにかかわる化学物質である．食草性昆虫が寄主植物を発見するときの手がかりとしている植物の匂いはカイロモンであり，カメムシなどが外敵に攻撃されたときに放出する臭気はアロモンである．（玉木）

ガウス分布 Gaussian distribution ⟶ 正規分布

返り咲き〔現象〕 reflorescence

春に咲く花木が秋に咲くこと．夏に花芽が分化し，その発達，完成が早いサクラやフジなどでみられる．夏の異常な日照りによる干ばつ，高温のほか，病虫害，薬害，風害で落葉したときに起こりやすい．しかもその後の天候が温暖な場合によくみられる．干ばつではリンゴ，ミカンでみられ，翌年以後の結果状態にも悪影響を与える．正常な花に比べると返り咲きの花は形がやや小さく，ときには形態的に異常であったり，花色も一般には淡い場合が普通である．しかし毎年きまって花芽の約3分の1が10～12月に，残りの花芽が4月に開花するフユザクラ，ジュウガツザクラ，コブクザクラなどのような種類もある．（鈴木基）

加温栽培・保温栽培 heat culture; heat insulation culture

温室またはフレーム施設内を醸熱，電熱，燃料あるいはそれらの代替エネルギーを利用して積極的に温度を高めて作物を栽培することを加温栽培といい，園芸作物生産の周年化に不可欠の手段となっている．地上部を加温する暖房と，地下部を加温する地中加温がある（→暖房・暖房機）．

保温栽培は温室，フレームまたはトンネル，その他（たとえばコンクリート板等）により日中蓄えた熱エネルギーを，熱伝導の小さい被覆資材を用いて保温し，放熱を小さくして温度を保ち作物を栽培する方法をいう．ガラスやフィルム一重の保温性はきわめて小さいので，単なる温室，フレーム，トンネル等は除き，特に保温力の高い資材を用い保温を強化した栽培（→被覆資材，暖房・暖房機，トンネル栽培）．（板木）

花　芽 flower bud

展開すれば花になる芽をいう．花芽には花芽（純正花芽）と混合芽（混合花芽）がある．混合芽とは芽の中に葉芽と花芽が共存するものであるが，さらに芽が開いたとき，新しょうの先端に花をつけるものと，新しょうのえき部に花をつけるものとがある．また花芽の着生位置から頂生，頂えき生花芽とえき生花芽とがある．

芽の状態でも花芽か葉芽か，花芽か混合芽か外見で区別できる場合が多く，一般には花芽は葉芽に比べて太く丸い．花芽の生長点はふつう葉芽と形態を異にし，その分化や形態形成の機構も花芽と違う．花芽の分化は花または花序の原基の形成に始まる．混合芽での雌花・雄花の分化は花芽分化と同時には行われず，たとえばクリの雄花は7月に開始するが，雌花は翌春4月になる（→花芽分化）．（鈴木基）

花がい（蓋） perigone

花被と同義語．がく片と花弁が同質同形であるとき，両者を総称して花がいという．外側のがく片に相当する花被を外花がい，内側の花弁に相当するものを内花がいという．アヤメ，ヒガンバナ，テッポウユリ，チューリップがこの例である．（鈴木基）

化学調節・化学的制御 chemical regula-

図の説明:
(a) ツバキの葉芽 — 本葉、推移葉、りん片、花芽
(b) モクレンの花芽 — 雌ずい、花被、雄ずい、苞
(c) カキの混合花芽 — 花芽、葉芽

花芽と葉芽（冨士原原図）

tion; chemical control

化学物質により植物の生育を調節することをいう．ただし，化学物質には肥料（葉面散布肥料も含む），殺菌剤・殺虫剤や水などは含めない．したがって，しいていえば，微量の化学物質（有機化合物）による植物生活反応の制御ということになる．広義には除草剤も含める場合もある（特に抑制剤など）．

生長調節物質としては，オーキシン（天然オーキシン，合成オーキシン），アンチオーキシン，ジベレリン，アンチジベレリン，カイニン（サイトカイニン），その他（植物ビタミン，癒傷ホルモン，病原物質，花成ホルモン，その他）．これにエチレンを加える場合もある． （廣瀬）

化学的制御 chemical control ⟶ 化学調節・化学的調節

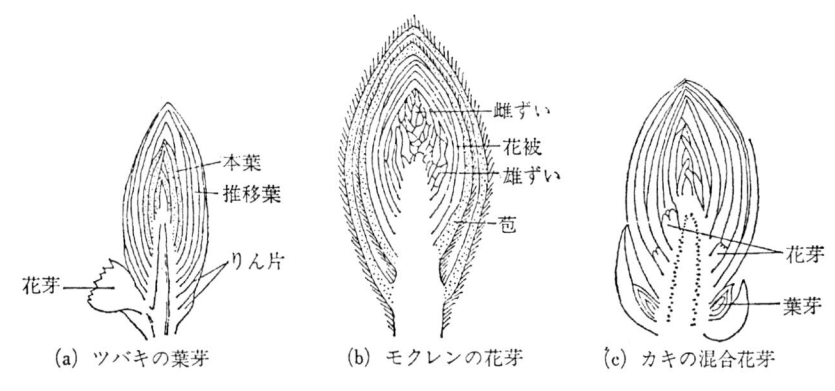

化学分類 chemotaxonomy, chemosystematics

植物体内の化学成分やその構造あるいは物質代謝の径路などの相違や類似性により，植物の系統分類 (phylogenetic systematics) を行う研究分野である．近年，各種のクロマトグラフィーや電気泳動法などの分析技術の進展に伴い飛躍的に発展した．狭義には，分類群 (taxon) に特異的に存在する二次代謝産物の比較に基づいた分類を指すが，最近では遺伝情報を担う核酸やその転写翻訳産物であるタンパク質を用いた研究が盛んになってきた．

二次代謝産物としては，色素類，精油類，アルカロイド等が用いられている．色素類のうち，フラボノイドはきわめて多型で広く高等植物に分布し，しかも安定で少量の材料からも容易に分析できるので，多数の園芸作物の分類に活用されている．このほか，ベタシアニン色素，キノン，カロチノイドなども利用されている．揮発成分はガスクロマトグラフィーにより容易に分析できるようになった．そのうち，特に，精油の主成分であるモノテルペノイドやセスキテルペノイドが利用されている．アルカロイドをはじめイソテルペノイドやステロイドなどの有毒物質は古くから研究されており，化学分類にも適用されている．このほか，糖類，脂肪酸なども用いられている．

DNAは遺伝情報の根源であり，RNAは第2の遺伝情報伝達分子 (semantide) であるから，これらの核酸は系統分類を行うには最も直接的な物質であり，下等生物では塩基組成の比較による分類が行われている．高等植物では利用されるまでに至らず，現在では第3の semantide であるタンパク質が活用されている．抗血清を使った血清学的分類 (serological classification) はかなり古くから行われており，属や科あるいは目レベルの分類に用いられている．電気泳動法の発達により，各種の酵素のアイソザイムによる比較が広く行われるようになった．この方法では，種や種以下のレベルの比較が行えるので，品種分

化の著しい園芸作物の系統類縁関係の調査に適用できる．葉のフラクション・Ｉ・プロテインは，その大サブユニットが葉緑素のDNAに含まれ母植物由来であるため，雑種植物を分類する有力な手法として注目されている．今後，タンパク質のアミノ酸配列が識別できるようになれば，化学分類に新たな展開が期待される．　　　　　　　　　（岩政）

花芽形成 flower-bud formation ⟶ 花成誘導

花芽創始 flower initiation, flower bud initiation

茎頂あるいはえき芽における栄養相から生殖相への形態的な転換．栄養生長中の茎頂は一般に円錐状もしくは半球状をしていて，茎組織や葉原基を規則正しく分化し，それ自身の形態や組織構造はほとんど変化しない．開花現象は，この組織分化のパターンが急に変わることで始まる．茎頂が半球状もしくは扁平になり，花軸（花床）あるいは花序軸の形成が始まる．一般にはこの段階から花芽分化とされることが多い．しかしながら，個々の花では花床分化が花葉であるがく片または花被片の分化に連動するのが普通であるが，たとえばキクなどの花序を形成する種類では，生殖相への形態的転換が起こっても，花序軸と高出葉（キクでは花床と総包片）だけが形成されて花葉が形成されないことがある．したがって，単一花の場合も含めて，茎頂またはえき芽における生殖相への形態的転換を花芽創始とし，その後の小花あるいは花葉形成開始を花芽分化として区別するのがより適切であると思われる．なお，花芽形成の語はある段階に使うよりも花芽創始から花芽完成までの過程に用いるのがよかろう．　（小西）

花芽分化 flower-bud differentiation

花の原基は花芽の形成に始まる．生育初期の若い間は葉芽だけが形成されているが，ある生育日数を経ると花芽ができてくる．これを花芽分化，あるいは花芽形成と呼んでいる．ときには催花という言葉を用いることもある．花芽は形態的には普通の葉芽と相同器官であるが，植物体の内的および外的素因によって葉芽から花芽へ転換するもので，形態的にも生化学的にもかなり異なっている．

葉芽だけを形成していた個体が，花芽を形成するように転換する時期を花芽分化期，あるいは催花期という．花芽分化期は，普通花芽を顕微鏡で観察して花芽分化の初徴を認めた時期を指しているが，真の分化期は分化初徴期より少し以前の植物体内に分化の条件がそろい，花成物質ができた時期，すなわち生理的分化期と考えられる．形態的に花芽分化期を調べる方法を直接法，摘葉や環状剥皮などの処理を分化期前後に行い，翌春の開花期に花芽の着生状況を調査して分化期を判定する方法を間接法といっている．直接法による花芽分化の初期標徴は，モモでは，①生長円錐体の決定的肥厚が起こったときを分化第1期，②生長点がやや高まり，不規則な発育をし始めたときを分化第2期，③生長点部の表面が平坦状になったときを分化第3期（決定的花芽分化期）としている．

花芽分化期は種類，品種，枝の種類，栽培地の気象，その他の環境条件によって相当異なるが，仁果類や核果類は6～8月の夏季に行われるものが多い．カンキツは種類による差が大きく，ウンシュウミカンは冬季に，キンカンやカラタチは夏季に分化する．熱帯や亜熱帯の植物では周年にわたって分化するものもみられる．枝では，一般に短果枝で早く，長果枝や二番枝は遅く分化する．

花芽分化を誘因するものとして，内的要因と外的要因が考えられる．内的要因では，C-N率に代表される同化生産物の量的関係と，オーキシンに代表される植物調節物質の働きが重要視されている．外的要因では，光周性に関係した光条件と春化作用に関係した温度条件がよく知られている．花芽分化を促進する条件には，高温，多日照，乾燥，適度な栄養状態，弱せん定，環状剥皮などがある．
　　　　　　　　　　　　　　　　（吉田）

花冠 corolla

花において，がくの上（内）に位置して発

花被(perianth)*** = (花蓋 perigone**)

がく(calyx) / 花冠(corolla)　外花被(outer perianth) / 内花被(inner perianth)

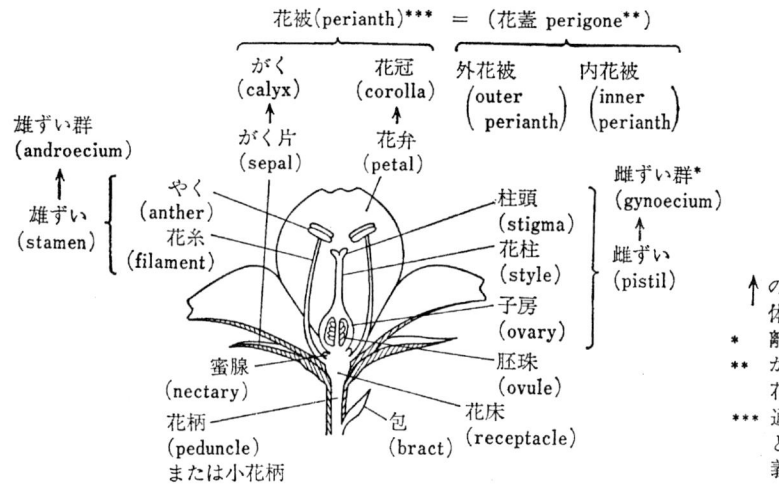

雄ずい群(androecium)
雄ずい(stamen)
　がく片(sepal)
　花弁(petal)
　やく(anther)
　花糸(filament)
　柱頭(stigma)
　花柱(style)
　子房(ovary)
雌ずい群*(gynoecium)
雌ずい(pistil)
蜜腺(nectary)
胚珠(ovule)
花柄(peduncle)または小花柄(pedicle)
包(bract)
花床(receptacle)

↑の先に記された名称はその集合体を示す．
* 離生雌ずいの花の場合．
** がくと花冠がほぼ等質の花（同花被花）の場合．
*** 通常，がくと花冠を合せて花被と呼ぶが，狭義には花蓋と同意義で用いられる．

花の各部位の名称（福住原図）

生する裸花葉の集まりをいい，構成葉を花弁という．花弁の形，合弁，離弁などから車形，高杯形，鐘形，壼形，筒状，舌状，唇形など，多くの花冠の形があり，植物の特徴を示すときに用いられている．　　（鈴木基）

花　器　flower organ

　花の主要部は実花葉からなる心皮と雄ずいで，心皮は1～数個集まって雌ずいを形成する．裸花葉からなるほう（包），りん片，がく片，花弁は心皮，雄ずいを保護し，また花粉媒介のため昆虫等を誘うために発達した．一つの花におしべとめしべを共有するものを雌雄同花，両性花または完全花といい，おしべ，めしべが別々の花にあるのを雌雄異花，単性花または不完全花と称し，雌花，雄花に分けられる．また一つの花におしべ，あるいはめしべのみからなって他の花葉のないものを無被花，他の花葉のあるものを有被花という．一つの花の花葉輪の数により一輪，二輪，多輪があり，各輪の花葉数が一致する場合を等数花，異なる場合を異数花という．
　　　　　　　　　　　　　　（鈴木基）

花　き（卉）　flower and ornamental plants, florist crops

　観賞用として栽培される植物．「花」と「き（卉）」はいずれも観賞される植物という意味で，「花き」は「観賞植物」とほとんど同義であるが，少し意味が違い，花きは栽培植物に用いられる．山採りの枝物は花きには入れないし，栽培されてもごく一部の趣味家だけが扱う山野草は花きとはいわない．一方，改良されていない植物であっても，種子または栄養繁殖して継続的に広く栽培される種類は花きに含められる．英語の florist crops は花きの主力である切り花や鉢花などに用いられ，観賞植物に相当する ornamental plants は花きの一部である観賞樹など特殊なものに使われる．ただし，florist crops が ornamental plants に含められることもあり，混乱がみられる．　　　　　　　　　　　　　　（小西）

花き（卉）園芸・花き（卉）園芸学　floriculture; floricultural science

　花きを栽培し観賞するのが花き園芸．それを植物学や栽培学，あるいは社会・文化の側面から学問的に扱うのが花き園芸学．花き園芸はその目的なり機能によって，花きを商品として栽培する生産園芸，趣味で栽培する趣味園芸，都市花壇のように住民の厚生のために栽培する厚生園芸に分けることができる．花き園芸は視覚をとおして生活に潤いをもたせるという特殊な利用目的のために，栽培される種類や品種がきわめて多様であり，高品質のものが求められ，また原産地が多様であることから栽培に高度の知識と技術を要し，生産園芸では土地集約型栽培が多いなどの特徴をもっている．　　　　　　　　　　（小西）

花器感染　flower infection

病原菌が宿主に侵入し，感染する入口には角皮（クチクラ），気孔，花器，傷口などがある．コムギやオオムギのはだか黒穂病菌やリンゴモニリア病菌は，ムギやリンゴの柱頭から侵入して病気を起こす．このような感染様式を花器感染という．核果類ウイルスを保毒する花粉がモモの花の柱頭について感染を起こす場合は花粉伝染と呼ばれる．（山口）

夏季せん（剪）定　summer pruning

枝葉の生長期間に行うせん定を総称して夏季せん定という．落葉期に行う冬季せん定は，程度が強いほど個々の果実は大きくなり，収量を減少させ，残された芽数が少ないほど次年の新しょうは長大となり，摘果に類似した効果を有するが，夏季せん定は，生長期の着葉した枝を切除するため，葉面積を直接に減少させ，二次的に再生する枝の生長も抑制する影響がある．かかる抑制効果を利用して，花芽形成に好適な結果枝の確保，樹形の改善とわい性化，幼木や若木における整枝，長大な徒長枝発生の軽減などを目的として行う．7月ごろまでに切除すると二次伸長を伴うが，8月以降はそれもなく抑制効果が最大となる．根の生育を阻害するので，夏季せん定は限定的に行われている．（岸本）

垣根仕立て　hedge-row training, espalier training, hedging　⟶　整枝

可給態養分　available nutrient　⟶　有効態成分

核（果実の）　stone

モモ，スモモ，オウトウなど園芸上で核果類に属する果樹の花は形態学上子房中位花であり，果実は子房の発達した真果である．

果皮は外果皮，中果皮および内果皮に分れている．中果皮の発達した柔組織が果肉であり，その内側の内果皮は果実の発育中に硬い組織の核となる．内果皮が硬化して核になるとき（硬核期）には果実の発育が停滞するために果実全体の発育はダブルシグモイド曲線を描く．核は内部に種子（仁ともいう）を含み，それが不良環境に耐えるよう保護している．早生モモは果肉や種子の成熟前に核割れを生ずる果実が多い．一般に核は湿った状態で一定時間の低温に合わないと破れず，種子も発芽しない．種子の貯蔵は核付きのまま湿った砂やオガクズ中に埋めて低温に合わせるようにする．このような処理を層積処理または冷湿処理（stratification）という．

核と果肉の離れやすい品種を離核種，離れにくい品種を粘核種といい，中間的な品種を半離核種という．なお，モモのシラップ漬缶詰の加工にあたって，核を除去する工程を除核という．（志村）

がく（萼）　calyx

裸花葉の一種で小苞を除けば花のいちばん下（外）方に発生する花葉の集まりで，個々をがく片（sepal）という．がく片は花葉中最も普通葉に近い形質をもち，多くは緑色で3主脈を有する．がく片が基部や先端まで癒合するものがある．（鈴木基）

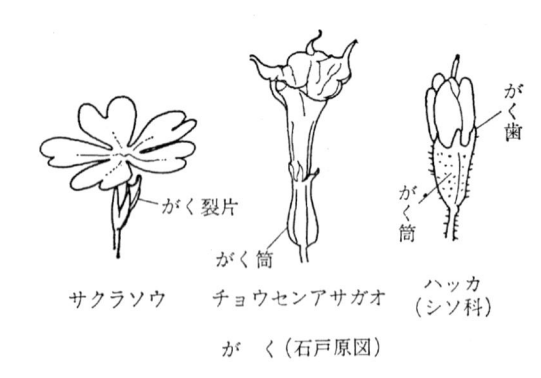

が　く（石戸原図）

核型分析　karyotype analysis, caryotype analysis

体細胞分裂中期の染色体の数と形態をもって，個体や種の染色体の組を表したものを核型という．核型を図式的に表したものをイディオグラムと呼ぶ．イディオグラムでは，個体の各染色体はその大きさの順に並べられ，各染色体の特徴は動原体の位置，付随体，二次狭さくの有無，数，位置などにより区別される．核型は生物の種類によって異なるが，近縁の種類の間で比較した場合，両種の染色体数や対応する染色体の形態的類似ならびに相違から両種の類縁の度合を推定することが

でき，また核型の相違の原因を染色体の切断，癒合などに求めることにより，系統や進化の問題に触れることができる．このような方法を核型分析という． (徳増)

核果類 stone fruits, drupes

外果皮が薄い果皮となり，中果皮の部分が肥大して多細胞で大きな細胞のならぶ果肉となり，水分や糖が富む．内果皮は硬く木化して核を形成し，その中に種子をもつ真果．バラ科サクラ属のウメ，モモ，スモモ，オウトウ，アンズなどが属する．果実肥大中期に硬核期をもち，果実肥大はダブルシグモイド曲線を描く． (大垣)

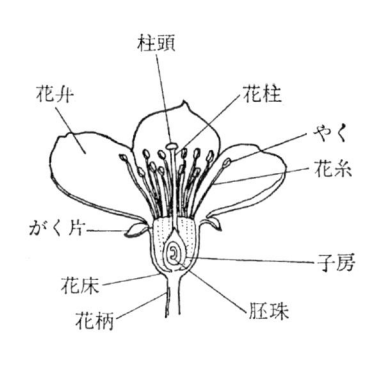

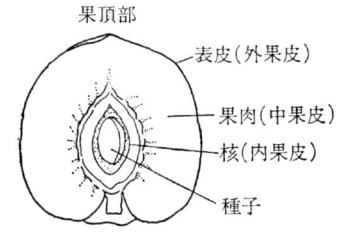

核果類の花と果実

殻果類 caryopsis nuts ───→ 堅果類

核　酸 nucleic acid

化学構造上からみると，核酸はDNAとRNAとに分けられる．DNAは，真核細胞では細胞核，色素体，ミトコンドリアに局在し，遺伝物質として機能することができる．通常は4種のヌクレオチドが構成単位となって，相補的に水素結合して，右まきの2本鎖らせんをつくっている（ワトソン＝クリックのモデル）．この2本鎖は高温またはアルカリ条件下でときほぐされる．細胞質で行われるタンパク合成にさいしては，タンパクの一つのアミノ酸にDNAの三つのヌクレオチド配列が対応関係をもつ．DNAを特異的なヌクレオチド配列部分で切断する酵素を使うなどして，抽出したDNAのヌクレオチド配列を変化させることができるようになり，これを利用した分子育種が試みられている．RNAはタンパク合成に直接関与し，転移，伝令，リボソームRNAなどが存在する．細胞では，DNAのヌクレオチド配列を転写した1本鎖RNAが合成される． (新田)

カクタス咲き（ダリアなどの） cactus type, cactus flowered type

ダリアの花型の一つ．完全な八重咲きで，花弁の縁は外側にまいて管状になる．花弁の外巻きが先から半分以下で，花弁の基部が幅広くなったものをセミカクタス咲きと称す．また弁先に深い切れこみがあるのをフリルド・カクタス咲きという． (鈴木基)

カクタス咲き

がく（萼）筒 calyx tube

合片がくで，下部の合着して筒状になった部分をいい，サルビア，カーネーションなどにみられる．がく筒の内壁の色は果肉の色と相関のあるものがある（モモ果肉の黄肉と白肉色）． (鈴木基)

隔年結果 alternative bearing, alternate year bearing, biennial bearing

成り年（表年，on-year）と不成り年（裏

年, off-year) が交互に繰り返されることを隔年結果という. 果樹の習性として, 枝の一部で果実を形成しながら, 同じ枝の一部では来年の花芽が形成されている. そのため, その年過剰な果実生産を行うと, どうしても来年の花芽形成量が貧弱になってしまう. 隔年結果となる原因の一つとして結果過多があげられるが, 果実そのものよりも種子内に含まれるジベレリンなどの内生ホルモンの影響が大きいとする考え方もある. 隔年結果を防ぎ, 樹を連年結果状態とする具体的な対策としては, 適正着果をめざし早期摘果を励行することであるが, そのほか, せん定, 施肥, 土壌管理などの栽培管理を適切に行い, 健全な葉をできるだけ長期間つけておくことも必要である. (渡部)

隔　離　isolation

隔離には二つの意味が含まれている. 一つは植物の進化と適応とにおける隔離であり, 自然的隔離ともいえるものであり, 他方は育種上優良種子を得るため, あるいは耐病性検定のために汚染は場を造成するためのものであり, 人為的隔離である.

進化, 適応上の隔離には, 地域的, 季節的 (開花期が異なる), 行動的 (動物のみ) および, 機械的 (生殖器官の構造の差など) があり, それぞれで異なった遺伝子型が安定的に存在するようになる. 生態型, 在来種の多くはこのような隔離機構に若干の人為的操作が加わって成立したとみることができる.

採種のための隔離は, 他殖性作物 (アブラナ科, アカザ科, トウモロコシなど) の採種時に他の集団からの花粉が混入しないようにそのほ場を離す. こうした隔離ほ場は谷あいや孤島, あるいはまわりを林地で隔てて造成する必要がある. (成河)

隔離ベッド　isolated bed　⟶ ドレンタイル

核割れ　pit splitting, split-pit　⟶ 核

がく(萼)割れ　calyx splitting

カーネーションで花弁を包んでいるがくの一部が縦に裂け, 開花時に花弁がはみ出す現象. カーネーションの花は雄ずいが花弁化して八重化しており, 花弁の数は温度, 肥料, 品種, 開花の時期などによって変わる. 栽培温度は低いときに, 昼夜温の差が大きいときに, 肥料はカリが他の肥料に比べて多いときにがく割れの発生が多くなる. 品種により, 花弁数が春に増すものと, 秋に増すもの, 周年にわたり変化の少ないものがある. 花弁数は 60 枚程度を限度とし, それ以上になるとがく割れを生じやすい. がくから花弁が出はじめる 3～4 日間が最も影響を受けやすい. ウイルス病, フザリウム病にり病するとがく割れの発生が増す傾向がある.

(鈴木基)

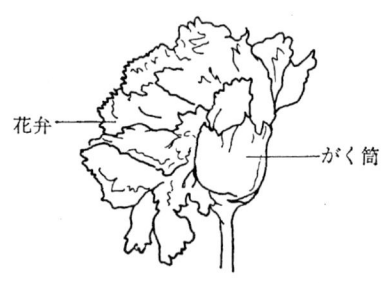

がく割れ(カーネーション)

花　茎　flower stalk, scape

植物学的には, 葉をつけないでその頂部に花をつける花柄 (peduncle) をいう. したがって茎は含まれない. たとえばチューリップ, ヒガンバナ, タンポポなど. また, ナバナ, ダイコンなどのとう (薹 flower stalk, seed stalk) にも使われる. なお, 園芸的には, 葉をつけているキクやカーネーションなどの花軸に対しても, 便宜上この言葉が用いられている. (田中)

果　径　fruit diameter　⟶ 果実形質

果　形　fruit shape　⟶ 果実形質

果形指数　shape index of fruit　⟶ 形状指数

果形指標　shape index　⟶ 果実形質

花こう(梗)　flower stalk, peduncle　⟶ 花柄・果柄

果こう(梗)　fruit stalk, peduncle

―→ 花柄・果柄

加工適性 processing suitability ―→ 加工用品種

加工法 processing method

園芸生産物の加工法はいろいろの種類があるが，次の5型に分類できる．①加熱殺菌と密封により有害微生物を殺し，遮断するもの：水煮，シラップ漬，果汁飲料などの缶詰，びん詰，袋詰，②高濃度物質により微生物の活動，繁殖を防ぐもの：食塩15％以上の塩蔵品，糖度60％以上の糖果，ジャム類，③低水分により微生物の活動，繁殖を防ぐもの：乾燥果実，乾燥野菜，④極低温により微生物の活動，繁殖を防ぐもの：急速凍結を行い，$-20℃$以下で冷凍貯蔵し，包装された冷凍食品．⑤有用微生物の活用によって保存性と特殊風味を与えるもの：果実酒，果実酢，漬け物などの発酵製品．優秀な加工品をつくるには，加工原料を選び果実・野菜のもっている加工適性を十分把握して処理することが基盤となる． (伊藤)

加工用品種 cultivar for processing

加工（漬け物・乾物，缶詰・瓶詰，ジャム・マーマレード，ピューレ・ペースト等）を目的に改良された品種．一般には加工専用品種のほか，生果・加工兼用品種も加工用に利用される（→生食用品種）．

加工用品種は生果用品種に比べ，加工用としての適性が必要である．栽培上の適性は生果用と共通の部分もあるが，生産物を多量・安価に供給することが重要であり，トマトの無支柱栽培等はその例である．

加工適性は作物の種類によって異なるが，トマトでは，赤色，色まわりの斉一性，果肉の多いこと等が求められるが，生果ほど大果である必要はない．また，モモでは黄肉で，離核性であることが必須の条件となる． (芦澤)

仮 根 rhizoid

下等な植物群には，維管束植物の根のように，他に付着し，養水分を吸収するなどの機能をもつが，しかし複雑な分化のない部分がみられる．これを仮根という．藻類，菌類，蘚苔類，シダ植物，地衣類などのいずれにもみられるが，それぞれ構造や機能が多少異なっている． (田中)

果こん(痕) fruit scar

クリ，クルミなどのように自然落下をまって収穫される果樹では結果枝と果実の果こうとの接着部に離層が形成されて落果する．したがって，果実が落下した後の枝の接着部はコルク層に覆われていて，果実の着生していた位置が残存することとなる．この残存こんを果こんという． (志村)

花菜類 flower vegetables

花菜類は野菜の種類を分類する一項目で，ハナヤサイ，ハナナ，アーティチョーク，食用ギクなどのように花らいや花を利用の目的にする野菜を総称している．これらの野菜を葉菜類に含める分類法もある． (松本)

果菜類 fruit vegetables

果菜類は野菜の種類を分類する一項目で，この場合はキュウリ，トマト，マメ類のように果実の利用を目的とする野菜を総称している． (松本)

かさ(傘)取り法 common layering, simple layering ―→ 圧条法

かさ密度（仮比重） bulk density ―→ 真比重・かさ密度（仮比重）

花 糸 filament ―→ 雄ずい

花式図 floral diagram

一つの花のがく（萼）片，花弁，おしべ，めしべ，心皮の数，配列関係を簡明に図で表

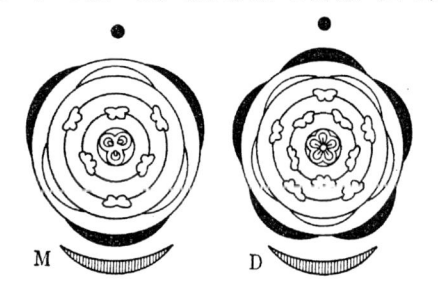

定型的の花式図 (小倉)

M：単子葉類の三数五輪花 $K_3C_3A_{3+3}G_{(3)}$．D：双子葉類の五数五輪花 $K_5C_5A_{5+5}G_{(5)}$．上方の黒点は花軸，下の平行線部は包葉の位置を示す．

したもの．各花葉を同心円上に示し，同一輪のものは同一円上に画き，相互の位置関係を示し，退化したものは，その位置を×で示す． (鈴木甚)

花 軸 floral axis, rachis
種子植物の花は，茎に相当する花軸と葉に相当する花葉からなる．花序の第一次の軸は花軸 (rachis) であり，これからの分枝を花柄 (花こう) といい，さらに小花柄へと分枝していく．また花柄を第二次の花軸，小花柄を第三次の花軸と表すこともある． (鈴木甚)

仮軸性 sympcdial
茎や根などが分枝する場合，単軸分枝では，頂端分裂組織とは別に，軸の側方で分裂組織ができて側枝となる．しかし単軸分枝であるが，茎頂部の発育が停止し，それに代って側枝が伸長し，以後同様の分枝を繰り返すことがある．この性質を仮軸性という．カキ，クリなどでは，新しょうの先端部は冬に枯死し，翌春最上位の側芽がその枝の生長を引きつぐように伸長する．ナス科植物では本葉数枚分化後に茎頂部が花芽分化すると，その花房と最終葉との間に新茎頂が形成されて，それが再び茎葉を分化し，以後ナスでは2葉，トマトでは3葉ごとに花芽を生ずる．ヒガンバナ科の球根では，茎頂部が花芽分化後，その下位節に新茎頂が形成され，数枚の葉を分化して翌年花芽を形成する．地下茎では最も一般的にみられるが (例，カトレア)，イナゴのランナーや，ワスレナグサの花序 (さそり型) も仮軸性である． (田中)

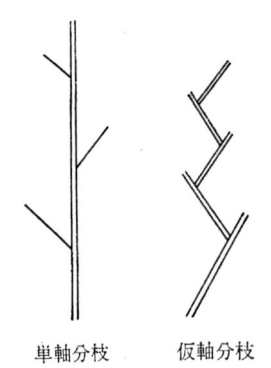

単軸分枝　　仮軸分枝

可視光線 visible light, visible rays
光は電磁波の一部であるが，そのうち300〜380 nm 位の波長の紫外線と 700 nm 以上の長い波長の赤外線の間に位置する紫色から赤色までの波長の光は，人間の視覚にとらえられるので可視光線と呼んでいる． (菅)

果実温 fruit temperature ⟶ 品温

果実形質 characteristics of fruit, character of fruit
形質とはもともと生物の分類の指標となる形態的性状をいう生物学の用語である．遺伝学で微生物の栄養要求性，薬剤抵抗性，抗原特異性なども遺伝的形質といい，形態的なもの以外も含んでいる．果実形質とは一般には大きさ (果径)，重量，硬度，果形，果皮色・果肉色など形態や外観を指標としているが，成分や物理的性質を含めることもある．果実の種類，品種，栽培条件，熟度などの違いによる果実の生物としての性状の違い，特徴をいう． (萩沼)

果実酸 acids of fruit
果実に存在する酸の大部分は有機酸であるが，その種類は果実の種類，組織によって異なり，果実に特有の風味を与えている．量的に重要なものはヒドロキシカルボン酸で，リンゴにはリンゴ酸，カンキツ類にはクエン酸，ブドウには酒石酸がそれぞれ主要な酸として存在する．

果実の有機酸濃度は葉に比べて特に高いことはないが，酸味を呈する果実では遊離酸の割合が高く，pH が低い．一般に酸濃度は果実生長初期に高いが，その後は果実の種類により減少を続ける場合と一度低下した後上昇し，再び低下する場合がある．レモンは上昇過程またはピークで，トマトやリンゴは二度目の低下過程で収穫される． (崎山)

果実吸ガ(蛾)類 fruit piercing moths
⟶ 吸収性夜蛾

果実酒 fruit wine
果実を原料にした酒類で，なかでもワインは古代エジプト時代から飲用され，歴史の最も古い加工食品の一つである．果実の種類，

製法により，風味やアルコール度数などの異なる非常に多種類の酒がつくられている．

果実を原料としてつくった酒類は，広い意味で果実酒ということができるが，酒税法でいう果実酒は，果実中の糖分を発酵させてアルコールを生成した飲料である．これをさらに蒸留して，揮発成分を集めたものがブランデーであり，アルコール含量は40〜50%である．一般にブドウ酒を蒸留したものをブランデーといい，他の果実はその果実名を冠してアップル・ブランデー，チェリー・ブランデーなどと呼ばれる．

アルコールで果実の香味や色素などを浸出したものはリキュールといわれる．しょうちゅうに各種果実（ウメ，スモモ，カリンなど）と砂糖を加えてつくった酒は，酒税法では果実混和酒に分類され，リキュールの一種である．果実酒の原料となる果実は，生産量からみてもブドウ酒（単にワインという）が最も重要であり，次いでリンゴ酒，ナシ酒，キウイフルーツワインなどがある．

〔ブドウ酒〕原料ブドウはアメリカ系と欧州系に大別され，一般にアメリカ系はきつね臭と呼ばれる特異な臭気があるため，生ブドウ酒は欧州系が好まれる．わが国では，欧州系の甲州種が白ワイン用に，アメリカ系との交配品種のマスカット・ベリーAなどが赤ワイン用として多く用いられる．

ブドウは破砕除こう機に投入し，果粒をつぶすとともに果こうを分離する．赤ワインは果皮を一緒に発酵槽に入れ，発酵中に果皮の赤色色素を溶出させる．白ワインは破砕物に0.03%程度のペクチナーゼ剤を加え，粘度を低下させて搾汁した果汁のみを発酵させたもので，製品は淡黄色を呈する．赤ワインは果皮中のタンニンが溶出するので渋みがあるが，白ワインは渋みがほとんどない．

果汁糖度26%まで補糖し，純粋培養した酒母を2%程度加え，赤では25〜30℃，白では16〜20℃に保って主発酵を行う．7〜10日間の主発酵の終ったものは，搾汁し熟成に移る．通常，カシあるいはナラ製の樽に詰め，13℃前後の部屋で1〜2年間熟成を行い，製品化する． （伊藤）

果実酢 fruit vinegar

果汁またはアルコールに果汁を加えたものを酢酸発酵させてつくったものが果実酢である．代表的なものはリンゴ酢（アップルビネガー）であり，爽快な香りをもち，洋食にむく．ブドウ酢はブドウ果汁，ブドウ酒，アルコールが原料で，ワインのような芳香をもつ．

他に，ポン酢とレモン酢があるが，カンキツ類の成分であるクエン酸が酸味の主体である． （大垣）

果実成分 component of fruit, constituent of fruit

果実は水分が大部分であるが，おもな成分としては炭水化物，有機酸，無機成分色素，ビタミン類．量は少ないがタンパク質，遊離アミノ酸，脂質，酵素，香気成分，苦味成分などが含まれている．炭水化物はショ糖，ブドウ糖，果糖の糖類がおもで含量も多く固形物10〜15%を占め，呼吸の基質となる．セルロース，ペクチンなど食物繊維（→食物繊維）の含量も多い．有機酸（→有機酸）のおもなものはリンゴ酸，クエン酸，酒石酸で呼吸の基質となり，食味に関係する重要な成分である．色素類はクロロフィル，カロチノイド，アントシアン，フラボノイドなどの植物色素が含まれ，特有の果色を呈する．ビタミン類ではCが比較的多く含まれ，黄緑色のものにはAの前駆物質であるカロチンが含まれている．これらの成分は種類，品種，熟度などによりかなりの差があり，その果実の特有の色や食味に関係する．標準的な一般成分，無機質，ビタミンは日本食品標準成分表に記載されている． （萩沼）

果実内発芽 germination in matured fruit

グレープフルーツ，レモンやリンゴなどでは，長期貯蔵後の果実内に発芽種子のみられることがある．この現象を果実内発芽という．一般に果樹や野菜の果実内では養水分が

十分にあるにもかかわらず，成熟種子の発芽がみられない．これは種子の休眠，酸素不足，果汁中の発芽抑制物質，果汁のpHおよび浸透圧などが影響しているためと考えられている．しかし，成熟果が長期冷蔵されたりすると種子の休眠が破れたり，果汁の成分変化によって抑制作用が消失したりして，果実内で種子が発芽することがある．野菜のゴボウ，ダイコン，ブラシカ類などでは，採種株上で果実内発芽がみられることもある．

(志村)

果 樹 fruit tree

可食である果実および種子を産する樹木．すなわち果実をつける多年生の木本性および木質つる性の植物を指し，多年生草本のパパイヤ，バナナなども含め，また栽培上重要な台木植物も含めている．スイカやイチゴのような一年生草本性植物の果実も果物として利用されるが，そ(蔬)菜に含められている．温帯から熱帯に分布する果樹の種類は多く，659属2792種，うち重要なものは33科50属167種(園芸学会)である．現在用いられている果樹の人為分類は下表のとおりである．

(大垣)

果 汁 fruit juice

果汁とは，元来，果実を搾った汁液(ジュース)のことで，何物も加えない天然果汁を意味する．この果汁に糖，酸，水，香料などを加えてうすめたものは果汁飲料(ドリンク)として区別する．加工形態から分類すると，①天然濃度果汁：搾汁したままの天然果汁のことである．②濃縮果汁：原果汁を1/5前後に濃縮した果汁で，保存は冷凍濃縮果汁(−20℃)の状態とする．③粉末果汁：濃縮果汁を乾燥し，水分を2〜3%として粉末化したもの．

果汁の清澄度から分類すると，①混濁果汁：果汁中に果肉片，ペクチン，タンパクなどがコロイド状に存在して混濁した形態のもので，有効成分をそのまま保持している．カンキツ，トマト果汁などはこれに属する．②透明果汁：ペクチン分解酵素を用いて清澄操作を行い，果汁を透明化したもの．くせがないが，原果汁特有の風味が失われ，色や栄養価などが低下することが多い．リンゴ，ブドウなどは透明果汁にされる．

ブレンド果汁とは，香味を改善するため他の種類の果汁を混合し，製品の味を一定にし調合(ブレンド)したものである．たとえば，ウンシュウミカンの果汁にブレンド用として，香りの高い爽快な風味のオレンジ類などを，20〜30%程度混合することが行われる．

チルドジュース(chilled juice)とは，冷蔵されたジュースの意味であり，酵素を不活性化するぎりぎりの線(83℃位)で殺菌を行

果樹の人為分類

I. 温帯果樹(落葉性)
  1. 高木性果樹
    (1) 仁果類：リンゴ，ナシ，メドラー，マルメロ，カリン
    (2) 核果類：モモ，オウトウ，ウメ　スモモ，アンズ
    (3) 堅果類：クリ，クルミ，ペカン，アーモンド
    (4) その他：カキ，イチジク，ザクロ，ナツメ，ポポー
  2. 低木性果樹
    (1) スグリ類：スグリ，フサスグリ
    (2) キイチゴ類：ラズベリー，ブラックベリー，デューベリー
    (3) コケモモ類：ブルーベリー，クランベリー
    (4) その他：ユスラウメ，グミ
  3. つる性果樹：ブドウ，キウイフルーツ
II. 亜熱帯果樹(常緑性)：カンキツ，ビワ，オリーブ，ヤマモモ
III. 熱帯果樹(常緑性)：マンゴー，マンゴスチン，レイシ，リュウガン，バンジロウ，ゴレンシ，アボカド，ドリアン，ナツメヤシ，ココヤシ，カシュウ，マカデマ，バナナ，パイナップル，パパイヤ，パッションフルーツ

い，急速に4℃まで冷却した後，耐水性のカートン容器か瓶に詰める．ジュースは流通期間中，-1℃に冷蔵され，たな持ち期間は2週間ぐらいである．缶詰ジュースのような缶臭やスズなどの重金属の溶出の心配もなく，たえず冷蔵されているので品質がよく，取扱いが簡便な点が特徴である．カンキツ類，リンゴ，ブドウなどの製品がある．

果粒入り果実飲料としては，カンキツを原料にし，じょうのうより砂じょうを分離する．その果粒（砂じょう）の含量が30％以下の果汁をいい，別名つぶつぶジュースとも呼称される．原料の果粒はウンシュウミカン，ナツミカン，イヨカンなどが用いられる．

果実の搾汁：果実の種類によってそれぞれに応じた搾汁機が開発され，その種類は非常に多い．そのうちインライン搾汁機はカンキツに広く使われており，水洗した果実を用い，線状の2個のカップの上下動によって果皮，果肉および果汁を同時に分離搾汁できる機械で，果皮の精油を適当量混入することができる．

果汁入り濃厚シラップは，希釈して果汁入り清涼飲料となるもので，一般に糖度が50～60°のものが多く，酸，香料なども配合されている． （伊藤）

果樹園芸・果樹園芸学　fruit gardening, fruit orcharding; pomology, fruit science

食用（生食・加工）できる果実をつける樹木を果樹といい，リンゴ，ナシ，カキ，クリなどの高木性，小果樹類の低木性，ブドウのような木本性つる性，バナナ，パパイヤなどのような多年生草本性の植物を含む．果樹を対象として集約栽培し，多収，良品質果実生産，連年結果でしかも長樹齢を保ち，低生産費で経営する園芸である．

果樹園芸学は生物学などの理学を基礎として，果樹の特性，組織形態，分類，育種，栽培（結実・果実管理，土壌・施肥管理，病虫害保護，生理・気象症害など），繁殖，果実の収穫後処理などについての理論，ならびに技術を究明する応用科学である． （大垣）

花　熟　ripeness to flower

植物は開花に好適な環境条件下においても，一定の年齢に達しないと開花しない．この期間を，幼若期といい，この期間を経過した植物は生殖生長可能な年齢に達したという意味で花熟に達したという． （菅）

過　熟　overripening　⟶ 熟度

果樹棚　trellis

果樹棚は垣根状の支柱とともに，樹体を支持する目的で設置され，樹種固有の環境抵抗性の向上のための補強である．ニホンナシの大部分が棚栽培されるのは，台風などによる収穫期前の落果防止である．ブドウの棚仕立ては，成熟期ごろに発生し収穫皆無の被害を与える果実の晩腐病などの防止や軽減に，より乾燥した状態を維持するための対策である．棚の種類は平棚，山の斜面を利用したオールバック式の棚，ブドウの短しょうせん定の波状棚の3種類が主要である．同じ平棚でも，ブドウとナシでは網目の大きさや針金の太さも異なり，地域間差異もある．近年では支柱本数を減らして，作業性をよくした釣り棚や，防鳥網用やトンネル栽培用架線などと複合化している． （岸本）

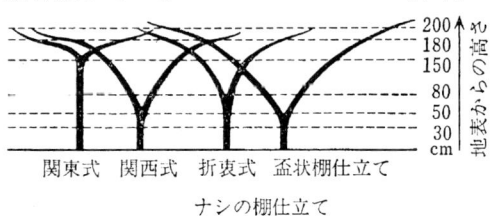

ナシの棚仕立て

花　序　inflorescence

枝上の花（小花）の配列状態を花序といい葉序に対応している．花序は分枝法に基づいて単軸分枝を基本とする総穂花序と仮軸分枝に基づく集散花序に分けられる場合と，小花の開花順序が求心性（下位から順に開花する）無限花序と遠心性（頂小花から順に開花する）である有限花序に分けられる場合とがある．いずれにしても穂状，総状，散房，複散形および頭状の各花序は花穂形成が無限穂状である．図中無限花序である(a)～(e)はそれぞれの小花は苞およびがくをもち，いずれも

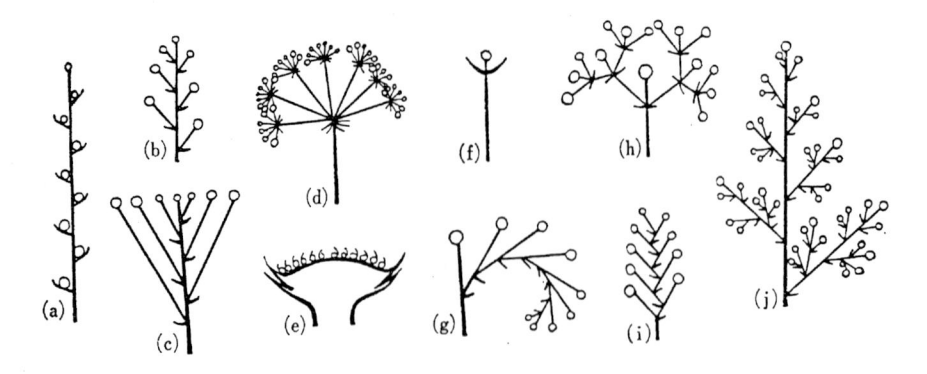

主な花序
(a) 穂状，(b) 総状，(c) 散房，(d) 複散形，(e) 頭状，(f) 単頂，(g) 巻散
(h) 岐散，(i) 互散，(j) 円すい，(a)〜(e) 無限花序，(f)〜(j) 有限花序

生長環の短縮型を示す．一方有限花序は(f)が基本型であり，(g)〜(j)はすべて連続的に短縮された生長環の変形とみなされる．

花序は内生植物ホルモンのバランス，あるいは外与のケミカルコントロールによって変形がみられ，定形的な花序を形成しないことがある．蔓性植物が矮化剤によって(i)型を示すなどがこれである．

すなわち，花序の分類には中間型やデフォルメされた型が認められて確定し難いことが多く，同一植物内でも複数の花序を示すなど形態形成上不確定の場合が認められる．
　　　　　　　　　　　　　　　　　（上本）

花　床（花たく（托）） receptacle

茎の先端，花柄（peduncle）の先端部に花葉（がく，花弁，雄ずい，雌ずいなど）がきわめて短縮して同心的に付着している部分を花床という．開花後しばしば組織として発達して果実を形成する．イチジクやオランダイチゴなどの果実がこれに相当する．一方，リンゴ，ナシ，ビワなどのように上の意味の果実の周囲に花たくが発達して果実状となる場合もあり，これらは偽果と称される（→花たく・果たく）．　　　　　　　　　　（上本）

可照時間 possible duration of sunshine
──→ 日照時間

過剰障害 excess injury, excess damage
作物栽培で各種肥料を適正量以上の大過剰に施用したため収量・品質低下を招来するような作物の生育障害が過剰障害である．良質・多収を目標とする現代の集約農業では肥料を多施するのが絶対条件であるので，作物に障害を与えず，また土壌を悪化させないよう施肥するため施肥法や肥料の物理的・化学的形態等が研究されている．次に肥料成分に指定されている元素の過剰障害を述べる．

〔窒素〕多施される傾向が強く，また前作の残効を考えず誤って施肥量が多くなり過剰窒素による直接・間接的障害が生じる．典型的過剰症は葉の濃緑色化，過繁茂，茎葉の軟弱化である．このため倒伏，病虫害に犯されやすくなる等の二次的被害が生ずる．作物によっては花芽分化，生長点細胞の分化が異状となり，花芽分化遅延，落らい（蕾），落果，果実の異常等の症状がみられる．間接的には土壌の酸性化，塩類濃度上昇等による被害が生じる．

〔リン酸〕作物のリン酸利用率は10〜20％以下と小さく，リン酸は土壌に固定され流亡による損失はほとんどなく，また，毎作吸収利用される量の数倍のリン酸肥料が施用されるので，過剰害が懸念されているが，直接の原因と断定される園芸作物の障害はない．しかし鉄・亜鉛欠乏の誘発や病害の誘因（タマネギの乾腐病）になっている．直接的過剰害としてイネ稚苗の旧葉褐変が知られている．

〔カリウム〕多量に贅沢吸収されるが，過剰害は通常発生しにくく，マグネシウム欠乏

の誘発と塩類濃度障害の誘因となる．なお，ミカンでは過剰施肥により葉の硬化，枝伸長軟弱化，果実皮の粗厚化・着色不良・糖酸比低下による風味不良が知られている．

〔カルシウム〕 石灰質肥料の過施により土壌反応が中性～アルカリ性となり，鉄，マンガン，亜鉛，銅，ホウ素等微量要素の溶解性が低下し，これら要素の欠乏が発生しやすくなるが，カルシウムによる直接的過剰障害はない．

〔マグネシウム〕 過剰症状として根の活性が悪化し，生育が著しく低下する症状が研究上わかっている．しかしその過剰が直接原因となっている障害はほとんどない．

〔マンガン〕 過剰症状として根の褐変・伸長不良，葉特に若い葉の褐色斑点，葉脈・葉縁クロロシス・ネクロシスが多く，その他ウリ科野菜では葉脈・葉柄の褐変がある．過剰害発生原因は土壌蒸気消毒，土壌の強酸性化，排水不良による二価マンガン（Mn^{2+}）の多量生成，マンガン肥料多施，マンガン鉱山からほ場へのマンガン多量流入等である．リンゴの粗皮病やウンシュウミカンの異常落葉は土壌の強酸性化による土壌中の易還元性マンガン量の増加が原因といわれている．

〔ホウ素〕 作物の適量幅が狭く，適正濃度域が異なっているので，誤って必要量以上に多施したときに過剰障害が発生する．過剰症状の二つの特徴は下位葉から症状が生じ，葉縁部から異常が生じ枯死することである（→重金属障害）． （馬場）

芽条変異 bud mutation, bud sport
—→ 栄養系選抜

仮 植 temporary planting, heeling-in
播種後，収穫までに行う植え換え作業を移植という．仮植は本畑への移植（定植）以外の移植を指す．なお，育苗ポットを利用する場合は鉢植え，鉢上げ，鉢替えなどの用語を用いている． （新井）

花 色 flower color
広義には花葉が示すすべての色であり，花序の全体や一部も含む場合がある．一般には狭く，花弁状に発達した部分の示す色に限る．関与する色素はカロチノイドかフラボノイドのどちらかに属する場合が多い．
（鈴木基）

果 色 skin color
果皮色ともいい，表面色 (over color) と地色 (ground color) の二つに分けられる．果実は未熟のときはクロロフィルにより緑色であるが，成熟するにしたがって緑色が退色し，果実特有の色素により着色する．着色の度合により5分着色，7分着色，完全着色などといい収穫時期や熟度の目やすとしている．また果樹試験場作製のカラーチャートにあてはめると，熟度を知ることができる．
（萩沼）

果 心 core, central axis
果実の中心部の総称で，果心には子室 (locule) や維管束が集中している．ナシ，リンゴなどの仁果類果実の断面には果心線 (core line) が認められ，その内側が果心部である．カキ，カンキツなどでは，果実の中心部に認められるやや太い維管束の集中配列部分を果心と称し，ポンカンのように中空状を呈するものもある． （渡部）

花 穂 spike
長い花軸に小型の花が多数，1本の穂状についているもの．長い花軸に柄のない花が多数，密に互生してつく穂状花序と，同じ形であるが，短い花柄の花をつける総状花序に対

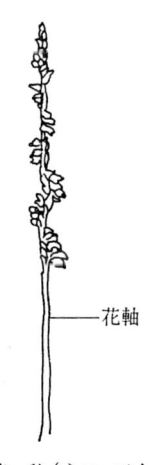

花 穂（ネジバナ）

していわれる場合が多い．雄花，雌花のみか らなる雄花穂，雌花穂がある． （鈴木基）

果穂 fruit cluster, fruit bunch
──→ 花房・果房

下垂枝 hanging branch, hanging shoot, weeping branch, weeping shoot

果樹の枝は頂部優勢性にしたがって，垂直に近い状態ほど伸長生長は盛んであるが，よく結果する性質の水平に伸長もしくは誘引した枝が，果実肥大による重量増加に伴い下垂し固定した状態が下垂枝である．また，シダレモモなどの枝垂性（下垂性）の品種の発育枝などは全部下垂枝である． （岸本）

下垂性 hanging, dropping, weeping
──→ 下垂枝

ガスクロマトグラフィー gas chromatography ──→ クロマトグラフィー

ガス障害 gas injury, gas damage

施設栽培のような閉鎖的空間で作物に生じるおそれのあるガス障害にはアンモニア・亜硝酸・亜硫酸ガス障害，炭酸ガス過剰害等があり，これに対し開放空間で行われるほ場栽培では光化学オキシダントガスであるオゾンとPANによる障害，二酸化硫黄（亜硫酸ガス）障害，フッ化水素ガス障害等の大気汚染によるガス障害がある．大気汚染物質については環境基準が公害防止法令で決められている．ガス障害の発生は有害ガスの濃度と植物のガスに接触する時間によりもっぱら決まるので，空気交換の少ない施設栽培ではガス障害の発生する頻度が高い．もちろん植物種・品種，生育段階，栄養状態等により障害発生の有無・程度は著しく違う．

〔アンモニアガス障害〕 アンモニア態窒素肥料の多施時や著しく大量施用した有機質窒素肥料の分解によって土壌中にアンモニア（NH_3）が発生したとき，土壌反応が中性〜アルカリ性，特に土壌pH7.5以上であると，強い日照でハウスの温度が急激に上がり，アンモニアのガス化が促進され，その濃度が0.02％以上と異常に高くなる．アンモニアガスが作物の気孔から葉内に入ると，葉肉細胞が壊死するので，葉は急激に黒ずんでいちょう（萎凋）する．

〔亜硝酸ガス障害〕（→亜硝酸ガス障害）

〔亜硫酸ガス障害〕 重油・軽油・煉炭などの燃焼排気中の亜硫酸ガス（SO_2）がハウス内の作物に被害を与えることがある．軽微なときには，葉で葉脈間に白色または褐色の斑点が生じ，これが拡大する．重症のときには葉は熱湯をかけたようにしおれ数日後に葉は白色となり枯死する．このような可視障害の現れるSO_2濃度の目安は0.3 ppm（8時間）程度である．可視障害の生じない低濃度SO_2ガスによって，作物の生育不良，早期落葉，収量低下が生ずること，すなわち不可視障害が知られている．

〔炭酸ガス過剰障害〕 ハウス栽培では近年炭酸ガス施肥が一般に普及している．大気中の炭酸ガス（CO_2）濃度は約300 ppmである．CO_2濃度が1 000 ppm以上になると作物の種類や栄養状態によっては中位葉を中心として葉身に被害，すなわち炭酸ガス過剰害が現れることがある．

〔オキシダント，オゾン・PANによる障害〕 オキシダント（oxidant）（過酸化物質）は大都市近郊でよく発生する大気汚染物質であり，その中で農作物に有害なガスはオゾン（ozone）とPANである．

$$\text{オゾン}(O_3),\ \text{PAN}\left(CH_3-C\begin{array}{c}O\\ \diagup\diagdown\\ O-O-NO_2\end{array}\right)$$

〔オゾン〕 成熟葉の表側に均一な灰白〜褐色の小斑点や縞が生じ分布したり，不規則なそばかす状のしみが生ずる．葉のさく状組織が侵されやすい．感受性の高い農作物，ハツカダイコン，インゲンマメ等では0.03 ppm前後の濃度で4時間触れると被害が現れる．

〔PAN; peroxyacetyl nitrate〕 比較的若い葉の海綿状組織が侵されやすいので，葉の裏側が銀灰色または青銅色の金属光沢様斑点が生じ全面的に広がる．毒性はオゾンよりもかなり強く，0.01 ppm，6時間の接触で感受性の高い農作物，フダンソウに被害症状が生

ずる.　　　　　　　　　　　　（馬場）

化成肥料 compound fertilizer, synthetic fertilizer

単肥または肥料の原材料を用い，化学的反応を加えて窒素，リン酸，カリのいずれか二成分以上を含むようにした肥料で，一般に粒状化され固結や吸湿性が改善されて取り扱いが容易になっている．多種類の製造方法があり，数多くの銘柄が販売されているが，成分含有量から大別すると，過リン酸石灰系の普通化成肥料（低度化成肥料）と，肥料三要素成分の合計が30％以上のリン安系，リン硝安系，重焼リン系などの高度化成肥料がある．含有される窒素の形態も様々で，硫安系，石灰窒素系，尿素系，硝安系，リン安系やそれらの中間的なものなど多数の形態に区分される．　　　　　　　　　　　（青葉）

花成物質 flowering substance

広い意味では植物に開花を引き起こすような物質であれば，自然界起源か人為的に合成され自然界に存在しない物質であれ，その区別なしに用いられるが，狭義に用いられるときは，誘導条件下で生成されその植物に開花を引き起こす仮定の物質である開花ホルモンあるいはフロリーゲンなどとほぼ同じ意味に用いられることもある．花成物質が存在するらしいことは，種々の状況証拠により明らかなように思われるが，まだその実体は全く明らかでない．ジベレリンも，ある植物において広義には花成物質として働くが，上述の狭義にとれば花成物質でないことも明らかであるので，この言葉の使用についてはどちらかに限定して用いるべきであろう（→開花ホルモン）．　　　　　　　　　　　　（菅）

花成ホルモン flowering hormone　　→　開花ホルモン

花成誘導 floral induction, flower induction

植物の花を最も早く咲かせるためには，その植物の花芽分化あるいは花芽の形成に適した環境条件に，連続して置くのが最もよいが，ある必要最小限の期間だけそのような条件におくと，後は開花に不適な条件に戻しても開花を誘導することができる．このように，一定期間その植物の開花に必要な条件におき，それによってその後に起こる開花に必要な変化を引き起こすことを花成誘導という．花成誘導に必要な条件や時間の長さは，植物の種類により異なっている．極端な例では，短日植物のアサガオのバイオレット系統では発芽3日後の子葉展開時に，たった1回だけ限界暗期より長い暗期を与えると花成誘導され，後は連続長日下に戻しても花芽を分化し開花する．　　　　　　　　　（菅）

仮説検定 significance tests, test of hypothesis　　→　有意性検定

下層土 subsoil　　→　土層

科・属・種 family; genus; species

生物を分類する上の基本単位であって，上から門（division（植物の場合）），綱（class），目（order），科と続く．しかし，園芸上常用されるのは科以下である．

分類上の最小基本単位である種を集めて属，近縁の属を集めて科とする．科名は最も古く代表的な属名の後に ceae または ae をつけてつくる（*Liliaceae*：ユリ科，*Cruciferae*：アブラナ科）．属は近縁の種を集めてつくるが，種名は，大文字ではじまる属名と小文字ではじまる種名をつらねて示し，その後に命名者名をつける（*Allium sativus* L.：ニンニク，*Brassica oleracea* L.：キャベツ）．種の区分は学者によって異説が多いが，交雑の難易（生殖的隔離）によって種を区分する傾向が強く，種の下に亜種や変種を設けることもある．　　　　　　　　　　　（芦澤）

花束状短果枝 bouquet spur　　→　長果枝・中果枝・短果枝

果台 bourse, cluster base

ニホンナシに多くみられるように，短果枝が集積した状態の「ショウガ芽」の全体を果台という．1年目の短果枝は単純な筆先状であるが，年々，分枝と集積を継続するとこの状態となる．古い果台に着果した果実の肥大は不良な傾向である．
　　　　　　　　　　　　　　　　（岸本）

片側検定 one sided test, one tailed test
→ F検定

果たく(托) fruit receptacle → 花たく・果たく

花たく(托)・果たく(托) receptacle; fruit receptacle

花柄の一端で，花葉の付着する部分，一般には節間が短縮されて，そこに雄ずい輪，花弁輪，心皮輪などの花輪が同心円状に生ずる部分を花たくと呼んでいるが，食用となる果実（有用植物）のなかには，子房壁に付ずいしている花たく部分が肥大して果実を形成するグループ（偽果）がある．リンゴやナシの果実は花（果）たくと子房が肥大して可食部分を形成している（→花床）． （渡部）

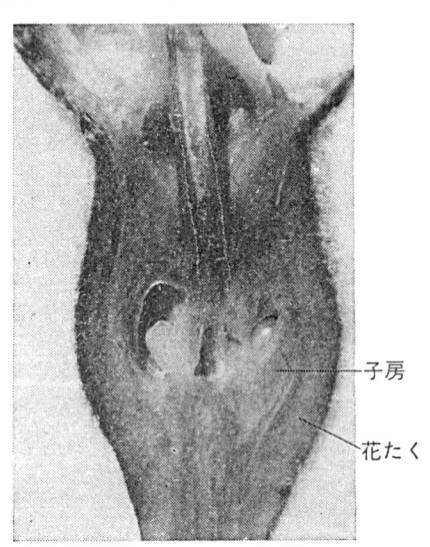

リンゴの花の縦断面（子房下位）

片屋根式温室 lean-to greenhouse
→ 温室

花　壇 flower bed, flower garden

定まった空間に色彩豊かな草花や低木を集団構成美があるように植えたもの，時に鉢植えの花きを美的に配列して花壇ということがある（例：大菊花壇）．花壇の種類の分け方には観賞季節（例：春花壇），植物材料（例：バラ園）などによるものもあるが，一般には形状によって分けられている．そのおもなものには，①開花期の同じ丈の低い草花を植え込んだ毛せん(氈)花壇，②数種の草花を幾何学的模様に植え込んだ模様花壇，③中心を高くして周囲から観賞する寄せ植え花壇，④建物などと通路の間の境栽花壇，⑤それより幅の狭いへり（リボン）花壇，⑥水生植物を主体とした水栽花壇，⑦歩道面より低い沈床花壇，⑧移動性の容器による街角やベランダなどの移動花壇，⑨岩組の間に耐乾性の草花，低木を植えたロックガーデンなどがある．

（小西）

境栽花壇

花　柱 style

被子植物の花器の雌ずいにおいて，子房と柱頭の間を占める部分を花柱という．普通は円柱状で，心皮原基の先端に無性的な付属物として起こり，先端生長につれて発達する．離生心皮雌ずいでは各心皮は1本の花柱をもち，合成心皮雌ずいでは各心皮の花柱は癒合する．心皮の基部のみが癒合し，花柱は分離するツバキ科，ナス科がある．

サクラソウ類には異型ずい花がある．長い

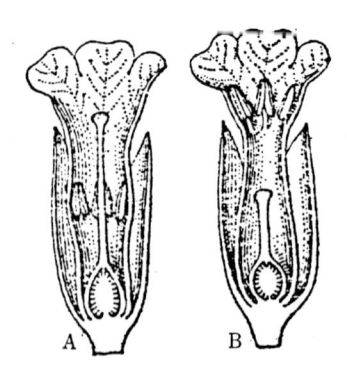

サクラソウの一種（*Primula elatior*）の二形花
二つの花は雌ずいの長さと雄ずいの位置が異なる．（Prantl）

雄ずいと短い雌ずいをもった花をつける短花柱花株と，短い雄ずいと長い雌ずいをもつ長花柱花株の2種類の個体がある．異なったずい花間の交配を行うと種子はよくできるが，同じ花型同志では人工的に受粉しても種子数は少ない． 　　　　　　　　　　（鈴木基）

花柱切断受粉 intrastyler pollination
⟶ 稔性・不稔性

果頂〔部〕 fruit apex, stylar end, blossom end

果実は子房または子房と花床などの部分が発育したものであり，前者を真果，後者を偽果という．カンキツ類，核果類，カキなど真果に属する果実では，開花時の花柱部分が脱落している場合が多い．このような果実では花柱の着生した部分を果頂といい，その周辺部を果頂部という．果頂および果頂部はそれぞれの果樹で品種固有の形をしており，その形質は品種特性の一つとなっている．ナシやリンゴの偽果では果頂のかわりに果てい（蒂）といい，その周辺部をてい部という．てい部は一般に凹んでおり，その部分をていあ（蒂窪）という．品種によりその深さや広さに相違があり，品種特性の一形質となっている．カキの次郎などでは成熟果の果頂部が一文字，十文字に裂ける現象を果頂裂果という．幼果時の花柱基部のゆ傷組織が形成不完全で，小亀裂が成熟期に発達するためである． 　　　　　　　　　　（志村）

果頂裂果 fruit cracking of the stylar end ⟶ 果頂〔部〕

活性・活性化 activity; activation

高等植物について，活性を保つあるいは活性化という場合には劣化，衰弱しているものに対して活力を与え，勢いを維持，回復する場合に用いられる．

園芸植物に対する活性物質という場合には発芽，栄養生長，生殖生長，収穫後処理，組織培養などの制御にかかわるものが考えられる．

一方，生体の組織，細胞やその生体物質がその機能を発揮することを活性といい，酵素反応の活性化による生理活性の高まりは生化学反応を促進する．生理活性物質についてはそれがアクセルとブレーキの関係にある場合が多く，したがって，活力を与えるものだけでなく，抑制的に働くものも活性の作用の範ちゅうで考えることになる． 　　（廣瀬）

活性炭 active charcoal

木炭や木材を活性化してつくった吸着力の強い炭で，気体や溶液の精製，脱色などに用いられる．植物組織培養で，生長，分化の阻害物質などの除去を期待して，培地に添加して使うことがある． 　　　　　　　（石原）

活着（接ぎ木の） take, successful union, graft-take

接ぎ木して，接ぎ穂と台木の接着面で，カルス，組織の結合がみられ，正常な生育を示す状態になったことをいう．そのほか，挿し木して発根したとき，苗を移植して根づいた場合（taking root）などにも用いる． 　　　　　　　　　　（町田）

家庭園芸 home gardening

商品として販売目的で園芸作物を栽培する生産園芸に対して，家庭での利用を目的としたものを家庭園芸という．花きの場合は趣味園芸と呼ぶことが多い． 　　（小西）

果点 dot

果実の表皮はそこに分布する気孔部分を除き，一般にクチクラで保護されている．気孔は果実の肥大に伴って裂開し小さな傷となる．この傷の保護組織としてコルク細胞がつくられる．これを果点という．空気湿度が高いほど果点が発達する． 　　　　（志村）

カード curd

カリフラワーの花らいは，短縮して著しく肥厚した1本の主茎および分枝を繰り返した多数の側生花茎と，それらの先端部に形成された無数の花芽原基とからなり，カードと呼ばれる．花序原基は分化後間もなく初生突起の状態で発育を停止する一方，さらに花序原基を側生して増加し，花らいはごく初期の発育段階にある多数の花序の集合したものである． 　　　　　　　　　　（斎藤）

花　筒　floral tube

花冠が筒形になっている部分をいい，花冠筒部を省略した表現．サクラソウ，オシロイバナ，スイセン，ハマユウなど合弁花にみられ，おしべが花筒に直接ついているものもある．　　　　　　　　　　　　（鈴木基）

果　糖　fructose　⟶　還元糖・非還元糖

仮道管　tracheid　⟶　道管・仮道管

金網床　netted bench

通気性，排水性をよくし，土壌水分含量を調節しやすくするために，温室メロンではコンクリート框（かまち）かブロックの支えで，かまぼこ状に金網を張り，その上に薄く稲わらを敷き，さらに作土を乗せて栽培する．従来は平地に幾層にも稲わらを積み重ねて床作りをしたが，稲わらが入手しにくくなったため，最近は金網床やスチロール板床に変わりつつある．　　　　　　　　　　　　（伊東）

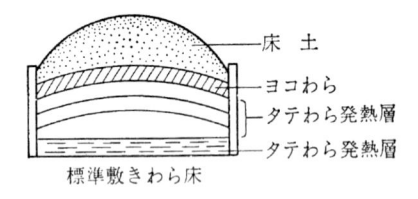

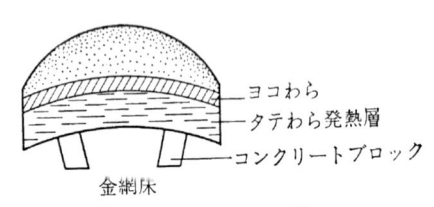

メロンの床作り（神谷原図）

果　肉　flesh, pericarp

一般に果実の柔細胞からなる多汁質の可食部を果肉という．普通は雌ずいの子房壁が変形肥厚したもの（真果）か，リンゴ，ナシのように付随している花たくが発達したもの（偽果）である．前者のうちモモなどの核果類は中果皮が果肉になり，ブドウ，カキなどは中，内果皮がしょう果となり，カンキツ類果実の砂じょうは子房内壁が発達した内果皮である．　　　　　　　　　　　　（萩沼）

果肉飲料　flesh beverage

果肉系飲料は果実を破砕し，粗大な固形物を除いたピューレーが原型である．①そのまま調味し直接飲用するもの，②酸味を調整した糖液で希釈してあり，直接飲用するもの，③ピューレーに糖と有機酸を配合して希釈飲用するもの，④砂糖シラップにピューレーを配合してあり，希釈飲用するもの，がある．

①にあたるのがトマトジュース，②に相当するものをJAS（日本農林規格）では果実の種類ごとに規定した限度以上にピューレーを含むものを果肉飲料という．これはアメリカのネクター（nectar）と同じ考え方であるが，ヨーロッパでは果汁を多量に含み粘度の高いものをネクターと称している．③に相当するものは2～3倍希釈すればネクターになるもの，④はスカッシュに類するものである．
　　　　　　　　　　　　（大垣）

果肉褐変　browning of fruit flesh

1) 原因

褐変の原因には大別して非酵素的褐変と酵素的褐変がある．果実の加工に際しては非酵素的褐変もあるが，生果の褐変は酵素的褐変で，含有しているフェノールやポリフェノール物質などが酵素により酸化され褐変物質が生成するためと考えられている．果肉褐変は果実の切断，打撲などの組織破壊，生育中や貯蔵中に生ずる生理障害，過熟，老化などによる果実自体の異常代謝によるためと考えられ，いくつかの原因が重なって起こる場合が多く，その原因や機構は複雑で不明な点が多い．　　　　　　　　　　　　（萩沼）

2) 貯蔵果実の果肉褐変

果実貯蔵中に生ずる果肉の褐変は重要な貯蔵障害であり，リンゴ，ナシ，アンズ，モモ，バナナなどにおいて発生する．原因は多様で，凍結，低温，高炭酸ガス濃度，低酸素濃度，過熟，機械的傷害などが単独または複合して褐変発生に関与する．褐変は果肉柔組織と維管束組織のいずれかからまたは同時に始まるが，発生の部位や拡大の様子は原因によって異なる．紅玉のゴム病，ゴールデンデリ

シャスの内部褐変は果肉褐変を示す貯蔵障害として知られている.　　　　　（崎山）

果肉劣変果（コンニャク果，ビードロ果，血入りスイカ，電気スイカ）

収穫した果実を切ってみると，果肉部の種子周辺が潤み，赤紫色を呈する．さらに進行すると種子部周辺の細胞が崩壊し，血入り状となる．また果肉全面が暗赤紫色となる電気スイカというのもある．いずれも高温障害果で，果実が直射光線に曝され，養水分の転流も少ないままに熟するとコンニャク果，ビードロ果となる．曇雨天後の晴天や曇後晴の葉のしおれる条件が伴うと果肉全面が変色する電気スイカとなる．キュウリ緑斑モザイクウィル感染株の果実もコンニャク果となるが，この果肉劣変果は生理的なもので，草勢弱く，葉数の少ない，根部の発育不良株に発生が多い．果実は積算温度1000°Cで熟するが，高温乾燥で日数が少なくて糖の集積の少ない果実が成熟すると発生する．　　　（加藤）

鹿沼土　Kanumatsuchi

栃木県鹿沼市付近の地下に堆積する火山の噴出物で，多孔質の粘土粒塊の集合物．直径1.5～0.6cm位を多く用いる．pHは6.5前後，容水量，孔隙量が大きく，栄養分は少ない．挿し木，細根性花きなどの培養土に利用される．　　　　　　　　　　（鈴木基）

下胚軸　hypocotyl　　──→上胚軸・下胚軸

果　盤　disc, disk　　──→花盤・果盤

花盤・果盤　flower disk, disk；disc, disk

花柄の頂部のきわめて短縮した基に相当する部分である花床（花たく；receptacle）の一部の花冠と雄ずいの間がふくれて，盤状，環状などになり，隆起したもの．キュウリの

花，マサキ，ニシキギ，ミカンなどの花にみ雄られる．　　　　　　　　　（鈴木基）

花　被　perianth

雄ずい，雌ずいの他の花葉を有する花を有被花という．この雌・雄ずいに伴う花葉を花被といい，裸子植物のマオウ科にみられるが，被子植物に最も普通にみられ，単子葉植物に多い．その構成葉を花被片という．花被片は葉序や形態から内外2輪に区別されるとき，外側のものを外花被，内側のものを内花被といい，普通は大きさ，色，形が多少異なる．花被を広義にとり，がくと花冠の総称とした場合，がくと花冠の区別の明らかな花を異花被花，区別のない花を同花被花という．
　　　　　　　　　　　　　　（鈴木基）

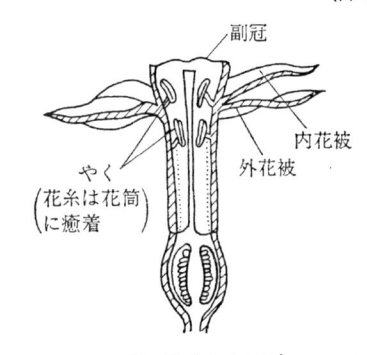

花　被（スイセン）

果　皮　rind, skin, peel, pericarp

園芸学上では主として果肉を被っている皮を指す．しかし，発生学上果皮は外果皮（exocarp），中果皮（mesocarp），内果皮（endocarp）に分けられる．すなわち，果実は葉の変形したものであり，外果皮と内果皮は葉の表裏の表皮に相当し，中果皮は葉肉にあたる．

カンキツでは外果皮および中果皮が果皮にあたり，内果皮が可食部の果肉に相当する．リンゴやナシでは花たくの発達したものが果皮，果肉となり，核心線の内側に外・中・内果皮が包まれて存在している．また，モモやウメの核果類では，最外部の果皮が外果皮で，特徴的な縫合線は1心皮の癒合したため生じる．中央の可食部となる果肉（flesh）が中果皮であり，核は内果皮が発達したもので

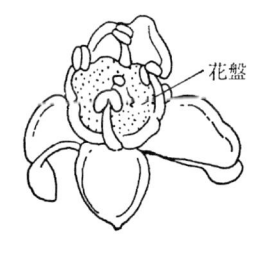

花　盤（ヤブガラシ）（石戸原図）

ある．なお，ビワの可食部は花たくの発達したものであるが，果皮はがくが筒状に果肉をまき込んで形成されたものである．(→核果類の項の図参照)　　　　　　　(湯田)

カプリフィケーション　caprification

イチジクのスミルナ型品種では結実のためにカプリ型の花粉がイチジクコバチ(*Blastphaga grossorum*)によって受粉されねばならない．イチジクコバチによってカプリ型の花粉がスミルナ型の品種に受粉されることをカプリフィケーションという．　　(志村)

株冷蔵　cold storage of plant　→冷蔵

株分け　division, suckering

繁殖法の一種で，分株法ともいう．宿根草(ワケギ，ガーベラ，ハナショウブ，シンビジュウム，キク，イチゴ等)，花木(ボケ，キヤナギ，コデマリ，ナンテン，ボタン，ヤツデ等)，観葉植物(サンセベリア，ホウライチク等)等で用いられる．球根類の分球による繁殖も，一種の株分けである．株分けにも，わき芽，分枝を分けるもの(ボケ，ガーベラ等)，芽を分けるもの(ダリア，シャクヤク等)，ランナー，サッカーを分けるもの(イチゴ，キク等)の別がある．　(中村)

花粉　pollen

花粉は種子植物の雄性の配偶体である．被子植物では花粉母細胞は還元分裂を行って4個の小胞子(花粉四分子)となり，小胞子は成熟して花粉粒となる．この間に発芽孔をもった外膜と内膜を生じ，花粉粒内核分裂によって花粉管核と生殖核(雄原核)を分化する．この分裂は不均等分裂で極性があり，紡すい体も一方は鋭端だが，他方は鈍端になりやすく，鋭端側に花粉管核，鈍端側に生殖核を生ずる．2核間のしきりは鈍端側に片寄っており，生殖核はきわめて薄い細胞質層でとりまかれ，生殖細胞を形成している．花粉粒の中で生殖細胞が1個でとどまり，花粉管に移行してから分裂する2核性花粉と，花粉粒内でまた分裂して2個となる3核性花粉の場合があり，後者は花粉管内では分裂しない．原始的な種は2核性のものが多く，3核性のものは進化型と考えられている．

裸子植物の小胞子は第1回の分裂で小型の前葉体細胞と大型の細胞とになり，大型細胞は分裂して生殖細胞と花粉管細胞に，生殖細胞はさらに分裂して柄細胞と中心細胞に，中心細胞はまた2分して精細胞を生ずる．イチョウなどでは動性の精子を生ずる．

花粉が四分子として形成された後，互いに接着したままでいるものを花粉塊といい，種類によって4個，16個，さらに多数の集団をなすものがある．

花粉は受粉されると柱頭上で発芽して，花粉管を出し，花柱組織に侵入していって胚のうに達し，そこで受精をする．花粉は花粉ホルモンを花柱や子房に働かせて，連鎖的な刺激を与え，ホルモン分泌を増加させて胚や胚乳の生長を誘導する働きがあると考えられている．

花粉の寿命は種類によって異なるが，貯蔵される温度や湿度によってかなり差異が認められる．一般に，生花粉を高温下におくと短命であるが，乾燥した花粉を低温条件下で貯蔵すると長命である．リンゴやモモの花粉は，乾燥させて$-20°C$で貯蔵すると，10年近く保存することができ，実際の交雑育種に役立てられている．花粉の発芽には，水分，糖類，無機塩などが必要とされ，通常糖分5～20%の寒天培地などの発芽床で試験されている．

交雑育種を行う場合，父親を花粉親ともいう．モモ，オウトウなどでは，花粉親品種がPRSV，PDVなどのウイルス病を保毒していると，受粉された種子親もウイルスに感染することがある．これを花粉伝染という．
　　　　　　　　　　　　　　　(吉田)

果粉　bloom

ブドウ，カキ，スモモなどの果実の表面に形成される白粉状のろう質物のことである．果粉はクチクラからろう質物が表面に分泌され，結晶状になって分布しているもので，水分蒸散の抑制，撥水，光の反射などに役立つものと考えられている．　　(渡部)

花粉親 pollen parent ⟶ 花粉
花粉塊 pollinium ⟶ 花粉
花粉管 pollen tube ⟶ 花粉
花粉伝染 pollen transmission ⟶ 花粉
花粉不稔性 pollen sterility ⟶ 雄性不稔
花粉母細胞 pollen mother cell ⟶ 花粉
花柄・果柄 peduncle, flower stalk ; fruit stalk

花や果実を支えて枝と連絡しているのが花(果)柄である．花(果)こう(梗)とも呼ぶ．

各側枝に花がつくときは，側枝が花柄になる．単一花序が集合し，大花団をつくる複合花序では，花穂中の花を支える柄を小花柄 (pedicel) という．

表面に毛や気孔が存在するものもあるが，果実の生長に伴い，内部の維管束は発達し，表面は木化して強じんになる．リンゴでは中心果の果柄は太く短く，側果はやや長い．

（鈴木基・渡部）

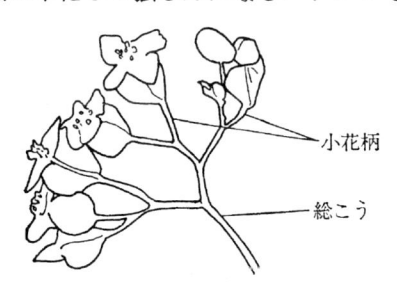

花弁 petal

花冠を構成する裸花葉．花弁はがく片と異なり，一般には基部が細まって爪と呼ばれる部分と爪以外の部分 (limb, blade) からなる．普通葉に比べて組織の分化は簡単で，維管束も細く，分岐も少なく，主脈が明瞭でないことが多い．一般にはクロロフィルはみられず，代謝の活性は低い．

花弁以外のがく，雄ずい，雌ずいが花弁状に変化したとき，花弁化，弁化 (petaloidy) と称する．一部の雄ずいのみ弁化する場合，1雄ずいでも花糸のみ弁化し，やくは正常な生殖能力を有するなど程度に差がある．弁化も花弁と形，大きさ，色など差もみられ，観賞価値を高めている．ツツジ，ツバキ，シャクヤクなどの八重咲きでよく観察できる．

（鈴木基）

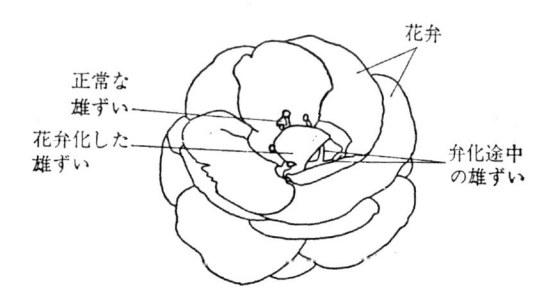

花柄

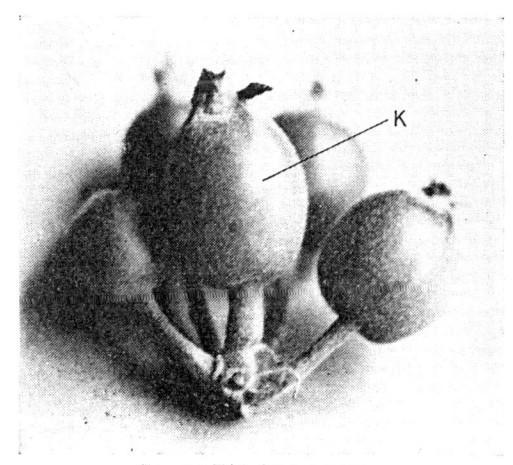

リンゴの果柄 (K：中心果)

正常な雄ずいおよび弁化した雄ずい（ツバキ"狩衣"）

下偏生長 hyponasty ⟶ 上偏生長・下偏生長

花弁の色抜け（チューリップの） disappearance of flower anthocyanin pigment ⟶ 色抜け・花弁の色抜け

果房 fruit cluster ⟶ 花房・果房

花房・果房 flower cluster ; fruit cluster

長くなった花軸についた無限または有限の花序および同様な小花柄をもった花の房．花房は花芽分化時の花器の未分化の段階から完成した段階を含めて用いられ，果房は開花後の摘果などの作業に伴い用いられている．花房の形として，大花柄が分岐しないもの

(simple cluster) と分岐するもの (double cluster) がある．イチゴなど主茎の生長点部に形成した頂花房と，主茎上の各葉えきにあたるえき芽のいくつかの生長点部に形成されるえき花房がある．花房の形成順に第1，第2と順をつける．ブドウでは花らいのときは花穂，着果のときは果穂を用いる．(鈴木基)

花木 flowering trees and shrubs, ornamental woody plants

花，葉，果実などを観賞する木本性花きのことで，草花に対する用語．元来は，栽植された樹やそれらの構成美を観賞する庭木，環境緑地の街路樹などは含まないのであるが，今日ではそれらも含めて観賞樹木と同じ意味で用いられることが多い．花木は大きさによって高木と低木に分けられ，さらにつる(蔓)植物が区別される．用途としては草花と同じく庭や公園，花壇に植えられ，また切り花や鉢物として観賞される．切り花用の花木を切り枝花木と呼び，枝を切って商品とする場合は特にそれを枝物または切り枝という．　　　　　　　　　　　　　　　(小西)

一歳フジ

紙テント paper tent

従来，露地栽培の定植直後において保温，雨よけ，虫害回避，活着促進などの目的で施している．普通は，定植株の上に竹骨でアングルを組み，その上にパラフィン紙をかぶせてテント状とする．紙テントは当初，外気を遮断するため，風通しのよいホットキャップとは多少異なる．なお，プラスチックフィルムの普及によってトンネルがこれに変わったため，現在はほとんどみられない．　(新井)

CAM植物 CAM plant ⟶$C_3・C_4・$CAM植物

仮雄ずい(蕊) staminodium

雄ずいは，花糸とやくによって構成されているが，やくが退化して，機能を失っているものを仮雄ずいといい，不稔性を示す．変形しているものが多く，カキ，マンゴーなどでみられる．　　　　　　　　　　(吉田)

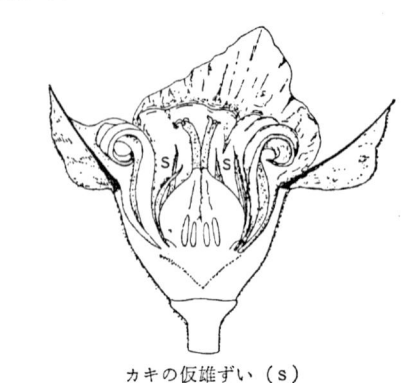

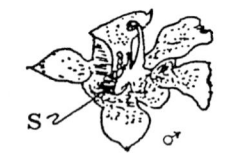

カキの仮雄ずい(s)

マンゴーの仮雄ずい(s)

花葉 floral leaf

花器官を形成している諸々の器官のうち，葉の変形とみられる器官をすべて花葉という．すなわち，苞，がく，花弁，雄ずい，心皮などがこれに当る．それらのうち，苞，がく，花弁など直接生殖細胞(配偶子)を生産しない器官を裸花葉といい，花粉，卵などの生殖細胞を生産する器官を実花葉と呼んで区別している．花葉はすべて葉の変形によって分化した器官であるから実花葉は裸花葉より分化が先に進んだ器官とされ(花芽形成過程の順序から)，しばしば実花葉から裸花葉に逆もどりする現象がみられる．八重花や貫生花などはこの例である．

また蘚苔類の茎の頂部に密生し，造卵器や造精器を囲む保護的変形葉も花葉(perichactium)と呼ばれている．　　　　(上本)

可溶性固形物 soluble solids

果実飲料のJAS規格および国際食品規格では，試料を糖用屈折計で測定し，20℃における示度を可溶性固形物（分）として表す．上記以外の測定法としては，試料中の全固形物量から不溶性固形物量を差し引いた値を示す．また果汁など不溶性物質を含まないものは，試料をそのままボーメ計，屈折計（ブリックス計，糖度計）で測定して固形量として算出することもある．果実・野菜の可溶性固形物はおもに含有する糖類であるが，有機酸，アミノ酸，ペクチンなどの水溶性成分も含まれる．
(萩沼)

花らい(蕾) flower bud

未開花の花を意味する．ハナヤサイの食用に供される花らい(curd)は，低温を感受した後に花芽分化を起こし，主茎は数次の分枝を行うが，その頂部は多数の未発達の幼穂の状態でつぼみへの発育は停止した状態になる．以後一部の幼穂のみ開花に至る．

花らいが葉の間に肉眼的にみえるようになることを発らいという．　　　　　(鈴木基)

カラザ（合点） chalaza

胚珠には普通2枚の珠皮があり，内に珠心があり，珠心は珠孔を通じて外界に通ずる．胚珠が胚座につくところがへそ(臍)で，珠心と珠皮との合致するところを合点あるいはカラザという．受精の際，花粉管が珠孔から胚のうに入らずに，珠柄，合点を通ってから胚のうに入る場合がある．　　　(鈴木基)

ガラス障子 glass sash

板ガラスを木製の特殊なわくに，片流れにはめ込んだ90×145～180cm大の障子で，緩傾斜張りにして用いる．農業用ビニルが生まれる以前には油障子とともに育苗床や半促成フレームの保温被覆材として使用された．
(板木)

カラーチャート color chart

葉色による窒素成分含量の推定（葉色帖）や，果色により収穫適期を判定するための指標として標準色帖から適当な色票を選んで順次配列した基準色票帳をいう．各果樹ごとに果色や葉色が異なり，また同一果樹でも品種が異なると果色や葉色が微妙に変化するので，それぞれに適したカラーチャートが必要である．

代表的な果樹について順次基準色票の作製が進められているが，それと同時に作物全体をカバーできる基準色票の作製も行われている．　　　　　　　　　　　　　　(青葉)

カラムクロマトグラフィー column chromatography　→クロマトグラフィー

カリウム(カリ)欠乏症 potassium deficiency

生育がある程度進んでから下位葉，または果実の付近の旧着葉で，葉の周辺・先端部から欠乏症が現れる．

〔欠乏症状〕葉縁から黄化～白化して壊死するのが典型的症状であるが，葉面に褐色の大型斑点が生じたり，葉脈が赤紫色となる症状（イチゴ）もある．作物種により症状は違い，また同一株に2種の欠乏症状が混在することもある．冬季ハウス栽培トマト果実のすじ腐れ症はカリ欠乏であり，また果樹の果実の風味がカリ欠乏で悪くなる．

〔欠乏の生じやすい条件〕窒素多施による相対的カリウム不足，また砂質土壌で基肥カリの流亡による生育後半でのカリウム不足によりカリ欠乏が生じることが多い．

〔対策〕カリ肥料の適正量施用，また分施が望まれる．　　　　　　　　　　(馬場)

刈り込みせん(剪)定 hedging　→整枝

仮貯蔵 tentative storage　→簡易貯蔵

仮比重 bulk density　→真比重・かさ密度（仮比重）

果粒 berry

一般にブドウなど小さな果実が集まって果房を形成する場合，それを構成する個々の果実を果粒という．　　　　　　　(志村)

芽りん(鱗) bud scale

一般に木本植物は新しょうの伸長の停止とともにその先端または葉えきに花芽または葉

芽を着生する．これらの芽の内部には花原基または葉原基が形成され，それらを包むりん片が通常十数枚形成される．これらの芽のりん片を芽りんと呼んでいる．　　　（湯田）

カルシウム(石灰)欠乏症 calcium deficiency

生育がかなり進んだ時期に，急速に生長が進展している特定の器官の若い部分にカルシウム（Ca）欠乏症が発生する．Ca 吸収の抑制されるときや Ca 吸収は比較的順調でも植物体内の水分の流れに伴う Ca の移行・分布が効果的でないときカルシウム（石灰）欠乏症が現れる．また欠乏症が収穫直前・直後に発見される場合があるので，Ca 添加の効果がないことも多い．

〔欠乏症状〕作物・品種によって多様であるが，典型的症状は大体次の 4 種に分けられる．

1) 若い葉の水浸・灰白色〜褐色化・枯死（ハクサイ・レタスの心腐れ，縁腐れ）．

2) 茎・葉柄上部の水浸・曲れ折り（チューリップの首折れ曲り，アマ葉柄の折れ曲り）．

3) 果実着花部の水浸・黒化・くぼみ（トマトのしり腐れ）．

4) 裂果　わが国ではあまりみられないが，欧米のリンゴ・スモモ等では重要な Ca 欠乏による障害である．

〔発生しやすい条件〕酸性土壌，養分流亡の激しい砂質土壌，窒素・カリ肥料の多施，土壌水分不足．

〔対策〕応急対策　0.3〜0.5％塩化カルシウム液の 1 週間に数回の新葉への葉面散布，乾燥時の十分な灌水．基本的対策　石灰施肥による土壌 pH の矯正，土壌緩衝能向上のための有機質肥料（堆厩肥）の施用．　（馬場）

カルス callus (pl. calli)

植物体が傷害を受けたとき，傷口の細胞が分裂して生ずる組織をカルス（癒傷組織，癒合組織）という．また，植物の組織培養で，外植片を培養して生じる体制 (organization) を欠いた細胞塊もカルスといい，植物の組織培養は，狭義にはカルス培養を指す（→外植片，組織培養）．培養されたカルスは，一般に，分裂細胞，柔細胞，仮導管などからなり，必ずしも未分化ではないが，明確な体制をもたない不定形の組織であり，密な (compact) もの，軟らかい (soft) もの，砕けやすい (friable) もの，粒状の (nodular) ものなど，その性状は様々である．カルスは培地組成など培養条件のいかんによって不定芽，不定根あるいは不定胚を分化することがあるが，継代培養を繰り返す間にこの能力を失うことが多く，また構成細胞の染色体数が変化して倍数性，異数性の細胞が増加したり，遺伝子突然変異を生じるなど，遺伝的に変化するものが多い．　　　　　　　　　（石原）

カルス培養 callus culture　　→組織培養

カルビン回路 Calvin cycle

C_3 植物が，光合成過程において吸収した二酸化炭素（CO_2）を固定・還元する場合の基本的な反応経路で，カルビン-ベンソン回路 (Calvin-Benson cycle) または炭素還元回路ともいう．また，これは C_4 植物の炭素固定回路の一部にもなっている（→C_3・C_4・CAM 植物）．CO_2 はリブロース二リン酸カルボキシラーゼの作用によってリブロース-1,5-二リン酸（RuBP）と反応して 2 分子の 3-ホスホグリセリン酸（PGA）を生じる．これが炭素固定反応である．PGA は ATP によってグリセリン酸二リン酸（DPGA）となる．DPGA はトリオースリン酸脱水素酵素によって還元されてグリセロアルデヒド-3-リン酸（GAP）を生ずる．これが唯一の還元反応である．GAP はこれに続く複雑な反応過程を経て，リブロース-5-リン酸から RuBP を生成し回路は完結する（次頁の図参照）．　（稲田）

加齢 aging, ageing　　→エージング，老化

過冷却 supercooling

液体が凝固点以下の温度に冷却されても，液体のままの状態でいることを過冷却という．

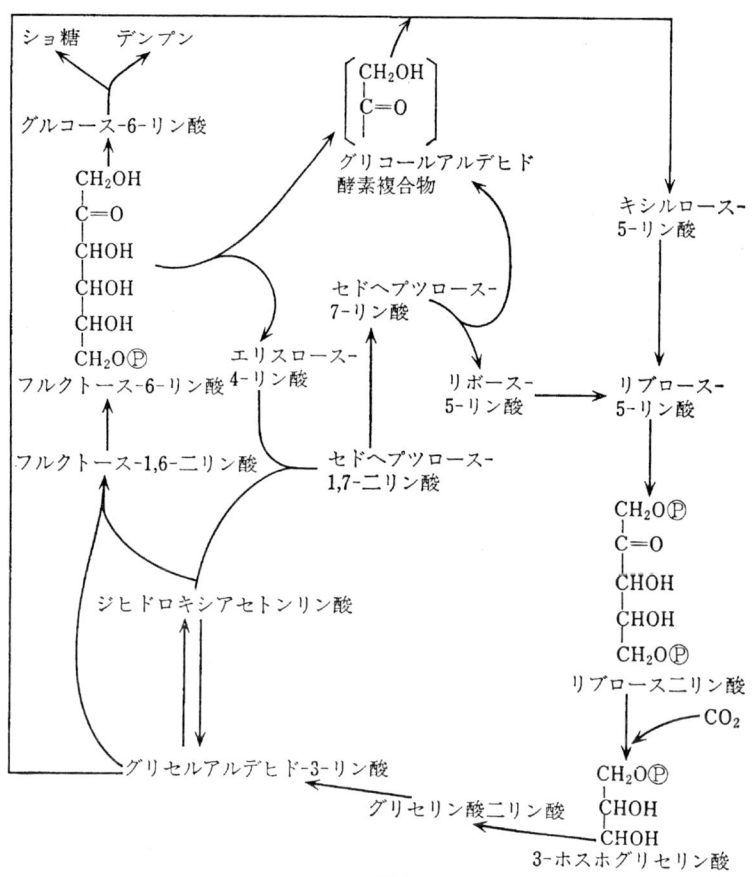

```
ショ糖  デンプン
 ↖ ↗
グルコース-6-リン酸
       ↑
    CH₂OH
     |
    C=O
     |
    CHOH
     |
    CHOH
     |
    CHOH
     |
    CH₂O-Ⓟ
フルクトース-6-リン酸   エリスロース-4-リン酸    リボース-5-リン酸 → リブロース-5-リン酸
     ↑
フルクトース-1,6-二リン酸   セドヘプツロース-1,7-二リン酸
```

[図: カルビン回路]

カルビン回路

水は非常に過冷却されやすい物質であるが，静かに冷やしてやると0℃以下になっても凍らないことがある．作物体の凍結にも同じような現象がみられ，過冷却の有無や進み方により凍害発生に差がみられる．生物体の過冷却状態は安定な場合が多く，成熟した茎葉ではその過冷却度は小さい．収穫後の野菜などで，細胞内凍結は死をもたらすが，一方，細胞外の氷結がそれほど発達しないうちに，氷結が順次細胞内に進行し，細胞内が十分に過冷却していれば，この氷結は細胞全体に突然急速に起こる．これをフラッシング現象と呼ぶ．フラッシングで生成する氷晶は非常に微細で，冷凍品はこのフラッシング現象を利用すると，品質のよいものができる．

(鴨田)

枯れ込み dieback

植物の葉先や枝先から次第に大きい枝へと枯れが広がる現象をいう．結果として植物は大きくならないか，あるいは年々小さくなり，ついには枯れてしまうこともある．不適地への植え付け，移植時の断根，気候異変などによって起こる．

(松尾)

カロチノイド・カロチン carotenoids; carotene

カロチノイドは動植物界に広く分布する色素の総称で，ニンジン (*Daucus carota*) の根の主色素カロチンに由来する．発色に深い関係をもつ共役二重結合が重複した，長い鎖状のポリエン構造をもち，黄橙から赤色を呈する．多くは C_{40} の炭素組成をもち，植物体中では有色体や葉緑体に数種が混在して含まれ，花，果実，根，あるいは秋の黄葉が示す黄～赤色系の多彩な色の発現に関与している．また葉緑体中では吸収した光エネルギーを葉緑素に引き渡すことによって光合成を助

け，他方では葉緑素の分解を防ぐ役割も果たすとされている．カロチノイドは分子中に酸素を含まない炭化水素系のカロチン類と，水酸基，メトキシル基，エポキシド基などの形で酸素を含むキサントフィル類に大別される． (有隅)

簡易貯蔵　simple storage

簡易貯蔵はできるだけ経費をかけずに貯蔵する方法で埋土貯蔵，野囲い，納屋貯蔵などがある．これらはいずれも一時的な短期貯蔵で仮貯蔵とも呼ばれる．果樹園の中に穴を掘ったり，わらで囲んだりして野積みする屋外貯蔵が，豊作で貯蔵車に収容できないときにミカンなどで臨時に行われる．サツマイモの貯蔵適温は10～15℃で，冬の寒さのため腐るので，適湿の保てる土中に，それ自体の呼吸熱で保温貯蔵する．冬の寒さの厳しい地方でキャベツ，ハクサイ，ダイコンも土中や雪中に貯蔵する．また秋収穫するハクサイなどでは，畑にそのまま結束して凍結を防ぐ野立ち貯蔵がある．

リンゴでは，10月半ばから11月中旬にかけて，野積みと称して，小屋のひさしの下などに果実をリンゴ箱のまま積み上げる．ウンシュウミカンでは，1月末までなら神経を使わなくても貯蔵できるので，プレハブ形式の貯蔵庫あるいは，小屋に一時的に積み重ねておく納屋貯蔵が行われている． (伊庭)

感温性　thermosensitivity, response to temperature

感温性はイネの出穂生理の研究からわが国で発達した概念である．ある場所での標準の栽培時期に，自然条件下で栽培したものに対して，温室あるいはガラス室で温度をあげて栽培した場合に，出穂の早まる程度の大小を品種の感温性の大小とした．しかし，この検定では日長との相互作用が不可避であるので，生理的な意味の感温性を求めようと思えば，短日植物の場合は日長の影響を消去した短日条件下での温度反応を検定する必要があるとの指摘もある．日長の影響を消去した場合の感温性は出葉速度の温度反応に還元できる場合が大部分である．しかし，温度を上げると，出葉速度だけでなく葉数も減少する場合もあるのでこの問題はさらに研究を要する．

一方，ムギ類など開花に低温を必要とする作物においてこの低温に感ずる生育期（相）を感温相と呼ぶ場合もある． (菅)

乾果　dried fruit

果実を予備処理，たとえばはく皮，果皮に細かいき裂を生じさせたり，硫黄くん蒸した後，乾燥して水分含量を減らし，貯蔵性，輸送性を高めたものである．乾燥工程中に成分組成が変化し，新鮮物とは違った風味のある加工品となる．乾燥により，糖分や有機酸の濃度が高いため，製品の水分含量を20～25％くらいにしているものが多い．

乾燥方法は天日乾燥と人工乾燥に分けられる．産業的には天日乾燥が多く，果実収穫期にほとんど雨をみない地帯，たとえばカリフォルニア州のフレスノの干しブドウ等が知られる．人工乾燥は温度，湿度，風を人為的に管理して乾燥する．種類としてはブドウ，スモモ，アンズ，イチジク，モモ，リンゴ，バナナなどが世界的に生産が多いが，わが国では古来から干しガキがつくられている．用途は製菓用，調理用が多い． (伊藤)

干害　drought injury

無降水日数が長く続き干ばつが発生し，作物の生長が阻害され，減収や品質低下などの被害発生を干害という．干害は干ばつによって発生することは確かであるが，干ばつになれば必ず干害が発生するとは限らない．

干害の程度は，干ばつの発生時期，作物の耐干性，耕種条件や耕土層の有効水分量の多少などによって大きく変化する．干ばつの発生は，九州，四国，中国地域で多く，東北や北海道ではまれであり，夏期の降水量変動が大きく蒸発散位の高い地域に多く発生する．干害はかんがい施設の整備により防止でき，水利用によって干天は干害ではなく豊作をもたらす可能性が大きい． (鴨田)

かんがい（灌漑）・かん（灌）水　irrigation;

watering, irrigation

畑地かんがいは畑に引水し，注水し，土壌を潤す全体的な意味をもち，かん水は水を注ぐ作業のことであるが，現在は全く同じ意味で使われ区別しない．少雨乾期における作物の干害は葉のしおれ，落葉，果実肥大の鈍化～停止，異常成熟，落果などの直接的影響，および水分生理異常に伴う生理障害などをもたらす．作物の有効水分はほ場容水量（pF 1.8）から生長阻害水分点（水分当量，pF 3.0）までを正常生育有効水分，初期萎ちょう点（pF 3.8）までを易効性有効水分というが，その範囲内の土壌水分を保持して生育させなければならない．かん水は積極的な干害対策である．

かんがい水を畑全体に地表面かん水する方法には，辺縁に盛土して水を全面に張る水盤法（たん水かんがい），その改良のボーダーかん水法，うね間に注水するうね間かん水法があるが，前二者は平坦地に限られ，水量を多く要し，かつ過湿になりやすく，後者は傾斜地でも等高線にうね立てすれば可能である．現在多いかん水施設は散水法（スプリンクラー法）で，樹下散水法（噴射圧力2～3 kg/cm²，散水直径20～25 m のスプリンクラーによる方法と多孔パイプ式やドリップかん水式などがある）と樹（頭）上かん水法（4～5 kg/cm²，40～50 m）があり，施設費が高く，病気を多くするおそれがあるものの，地形に関係なく施設でき，かん水労力の節約，かん水強度（単位時間当たりかん水量）やかん水量の調節が可能，土壌構造の破壊や肥料分の溶脱が少ないなどの利点をもつ．地下（地中）かん水法は土管，竹筒，有孔パイプ埋設，水路明きょなどによって，地下に直接給水し，毛管作用によって根群域の水分を増加させる．蒸発ロスは抑えられるが，下層土の透水性のよい畑には不適当である．

かん水適期の判定は，上記の作物の状態から判断するのでは遅きに失しやすいので，テンシオメーターによる pF 値（水分当量値）や，葉の飽和水分不足度（WSD）値から判定する．あるいは限られた地域では，ほ場容水量に達した日からの許容無降雨期間日数をあらかじめ知っておき，その日数を間断日数とする．

かん水量は間断日数間の消費水量，すなわち蒸発散量をライシメーターや蒸発計蒸発から知り，その間の雨量を減じて求めるのであるが，果樹園では1回のかん水量を下記の式で求めている．ここでいう制限土層とは，かん水対象土層（有効土層）中，特に水分減少が早くて，その部分の水分減少が正常な生育を阻害しやすい土層をいう．

$$I = (F-M) \times \frac{D}{100} \times \frac{1}{C}$$

ただし，I：かん水深度，F：制限土層中におけるほ場容水量（容積%），M：制限土層中におけるかん水開始直前の土壌水分含量（容積%）（通常，ほ場容水量の60%），D：制限土層の深さ，C：制限土層における水分消費割合（有効土層全体からの消費水量を1としたときの制限土層における消費水量の比数）（→かん水法）． （大垣）

寒害・寒風害 cold injury；cold wind damage

秋から春にかけて，異常な温度低下により受ける被害を寒害という．寒害は被害形態からみると作物体および土壌の凍結に起因するものが多く，寒害は下のように区分される（酒井 1982）．

$$\text{寒害}\begin{cases}\text{凍害}\begin{cases}\text{霜害}\begin{cases}\text{初霜（秋）}\\ \text{晩霜（春）}\end{cases}\begin{cases}\text{白い霜害（結霜のあるとき）}\\ \text{黒い霜害（結霜をみないとき）}\end{cases}\\ \text{凍害（生長休止期）}\end{cases}\\ \text{凍裂}\\ \text{乾燥害（土壌凍結）}\\ \text{寒風害（常緑広葉樹）}\end{cases}$$

冬期休眠状態において，異常低温による被害を一般に寒害と呼ぶことが多く，寒風害や霜害と区別される．作物体が低温になり条件が備わると細胞の内外が凍結する．凍結は最初，作物の表面や細胞外で始まり（細胞外凍結），次いで細胞内凍結が起こる．

細胞内凍結は，原形質の内容や構造を大き

く変化させ死に至ることが多く，また，細胞外凍結にあっても，氷片の圧力や細胞内容物の凝固，細胞膜と原形質膜との融解時における水透過性の差などにより被害を受けることがある．耐寒性は，作物の栄養状態，生育段階，ハードニングやデハードニングの程度などにより大きく異なり，作物の種類および品種，器官別にも差がみられる．寒害発生の限界温度は，ビワのつぼみで−7℃，花が−5℃カンキツ類ではウンシュウミカン−8℃，レモン−3℃，ネーブルオレンジ−2.5℃，リンゴ−30℃，ウメの幼果−5℃などである．

寒風害はカンキツ類に多くみられ，低地温による吸水の減少，強風や強日射，乾燥空気などによる蒸散の増大により落葉する現象を指す．被害は気温0℃以上でも発生し，強風を伴うのが特徴的で，瞬間最大風速が6〜8 m/sを越えるようになると，落葉は急激に増大する．寒風害による落葉は，樹の頂部や季節風に直面する側で多く，風下側で少ない．1樹全体で20％前後の落葉があると，光合成量が制限され，花芽形成や新葉展開の不良，結実低下などにより減収し，隔年結果を招きやすくなる．

寒害および寒風害の防除法には，気象的と栽培的防除法とがある．気象的防除法の代表的なものは被覆法であり，こも，むしろ，寒冷しゃ，各種の新被覆材などが利用される．また，栽培的防除法には品種の選択，樹勢強化や排水対策，施肥の改善，耐寒性台木の利用，薬剤利用，せん定や着果調節などの樹体管理等々が実施されている． (鴨田)

換　気 ventilation

1) ハウス栽培

温度管理や室内空気中のガス組成を更新する目的で，外気を積極的に取り入れることをいう．換気法には換気窓（天窓や側窓）を開放し，室内外の空気を交換する自然換気 (natural ventilation) と，換気扇と空気取入口から積極的に空気を入れ替える強制換気 (forced ventilation) とがある．いずれの方式でも，温度調節器 (thermoregulator, thermostat) との連動で自動換気が可能である．また天窓の開閉機構にはワイヤ・シャフトによる両窓つき上げ方式と，ラックアンドピニオンを利用した片窓つき上げ方式とがある．換気の程度は，換気回数で表現され，単位時間の外気流入量を温室の容積で除した値を用いる．換気率は単位時間，単位床面積当りの外気流入量である（→温度，ハウス栽培）． (伊東)

2) 貯　蔵

果実の貯蔵では，呼吸による二酸化炭素を庫外に排出し，新鮮な空気を導入するために換気を行う．カンキツ類では貯蔵量が増えると湿度が高くなるため，適湿に下げるためにも換気が必要である．ただし，リンゴでは換気は不用である．

カンキツ類の貯蔵庫は地下と天井に換気孔（天窓）をつけ，時には壁面の換気窓（横窓）を開けて自然換気を行う．強制換気は換気扇を用いるが，大量の風を強制的に送ると風道ができ，それ以外のところは空気の流動が少なく，効果が出ないことがある．この場合は庫内全体に一様に空気が通り抜けるように，ダクトの設備をすると換気の効果が大きい． (伊庭)

カンキツ類 citrus fruits

Swingleは真正カンキツ類 (True citrus fruit trees) に，キンカン属 (*Fortunella*)，エレモシトラス属 (*Eremocitrus*)，カラタチ属 (*Poncirus*)，クリメニア属 (*Clymenia*)，ミクロシトラス属 (*Microcitrus*)，カンキツ属 (*Citrus*) の6属を含めている．田中はこれよりエレモシトラス属とミクロシトラス属を除いた4属をカンキツ類とした．しかし，一般には栽培に利用されているカンキツ，キンカン，カラタチの3属をカンキツ類という．田中の分類では，カンキツ属は159種，キンカン属は6種，カラタチ属は1種を含む．わが国のおもな栽培種は，カンキツ属のウンシュウミカン，ナツミカン，ハッサク，イヨカン，スイートオレンジ，ポンカン，ブンタン，ユズなどと，キンカン属の寧波キン

カンで，カラタチは台木に利用されている．
　　　　　　　　　　　　　　　　（岩政）

環境調節 environmental control ⟶ 生物環境調節

環境適応性 adaptability
　生物が種々の環境条件に対して，形態的，生理・生態的に生活に有利な状態へと変化する性質・能力をいう．これには環境条件に対する遺伝的な適応と生理的に機能・性質等が環境条件に合わせて変化する適応（順応）とがある．　　　　　　　　　　　　（施山）

　幹　径 trunk diameter ⟶ 主幹
　間欠照明 cyclic lighting ⟶ 交互照明

還元糖・非還元糖 reducing sugar ; non-reducing sugar
　ブドウ糖，果糖などの単糖類とマルトース型の二糖類，三糖類など還元作用のあるものを還元糖という．この還元作用は糖分子のアルデヒド基またはケトン基が遊離の場合およびヘミアセタール型で存在するために起こる．還元力のないショ糖，デンプンなども加水分解すると還元糖になる．果実，野菜には各種の糖類が含まれているが，種類，品種によりその組成や含量が異なる．糖分のおもなものはブトウ糖（グルコース），果糖（フルクトース）の還元糖およびショ糖（シュクロース）（非還元糖）である．表にみるように，含有糖の組成は果実の種類により異なり，トマト，サクランボ，ブドウのように還元糖のみでショ糖を含まないものもあれば，ミカン，モモのようにショ糖の含有量の多いものもある．また生育中，成熟過程に糖組成の変化がみられ，その変化も種類によって異なる．果実では一般に成熟するにしたがい，デンプンが減少して糖が増加する．還元糖と非還元糖（ショ糖）の比率は品種により熟度により異なる．糖組成は味に影響するため，還元糖率（還元糖／全糖×100）を算出して品質の指標としている場合もある．
　また，グルコースをエムデン・マイヤーホフ経路によって分解し，ATP合成することを解糖という．　　　　　　　　　　（萩沼）

各種果実の糖組成（％）（古田ら，1953）

種　類	ブドウ糖	果　糖	ショ糖
ミカン	1.7	0.8	6.1
リンゴ	2.8	6.3	2.5
モモ	0.8	0.9	5.2
ブドウ	8.1	6.9	0
ナシ	2.3	5.1	0.6
イチゴ	1.4	1.6	0.1
スイカ	0.7	3.4	3.1
トマト	1.9	1.6	0
ビワ	3.5	3.6	1.3
サクランボ	3.8	4.6	0

感光性 photosensitivity, photoperiod sensitive phase, sensitivity to photoperiod
　もともとわが国においてイネの出穂生理に関する研究から生れた概念で，短日植物であるイネが短日処理によって出穂の促進される度合をもって感光性の大小とした．現在では，イネを種々の日長下で育てたとき，もっとも出穂に時間のかかる日長下での花芽分化まで日数からもっとも早く出穂する日長下での花芽分化迄日数をさし引いてそれを感光性としている．この期間は，日長によって花芽分化が移動する相だとして感光相と呼んでいる．この概念はイネだけでなく他の短日植物にも適用でき，理論的には長日植物にも適用できる．実際ムギ類のような長日植物において，いわゆる春化を終了した後には，日長によって出穂（花芽分化）が影響を受ける発育相があるのでこれを感光相と呼ぶこともある．　　　　　　　　　　　　　（菅）

緩効性肥料 controlled release fertilizer, slow release fertilizer
　土壌中で肥料成分が徐々に可溶化し，持続的に長期にわたって肥効が発現するようにした肥料をいう．施肥回数の節減，多肥施用時の濃度障害の回避，成分流亡の危険を最小限にするなどの効果がある．水に対して難溶性のものと，土壌微生物に対して分解され難い性質をもつものとがあり，尿素とアルデヒド類を縮合させたウレアホルム，IB，CDU，シュウ酸とアンモニアを縮合させたオキザミ

ド，グアニルウレア（グアニル尿素）と呼ばれるシアナミド誘導体の化合物などがある．これに対して普通の単肥や化成肥料の粒表面を油脂類や合成樹脂類で被覆して，肥効の緩効化をはかった肥料（コーティング肥料・被覆肥料）も市販されている．肥効では速効性肥料と遅効性肥料の中間の性質を示すものをいう．
(青葉)

感光相 photophase ⟶ 感光性
関西式棚仕立て ⟶ 整枝
寒咲き winter flowering ⟶ 冬咲き
間 作 intercropping

永年性作物である果樹を植え付けてから数年間，樹冠によって覆われていない園地に作物を栽培することをいう．主作物である果樹が生長するにしたがって，しだいに間作をする面積が減少するので，自然消滅することになる．間作する作物の種類は，以前には野菜や花きなどが多かったが，その年に収益のあがる間作物の栽培に力が注がれ，果樹の生育が劣る例が多くなった．その対策の一つの方向として，同種の果樹を間作するほうが，その危険性がないと考え，計画密植栽培の形にかわってきた．

また，一年生作物については，ある作物の収穫前に，その条間に他種の作物を播種または定植して，土地を集約的に利用したり，幼苗を保護したりする栽培法を指す場合もある．
(平野暁)

かんざし(簪)苗（キュウリの）

キュウリの頂芽部をみると，順調に生育しているときは横からみるとつぼみ状にみえる．大きなつぼみが2枚葉にとり囲まれているが，草勢が弱ったり，根が弱るとつぼみは開花状となり，雌花が数多く頭を出してかんざし状となる．このような苗をかんざし苗といい，低温，乾燥肥料不足，根傷みによる．節成性の強い品種はかんざし苗となりやすい．
(加藤)

幹 周 trunk circumference, trunk girth ⟶ 主幹
管状花 disc floret ⟶ 筒状花

干渉顕微鏡 interference microscope ⟶ 顕微鏡
干渉効果（ウイルスの） interference

Aというウイルスに全身感染した植物に，本来なら感染能力をもつA′ウイルスが感染できない現象をAのA′に対する干渉効果または交差免疫という．この現象は，はじめ同一ウイルスの系統に属するAとA′との間でみつかったので，干渉効果の有無はウイルスの系統の存在を証明する手段として用いられた．その後，あらかじめ弱毒系統を感染させておくことによって，強毒系統の感染を予防し，被害を防止する手段として用いられるようになった．タバコモザイクウイルス(TMV)によるトマトモザイク病の防除に用いられるTMV弱毒系統 $L_{11}A$, $L_{11}A_{237}$, カンキツトリステザウイルス(CTV)によるハッサク萎縮病の防除に役立つCTV弱毒系統HM-55などがその例である．干渉効果のメカニズムについては，よくわかっていない．(山口)

観賞樹〔木〕 ornamental trees and shrubs, ornamental woody plants

観賞のため，あるいは環境浄化のために用いられる木本性植物の総称．ただし，タケ・ササ類やヤシ類など単子葉植物も含まれる．花木に似た用語であるが，普通はそれより広い意味で用いられ，明らかに観賞用として栽培されるもののほか，環境緑地としての街路樹，都市緑地や道路の分離帯に栽植される樹木，工場地帯の周辺に環境浄化のために設けられる緩衝緑地などの樹木（まとめて緑化樹と呼ぶ）も含めて観賞樹木といっている．
(小西)

観賞植物 ornamental plant〔s〕

観賞される植物の総称．その中で広く栽培される種類を特に花きと呼ぶ．ただし，英語のornamental plantsは，上記の広い意味のほかに，観賞樹木や温室植物など特殊な種類を指す狭い意味で用いられることがある．人類の植物観賞の歴史は古く，文化の形成とともに始まり，経済，文化の発展とともに種類が増え，一部の種類は観賞価値を高めるため

に改良されてきた．今日では，地球上のあらゆる地域の植物，種子植物から藻類にまで及ぶ多様な植物が観賞植物として利用されている．わが国で栽培されている種類だけでもおおよそ1000を超える． （小西）

環状除皮 girdling, ringing ⟶ 環状はく皮

環状はく(剝)皮(環状除皮) girdling, ringing

植物の茎や枝の形成層の外側の樹皮を環状にはぎ取ることをいう．形成層の内側には道管があり，外側には師管があるので，環状除皮を行うと根からの水の上昇は妨げられず，しおれないが，師管を通しての光合成産物などの移動は妨げられるので，処理した上の部分に炭水化物などが蓄積される．果樹園芸では栽培技術として，実験手法として用いられることがあり，これにより花芽の分化の促進や花芽数の増加，果実の肥大や着色の促進等の効果がある．しかし長期的にみた場合養水分の移動が妨げられるので樹勢の低下など樹体に好ましくない影響が出ることから，現在では栽培技術としてはあまり用いられていない． （施山）

環状除皮

緩衝能 buffer action, buffer capacity

ある溶液に酸またはアルカリを加えたときのpHの変化が，純水のそれよりも小さい場合に，その溶液が緩衝作用（buffer action）があるといい，緩衝作用の大小を緩衝能という． （稲田）

間植 interplanting ⟶ 混植

かん(灌)水 watering, irrigation ⟶ かんがい・かん水，かん水法

冠水 overhead flooding, submergence

地表水が過剰となり，地上にたまった水で作物体が水中に浸ることを冠水という．イネの場合，作物全体が水中に没することを冠水といい，葉先が水面上に出ているものを浸水と呼び区別する．一方，畑作物での冠水は，根あるいは作物体全体の水中埋没など，区分するのが妥当である．

冠水による被害は，冠水時間の長短，冠水の浅深，流速の有無，水温および水汚濁の程度と，作物の生育状態，耐水性，さらに冠水後の措置対策などにより大きく異なる．冠水による作物の被害は，生理活性の低下，酸素欠乏による窒息，微生物や病原菌のまん延などに起因する．

耐冠水性 (resistance for submergence) は冠水条件に遭遇した場合，冠水に対する抵抗性により障害程度を異にする．これら冠水に対する耐性を耐冠水性という．果樹と野菜の耐(湿)冠水性は次のようである．

	強いもの	(中間的なもの)	弱いもの
果樹	カキ，ブドウ	ミカン，ナシ，リンゴ	モモ，イチジク
野菜	セリ，ミツバ，クワイ，ハス	サトイモ，トマト，トウガラシ	ネギ，タマネギ，ニンジン，ジャガイモ

（鴨田）

かん(灌)水法 watering, irrigation

かん水法とは，作物への水のかけ方をいう．水のかけ方にはうね間にかん水する方式と水を飛沫状態（散水）としてかん水する方式，ドリップ方式等がある．

うね間かん水はかん水用のパイプやノズル

を必要とせず，うね間へ水を導く方式である．この方式はほ場が平坦で，水の浸透が比較的小さく，かつ一時に大量の水が得られる場所に適する．ほ場がなだらかに傾斜している場合はかん水効率が高いが，勾配が強い場合は表土の流亡が多いので採用できない．なお，うね間かん水はうね間かんがいともいわれ，混同されるが，かん水は水をかけること，かんがいは田畑に水を引いて，そそぐことまたは土地をうるおすことであり，意味が多少異なる（→かんがい・かん水）．本項においては作物に水をかけるのを目的とするので，うね間かん水とした．

散水はパイプで導いた圧力水を散水器の小穴より噴出させて降雨のようにかん水する方法である．

散水法はうね間かん水法に比して次のような特色を有している．まず長所としては，地形に凹凸や傾斜があっても整地する必要がないこと，均等にかん水され，かん水量の調節が可能であること，かん水用の水路が不要でほ場利用率が高いこと，省力化が可能であること，チリや土を洗い流し，作物の生理作用を良好にすること，肥料や農薬も同時散布できること，かん水むらが小さいこと，寒害や塩害の防止も可能なことなどをあげることができる．一方，短所としてはパイプ，ノズルなどの設備経費が高いこと，風の影響を受けること，受精不良や多湿による被害が多くなること，ノズルのつまりを監視しなければならないこと，かん水時間が比較的長いことなどである．

次に，施設におけるかん水法はほ場（露地）のそれとは多少異なる．すなわち，施設においてはうね間かん水が少なく，散水方式が主体である．他に点滴かん水，地中かん水などを行うことなどが特徴である．　　　　（新井）

点滴かん水（drip, trickle irrigation）はホースまたはチューブにノズル，極細のビニル・チューブ（径0.5～1.0 mm）を取り付け，比較的低圧で徐々にかん水する方法である．この方法はかん水許容面積が広く，かん水むらが少ないこと，作物に直接水がかからず病害の発生が少ないのが特徴である．最近は，養液栽培における培養液施用の一方法としても用いられている．　　　　（糠谷）

貫　生　proliferation　　──→　つきぬき

乾生植物　xerophyte

乾燥地，あるいは季節的に乾期のある地域に生育する植物，あるいは低湿，土壌の高塩分濃度のため吸水の困難な場所に生育する植物で，乾燥に耐える機能，形態を備えた植物を乾生植物という．　　　　（国重）

冠雪荷重　snow covering load　　──→
雪害

感　染　infection

病原体が感受体内に侵入してから，寄主植物との間に一時的または継続的な寄生関係が成立すること．病原体が寄主体内で生育または繁殖しうる状態（定着）を経て感染が進行する．感染が起こってから病徴が現われ，発病するまでを潜伏期間というが，感染後も病徴を示さないことがあり，その場合は潜在感染という．感染の成立は病原体や寄主植物の種類によってさまざまである．病原体の寄主体侵入の経路に応じクチクラ感染，傷感染，花器感染，気孔感染などがあり，また複数の病原体による混合感染や重複感染，さらには時間的空間的推移に伴う一次感染，二次感染などの区別がある．感染の進展により寄主植物は光合成，呼吸，代謝などに異常を起こし，各種の病徴を生じる．　　　　（平野和）

完全花（雌雄同花）・不完全花・単性花（雌雄異花）・両性花　perfect flower, complete flower；imperfect flower, incomplete flower；unisexual flower, diclinous flower；hermaphrodite flower, bisexual flower

花を構成するがく片，花弁，雄ずい，心皮などの各器官は葉の変態したものと考えられ，花葉（floral leaf）と総称される．このうち，雄ずいと心皮とは顕花植物の生殖に直接関与し，心皮は1～数個集まって雌ずいの形をとる．完全花（完備花）はがく（calyx），花冠（corolla），雄ずい（stamen）および雌ず

い (pistil) の4種の花葉をもった花をいう．一つの花に雄ずいと雌ずいとを共存するのが両性花・雌雄同花である．4種中1種またはそれ以上の花葉を欠くものが不完全花で，雄ずいと雌ずいとが別々の花にあり，一つの花に雌ずいか雄ずいか一方しか備えていないものを単性花・雌雄異花といい，花弁もがく片もない無花被花（achlamydeous flower），花冠がなく，がく片だけある単花被花（monochlomydcous flower）を含む．単性花は，雌ずいだけをもつ雌花と，雄ずいだけをもつ雄花とに区別できる．

花型はこれを形成する株自体にも性の分化をもたらし，雄花，雌花を同一株上に混生する雌雄同株（monoecious）と雄花および雌花を着生する株が全く別になっている雌雄異株（dioecious）があり，両性花と雌花を混生するもの（両性雌花性 gynomonoecious），両性花と雄花を混生するもの（両性雄花性 andromonoecious）もあり，雄花のみを着生する雄株（male plant）と雌花のみを着生する雌株（female plant）との別がある．

(斎藤・樋口・吉田)

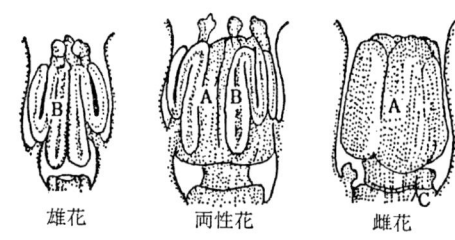

(a) メロンの雄花，雌花，両性花のやくと柱頭 (藤下，1959)
A：柱頭，B：やく，C：やくの痕跡

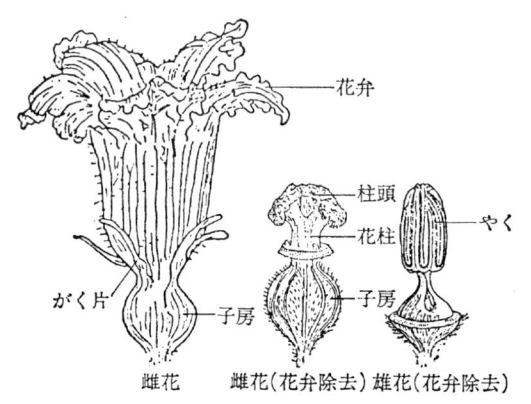

(b) カボチャの雌花と雄花 (Bailon)

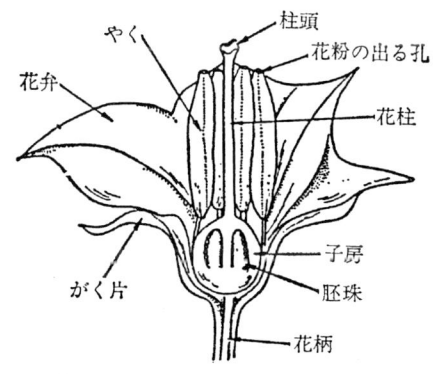

(c) ナスの花（両性花）（斎藤原図）

単性花と両性化

完全優性・不完全優性 complete dominance; incomplete dominance

たとえば赤花と白花との F_1 の花色が赤となれば赤は白に対して完全優性，桃色となれば不完全優性である．このようにヘテロ個体（Aa）がホモ個体（AA）と同じ表現型を示すか，AA と aa との中間型を示すかによって，完全または不完全優性という． (徳増)

完全葉 complete leaf ⟶ 葉形

乾燥花 dried flower ⟶ ドライフラワー

乾燥果実 dried fruit ⟶ 乾果

乾燥野菜 dried vegetable, dehydrated vegetable

野菜類を生のままあるいはブランチングなどを行い，天日，火力，凍結乾燥などの手段で乾燥したもので，使用時には水もどし後調理する．わが国ではカンピョウ，ダイコンの切り干し，サツマイモの生および蒸し切り干し，干しシイタケなど古くからつくられ，近年はタマネギ，ニンニク，パセリ，ショウガなど多くの野菜類の火力乾燥が行われている． (伊藤)

乾燥冷蔵（球根の） dry-cold storage

球根の低温処理を行う場合，球根を乾燥状態のまま行う方法のこと．湿ったノコクズな

どでパッキングする湿潤冷蔵より省力的であるため，一般にチューリップ，球根アイリス，スイセンでは乾燥冷蔵が行われている．通風を図り，低温処理中に発根させないように注意しなければならない． （川田）

間断日数 irrigation interval, number of intermittent days

畑地かんがいの用語で，かん水する間隔の日数のこと．間断日数は総迅速有効水分量を日消費水量で割り，小数点以下を切り捨てた整数値を用いる．このため保水性に富む土壌，消費水量の少ない作物では間断日数を長くすることができる（→かんがい・かん水）．
（佐藤）

幹　長 height of trunk ――→ 主幹

缶詰・瓶詰め can; bottling

原料を処理後，缶または瓶容器に密封して加熱殺菌を施すか，あるいはあらかじめ加熱殺菌した原料を，殺菌した缶・瓶容器に無菌的に詰めて密封するか，いずれかの方法で貯蔵性を与えた製品をいう．

完全に無菌ではないが，病原菌は残存せず変敗菌もほとんど死滅している．若干の抗熱性細菌の胞子は残存していることがあるが，不活性状態である．缶容器材料としてブリキ，アルミニウム，クロム鋼板などが用いられるが，貯蔵中に缶材からスズ，鉄の溶出，硫黄化合物によってスズ面に硫化物の析出による黒変，タンニン，アントシアン色素による黒紫色を呈するもの等があるので，原料により各種の内面塗装缶が用いられる．また，缶詰用水中に硝酸イオンが含まれると，スズの異常溶出を促進するので，硝酸態窒素として1 ppm以下の水を使用することが勧告されている．

瓶詰の場合は，原料処理は缶詰と同様であるが，内容物は高圧殺菌を必要としない果実，野菜，ジャム類，果汁，調味料，漬物などが多い．内容物がみえることに特徴があるが，紫外線の透過により退色や褐変を起こしやすい．

シラップ漬け缶詰は，果実加工の代表的なものである．適熟果をはく皮，半割り，除核（心抜き）などの処理を行い，糖液とともに缶または瓶に詰めて脱気，密封殺菌したもの．野菜類はシラップの代りに水を加えて加熱した水煮製品が多い．製造工程としての熱処理は，果実，野菜を蒸気で加熱する場合と熱湯で加熱する場合があって，ブランチング (blanching) と称されているが，この目的は酸化酵素を破壊して加工操作中の変色や変質を防止し，また果肉を柔軟にして，肉詰め操作を容易にするためである．

殺菌は最小限度の温度と時間を適用するこ

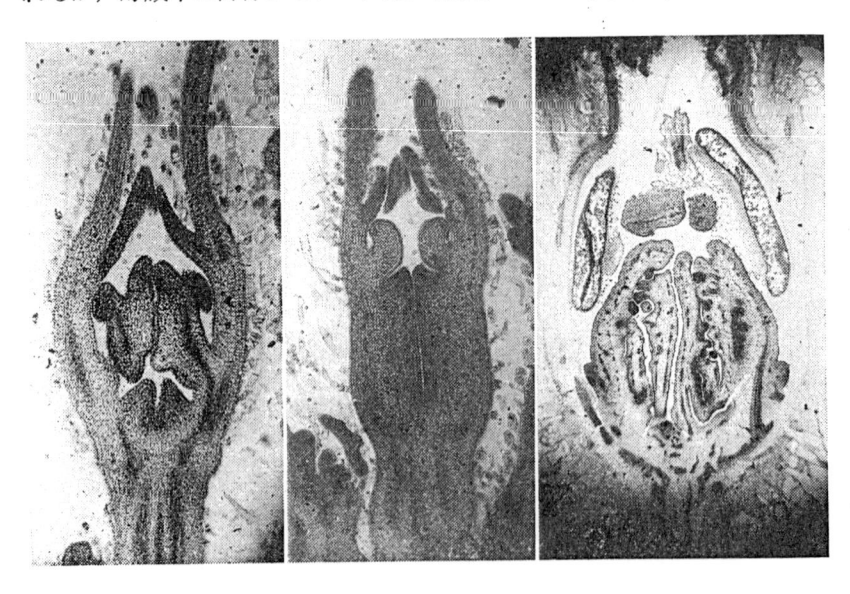

キュウリの雄花，雌花，両性花（伊東ら，1954）

とが望ましい．大部分の果実は有機酸を相当量含んでいてpHが低いので，野菜に比べれば殺菌は楽である．たとえばスモモ，アンズでは製品のpHが3付近にあって，75℃，10分間の加熱で十分であるが，エンドウでは製品のpHが6以上であって，100℃で4時間以上の殺菌を必要とする．加熱殺菌の終ったものは，速やかに冷却する．冷却が遅れると内容食品が過熱となり，果実製品の風味，色沢，肉質が低下する．

缶詰でしばしば起こる白濁現象は，缶肉に微細な結晶物が析出したり，難溶性物質が生成することによるもので，クレームの対象にされる．たとえばミカン缶詰の白濁は，ミカンに含有されている難溶性のヘスペリジンによる．この防止法としては，メチルセルロース等高分子物質を添加するとか，酵素ヘスペリジナーゼを加える方法がある． （伊藤）

カンデラーブル整枝 canderable training ─→ 整枝

関東式棚仕立て ─→ 整枝

官能検査 organoleptic test, sensory evaluation ─→ パネルテスト

干ばつ（魃） drought ─→ 干害

間伐 tree thinning, thinning

果樹園の過密植の樹数を減少させ，残された樹の環境を改善し，果実生産力を向上させるために一部の樹の切除が間伐である．間伐は，果樹園全体としての葉量の減少や，残存樹の光条件の改良効果をもたらす面から，せん定の一種といえる．年次別の間伐を前提として，10a当り100〜300本の苗を定植する計画密植栽培法があるが，永久残存と間伐（間びき樹）の各予定樹の間で，生育が逆転するなどのため，間伐が遅滞して，過密植の弊害がみられることが多い．市場向けの果実生産量が最大となる葉面積を維持するために，多数か少数のいずれの樹数が望ましいかで，間伐の必要度は大きく異なる．病害虫や災害での枯損を考慮すると，やや多い樹数の維持が妥当であろう． （岸本）

寛皮性（カンキツの） loose-skin character

カンキツ属のなかで，田中分類の後生カンキツ亜属に属するマンダリン類，タチバナ，コミカンなどは，果皮のフラベド層が分離して果皮と果肉との分離が容易，すなわち手でむける状態になっている．緊皮性である初生カンキツ亜属との分類上の一つの形態的手がかりである． （大垣）

寒風害 cold wind damage ─→ 寒害・寒風害

乾物生産 dry matter production ─→ 光合成

ガンマー(γ)線照射 gamma irradiation ─→ 放射線照射

甘味比 sugar-acid ratio, solid-acid ratio, soluble solid-acid ratio

糖酸比ともいい，糖含量を酸含量で除した値，または可溶性固形物量（一般には糖用屈折計示度）を酸量で除した値をいう．一般には後者が簡単なため使用されることが多い．また，全糖含量を酸含量で除した値を糖分率といっている．果実や果汁の甘酸味を表すもので品質評価に使用される．ミカンでは10〜14，ブドウでは30以上がよいといわれ，果実の種類により異なる．未熟果は低く，熟度が進むにつれて高くなるのが普通である．糖と酸の比のため，糖，酸の含量がともに高い場合と，糖，酸がともに低い場合は，糖酸比は大体同じ程度の数値を示すが，前者のほうが濃厚な味になる． （萩沼）

観葉植物 ornamental foliage plant(s)

植木鉢その他の容器に植え，主として葉を観賞する植物で，木本および草本植物，シダ類を含む．ただし，普通は熱帯および亜熱帯原産で，耐陰性があって人が居住する室内でも栽培しながら長期間観賞でき，寒さには弱く冬は温室で保護されるものをいう．広い意味ではタケ，ササ，オモト，柄物東洋ラン(cymbidium)などを含むのであるが，一般には上述のような狭い意味で使われる．20世紀前半までは観葉植物はあまり重要視されなかったが，建築様式が近代化され，冷暖房や

照明など物理的居住環境が改善された反面，生活に自然的な潤いが欠けるようになって，観葉植物の栽培と観賞が世界的に流行するようになった．　　　　　　　　　（小西）

寒冷しゃ(紗)　cheesecloth

1) 気象災害防止

寒冷しゃ利用の目的の一つに気象環境の制御があり，目的に応じて各種の資材（材質，メッシュ）が用いられる．遮光，防風，保温や異常昇温防止などに利用でき，現在，この他に防鳥や防雹，防蛾など多目的利用とあわせて，広く普及している．　　　（鴨田）

2) 栽　培

被覆資材の一種で，夏期の高温，強光による乾燥，いちょう（萎凋），日焼けなどの防止のためや幼苗の育苗，培養植物の順化，媒介昆虫に対する隔離栽培などいろいろの目的に使われる．　　　　　　　　　　（天野）

3) 害虫防除

ビニロンまたはポリエチレン製の25メッシュ程度の資材が，メロン，キュウリ，トマトなどの夏期栽培やイチゴ無病苗養成のアブラムシ飛来防止によるウイルス病回避用として側窓，天窓の開口部に展張される（→遮光資材）．　　　　　　　　　　　　（板木）

き

偽 果 false fruit, pseudocarp ⟶ 真果・偽果，花床

機械選別 mechanical grading, mechanical sizing, mechanical sorting ⟶ 選果・選別

帰化植物 naturalized plant

植物がその自生地から人間の移動に伴い他地域に移され，そこになじみ自生して繁殖したものをいう．国内外の交流が頻繁になり，また全国的に都市化が進むにつれてその数は急激に増加し，わが国でもその数は1 000種に近いものと推定されている．　　（岩佐）

気化冷却 evaporative cooling ⟶ 予冷

器官形成 organogenesis, organ formation

個体発生において，器官の原基が分化を開始する時点から構造的，機能的に完成した器官がつくられる全過程をいうが，分化した器官原基から完成器官がつくられる過程をいうこともある（→原基）．種子植物は一般に，胚の時代に子葉と幼芽，幼根の原基を形成し，発芽後，芽は頂芽，えき芽，根は側根として決まった位置に形成される（→胚）．芽の中では，茎頂分裂組織が葉原基を次々分化して葉条（シュート）を形成し，また花芽を分化して諸花器を形成し花をつくる．根では，根端から離れた位置に内生的に（一般に内しょうから）根原基を分化して側根を形成する．芽や根は，上記以外の位置に形成されることがあり，不定芽，不定根と呼んでいる．組織培養により，器官片やカルスに不定芽，不定根の形成をみることもある（→組織培養，カルス）．　　（石原）

器官培養 organ culture

組織培養（広義）の一種である（→組織培養）．植物の器官培養は，器官の原基を外植片とし，生長，分化の進んだ器官を育てる培養をいう（→原基，外植）．根端から生長，分枝した根を育てる根培養（root culture），葉原基から成葉を育てる葉培養（leaf culture），胚珠から成熟種子を育てる胚珠培養（nucellus culture），子房から果実を育てる子房培養（ovary culture）などがある．茎頂培養，胚培養も器官培養として扱われることが多い（→茎頂培養，胚培養）．器官培養は，一般に，器官の発育生理のすぐれた実験系として利用される．上記の意味の器官培養とは別に，器官（片）を培養して，これから直接に，あるいはカルスをへて植物体を再生させることを目的とした培養も器官培養と呼ぶことがある．　　（石原）

偽球茎 pseudobulb

一部のラン類では，根茎（rhizome）の一部が球根状に肥大して地上部に伸長する．これを偽球茎という．内部は海綿状で，養水分の貯蔵場所となっており，表面はしょう（鞘）葉で覆われている．球根類をまとめてbulbということがあるのでpseudobulbの語が一般に用いられるようになったのであろうが，りん茎（bulb）ではないので正しい用語ではない．　　（田中）

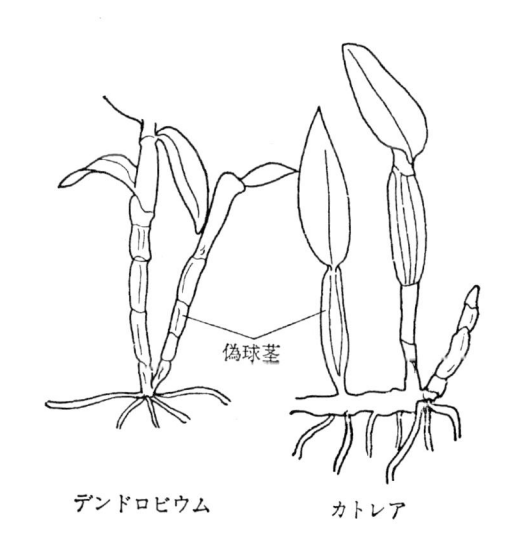

デンドロビウム　　カトレア

偽球茎

奇形花　malformed flower

奇形とはそれぞれの植物がもつ遺伝子の表現形として最も確率度の低い形態形成である．また突然変異（易変因子）遺伝子によってもしばしばみられる．

奇形花には雄ずいの花弁化による八重花（バラ），雌ずいの花房化や花器内のえき芽発達などによる貫生花（ストック），生長点部の多数化と合体による帯化花（トサカケイトウ）などがあるが，これらももともとの奇形花も現在では正常の花の形態とみられている例が多い．

ただ，これら奇形現象は，葉の変形としての花弁や雄ずい，枝の変形としての雌ずいが従来の変形の範ちゅう内で変化したもので，地上部と地下部のような決定的な極性の変化によるものはみられない．

奇形花はγ線照射や化学処理などによって人工的に誘起しうるほか，ウイルスの感染によっても生ずることが知られている．

（上本）

奇形果　malformed fruit

果実はそれぞれの種および品種で形状や大きさなどに固有の形質を有しているが，発育過程でいずれの部位でも発育，肥大に不均衡が起こると種々の奇形果となる．果実の発育や形態に関与する条件として種々あげられるが，それらの条件の関与する発育段階として，開花までの花芽発育期，開花時の受粉，受精期，開花後の果実肥大期の三つに分けてみることができる．

花芽分化から開花までの花芽発育期の子房や花たくの発育は，細胞分裂による細胞数の増加によって行われ，開花時に子房あるいは花たくの大きなものは，多くの細胞数を有していることになる．果実として発育する心皮や花たくの細胞分裂の状態，心皮の癒合状態などによって，開花期における子房あるいは花たくの発育状態や形態に差を生ずるようになる．奇形果などの発生も開花期における子房や花たくの形態や大きさに影響されるところが大きい．開花期に子房あるいは花たくの大きいものは，一般に大きな果実に発育するが，種々の奇形果になりやすい．ナス類の大きな花では鬼花といわれ，子房の心皮数や子室数が多く，トマトでは乱形果，楕円果など，ナスでは偏平果，双子果などとなり，イチゴの大きな花では花たくが大きく，花たく上の雌ずい数も多く，鶏冠状果（とさか果）などとなりやすい．小さな子房では心皮数や子室数が少なく，果実の発育が悪く，発育障害を起こしやすく，トマトでは空洞果になりやすい．

開花時に受粉，受精が不完全であると，果実の肥大が悪くなり，種子形成が果実の片側に偏すると，種子の形成されない側の肥大が不良となって不整形果（片肉果）になりやすい．トマトの空洞果，ナスの石ナス果，イチゴの凹凸果，キュウリの尻太り果なども，受粉，受精の不完全に起因している．

開花後の果実の肥大は，一部細胞分裂も行われるが，主として細胞の容積増大によって行われることになる．光合成産物や養水分が果実に十分に供給されることによって，果実内の各部位に均等に配分されるようになり，それぞれの部位の細胞は十分に肥大して，各部位の発育が均等に行われて正常果となる．しかし，果実への光合成産物や養水分の供給量が減少すると，果実内で養分の競合が起こ

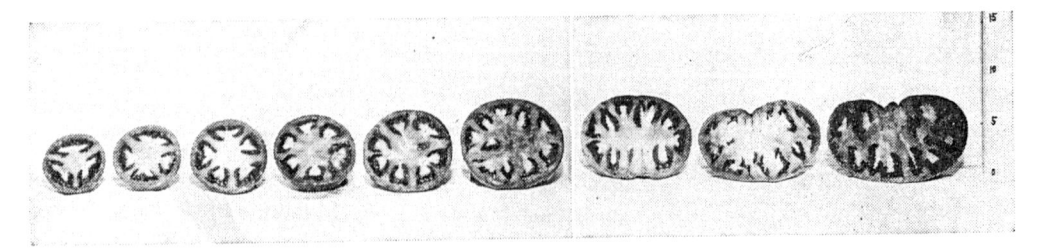

トマトの子室数と果形（斎藤原図）

り，種子の多少や形成部位なども合わせての植物ホルモンなどによる生理的作用と，養分の転流経路となる維管束の配列などの機械的調節作用などにより，果実内で吸収力の弱い部位には養分は十分に分配されず，その部位の細胞肥大が悪くなって種々の不整形果や奇形果が発生するようになる（→空洞果）．

(斎藤)

トマトの乱形果(中)と楕円果(右)の横断面(斎藤原図)

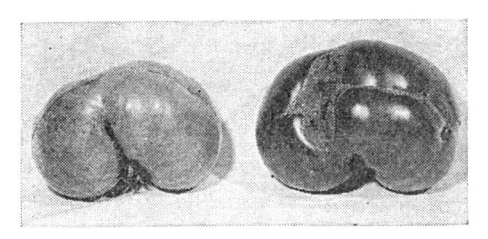

トマトの奇形果（斎藤原図）

岐　肩（きけん） shoulder

ブドウの花穂には単穂と複穂があり，複穂は主穂と副穂からなっている．この副穂のことを岐肩という．

主穂から枝別れした岐肩は品種によってその大きさが著しく異なり，マスカット・ベリーAなどでは第1花穂の岐肩は主穂と同じ大きさに発育するものもある．形の整った房をえるために，巨峰やベリーAなどでは岐肩を摘除する作業が行われている． (湯田)

木　子 bulblet, cormel, cormlet

地下部に形成された小球根に対する園芸上の呼称である．ユリ類の地下茎の葉えきに形成される小りん茎(bulblet)と，グラジオラス，フリージアなどの新球基部に形成される小球茎(cormel)とは形態上は異なるが，いずれも木子と呼ばれる（→球茎）． (今西)

気孔・孔辺細胞 stoma (pl. stomata); guard cell

陸上植物の表皮にはガス交換を調節する気孔が存在し，特殊な1対の孔辺細胞が分化して，内部の細胞間隙に通じている．孔辺細胞は種によって形態が違うが，葉緑体をもち，細胞壁は気孔に面した側が厚くなっているた

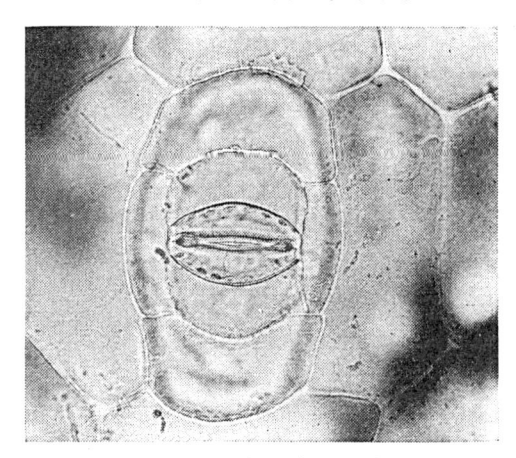

ツユクサの気孔　（西野原図）

めに細胞内圧の変化で形が変わり，気孔の開閉が行われる．この際，細胞に蓄積された光合成産物が分解すると膨圧が高まることを利用している． (新田)

岐　根　branched root　──→ 根系
気　根　aerial root　　　──→ 根系
気根束　burrknot　　　　──→ 根系
季咲き　season flowering, natural flowering

自然の開花期に開花することを意味し，自然咲きと同じ意味に用いられる．開花調節技術を用いず，自然環境下で栽培して開花させることを普通栽培または季咲き栽培という． (樋口)

偽雑種 false hybrid

本来有性生殖を行うべき植物が，生殖核の受精作用なしに発芽力のある種子を生ずることを単為生殖(apomixis)といい，これによ

り生じた子を偽雑種という． (成河)

岐散花序 dichasial cyme ⟶ 花序

キサントフィル xanthophyll
カロチノイドの中で，分子中に水酸基やケトン基などの形で酸素を含む色素の総称．炭化水素系のカロチン類と対比される．クリプトキサンチン，ゼアキサンチン，カプサンチンなどがあり，花弁ではカロチン類が主成分のときの橙〜橙赤色に対し，キサントフィル類ではレモン黄色を呈することが多い．
(有隅)

希釈器 dilutor ⟶ 液肥

寄主植物 host plant
病原体の寄生をうけた植物のこと．宿主植物ともいう．病原体が寄生する前の健全植物は感受体（suscept）といい，寄主植物とは区別される．寄主植物は病原体の攻撃に対してさまざまな反応を示すので，抵抗性の判別等にも利用される．
(平野和)

偽受精 pseudogamy, false fertilization ⟶ シュードガミー

気生植物 aerophyte
植物体全体が大地から離れて生息するところから名づけられたもので，着生植物（epiphyte）ともいう．木の幹や枝，葉などに着生する植物であり，コケ類，地衣類，藻類のほか，園芸的には着生ラン類が著名である．
(松尾)

寄生植物 parasitic plant
寄主植物に付着して，寄主から栄養，水分などを取り入れて生活している植物を寄生植物という．ヤドリギが代表的なもので，寄主は生きた植物に限られ，単に植物や人工構築物に機械的に付着している着生植物とは区別されている．
(国重)

季節風 monsoon
季節によって風向を異にする卓越風を，季節風という．日本付近では，10月から翌年3月までが冬の季節風で，北西ないし西寄りの風で冷たく風速は強い．また，6月から8月までは夏の季節風で高温多湿で風速は弱い．
(鴨田)

キセニア・メタキセニア xenia; metaxenia
種子や果実の形質に花粉（雄親）の影響が現れる現象をキセニアといったが，今日では胚乳に影響が現れる場合のみをいい，胚乳以外の組織に現れる場合はメタキセニアという．たとえば，トウモロコシの白色胚乳系（yy）の雌ずいに黄色胚乳系（YY）の花粉が与えられると，胚乳（$3n$）の遺伝子型はYyyとなり，黄色を呈するが，雌雄逆の遺伝子型の場合，胚乳はYYyでやはり黄色であり，キセニア現象を示さない．メタキセニア現象はナツメヤシ，ワタ，リンゴなどの果実の大きさにみられる．
(成河)

気相 gaseous phase, vapor phase ⟶ 土壌三相

きっ(拮)抗作用 antagonism
相互の作用が互いに妨げる方向に働く場合をいい，作物が養分を吸収するときに，共存する養分のうちある特定の養分が多すぎると，他の養分の吸収が抑制される現象や，微生物間の相互に相反する作用などをいう．

養分吸収場面では，カリウムを多量施用すると，カルシウムやマグネシウムの吸収が抑制される現象がみられる．これを避けるため，施肥管理においては，特定の養分だけを集中的に施用することはなるべくつつしみ，土壌中の養分の均衡を保つようにすることが大切である．また土壌中の微生物相互のきっ抗作用の不均衡は，微生物相を単純化させ，病原菌の活動を助長して連作障害などを発生しやすくする．
(青葉)

キノコ類 mushroom ⟶ 菌じん類

揮発性成分 volatile compound, volatiles
青果物からの揮発性の成分で，香りに関係が深い．香気成分もあるが，悪い香りの成分，すなわちオフフレーバー（off flavor）も含まれる．果実・野菜の香気性成分は，アルコール類，酸類，カルボニル化合物，テルペン類など数多くの成分から成り立ち，揮発性成分として100ppm以上あると芳香を感ずる．果実・野菜の種類，品種により成分組成

や含量が異なり，そのもの特有の香気を形成している．また，成熟につれて，あるいは収穫後に青果物から揮発するエチレンも揮発性成分で，青果物の営む呼吸と密接な関係がある．　　　　　　　　　　　　　（萩沼）

基　肥　basal dressing　　⟶　基肥（もとごえ）

旗弁・翼弁・竜骨弁（舟弁）　standard, vexillum；wing, ala；keel, carina

蝶形花冠（papilionaceous corolla）をもつマメ科植物は左右相称の5枚の花弁をもつ．

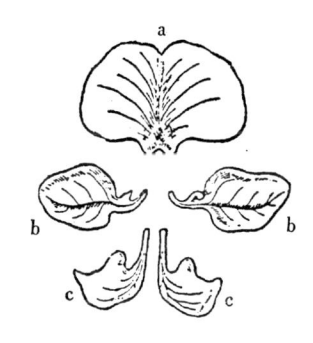

エンドウの花弁
a：旗弁，b：翼弁，c：竜骨弁

中央上方の1枚は旗弁と呼び，大型で色彩も美しい．左右の2枚は，外観上鳥の翼にみたてて翼弁と呼び，下方の2枚は一部分が癒合して竜骨形をしているので竜骨弁または舟弁と呼ばれる．　　　　　　　　　　（樋口）

基本種　elementary species

同一属内で単一のゲノムからなる種を基本種（一基種），それらの間で成立した種を複二倍体種（二基種）という．アブラナ属ではA, B, C各ゲノムからなる基本種と，AB, BC, ACゲノムからなる複二倍体種がある．　　　　　　　　　　　　　（芦澤）

キメラ　chimera

同一個体内に遺伝子型の異なる組織が混在する場合をいい，接ぎ木や突然変異によって生じる．古典的な例として，キバナフジとベニバナエニシダの接ぎ木によって生じたアダムのエニシダがある．Winklerはトマトとイヌホウズキの接ぎ木キメラを作出した．Satinaらはコルヒチン処理により倍数性の相違する細胞キメラ（cytochimera）をつくった．高等植物の生長分裂組織は一般に3層の起原層〔germ layer，組織分化層（histogenic layer）〕からなるが，遺伝的に異なる両組織

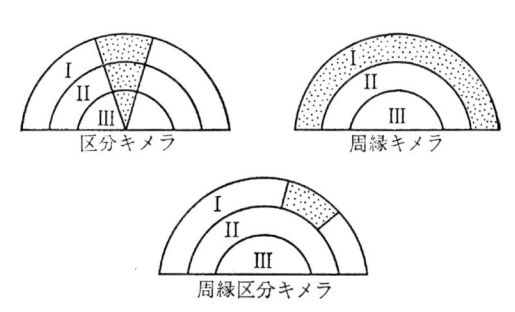

区分キメラ　　周縁キメラ
周縁区分キメラ
キメラの種類

の混在様式により，区分キメラ，周縁キメラ，周縁区分キメラがある（図）．グレープフルーツのトムソンピンクはマーシュシードレスの第Ⅰ層にリコピンを生成する突然変異が起こった周縁キメラである．　　　　　（岩政）

逆交雑　reciprocal crossing　　⟶　交雑

逆転層（気温の）　inversion layer

地表面付近の気温に比べ，上部の気温が高く，通常の場合と異なる気温の逆転を示す層を逆転層という．夜間の放射で接地気層の放射冷却が卓越して地表面の空気が冷え，冷えた空気は比重が重いので，次第に低いところ，平野部に停滞し，上下の温度の平衡点で下からの対流は止まり，逆転層となる．無風状態のときによく発達する．この対流は，地表面からの熱のうばわれ方の強さによって強くなり方が異なり，放射冷却度が高いと逆転層は

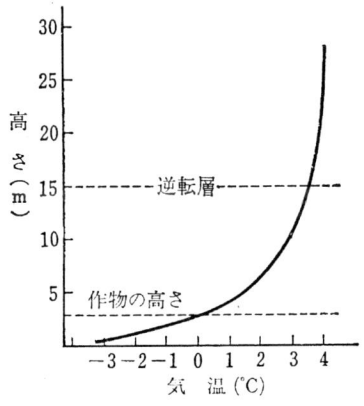

強い逆転層が発達したときの高さ別気温分布

客　土　soil dressing

作物の生育に不適になった耕土を改良するために，他の場所から目的にあう土壌を運び入れ利用すること．園芸では連作障害の対策，風雨による土壌侵食の保全，温室やハウス栽培における床土などの更新に客土する．良質の粘土鉱物を含む保肥，保水力のある土壌が好適である．　　　　　　　　　（大垣）

逆淘汰　reverse selection

淘汰あるいは選抜というとき，それが自然的であっても，人為的であっても（→選抜），そこでは環境に適応する遺伝子型あるいは優良な遺伝子型が残っていくという概念が含まれている．ところがある条件下では集団内における遺伝子型が特定の方向に偏向をきたし，集団が退化することがあり，これを逆淘汰という．一例をあげれば，秋播きキャベツを夏播き栽培により採種を続けていくと早期抽だい性が増してくる．　　　　（成河）

キャップ栽培

ハウス栽培と類似の効果を求めて，ほう芽の斉一と熟期促進のため，ほう芽前の3月より4月ごろまでブドウの結果母枝に筒状のビニル袋を被覆する方法．現在のトンネル型簡易被覆栽培の先駆的方法である．　（岸本）

キャビティースポット（ニンジンの）　cavity spot

ニンジンの根部に表皮組織が崩壊して陥没した小穴が発生したものを呼び，さらに二次感染して腐敗する場合がある．収穫が遅れると発生が増加する．石灰不足土壌，カリ過剰，施肥過剰による根部石灰欠乏によって発生する．　　　　　　　　　　　　　（加藤）

キュアリング　curing

貯蔵前に高温処理を行い，収穫時に生ずる傷から病原菌の侵入を防ぐことを目的とする処理をキュアリング（治癒の意）と称し，サツマイモで32〜35℃（湿度85〜90％）に4日間行うと傷口にコルク層ができ，貯蔵中の黒斑病などに対する抵抗性が増大して貯蔵性がよくなる．また，貯蔵中の蒸散を少なくし，耐寒力をます．

タマネギのキュアリングは，茎葉を切りとっても汁液がでない程度に低温で乾燥する．カルス形成はないが，病原菌が侵入しにくくなる．　　　　　　　　　　　　（伊庭）

きゅう(毬)果　bur

クリの果実はきゅう（bur）（→いが）で覆われているところからきゅう果と呼ばれている．きゅうの中には通常3個の果実が，少ないときには1〜2個，多いときには5〜6個含まれている．果皮は硬い木質の外皮となりその内側に種皮である繊維質の渋皮を有し，内部に種子を形成しデンプン質に富んだ胚（子葉）が可食部となる．　　　　（湯田）

休　閑　fallowing

本畑を耕作せずに置くこと．土壌は耕作すると老朽化しやすいといわれており，休閑は老朽化を回復させる有効な手段でもある．
　　　　　　　　　　　　　　　　（新井）

球　茎　corm

短縮した茎が肥大して，固い偏球状または球状になったもので，頂端および各節に芽があり，葉の基部が薄い膜となって球を包む．グラジオラス，フリージアなどがその例である．球茎の寿命は1年以内で，毎年新しい球茎と交代する（→木子）．　　　（今西）

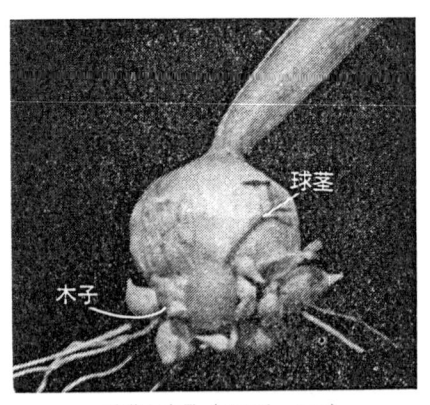

球茎と木子（グラジオラス）

球　根　bulbs, bulbous plants

宿根草のうち，地下または地際の器官が特別に肥大して，多量の貯蔵養分を含むものを

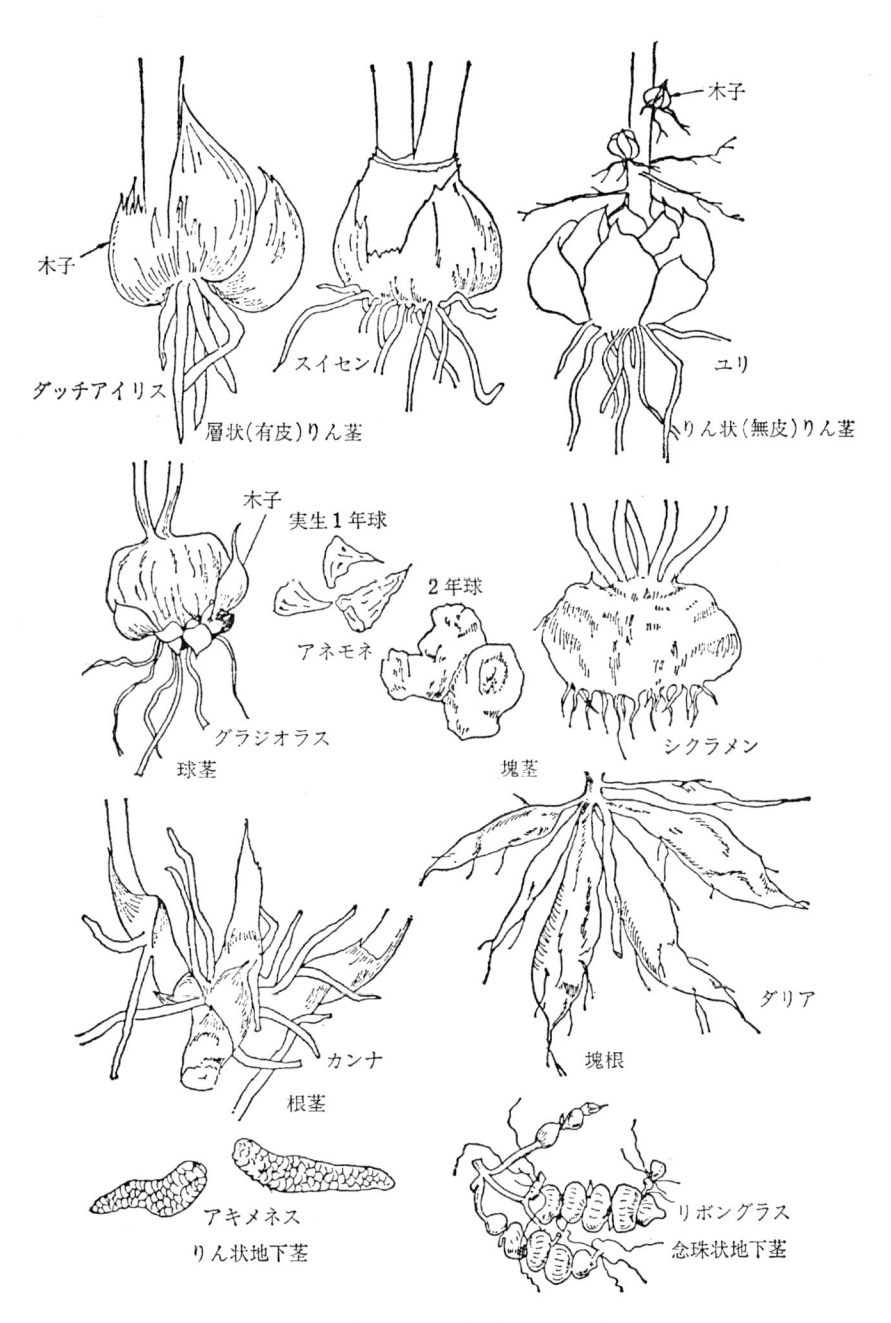

いろいろな球根の形態（今西，1981）

球根と呼び区別する．球根類，球根植物とも呼ばれ，花き園芸の分野で使われる総称である．しかし明らかに球根を形成するものでも，たとえばリアトリス，キキョウなどのように習慣上宿根草として取り扱われるものがあり，その区分は明確でない．球根の多くは休眠期をもち，生長しうる環境がくるまで，寒暑や乾燥といった不良環境に耐えようとする，環境適応性をもつ．なお肥大した器官の種類と形態の違いにより，りん茎，球茎，塊茎，根茎および塊根の五つに分けられるが，これらの中間移行型のものもある．また植え

吸枝　sucker

温帯に原生する宿根草の休眠器官の一種である．日常的にはひこばえとも呼ばれる．形態的には地下茎あるいはほふく茎の一部で，各節よりロゼット型の芽を発生させる．北半球では秋に低温，短日の進行に伴って茎の地中あるいは地際から水平に伸長する地下茎（ほふく茎）が伸長し，そのえき芽として芽が地上にまで表れてロゼットを形成する全体あるいは一部を吸枝という．栽培ギクはその典型的な例である．

吸枝は宿根草の冬季休眠器官の一種で前休眠期間（8月中）に形成され，秋に地中を水平に伸長する茎であるから，ジベレリンによって伸長が促進され，サイトカイニンによって発生数を増加させることができる．

吸枝は栄養繁殖に利用される．　　（上本）

吸湿水　hygroscopic water　──→ 土壌水

吸収根（茎出根・上根）　absorbing root

ユリ類の球根（りん茎）を土中に植えた際に，発芽して地上に伸長する茎の地中にある部分から生える根をいう．地中で発芽した球根は，まず底部にある短縮茎から底出根（下根, basal root）を出すが，これは一般に太くて分岐も少なく下方に伸びるが，養分を吸収する能力は低い．出芽して茎が地上に伸長する際，この茎の土中にある節の部分から，吸収根を生ずる．この根は底出根よりも細くてよく分岐し，やや側方に張る．主として養水分の吸収に関係しているので，この名がある．この根は地上部の発育に先だって盛んに伸長し，開花期ごろに最高に達し，地上部の枯死とともに枯死する．したがって，この根は生育・開花に重要な役割を果すので，ユリ類の球根植え付けの際は深植えして，この茎出根の発達を促す必要がある．（田中）

吸収性夜ガ（蛾）　fruit piercing moths

吸汁性液ガ，吸ガ類あるいは果実吸ガ類ともいう．チョウ目ヤガ科シタバガ亜科に属するものが多い．成虫が果実の汁液を吸収・摂取するために果樹の害虫とされているが，トマトなどの果菜類を加害することもある．強く鋭い口吻をもち，健全な果実を刺して汁液を吸収するものを一次加害種といい，一次加害種の攻撃で果汁がにじみ出た部分に集まって吸汁するものを二次加害種という．吸収性夜ガの幼虫の食草は主として山林原野に自生するものであり，成虫だけが果樹園に飛来して果実を加害するため防除が困難である．代表的な種としてはアケビコノハ，アカエグリバ，ヒメエグリバなどがある．　　（玉木）

吸収組織　absorptive tissue

植物で，外界から物質を摂取する機能をもつ組織をいう．単細胞の場合は吸収細胞という．高等植物では，根の根毛を含む表皮組織，気根の根被，寄生植物の寄生根などがある．
　　　　　　　　　　　　　　　（石原）

急性毒性　acute toxicity　──→ 毒性

急速凍結　quick freezing　──→ 冷凍・冷凍貯蔵

きゅう（厩）肥　barnyard manure, farmyard manure, stable manure, animal manure　──→ たいきゅう肥

吸肥力　absorption ability of nutrient, nutrient absorption ability

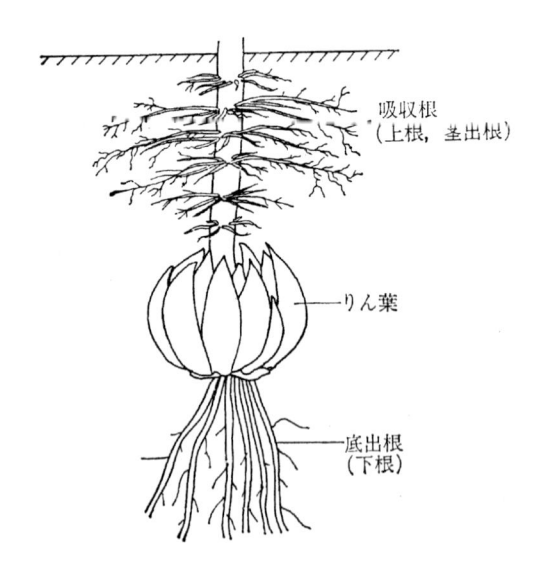

吸収根（ヤマユリの地下部）

作物が土壌から無機養分を吸収・利用する能力をいう．同一耕地に栽培された作物でもその養分吸収量・目的収穫物量はその種類・品種，作季，作型，肥培管理，収穫時期等により大きく異なっている．このように全く同一条件で作物種・品種の収穫時養分吸収量の大きさを比較することは困難であるが，施肥量が等しい条件で数種の作物・品種を栽培したときある養分について，その吸収量の大きい（小さい）とき，吸肥力が強い（弱い）とされる．対象となる無機養分は窒素・リン酸・カリウム等であることが多い．作物の吸肥力の強弱により，肥料施用量を減少・増加させられる．果樹では台木の種類によって吸肥力に強弱のあることは古くから経験されている．　　　　　　　　　　　　　　（馬場）

休 眠 dormancy

植物では生育の過程で，低温・高温あるいは乾燥など生育に不適当な環境下で生育を一時停止することがある．この現象を休眠という．休眠には温度や光などの外的要因が生育に不適当な場合に起こる強制休眠（他発休眠）と，生育に好適な条件を与えても休眠を続ける自発休眠とがある．自発休眠から覚めた後，不適当な環境におかれると，再び休眠に入り，発芽に適当な環境に戻しても発芽できない場合があり，これを二次休眠という．これに対して成熟当初の自発休眠を一次休眠という．自発休眠は種子，球根，落葉性樹木に広く認められている．越冬性の一・二年草や宿根草は秋にロゼットまたは冬芽（休眠芽）を形成して越冬するものが多い．ロゼットは休眠現象の一種とみられるが，生育の停止は明確なものではなく，ゆっくりと新葉を展開しており，側芽の発生を伴う場合もある．

休眠打破は園芸作物の繁殖や促成栽培における重要な技術となっており，以下の処理によって行われている．

〔種子〕休眠（quiescence）の原因としては，自発休眠のほか種皮が硬く吸水不能（硬実種子）による場合がある．種子の休眠打破には，①湿った状態で0～10℃の低温処理（積層法）が有効なもの（バラ，チューリップ），②地中で発芽し，下胚軸の部分は形成されるが，上胚軸の部分は休眠（上胚軸休眠）し，地上に発芽するには低温を必要とするもの（ヤマユリ，ササユリ，スズラン，ボタン，セイヨウガマズミ），③種皮に発芽抑制物質を含むためあらかじめ水に浸漬して抑制物質の除去をした種子を播くほうが発芽のそろいがよいもの（ホウレンソウ），④硬実種子が混入しており，その発芽促進のために種皮に傷をつけて播種しなければならないもの（アサガオ，スイートピー），熱湯に5～10分間浸漬して吸水を促さなければならないもの（アカシア），⑤光を必要とするもの（明発芽種子：レタス），⑥ジベレリン処理が有効なもの（リンドウ）がある．

〔球根類〕球根形成は生育に不適当な環境への適応現象であり，球根形成後に休眠期を迎える．したがって，休眠の誘起と打破の外的条件は，各々の原産地の気候を反映している．

地中海気候型に属する地域に原生する球根アイリスやフリージア球根は夏季に休眠するが，ともに30℃で貯蔵した場合に休眠期間は最も短くなる．くん煙処理は休眠打破に有効で，くん煙に含まれるエチレンの作用によるとみられる．球根が休眠からさめると，低温処理による花成誘導が可能となる．

チューリップ，スイセン，ヒアシンスも地中海気候型に属する地域に原生し，夏季は地上部は枯死し，外観上は休眠する．生長点は地上部の黄花期に短期間の活動停止を行うが，その後次代の葉と花の原器からなるノーズを形成する．球根収穫直後の高温処理はノーズの生育を促す．ノーズはゆっくりと伸長するが，その節間伸長に先立って低温を必要とする．すなわち，ノーズは宿根草のロゼットに相当するものであり，促成栽培における球根の低温処理は一種のロゼット打破とみなすことができる．

日本（大陸東岸気候型）を原産地とするユリ類のうち，テッポウユリの球根は地上部の

黄化後に休眠に入る．この休眠は高温処理あるいは温湯処理によって打破される．温湯処理は高温による休眠打破作用よりむしろりん片に含まれている生長抑制物質の溶出により休眠が打破されるものとみられる．促成栽培における球根の低温処理は抽たいの促進を目的としたものである．すなわち，テッポウユリを正常に開花させるためには，生長点の活動を促すための高温とロゼット打破のための低温とが必要である．球根の収穫直後は高温がその後の生長点の活動を促し，低温がロゼット打破の作用を示すことはチューリップなどの秋植え球根と共通している．秋に地上部が黄化するカノコユリやヤマユリの促成栽培では球根の低温処理がロゼット打破のために適用されており，球根収穫直後の高温処理は無効である．しかし，その種子は地下発芽のためには高温処理，地上発芽のためには低温処理が必要であることからみると，ユリ類は正常な生育のためには高温期と低温期を経過する必要があるが，生育中に夏を経過する種類では，高温要求は満足されているので，低温のみを与えれば正常な生育開花がみられるのであろう．

熱帯高地気候型の地域に原生するダリア，夏咲きグラジオラス，球根ベゴニアなどは，秋の短日条件下で球根を形成して休眠し，冬の低温期を経て休眠からさめる．

〔越冬性一・二年草および宿根草〕 これらの種類は秋の短日低温下でロゼットを形成し，冬の低温によってロゼットが打破される．ロゼット化を一種の休眠現象とみると，促成栽培におけるほう芽あるいは開花促進のための低温処理は休眠打破を目的としたものである．しかしながら，スイートピー，ストック，キンギョソウ，ナバナなどの冬咲きの品種は，抽だい開花に低温を必要としないように改良されたものである．

スズラン，シラン，ウド，食用アスパラガスなど冬季に地上部が枯死する宿根草では，地中に冬芽を形成して越冬する．これらの冬芽には秋植え球根類と同様に内部に花芽を形成しているものと，葉芽だけを形成して，花芽は抽たい後に形成するものとがあるが，いずれも冬季は休眠している．促成栽培における低温処理やジベレリン処理は休眠打破を目的としたものである．

〔樹木〕 花木や果樹の花芽は6～8月の高温期に分化するツツジ，サクラ，ウメ，モモ，リンゴなどと，秋に分化するコデマリ，ユキヤナギ，冬に分化するカンキツ類があるが，いずれも花芽分化後に休眠する．休眠物質は葉で形成されて芽に移行するものとみられており，落葉樹の場合には花芽形成直後に葉を除去すると，花芽は休眠せずに開花する．しかしながら，低温短日期に至ると休眠は深まり，休眠打破には低温処理が必要となる．休眠物質としてはアブシジン酸（ドーミンと呼ばれていた）が知られており，休眠打破はアブシジン酸の減少，あるいはアブシジン酸ときっ抗作用をもつジベレリンなどの生長促進物質の増加により行われるとみられている．
(→種子) （川田）

休眠芽 dormant bud, resting bud
―→ 休眠

休眠枝挿し dormant wood cutting, hardwood cutting ―→ 挿し木

旧葉・新葉 old leaf; new leaf

本年生の葉を新葉，昨年ないしそれ以前に発生した葉を旧葉という．北半球では，落葉樹は春夏期に葉を出し，通常秋冬期に完全に落葉する．常緑樹では同様に春夏期に葉を出すが，厳しい低温にあわなければ，翌年以降も生存している．カンキツ類では3～4年，また *Pinus longaeva* では25～35年間も落葉しないという．ただし，常緑樹でもほぼ毎日のように少しずつ下葉から脱離しており，特に春のほう芽期の落葉が多い．一般に葉は展開時に光合成能が最大になり，以後黄変するまで徐々に低下する．裸子植物数種類の調査で，いずれも2年葉，3年葉の順に光合成速度は減少し，*Picea glauca* では6年葉まで1年ごとにほぼ平行的に光合成速度は減少したという．また，ウンシュウミカンの新葉と旧

旧りん(鱗)片 old scale　→りん片・りん片葉

供給器官 source　→シンク・ソース

境栽花壇 border flower bed　→花壇

強制休眠 imposed dormancy, external dormancy　→休眠

強勢台木 vigorating rootstock　→台木

強せん(剪)定 heavy pruning, severe pruning　→せん定

競争受精 certation　→受粉・受精

共同出荷 cooperative shipping　→出荷

共同選果 cooperative sorting　→選果・選別

共同選別 cooperative sorting　→選果・選別

供与植物 donor

主として開花生理の研究において用いられる用語である．植物に開花を引き起こす物質が存在することを示すため接ぎ木実験が行われるが，その際にたとえば，短日植物のシソを用い，短日処理をして開花しているシソからとった葉を，長日下において栄養生長を続けているシソに接ぎ木すると後者が開花する．このとき，接ぎ穂として用いた短日処理した葉は，台木の長日下において栄養生長をしている植物にこの場合供与物質を与えた供与植物ということになる．したがって，供与物質は開花ホルモンあるいは花成刺激と同意に用いられているが，接ぎ木を通して台木に物質を供与しているという意味から，特別にこれらの用語が使われている．　　　　(菅)

協力剤 synergist

他薬剤の効力を相乗的に増大させる薬剤をいう．薬剤の解毒代謝阻害剤がよく知られているが，その他のメカニズムによる協力剤も考えられる．　　　　　　　　　　(上杉)

極性・屈性 polarity; tropism

植物の茎には時間的な令の異なる細胞が，勾配をもって配列しているが，その令の勾配に伴って起こる性質を極性といっている．有名な例は，ヤナギの枝を切ったときに起こる再生器官の分化で，もともと茎の先端であったほうに芽が再生し，根に近かったほうの端に根が再生する．このヤナギの切断茎を逆さにして，もともと先端に近かったほうを下にしておいてもそちらに芽が分化し，上にしておいたもともとは根に近かったほうに根が再生する．

また，植物ホルモンのオーキシンは極性的に移動することが知られている．すなわち，オーキシンは茎を極性にしたがって上から下に移動するので，切断した茎の両端に寒天片をはさみ，上の寒天にのみオーキシンを含ませておいた場合，もともと茎の先端に近かったほうを上にしたときはその寒天中のオーキシンは下の寒天にむかって茎の中を移動するが，切断茎を逆さにして，もともと根に近かったほうを上にすると，上の寒天片のオーキシンは茎の中を移動しない．

一方，植物のいろいろの器官や細胞の生長する方向が，種々の環境の刺激のもたらされる方向によって変化することを屈性と呼んでいる．刺激が光の場合は，屈光性（まれに屈日性）と呼ばれる．このほか，屈性を引き起こす刺激が重力の場合は重力屈性あるいは屈地性と呼ばれる．一般に，屈性には刺激のくる方向に反応する正の屈性と，刺激と反対の方向に対する負の屈性があり，刺激が重力の場合負の屈性は背地性と呼ばれている．また，接触刺激によって起こる屈性は，接触屈性と呼ばれキュウリ，エンドウなどの巻きひげやつるの屈曲運動はその例である．

種々の屈性が起こるためには，刺激が植物に受け取られそれが運動が起こる部位に伝達される必要がある．さらに，伝達された部位で屈性が引き起こされるメカニズムが解明されなければならない．光屈性の場合，カロチノイドを光の受容体だとする考え方が有力で

ある．屈曲が起こるのには，オーキシンが関与するとする考えがある．また，重力屈性の場合はアミロプラストのようなものが重力の方向に移動することで刺激を受容していると考えられている．重力刺激の伝達にもオーキシンが関係しているとみる考えが有力である．いろいろな刺激に対する屈性が起こる場合の作用機構について種々の研究がされているが，刺激の受容，その伝達・屈性の生起の反応鎖が十分に解明されたとはいえない現状である．　　　　　　　　　　　　（菅）

局地気候（局地気象） local meteorology
──→ 微気候

気浴法 vapor method
同質倍数体の作出にはコルヒチンほか，種々の化合物が用いられるが，アセナフテンは昇華しやすいので，クロロホルムまたはエーテルに溶かし硝子鏡の内壁をぬらし，その中に密閉された種子または植物の生長点に働いて倍化を起こさせる．このような気体による処理を気浴法という．　　　　　（成河）

グラジオラス球茎のエチレンクロルヒドリン処理，球根アイリスりん茎やフリージア球茎のくん煙処理あるいはエチレン処理などがある．おもに休眠打破を目的としたものである．　　　　　　　　　　　　（川田）

きょ（鋸）歯 serration
葉や花弁の周囲にあるぎざぎざをいう．狭

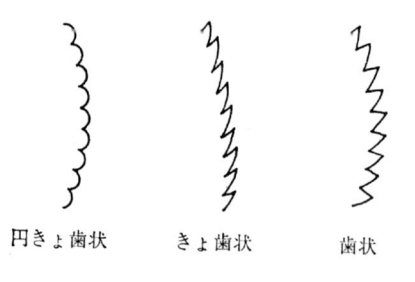

円きょ歯状　　きょ歯状　　歯状
きょ歯の型

義には，のこぎりの歯のように縁の切れ込みがあまり大きくなく，歯先が先端部に向いているもの（鋭きょ歯状，serrate）をいうが，外に歯状（dentate），円きょ歯状（crenate）なども含める．形態分類の一つの指標とされている（→切れ込み）．　　　　　　（田中）

切り返し turning ──→ たいきゅう肥
切り返しせん(剪)定 cutting-back pruning, heading-back pruning ──→ せん定

切り下球
球根切花栽培において採花した後の株から収穫した球根をいう．種球から養成された球根に比べて小さく，形が扁平であることが多い．またウイルスその他のり病率も高い．ユリ類の二度切り栽培は切り下球利用の好例であり，グラジオラス，フリージアでも切り下球がよく利用される．　　　　　（今西）

切り花 cut flower
花きの観賞形態あるいは利用目的による類別の一つで，鉢花（物），花壇花きなどに対する用語．花柄，花茎，あるいは枝ごと切って花瓶などの容器に挿して観賞する花きを切り花，それを得る目的での花き栽培を切り花栽培と呼ぶ．切り花栽培は花き園芸のなかで最も重要な位置を占め，種類別生産額で最も多いのはキク，ついでカーネーション，バラ，枝物となっている．最近ではバラ切り花の消費が伸び，大都市ではカーネーションに近づきつつある．わが国での消費形態には，一般家庭での観賞のほかに生け花の稽古に使われる稽古花，花商が手を加えて冠婚葬祭などに使われる仕事花などがあり，最近では仕事花が増えている．　　　　　　　　（小西）

切り花保存剤 preservative
切り花の寿命を長くし，花持ちをよくするために使用する化学物質を総称して，切り花保存剤という．延命剤も同じ意味で使われることがある．生産者が出荷前に使用する前(まえ)処理剤と花小売店や消費者が使用する後(あと)処理剤がある．前処理剤では植物体内でのエチレンの作用を抑えるSTS（チオ硫酸銀）がカーネーション，デルフィニウム，トリカブト，スイートピー，など多くの切花の花持ちを延ばし，ゼラニウム，ブーゲンビレアなどの鉢物の落らい（蕾）を防ぐことから最も広く利用されている．この他，8-ヒドロオキシキノリン（8-HQ），硫酸アルミニウム，硝酸銀，TOG

などが用いられている．後処理剤としては硫酸アルミニウム，8-ヒドロオキシキノリン硫酸塩（もしくはクエン酸塩）に砂糖と植物ホルモンを加えたものが，一般的である．生産者が適確に前処理し，消費者が後処理すると切り花の花持ちは飛躍的に向上する．

切り花保存剤の作用は植物体内でのエチレンの作用を抑えるSTSを除けば，気孔を閉じさせて蒸散を抑えたり，pHを下げて微生物の繁殖を防いだり，維管束閉鎖を防いで水揚げを促進したりするものである．砂糖を加えるのは同化産物の直接的な補給である．

(大川)

切り干し　cut-dried product

野菜類を生のまま，または短時間熱処理を行って酵素を不活性にしておき，水分の蒸散を容易にするため，はく皮，細割り，太割り，かつらむきなどに切り込み，自然乾燥し，水分含量を少なくとも15％以下，高品質に保つためには5％程度にした乾燥品をいう．かんぴょう（ユウガオが原料），干しダイコン，切り干しイモ（サツマイモ）などがある．

(伊藤)

切り前

切り花をするときの花の開き具合または開花ステージを指す生花市場用語．一般には最も適当な採花ステージを切り前といっており，つぼみの状態でいうと夏はやや硬め，冬はやや軟らかめがよいとされている．

(樋口)

切れ込み　lobation

葉や花葉（がく，花冠）などの周縁部に出入のあることを切れ込みという．その切れ込み部と突出部の欠刻の形によってきょ歯縁，鈍きょ歯縁，歯牙縁，波状縁と区別している．また，葉面の割合に切れ込みが深いときは欠刻といい，その程度によって浅裂，尖裂，深裂，全裂と区別している．欠刻の形にも複葉の場合のように羽状と掌状とがある（→きょ歯）．

(斎藤)

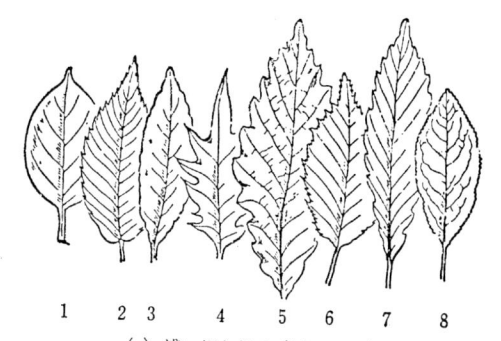

(a) 浅い切れ込み（浜，1958）
1：全辺（ネズミモチ）　2：鋭きょ歯縁（ケヤキ）
3：鈍きょ歯縁（マンリョウ）　4：歯牙縁（ヒイラギ）
5：波状縁（カシワ）　6：重きょ歯縁（アカシデ）
7：粗きょ歯縁（コナラ）　8：細きょ歯縁（バイカツツジ）

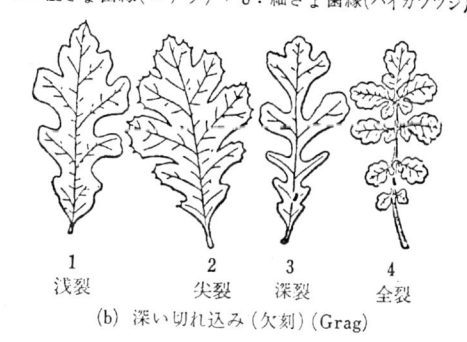

1 浅裂　2 尖裂　3 深裂　4 全裂
(b) 深い切れ込み（欠刻）(Grag)

葉の切れ込み

キレート体　chelate

キレートはギリシャ語の「カニのはさみ」に由来しており，中心の金属元素をはさむように有機化合物が配位した環状構造の錯体をいう．土壌やたいきゅう肥に含まれる有機酸，糖，腐植酸などは土壌中の無機成分とキレート体（化合物）をつくっている場合が多く，作物による吸収に対して促進的に作用したり，または抑制的に働く場合がある．

(青葉)

近縁交配・遠縁交配　close-cross, close breeding; wide cross, wide breeding

近縁・遠縁というとき二つの場合がある．一つは同一種内における場合で，最も近いのが自殖（incest breeding, selfing，同株あるいは同花内での交配），続いて近親交配または同系交配（inbreeding, sib crossing, 姉妹間，すなわち両親が同一の個体間の交配），次が近縁交配で祖父母または曽祖父母を共同にもつ個体間の交配をいう．これより遠縁の個体間の交配が遠縁交配である．

もう一つは種間あるいは属間交配を考えた

とき，両親に用いる二つの種が分類学的に近縁であるがどうかによる．ナス科とかウリ科では比較的近縁の種に耐病性あるいはストレス耐性に勝れたものがあるが交配は容易でない． (成河)

菌 核 sclerotium (pl. sclerotia) ⟶ 菌類・糸状菌

近郊園芸 suburban gardening

都市近郊で営まれる園芸を近郊園芸という（→輸送園芸）．もともと園芸生産物は生鮮な形で利用するのを常態としているので，自給生産形態から始まり，都市の市場が発達するにつれその周辺に園芸産地が形成されるようになった． (松本)

近交弱勢 inbreeding depression ⟶ 自殖弱勢

均衡培養液 balanced nutrient solution ⟶ 養液栽培

菌 根 mycorrhiza

植物の根と糸状菌が共生的関係にあるとき，根と糸状菌を合わせたものをいう．菌根は外生菌根と内生菌根に大別される．外生菌根は森林樹木に多くみられ，菌がおもに根の表面に生育する．外生菌根菌はきのこ類が多い．一方，内生菌根にはラン科やツツジ科の植物に共生するものと，草本植物や果樹などの木本植物にまで普遍的にみられるVA菌根とがあり，菌糸が根の内部にまで侵入する．VA菌根は侵入後，小胞状と樹枝状（vesicular-arbuscular：VA）のものをつくる．菌根菌は土壌から養水分を吸収して植物に供給し，代わりに炭素化合物などを植物からもらって共存している．特にやせた土壌でのリン酸吸収には菌根の効果が大きい． (佐藤)

菌糸体 mycelium ⟶ 菌類・糸状菌

菌じん(蕈)類 mushroom, mycology

キノコ類のことで，無毒のものは採収して食用に供するが，キノコはおもに山林内に自生するので，林業の一分野と考えられている．

しかし，わが国ではシイタケの菌を榾木（ほだぎ）に移植して人工発生させる技術が普及し，欧米ではマッシュルームを施設内の有機物床で栽培することが一般化しており，これらの生産物は野菜として流通している．したがって，菌じん類は野菜の一群として分類している．近年はエノキダケ，シメジ，ナメコ，ヒラタケ等多くのキノコ類の人工栽培が可能になっており，今後ますます生産の拡大する分野である． (松本)

緊皮性 tight-skin character ⟶ 寛皮性（カンキツの）

菌類・糸状菌 fungus (pl. fungi)

菌類とは，かび類やきのこ類の総称で，本体は菌糸体（mycelium；pl. mycelia）から成り，子実体として胞子（spore）を形成して繁殖する．菌糸が糸状をしているので糸状菌とも呼ばれる．葉緑素をもたないので，既成の有機物を利用して生活する．

菌糸がからみあってネズミの糞のように黒くて堅い塊となったものを菌核（sclerotium；pl. sclerotia）という．菌核は内部に多量の養分を貯蔵し，不利な外界の環境に対して抵抗力がある．

栄養のとり方によって，寄生菌（parasite），

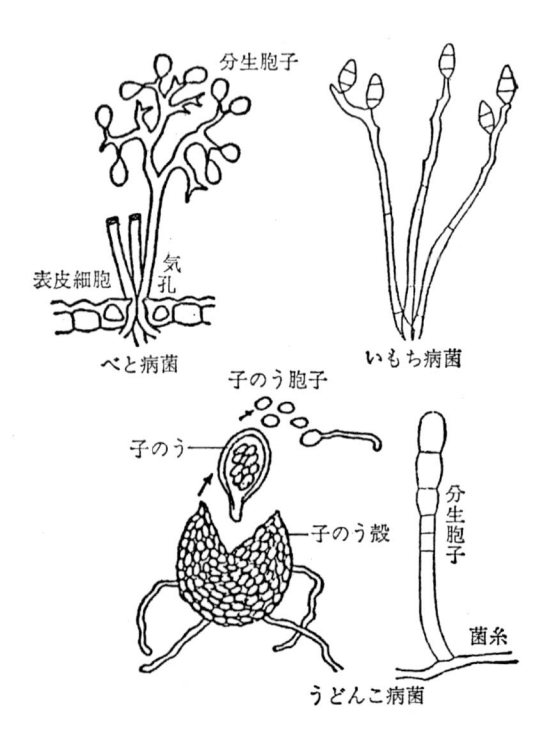

殺生菌 (perthophyte)，腐生菌 (saprophyte) などに分けられる．

有用植物に病気を起こす菌類を総称して植物病原菌類 (phytopathogenic fungi) という．植物病原菌は大別して，そう菌類（各種べと病菌など），子のう菌類（うどんこ病菌など），担子菌類（さび病菌，紫紋羽病菌など），不完全菌類（いもち病菌，黒斑病菌，炭そ病菌など）に分けられる．菌類によっては，単一の作物しか侵さないもの，多くの作物を侵すもの（多犯性），二つの作物を渡り歩くもの（宿主交代）などがある．（山口）

く

空気伝染 air borne
　植物病原菌の代表的伝染方法の一つ．一般に糸状菌類の胞子（→胞子）は風により飛散し，感受体上に付着して感染，発病を起こすものが多い．植物体の地上部に発生する病気の大方はこの伝染方法で蔓延する．（平野和）

偶然実生（偶発実生） chance seedling
　栄養繁殖性作物で両親は詳らかでないが，たまたま実生個体として見出された個体がきわめて利用価値の高いことがある．このような個体を偶発実生と呼び，果樹では多くの品種が偶発実生から育成されている．（成河）

空中散布 aerial application
　航空機から薬剤を散布することをいう．わが国ではおもにヘリコプターによるが，アメリカなどでは飛行機が多く用いられている．地上からの散布に比較して高速で散布することと，1回の薬剤積み込みでなるべく広面積を散布したいことなどから，薬液の場合は高濃度少量散布となる．また，粉剤散布は漂流飛散が問題となることがあるので，微粒剤F（65ないし250メッシュ）と呼ばれる粗粉ないし微粒の製剤が用いられる．（上杉）

空洞果 puffy fruit
　トマトやナスの果実で種子を含む胎座部の発達が果皮部の発達に比べて悪く，特にトマトでゼリー状物質の生成が少なく，子室内が空洞になっているものをいう．ホルモン剤処理によって単為結果し，種子の形成の少ないことが主因で，特に高温時に若いつぼみにホルモン剤処理をすると多発する．また，高濃度での散布量過多などのホルモン剤処理の不的確で発生が増加する．その他，日照不足，窒素多用，株の衰弱などが伴うと発生が助長される．防止策としては，受粉，受精をできるだけさせた後，的確なホルモン剤処理を行う（→奇形果）．（斎藤）

クエン酸 citric acid　　──→　果実酸
区画法 guadrat method　　──→　コドラート法

草丈 plant height
　地際から生長している茎の先端までを茎長（stem height）といい着生葉や花器のある場合はそれらの先端（着生葉の先端は往々にして茎長より長くなる）までを草丈という．普通に水平または地中に伸びた地下茎やほふく茎の長さは茎長とも草丈ともいわない．
　植物の伸長生長の程度を測定する場合に調査する便宜的な形質である．（上本）

管咲き spider type, spider flowered type
　花冠が長い管状になったキクを管物（くだもの）といい，その花冠の太さによって太管（ふとくだ），間管（あいくだ），細管（ほそくだ），針管（はりくだ）に分けられる．管物の花型をもつ品種を管咲きという（次ページ写真参照）．
（樋口）

管挿し normal cutting　　──→　挿し木法
クチクラ cuticle
　高等植物の葉や果実の表皮細胞の外表面には脂肪性の物質クチンが集積して蒸散抑制の機能を果す．この外被物がクチクラで，その骨組みは複雑で，最外層には種々の形状を呈するワックスの小板があり，その内部にクチ

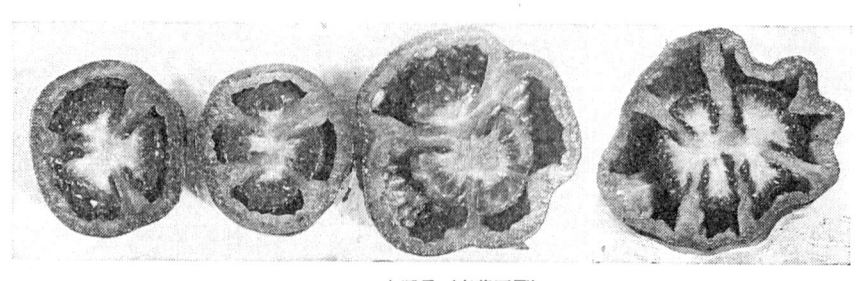

トマトの空洞果（斎藤原図）

細管

間管

針管

ン物質があり，最外層のものとは性質を異にするワックスの沈積がみられる． (湯田)

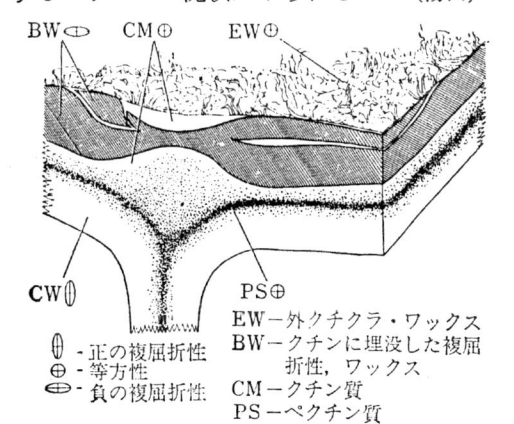

BW — クチンに埋没した複屈折性，ワックス
CM — クチン質
EW — 外クチクラ・ワックス
PS — ペクチン質
CW — 細胞壁
⊖ - 正の複屈折性
⊕ - 等方性
⊖ - 負の複屈折性

ナシの葉の表面のクチクラの模式図
(Norris and Bukovac, 1968)

屈曲テスト　curvature test　　→　アベナテスト，生物検定法
屈光性　phototropism　　→　極性・屈性
屈日性　heliotropism　　→　極性・屈性
屈　性　tropism　　→　極性・屈性
屈折計　refractometer　　→　可溶性固形物
屈地性　geotropism　　→　極性・屈性

苦とう(痘)病（ビターピット） bitter pit
リンゴの生理障害であり，果実の赤道部からがくあ部にかけて暗褐色の凹んだ斑点が現れ，被害部直下の果肉は褐色のスポンジ状となる．収穫前から貯蔵中にかけて発生し，斑点の大きさは5mm以下のことが多い．果実内のカルシウム不足が原因とされ，交換性カルシウムの少ない土壌や，カリウムまたはマグネシウムが多すぎて塩基バランスのくずれた土壌で発生しやすい．窒素やカリウムの多用，強せん定や強摘果などによる果実肥大の促進は，果実のカルシウム濃度の低下を招き，発生が多くなる．対策としては，石灰質資材を施用して土壌中のカルシウム含量を高めること，窒素肥料の大幅な減量，強せん定，強摘果など大玉果になるような栽培を避けること，土壌改良効果が現れるまでの間，塩化カルシウム液を葉面散布すること，などが考えられている． (佐藤)

首折れ（チューリップの） "Kubiore", transverse breaks of the upper portion of the scape
チューリップの開花時に花茎最上部(花首)で横にひびわれが生じて花茎が折れるホウ素欠乏症状である．花首のすぐ下位の節茎で折れることもある．折れた花茎は「色抜け（ホウ素欠乏症状）」花をつけたまま地上部に落ちる． (馬塲)

首折れ曲り（チューリップの） topple
チューリップの開花時前後に，花茎の上位節茎，特に最上位節茎(花首)に水浸が生じ，曲り折れる茎の石灰欠乏症状である．しかしこのとき葉・花には全く外観的欠乏症は認められない．首折れ曲りは球根養成栽培で日本

ではしばしば発生したが，温室促成栽培では国内外で広く発生していた．品種によりこの欠乏症の発生に難易がある．　　　（馬場）

区分キメラ sectorial chimera　──→キメラ

組合せ能力 combining ability

雑種強勢を利用したF_1品種の育成には，その両親となる自殖系統間の雑種強勢の程度が育種目標にかなう必要がある．このように組合せによって特性が発揮される力を組合せ能力という．一般組合せ能力と特殊組合せ能力とがある．　　　（成河）

組換えDNA技術 recombinant DNA technology　──→遺伝子組換え

クライマクテリックライズ climacteric rise

果実の新鮮重当り呼吸速度は生長とともに低下するが，種類によっては成熟に達したころに上昇を示し，果実は果肉軟化など一連の現象を示して熟する．この呼吸の上昇をクライマクテリックライズという．この現象の有無によりクライマクテリック型果実（リンゴ，洋ナシ，アボカド，マンゴー，トマトなど）と非クライマクテリック型果実（オウトウ，ブドウ，オレンジ，イチゴ，キュウリなど）に分類することがある．

呼吸速度の低いクライマクテリック前期に，エチレンは果実組織に作用してその自己触媒的なエチレン生合成を引き起こし，これが呼吸を上昇させる．この呼吸は追熟に関連する酵素の合成や活性化に関与していると考えられるが，代謝の制御がきかなくなったために起こるという説も完全には否定できない（→エチレン，呼吸）．　　　（崎山）

クラウン crown

イチゴにおいて，花芽分化が行われ，複数の生長環が短縮型を示して王冠状を示す時期がある．また同様な形態はダリアの茎の最下部に塊根の基部が集合して多数の芽（えき芽）を含む部分に認められる．これらを一般にクラウンと呼ぶ．すなわち，クラウンとは一種の休眠形態（イチゴ）や多数の生長点組織の集合部が王冠状を呈する場合に使用される形態の総称である．　　　（上本）

くらつき hilling, mounding

スイカ，カボチャなど大型野菜を播種または定植する場合，1～2カ月前にうねへみぞまたは植え穴を掘り，そこへたいきゅう肥や肥料を入れる．たいきゅう肥の上は盛土をするが，その形状が馬のくらに似ているので，これをくらつきと呼ぶ．　　　（新井）

クラックトステム（セルリーの茎割れ） cracked stem

セルリーの葉柄の内側にみられる横割れや葉の裏面にみられるささくれなどをクラックトステムと呼んでいる．この原因はホウ素欠乏によって招来されるもので，窒素，カリ，石灰過剰の外高温乾燥，低温多湿などの条件が組み合わさると発生がひどくなる．　　　（加藤）

グラニュレーション granulation　──→す・す上がり

グラム陰性菌・グラム陽性菌 gramnegative bacteria, gram positive bacteria

細菌の分類基準の一つとして通常用いられるグラム染色法により識別される細菌群をいう．用いる2種類の色素に対して赤く染まる細菌はグラム陰性，紫色に染まる細菌はグラム陽性とされる．植物病原細菌のほとんどはグラム陰性菌である．　　　（平野和）

クリーニングクロップ cleaning crop

施設栽培では，しばしば表層土に塩類が集積し，作物の生育が妨げられる．集積した塩分を除くために，被覆をはぎ，露地状態にして吸肥性の強い作物を植え，余剰の塩分を吸収させては場外に排除する手段がとられる．このような場合に用いられる植物を指してクリーニングクロップという．重金属などで汚染された場合にも汚染物質を排除するために用いられることがある．　　　（篠原）

クリーンベンチ clean bench

箱形の清浄作業台で，手だけを中に入れて作業する．上部の高性能フィルタにより除菌した空気を天井全面から吹き出し，開口前面

にはエアーカーテンをつくり，下部のスリット吸入口へ吸引循環するため，実験台内を常に無菌にするとともに内外の塵埃や微生物による相互汚染を防止する．植物の組織培養，電子工業，医薬品工業のほか，病院の薬局で注射薬や点眼剤の調製に利用される．

(金沢)

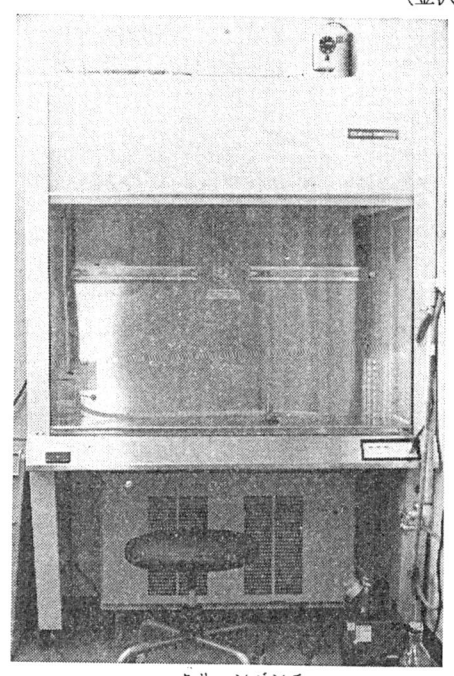

クリーンベンチ

グリーンメーター green meter ⟶ 葉色計

狂い咲き unseasonable blooming, unseasonable flowering, unseasonable reflorescence, irregular type, fantasy type

植物の花が季節はずれに咲くこと．多くは春咲いた植物が，秋に再び咲くことを狂い咲き (unseasonable blooming) といい，二度咲き，返り咲き（帰り咲き）ともいう．初夏に分化した花芽が，秋，台風や虫害によって落葉すると休眠が解除された状態となり不時開花に至る現象を指す．

また，花弁が正常な方向に配列しないため，本来の花型でなく不規則な姿に乱れて咲くことも狂い咲き (irregular type) という．

(樋口)

グルコース glucose ⟶ 還元糖・非還元糖

車　枝 whorl of branches

幼樹～若樹において，主幹より分枝した主枝相互の間隔が短い場合，その後の各主枝の肥大により，成樹になると主枝間隔は減少し，主幹を中心とした車軸に似た状態を車枝と称する．車枝は強風や果重などによって裂損しやすいため，主枝間隔は 30～50 cm が望ましい．

(岸本)

車詰め ⟶ 箱詰め

グロースキャビネット growth cabinet
⟶ 人工気象室

グロースチャンバー growth chamber
⟶ 人工気象室

黒ボク土 Andosol ⟶ 洪積土・沖積土

クロマトグラフィー chromatography

複雑な混合物を分離，分析するのにきわめて有効な方法．型式の違いによりカラム，ペーパー，薄層，イオン交換，高速液体，ガスクロマトグラフィーなどに分けられる．これらのクロマトグラフィーに共通することは不活性の支持材料に保持された固体や液体（これを固定相という）のカラムの一端に試料をつけ，気体や液体の移動相をカラムに通す．試料中の成分は移動相に溶けてカラム中を移動していく．しかし成分によって固定相への親和性が異なるため，ある成分の固定相に残る傾向が他のものより大きいと，移動していく速度は遅くなる．したがって混合物は移動相の展開に伴って，それぞれの成分に分離されていく．精製を目的とする場合はカラムからの流出物を順次，分けて採取する．分析を目的とする場合は，それぞれの成分の流出速度と既知の標準物質の流出速度とを比較して同定する．定量はあらかじめ標準物質について供試量と各クロマトグラフィーによる検出感度との間の検量線を作成しておき，同時に測定した試料中の目的成分の感度から検量線によって検出量を求めて行う．検出法として各クロマトグラフィーに適するいろいろの方法が開発されている．ペーパー，薄層，カラム，イオン交換クロマトグラフィーには呈色

反応，紫外吸収，イオン選択性電極などが利用され，高速液体クロマトグラフィーには紫外吸収，蛍光光度，屈折率の測定が，ガスクロマトグラフィーには熱伝導度，水素炎イオン化，電子捕獲，炎光光度などの検出器が利用されている．ペーパー，薄層，イオン交換などのクロマトグラフィーは保持剤，展開槽，溶媒など安価な費用で実施でき，広く利用されている．一方，高速液体およびガスクロマトグラフィーはそれぞれ専用の高価な装置が必要であるが，そのすぐれた分離能，高感度により，現在，多くの分野で盛んに活用されている． (金沢)

クロルピクリン chloropicrin ── 土壌消毒

クロロシス chlorosis

この言葉は黄白化，退緑および白化現象と三つの意味で用いられたが，農学では通常第一の意味で用いられることが最も多い．

〔黄白化〕 葉緑素(chlorophyll クロロフィル)の生成に必要な必須要素の欠乏により，植物に葉緑素が激減・消失し，ほとんどカロチノイド色素の色調になることをいう．葉緑素構成金属のマグネシウムの欠乏および葉緑素の生成過程に不可欠な鉄，あるいはマンガンの欠乏がクロロシス発生の原因である．鉄欠乏が直接の原因であるとき，この欠乏を誘引する要因によって，重金属誘導・石灰誘導鉄クロロシス等といい，またクロロシスの様相により，葉脈間・葉縁クロロシス等と呼ばれる．

〔退緑〕 植物ウイルスが茎頂や葉の細胞内で増殖して，葉緑体の発達が不良となり，また葉緑素が減少して，緑色が減退・消失し葉が黄色化・白色化することをいう．

〔白化現象〕 生化学的突然変異で，遺伝的に有色色素が生合成されず，生物体が白色になることをまれにクロロシスということがある．これは通常アルビニズム (albinism) と呼ばれる． (馬場)

クロロフィル chlorophyll ── 葉緑素

クローン clone ── 栄養系

くん(燻)煙 smoking

1) 気象災害防止

人工的に煙を発生させることをくん煙と呼び，農業気象における利用場面にはくん煙法(煙霧法)としての防霜手段がある．

くん煙法による防霜効果は，煙による放射冷却の軽減，煙粒子の水分吸着による潜熱放出，発煙源からの熱拡散などによるものである．このうち，煙による放射冷却抑制に多くを期待するものであるが，抑制率20%を維持するのはかなり難しく，煙の滞留時間を6

カラムクロマトグラフィー

高速液体クロマトグラフィー

ガスクロマトグラフィー

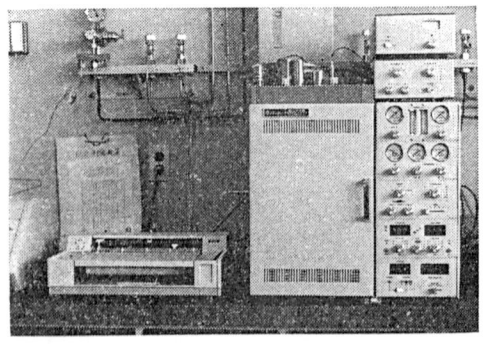

時間, 放射強度 0.12 ly/min (84W/m²) で温度効果は 1.0～1.5℃ 程度である.

くん煙法による防霜例は少なく, 燃焼法と併用した形で行われるのが普通である. 発煙材料としては, わら, 枯草, 古タイヤ, 防霜用の新資材 (くん煙剤) などが利用される.

(鴨田)

2) 殺虫, 殺菌

薬剤を含む煙を空間中に発生させることをいう. 殺菌剤では硫黄, イプロジオン (ロブラール), キノキサリン系剤 (モレスタン), スルフェン酸系剤 (ユーパレン, ユーピーグレン), トリアジン (アニラジン, トリアジンジェット), TPN (クロロタロニル, ダコニル, ダコグレン) などが, 殺虫・殺ダニ剤では, キノキサリン系剤, クロルピリホス (ダーズバン), クロルベンジレート (ジェットアカール A), ダイアジノン, DDVP (ブイピーグレン) などがくん煙剤として, 製剤されていて, 施設栽培などでは広く使われている.

(上杉)

くん(燻)煙処理 smoking treatment

一部の生産農家が経験的に干し草などをいぶして, 発生した煙を球根にあてて, 開花促進をはかってきた方法をいう. なるべく密閉した室内で, 処理場の内容積 1 m³ 当り 3 l のもみがらを, 1 日 1 回いぶす状態で燃焼させ, それを繰り返す方法が勧められている. 実際農家の例では, 密閉度の低い小屋で, 適当な材料により煙を発生させ, 処理していることが多い. ニホンスイセン, 黄房スイセンでは小球の花芽分化誘導と開花促進をもたらす. ダッチ・アイリスでは低温処理に対する感受性を高め, 小球の花芽分化を可能とし, 同時に開花を早める. フリージア, ユキヤナギでは休眠打破効果を示す. このような効果はくん煙中に存在するエチレンによってもたらされ, 1 ppm 程度の低濃度で十分作用し, 通常煙っている時間は有効濃度のエチレンが存在する.

(今西)

くん(燻)蒸 fumigation

収穫した穀物種子および果実などを密閉できる施設内に保ち, 殺虫あるいは殺菌作用のあるガスを充満させて病害虫を死滅させること. わが国への侵入が警戒されているミバエ類対策として, 発生地帯からの輸入果実はくん蒸が義務づけられている. また, 施設栽培では, ガラス室やビニルハウスを密閉し, その中にガスを充満させ, 土壌消毒および各種栽培基材を同時に消毒することも行われている.

使用されるくん蒸剤としては, 臭化メチルが代表的なものであるが, 他にクロールピクリンなども使われる. いずれも人畜に対し毒性が強いので, 取扱いには注意を要する (→硫黄くん蒸).

(小泉)

くん(燻)炭育苗 ⟶ 育苗

け

計画密植（計画的密植栽培）
　果樹を高密度に植え付けておき，樹が生長して過密状態になった場合に間伐し，各時期の収量が最大になるように，計画的に，逐次栽植距離を拡大していく栽培方法である．生育が遅く，未収益期間の長いカンキツにおいて，初期収量を高めるために，同種の果樹を間作するという考えからはじめられた．この栽培法の最大の問題点は，心情的に適期に間伐できず，過密の障害を起こしやすいことである．そのため，図のように，最後まで残す樹（永久樹），樹冠が隣接樹と接したら最初に間伐する樹（第一次間伐樹），その後数年して間伐する樹（第二次間伐樹）などを，最初から決めて植え付け，各々の目的にあった栽培方法をとるとよい．計画密植には，このほか，並木植え，長方形植えなどいろいろな栽植様式がある（→栽植方式）．　（平野暁）

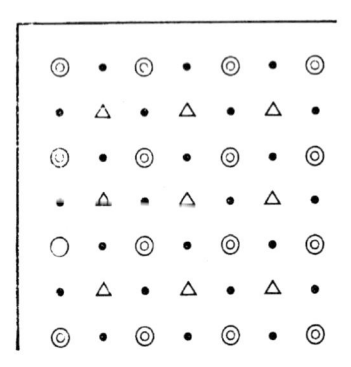

計画密植の植え方の一例
◎永久樹，△第2次間伐樹，
・第1次間伐樹

螢光顕微鏡 fluorescence microscope
⟶ 顕微鏡

螢光抗体法 fluorescent antibody technique
　螢光色素(fluorescein isothiocyanateなど)を結合させた抗体を被検液に混ぜるか，組織切片に注入して抗原抗体反応の起こっている場所を螢光顕微鏡下で調べ，抗原の存在位置を確認する一種の血清学的診断法である．プロトプラストへのウイルス感染の証明，宿主組織や媒介昆虫体内のウイルスの存在，土壌中の細菌の検出などに用いられる．（山口）

茎菜類 stem vegetables
　茎菜類は野菜の種類を分類する一項目で，この場合はウド，アスパラガス，クキチシャ，ハナニラのように茎や花茎を利用の目的とする野菜を総称している．これらの野菜を葉菜類に含める分類法もある．（松本）

茎出根 stem absorbing root　⟶ 吸収根

形状指数 shape index
　果形指数ともいい，果実・野菜の形を表す指数．一般には縦径／横径の数値で，1のときは球形，1以上は長球形，1以下は扁平となる．スイカ，トマト，ナス，ピーマンなどの果菜類，キャベツ，レタス，タマネギ，ウンシュウミカンなどの形状を示す場合に使用されている．横径／縦径の場合もあり，また100倍した数値を使うこともある．（萩沼）

形成層 cambium
　茎および根の木部と師部の間にある分裂組織の列で，内側に二次木部，外側に二次師部を形成して，茎および根の肥大生長を起こさ

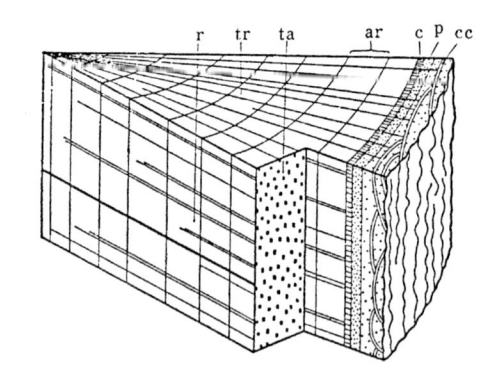

二次組織をもつ茎の組織を示す模式図（原，1984）
　tr：横断面，r：放射縦断面，ta：接線縦断面，ar：年輪，c：形成層帯，p：二次師部，cc：コルク形成層

せる．維管束内形成層と維管束間形成層とが連絡してリング状となる．接ぎ木の場合，穂木と台木の各形成層の部分を密着させることが必要である．形成層は，ふつう裸子植物と双子葉植物にみられ，単子葉植物やシダ植物にはない． (田中)

形状選果機 size sorter ⟶ 選果・選別

形態形成 morphogenesis

生物の発生に際して新たな形態が生じてくる過程を形態形成，または形態発生という．接合子が細胞分裂を開始し，胚発生を含めた生長と分化のすべての過程が形態形成として考えられている．

植物では胚の形成に伴う地上部と地下部の分化形成，子葉，本葉および茎組織の形成，それらの各器官の変形によって生じる花芽の分化とそれに伴う花器官の形成，および一部の花器官からの果実形成までを当世代の形態形成という．果実内での新たな接合子の発生以降は次世代の形態形成に属する．カンキツ属植物にみられる珠心組織からの不定胚形成は胚形成ではあっても母系組織からの発生であるから当世代の形態形成の範疇に入る．

温帯植物の生長・分化の過程においてしばしばみられる地下茎（一部ほふく茎を含む），りん茎，球茎，塊茎などの各種休眠器官の分化と形成も一種の形態形成と考えられる．

これらの各種形態形成には環境要因とそれに伴う内生植物ホルモンの消長が関与している．直接形態形成を促す化学物質としてモルファクチン（morphactins）が開発されている． (上本)

形態的花芽分化期 histological flower-bud differentiation ⟶ 花芽分化

継代培養（植え継ぎ培養） subculture

組織培養で，培養された器官，組織をそのまま，あるいは分割して新しい培地に植え継いで培養することをいう（→組織培養）． (石原)

茎端 shoot tip ⟶ 茎頂

茎頂 shoot apex

茎の頂端分裂組織（apical meristem）とそれに由来する周辺の部分で，葉原基を含まないものをいう．なお，二,三の葉原基を含めた部分を茎端（shoot tip）というが，この部分は組織培養（茎頂培養，メリクロン）でよく用いられるが，やはり茎頂といいならわしている．かつては，茎頂はその丸く尖った形から，生長点または生長円錐体と呼ばれていた．胚が発育して1個の植物体が生じると，頂端分裂組織は軸にそって茎を，また側生的に葉を形成する．この栄養生長期における茎頂の分裂組織の構造と器官発生の過程は，植物の種類によってかなり異なっており，また必ずしも研究者によって意見が統一されてないが，一般に次の三つの型に分類できる（図(a) 参照）．

1) 頂端細胞型　茎頂の先端部に，内側に尖った1個の大きな始原細胞があるもので，新しい細胞は斜めの細胞壁に平行につくられる．シダ植物に一般的である．

2) 頂端細胞群型　茎頂の表層部に始原細胞群があるもので，これが並層分裂や垂層分

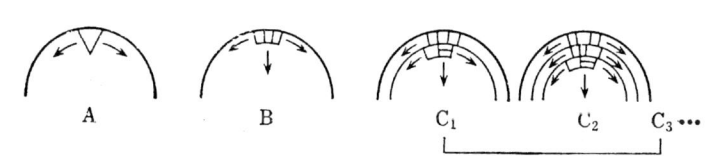

(a) 茎頂の分裂組織の構造と器官発生の過程（矢印は分裂の方向）
A：頂端細胞型．頂端に一つの始原細胞がある
B：頂端細胞群型．頂端に始原細胞群がある
C_1, C_2, C_3：複層型．層状をなして層ごとに始原細胞群をつくる

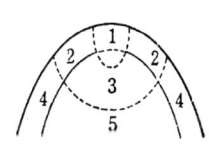

(b) 複層型茎頂模式図
1：始原細胞群
2：外衣細胞群
3：中央帯
4：周辺分裂組織
5：髄状分裂組織

茎頂の型（原, 1972）

裂を行う．裸子植物の大半はこれにあたる．

3) 複層型　茎頂は1ないし数層の細胞層からなる外衣 (tunica) と，その内側にある細胞群からなる内体 (corpus) とに分けられるもの．裸子植物の一部（マオウ属など）と被子植物にみられる．これは被子植物の茎頂部が外衣と内体に分けられるという，Schmidt (1924) の tunica-corpus theory（外衣内体説）によるもので，この説は現在の茎頂部の理解の基礎になっている．彼は茎頂からの成熟した組織の由来についてはふれていないが，現在では次のように考えられている．模式図を図 (b) に示した．

外衣層は始原細胞群が垂層分裂を繰り返すことによって形成されるが，外衣第1層は独立した1層の表皮をつくる．外衣第2層以下は分裂の途中で内体と一緒になり各組織を形成する．内体は始原細胞群が放射状に並層分裂および垂層分裂を繰り返し，外衣第2層以下とともに皮層，維管束と維管束間の柔組織，また内方は髄状分裂組織から髄が形成される．ただし，始原細胞群は被子植物では形態的には識別できないので，茎頂の先端の中心部を中央帯とし，それに周辺分裂組織と髄状分裂組織との三つに区分するのが一般的である．

生殖生長期に入ると，上述のような茎頂分裂組織のパターンはくずれ，植物の種類によって，形態的に大きく変化する．外観的には茎頂部は肥厚し，やがて総包，花房などが形成され，個々の小花では，原則的に外側から求心的に，がく片，花弁，おしべ，めしべの順に分化していく．　　　　　　　（田中）

茎頂培養（生長点培養）　shoot apex culture, apical meristem culture

茎頂分裂組織またはこれに少数の葉原基のついた部分の *in vitro* の培養をいう（→葉原基，*in vitro*，器官培養）．芽と呼ぶほうがふさわしいような，茎頂分裂組織に多数の葉原基やりん片のついた部分，あるいは茎の一部をつけたえき芽などの培養は芽培養 (bud culture) と呼んで一応区別している．茎頂を培養すればシュート（葉条）を形成し，発根させて苗が得られる．この際，えき芽の生長を促して多数のシュートを増殖し，それぞれ発根させることによって苗の大量繁殖が可能である．また，微小な茎頂を培養することにより，ウイルス保毒植物から無ウイルスの苗が得られるので，この目的にも使われている．　　　　　　　　　　　　　　　　（石原）

系統　line, strain, pedigree, stock

品種内にみられる形態的・生態的な小変異をもとにした区分で，分類上の最小単位．この小変異をもとに改良し，品種となることもある．また，育種過程において選択した同一または近縁のものを系統とすることもある（→品種）．　　　　　　　　　　　（芦澤）

系統集団選抜　pedigree-mass selection
──→ 系統選抜

系統選抜　line selection, pedigree selection

雑種集団から育種目標にかなう系統を育成しようとするとき，系統を選抜し，その系統内で個体を選抜し，翌代この個体で系統栽培というように繰り返す方法をいう．常に親子間，姉妹系統間の比較が可能であるため，系統の特性把握が容易である．世代が進むと，種子の一部を生産力試験（自家受精作物），あるいは組合せ能力検定（他家受精作物），特性検定にまわしつつ，さらに系統・個体選抜を続けて，固定度を高めていく．集団選抜と対比されることがあるが，育種では集団選抜のあとに必ず系統選抜が必要であることに留意する必要がある．　　　　　（成河）

系統分離・純系分離　line separation, pedigree separation; pure line separation

自殖性作物では，交雑その他の手段によりヘテロの集団ができても世代が進むにつれて，ホモ接合体が増す．このようなホモ個体を選抜して増殖すればすべて固定している．在来種あるいは生態型の集団ではこうした個体を選抜し，系統（純系）をつくっていく．この育種法を系統分離法という（→育種）．
　　　　　　　　　　　　　　　　（成河）

系統分類 phylogenetic systematics
⟶ 化学分類

茎葉処理 foliage treatment, foliar treatment

薬剤を植物体の茎葉部に処理すること．ジベレリンやSADHなどは一般に茎葉処理によって適用される． (川田)

化粧箱 ⟶ 箱詰め

化粧鉢 glazed pot ⟶ 植木鉢

ケチャップ ketchup, catchup, catsup
⟶ ピューレー

結果 bearing, fruiting, fruit set
⟶ 結実・結果

結果枝 bearing shoot, bearing branch
⟶ 結果母枝・結果枝

結果周期 cycle of fruit setting

植物の開花結実（果）は，ほぼ連年結果をするものと，一定の周期でしか結果しない習性のものとがある．また，連年結果性のものでも，その年にあまりに結果が多すぎると，翌年の花芽形成が極端に少なくなり，いわゆる隔年結果（alternate bearing）を起こしてしまう． (渡部)

結果習性 bearing habit, fruiting habit

果樹は種類によって着花（果）の仕方がそれぞれ違っている．しかし，同一種類の果樹の中では，花芽をつける位置，果実をつける位置（結果部位）がほとんど規則的である．これを果樹の結果習性と称し，この習性を十分知った上で栽培管理にあたる必要がある．

果実の出発点は花芽（花器原基を内包する芽）であるが，花芽には花器原基だけを内包する純正花芽（pure flower bud）と，花と枝葉の原基を一緒に含む混合花芽（mixed flower bud）とがあり，これらが枝のどの位置に形成されるかによって，さらに頂生（terminal）と側生（lateral）に分けられる．一方，枝の種類別に着果の仕方を分けてみると，カキ，クリ，ブドウ，イチジクなどは今年生枝に着花（果）し，モモ，ウメ，アンズ，オウトウなどのグループは前年生枝に着果する習性がある． (渡部)

結果年齢 fruit bearing age

（１）果樹の一年生苗木を植えてから，初めて開花，結実する樹齢を結果年齢といい，初めて実の成る現象を初成りという．一年生草本の野菜類では，最初に着果した果実を一番成りというが，一番成りは摘果したり落果することがあるので，特に最初に収穫する果実を初成りという．結果年齢に達する長短は，栄養・生殖両作用の消長によるもので，栽培管理や環境条件によって変わるものの，果樹の種類，品種によっておおよそ定まっている．なお，初成り果はまだ品種固有の品質

果樹類の結果習性パターン（小林1954を一部改変）

枝の種類と着果の関係		前年生枝に着果（節間短縮）	今年生枝に着果（節間短縮）	今年生枝に着果（新しょう基部）
花芽の種類（芽の特徴）		純正花芽（芽の中に枝葉の原基がない）	混合花芽-Ⅰ（枝の頂端に花をつける）	混合花芽-Ⅱ（枝の葉えきに花をつける）
花芽の着生位置	頂 生	ビワ	ナシ，リンゴ クルミ（♀） ペカン（♀）	オリーブ
	頂側生		後生カンキツ類③	カキ，クリ，初生カンキツ類
	側 生	モモ，スモモ，アンズ，ウメ，オウトウ，スグリ，ペカン（♂）①，クルミ（♂）①	（ブドウ，キイナゴ）	イチジク，ブドウ②

注①：♂：雄花，♀：雌花
②：ブドウは植物形態学的には，葉枝の先端に花芽をつけているのである（混合花芽Ⅰ）が，外観的には混合花芽Ⅱに似る．
③：ミカンのように葉枝の短い花（直花）は前年枝に着果したようにみえる．

を十分に発揮しないが，ある一定年齢以後にほぼ一定した品質を現すもので，この樹齢を品質年齢という(→樹齢)．

(2) 果実などの収入が，その年に消費した肥料，農薬，労賃などの流動資本を収支相償うに至った年を結果年齢と称し，それ以後を成園とし，以前を育成期間，未成園とする．農業統計用語として一年生の接ぎ木苗を植えてからの育成期間は，ミカン8年(成園期間，25～30年)，カキ8年(20～25)，リンゴ7年(20～25)，ブドウ4年(20～30)，ニホンナシ6年(20～25)，モモ5年(15～20)，クリ5～6年，ウメ6～7年とされている．密植栽培，わい性台木の利用，ハウス栽培などの技術開発による育成期間の短縮化に伴って，成園期間への影響も少なくない．しかし，永年作物である果樹本来の特徴として，結果年齢とともに成園期間の延長に関心を払うべきであろう． (岸本)

結果母枝・結果枝 bearing shoot; bearing branch

果実が直接に着生している新しょう(カキ，リンゴなど)，もしくは二年生の枝(モモ，ウメなど)が結果枝である．結果枝となる花芽(純正花芽，混合花芽)を有する枝が結果母枝であり，結果母枝は結果枝よりも年次が1年古い枝である．生殖器官である花の着生しない枝を発育枝と称するのに対比して結果枝であり，総称的な面も含まれ，花や幼果の時期に生理落果してしまっても名称は変更されない．冬季のせん定時に，純正花芽のモモなどの核果類では，結果枝が判別できるが，その他の果樹類は結果母枝を対象としてせん定しているわけである．結果枝の葉は果実の肥大に直接的な関係があるが，過度の着果程度の場合を除き，他の枝からの養分の転流も少なからずみられる． (岸本)

結 球 head formation

ハクサイ，キャベツ，レタスなどでも，生育の初期にできた外側の葉は，他の菜類と同様にロゼット状を呈しているが，生育の進むにつれて内側の葉はしだいに立ち上がって互いに抱合するようになる．さらに内側の新しい葉も次々に立ち上がって巻き込んで抱合するようになって葉球を形成する．この葉球を形成する現象を結球という．結球開始の主因は，生育に伴う葉数，葉面積の増加によって外側の葉が内側の葉を遮光するようになって内部葉が立ち上がるとともに，内側の葉では葉柄が短く，葉幅が広くなって，長形から丸形で，葉肉厚く，面積の大きい葉となり，この丸形で面積の大きい葉が互いに抱合することによる．タマネギ，ニンニクなどでも生育が進むと長日や低温などの影響によって葉身の生長が抑えられ，葉しょうのみのりん葉を形成するとともに，葉しょう部やりん葉が肥

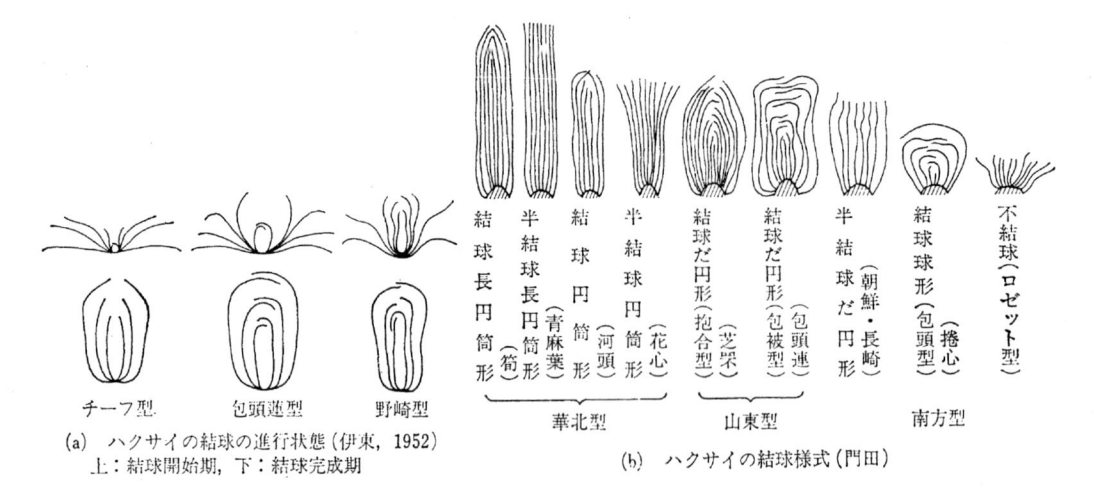

(a) ハクサイの結球の進行状態(伊東，1952)　上：結球開始期，下：結球完成期

(b) ハクサイの結球様式(門田)

結球長円筒形　チーフ型
半結球長円筒形(青麻葉)　包頭連型
結球円筒形(河頭)　野崎型
　　　　　　　　　　　　　華北型
半結球円筒形(花心)
結球だ円形(抱合型)(芝罘)
結球だ円形(包被型)
　　　　　　　　　　　　　山東型
半結球だ円形(包頭連)(朝鮮・長崎)
結球球形(包頭型)
　　　　　　　　　　　　　南方型
不結球(ロゼット型)(捲心)

結　球

厚してりん茎を形成する．りん茎も葉球であるが，一般にりん茎形成あるいは球形成と呼び区別する． （斎藤）

結きょう（莢） pod setting

マメ類やアブラナ科野菜の果実は莢果で，胚珠を内蔵する子房の心皮がさや（莢）として発達するもので，一般の果実が結実することを結果と呼ぶのに対し，受粉・受精後莢果として結実するものでは結きょうと呼んでいる（→さや）． （斎藤）

結合型オーキシン bound auxin ⟶ オーキシン

結合型ジベレリン bound gibberellin ⟶ ジベレリン

結合水 bound water, combined water ⟶ 土壌水

欠刻 sinus ⟶ 切れ込み

結実・結果 bearing; fruiting, fruit set, fruitification

果実を形成することを結実または結果という．結実は種子形成（seed formation）を伴う果実形成（fruit formation）を意図した表現であり，結果は，必ずしも完全な種子形成を伴わない，たとえば単為結果（parthenocarpy）した果実のような場合に使うなど，用語の使い分けをすることがある．

一般には，受粉が行われることによって子房もしくは花たくが肥大して果実（前者を真果，後者を偽果と呼ぶ）が形成されることが結果であり，受粉・受精して胚珠が発育し，果実内に種子が形成された状態を結実と呼んでいる．しかし，これは，ある時期までは同時併行的に進行するものであり，区別できないことが多い．

結実の第一歩は柱頭表面に到達した花粉粒が発芽孔から花粉管を花柱内に伸ばし，その先端部に送り出された雄核が2個の雄性配偶子（精核）となり，子房内の胚珠の卵核および極核と重複受精（double fertilization）することである．一方，受粉した花粉は雌ずいとの和合関係が成立せず，花粉管の伸長（発芽）に至らない場合でも花粉ホルモンを花柱，子房に働かせて内生ホルモンの生成を刺激し，子房，胚および胚乳の生長を促す力をもっている．すなわち受精が行われなくても，柱頭表面や花柱表面に花粉が付着するだけで子房が肥大し，果実にまで発育する単為結果誘起の働きがある．

果実の発育にはいくつかの段階があるとされている．その第一は若い子房組織で細胞分裂によって盛んに生長が行われる時期であり，第二は受粉，受精が行われ胚珠の発達が開始される時期である．次は果実の大きさが増加する時期で，細胞の肥大の時期である．これがすぎると果実は成熟の過程に入るが，これらの発育段階は，受粉，受精，種子形成のいかんによって規制される．

果実の形成（発育肥大）に最も影響力の大きいのは種子である．それはオーキシン，ジベレリン，サイトカイニンなどの生長調整物質がすべて種子から生産されているからにほかならない．これは，果実に含まれる種子数と，果実の大きさ，形状，落果などと関係が深いことからも推測できる．しかし，種子中に含まれる生長調整物質が，必ずしも果実の生長肥大や落果に直接的に影響しない場合もあることが指摘されている．

種子を内部組織の特徴から分けると，無胚乳種子（exalbuminous seed）と有胚乳種子（albuminous seed）の二つに分けられる．前者は胚乳よりも子葉が発達して養分貯蔵器官となっているのに対し，後者は胚乳に主要な養分を貯えている点で異なる．

リンゴ，ナシは無胚乳種子を形成するが，受粉2日後に胚珠に花粉管が貫入し，2個の雄核のうち1個が助細胞を貫いて卵細胞と合体し，大体3〜4日間で受精が完了する．1週間後に受精卵細胞は2細胞になり，分裂を繰り返しながら3週間後には16細胞となる．そして前胚（proembryo）を形成し，さらに発育して胚を形成する．一方，もう一つの雄核は，第2次胚のう核と融合し，重複受精を行い，胚乳核（endosperm nucleus）が形成され，分裂を繰り返しながら内胚乳となる．

無胚乳種子では，胚の発達とともに胚乳組織は胚に吸収された形になり，さらに子葉の方が栄養を貯えて胚乳組織は退化してしまう．

ブドウ，カキの種子は有胚乳種子であるが，ブドウでは成熟胚はほんのわずかで，ほとんどが胚乳組織で構成されている．カキの種子も類似の組織構造を示すが，カキ（富有）の種子では種皮や内胚乳の生長は6月上，中旬頃からはじまり，8月上旬頃までには生長が終る．無核品種の平核無では，種皮の生長開始期は富有と変わりがないが，その後の生長が悪く，内胚乳の発達は坐止したままとなる．

果実の生長がはじまって間もない頃は，子房壁または花たくの旺盛な生長と，花柄部分に形成される離層組織との間に養分の競合が行われる．この競合に子房壁などの生長が負けると，幼果は離脱してしまう．これを過ぎて，安定状態になった場合，園芸分野では着果（実止まり fruit set）したと称している．

生長肥大を始めた子房または花たくは，それぞれ品種特有の大きさや形を呈するまで生長すれば生長を停止し，成熟に向う．この場合，植物生長調整物質，栄養分，環境要因などが子房（果実）の生長にとって満足すべき状態におかれることが大切で，これらのどれか一つが不十分な状態になると生理落果や発育不良となる．厳密にいうと，種子の生長と，果実の生長とでは必要条件が同じではない．

果樹のように多年にわたって結果を繰り返す作物には，過剰に結果（着果）した翌年には結果量が少なくなる現象がある．このような結果，結実の年次差現象を隔年結果 (alternate bearing, biennial bearing) と称している．園芸生産の上からは，これは好ましくないことで，技術的にも摘らい，摘果などを行い栽培管理全般について，連年結果をめざすことが大切である．　　　　　　（渡部）

結晶水 crystallized water　　→ 土壌水

血清学的診断 serological diagnosis, serodiagnosis

タンパクなどの高分子（抗原）をウサギやマウスに注射すると，血液の中に抗原の分子構造に見合った抗体ができる．抗体を含む血清を抗血清といい，抗体は血清中にγ-グロブリンの形で存在する．この抗体を取り出したもとの抗原と混合すると凝集する．これを抗原抗体反応という．この血清反応を用いて病原体を同定する方法を血清学的診断法という．ウイルスの同定によく用いられる．抗原抗体反応を行わせる系によって，重層法，沈降法，ゲル内沈降法，免疫電気泳動法，赤血球凝集法，ラテックス凝集法，酵素結合抗体法（ELISA エライザ）など各種の方法がある．　　　　　　（山口）

血清学的分類 serological classification　　→ 化学分類

血清反応 serological reaction　　→ 血清学的診断

結束 binding

野菜類を収穫して調整した後，出荷に適した量目に分割してワラ，プラスチックテープなどで結び合わすことを結束と称している．結束された野菜は呼吸熱の発生や光の遮断により葉緑素の分解や光合成能の停止などを生じ，品質を急速に劣化するため，環境温度を考慮して行う必要がある．また結束された野菜類は，横積か縦積かによっても品質変化が異なり，縦積が好ましいといわれる．

ハクサイについては収穫前に結球頂部を結ぶが，これは寒害予防と虫害防止のため行っている．　　　　　　（垣内・新井）

結氷点 freezing point　　→ 凍害

欠乏症 mineral deficiency symptom, nutrient deficiency symptom, hunger sign

植物が必須養分元素のうち一種類でも不足して正常な代謝活動が乱れて生育が阻害され生ずる病症が養分（要素）欠乏症である．病症として特定の器官・部位に特有な外観的症状が現れ，一般にこれが欠乏症を代表している．肉眼的症状の形状や発現部位は各養分の

生理的機能や体内の移動性により多くの植物種に共通的側面がある．そこで，欠乏症状から欠乏養分を推定する検索表（English and Maynard, 1978 等）がある．また外観的症状は端的に養分の栄養状態を診断する上に簡便な指標であるので，多数の作物につき欠乏症状の写真・図を総合的に掲載解説した成書が国内外にある．作物の顕在的および潜在的養分欠乏を正確に診断するには，外観的症状の観察による他に植物の養分分析，器官の生理活性・酵素活性の測定，土壌分析，指標作物の栽培，欠乏養分の施与試験等を指標に総合的に行い，病害・虫害の症状と十分区別し判断することが望まれる．　　　　　　（馬場）

ゲノム分析 genome analysis

生物が生活するために必要かつ最小限度の染色体の一組（遺伝子連鎖群）のことをゲノムという．ゲノムは安定性が高く変化しにくいものであるが．長い進化の過程では染色体変異および遺伝子突然変異を集積しつつ分化変遷していく．二つのゲノムについて含まれている染色体がすべて相同であればこれらゲノムは相同ゲノム，非相同であれば異種ゲノム，この中間的な場合は部分相同ゲノムとされる．ゲノム分析とは，主としてゲノム構成が明らかな分析種を用いてゲノム構成未知の種と交雑を行い，得られたF₁雑種の染色体対合の様相をもとにゲノム未知種のゲノム構成を明らかにし，さらにゲノムと遺伝子の関係，ゲノム分化の様相，種の成立由来などを究明する方法で，交雑によらない半数体の利用あるいは形態や植物体構成成分の比較分析なども併せて用いられる．　　　　　　（岩佐）

ケミカルコントロール chemical control ⟶ 化学調節・化学的制御

ゲル gel ⟶ ゾル・ゲル

減圧貯蔵 hypobaric storage, reduced pressure storage, low pressure storage

低温条件と組み合わせて大気圧の1/5～1/10の減圧条件下での貯蔵法であり，恒圧法と交互に2段階の減圧度とする差圧法とがある．米国のHummel, C. E. らにより開発された貯蔵方法である．果実から発生する二酸化炭素，エチレン，アセトアルデヒドなどの揮発性成分が果実内部に蓄積することがなく，また酸素分圧の低下による呼吸量の抑制により糖や酸の保持率が高く，硬度が保たれるなどの効果がある．この程度の減圧条件に耐える容器あるいは貯蔵庫，さらには減圧装置に多くの経費が必要である．しかし近年は装置の改良も進められている．　　　　　　（垣内）

けん(牽)引根 contractile root ⟶ 根系

検疫 quarantine ⟶ 植物防疫法

限界温度 marginal temperature, critical temperature

作物が低温や高温によって障害発生する場合，その障害発生の限界となる温度を限界温度という．冬季における凍害発生の限界温度は，リンゴ －25℃，ブドウ －20℃，モモ －15℃，ミカン －8℃ などであり，春先の霜害は －2℃ である．一方，高温障害に関する限界温度は，被覆栽培下の作物において問題が多く，ブドウの例では落葉期から休眠期で 45～48℃ 5時間，果粒肥大期で 40℃ 1時間が限界温度である．トマトやキュウリ，ナスなどでは 45℃ 3時間（5日間処理）で花粉発芽率が著しく低下し，50℃ 1時間遭遇で各種の生育障害が発生する．

限界温度の内容には，上述に加えさらに，発芽や生育，開花，成熟，休眠などに関与する温度の限界を示すものもある．　　　（鴨田）

限外顕微鏡 ultramicroscope ⟶ 顕微鏡

懸がい(崖)仕立て cascade ⟶ 懸がい作り

原塊体 protocorm ⟶ プロトコーム

懸がい(崖)作り（懸がい(崖)仕立て） cascade

盆栽の仕立て方の一法で，主幹を下方に曲げ，文字通りがけに生える古木の趣を表現するよう仕立てる．花物ではキクの懸がい作りが最もよく知られている．キクの懸がい作りは，古くからある文人づくりから発達し大正

キクの懸がい作り

年間に完成したもので，小菊を用い，主茎を曲げ，摘心を繰り返して開花がそろうように仕立てる．　　　　　　　　　　　　　（筒井）

限界日長　critical day-length

日長は植物の開花に関与する最も重要な，要因の一つであるが，短日あるいは長日植物においてある日長を境にして，花芽分化が起こったりあるいは起こらなかったりする境目の日長のことを限界日長，まれに臨界日長という．しかし，多くの植物においてはある日長を境にして，開花は著しく遅延するが全く開花しなくなるということは少ない．そのような場合の限界の日長は適日長限界と呼ばれている．また，日長変化に対する開花の反応は漸進的あるいは漸減的で，はっきりした限界日長または適日長限界が設定できないことが実際にはむしろ多い．上記の定義よりすると，長日植物の限界日長が，短日植物のそれよりも短いこともあり得る．　　　　　（菅）

堅果類　tree nuts

ブナ科のクリ，クルミ科のクルミ，ペカンなどのように，果実が硬い殻（核）に包まれ，果皮は乾燥して木化し裂開せず，1～数個の種子を含む果実を生産する果樹，殻果類ともいう．種子の子葉部が食用に供されるものをいう．植物分類学上の近縁関係にかかわりなく，利用部分に重点をおいてグルーピングしたものである．アーモンドはモモなどの仲間でバラ科サクラ属であるが，種子の子葉（仁）を食用に供するので堅果類に入れている．その他主要なものは温帯地域のヘーゼルナッツ，ピスタチオ，イチョウ（ギンナン），亜熱帯・熱帯地域のグネッム，ココヤシ，マカダミア，カシューナッツなどがある．
　　　　　　　　　　　　　　（大垣）

原　基　primordium (pl. primordia)

生物の諸器官が形成されるさいにみられる，発生初期段階の，細胞分裂活性の高い構造物をいう．種子植物では葉原基，根原基，各種花器の原基などが広くみられる．　（石原）

嫌気的呼吸　anaerobic respiration
⟶ 無気呼吸

原　型　prototype, original

比較形態学でいう原型（archetype）は，ある植物集団の基礎と考えられる根源的な形態を指す．園芸の分野では，栽培種を生み出した原始的なタイプの植物をいう．園芸作物は，いずれも野生の植物から改良されたものであるから，一般にその野生植物を原型といい，祖先型と同様な意味で用いられている（→祖先型）．　　　　　　　　　（岩政）

原形質　protoplasm

細胞の生活機能の基礎となっているコロイド状の物質．通常1個の核（nucleus）と細胞質（cytoplasm）に分化している．細胞質の表面はゲル状の細胞膜（cell membrane 原形質膜）に覆われ，内部は細胞質基質の中にミトコンドリア（mitochondria），小胞体（endoplasmic reticulum），リボソーム（ribosome），ディクチオソーム（dictyosome）など細胞小器官（cell organelle）がみられる．

植物細胞の原形質は，その外側に主としてセルローズからなる物質を分泌して細胞壁（cell wall）をつくる機能を有し，細胞質内には上記の細胞小器官に加えて色素体（plastid）があり，また細胞液（cellsap）を充たした液胞（vacuole）がみられる． （石原）

原形質体 protoplast ⟶ プロトプラスト

原形質膜 plasma membrane, plasmalemma ⟶ 原形質

原々種・原種 breeder's stock, breeder's seed; foundation stock, foundation seed, original seed, registered seed

生産者（通常は農家）が栽培に用いるための種子を採種（一般採種）するためのもとになる種子を原種，原種を採種するためのもとになる種子を原々種という．

採種栽培では，品種の特性を保持し，種子としての品位の高いものを，多量に生産せねばならない．原々種採種では，品種の特性保持に重点をおき，普通の栽培をしたほ場から品種の特性を保持したものを厳選し，原々種母本とする．採種した種子は原々種母本選抜用と原種採種用に大別し，前者は次の原々種採種用とする．後者を用いて品種特性の保持のみでなく，採種量も配慮して原種を採種する．この原種をもとに種子としての品位確保と，増殖を目標とした一般採種を行う．
（芦澤）

嫌光性種子 light-inhibited seed ⟶ 種子

巻散花序 sickle-shaped cyme, helicoid cyme, bostryx ⟶ 花序

原産地 place of origin, provenance

その種，栽培種（作目）が成立した地域を原産地という．栽培種は，人間がその地域の野生のものに手を加えることにより漸次発達・改良されたものである．その成立には地域の自然生態的条件が深く関与している（→原生）． （芦澤）

原子吸光分析法 atomic absorption spectrometry, atomic absorption analysis

1953年，オーストラリアのWalshによって開発された方法．金属塩溶液を霧状にしてアセチレン・空気，石炭ガス・空気などの炎中に噴霧すると，金属元素は高温のため，熱解離して原子状になる．ここにできた原子はもっとも安定は電子配列をもつ構造，すなわち基底状態にある．このような基底状態にある原子は同種の元素から放射される特定の波長の光を吸収する性質があり，その吸収強度は原子の密度に比例するので，この関係から通常の吸光光度法に準じて試料溶液中の金属元素の濃度を決定することができる．

この方法に使う原子吸光光度計は装置が簡易であり，通常の分光光度計に輝線スペクトルを出す光源，バーナおよび噴霧器を取り付ければ測定が可能である．原理的に共存するほかの原子の干渉が少なく，感度が非常に高く，操作が容易であるなどのすぐれた特徴をもっているので，現在広く，金属の微量分析に利用されている．

最近従来の炎を用いる原子吸光法（フレーム法）以外に，炎を用いないいわゆるフレームレス原子吸光法が開発された．この方法では水銀のように低温で元素を気化して原子化させるもの，金属，炭素，タングステン，タンタルなどのフィラメントあるいは炭素（黒鉛）などの炉に試料をのせジュール熱やアーク熱を利用して高温で原子化させるものがある．フレーム法がppm〜ppbの濃度レベルの測定感度であるのに対し，フレームレス法はppb以下の濃度レベルで測定可能である．
（金沢）

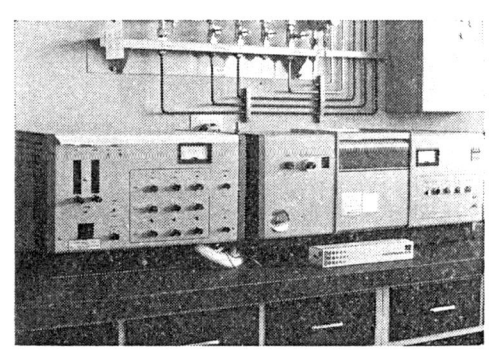

原子吸光分光光度計（ゼーマン形）

原　種 foundation stock, foundation seed　⟶　原々種・原種

減数分裂 meiosis, reduction division　⟶　細胞分裂

原　生 native

栽培種は，その地域の野生種に人間が手を加えることにより，地域の自然条件の影響を受けながら漸次発達成立する．このように作物が最初に成立したと想定される地域では変異の蓄積が豊富で，遺伝的に優性な形質をもつ型が多い．このように作物が最初に成立したと想定される地域を，第一次原生中枢（発生中心）と呼ぶ．その提唱者Vavilovは，①中国，②インド・マレー，③中央アジア，④近東，⑤アビシニア，⑥地中海，⑦メキシコ南部・中央アメリカ，⑧南アメリカの8カ所を原生中枢（発生中心）としてあげている．

作物の地理的分布・進化の過程は中枢から遠くなるにつれて優性形質が脱落し，第二次中枢では劣性形質をもつ型が多くなるといわれる（→原産地）．　　　　　　　　（芦澤）

検定種子 tested seed　⟶　種子

懸滴培養 hanging-drop culture

細胞や微小な組織片などを培養しながら顕微鏡観察するため，古くから用いられてきた方法である．ガラスで囲われた小湿室の上にカバーグラスを水平に載せ，このカバーグラスの下面に細胞などを含む培養液を1滴下げて培養する方法で，いつでも検鏡できる．ガラスで囲った小湿室としてvan Tieghamのガラス環があるが，これは高さ約5mm，径20mmのガラス環で，上下の面に温めてとかしたパラフィン・ワセリンをぬってスライドグラス上に固定し，環の上面に液滴をさげたカバーグラスを載せる．この他，ホールグラスの凹みにカバーグラス載せる方法などがある．　　　　　　　　　　　　　　　（石原）

顕微鏡 microscope

物体を拡大して観察するための光学器械．試料を照明するための集光レンズと本体としての対物レンズおよび接眼レンズとからできている．対物レンズで試料物体を拡大した実像をつくり，接眼レンズでさらにその像を拡大してみる．顕微鏡の拡大倍率は指定筒長では対物レンズと接眼レンズの倍率の積で，分解能はもっぱら対物レンズの性能で決まる．すなわち分解能は対物レンズの開口数（物体からの光線が対物レンズの先端レンズの縁へ入射する角θの正弦と物空間の屈折率nとの積$n \sin \theta$の値）に正比例し，使う光線の波長に逆比例する．したがって紫外線顕微鏡は可視光線を使う顕微鏡より分解能が大きい．対物レンズの分解能には限度があるから，顕微鏡の倍率は無制限に大きくすることができない．通常，対物レンズの開口数の1000倍ぐらいの値が最大である．したがって高倍率を得るためには開口数の大きな対物レンズおよび集光レンズが要求される．開口数を大きくするためには液浸法が用いられる．

双眼式解剖顕微鏡のなかで，途中でプリズムを入れて像を実物と同じようにしたものを実体顕微鏡という．

なお，透過光を使う普通の顕微鏡のほかに物体の表面からの反射光線を利用する特別な対物鏡がある位相差顕微鏡，干渉顕微鏡，限外顕微鏡，蛍光顕微鏡，偏光顕微鏡，光線の代りに電子線を使う電子顕微鏡などの特殊な顕微鏡がある．電子顕微鏡のなかでは表面形状定性的組成が得られ，分解能は3mm程度まで可能である走査型電子顕微鏡（scanning electron microscope, SEM）が広く用いられている．　　　　　　　　　　　　（金沢）

こ

子芋・孫芋 daughter corm, daughter tuber; secondary corm, secondary tuber

親芋上の各節に位置するえき芽のいくつかが肥大し，親芋上の周囲に着生している小型の芋を子芋という．子芋上の各節のえき芽のいくつかが肥大して子芋上の周囲に着生している小型の芋を孫芋という．

サトイモでは，まず種芋からほう芽，伸長した頂芽茎の基部の地下部分の短縮肥大によって親芋が形成される．この親芋上には通常20節以上の節が圧縮されており，各節には必ず1芽を着生する．この親芋上のえき芽の伸長およびその基部の短縮肥大によって球茎が形成され，一次分球となり，これを子芋という．同様にして子芋上の各節にあるえき芽の伸長肥大によって二次分球が形成され，これを孫芋といい，さらには孫芋から三次分球の曽孫芋が形成される． （斎藤）

こうあ（梗窪） stalk cavity

リンゴ，ナシなど仁果類の果実は果こうによって結果枝と違っている．この果こうと果実の接着部位周辺は凹んだ状態を呈している．この凹み部分をこうあといい，その形（深さ，広さ）は品種特性をあらわすのが一つの形質となっている． （志村）

降雨強度 rainfall intensity, precipitation intensity

単位時間内の降雨量を降雨強度といい，1時間当りの降雨量（mm/h）で示すのが一般的である．降雨強度の強さにより災害発生が大きく異なり，雨のもつ運動エネルギー（e）は次式で示される．

$$e = 21.400 i^{1.22}$$

e：雨滴のもつ運動エネルギー $erg/cm^2 \cdot 10\,min$, i：降雨強度 $mm/10\,min$ （鴨田）

耕うん（耘） cultivation, tillage

耕うんは耕起と砕土の2工程を同時に行う作業法である．この方式は一時的に大きな力を要するので，駆動型または動力型の耕うん機など機械力を利用している．耕うんは土壌を攪伴し，軟らかくして播種や移植を容易にすることは整地作業と同じであるが，次のような短所も有している．すなわち，プラウの耕起よりも耕深が浅いこと（15cm程度），深層部の未分解栄養分を利用する天地返しができないこと，種子が浅い層に残るため雑草の防除効果が小さいことなどである．また，土層をみると整地作業が上層に細土，下層には土塊が多く分布するのに対し，耕うんはこれが逆になり，植え付け直後の生育が劣ることがあるので，注意を要する． （新井）

高温障害 high temperature injury, heat injury

1) 栽培中の高温障害

生育適温をはずれた高温条件下でもたらされる障害を，高温障害と呼ぶ．高温障害は夏の異常高温による生育障害，寒冷地に適する作物を暖地に栽培した場合，ハウス栽培において換気不十分のため異常高温に遭遇した場合，また，冬期の異常高温により作物の生育が異常に進み，その後の低温により被害をみる場合などがこれに相当する．

作物の品種，生態などによって耐暑性を異にするが，高温障害は被覆栽培で問題が大きく，換気の良否による高温発生で，開花，結実などに差がみられる．トマトでは減数分裂期（開花9～5日前）や開花当日の高温障害が大きく，35～40℃で落花が多く，キュウリでは40℃で花粉発芽率や光合成が著しく抑制される．

高温障害の防止軽減には，遮光，気化熱利用，低温な水や空気の利用，作季移動，ホルモン剤の利用などが実施される． （鴨田）

2) 果実の高温障害

日射の強い気温の高い時期に収穫されたものが長い間畑から搬出されずに放置されたり，日除けなしの荷台にのせて長時間運搬さ

れたり，換気せずに貯蔵したりした場合に，青果物の温度は30℃以上になり，障害が出る．日射による高温障害は日焼け症状や激しい場合には果実全体に異常が生じて商品価値が失われる．トマトやバナナのような追熟される果実の場合，追熟前に高温にさらされると，エチレンを合成する能力やエチレンに対する感受性が低下して追熟が正常に起こらなくなることがある．トマトのリコピン合成は30℃以上で抑制される． (崎山)

高温処理 high temperature treatment

ヒヤシンスの繁殖法の一つで，球根の底盤部に傷をつける従来の方法（basal cuttage）とは異なり，一度に大量の球根を能率的に処理することができ，同時にヒヤシンス黄腐れ病（*Xanthomonas hyacinthi*）の防除が可能な方法である．15 cm球以上の大球を用いて湿度60～70％下で，43℃—4日間または38℃—30日間の処理を行えばよい．処理開始時期は，7月中旬から9月上旬までの期間ならばいつでも可能であるが，8月中下旬の処理が最も分球効果が高い．38℃処理は，高温障害の危険性が少ないが処理に長期間を要し，43℃処理は，処理日数が短くてすむ点で有利であるが，高温障害の危険性も高まるので精密な温度制御装置が必要となる．ヒヤシンスの繁殖以外に，球根類の休眠打破，各種ウイルスの不活性化，病虫害防除，花飛ばし法など多くの目的に利用される（→ノッチング，スクーピング，コーリング）． (大野)

硬化 hardening

トマト，キュウリ，ナスなどの高温性作物を定植する場合，定植前に施す特別な処理方法である．すなわち，苗床でのかん水をひかえ，冷気に短時間あてて，定植後しおれないようにする一種の馴化処理といえる．温床で育苗された苗は本ぽに移されると，環境条件が急変するため生育が停滞する．新しい環境に移っても順調に生育をさせるために，温床の温度を下げ，土壌水分を少なくし，よく光に当てて冷気にも慣れさせる．しかしながら，極端な低温管理は苗のリン酸欠，発根不良ひいては不良果発生の原因ともなるので，徐々に夜冷育苗することが重要である． (篠原)

硬核期 stone hardening stage　──核

厚角組織・厚膜組織 collenchyma; sclerenchyma

どちらも植物の機械組織（植物体を強固にする役割をもった組織）に属し，前者は細胞壁の角の部分だけが肥厚した生きた厚角細胞からなり，後者は細胞壁の全面が肥厚・木化し，成熟して原形質を失う厚膜細胞からなる． (石原)

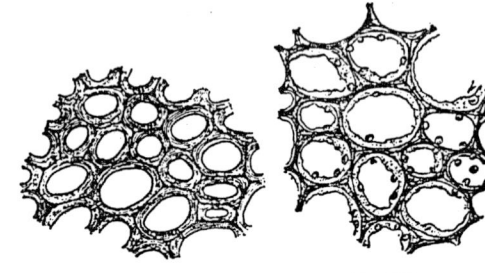

厚膜組織　　　　　　厚角組織
（ウマノスズクサの茎）　（ベゴニアの茎．原形質をもっている）

硬果障害 fruit hardening disorder

ナシやリンゴの果実には果肉が著しく硬くて食用に耐えないものがある．これは生理的異常によって生ずる生理障害の一つと考えられ，硬化障害といわれている．ニホンナシでは一般に青ナシ（二十世紀）に生じた場合をゆず肌果，赤ナシ（長十郎）の場合を石ナシという．両者とも果実全体，特に果皮下層が硬化するが，セイヨウナシではがくあ部が硬化する．これも石ナシ（hard end）と呼ばれる．障害発生原因については水分ストレス説やカルシウム不足説などがある．果実の特徴は果面に凹凸があり，果肉が硬くて肉質が粗く，石細胞の分布密度が高い．この障害は品種によって発生の難易があり，二十世紀，菊水，長十郎などは発生しやすく，幸水や新水は発生し難い．また，マンシュウマメナシ台木で発生し難い． (志村)

交換性塩基 exchangeable base, exchangeable cation　──→ 土壌塩基

香　気 scent, fragrance, aroma　──→ 揮発性成分，芳香成分

孔げき（隙） pore space　──→ 土壌三相

抗原抗体説 antigen-antibody theory

植物の雌雄両器官の不和合性を説明する考え方として特殊物質説，離反因子説，免疫学的反応説などがある．抗原抗体説はStraubの説で，花粉粒と柱頭，または花粉管と柱頭組織との間に何らかの反応が起き，花粉発芽の阻止，花粉管の伸長停止が起こる．この場合，ある一定の遺伝因子の作用のもとで，花粉管に抗原ができ，柱頭や花柱にできた抗体と反応するというのである．ちょうど，血清学でいう抗原抗体反応が植物体内でも起こり，不和合性が生ずるという考え方である．ナシの交雑不和合性を説明する考え方として離反因子説とともによく用いられている．

（吉田）

光合成 photosynthesis

地球上の生物は究極のところ太陽エネルギーに依存して生命を維持している．太陽エネルギーは，高温高圧のため水素原子が熱核融合反応によりヘリウム原子に変化するときの質量の差として生ずる．地球上の植物は，葉緑体においてこの太陽エネルギーを捕足し，そのエネルギーを利用して空中の二酸化炭素を固定し炭水化物を生産する．この過程が光合成である．太陽放射の中で，葉緑体によって吸収される光合成に有効な放射は，光合成有効放射で大略400～730 nmの範囲に作用スペクトルがある．

光合成には，太陽の光エネルギーを化学エネルギーに変える明反応と，この化学エネルギーを利用して炭酸固定を行う暗反応の過程がある．光合成における二酸化炭素の吸収と，呼吸によって起こる二酸化炭素の放出とが等しくなる補償点があり，これは光の強さが一定の値に達したときにみられるで光補償点と呼ばれている．二酸化炭素の濃度と温度が一定で変わらない場合，光の強さを強くしていくと光合成速度が増加するがそれもやがて飽和に達しこれを光飽和点という．また，通常の条件下では一方で光合成が行われると同時に呼吸により同化産物を消費しているから，真の光合成は見かけの光合成量に呼吸量を加えたものとなる．植物における生長に伴う乾物重の増加は，結局光合成によって同化器官で得られた光合成産物を分配し，一部は呼吸によってもやしてエネルギーを得，それを用いて新しい器官や組織を産生していくことによって得られる．このような過程は，乾物生産あるいは物質生産と呼ばれ，同化器官としての葉の面積と一定時間内における乾物重の増加を測定して，植物の光合成を基盤とする生長を解析する手法を生長解析と呼ぶ．生長解析においては種々のパラメータが用いられるが，純同化率は最も重要なものの一つで単位葉面積，単位時間当りの乾物重の増加で示される．

植物が光中にあるときは，暗中にあるときより呼吸の速度が大きく，これは普通の暗所での呼吸と異なったグリコール酸を基質とする光呼吸があるからである．光呼吸の生理的意義はまだ明らかでない．

分離した葉緑体では，二酸化炭素がなくとも適当な酸化剤があると光により酸素の発生がみられ，このような反応に発見者の名にちなんでヒル反応と呼ばれている．

（菅）

好光性種子 heliophilous seed　──→ 種子

光合成有効放射 photosynthetically active radiation, PAR　──→ 光合成

交互作用 interaction

ある要因作用に対して，他の複数の要因がかわるがわるに働いて，促進または抑制するような作用をする場合，または二つの要因が相互に干渉しあう場合をいう（→相互作用）．

（青葉）

交互照明 periodic lighting

キクの開花を抑制するために考案された電灯照明法の一つ．2または3日電照して次の1日は電照を休む方法．このような方法でも

毎日電照をしたのとほぼ同様に開花が抑制される．栽培規模の大きい場合には電力の容量に限界があるので，30分以下の周期で照度に応じて，時間で5～20分点灯を行う間欠照明が広く実用化しているが，これをサイクリックライティング（cyclic lighting）という．
（樋口）

鉱　滓　slag

高炉滓，転炉滓，電炉滓，キュウポラのノロ，非鉄金属溶鉱炉滓，鉱物砂，不良鉱石，不良石炭，六価クロム抽出残渣，硫酸マンガン抽出残渣などの廃棄物の処理および清掃に関する法律で，鉱滓として産業廃棄物に定められている．有害物質を含むものは社会問題となったことがある．

鉄その他金属製練の際の副産物には，主成分としてケイ酸石灰（ケイ酸苦土を含むものもある）を含んでおり，鉱滓中のケイ酸が作物に吸収利用されることが明らかとなった．ケイ酸質肥料として利用されている．公定規格が定められ，1/2規定塩酸可溶ケイ酸含量20％以上となっている．
（鈴木基）

交差枝　crossing branch　──→　せん定

交　雑　cross, crossing, hybridization

雌雄の配偶子があり，これらが結合することを生殖（mating 交配）という．この交配のうち両全花あるいは雌雄同株の個体内で行われるのが自殖（selfing）であり，個体間で行われる交配が交雑である．

他殖性植物では，雌雄異株，自家不和合性あるいは雌（または雄）性先熟など様々な生理機構により自然交雑が行われ，集団内に雑種性（ヘテロ性）が維持されている．また，自殖性といわれる作物においても0.5～0.6％から数％の他殖率のあるのも普通の現象である．

品種育成の過程で，A品種のa形質とB品種のb形質を結びつけて新しい品種を作出するというのは最も基本的な考えであり，人工交雑が行われるようになった．育種の第1段階は分離集団を得ることであり，種々の方策が考えられているが，人工交配により雑種集団を得る方法が最も一般的である．

育種過程の中で種々の人工交配が行われ，それぞれ名称が付されている．

前述のようにA(♀)×B(♂)（×印は交雑を表し，×の前に雌，後に雄を置くのが普通である）の後代から選抜するとき，これを単交配（single cross）といい，B×Aの交雑を行うときは，前者と合わせて正逆交雑または相反交配（reciprocal crossings）という．他殖性作物の品種は F_1 品種が一般的であり，A×Bの F_1 の場合，単交配一代雑種というが，雑種親が3以上の場合を多交配（poly cross）という．(A×B)・F_1×Cを三元交雑（three way cross），(A×B)・F_1×(C×D)・F_1 を複交配（double cross）という．多交配雑種は単交配雑種よりも，採種が容易であるため，トウモロコシでは最も普通の育成法になっている．

これらの交雑法は自殖性作物の品種育成あるいは他殖性作物の自殖系統の育成にも利用されるが，F_1 同士を交雑するのでなく，二つの単交雑由来の系統間での交配というのが普通である．ある系統（A）が一つの形質（耐病性，高成分含量など）に優れているが他の形質が劣悪であるとき，実用品種（B）と交雑し，続いてその F_1 とBとを交雑すること，すなわち(A×B)・F_1×B または B×(A×B)・F_1 を戻し交配（back cross）といい，アメリカの耐病性育種，ことに野生種の耐病性の導入に利用され，日本の野菜の耐病性でも大いに用いられている．

育種において交雑というとき，そこに用いられる個体間には遺伝的差異のあることが前提となるが，その差の大小により遠縁交雑（wide cross），近縁交雑（close cross）という．この遠近は相対的なものであるが，ある組合せの後代においては祖父母または曽祖父母を共通にする個体間の交配を近縁交配（close breeding），親子兄弟間の交配を近親または同系交配（inbreeding．兄弟間のみを sib-cross），同一個体内での交配を自殖（selfing）という．また，同系交配は内婚ともいわれ

他殖性植物では自然交雑によって，ヘテロ性を維持すると述べたが，交雑がまったくランダムに行われるという意味ではなく，そこにはさまざまな制限が存在する．これらの現象がヘテロ性の維持と同時に，個々の集団の区別性をも維持しているわけである．

交雑に制限を加えている現象が，不和合性であり，交雑不稔性などである．不和合性は別項のとおりであるが，ことに種間，属間交雑では受精が行われても，胚の発育が中途で停止してしまうことが多い．こうした交雑不和合の交雑でも，胚培養により雑種が得られるようになった．また，雑種が得られてもそのF_1個体で稔性のないのが交雑不稔性であり，この現象は同一種内の近縁度の推定の一つの尺度としてよく用いられている．

以上の大半が種子繁殖性作物について述べたが，栄養繁殖性作物の育種においても交雑は有用な手段である．この場合，1回の交雑で得られた種子からの実生（交雑実生）について，淘汰を加えてゆくことになる．一方の親が野生種あるいは野生種に近いものであれば，1～2度の戻し交雑を行うことがある．
（成河）

交雑品種 hybrid variety, hybrid cultivar ⟶ 品種

交差免疫 cross protection ⟶ 干渉効果

後作用 after effect

植物体が外界から何らかの刺激を受け，刺激を受容しても反応がすぐには現れず，一定の時間の後現れる場合がある．この現象を指して後作用と呼ばれる．ただし，反応の因果関係が明らかになっている場合には用いられることは少なく，複雑な原因によってある反応が起きる場合に用いられる．たとえば，採取地の異なる種子の生育・収量などが異なる場合に後作用と呼ばれる． （篠原）

硬　実 hard seed ⟶ 種子

硬質塩化ビニルフィルム rigid polyvinyl chloride film ⟶ プラスチックフィルム

抗ジベレリン antigibberellin ⟶ ジベレリン

光周作用 photoperiodic reaction ⟶ 光周性

光周性 photoperiodism

1日の昼夜すなわち明期と暗期の時間の比率は，植物の生長や発育を支配する重要な要因で，これに影響される種々の現象を光周性あるいは光周律と呼んでいる．種々の生長，発育現象の中で特に開花，塊茎形成などに対する効果が大きい．地球の自転と公転により，1日24時間のうち明期と暗期の比率すなわち光周期は，地球上の位置と季節により変化する．ある一定の限界の日長より明期が長くなると開花する植物は長日植物，反対に暗期がある一定の限界の日長より長くなると開花する植物は短日植物と呼ばれる．光周期のいかんに関係なしに開花する中性植物もある．これらの光周期のもつ作用は光周作用と呼ばれ，植物が光周期の光周作用を受け得る発育の段階は光周段階と呼ばれている．植物にある光周期処理を与えて開花や他の発育過程を誘導することは光周誘導と呼ばれている．

自然の光周期は，上記の理由により24時間のサイクルで交代することが運命づけられているが，実験的にファイトトロンなどで人工光源を用いるときは，24時間で交代する光周期以外のものをつくり出すことが可能で，実際このようなものを用いた実験は，光周性の作用機構を明らかにする上で有用である．自然では，いわゆる薄明薄暮の光量の中で，明期と暗期の限界となる点が問題となる場合もある．

光周期の光周作用を感受する器官は葉であり，植物には一般にプラスマイナス15分位の精度で時間を計測する装置がそなわっているといわれている．それにはフィトクロムのようなもの，あるいは概日性リズムのようなものが関与するといわれているが，実体は未だ解明されたとはいえない．

花き園芸などでは，植物の光周性を利用し

て促成または抑成などの不時栽培が行われ，他の作物でも育種における交配親の開花調節，採種における開花促進などに利用されている．したがって，これらの技術を利用するためには対象とされる作物の光周性についての基礎的な知見が不可欠である．

光周性は，植物が光周期を感知しそのシグナルにより数多くの生化学的作用段階を経由して，最終的に開花，塊茎形成のような高次の形態形成段階に到達するものであるが，そのそれぞれのステップにおける生理的あるいは生化学的機作はまだほとんど明らかになっていない．今後の重要な研究課題であろう．
(菅)

光周段階 ⟶ 光周性

光周誘導 photoperiodic induction ⟶ 光周性

後熟・追熟 after ripening, ripening; ripening

多くの果実では収穫後も成熟過程を続け，芳香，色の変化，果肉の軟化など種々の変化が起こる．果実の種類によっては樹上での成熟を待たず，ある一定の段階まで発育していれば，未熟なうちに収穫されてもその後成熟作用が行われ，可食状態となる．セイヨウナシ，バナナなどはそのよい例であるが，アボカドのように果実が木から離れた後，はじめて成熟が起こるものもある．このような果実の収穫後における成熟現象を追熟（あるいは後熟と呼ぶこともあるが一般には追熟）と呼び，この現象を利用して，これら果実の輸送，貯蔵が行われる．

後熟現象は種子でもみられる．種子が外観上成熟し，胚も形態的には完成していながら，胚が生理的に成熟していないために発芽しないことがある．このような種子では収穫後一定期間成熟を進行させる必要があり，このように見掛け上の成熟後における成熟を後熟という．後熟によって胚が生理的に成熟し，発芽力を獲得することから胚熟ともいう．
(斎藤)

高出葉・低出葉・前出葉・根出葉 hypsophyll; cataphyll; prophyll; radical leaf

高出葉と低出葉は対語で，茎上の位置で規定した概念である．低出葉が苗条形成の初期に茎の基部に近いところに生ずる，小型でりん片状・膜状などの葉であるのに対し，高出葉はその末期に枝先に生ずる葉で，一般には苞・総苞と呼ばれポインセチアなどのように美しい色彩をもつものもある．前出葉は側枝上に最初に形成される葉芽または花芽をいい，茎軸上の位置のみで規定した概念であるから，様々な発生様式や形態の葉が含まれる．根出葉はロゼットと同義であり，根から葉が出ているように見えるので根出葉というが，葉は節間が短縮した茎から出ている（⟶ロゼット）．
(糠谷)

耕種的防除 cultural control

耐病性品種の利用，栽培適地の選定と土壌改善，病気の季節的発生相を避ける栽培時期の選択，施肥の合理化などの栽培方法の改善により，病気に対する抵抗力を増したり，病気の発生を回避するなどして病害の発生を保護的に防止する方法である．
(糠谷)

香辛作物 condiment crop, condiment herb, spice crop

甘味，酸味や辛味などをもち調味の役割を果たす調味料作物の一種で，特に特有の香味あるいは辛味を有し，その成分により食物にアクセントを与えたり消臭の働きをする作物を香辛作物（香辛料作物）という．

香辛作物は農作物・園芸作物のなかでその種類は多いが，なかでも草本性のセリ科植物やネギ類・トウガラシ・ショウガ・ミョウガ・タデ・シソ等は野菜として広く利用され，特に香辛菜あるいは香辛料野菜（condiment vegetable）として分類している．
(松本)

更新せん(剪)定 rejuvenation pruning, renovation pruning ⟶ せん定

合成オーキシン synthetic auxin ⟶ オーキシン

抗生物質 antibiotic ⟶ 殺菌剤

洪積土・沖積土 diluvial soil; alluvial soil

地質年代で，最も新しい沖積世（現在から約1万年前まで）に，水の作用によって沖積地に堆積した母材から発達した土壌を沖積土といい，洪積世（約1万年から約200万年前まで）に堆積した母材からなる土壌を洪積土という．土壌の生成年代からみれば，火山灰土や海岸の砂丘土も沖積土，洪積土に属するが，通常，それらは別扱いされる場合が多い．

沖積土は生成した場所によって，河成，湖成，海成の3種に分けられるが，最も多いのは河成沖積土である．河川水の運積によるもので，上流で流れが速いほど，また河岸に近いほど礫や砂が多く，下流で流れが遅いほど粘土が多くなる．沖積土は一般に土層が深くて肥沃である．水利の便がよいため，主として水田に利用されているが，地形的にやや高いところは畑地として利用されている．かつては果樹は砂礫地に多かったが，近年は水田からの転換園が増加している．地力保全基本調査の土壌分類に褐色低地土，灰色低地土，グライ土などの土壌群名があるが，これらはほとんど沖積土である．褐色低地土は地下水位が低く，土性により細粒質，中粗粒質，礫質に区分される．細粒質の場合は養分的には肥沃であるが，易耕性が劣り，中粗粒質や礫質の場合は保肥力，保水力が小さい．水田や畑地に利用され，畑地には野菜の作付けが多い．灰色低地土には水田が多く，畑地，樹園地は少ない．グライ土は低湿地に分布し，畑作物には不適である．

洪積地は沖積地よりも高い位置にあり，段丘，台地，丘陵地を形成しており，洪積世に一度水没した後，再び隆起した地層である．わが国の洪積地は表層に火山灰が厚く被覆していることが多いが，その場合は黒ボク土または火山灰土と呼び，洪積土とはいわないのが普通である．洪積土は母材の影響を強く受け，礫質，砂質，粘土質など土性はまちまちであり，また土壌生成作用の違いによって，黄色土，赤色土，灰色台地土，グライ台地土などが生成する．洪積土はおおむね酸性が強く，易耕性不良で肥沃度は低い場合が多い．

（佐藤）

光線透過率 light transmittance

被覆資材を利用する温室，トンネル，フレーム栽培等においては，資材を透過し，あるいは構造材により一部遮断され減少した光量しか被覆内に入射しない．このように屋外光量に対して被覆により減少した光量の比率を光線透過率（透光度）といい，被覆資材の選定や施設の構造設計，部材の選定に当り，栽培性能面から重要視される．光量の測定には照度計や日射計が用いられるが，角度，計器に対して十分注意する．透過率減少の要素は構造材の遮光，被覆資材の反射と吸収そしてよごれと水滴による吸収と反射である．

（板木）

酵　素 enzyme

酵素は触媒機能を有するタンパク質である．酵素の"酵"はもともと酵母を指し，語源は"酵母の中の物質"という意味で，酵母の中に存在し，発酵に関与する物質を表していた．酵母中のアルコール発酵に関与する酵素はすべて明らかになり，現在の解糖系の酵素そのものを指している．

酵素は触媒として生体の化学反応に必須であり，酵素が存在しなかったら生体反応は成り立たない．酵素が存在すると反応の活性化エネルギーが小さくなり，反応速度は著しく高められる．すべての酵素はタンパク質からなっている．熱，強い酸性，強いアルカリ性，重金属イオンなどにより酵素は変性し，活性が失われる．

酵素の抽出，精製は低温下（0～4℃）で酸化を抑え，pHを一定に保ち，タンパク質を保護しながら行う必要がある．酵素は基質（反応を受ける物質）特異性が大変高く，化合物の幾何異性体，光学異性体の構造上の違いをも見分けることができる．これは酵素タンパク質の特有の三次元立体構造に由来する．

タンパク質は20種類のアミノ酸からなり，そのアミノ酸の配列はそれぞれのタンパク質に特有である．アミノ酸が配列した基本的な一次構造がラセンをまいたり，折りたたまれた二次構造を形成し，さらにそれらが複雑に折れ曲り，立体的な球状の三次構造を形成する．この三次構造の表面や内部に補酵素の結合する部位，基質の結合する触媒部位，調節物質の結合する調節部位などが存在する．生体の酵素量は，核の遺伝情報に基づくタンパク質合成速度により調節されている．酵素の生成はホルモンや種々の誘導因子により引き起こされる（酵素誘導）．誘導因子は遺伝子のDNAの塩基配列の写しであるmRNA（伝令RNA）の生成を促し，リボソーム上でのタンパク質の合成を促進する．

酵素反応においては基質はいったん酵素-基質複合体を形成し，その複合体が分解し，生成物と酵素に分かれる．酵素反応の最適条件は基質の濃度，反応温度，反応液のpH，緩衝液の種類，イオン強度，補酵素の量，タンパク質の保護剤の存在などに依存する．

生体中には数多くの酵素が知られており，それらの酵素は分類され，酵素番号がつけられている．その中のいくつかの例をあげると，ポリフェノールを酸化しキノンを生成する反応を触媒する酵素，ポリフェノールオキシダーゼはEC（酵素委員会の略）1.10.3.1, 過酸化水素の存在下で酸化反応を行うペルオキシダーゼは1.11.1.7, 硝酸イオンを亜硝酸イオンに還元する反応の酵素，硝酸還元酵素は1.6.6.1～1.6.6.3である．これらはいずれも酸化還元酵素の分類に入る．タンパク質のペプチド結合を加水分解する反応の酵素であるタンパク質分解酵素（プロテアーゼ）は基質や生成物の種類により様々のものがありEC 3.4の中の大きな分類に入っている．

(兵藤)

酵素結合抗体法 enzyme-linked immunosorbent assay ⟶ 血清学的診断

酵素誘導 enzyme induction ⟶ 酵素

後代 progeny, offspring

ある世代で優良個体（系統）を選抜してもその特性が固定しているかどうかは，その世代で確認できない場合が多い．このようなとき，個体ごとに翌代系統栽培する．この時の系統を前代の個体に対して後代または次代という．

(成河)

高炭酸ガス障害 high CO_2 injury

1) 施設栽培における炭酸ガス高濃度障害

植物が高二酸化炭素濃度下におかれたときに発現する代謝異常・生理機能障害・器官の形態的変化等を総称していう．二酸化炭素濃度は，大気標準の300 ppmを越えると，植物葉での光合成速度が増大する反面，気孔開度は徐々に低下していく．3 000 ppm近くになると葉温は異常に高まり，葉縁から枯れ上がる葉焼け現象が発生する．同時に内生エチレンが多量に発生し，植物の老化が促進される．作物，品種間で二酸化炭素に対する感受性が異なり，キュウリ，メロン等のウリ科の作物では炭酸ガス施用時に高濃度障害が発生しやすい（→生理障害）．

(伊東)

2) 貯蔵・流通における高炭酸ガス障害

貯蔵中や流通過程で青果物の周囲の二酸化炭素濃度が異常に高くなるために生ずる障害で，障害を起こす二酸化炭素濃度は種類や条件にもよるが，1～10%で症状も様々である．

リンゴの早どり果では，果皮に不定形の陥没が生じ，後に褐変する．また遅どり果では果肉に褐変が生じ，その後乾燥して空洞が生ずる．いずれもリンゴの他の貯蔵障害に比べて早く発生する．レタスでは特に中肋部の表面が長円ないし不定形にやや褐変する．アスパラガスでは伸長部に小斑点が，トマトでは追熟不良が起こる．

発生防止にはCA貯蔵中の二酸化炭素濃度の適正管理，冷蔵時の迅速な呼吸低下，フィルム包装では通気などの処置が必要となる（→生理障害）．

(崎山)

光中断 night break, light break ⟶ 日長

合　点 chalaza　──→ カラザ
耕　土 cultivated soil　──→ 土層
硬　度 firmness, hardness　──→ 果実形質, 土壌物理性
交　配 cross, crossing　──→ 交雑
合弁花・離弁花 gamopetalous flower; schizopetalous flower

　植物の自然分類において，被子植物・双子葉植物類は離弁花類（*Archichlamydeae*）と合弁花類（*Metachlamydeae*）に大別する．合弁花は，花弁が相互に癒合して一つになった重合体を指し，ツツジ，キキョウ，アサガオなどはこの例である．これに対して，花弁が1枚1枚独立しているものを離弁花といい，サクラ，ナデシコ，マメなどはこの例である．一般的には，合弁花類は離弁花類より進化した群とみられている．　　（樋口）

孔辺細胞 guard cell　──→ 気孔・孔辺細胞

高木性・低木性 arborescent; shrubby

　高木と低木の境界を人の身長としている．低木性果樹にキイチゴ，スグリ，ベリー類があり，茎が更新しながらそう生（ブッシュ）する多幹性が特徴である．高木性果樹は普通1本の幹が明瞭で，幹の生命が長い．この境界は便宜的な面もあり，高さ数mの低木やかん木，ならびに半高木性といった表現が多い．　　（岸本）

厚膜組織 sclerenchyma　──→ 厚角組織・厚膜組織

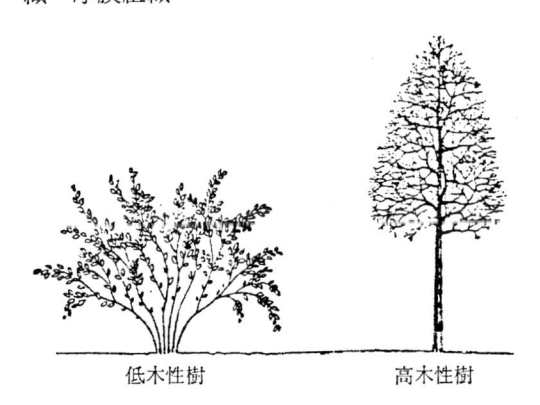

低木性樹　　　　　　　高木性樹

低木性と高木性

高冷地育苗 raising seedling in highland

　育苗期が夏にかかり，かつ高温で生育が抑制される種類は，関東以西の平地では健苗の育成が困難であるから，夏季冷涼な高冷地にほ場を求めて育苗することをいう．イチゴや促成ギクなどの育苗がその例で，山上げ育苗ともいわれる（→山上げ栽培）．　　（筒井）

高冷地栽培 culture in highland, growing in highlands

　わが国の関東以南の平地では7, 8月の平均気温が25℃以上になるため，この時期は野菜栽培が難しい．これに対して標高1000mくらいの高原では20℃前後で，この冷涼な気候を利用して野菜栽培すなわち高冷地栽培が行われている．この栽培は昭和初期に始められ，20年以降急速に普及した．

　わが国の高冷地とは標高600m以上の高原（400〜600mは準高冷地）であり，そこでは主として大型機械，プラスチックマルチを利用したハクサイ，レタス，キャベツなど葉菜類の大規模経営が行われている．高冷地は晩秋から早春までが低温，降雪などのため，栽培期間が短いが，盛夏から秋に野菜が品薄となるため，この時期に集中的な出荷を行っている．産地としては長野県八ヶ岳山ろく，軽井沢周辺，群馬県嬬恋村などが有名であり，それらの地域と大消費地との間は冷蔵トラック便で直結されている．　　（新井）

呼　吸 respiration

（1）呼吸：　呼吸の定義には広義から狭義までいくつかある．最も広義には生体内で酸化・還元によってエネルギーが獲得される過程をいい，酸素を吸収して酸化する場合を好気的呼吸（酸素呼吸）といい，その他の場合を嫌気的呼吸（無酸素呼吸）というが，一般的には分子状酸素により細胞内で有機化合物が分解される過程を指し，酸素により酸化される過程のすべてをいう．呼吸作用は生物の生長，運動，維持に必要なエネルギーの供給を行う過程である．

　呼吸の強さは単位試料当りの単位時間内の酸素の吸収量で表される．また呼吸基質が有

機化合物の場合，二酸化炭素（CO_2）の放出量と酸素の吸収量の比を呼吸商（RQ）といい，呼吸基質の推定に用いられる．

植物の場合では，光呼吸（photorespiration）と暗呼吸（dark respiration）とがあり，光呼吸は昼間（光照射時）に行われる過程で，暗中より高い呼吸を行うことが明らかになっている．その特徴は空気中の酸素濃度を上げると促進されることや，温度感受性が暗呼吸より高いこと，さらにCO_2濃度を1000ppm以上に上げることにより抑制されることである．

園芸作物の大部分を占めるC_3植物は光呼吸を行うことが知られており，葉で光合成した炭水化物の25～50%をCO_2として放出するため，C_4植物と比べ光合成能率が低い．そのため，光呼吸を制御して乾物生産の効率化を図ろうとする試みが行われている．光呼吸の生理的意義は必ずしも明らかではないが，RuBP（リブロース1,5-二リン酸）の開裂反応によって減少するカルビン回路中間物質の補充と，光反応に伴う過剰な光酸素障害の防止という二つの機能をもつと考えられている．

暗呼吸は生理的意義上から，さらに生長呼吸（growth respiration）と維持呼吸（maintenance respiration）に分けられている．生長呼吸は，植物の生長に必要な物質の代謝・移動に要するエネルギー供給のための呼吸で，その量は生長量に関係すると考えられている．他方維持呼吸は，植物体の新陳代謝のための呼吸で，そのため糖類だけでなく，タンパク質，脂質も呼吸基質となる．維持呼吸量は植物体の重量に比例して増加するが，単位重量当りの呼吸量はほぼ一定で，温度に対する感受性が高いといわれる． （施山）

（2）収穫後の青果物の呼吸：青果物の呼吸速度は一般に葉菜類で高く，リンゴのように成熟してから収穫したり，タマネギのように休眠現象を示すものでは低い．果菜類は，収穫時期が未熟期から成熟期にわたるので変異があるが，ほぼ中間的な呼吸速度を示す．また早生品種の呼吸は晩生品種に比較して活発である．

収穫時の呼吸速度は，一定の温度下で比較してもその後の値に比べて高く，初め速やかに，後緩やかに低下する．ただし，クライマクテリック・ライズを示す果実を，成熟前に収穫した場合には，収穫後に呼吸の上昇が生じ，同時に熟しはじめる．

呼吸は糖を主体とした基質を消費し，同時に蒸散を伴うので，収穫物の品質を損なうが，呼吸熱による悪影響にも注意が必要である．呼吸熱は1mgの二酸化炭素呼出量に対して2.55calの割合で生ずる．また呼吸の温度係数Q_{10}は常温付近では2前後であるが，0～10°Cではそれより高い．

収穫後，呼吸を抑制する方法には，温度を下げることが最も有効であるが，高二酸化炭素濃度，低酸素濃度の空気を調製することも効果があり，CA貯蔵ではこの原理が用いられている．

貯蔵中の青果物の呼吸速度を高める要因としては，衝撃などの物理的障害やカビの発生，庫内のエチレン濃度の上昇などがあり，これらの要因を除くように配慮する必要がある．

なお，青果物の中には冷蔵中に低温障害を起こすものがある．障害を受けた場合の呼吸速度は，常温に出した際に，正常なものに比較して異常に高い値を示す（→クライマクテリックライズ）． （崎山）

極早生 very early ――→ 早生（わせ）

固型培地耕 ――→ 養液栽培

固形肥料 solid fertilizer

硫酸アンモニウム，過リン酸石灰，塩化カリなどの肥料に腐植の多い泥炭を加えて，だんご状に造粒したもので，約15g前後の桃核状に成形したものと，直径3～9mmの粗粒に成形したものとがある．有効成分が腐植に吸着結合しているので，有機質肥料のような肥効を示し，肥効が長続きする特徴がある． （青葉）

固形物 solid matter ――→ 可溶性固形

物

ココナツミルク（ココナットミルク） coconut milk

　ココヤシの未熟果実に含まれる液状胚乳をいう．ココヤシ幼胚の天然養分であり，1果から多量に得られるので，植物組織培養の培地成分として重用されてきたが，近年は合成培地の進歩によりあまり用いられない（→培養基）．　　　　　　　　　　　（石原）

互散花序 cincinnus, scorpioid cyme ── 花序

枯　熟 dead ripe

　イネ科の種子が登熟する間を，その発育にしたがって乳熟，糊熟，黄熟および枯熟（完熟）の4段階に分ける．トウモロコシでは受粉後30日で糊熟に達し，40日で黄熟，そして50日で枯熟に達する．イネ科以外でもアブラナ科等ではこの区別が可能である．採種の場合は枯熟まで置いてから収穫する．発芽力は糊熟の段階ですでに80％前後あり，黄熟になれば完全となる．したがって糊熟あるいは黄熟で採種しても，その後適当な追熟を行えば，枯熟すなわち完熟と同程度に充実した種子を得ることができる．（中村）

50％致死薬量 50% lethal dose ── LD_{50}

個人出荷 private shipping ── 出荷

互生葉序 alternate phyllotaxis ── 葉序

固　相 solid phase ── 土壌三相

個体選抜 individual selection, single plant selection

　自殖性作物，他殖性作物にかかわらず，種子繁殖する作物の育種においては，純系（固定品種，自殖系統）を育成する必要がある．そのため系統育種法においても集団育種法においても，ある世代の分離集団において，個体単位で優秀なもの（elite）を選ぶ．これを個体選抜という（→系統選抜）．　（成河）

固体培地（固形培地） solid medium ── 培養基

子づる secondary vine ── つる

固　定 fixation

　たえず動的変化の過程にある生細胞を，ある任意の時点で一時的に，あるいは永久的に，その変化を停止させる操作．その目的は生体またはその一部分の破損，腐敗，自己分解を抑制し，外形，内部構造，物質組成などをできるだけ生きている状態に近いまま保存し，あるいはそれと同時に顕微鏡による観察のために必要な包埋，切断，染色などの操作を容易にするためにある．細胞内容の主成分はタンパク質と水であるため，固定はタンパク質の凝固または水の凍結によって行う．前者は固定液（ホルマリン，重クロム酸塩，エチルアルコールなど），または加熱により，後者は急激な冷却による．なお自然状態に近い細胞の固定とは，タンパク質を不溶に沈殿させるほか，リポイドがタンパク質と結合したり微小粒になって分散したりしている状態を保存し，脂肪溶剤に不溶にすることである．ただし各物質の分子構築までを生きている状態に固定することはできない．（金沢）

固定種（固定品種） purebred variety, truebred variety

　一代雑種（いわゆる F_1）でない品種のことで，種苗業界では単種ともいわれる．種苗法では，同一の繁殖段階・異なる繁殖段階に属する植物体のすべてが，重要な形質に係る特性で十分類似し，1または2以上の特性によって他の植物体と明確に区別されることと規定されている（→品種）．　　　（芦澤）

コーティング coating ── ワックス処理

コーティング種子 coating seed, pelleted seeds ── 種子

コーティング肥料 coated fertilizer ── 緩効性肥料

コドラート法（区画法） quadrat method

　動植物の種類別個体群密度，分布様式を調査するため，一定面積のわくなどの区画を設定して行う方法．対象生物の密度や分布様式あるいは調査の精度に応じて，無作為抽出する区画数が定められる．　　　　（大垣）

こ(虎)斑症 oleocellosis, rind-oilspot

カンキツ類の果皮に褐色の斑点のできる障害を称している。ただし，以前はヨコバイなどの刺傷で油胞がつぶれて起こる症状に名付けられたが，これらはヨコバイによる被害とし，貯蔵中に果皮が不規則な模様状に褐変する生理障害に限ることになった。

ウンシュウミカン，ネーブルでは，未熟果あるいは乾燥状態で発生する。ハッサクは高温，低湿の貯蔵条件，イヨやセミノールでは低温，清見は乱雑な取り扱いが発生原因といわれている。

低温障害による褐色の小さいピッティングをこ斑症に含めているが，最初から果皮がクレータ状に陥没，褐変し，急速に広がるネーブルに発生するものは褐変症と称している。
（伊庭）

コピグメント copigment

アントシアニンによる発色は，金属との錯体形成やpHなどによっても左右される。コピグメント効果もその一つで，アントシアニンがフラボン，フラボノール，タンニンなどの物質とゆるく結合すること（コピグメント）によって，青味を帯びた色相を示す現象をいう。遺伝的にはコピグメント化はそうでない場合に対し，一般に優性である。　（有隅）

ゴム病（リンゴの） internal breakdown

リンゴ果実が果肉外層部から中心部に向かって褐変する現象で，指先で押すと弾力性が感じられる。発生する品種は紅玉に最も多いが，その他にデリシャス系品種やふじなどにも認められる。収穫後に発生し，収穫後の貯蔵期間が長いほど発生も多くなる。原因は明確ではないが，果実生育期にカルシウムを散布することによって，発生が著しく減少することから，カルシウム代謝との関連が推定されている。
（青葉）

コーリング（心抜き法） coring

ヒヤシンスの繁殖法の一つで，コルクボーラで球根の底盤部（basal plate）から頂部にかけて中心を打ち抜き，主芽を除去して人工的に不定芽形成を誘導させる方法である。子球の形成数は少ないが大きな球根が得られるので，1～2年の養成栽培で出荷球となる利点があるが現在はあまり用いられていない（→ノッチング，スクーピング，高温処理）。
（天野）

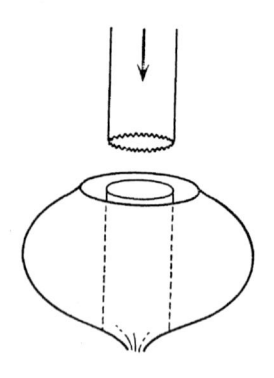

コーリング（心抜き法）

コルク化 suberization

コルク化はスベリン（木栓質）が細胞壁に堆積してセルローズと結合して起こるものである。細胞壁におけるコルク化はまず中層で起こり，漸次全壁面に進行する。コルク化した細胞壁は水や空気の流入をさえぎると同時に，内部からの水分の流出を防ぐ。コルク化の現象は主としてコルク細胞にみられる。
（湯田）

コルク形成層 cork cambium, phellogen

木本植物の茎や根の肥大生長（二次生長）に際し，周皮の形成に関与する分裂組織（→周皮，分裂組織）。表皮下に環状に形成され，並層的な（表層に平行な）細胞分裂により外方にコルク組織，内方にコルク皮層を形成する。
（石原）

ゴルジ体 Golgi apparatus, Golgi body
⟶ 細胞

コールドチェーン cold chain

食料品を生産者から消費者まで送る全期間中，低温条件がとぎれないような一貫した低温流通技術体系をいう。そのためには，生産地における出荷の際の予冷，冷蔵施設，冷凍施設，保冷車，中継地（集配センター）の冷蔵庫，消費地における荷受および配送の冷蔵施設，小売店の冷蔵ショーケース，家庭の冷

蔵車ないしはフリーザーなどの連続した設備が不可欠である．産地から市場までのリーファーコンテナが開発されている．果実，野菜，肉，乳，魚などの生鮮食料品の生産は季節的変動が大きく，かつ常温輸送では変質や腐敗しやすく，価格の乱れの一因であった．低温輸送の一貫体制に基づくコールドチェーンの導入はこれらの問題の解消に大きく貢献している．なおこの技術は昭和40年代後半から発展した．
(垣内)

コルドン整枝 cordon training ⟶ 整枝

コルヒチン colchicine
ユリ科植物のイヌサフラン（*Colchicum autumnale*）のりん茎から分離されたアルカロイドで，染色体倍化効果がある．やく培養等によって得られた半数体植物に処理し，2倍体を得れば完全にホモの個体が短期間で得られる．
(成河)

根 圧 root pressure
春先まだ萌芽していないブドウの枝しょうを切ると樹液が出液してくる．これは根から押し上げてくる圧力によって生じるが，この圧力のことを根圧という．これは，根が呼吸作用により溶質を道管を取りまく皮層細胞内にとり込み，その細胞内の浸透ポテンシャルの低下に伴って外部から道管に向かって水の移動が起こるために生じる（→浸透圧）．
(湯田)

根冠・根毛 root cap, calyptra; root hair
根冠は根端の最先端の部分を覆う保護組織で，根の頂端分裂組織から外側へむけて増殖される柔組織である．古くなると破れ落ちる．根の屈地性に関係しており，また粘液質しょう（鞘）(mucigel) を分泌して保護壁をつくる．

根毛は根端から5～100mmにある細胞伸長帯において，表層細胞の根端に近い部位から突起として発生した単細胞である．根毛の発生は根の表面積を大きくし，水分や養分の吸収に役立っている．
(田中)

根 群 root system ⟶ 根系

根 系（根群） root system
作物の種，品種によって，地上部がそれぞれ特有の形態をとっているように，根も地中で特有の形態をとる．この地中の分布状態を根系という．

双子葉植物や裸子植物では種子の胚軸が伸長して形成された幼根（初生根，種子根）がさらに発達すると直根（主根ともいう）となる．この直根から分岐して水平方向に広がる根が支根または側根で，さらに細根や繊維根を分岐させる．しかし，単子葉植物では，主根の生長が幼根の発達のときに停止して，茎の基部から細根が発生し根系を形成する．

地上の茎・幹から空気中に出る根を特に気根 (aerial root) といい，支持を主とするものを支持根 (prop root) ということがある．トマトの茎の下方から出るものは支持根である．リンゴのわい性台木使用の場合，接ぎ木部位が地表より高くなるように植え付けたものほど，地表の台木部分に気根束（バーノット）が多発し，樹勢を弱めることが多い．このほか，挿し木発根や，球根に由来する根系は不定根と呼ばれる根の発達したものである．不定根が出るとき（イチゴ），主根が局部肥大するとき（アスパラガス）根を押し込むけん引作用を示す（けん引根）．

果樹では根系のことを根群と呼び，ヨコの広がりは枝の広がりをこえ，深さは土壌の物理性，化学性がよければ地表下3m以上と広範に達する挿し木繁殖を行うブドウやイチジクは比較的浅く，太根が地表に平行に広く分布する．接ぎ木繁殖のカキでは直根が地中深く発達する根系を形成するが，他の多くは側根を主にした根系を形成している．後者の場合は用いる台木の種類によって根系の分布域が浅くなったり深くなったりする．たとえば，ウンシュウミカンのカラタチ台は浅根性でその分布域の多くは深さ50～60cmまでしか発達しないが細根の発生量が大であるのに対し，ユズ台は深根性で深さ120cmまでに達する．このように，根系の分布域やそれを構成する細根の発生量（根ばり）が異なると

地上部の栄養生長や生殖生長が根ばり大きく左右される．すなわち，深根性の根系をもつ場合には地上部の栄養生長は旺盛になり，耐水性や耐干性も大となる．浅根性の場合は地上部の樹体がわい化しやすく，果実の品質が良好となる場合が多い．一方，根系の発達は土壌状態に著しく影響される．土壌の通気性不良や地下水が高く排水不良なところでは根系の発達が抑制されるだけでなく，モモのように耐水性の弱い果樹では地下水上昇，たん水で枯死するケースもある．これに対して，ブドウのように不定根から発達した根系は，耐水性や耐干性が強い．わが国の果樹園土壌は強酸性のところが多いが，根系の発達は低pHのところで著しく抑制される．

　野菜ではウリ類の根系は浅く広く，ナス，トマトは深く，ハクサイ，ホウレンソウは広大に形成される．一般に，直播したものは直根が深く侵入し，側根は疎く長く伸びるが，移植したものは主根が認められず，側根数は根元に密に多く分布する．根菜は特有の肥大した直根（肥大根）をもち，それが物理的な障害を受けると岐根となることがある．
　　　　　　　　　　　　　　　　　（湯田）

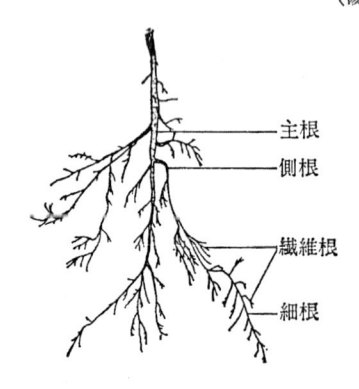

ビワの実生の根系
（発芽後約1年経過したもの）
ー主根
ー側根
ー繊維根
ー細根

根　茎　rhizome
　地下茎が球状にならず全体的に肥大したもので，地中を横走するのが特色である．カンナ，ジンジャーなど肥厚した比較的多肉のものと，スズランのように地下茎はあまり肥大せず，細長いものとがある．根茎の組織の寿命は1年を超え，一部が残る点で球茎と異なる．
　　　　　　　　　　　　　　　　　（今西）

根　圏　rhizosphere, rooting zone
　根に密着した土壌の部分は根の影響を直接に受け，それ以外とは異なった特異の性質をもっている．すなわち，植物の栄養，生長など第一次的および相互作用的に関わる．この部分を根圏という．根を掘り取ってきて重力に抗し付着している土のうち，滅菌水に20分浸漬して落ちる土壌を外部根圏土壌，なお付着している土壌を内部根圏土壌という．養分吸収は根圏を通じて行われ，根は新しい根圏を形成しながら生長し，新しい根群は古い根群と互いの根圏を介しての相互干渉をする．根の酸化力と還元力は土壌の酸化還元状態に影響を及ぼし，また根の排出したアミノ酸や糖類，根から分離した根毛や表皮細胞の影響を受ける根圏土壌には微生物の生息が多くなり，根の養分吸収にも影響する．
　　　　　　　　　　　　　　　　　（大垣）

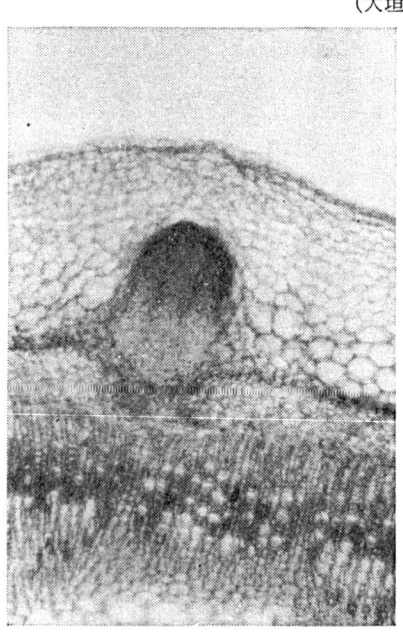

根原体（アジサイ）

根原体　root primordium
　組織中に形成された根の原基をいう．初期のものは分裂細胞の塊として，発根前には形成層も分化し，一応根の形態を整えるようになる．挿し穂中の根原体は，形成層，師部内

しょうなどから分化する． （町田）

根圏土壌 rhizosphere soil ──→ 根圏

混合芽 compound bud, mixed bud

花芽には，展開して花のみを着生するものと，葉のある新しょうと花をともに着生するものとがある．後者を混合芽，混芽，混合花芽といい，前者の単芽（→単芽・複芽）と区別する．混合芽には，新しょうの先端に花をつけるもの（例：リンゴ，ナシ）と，新しょうの葉えきに花をつけるもの（例，カキ，イチジク・ブドウ）とがある． （田中）

混合花芽 mixed flower bud, compound flower-bud ──→ 花芽，混合芽

混合交雑法 bulk crossing

他家受精作物に適用される交雑育種法の一つである．自家不稔または雌雄異株作物で劣性形質を育種の目標としない場合，集団の中から多数個体を選抜し自由に交雑を行わせて集団選抜を重ねた後，系統を分離し生態型をつくり比較選抜していく方法である．
（岩佐）

混合受粉 mixed pollination

自家不和合性品種の自殖個体や，遠縁種の種間交雑個体を獲得する場合，他種の花粉を数種混合して受粉すると，花粉の影響で自家不和合性や交雑不和合性が打破され，通常の方法では獲得不可能だった後代を獲得できる． （吉田）

根菜類 root vegetables

根菜類は野菜の種類を分類する一項目で，この場合はダイコン，ニンジン，サツマイモ，ジャガイモ，ショウガのような直根，塊根，塊茎など地下部を利用する目的とする野菜を総称している． （松本）

混作 mixed cropping

面積当りの収量，収益を高める集約栽培の一つで，同一のほ場に2種以上の作物を作付けする方式を間作または混作という．間作は前作物の収穫前にその条間へ後作物を栽培する方式で混作は2種以上の作物を同時に同じほ場へ植え付けて栽培し，しかもそれらの間は主従つけがたい方式である．混作の代表例としてはイネ科とマメ科の牧草を混播する栽培法がある．この方式は単に土地の集約的な利用という面だけではなく，農地の保全，地力の維持増進に有効であるといわれている．
（新井）

根　酸

植物根は根圏に糖類，アミノ酸類，ビタミン類などの種々の有機化合物を分泌し，これらは根圏の微生物類の活性を高め，養分吸収特に重金属類の吸収に重要な役割を果たしている．植物が吸収する重金属で土壌中に多量にあるのは鉄，マンガン，また比較的少量で多すぎると害作用の出やすいものとして銅，亜鉛などがあり，いずれもたとえばFe^{2+}イオン状態で根に吸収される．畑状態において鉄などはわずかしか水溶性でないので，植物は呼吸により発生したHCO_3^-などにより，外部のpHを下げることによって可溶性の増大をはかる一方，積極的に体内から物質を分泌して，それと錯化合物をつくり，吸収していると考えられる． （大垣）

根出葉 radical leaf ──→ 高出葉・低出葉・前出葉・根出葉，ロゼット

混　植 companion planting, mixed planting, interplanting

同一園に異なった種類や品種の果樹を混ぜて植えることをいう．健全な花粉をもたない，あるいは自家不和合性の1品種だけを植える（単植）と，結実が悪いので，このような場合には，目的品種の間に健全な花粉をもった和合性の品種（受粉樹）を混植するのが普通である．なお，ウンシュウミカン園にナツミカンなどを混植すると，種子を生じ，果実の商品価値を低下させる． （平野暁）

混数性 mixoploidy ──→ 倍数性・倍数体

混濁果汁 cloudy juice, unclarified juice ──→ 果汁

根　端 root apex, root tip ──→ 根冠・根毛

根　毛 root hair ──→ 根冠・根毛

根　粒　root nodule, root tubercle
　植物に共生して窒素固定を行う根粒菌が，根に侵入して形成するこぶ状のものをいう．根粒はその形態によってマメ科型，ハンノキ型，ソテツ型に分けられる．rhizobium はマメ科植物に根粒をつくる細菌である．

（佐藤）

さ

座 seed scar（クリ），mammamilla（カキ，カンキツ）

クリの場合は果実の基部がいがに付着している光沢のない部分を指す．カキの場合は品種によってヘタに近い果実の基部が膨らんでおり，この部分を指す．なお，カンキツ類の中では三宝柑のように果こうに近い部分が大きく膨らんでいるものがあり，これも座と呼んでいる． （湯田）

差圧通風冷却 static-pressure air-cooling
⟶ 予冷

再汚染 reinfection, recontamination
⟶ ウイルス・ウイルス病

催花 flowering, flower induction

植物が栄養生長から生殖生長に転換して花をつけることを催花という．植物が自然条件下で自発的に開花に至るときにも用いるが，ある植物に人為的に開花を誘起するような誘導条件を与えて開花を人為的に引き起こす場合にこの言葉を使うことが多い．そのため催花処理などというときは，花成誘導，開花誘導などとほぼ同じ意味に用いられる． （菅）

催芽 hastening of germination, forcing of sprouting

種子を播く場合に，種子が高価で1粒の欠損もゆるがせにできない場合（3倍体スイカ，各種果菜類等），高温・低温等で環境条件が不良な場合（レタス，セルリー，ホウレンソウ，バレイショ等），種子に休眠のある場合（ナス，バレイショ等），あるいは種子が小型では場発芽に変動の大きい場合（セルリー，ニンジン等），などで催芽播き（芽出し播き）が行われる．

催芽法としては，少量の場合にはペトリ皿内に沪紙あるいは脱脂綿を入れてこの上で行うが，大量の場合にはむしろ等に吸水させてこの上に播いて適当な温度下に置く．休眠のある種子ではこのときに適当な休眠打破による催芽処理（バレイショでジベレリン処理，レタスおよびセルリーでジベレリン＋サイトカイニン処理，ナスで変温処理等）を行う．芽出しまでいかずに，芽が動き出した程度でも十分効果があるが，芽がある程度伸びたのを確かめてから播くと一層確実である．ただし芽が伸びたものを播く催芽播きの場合には芽をいためないように注意しなければならない．催芽種子を機械播きする方法が fluid drilling で，特別の装置と播種機が考案されている． （中村）

催芽種子 pregerminated seed ⟶ 催芽

催芽播き ⟶ 播種

細菌 bacterium (pl. bacteria)

原核細胞生物に属する最も原始的な微生物の仲間．分類学上は分裂菌綱（Schizomycetes）に位置づけられ，分裂によって繁殖する単細胞生物である．一般形態はきわめて単純で，球状，楕円状（桿状），らせん状が主なものである．運動性の細菌はべん毛をもち，そのべん毛の着生部位や本数などの特徴から属の区別がなされる．一般の細菌と異なる形態を示す放線菌，気菌糸を生じ，これらは土壌中に豊富に生息しており，各種の抗生物質を産生する仲間として注目される．細菌の栄養性は，従属栄養，独立栄養，さらに光合成機能をもつなど多様である．細菌は今日生物工学の素材としても脚光をあびている．細菌が産生する代謝産物は，いろいろな物質を分解する作用をもち，自然界の物質循環に重要な役割を果たしている． （平野和）

サイクリックライティング cyclic lighting ⟶ 交互照明

細根 fine root, rootlet, feeder root
⟶ 根系

細砂 fine sand ⟶ 土性

採種 seed harvesting, seed production

繁殖用の種子を生産することが採種であり，そのための栽培が採種栽培である．種子

は作物栽培の基本となるものであるから，品種として純正であり，病虫害に冒されず，かつ活力が旺盛でなければならない．

新しい品種を育成した場合，これを原々種，原種，販売用種子と順次増殖していくが，その過程で交雑の起こらないように厳重に管理しなければならない．最近は一代雑種が増加しているので，親系統の維持および交配技術について周到な配慮と熟練が必要である．隔離その他の技術的問題，および経済的な面から，集団採種の体制が好都合である．育種用種子の採種に当っては網室を用いるなどの注意も必要である．隔離距離については，虫媒花であるアブラナ科では1 000 m以上の距離が必要であり，タマネギでは100 m以上が必要である．風媒花であるトウモロコシでは40 m以上ですでに安全であり，ナス等の自殖性のものではさらに短い距離でよい．

採種には母本採種（移植採種）と直播き採種とがある．母本採種では母本を普通栽培同様に生育させて，その収穫物としての価値を見きわめた上で，良好なものを選抜して採種ほに移植するものである．結球性のものでは結球採種ということになる．これに対し，種子を播いて，結球させることなく，あるいは根部を肥大させることなく，抽だいさせて採種するのが直播き採種であり，不結球採種である．直播き採種では採種量は多くなるが，母本の選抜が行えないので品質の劣化は免れない．このためにも，播き付けに使用する種子の純度について十分に注意する必要がある（図参照）．またこれら二者の中間として半結球採種がある．これは種子を播いて，ある程度結球，あるいは根部を肥大させてから抽だいさせるもので，母本の選抜もある程度行いうる．

根菜類で，春播きして根部を肥大させて，翌年春抽だいさせるのが二年子採種であり，秋播きして翌年根部を肥大させて，翌々年採種するのが三年子採種である．三年子採種の方が良質の種子がとれるといわれるが，母本選抜を厳重に行えば両者に差はみられない．

イネやダイズでは種子を購入した後2～3年は自家採種をして用い，その後また種子更新を行うという方法がとられる場合が多い．すなわち取り返しである．しかし自家採種ではどうしても種子の品質が劣化するので好ましくなく，野菜類ではほとんど行われない．

採種には天候および土壌の好適な環境と高度の技術を必要とするので，昔から採種農家の集まった地方が自然と生じた．こうした地方では年々良質の種子が生産されるので，こうした種場でとれた種子を本場種子と呼び，こうした地域以外でとれた種子を場違い種子と呼んでいる．しかし本場および場違いは固定的なものではなく，天候，病虫害，技術等の関係で移動するものである．タマネギ採種が大阪，和歌山から長野，香川へ移動したのはその例である．またハナヤサイの採種を奄美大島や台湾で行い，かいわれダイコンの採種をアメリカのカリフォルニア州で，牧草類の採種をアメリカのオレゴン州で行っているなどは委託採種の例である．

採種に好適な気候のうち，気温ではその作物の生育に適する気温が必要となるが，気温の日隔差および年隔差も重要である．たとえば冬季の低温はハナヤサイの採種に不都合である．また気温の日隔差があることは作物の生育に好都合であり，福島県の会津地方や長野県が採種適地となっているのは気温の日隔差によるところが大きい．かんがい用水が確保できれば降雨の少ない方が望ましい．特に開花，登熟期の多雨は禁物であり，この点で日本では北海道以外は梅雨があって，マメ類，ネギ類，アブラナ科等の採種に障害となっている．アメリカへの委託採種，あるいはインゲン，レタス等の種子のアメリカからの輸入も降雨問題によるところが大きい．日長が問題となるのはホウレンソウの場合で，晩抽性のキングオブデンマーク等では16時間以上の日長が必要で，わが国では北海道でも日長が不足して採種できず，その他の品種を含めて毎年デンマークから多量に輸入している．

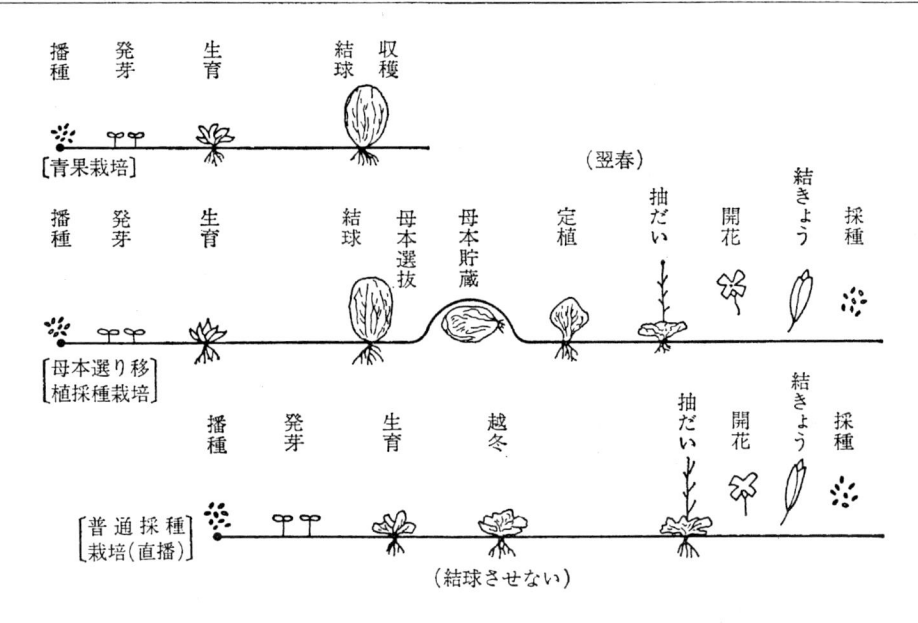

ハクサイにおける青果栽培と採種栽培との比較（井上，1967）

採種に必要な技術としては，母本の選抜，病虫害防除，適切な肥培管理，適期収穫，調製および貯蔵の設備等がある．主作物あるいは牧草類では採種ほでこうした事項について政府係官が検査して，パスしたものを保証種子として販売する制度があるが，野菜種子にはこの制度はなく，保証票に記載されているのは生産年度と発芽率のみである．

果菜類では適期収穫前に果実を収穫して，ただちに採種することなく数日間追熟させると，種子の熟度が進んで充実した種子を得ることができる．ミツバ，タマネギ，アブラナ科等でも，株全体を引き抜いて，数日間かげ干しすることによって，やはり種子の充実をはかることができる． （中村）

採種ほ(圃) seed farm ⟶ 採種
再春化 revernalization ⟶ 春化
最小有意差 least significant difference, LSD ⟶ 有意差検定

催　色 degreening, coloring

高温やエチレンを用いて，生理代謝を活発にして成熟を促し，結果的に着色や果皮の色をよくする操作をいう．エチレンの作用は温度に依存され，低すぎると葉緑素分解効果が少なく，高すぎるとヘタ枯れや果皮のヤケを生ずる．果肉先熟で着色の遅れる西南暖地の早生温州の早期出荷やネーブルオレンジのこ斑症防止のため，エチレンを使っている．エチレン20～300 ppm 中に8時間密閉した後に空気の入れ替えを行うが，この操作を8～10回繰り返すのをShot法という．10 ppm前後の低濃度のエチレンを含んだ新鮮空気を連続的に流し，果実が呼出した二酸化炭素を排出する装置による方法をトリックル(trickle)法と呼び，大規模処理に適する． （伊庭）

栽　植 planting

栽植とは本ぽ(圃)に作物を植え付けることである．広義には植え付けのための整地作業（耕起，砕土，うね立てなど）も包括されるが，一般には育苗した苗の定植または播種後間引きした状態を指す．

栽植密度（planting density）は一定面積（主として1アール）当りの栽植本数である．作物は栽植後大きくなるため，適性の栽植密度があり，これより栽植本数を多くすれば密植，少なくすれば疎植となる．栽植密度は作物の種類・品種・作型・土壌条件などによって決定されるが，わが国の場合は密植・多収型が多い．密植はそ植に比して初期収量が多く，雑草の繁茂が少なく，風害や日焼けの害

が少なく，土壌乾燥が防止される，肥料の利用効率が高いなどの長所も認められる．

栽植距離（planting distance）とは株と株との間の長さをいう．うねと通路のある場合は株間はうね間とも表示されるが，これは以下の式で算出される．

　　うね間＝（うね幅＋通路幅）÷（うね当りの条数）

長方形植えを行った場合の1アール当り栽植本数と栽植距離との関係は以下の表に示すとおりである（→開園）．　　　　　　（新井）

1アール当りの栽植本数（長方形植え）

（株間）	栽植距離（株間）						
	0.1 m	0.2	0.3	0.4	0.6	0.8	1.0
0.2	5 000本	2 500	1 666	1 250	833	625	500
0.3	3 333	1 666	1 111	833	555	417	333
0.5	2 000	1 000	666	500	333	250	200

栽植距離　planting distance, plant spacing　──→ 栽植

栽植方式　planting system

作物をほ場に植え付ける場合，作物の特性，時期，ほ場の大きさなどに応じて最適の植え付け位置を決定するが，この植え付け位置によって正方形植え，長方形植えなどとなり，これを総括して栽植方式という．

代表的な栽植方式を列挙すると以下のとおりである．

1) 正方形植え
縦列と横列の株間または樹間が等距離で，これらの列の交点角度が直角となる場合をいう．

2) 長方形植え
正方形植えの縦列と横列の株間が等しくない場合をいう．

3) 並木植え
直方形植えより短い方の株間が極端に短い場合，またはその株間が等距離でない場合をいう．

4) 正三角形植え
正方形植えと同じであるが，縦列と横列の交点角度が60度をなす場合をいう．

5) 千鳥植え

正方形植え　　　長方形植え　　　並木植え

正三角形植え　　千鳥植え　　　がん木植え

代表的な栽植方式

三角形植えと同じであるが，2列ごとに通路などで区切った場合をいう．

6) がん（雁）木植え
通路などで区切ったうねごとに並木植えをした場合をいう．（→計画密植）　　（新井）

栽植密度　planting density　──→ 栽植

再生　regeneration

生物個体の一部分が切り取られたり，失われたときに，その部分に相当する器官ないし組織を補う現象をいう．植物の場合，茎端，根端の分裂組織が傷害を受けたとき，修復（repair）といって周囲の細胞の増殖によって前と同様の部分をつくり出す．また挿し木における発根は形成層からの根の再生といえる．

ラン，イチゴ，カーネーション等の大量増殖では，細胞の脱分化，カルス形成を経て，茎葉や根を再分化させている．この場合茎葉や根の再生は植物ホルモンの影響を受けオーキシン，サイトカイニン，エチレンが主として関係している．　　　　　　　　（施山）

最大容水量　maximum water holding capacity　──→ pF

彩度　chroma　──→ 色

サイトカイニン　cytokinin

この名称は動物の筋収縮促進物質であるカイニンとカイネチンとを区別するために，カイネチン様の活性を有する物質に対してつけられたものである．

カイネチンの発見はSkoogの研究グループ

によって，タバコの組織培養の研究からであった．当時タバコの茎の切片から得られたカルスの生長に対しIAAでは形成や初期の生長を促進するが連続的な生長をもたらすことができなかった．しかし，その培地にココナッツミルクや酵母抽出物をIAAとともに添加することによって，新しい細胞分裂を続けることを発見した．そこで，ココナッツミルクや酵母抽出液から活性物質の単離を試みて，結晶状の物質を取り出すことに成功し，それをカイネチンと命名した．また，6-furfurylaminopurine であることを化学的に同定し，この構造は合成によっても確認された．

天然サイトカイニンとしてはゼアチン，ジヒドロゼアチン，2iP，2iPA，ms 2iPA，ms リボシルゼアチンなどが知られている．合成サイトカイニンとしては6-ベンジルアミノプリンのような6-アミノ基置換体を側鎖にもつものが多い．実用的に市販されているものにはBA剤（ベンジルアデニン）がある．

検定法はタバコ茎髄検定法，ダイコン葉切片検定法，クロロフィル保有検定法がある．

〔生理作用〕

1) 葉条の生長　これに対する効果は一般に阻害的である．たとえばエンドウの種子に与えた場合に葉の生長，切片に与えたときにヒマワリ下軸，トマト胚軸などが阻害される．ただし，伸長が抑制されるとオーキシンとの共存で，横軸生長（肥大）が認められる．

葉の切片の生長を促進する．これは面積および重量の増加で示され，細胞の分裂は伴わない．

2) 根の生長　おおむね阻害的である．ただし，低濃度のカイネチンはタバコ茎カルスの根などで生長促進効果を示す．

3) 側芽の生長　頂芽優勢に拮抗して側芽の生長を促進する．この働きはインドール酢酸（IAA）と拮抗的である．これは休眠打破的効果および地生ランの球茎，リンゴ，ナシの枝での不定芽の発生として利用されている．

4) 分化と器官形成　不定根の形成に関して促進的な場合（低濃度でタバコの茎カルス，ベゴニアの葉など），阻害的な場合（ヒマワリの下胚軸，各種の葉など）が知られている．芽の形成についてはベゴニアレックスをカイネチン処理することによって芽の形成が促進される．組織培養された根からも芽の形成を誘導するという報告もあり，器官形成がオーキシンとサイトカイニンとの比によって調節されることは，ベゴニア，セントポーリア，タバコなどで認められている．

細胞分化については，髄柔組織細胞はカイネチンとIAAとの比によっていろいろの細胞に分化することができる．木部細胞にも分化できる．カイネチンによる仮道管細胞の分化とリグニン化の促進はタバコの培養組織でもみられる．

花芽形成と開花では，短日植物のアサガオがカイネチンで花芽の形成が促進される．また，ブドウでは両性花を雌花に，雄花を両性花に転換させた．

その他ジャガイモの塊茎形成にカイネチンが誘導作用をもつことから，形成に関与する一つのホルモンであると考えられている．

5) 種子の発芽と休眠打破　レタスの各種の品種，タバコ，クローバー，オナモミの上部休眠種子の発芽を促進する．また，ブドウの休眠芽の生長を誘導する．

6) 細胞分裂　オーキシンの存在下で著しい細胞分裂促進効果を示す．たとえばタバコ髄のカルス，ニンジン根のカルス，エンドウ根のカルス，レタスの幼根，ジャガイモの塊茎などである．

7) 細胞肥大　ダイコンの葉切片などでカイネチンにより細胞が肥大する．

8) 老化と離層形成　葉の老化に対して，カイネチンは抑制効果を示す．これは核酸やタンパク代謝と密接に関係していると考えられている．またカイネチンを葉柄組織に直接与えると葉の脱離が遅れ，それより離れたところに与えると促進される．これはサイトカイニンによるシンク能が働いたためと考えられている．

9) その他の効果　リンゴなどの単為結実の促進，リンゴ，ブドウなどの果実の生長促進が報告されている．

園芸的に利用量の多いのはベンジルアデニン (BA) 剤である．すなわちジベレリン処理によるブドウデラウェア種の無核果形成および肥大促進に補助剤としての効果安定用である．

重要度の高い使用法としては組織培養したカルスからの器官形成用であろう．（廣瀬）

サイトカイニン検定法　cytokinin assay　⟶ 生物検定法

再分化　redifferentiation　⟶ 組織培養

細　胞　cell

生物は，自己増殖性をもち膜に取り囲まれた細胞を基本単位として生きている．細胞は，必要な遺伝情報を核酸に保って，核酸に由来する様々なタンパクにより生物独自の物質・エネルギー代謝系を維持する．そのため，内部には独自の機能・構造をもった細胞小器官を分化させている．細胞としてみると，バクテリア，藍藻の原核生物と他の真核生物との間には基本的な違いが認められる．前者では細胞がもつ DNA 量をできる限り少なくする方向に進化が進んで，原核生物の遺伝子構成は，現在の突然変異の限度内では，淘汰圧に対して，それぞれの種にとって最善のものになっているとみなされる．一方，真核細胞では遙かに多くの DNA をもつことが淘汰圧に対して許され，細胞の DNA 総量のわずか数％が遺伝子として機能しているに過ぎない．遺伝子の重複，変化，消失が現在も進行中である．多細胞生物では細胞相互の干渉が生じ，構成細胞の分化が起こるが，これらの細胞も単離して培養できるようになっている．植物は単細胞から出発して発生・分化ができるので，クローン個体が得やすく，様々な細胞工学的技術が開発され，利用されている．植物細胞はセルローズを主成分とする厚い細胞壁をもっているが，これを酵素処理などで除いたプロトプラストが細胞工学に広く用いられている．　　　　　　　　　　　（新田）

細胞内の名称

細胞は，すべての生物の構造（形態）と機能の最小単位である．植物の典型的な細胞構造は原形質と後形質の二つの部分からできている．

a．原形質 (protoplasm)

細胞の中で生命活動を行っている部分で，核と細胞質とからなる（→原形質）．

1) 核 (nuclear)

核膜 (nuclear membrane)：核を包んでいる内外2層の膜からなり，多くの小孔（核膜孔）があいている．伝令 RNA (mRNA) は，この孔を通って細胞質にあるリボソーム

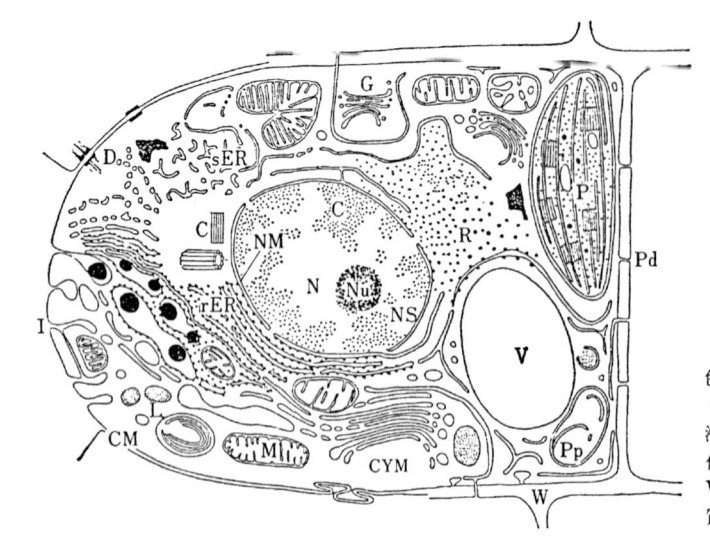

細胞の微細構造（佐藤，1975）
図の左半は動物細胞，右半は植物細胞．N：核，NM：核膜，NS：核液，C：染色系，Nu：仁，CYM：細胞質基質，M：ミトコンドリア，rER：粗面小胞体，sER：滑面小胞体，R：リボソーム，G：ゴルジ体，L：リソソーム，P：葉緑体，V：液胞，W：細胞壁，D：デスモゾーム，Pd：原形質連絡，Pp：プロプラスチド．

へ移動する．核膜は細胞分裂時に一時消滅する．

核液（核質）(nuclear sap)： 核の基質となっているコロイド状の溶液で，タンパク質と水を主成分としている．その中に仁や染色糸が存在する．

染色糸 (chromonema)： 遺伝子の本体で，遺伝情報が組み込まれているデオキシリボ核酸 (DNA) と，塩基性タンパクのヒストンとが主成分である微細な糸状の構造で，核内に分散している．細胞分裂の時に凝縮し太く短い染色体 (chromosome) となる．染色体という名前は，酢酸カーミンなどの塩基性色素によって染まることからつけられた．

仁（核小体）(nucleolus)： 核内に1～2個存在する球形の小体でリボ核酸 (RNA) とタンパク質から成っている．リボソームRNA (rRNA) の合成が行われる場である．

2) **細胞質 (cytoplasm)**

核以外の細胞膜に囲まれた原形質のすべての部分．

細胞膜 (cell membrane)（＝原形質膜）： 細胞質の外側を包む二重膜構造．二重膜は脂質からできていて，そのところどころにタンパク質がはまり込んでいる．細胞膜は，特別の物質だけを通過させる選択的透過性や，濃度勾配に逆らって物質を透過させる能動輸送の機能をもち，必要な物質，養分のとり入れや細胞内でできた分泌物，老廃物の排出を調節している．

細胞質基質 (cytoplasmic matrix)： 細胞質内に存在する細胞小器官以外の空間を埋めているゲル状やゾル状の構造で，原形質流動がみられる．無気呼吸やタンパク質合成に関係する各種の酵素，アミノ酸など各種の物質が存在している．

ミトコンドリア (mitochondria)： 細長い袋状の形をした小体で細胞質内に多数存在する．内外2枚の膜からできていて，内側の膜は内部へひだ状に突き出してクリスタと呼ばれる構造をつくっている．このクリスタ膜に呼吸に関係する酵素を含み，生命活動のエネルギー源となるアデノシン三リン酸 (ATP) を合成する重要な働きをしている．ミトコンドリアは独自の環状DNAをもち，細胞の中で分裂してふえる．ミトコンドリアに支配される核外遺伝として細胞質雄性不稔性がある．

小胞体 (endoplasmic reticulum)： 薄い単膜で囲まれた扁平な袋状の構造で，核膜や細胞膜ともつながり，細胞内の物質の輸送の働きをしている．

小胞体には，表面にリボソームという小さな粒がついたものと，ついていないものがある．前者を粗面小胞体 (rough surfaced ER)，後者を滑面小胞体 (smooth surfaced ER) と呼んでいる．粗面小胞体はタンパク質の合成に関与しており，滑面小胞体はステロイドの合成と輸送などに関与しているのではないかと考えられている．

リボソーム (ribosome)： 粗面小胞体の膜の外側に付着するか，細胞質中に散在し，大小2個の粒子が結合した形をし，小粒でリボ核酸 (rRNA) とタンパク質から成る．核のDNAから指令をうけた伝令RNA (mRNA) が，DNAの情報に基づいて細胞質基質に含まれ，転移RNA (tRNA) によって運ばれるアミノ酸を材料として，タンパク質の合成（翻訳）を行う場所である．

ゴルジ体 (Golgi body)： 扁平な袋を重ねた形で，縁に小胞が散らばってついている．ゴルジ体は小胞体のリボソームで合成されたタンパク質に糖をつけて顆粒をつくり上げ，外部に分泌したり貯蔵したりする場である．ゴルジ体はまた細胞膜やリソソームの形成に関与する．

リソソーム (lysosome)： 球状の一重膜で包まれた球形の顆粒で，中に酸性加水分解酵素を含み，細胞内の不要になった物質を分解する働きをしている．

色素体 (plastid)： 緑色植物に特有のもので，葉緑体，有色体，白色体などがある．若い細胞にあるプロプラスチド（原色素体）と呼ばれる小胞から発達したものである．

葉緑体（chloroplast）： おもに凸レンズ形で，外側は内外2枚の膜（葉緑体膜）で囲まれている．内部には，扁平な袋（チラコイド）が積み重なったグラナや無色の基質であるストロマがみられる．チラコイドの膜（ラメラ）にクロロフィル（葉緑素）が含まれ，光エネルギーを利用した光合成の明反応が行われる．暗反応（カルビン回路）はストロマで行われる．葉緑体には，クロロフィルのほかキサントフィルなどのカロチノイドも含まれている．葉緑体は独自のDNA(ct DNA)をもち，自己増殖する．

白色体（leucoplast）： 植物のふ入りの葉の白い部分，分裂組織，根（ダイコンなど）の部分の細胞にみられる色素を含まない色素体．光によりクロロフィルを合成して葉緑体に変わることもある．貯蔵デンプンを合成するアミロプラストもあり，種子，塊茎，塊根などの貯蔵組織に存在する．

有色体（chromoplast）： カロチノイドなどの色素を含み．トマト，トウガラシなどの果皮，ニンジンの根や多くの植物の花きなどに含まれていて，雑色体とも呼ばれる．

微小管（microtuble）： 微小な円筒状の管で，細胞分裂に重要な役割を果している紡錘体は，微小管の集合したものであり，コルヒチン処理によって微小管は壊され，倍数体が形成されると考えられている．

b. 後形質（metaplasm）

原形質の物質代謝の結果生じた物質の総称．細胞壁，細胞液，細胞含有物などが含まれる．

細胞壁（cell wall）： 植物細胞に特有のもので，セルローズを主成分とし，ペクチンを含む全透性の厚い膜からなり，植物組織に強度を与え細胞膜を保護する重要な働きをしている．構造として最も外側を囲む一次壁とこの内側に二次的につくられる二次壁およびこれらの中間部分に存在する中葉がみられる．生体の細胞をセルラーゼやペクチナーゼといった細胞壁分解酵素で処理すると単離プロトプラスト（細胞壁のない単細胞）を得ることができる．

細胞液（cell sap）： 半透性を示す膜によって囲まれた液胞にたまっている液体で，有機酸，糖類，無機塩類，タンパク質などのほかアントシアニン（花青素），タンニンなどを含んでいる．浸透圧が高く水分調節の役割を果している．

細胞含有物： 炭水化物，タンパク質，脂肪，シュウ酸カルシウムなどが地下茎や根，種子，などの貯蔵組織や葉の細胞にたまる．
(菊池)

細胞懸濁培養 cell suspension culture
─→ 液体培養

細胞質遺伝 cytoplasmic inheritance

遺伝現象は主として核内遺伝子によって支配されるが，細胞質内にも遺伝を支配する自律的な因子があり，これを細胞質遺伝子あるいは核外遺伝子と呼んでいる．細胞質遺伝子によって支配される遺伝を細胞質遺伝というが，その特徴はメンデル遺伝に従わぬこと，正逆交雑によって生ずる雑種の形質が異なること，あるいは個体発生の途中で遺伝形質の分離がみられることなどである．たとえば核内遺伝子と細胞質との相互作用によって生ずる雄性不稔現象の場合，細胞質遺伝子は母親からのみ子に伝えられる．また細胞によって葉緑体などの色素体の有無を異にするふ(斑)入り植物では，卵細胞における色素体の有無によって，次代に全緑，ふ入り，全白などの個体を生ずることになる． (徳増)

細胞の発育相 growth phase of cell

細菌，酵母および培養細胞の増加には三つのステージがみられ全体としてシグモイド曲線を示す．

1) 誘導期(lag phase) 遅滞期ともいう．新しい培地に植え付けたとき一定期間分裂を起こさない時期．

2) 対数期(logarithmic phase) 指数増殖期ともいう．細胞分裂が活発で細胞の数が指数的に増加する時期．時間に対する細胞数の対数をプロットすると直線を示す．

3) 定常期（stationary phase） 細胞の

細胞分裂 cell division

1個の細胞（母細胞）が2個の細胞（娘細胞）に分れる現象をいう．一般に，まず核分裂（nuclear division）が，次いで細胞質分裂（cytokinesis）が起こって，母細胞の核と細胞質の内容が娘細胞に分配される．核分裂では染色体，紡錘体形成を伴う有糸分裂（mitosis）が普通であり，これには染色体数が一定に保たれる体細胞分裂（somatic cell division）と，染色体数が半減する減数分裂（還元分裂 miosis, reduction division）とがある．前者は動植物の体細胞が増殖するときにみられ，DNAの複製を終えた母核の各染色体は2個の染色分体となって娘核に分れる．減数分裂は体細胞から生殖細胞を形成する際にみられ，DNAの複製を終えた母核で，まず相同染色体が対合して2個の娘核に分れ（第一分裂），次いで各娘核の染色体が染色分体に分れて4個の核をつくり（第2分裂），4細胞を形成する． （石原）

細胞融合 cell fusion

2個またはそれ以上の細胞が互いに融合すること．たとえば葉肉組織を切断し，ペクチナーゼで処理すると細胞はバラバラになり，セルラーゼで細胞壁を溶かすと，プロトプラストと呼ばれる球型の裸の細胞が得られる．異なる植物から得られたプロトプラストを混合し，ポリエチレングリコールのような融合促進剤で処理すると，異種の細胞間に融合が起こる．細胞質の合体したプロトプラストは間もなく細胞壁を再生し，さらに細胞分裂を行う過程で核も融合する．その後分裂によって多細胞の未分化組織であるカルスとなるが，適当な培地を選ぶことによってシュートや根を生じ，植物体となる．細胞融合は，交雑不可能な遠縁の植物間でも起こるため，種属間雑種の作出に有効である． （徳増）

細霧冷房 mist cooling, fog-and-fan system ⟶ 冷房

在来品種 indigenous variety, native variety, domestic variety

古くから栽培されている固定種で，通常は栽培が特定の地域に限られる場合が多く，地方品種と重複する部分が多い．しかし，野沢菜のように長野県野沢温泉村の在来品種が，全国的に栽培されるようになった例もある（→地方品種）． （芦澤）

細粒侵食 rill erosion ⟶ 土壌保全
先取り法 tip layering ⟶ 圧条法
さく（蒴）果 capsule

植物の果実は，子房が発達して果肉を形成するが，その複数の心皮が果実の成熟にしたがって乾燥し，後に先端部から裂開して種子を散布する形態のものをさく果（単に蒴）と呼ぶ．ユリ科植物，マメ科植物，ゴマノハグサ科植物，ヒルガオ科植物など多くの植物がこれに属す．また，果皮（果肉とも）が成熟すると帽子状になって離脱して種子を散布するものを蓋果（pyxis）と呼ぶ． （上本）

作型 cropping type, type of cropping

作物の周年供給を行う場合，栽培季に適した生態的特性をもつ品種を選んで植え付け，その作物および諸環境条件に応じた栽培管理をして経済的生産を行う一連の技術体系をいう．提唱者熊沢は，おもに自然条件下での生態的特性の異なる品種の分化した野菜を基礎にして，その季節性が作型分化の主役であるとみた．花の作型分化は温室やハウスなど環境条件の制御がある程度可能になってから著しく進み，収穫が季咲きよりも早いか遅いかによってそれぞれ促成，抑制と呼ぶことが多い．果樹でも最近では促成が普及．当初の作型は自然環境を，後には制御環境を基盤として成立してきた． （松尾）

さく（柵）状組織 palisade tissue, parenchyma ⟶ 海綿状組織・さく状組織
作土 plow layer ⟶ 土層
砂耕 sand culture ⟶ 養液栽培
挿し木 cutting

挿し木は殖やす目的の栄養器官（茎，葉，根）の一部を挿し木床に挿し，不定根や不定芽を

分化させ，独立した個体を得る栄養繁殖の一方法である．技術的に簡便で，同一形質の個体を一時に多数増殖できるなどの利点がある．用いる器官により次の方法がある．なお，草本類の挿し木は挿し芽と呼んでいる．

1) 葉挿し (leaf cutting)　1枚の葉あるいは葉片を挿し，不定根や不定芽が分化すれば個体が得られる（セントポーリア，ベゴニアレックス）

2) 葉芽挿し (leaf-bud cutting)　1枚の葉と芽，それに少量の茎をつけて挿す方法である（インドゴムノキ，ツバキ）

3) 茎挿し（枝挿し）(stem cutting)　茎を挿す方法，草本類の茎挿しは芽挿し，挿し芽 (herbaceous cutting) と呼ばれ，木本類では枝の熟度により，新しょうを用いる緑枝挿し，新しょう挿し (softwood cutting)，十分木化の進んだ枝を用いる熟枝挿し (hardwood cutting)，落葉樹の休眠期の枝を用いる休眠枝挿し (dormant wood cutting) などがある．

4) 根挿し (root cutting)　根を切って挿す方法，不定芽が発生すれば個体が得られる．茎挿しが難しく，不定芽の出やすいものに行える（アメリカデイコ，カキ）．

挿し木の発根：植物によって挿す以前に枝中に根原基を分化しているもの (salix, populus, ribes 属など) があるが，一般には挿し木後根原基を分化するものがほとんどである．挿し木後，挿し穂の基部切口面にまずスベリン（コルク質）を生じ，次いでカルス（癒傷組織）が分化し，近くの形成層は木部を形成するので基部は肥大する．不定根の発現は，切口近くの形成層，師部，内しょうなどにみられ，木本植物では形成層と髄線の交叉するすぐ外側部分の組織中に多く発現する．

不定根形成の機構：不明な点も多いが，これまで研究から，発根に関与する物質としてオーキシンとそれ以外の要因（仮説物質＝rhizocaline やオーキシンと相助的に働く rooting cofactor No. 1～4 など）が考えられている．また，根という新しい器官を再生することから，エネルギー源としての炭水化物や構成成分としての窒素化合物の存在も同時に必要と考えられている．

発根に及ぼす要因：穂木の条件としては，栄養的な充実はもちろんであるが，発根の難しいものは樹齢の若い親木からの採取が有利である．挿し床の外的要因としては，挿し床上を高湿度に保つこと，適度な遮光，挿し床内を適温（20～25℃）に保ち，床土内の通気性を高めることが重要である．　　（町田）

挿し木法　cuttage

挿し木に関する呼び名としては，用いる器官によるほか，挿し穂の採取部位によって，枝の先端を用いる天挿し（心挿し），それ以下から調製して挿すのを管挿しと呼ぶ．挿し穂調製にあたって，基部の切り方から，一般の水平切りに対して，斜切り，返し切り，しゅもく（撞木）挿し，かかと（踵）挿し，挿し穂の長さによって，普通の長さに調製して挿す方法のほか，一芽挿し，短しょう挿し，長しょう挿し，太く長い枝幹を挿す埋幹などがある．また，用いる挿し床によって，鉢挿し，箱挿し，床挿し，露地挿し，密閉挿し，ミスト挿し，挿し方によって，一般の垂直挿しに対し，水平挿し，ねった赤土の団子を切口につけて挿す団子挿しなどがある．次に挿し木の一般的な方法について述べる．

1) 挿し木時期　草本類，観葉植物は5～9月，適温が得られれば周年可能なものも多い．常緑樹は5～8月，9月，2月下旬～3月，落葉樹は2～3月（休眠枝挿し），5～0月，9～10月．

2) 挿し穂の調製　充実した穂木を用い，休眠枝挿しでは10～15cmの長さに切り，切り口は水平または返し切りとする．緑枝挿しでは一般に8～12cm，2,3葉に調製するものが多いが，葉の大きなものは葉身を切りつめ，逆に葉の小さい，茎の細い種類は葉数を多くつけ，挿し穂はさらに短く調製する．

3) 挿し床　用土には有機質，肥料分を含まない清潔なもので，粒子に保水力があり，排水，通気性のよいものが望ましい．一般に

赤玉土，川砂，山砂，鹿沼土，バーミキュライト，パーライト，ミズゴケ，ピートなどが用いられる．挿し床はいずれの場合も，底にごろ土を入れ，その上に微粉を除いた用土を入れる．だだし，発根しやすい種類の休眠枝挿しでは，肥料分の少ない畑土に直接挿すものもある．

4) 挿し方　調製した挿し穂は数時間〜1昼夜水に浸漬してから挿す．発根剤（主剤はオーキシン：インドール酪酸 (IBA), αナフチルアセトアミド (NAd) など，処理方法は挿し穂基部を数時間〜一昼夜浸漬する浸漬法とオーキシンをタルクに混ぜた粉剤を挿し穂切口につけるタルク法などがある）の粉剤で処理した挿し穂は，あらかじめ挿し床に棒で穴をあけておき，発根剤を落さないように挿し周囲をおさえる．挿す深さは，挿し穂が安定する深さでなるべく浅く挿す．長い挿し穂は深めに挿す．挿したら十分かん水する．緑枝挿しの場合は，挿し床上に黒寒冷しゃ2枚くらいの遮光をする．密閉挿しでは，挿し床をポリフィルムで密閉し，その上部を遮光する．ミスト挿しでも真夏は遮光が必要である．挿し木後の水管理は，露地挿しでは挿し木後しばらくはかん水，葉水を回数多く与え，その後は挿し穂のしおれをみて次第に回数を減らしていく．密閉挿しでは，挿し床が乾いたとき与える（密閉挿し→ミスト繁殖の項参照）．
　　　　　　　　　　　　　　　　　（町田）

挿し穂　cutting　　──→　挿し木，挿し木法

挿し芽　herbaceous cutting　　──→　挿し木

砂じょう(瓤)　juice sac, vesicle　　──→　じょうのう・砂じょう

砂じょう(瓤)乾燥症　dry juice sac　──→　す上がり

砂壌土　sandy loam　　──→　土性

殺菌剤　fungicide, bactericide

糸状菌を殺滅する薬剤 (fungicide) と細菌を殺滅する薬剤 (bactericide) とは英語では区別して呼ぶが日本語では一括して殺菌剤と呼んでいる．農園芸用としては古くから硫黄，石灰硫黄合剤，ボルドー液など無機農薬が用いられたが，最近40年間の殺菌剤の発展は目ざましく，有機合成殺菌剤や抗生物質剤などが多数開発されている．上記の無機殺菌剤は作物体表面に付着して外部からの菌の侵入を防ぐ保護殺菌剤であるが，最近の有機殺菌剤の中には浸透性をもっていて，菌の侵入後にも効果を示すものも少なくない．その作用メカニズムは様々であるが，菌体構成成分の生合成阻害剤や増殖阻害剤は最近の殺菌剤には特に多い．それらは特定作用点に作用し，微量で顕著な効果をあげるが，一方，選択的であるために菌のわずかな変異で薬剤耐性化する場合もあり，問題となっている．
　　　　　　　　　　　　　　　　　（上杉）

雑　種　hybrid

雑種とは遺伝的に異なった個体間の交雑に由来する子孫のことである．雑種第一代 (first filial generation) を略して F_1 と称し，また単に雑種と呼ぶことも多い．F_1 の後代は F_2, F_3, F_4…で示される．F_1 はしばしば雑種強勢 (heterosis, hybrid vigor) を現し，生育，

挿し穂
充実した新しょう
若い親木から

光
黒寒冷しゃ
2枚くらいの遮光

空中 湿度
〜100%

温度
地下部より低め

(小粒)

酸素
21%
通気性のよいこと

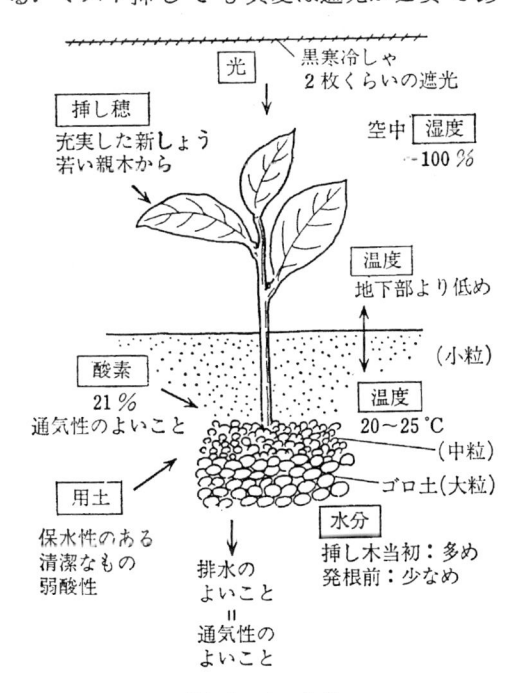

温度
20〜25℃

(中粒)

ゴロ土(大粒)

用土
保水性のある
清潔なもの
弱酸性

水分
挿し木当初：多め
発根前：少なめ

排水の
よいこと
＝
通気性の
よいこと

挿し木によい条件

収量，耐病性，早熟性，形質の均一性などについて両親より優れているので一代雑種として育種に利用され，特に野菜などの品種の一代雑種化は著しく進んでいる．雑種強勢は自殖あるいは同系交配を続けた後の交雑で顕著に現れる．その発現機構については，優性遺伝子の集積，対立遺伝子間の相互作用，核内遺伝子と細胞質の相互作用などが考えられている．雑種はまた交雑の際両親のいずれを母本とするかによって表現型に差異を現すことがある．これは細胞質遺伝子の働きあるいは細胞質と雑種核との相互作用によるものである（→細胞質遺伝）．普通の交雑によっては得られない遠縁種間の雑種獲得の手段として子房培養や胚培養（→組織培養）のほか，直接異種の単一細胞を融合（→細胞融合）させ雑種細胞（hybrid cell）をつくり個体に導く方法もある．この雑種細胞はまた細胞質についてみれば細胞質雑種（cybrid）でもある．

（岩佐）

雑種強勢 heterosis ⟶ 雑種
雑種第一代 first filial generation, F_1
⟶ 雑種

殺虫剤 insecticide, pesticide

害虫を殺滅する目的で使われる薬剤が殺虫剤である．古くはヒ酸鉛，ヒ酸石灰，石灰イオウ合剤，松脂合剤，除虫菊剤など無機薬剤と天然殺虫剤が用いられたが，最近40年間に数多くの有機合成殺虫剤が開発された．有機リン剤，カーバメート剤，ピレスロイド系剤のように神経系を阻害する薬剤が多く，その多くは速効性である．キチンなど昆虫体特定部分の構成成分の生合成阻害剤も実用され始め，これらは短時間で虫を致死させるものではないので制虫剤と呼ばれる．また，虫に対する毒素を生産する細菌を利用してその毒素を殺虫剤として利用することも実用化されている．根や茎葉から吸収させると植物体全体に浸透移行し，汁液を吸収したり，組織を摂食することによって害虫が致死する薬剤を浸透性殺虫剤（systemic insecticide）という．

（上杉）

砂　土 sand ⟶ 土性
さび（銹） russet

一般に果実の果皮表面はクチクラで覆われているが，リンゴのゴールデン・デリシャスなどの品種では果実の肥大につれてクチクラが破れ，表皮が傷を受けやすい．また，散布農薬によっても傷害を受けることがある．傷を受けるとその保護組織としてコルク層が形成される．また，ニホンナシの赤ナシは果点と果点との間にコルク層が形成され，それが果面全体に発達したものである．このようなコルク層はさび色をしているため，黄色系のリンゴ品種や青ナシ系のニホンナシ品種ではさびという．リンゴでは果こう部周辺に発生したさびをつるさびと呼び，中心果よりも側果に発生しやすい．また，ウイルス病（リンゴさび病）によっても発生する．

さびの発生は多湿条件下で多く，特に幼果期に雨が多いと発生が多い．袋掛けによって減少させることができるが，袋の紙質やかける時期によって影響が異なる．

（志村）

さめ肌症（ダイコンの）

ダイコンの根部表面がざらつき，よく観察すると小亀裂もみられる．これをサメ肌と称し，ホウ素不足によって誘発される．ダイコンはホウ素の要求量が多いのに吸収力が弱いので，高地温乾燥，多肥，多カリウム，多カルシウム下で発生しやすい．

（加藤）

サーモネガティブ・サーモポジティブ
thermonegative ; thermopositive

Cathey (1955) はキクの栽培温度と短日処理開始より開花までの日数を調査し，品種を ①サーモゼロ（温度無反応型）：60°F (15.5°C) を開花の適温とし，低温および高温ともに開花は遅延するがその程度は著しくない品種，②サーモポジティブ（低温抑制型）：50°F (10°C) 以下では開花せず，70°F (21.1°C) 以上の高温による開花遅延の程度が著しくない品種，③サーモネガティブ（高温抑制型）：70°F (21.1°C) 以上では開花せず，50°F の低温下での開花遅延の程度が著しくない品種の三つのグループに分類した．サーモゼロ型

散光着色品種，直光着色品種

		品　　　　　種	葉影率 （棚の明るさ）
赤色種	直光着色品種	甲州，レッドミルレンニュームなど	50～60%
	散光着色品種	デラウェア，DK 151 など	70%
黒色種	直光着色品種	グローコールマン，ブラックハンブルグなど	50～60%
	散光着色品種	コンコード，キャンベルアーリー，ベリーAなど	90%
白色種	散光着色品種	マスカットオブアレキサンドリア，ネオマスカットなど	90%

品種は周年生産，サーモポジティブ型品種は夏季生産，サーモネガティブ型品種は冬季生産に適する． (川田)

サーモポジティブ thermopositive
⟶ サーモネガティブ・サーモポジティブ

さ　や pod

マメ類やアブラナ科野菜類の果実の果皮部をいい，果実はきょう（legume）に発達し，真果である．種子を内蔵するさやは子房の心皮に由来し，1枚の心皮が中肋に沿って折りたたまれ，その周辺部が癒合したもので，この癒合部はさやの腹側縫合線（ventral suture）となり，胚珠（種子）が珠柄（種子柄）によって両さや片に交互に着生し，中肋部が背側縫合線（dorsal suture）となっている． (斎藤)

作用スペクトル action spectrum ⟶ スペクトル

酸化還元酵素 oxidoreductase, oxidation-reduction enzyme ⟶ 酵素

酸化還元電位 oxidation-reduction potential, Eh ⟶ Eh電位

酸化的リン酸化 oxidative phosphorylation ⟶ リン酸化反応

散形花序 umbel ⟶ 花序

三元交雑 three way cross, triple cross ⟶ 交雑

残　効 residual effect

前作に施用された肥料成分が土壌に残存し，後作の作物に吸収利用されることを施肥の残効という．二毛作田では畑作にリン酸肥料を十分施用すれば，その残効で後作の水稲ではリン酸無施用でも収量の低下はほとんどないとされている．園芸作物の施設・露地栽培に対し施肥基準が現在設定されているが，肥料代はあまり経済的負担にならないこともあり，慣習的に基準量の数倍さらにはそれ以上に多量の肥料が施与されることがある．このような場合，残効を十分考慮せずに，次作で肥料を通常量，さらには多量を施用すると，特に養分の流亡のない施設栽培では，肥料成分の過剰障害，肥料濃度障害，亜硝酸ガス障害等の生ずる危険がある． (馬場)

散光着色品種・直光着色品種

ブドウ果粒の着色条件には光線が重要で，着色に必要な光線の要求度は品種によって異なる．直接太陽光線を受けなければ着色しにくい直光着色品種と，一定の明るさがあれば着色する散光着色品種とがある．

棚の明るさは葉影と日当りの割合で判断する．最近の品種で巨峰，ピイーネ（黒色大粒種）は散光着色品種に近いが，より明るさが要求され，オリンピア，紅富士など（赤色種）は直光着色品種に近い． (大垣)

ざんごう（塹壕）法 trench method
⟶ 深耕

三出葉 trifoliate ⟶ 葉形（はがた）

散　水 spray irrigation ⟶ かんがい・かん水

酸性土壌 acid soil

酸性土壌とは水浸pHが酸性反応を示す土壌の総称である．わが国は雨が多いため，土壌から塩基が溶脱して酸性になりやすく，栽培上問題となる強酸性土壌が広く分布している．土壌の酸性化は降水量のほか，生理的酸性肥料の使用．多肥，植物遺体が分解すると

きの有機酸の生成，酸性雨，その他の酸性物質の添加などにより促進される．

土壌の酸性化が進むと，アルミニウムが活性化して生育を阻害し，土壌のリン酸固定力が増加する．マンガンも活性化して，その過剰吸収による生理障害が発生する．またカルシウム，マグネシウム，ホウ素，モリブデンなどが不足し，それらの欠乏症も発生する．さらに土壌中の有用微生物が不活性化して，有機物の分解や硝酸化成能などが遅延する．酸性土壌は石灰資材の混入．有機物施用などによって改良する（→亜硝酸ガス障害）．

（佐藤）

酸性肥料 acid fertilizer

肥料を水に溶かした場合に，その水溶液が酸性を呈する肥料をいう．肥料製造工程により，残留する遊離酸を含むために酸性を呈する過リン酸石灰などの肥料と，含有有効成分が酸性塩であるために酸性を示すリン酸一アンモニウムなどがある．

これに対して肥料を土壌に施用した場合，作物が吸収した後に土壌を酸性にする成分を残す肥料があり生理的酸性肥料と呼ばれる．たとえば化学的に中性肥料である硫酸カリは，土壌に施用されると作物によりカリウムイオンがよく吸収され，相対的に硫酸が土壌に多く残って跡地はしだいに酸性化する．

（青葉）

三相分布 three phases distribution ⟶ 土壌三相

酸度 acidity

土壌酸性の原因物質には土壌水に溶解している酸性成分のほかに，土壌粒子に吸着されている交換性の水素とアルミニウムがあり，それらの物質を量的に示したものが酸度である．すなわち，土壌の酸性の強さを表すのがpHで，量的表現が酸度である．両者の間には一定の関係はなく，酸性が強く（pHが低い）ても酸性物質の量が少ない土壌や，その反対の土壌など，様々な土壌が存在する．そのため，pHだけでは酸性の矯正に必要な中和石灰量の見当がつかないので，酸度が必要になる．酸度は塩化カリウムまたは酢酸カルシウム溶液を用いて，土壌中の酸性成分を溶出させ，水酸化ナトリウム液で滴定して，中和に要した ml 数で表示する．前者を交換酸度，後者を加水酸度という．交換酸度は置換酸度ともいい，y_1 として表示する．（佐藤）

三年子採種 ⟶ 採種

散播 broadcast seeding, broadcast sowing ⟶ 播種法

散粉・散粒 dusting; granule application

粉剤を散布することを散粉，粒剤を散布することを散粒という．散粉には散粉機（散粉器 duster）を用いるが，これは粉剤タンクから粉送りコイルまたは粉送り羽根によって調量シャッタを通り，送り出される粉剤を送風機によって拡散させる仕掛けになっている．散粒は手播きでも行われるほか，遠心力で粒剤を飛ばす仕掛けの散粒機（散粒器 granule applicator）を使っても行われる．散粉，散粒ともに，水を使わないでよいこと，軽重量の薬剤組成物で広面積の散布が可能であることなどの利点がある．散粉の場合は薬剤拡散がよい反面，目的以外の部分へも薬剤が飛散する欠点がある．粒剤は漂流飛散はないが，作物や雑草の茎葉への薬剤付着は望めない．

（上杉）

散房花序 corymb ⟶ 花序

酸味 acidity, tartness ⟶ 有機酸

散粒 granule application ⟶ 散粉・散粒

し

シアニジン cyanidin ⟶ アントシアニジン

しいな empty seed ⟶ 種子

地色 ground color ⟶ 果色

CA貯蔵 controlled atmosphere storage
大気のガス組成（O_2:21%, CO_2:0.03%）を人工的に調節した貯蔵環境（貯蔵庫の項参照）で青果物を保蔵し，品質保持効果を高める貯蔵法．調節ガスとしては，二酸化炭素，一酸化炭素，酸素および窒素ガスなどがあるが，通常は大気ガスに比較して二酸化炭素（CO_2）の増加（古くは炭酸ガス貯蔵と称した），酸素（O_2）の減少および窒素（N_2）を増大したガス環境が設定される．これにより青果物の呼吸作用を抑制し，貯蔵力を延長することができる．またフィルムで包装すると内容物の呼吸によりガス組成が変化し，一種のCA貯蔵効果が生じるが，この場合は，MA貯蔵（modified atmosphere storage）ということがある．CA貯蔵の適正ガス濃度は，果実・野菜などの種類や品種により異なり，過度になると低酸素障害や高二酸化炭素障害を生ずる． （垣内）

シェード栽培 shade culture ⟶ 遮光栽培

C–N率 C–N ratio
炭素-窒素率（carbon-nitrogen ratio）の略．植物体内の炭水化物と窒素化合物の比率（C–N率）が大きい場合には花芽形成が促進され，小さい場合には栄養生長が続くという考えがFischer（1905, 1916）によって示された．次いで，KrausとKraybill（1918）は，C–N率が高いと生殖生長に，これが低いと栄養生長に傾くことを認め，C–N率説を提唱した．これをHowlett（1949）の模式図で示すと図のようである．しかし，その後，開花時期や結実の良否はC–N率だけでは説明できないことが明らかになった．一方，土壌や有機物中の有機炭素と全窒素の重量比をC/N率（比）または炭素率という．土壌中の腐植ではこの値が10前後の場合が多いが，黒ボク土では15～25を示す． （稲田）

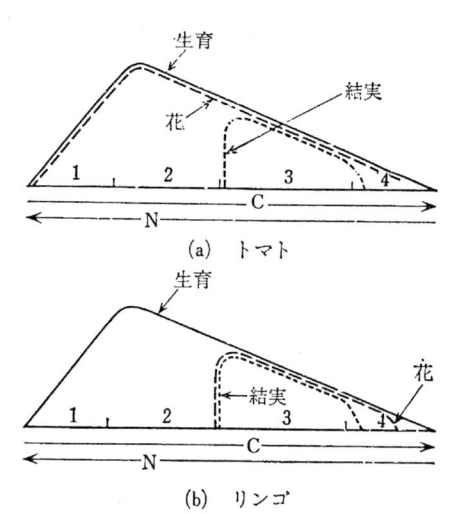

体内のCおよびN含量と生育，着花，結実との関係（Howlett, 1949）

雌花 female flower ⟶ 雌ずい

紫外線 ultraviolet rays ⟶ スペクトル

自花受精 self-fertilization ⟶ 受粉・受精

自家受精 self-fertilization ⟶ 受粉・受精

自花受粉 self-pollination ⟶ 受粉・受精

自家受粉 self-pollination, selfing ⟶ 受粉・受精

雌花先熟 protogyny ⟶ 雌雄異熟・雌雄同熟

自芽せん（剪）定 self-topping of the shoot
カンキツやカキなどの新しょうの停止期に，最頂芽の部分が変色して脱落する現象で，自己摘心ともいう．このような場合に，その後の一年生枝の頂芽は本来の二番目の芽であるので，これを偽頂芽という．自芽せん定期はその後の花芽分化，夏枝発生などの現象と関係が深い． （大垣）

直　花　old wood bloom, leafless inflorescence　——→　直(じき)花・有葉花

自家採種　home seed-raising　——→　採種

自家不和合性　self-incompatibility　——→　不和合性

師　管　sieve tube　——→　師部・師管

しきい値　threshold value

生体に，ある作用因たとえば薬物を与えたとき，反応を引き起こす最小値をその生体のしきい値（閾値）あるいは限界値と呼んでいる．　　　　　　　　　　　（菊池）

敷草草生法　grass mulch sod culture, mulch sod system　——→　草生法

敷草法　grass mulch system

マルチ（別項参照）のうち，刈草やイネわら，ムギわら，おがくず，もみがら，コンポストなどの有機物によるマルチをいい，材料を年間敷きつめ年々追加する方法と，毎年適当な時期にすき込み，後にまた新材料を敷く方法とがある．敷草の影響として，敷草中の水溶性カリが豊富に土壌中に移行し，有効態カリ含量を増加させ，果樹の葉中カリを多くすること．炭素率の低い材料から無機態窒素が放出されて土壌中の硝酸態窒素が多くなり，また硝化菌数が多くなることがあげられる．その効果としては日光のしゃ断と熱伝導の絶縁による土壌水分の蒸散抑制と地温の調節，有機物の増加による土壌物理性の改善とそれによる表層根群の増加などがあるが，春先の地温上昇抑制による初期生長の遅れ，果実成熟の遅延，材料の燃焼の危険などが問題点としてある（→草生法）．　　　（大垣）

四季咲き性　ever-blooming, ever-flowering, perpetual flowering

植物が1年を通じて開花する性質をいう．ただし，条件の悪い冬季には開花しないことが多い．園芸的には，春と秋の2回開花する性質をも四季咲き性の中に含める．四季咲き性をもつ植物は一般に熱帯原産のものに多い．　　　　　　　　　　　　（松尾）

色　相（色調）　hue　——→　色

色素体　plastid　——→　細胞

四季成り性　ever-bearing

多年性の作物は，通常開花または結実期が季節的に定まっているものが多い．しかし，なかには季節に関係なく，生育温度さえ確保されれば周年的に開花または結実するものがある．これを四季成り性といい，花きでは四季咲き性（ever flowering）という．（芦澤）

直(じき)花・有葉花　leafless inflorescence, old wood bloom; inflorescence with leaves, new wood bloom

カンキツの花芽は結果母枝の先端と，それに続く数節のえき芽に混合花芽として分化し，えき芽が開いた場合に新しょうに新葉を展開しながら伸びて，花をその先端部に単生，またはその葉えきにも総状に着生する花序が基本である．それらの花が新葉を伴った新しょうにつくとき，それを有葉花と呼び，炭水化物や窒素などが豊富で，よく充実した結果母枝には有葉花が多くつき，結実率が高く果実の品質がよい．一方，結果母枝の充実がよくないと，その新しょうは新葉をつけないで，わずかに新しょう部のみがあってその上に花がつく．あたかも母枝上に直接着花したような状態の花を直花と呼ぶ．直花の85～90％は落花（果）するし，果実の品質は比較的不良である．　　　　　　　　　（大垣）

直(じき)播き栽培　direct sowing, direct seeding

作物を苗床で予備生育（育苗）させることなく，本ぼへ種播きする方法を直播きという．この方式は労力の節減（省力）が大きい利点はあるが，作物によっては生育むらがあること，本ぼでの栽培期間が長くなることなどの短所も多い．　　　　　　（新井）

子　球　daughter bulb, bulblet, cormel, dry set　——→　母球・子球

自給肥料　self-supplied manure

化学肥料に対して，農家で自給可能な有機物質を主体とした肥料をいう．たい肥，きゅう肥，緑肥，下肥，草木灰などが含まれるが，近年原料および労力面から，しだいに施

用が困難となっており，化学肥料連用による土壌悪化が懸念されている． （青葉）

敷わら法 straw mulching system
→ 敷草法

シグモイド曲線 sigmoid curve

植物の生長，たとえば果実の発育を観察すると，開花後しばらくはゆるやかな伸びを示すが，ある時期になると肥大速度が大きくなって急速に肥大するようになる．その後再び肥大がゆるやかになって上限に達する．これをグラフに表すとS字形を示すことから，シグモイド曲線あるいはS字曲線と呼んでいる．

たとえば，モモ果実の肥大のように，硬核のため，その中間に生長が鈍化し，S字状が二重に生ずるような場合は，ダブルシグモイド曲線という． （菊池）

ジケグラック dikegulac
商品名：アトリナール
化学名：dikegulac
化学式：2, 3 : 4, 6-di-O-isopropylidene-α-L-xylo-2-hexulofuranosonic acid
商品名："Atrinal" (Na)
試験名：ACR-1,032, Ro-07-6,145

本剤は当初除草剤として研究され，その後その特性から生育抑制剤として利用が開始された．本剤が散布されるとその一部が頂部に移行し，頂芽の伸長を著しく遅らせ，側芽のほう芽を促進するため枝数が増加し，摘芽効果が現れる．

効果を認めた種類はツツジ類，イタリアンライグラス，シクラメン，ベゴニア，ホクシァ，カーネーション，ガーベラ，ペカン，リンゴ，ブドウ，ブラックベリー，セイヨウナシ，モモ，オリーブ，カイズカイブキ，イボタノキ，タチバナモドキ，イヌツゲ，ピラカンサ，ヒノキ，サンゴジュ，レンギョウ，トウガラシダイコン，ヒマワリなどで広範囲である． （廣瀬）

試験管内受精 test tube fertilization
→ 受粉・受精

仕事花

切り花を用途別に分けると，家庭用，花環，花籠，ギフト，パーティ，結婚式などのテーブルデコレーション，装身用のブーケ，コサージュ，華道のけい古花などに大別される．これらのうち，家庭用とけい古花，ギフトを除いた冠婚葬祭，パーティなどの用途に使用されるものを仕事花と呼んでいる．欧米各国では切り花の消費の大半が家庭用であるのに対し，わが国では仕事花とギフトが中心である． （大川）

自 根 own root, scion root

自らの栄養体の一部から発生する根をいう．接ぎ木苗で台木の根系以外に穂木から発根する根は自根である．挿し木，取り木などで得た苗は自根苗と呼ばれる．

通常は，実生または挿し木繁殖した場合の根系で，接ぎ木苗の場合と区別している．おもに自根によって養分吸収されている樹を自根樹という．またカンキツ類などにみられる現象で，接ぎ木樹の穂の部分から発生する根は，一般に初生カンキツのレモンやライムなどにその発生が多いが，後生カンキツであるウンシュウミカンでも深植えにすると自根の発生がみられる． （町田・湯田）

C_3・C_4・CAM 植物 C_3; C_4; CAM plant

光合成における CO_2 固定系には C_3，C_4 および CAM の三つの型があり，植物の種によって定まっているので，各型の CO_2 固定系をもつ植物をそれぞれ C_3 植物，C_4 植物および CAM 植物という．C_3 型固定系は Calvin 回路そのもので，CO_2 はリブロース二リン酸 (RuBP) に取り込まれ，RuBP カルボキシラーゼの作用を受けて3-ホスホグリセリン酸 (PGA) を生ずる反応から出発する (→カルビン回路)．C_4 系は Kortschak (1965), Hatch and Slack (1966) らによって解明された CO_2 固定経路で，ホスホエノールピルビン酸 (PEP) が CO_2 の受容体となり，PEP

カルボキシラーゼの作用によってオキザロ酢酸を生成する反応を起点とする回路を経て，Calvin回路に合流する経路である．C_4系は，最初炭素原子4個をもつジカルボン酸を生ずる経路，すなわちC_4ジカルボン酸経路の略称である．これに対してCalvin回路は，最初の生成物が炭素原子3個のPGAであるためC_3固定系と呼ばれるようになった．CAMとは，ベンケイソウ型有機酸代謝（crassulacean acid metabolism）の略称で，夜間気孔を開いてCO_2を取り込み，CO_2を有機酸として液胞中に蓄え，日中は気孔を閉じたままこの有機酸から遊離したCO_2を用いてC_3型光合成を行う．夜間のCO_2固定系はC_4系と同じPEPカルボキシラーゼによるが，PEPは炭水化物の分解によって生成されるため物質生産上不利である．

C_3系はCO_2固定の基本経路で，樹木や藻類のすべてを含む大部分の植物はC_3植物である．C_4植物には，トウモロコシ，キビ，ヒエ，メヒシバ，チカラシバ，カヤツリグサ，アカザ，ヒユ，スベリヒユ，ハマビシなどの科，属が含まれる．C_3植物では葉緑体は葉肉細胞にのみ含まれるが，C_4植物では葉肉細胞のほかに，よく発達した維管束細胞にも多量の葉緑体が含まれる．C_4植物は，C_3植物に比べて光合成能力が高く，CO_2補償点が低く，光呼吸がほとんどなく，光飽和がみられず，光合成と生育の適温は高く，要水量は低く，ナトリウムを必要とするなど，著しい特徴がある．CAM植物には，ベンケイソウ科のすべて，パイナップル科の大部分のほか，ザクロソウ，トウダイグサ，サボテン，ランなど，耐乾性の大きい多肉植物が含まれる．C_4植物の多くは熱帯サバンナに分布し，CAM植物は乾燥地に適応しており，両型ともC_3型から進化したものと考えられている．　（稲田）

CG系台木 Cornal Geneva clone　——→ 台木

　支持根 prop root　——→ 根系

　子室 locule

子房内の空所を指す．子房内の胚珠（ovule）の周辺部は，将来種子として発達するための空間があり，これを子室と呼ぶ．子房で心皮（carpel）がいろいろに癒合してつくる子室の形態と数は分類上の指標として重視される．
　　　　　　　　　　　　　　　（樋口）

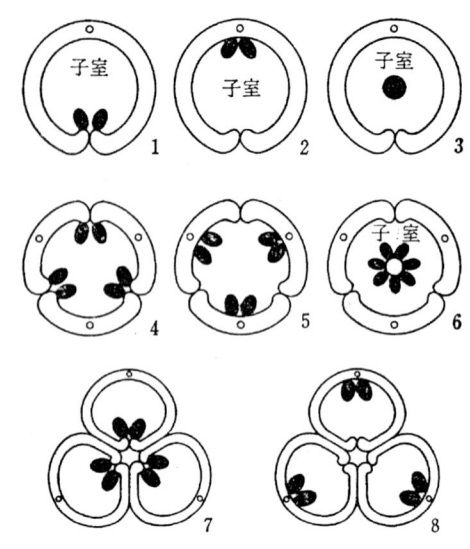

心皮胎座模型図

1～3：一心皮一室子房，4～6：三心皮一室子房，7,8：三心皮三室子房，1,4：側膜辺縁胎座，2,5,8：側膜中肋胎座，3：中央胎座．6：特立中央胎座，7：中軸胎座．

脂　質 lipid

脂肪酸（脂肪属カルボン酸）を含む天然化合物の総称で，水に不溶でエーテル，アセトン，アルコール，クロロホルム，二硫化炭素など有機溶剤に溶ける．脂肪酸とアルコール類からなるものを単純脂質といい，油脂とろうがある．複合脂質とは脂肪酸，アルコールと他のものが結合したものでリン脂質，糖脂質，タンパク脂質などがある．また上記の脂質の加水分解物を誘導脂質という．脂質は貯蔵栄養物質として植物体に広く存在する．油脂のうち種子や果肉に含まれ低分子脂肪酸からなるものは香気成分でもある．ろうはおもに植物体の皮部に多く存在し表面を保護している．リン脂質は細胞の膜系に，糖脂質はクロロプラストに多く含まれている．作物体の耐寒性の強弱は脂肪酸の飽和型と不飽和型のバランスによって定まるといわれている．
　　　　　　　　　　　　　　　（萩沼）

糸状菌 fungus (pl. fungi) ⟶ 菌類・糸状菌

自殖・他殖 selfing, inbreeding; outbreeding, allogamy

植物の繁殖方法であり，同花，同一個体内での受粉，繁殖を自殖といい，異株間での受粉，繁殖を他殖という．この定義に従えば，雌雄異株の植物では自殖はありえないが，雌雄性以外の遺伝子型がまったく同じ個体間での交雑は自殖と考えてさしつかえない．一方，近交弱勢の強い植物では自家不和合性，雌ずい先熟あるいは雄ずい先熟により，他殖を行い，強勢を維持する（→近交弱勢，交雑）． (成河)

自殖弱勢 inbreeding depression

一般に自家受精の作物は自殖または同系繁殖を重ねても目立った弱勢化は見られないが，他家受精作物では自殖を重ねるとその後代は著しく生活力が減退する．この現象を自殖弱勢または近交弱勢といい，その逆の現象が雑種強勢である．トウモロコシ，アブラナ科作物，クローバー，アルファルファ，バレイショなどで弱勢の程度が大きいが，ウリ科野菜，テンサイなどではその程度が小さい．またいずれの場合も10〜20世代の自殖で，生活力の減退もとまり，安定化する． (成河)

雌ずい（蕊） pistil

種子植物の花の中心に位置する雌性生殖器官．植物によって一つの花に1本または数本あり，子房 (ovary)，柱頭 (stigma)，花柱 (style) の3部分よりなる．子房は，雌ずいの基部の膨んだ部分で，その中に種子となる胚珠 (ovule) が入っている．柱頭は雌ずいの最上端にあり花粉の付着する場所．あるものは絨毛があり，あるものは粘液が分泌し，受粉に適する構造となっている．花柱は柱頭と子房をつなぐ部分で多くはある長さをもっている．雌ずいを構成している花葉を特に心皮 (carpel) と呼び，1個の雌ずいを構成する心皮の数は，エンドウ1枚，ハクサイ2枚，ユリ3枚など，それぞれ一定している．園芸作物の中には，子房内器官が不完全，短花柱，彎曲花柱など，受粉受精に不適合で，雌性不稔の一つの原因となる不完全雌ずいをもつものが多い． (樋口)

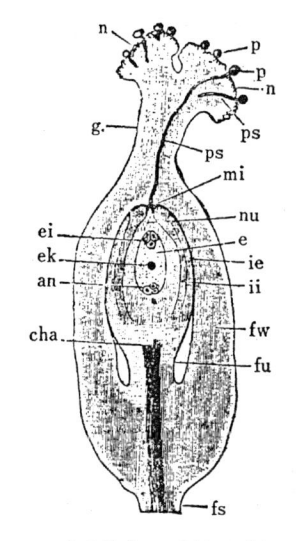

一心皮雌ずいの縦断面（Bonn）

g：花柱, n：柱頭, p：花粉, ps：花粉管, ie：外珠皮, ii：内皮皮, nu：胚珠心, mi：珠孔, fu：珠梗, cha：合点, e：胚のう, ei：卵細胞および助胎細胞, ek：胚のう核, an：反足細胞, fs：基脚, fw：子房壁

雌ずい（蕊）先熟 protogyny ⟶ 雌雄異熟・雌雄同熟

自生地 spontaneous land

野生地と同義．生物がある地域に，人類の保護や栽培を受けずに自力で繁殖し，生育している土地．その地域の植物相に本来は属していなかった種類が，耐えて野生化していても自生とはいわない（たとえば，わが国におけるヒメジョオン）． (大垣)

雌性不稔 female sterility

雌性器官の形態的あるいは機能的異常のために受粉，受精，種子形成が行われない現象をいう．雌性不稔性の植物は，単為結果性をもたないと果実を着ける見込みがないので，果樹として利用できない．雌性器官の不完全の原因としては，3倍体のリンゴ品種のように減数分裂時の染色体行動の異常に基づく場合と，ウンシュウミカンのように染色体の行動が正常に行われても，大胞子になってから

の発育が不良で胚のう不完全になる場合が多い．一方ウメのようにつぼみ時期の寒害によって雌性器官が退化したり，高温で雌性器官が異常発育して受精能力を失う場合がある．また，早期落葉など栄養不足によって雌性器官が発育不全になり，不完全花になる場合も多い． （吉田）

施設園芸 protected horticulture, horticulture under structure

ガラス室やプラスチックハウスで，栽培環境をある程度調節しながら，園芸作物を生産する方式をいう．昼夜の気温，湿度，CO_2濃度，地温，灌水時期とその量，施肥時期とその量などが制御でき，病虫害からの保護も可能になる．このため，年間を通して安定した高位生産ができる．このための生産に利用される施設を園芸用施設または温室(greenhouse)といい，ガラス室（glasshouse）とプラスチックハウス（plastichouse）とに大別できる．わが国の温室の95％はプラスチックハウスビニルフィルムで被覆されたものが90％以で，その中でも塩化上を占め，ビニルハウスと呼ばれている．施設園芸は四季を通して，様々な園芸作物を供給し，食物や文化面で人々の生活に変化と豊かさを与えてきた． （伊東）

自然形整枝 natural form training ⟶ 整枝

自然交雑 natural crossing ⟶ 交雑

自然受粉 natural pollination, open pollination ⟶ 受粉・受精

自然選抜 natural selection ⟶ 選抜

自然淘汰 natural selection ⟶ 選抜

自然突然変異 natural mutation, spontaneous mutation ⟶ 突然変異

自然分類 natural system ⟶ 分類法

次代 progeny, offspring ⟶ 後代

次代検定 progeny test, offspring test

個体選抜，系統選抜の効果を当代で推定することはできず，その翌代において効果をみる．これが次代検定であり，効果の推定値は親子相関，親子回帰，あるいは無選抜集団と選抜集団との比較から遺伝的獲得量（genetic gain）として得られる． （成河）

下草 undergrowth, bottom growth, bottom weed

庭園樹の下に植えられる小型の植物をいう．草本類を指すことが多いが，小かん木，ササ，シダの類を含めていうこともある．樹下であるため耐陰性の強いものが選ばれる．植え方も，修景の作意に応じて，点植，群植，地被的取扱いなど様々である（→草生法）． （筒井）

舌接ぎ tongue grafting, whip-grafting ⟶ 接ぎ木法

枝垂れ性 drooping, weeping, hanging

1) 観賞樹木

一般には樹木にみられる遺伝的な樹形の変態の一つで，枝が伸長するにしたがい下垂する性質をいう．茎軸の背地性が弱く，枝の伸長性が大で，細くて節間が長くなり，重みに耐えられなくなることによる．サクラ，ウメ，モモ，ヤナギなどにみられ，観賞に供される．フクシア・球根ベゴニアのpendula groupなども同じ性質をもっている． （田中）

2) 盆栽

通常の樹木とは目線が逆なので，盆栽や庭木用に珍重される．一般に樹勢が弱いので強い台木に接ぐ．垂れた枝を何年も放っておくと次第に樹勢が弱るので，2, 3芽を残してせん定しながら計画的に少しずつ更新する． （松尾）

支柱 support pole, stake

作物を立体的に仕立てるための用具．果樹においてはコンクリート柱，丸太など，野菜では竹や鉄パイプ，カラー鋼管，網などを支柱に用いている． （新井）

室温貯蔵 room temperature storage ⟶ 常温貯蔵

湿害 excess moisture injury, excess water injury, wet injury

湖沼や河川周辺，水田周辺の畑で地下水位の高い低平坦地，流去水や伏流水が集中する傾斜地裾部，浅い部分に不透水層がある台地，

あるいは深耕部のたん水で，土壌水分の過剰に伴う土壌空気の不足のため，根の呼吸障害を生じて養水分吸収力が低下し，生育，収量を減退し，特有の生理障害や土壌病害を多くし，はなはだしい場合は生育途中で枯死する．作物により耐湿性に違いがあるが，ポット実験では土壌空気中の酸素濃度が5％以下に低下することが湿害発生限界である．また土壌の粗孔隙率が10％以下と孔隙量自体の小さい土壌は湿害を起こしやすい．

土壌は通気不良になると酸化還元電位の低下に伴い，亜酸化鉄や硫化水素などの還元物質が生成されて根の機能減退を助長し，土壌微生物も硝化菌の活力が低下してアンモニア態窒素の過剰となる．明きょ，暗きょによる排水，客土や盛土等の対策を施す． (大垣)

湿潤冷蔵（球根の） wet-cold storage
球根の低温処理を行う場合，球根を湿ったのこくずやミズゴケなどでパッキングして行う方法のこと．低温処理中にある程度まで発根と発芽を促し，植え付け後の高温による生育障害の回避と生育促進を目的とする．ユリ類やフリージアで採用されている． (川田)

湿生植物 hygrophytes, hygrophytic plant
水辺で生育する植物をいい，湿地植物ともいう．過湿に耐え，水分過剰に適応した陸上生物であり，水中で生育する水生植物と区別される．園芸でも多用されるミズゴケはその代表的植物の一つである． (松尾)

実体顕微鏡 steroscopic microscope ⟶ 顕微鏡

質的形質・量的形質 qualitative character; quantitative character
質的形質は，エンドウ豆の形や色のように，形質が対立的で，Aか非Aのいずれかで中間型がなく，主として定件的な表現を示す形質である．量的形質は，草丈，生体重，果数などのように，数量をもって表現できる形質で，多くの場合連続的変異を示す．量的形質の遺伝では支配価の異なる複数対の同義遺伝子を仮定する．量的形質の遺伝子の表現は環境的影響により，分離が不明確になる場合が多く，このような主働遺伝子のほかに，微働遺伝子であるポリジーンの働きを考えることがある．ポリジーンの解析には統計遺伝学的手法が用いられる．また量的形質の示す変異を分散で表し，表現型分散を遺伝分散と環境分散に分割し，表現型分散に対する遺伝分散の割合で遺伝力を表すことがある． (徳増)

質的短日植物 qualitative short-day plant ⟶ 短日植物

質的長日植物 qualitative long-day plant ⟶ 長日植物

質的低温〔要求〕性 qualitative low-temperature requirement, qualitative chilling requirement ⟶ 低温要求性

CTSD脱渋法 constant temperature short duration method of the removal of astringency ⟶ 脱渋法

自動的単為結果 autonomic parthenocarpy ⟶ 単為結果

地床 soil bed
植物を育てるところを床（とこ）といい，この床に土壌を用いる場合を地床（じどこ）という．温室・ハウスでの野菜や切り花の栽培は，大部分この地床で行われる（→鉢栽培，ベンチ・ベッド）． (高野)

シードテープ seed tape ⟶ 播種機

地熱 subterranean heat ⟶ 地中熱交換

シノニム synonym
同種異名ともいわれるが，一つの分類群（属，種，亜種など）に与えられた多くの学名のうち，一つは正しく他はすべて異名である．リンネによる分類以降多くのシノニムが見られたが，徐々に整理されてきた．品種，特に古い品種でも同品種異名が多く，これもシノームという． (成河)

自発休眠 rest, innate dormancy, internal dormancy ⟶ 休眠

指標植物 indicator plant
特定の植物病原体や環境汚染物質に対して鋭敏な反応を示す性質を指標として，その病

原や作用要因の診断や同定に用いられる植物のこと．検定植物(→検定植物)ともいう．ある地域の環境条件の判定などにも広く応用される．　　　　　　　　　　　　　(平野和)

ジフィポット Jiffy pot　→植木鉢

師部・師管 phloem; sieve tube

師部は維管束を構成する一部で，師管・伴細胞・師部柔組織・師部繊維の4組織からなる複合組織であるが，シダ類および多くの裸子植物では，伴細胞および師部繊維を欠く．師管は縦長の細胞がつながったもので，多数の穴のあいた師板で隣接の細胞と連絡し，同化物質の移動に働いている．　(田中)

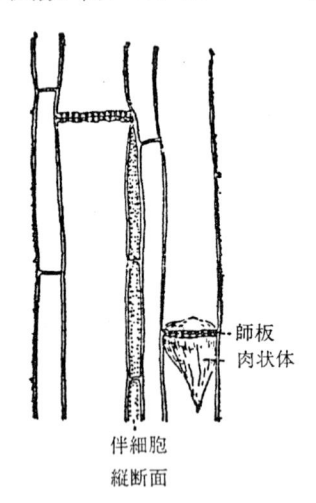

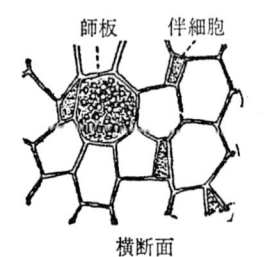

ヘチマの師部(小倉)

渋　皮 pellicle

クリの果実は鬼皮，渋皮，種皮および食用部分からなっている．渋皮は果皮の中果皮および内果皮の発達したもので，大量のタンニンを含んでいる．ニホングリは食用部分(子葉)から渋皮および種皮が剝れ難く，チュウゴクグリはそれらが剝れやすい性質をもっている．　　　　　　　　　　　　(志村)

渋抜き removal of astringency
　→脱渋法

四分子 tetrad　　→花粉

四分の三式温室 three-quarter greenhouse　→温室

シベ咲き non-showy flowered

花の開花する型には普通咲きとしべ咲きとがある．しべ咲きは花弁が開かないうちに受精能力をもった雌ずいが突出し，その後に花弁が開く状態のものをいい，雌ずい先熟型の一種である．観賞用の菊モモや白花の寿星桃などにみられる．　　　　　　　(志村)

ジベレリン gibberellin, GA

イネに寄生する馬鹿苗病の苗から抽出単離された物質で，藪田によって命名され，1938年にジベレリンAおよびBの結晶化が藪田および住木によって報じられた．イネ苗の徒長を起こす本体はBであることが明らかとなり，後にジベレリンBをA，AをBに訂正した．

高等植物での発見はMacMillan (1958)，川原田・住木(1959)により，現在では高等植物のほとんどの器官，組織に存在することが確認されている．

ジベレリン(GA)は天然に存在する物質で，gibbane環を有し，その物理，化学的性質が明らかにされたものに対して与えられる名称で，単離された順にA番号が与えられることになっている．1981年現在でその数は71にまでなっており，単離構造決定されたものは約40，そのうち高等植物から得られたものは26種にのぼっている．

有機溶媒で抽出されるジベレリンを遊離型ジベレリン，残りの水溶性分画を酸あるいは酵素水解に付し，遊離した水溶性ジベレリンを複合型ジベレリン(結合型ジベレリン)と呼んでいる．

1) 生理作用

〔生長促進〕茎の伸長については，節間伸長を促し，それは細胞の伸長を促進し，一部は細胞分裂促進によってもたらされると考えられている．葉の生長に対しては葉面積の拡

大,葉身および葉しょうの伸長,葉柄の伸長を促進し,これは細胞分裂と肥大の両方による.わい性種(エンドウ,イネ,トウモロコシ,アサガオ,トマトなど)に対して著しい生長増大をもたらす.

〔開花に対する効果〕 花成に低温を要し,ロゼット状生育をする植物に対して低温の代替をなしうる.また,低温要求のない長日性植物に対しては長日の代替をなしうる.日長に中性の植物では,GAは花成誘起をしないが開花を早める.この開花促進効果は夏ギク,シクラメン,プリムラ,ミヤコワスレに利用されている.

〔休眠打破・発芽促進〕 ジャガイモの塊茎の休眠打破に効果があるが,無休眠にするわけではなく,その期間を短縮するのに有効である.種子の休眠に対しては好光種子(グロキシニア,カランコエ,プリムラ類)に有効であり,休眠性のナス,トマト,トウガラシにも効果を認めている.また,低温処理を必要とする種子(シソ,モモ,リンゴ)に対する高濃度GA処理は発芽を促進する.

〔単為結実の促進〕 GAによる単位結実の誘起は,トマト,キュウリ,モモ,ナシ,リンゴ,ブドウなどでみとめられている.その中ではブドウのデラウエアにおいて,開花前10日の処理で雄性不稔が引き起こされ単為結実を誘起し,無核化する.また,満開14〜15日後の処理によって無核化した幼果の肥大が促される.この技術は現在市販されているGA$_3$＋A$_4$剤の使用量の大部分を占めている.この処理によって元来有種子果であったデラウエアが無種子となり,成熟も早くなり,商品性が飛躍的に高まった.同様の効果のある品種にマスカットベリーAおよび高雄がある.

トマトではGA処理によって,子房中の拡散オーキシン量が増大し,それによって単為結実が誘起されると考えられている.

〔結実の促進と肥大効果〕 無核性の果実に対してGA処理は結実を促進する(ワシントンネーブルオレンジ).また,同様に果実に処理すると果実が肥大する効果を示すものにブドウのトムソンシードレスなどの無核種がある.トマトについては,オーキシン処理単為結果させると,成熟期に種子を包むゼリー状物質の発達が少なく,空洞化する現象があるがこれに対してGA処理は有効である.

2) その他の園芸的利用法

〔軟白栽培〕 生長作用を利用した使用法で,ミツバ,春ウド(休眠打破効果も利用する)の軟白化したものの生長を促進する.

〔生育促進〕 セルリー,フキなどの葉柄の生長促進に利用する.

〔発芽・開花遅延〕 ウメなどで冬期の低温障害を受けやすい地帯で発芽や開花を遅らせ,それを回避する.

〔花芽分化の抑制〕 ウンシュウミカン,ネーブルオレンジ,イヨカンについて,生理的花芽形成期(12月)に処理して着花を減少させ,発育枝の発生を促し生産を安定させる.

〔果実の鮮度保持〕 成熟を遅らせて収穫後の日持ちを良くする(カキ).浮皮症を防止する(ウンシュウミカン),ネーブルオレンジの果皮表面に生じるワックスの生成を抑制する.

3) 他のホルモンとの相互作用

オーキシンとの相乗作用はわい性エンドウの節間,サツマイモの葉柄,コリウスの葉柄などで,相加作用はヒマワリ,キュウリの下胚軸切片で,拮抗作用はコリウスの葉柄の脱離で認められた.

阻害的に働く抗ジベレリン物質としてパクロブトラゾール (PP-333),ウニコナゾールD (S-327D) がある. (廣瀬)

ジベレリン検定法 gibberellin assay
⟶ 生物検定法

子 房 ovary

被子植物の雌性生殖細胞を分化する部分で雌ずいの基部にある,1ないし数枚の心皮 (carpel) が癒合した袋状の器官.子房壁 (ovary wall),心皮 (carpel),胎座 (placenta),胚珠 (ovule) から構成される.子房は受精後発達して果実となり,胚珠は種子となる.また子房はがくおよび花冠に対する位置

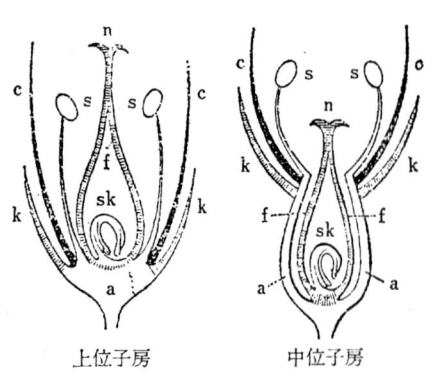

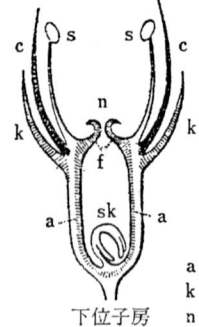

上位子房　　　中位子房　　　下位子房

子　房 (Giesenhagen)
a：花軸，f：子房，sk：胚珠，
k：がく，c：花弁，s：雄ずい，
n：柱頭

によって上位子房 (superior ovary)，中位子房 (half inferior ovary)，下位子房 (inferior ovary) の三つに分けられる．子房下位の花は上位の花より進化の程度が進んだものと考えられている（図参照）．　　　　　　（樋口）

脂肪酸　fatty acid　　⟶　脂質

絞　り　flake, variegation

花弁の色が，細胞の分裂方向にそって突然変異により，遺伝的に変色する場合を絞りと呼んでいる．絞りには染め分け，粗絞り，みじん絞りなど，いろいろな形状があり，それ

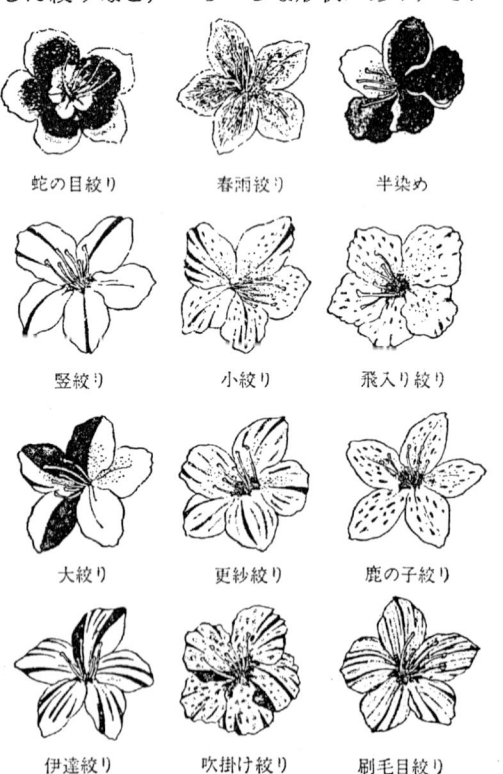

蛇の目絞り　　春雨絞り　　半染め
堅絞り　　小絞り　　飛入り絞り
大絞り　　更紗絞り　　鹿の子絞り
伊達絞り　　吹掛け絞り　　刷毛目絞り

絞　り

ぞれの形状を支配する遺伝子と易変性遺伝子が重なると，サツキのようにひんばんに絞り花が生じる．　　　　　　　　　　（国重）

花弁などで色彩の入り混じっている絞りは，日本で育成されたサツキ，ツバキ，アサガオ，ハナショウブにおいて，花の模様として重視された．特に，サツキ（皐月）では，絞りが重要な形質とされ，吹掛絞り，鹿の子絞り，春雨絞り，小絞り，荒絞り，堅絞り，半染め，刷毛目絞り，伊達絞り，糸絞りのような区分が用いられている．　　（樋口）

シミュレーション　simulation

実際に起こっている現象またはシステムを人工的にそれらしく再現することをいう．生物現象のように複雑な過程からなる現象の解析に当って，既知の過程や仮定を加えたモデルをつくり，実行させ，その結果を実際と対比することによりモデルを改良していく場合に用いる手法ともなる．シミュレーションはモデルの実行ともいえる．　　　　（崎山）

霜　道　frost belt　　⟶　霜害

弱せん(剪)定　light pruning　　⟶　せん定

弱毒ウイルス　attenuated virus　　⟶　ウイルス・ウイルス病

じゃ香　musk　　⟶　芳香成分

遮光栽培　shade culture

やや内容の異なる二つの意味に用いられるが，通常は，キク，ポインセチア，カランコエ，シャコバサボテンなどの短日植物に対し，長日期に黒布，遮光フィルムなどで遮光して短日条件を与え開花を促進する促成栽培を指

し，一般にシェード栽培と呼んでいる．遮光を開始あるいは打切る時期，暗黒時間などは，作物の種類，品種に応じて決める．遮光幕の開閉はタイマーで制御した自動開閉装置で行い，長日期は高温を伴うので夜間は幕を開いて温度の上昇を防ぐ，などの配慮がなされる．

これとは別に，強光下では生育が劣り良質の品が得られない．たとえばアンスリウム，シダ類などでは，寒冷しゃその他の遮光資材を用いて光量を低下させて栽培することが行われ，これを遮光栽培と呼ぶことがある．

(筒井)

遮光資材 shading material

強すぎる日射をさえぎり，地温，気温の過度な上昇を抑え，野菜，花きなどの生育や花成の促進，品質の向上をはかるために用いられるもので，従来はもっぱらよしずやラスが使用されたが，近年においては黒色，場合によっては銀色，白色などのビニロンまたはポリエチレン製の寒冷しゃ，不織布などが用いられることが多い．温室栽培では保温用カーテンの張線を用いて室内に水平張り，または屋根上に一定間隔をおいて傾斜張りされるが，温度上昇の抑制効果は後者のほうが高い．しかし本法は風に弱いので，一般には室内張りが多い．苗床上には水平張り，またはトンネル状に被覆される．前者のほうが風が流れるので効果が高い(→被覆資材，ラスハウス)． (板木)

ジャム jam

植物中に含まれる複合多糖類のペクチン質が，酸性溶液中で脱水作用を受けると軟らかく固まる作用，すなわち，ゲル化現象を利用した果実加工の一つである．製法の違いにより，ジャム，プレザーブ，マーマレードの製品となる．

ジャムは果実を煮た後，裏ごしし，得られたパルプに砂糖を加えて煮詰めたもので，果実の形は保たれていない．イチゴ，リンゴ，アンズ，モモ，キウイフルーツなど種類が多い．その際，できるだけ果実の原形を保つようにしたものをプレザーブ(preserve)と称する．イチゴ，ブルーベリーなどはプレザーブが多い．マーマレードはゼリー化した中に，果実の切片，主にカンキツ類の刻んだ果皮を混入したもので，ナツミカン，オレンジ，ダイダイなどが用いられる． (伊藤)

ジャームプラズム(生殖質) germplasm

Weismannが提唱した生殖質説(germ-plasm theory)が語源である．この場合の生殖質とは，生物の遺伝と生殖に関与する生物体の要素を意味し，生殖細胞(germ cell)に含まれ，個体発生と受精を通じて次の世代へ受け継がれていくものと考えられた．このような概念を受け，現在では遺伝物質と解されて，遺伝資源(genetic resource)と同じような意味で用いられている．この場合，遺伝資源として導入・保存・利用する花粉，種子，球根，穂木，植物体そのもの，あるいは培養組織など遺伝資源の実体を指す． (岩政)

斜面栽植方式 slope planting system
→ 開園

雌雄異花〔の〕 diclinism〔diclinous〕
→ 完全花・不完全花・単性花・両性花

雌雄異株・雌雄同株 dioecism；monoecism

雌雄別株，雌雄異体ともいい，雌雄同株に対する語である．単性花(雌花と雄花)をつける種子植物のうち，雌花と雄花とが別々の個体に生ずる場合それぞれを雌株，雄株という．イチョウ，アスパラガス，ホウレンソウなどがそうである．これに対し，単性花が同一個体上に生ずるものが雌雄同株である．ウリ類にみられる雌花，雄花はよく知られるところであるが，トウモロコシの雌穂，雄穂もやはり雌雄同株の一つの型である．

雌雄が異株であるか，同種であるかによりその作物の育種法，採種体系が大きく異なるため，植物の特性の中でも非常に重要なものである(→完全花・不完全花・単性花・両性花)． (成河)

雌雄異熟・雌雄同熟 dichogamy；homogamy

一般に両性花において，雌ずいと雄ずいは

ほぼ同時期に熟する雌雄同熟のものが多いが，両者の成熟期に時間のずれがあって自家受精できない雌雄異熟花があり，雄ずいの成熟が雌ずいのそれより先行する雄ずい先熟花と，逆の雌ずい先熟花とがある．雄ずい先熟花では柱頭や子房の成熟時に，すでに花粉が成熟して飛散してしまうか発芽能力を失い，自家不和合性の原因となる．単性花では，クルミのように雌花が先熟したり，雄花が先熟する雌雄異熟のものがある．雌雄花の開花期は樹齢や気温，日照，湿度などの環境条件によって左右されやすく，特に気温に対する感応度は，雄花が高く，雌花が低いので，開花前の気温が上昇すると雄花穂のほうが早く開花し，雄花先熟（雄ずい先熟）になることがある．クリも雌花と雄花の開花期が異なり，一般に雌花は雄花よりも開花期が早いが，品種，年次，地域によって異なる．雄花の開花期間は2〜3週間，雌花の受精能力期間は雌ずいが出始めてから約1カ月位ある．またポポーは完全花を着生するが，雌花先熟（雌ずい先熟）である．　　　　　　　　　　（吉田）

汁液伝染 sap inoculation　──→ ウイルス・ウイルス病

周縁キメラ periclinal chimera, periferal chimera　──→ キメラ

収穫機 harvestor

作物を収穫するための機械．作物の種類によって収穫方法が著しく異なるため，トラクタを基本とし，収穫用のアタッチメントを装着する方式で実用化されている．実用化されたものにバインダ，コンバイン（穀類），ビーンハーベスタ（マメ），ポテトディガ（イモ），サイドレーキ（牧草）などがある．一方，果実，野菜については傷がつくと商品価値が劣ること，一斉収穫をしないことなどの理由から収穫機の導入が遅れている．
　　　　　　　　　　　　　　　　（新井）

収穫適期 harvesting stage, picking stage

青果物が可食状態に達すると収穫する．その時期をいう．ただし，追熟するものは，追熟後一定の水準以上の食味になることが期待できる成熟の段階に達したときが，収穫適期である．

青果物は腐敗性食品と呼ばれ，消費者に届くまでに変質しやすい．一般にやや未熟なものが軟化などの変質が起こりにくいので，早期に収穫して出荷する傾向にある．しかし，味の面からは食味の最高になる完熟期の収穫が最適のため，少し遅らせたほうがよい．

収穫適期は果皮の色で判断することが多いが，リンゴやナシでは開花期からの日数，早生温州は酸含量，キウイフルーツは糖含量で判定している．

貯蔵において，収穫時期が貯蔵性に影響する．たとえばリンゴでは果実の呼吸量が最小になったときといわれている．　　（伊庭）

重金属障害 heavy metal injury, heavy metal pollution

土壌中に重金属が過剰に存在するとき作物がこれを吸収して生ずる作物の生育阻害が重金属障害である．比重が比較的大きい金属を重金属といい，比重5.0以上あるいは4.0以上のものを指すことが多い．農業上問題となっているものは Cu, Zn, Mn, Fe, Mo（微量要素），Ni, Pb, Cd, Hg, Cr である．重金属により，植物の鉄吸収抑制と体内鉄の代謝利用の妨害により生ずる葉の鉄欠乏クロロシスの発生が地上部の一般的障害症状であるが，重金属と作物の種類による特異的症状も知られている．また Cu, Ni, Pb, Hg, Cd などでは障害が根に最初に現れる．①酸性土壌：$Mn, Fe(II)$，②水田，過剰灌漑畑：$Fe(II)$，③微量要素肥料の過剰施肥：Mn, Cu，④農薬含有重金属の土壌集積：Cu，⑤蛇紋岩風化土壌：Ni, Cr などによる障害のほかに，現在では各種汚染源から発生する重金属の汚染により作物の重金属障害が生じている．重金属汚染を規制するため，法律で各種の基準が設けられている．　　　　　　　　（馬場）

集合果 multiple fruit　──→ 多花果

柔細胞 parenchymatous cell　──→ 柔組織・柔細胞

柔菜類 potherbs

柔菜類は野菜の種類を分類する一項目で，ホウレンソウ，シュンギク，フキ，タケノコなど特に軟弱な性質が強く，しかも茹でるか煮て食用に供する野菜をいうが，それぞれ利用する部位によって葉菜類や茎菜類などに含める分類法もある．　　　　　　（松本）

自由水 free water　⟶ 土壌水

重相関係数 multiple correlation coefficient　⟶ 相関係数

柔組織・柔細胞 parenchyma; parenchymatous cell

柔細胞は薄い細胞壁を有し，等径あるいは細長い多面体の，原形質をもった植物細胞であり，種々の機能をもつものがある．柔組織は柔細胞からなる各種組織をいい，茎や根の皮層やすい組織，葉肉組織，果実の果肉組織，種子の胚乳など，諸器官の基本組織を構成するばかりでなく，維管束組織中にも木部柔組織，師部柔組織あるいは放射組織として存在する（⟶放射組織）．したがって柔組織の機能は多様であり，位置する部位に応じて，光合成，糖やデンプン・タンパク質・脂質などの合成，貯蔵，分泌などを営んでおり，これらの機能に応じて構成細胞は種々の細胞小器官や細胞内含有物を含んでいる．成熟細胞でありながら，条件によっては細胞分裂の活性を回復することもある．　　　　　（石原）

集団育種法 mass method of breeding, bulk breeding

ラムシュ育種法または集団固定育種法ともいわれ，自殖性作物に用いられる交雑育種法の一つである（⟶育種）．系統育種法と異なり，雑種の初期世代では個体選抜を行わず集団のまま放任採種を続け，後期世代に至って個体選抜を行い，続いて系統選抜へと進める．この方法によれば世代が進むにつれホモ個体の割合が増加して後期の選抜効果が大きい．また，初期世代で選抜を行わないので雑種強勢や環境の影響を受けやすい形質の選抜をさけることができ，さらにリンケージしている形質についても組換えによる新しい優良形質組合せ個体の選抜も期待できる．
　　　　　　　　　　　　　　　　（岩佐）

集団選抜 mass selection

個体選抜，系統選抜に対する語であるが，その意味合いから必ずしも対立するものとはいえない．すなわち，集団選抜には分離集団から相当数の個体を選び（個体選抜），その種子を混合して次代集団をつくる場合と，ある集団から不良個体を淘汰し，残りを集団採種する場合とがある．前者は選抜が積極的であり，耐病性を目標とする育種で，汚染ほでの選抜などでよく利用される．後者は目標形質が量的であり，早急な固定が困難と判断される場合に用いられる．いずれにしても，集団選抜の後に系統選抜，個体選抜がなされるのが普通である（⟶系統選抜，個体選抜）．
　　　　　　　　　　　　　　　　（成河）

自由度 degrees of freedom

n 個の標本 x_1, x_2, ……, x_n の標本平均値を $\bar{x}$ とすると，不偏分散 V は

$$V = \frac{\sum_{i=1}^{n}(x_i - \bar{x})^2}{n-1}$$

によって計算される．この分母 $n-1$ を自由度と呼ぶ．個々のデータの平均値からの偏差を計算したとき，$n-1$ 個がわかると n 番目の偏差は自動的に決まってしまう．このように自由に変えられる数を自由度という．自由度は標本の大きさから制約条件の数を引いたものになる．

自由度はまた，t 分布，F 分布，χ^2 分布などを規定する母数である．　　　　　（菊池）

雌雄同花 complete flower, perfect flower
⟶ 完全花・不完全花・単性花・両性花

雌雄同株 monoecism　⟶ 雌雄異株・雌雄同株

雌雄同熟 homogamy　⟶ 雌雄異熟・雌雄同熟

周年生産 year-round culture

ある作物を，1年を通じて生産し供給できるように栽培すること．同じ畑で同じ作物が栽培される例もあるが，日本国内の違った場

所で違った時期に栽培され，結果的に日本国内で1年を通じて生産・供給される例が多い．　　　　　　　　　　　　　　（松尾）

重のう(嚢)果・二重果　navel aperture, navel structure; secondary fruit

ネーブルオレンジの果実には二重果や重のうが形成され，他のオレンジ果実に比べて構造が複雑である．重のうとは花落ち部に一次果の心皮が重なって遅れて生じてできた状態をいい，二重果とはその心皮内に二次果の心皮ができて小果実に発達した状態をいう．外観的に花落ち部がへそ状にみえ，ネーブルの名称の由来となった．　　　　　（大垣）

周　皮　periderm

茎に形成層が分化して二次木部や師部が形成されてくると，表皮あるいは皮層は，茎の内部の肥大生長に伴って生長することができずに脱落するか，または二次分裂をしてコルク形成層をつくる．コルク形成層からは外側

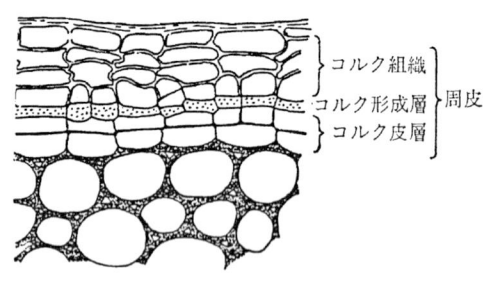

周　皮（Esau, 1977）

へコルク層，内側へコルク皮層ができる．この3要素を周皮という．表皮に代わり，茎の保護をする．また，茎の呼吸のため，ところどころに皮目を分化する．　　　　　　（田中）

重複受精　double fertilization　　→　受粉・受精

周辺花　marginal flower　　→　舌状花

周辺効果　border effect

ほ場を用いて行う実験では，土壌条件は均質であっても，実験区画の周辺部は，個体の微細な環境条件が中心部のそれらと違い，得られる測定結果が異なることがある．これを周辺効果という．ほ場試験では周辺部からのサンプリングを除外するか，データを除いて集計処理する必要がある．　　　　　（渡部）

終夜照明　continuous lighting　　→　人工照明

収量構成　yield components

作物の収量は，さまざまな要因（遺伝，環境，技術など）の影響を受けるが，収量構成要素に分解して把握しようとする考え方がある．たとえばウンシュウミカンでは，樹冠占有面積率，葉面積指数から単位面積当り利用率を求め，さらに，10a収量＝本数×1樹結果数×平均果重のように分ける．また，品質を加味して収益性を求める場合は，大果歩合などを加えている．　　　　　　　（渡部）

重量選別　grading by weight　　→　選果・選別

収量予測　yield forecast, yield prediction

作物の収量を予測する方法には過去と当年の気象データを基礎に統計学的推計をする方法と，作物の生育を調査して予想する方法とを併用して行われている．

リンゴの収量の支配要因としては，花芽不足とモニリア病などの病害の発生がおもなものとしてあげられているが，モニリア病の大発生は太陽黒点の消長と関係が深いとされている．

ある地方のミカンの収量予測は，熟練者による経験的な観測法をも参考にしながら，規則的に設けられた観測定点ほ場における収量構成要素調査(→収量構成)と，平均気温などの気象データと収量（生産量）との統計処理の結果の適用，前年度収量との統計処理結果などとを総合的に処理して推計している．

スイカの収量は6，7月の降水量と密接な関係があるとされ，これらに基づいて，それぞれ気象生産指数が求められている．（渡部）

重力屈性　gravitropism　　→　極性・屈性

重力水　gravitational water　　→　土壌水

珠　芽　bulbil, aerial bulblet, aerial tuber, bulblet tufer

むかごとも呼ばれ，地上の葉えきに形成さ

れる小球根のことで，ユリ類でみられるりん芽（bulbil）とシュウカイドウ，ナガイモなどで形成される肉芽（tubercie）とがある．前者はえき芽が小さなりん茎に，後者は塊茎に発達したものであり，種球として用いられる． （今西）

主 幹 trunk

地上部で直立し，主枝などを分枝し，基部に，その樹の樹齢に相当する年輪を有する茎を主幹と称する．一部の果樹で，最下位の第一主枝の分枝部まで（幹長）を主幹と呼称する例もあるが，それほど限定されたものではない．一般に幹長が短いほど樹勢が強い．高木性果樹は単一の主幹を有し，地上部から一定の高さの幹径や幹周（trunk girth）を定期的に測定し，その樹の特性表示に用いる．しかし，果樹の幹周肥大は，光合成産物の果実への配分の残部の表示を意味するものでもあり，経年的推移の究明に有効であるが，評価対象としては慎重さを要す．わい性樹を短年月で樹高を高める，苗木を斜めに定植し，主幹を延長させて第一主枝とする例もある． （岸本）

樹 冠 tree crown, tree canopy

立木性の樹の枝葉が水平，垂直両方向に向かって伸長し占有している範囲を樹冠と称し，上空よりみれば，ほぼ円形をなしている．若樹の時期までの根の分布は樹冠投影面積に対応している．樹齢が進むと，内部に樹冠無効容積を生ずる．果樹の栽植密度の適正度として，樹冠と樹冠の距離が用いられ，また，果樹の生産力の一つの現し方として，樹冠容積当り，または樹冠投影面積当りの収量，結果数が用いられる． （岸本）

主幹形整枝 central leader type training
⟶ 整枝

種間雑種・属間雑種 species hybrid, interspecies hybrid, interspecific hybrid; genushybrid, intergeneric hybrid

異なる種間および属間の交雑により生じた雑種のこと．種内の品種や系統間の交雑によっては育種目的を達することができない場合など，広く有用遺伝子を異種あるいは異属間に求めて交雑が行われる．この際両親種の遺伝的相異が大きいので雑種の作出には様々な困難を伴うことが多い．さらに雑種が育成されても生育不良，不稔性，不良形質の出現などが生じるのでその後代の育種的処理（染色体倍加による複二倍体化，低稔性向上のための選抜など）を必要とする．雑種がそのまま新品種となりうる場合は栄養繁殖による． （岩佐）

樹冠無効容積 ⟶ 樹冠
樹冠容積 canopy volume ⟶ 樹冠

種 球 seed bulb, seed corm

繁殖を目的として植え付ける球根のことをいい，木子，珠芽，子球などが用いられることが多い．増殖をはからねばならない，新育成品種などの母本となる球根に対しても，使われる語である． （今西）

縮果病 internal cork, corky core
⟶ ホウ素欠乏症

熟枝挿し hardwood cutting ⟶ 挿し木

熟 度 degree of maturity, degree of ripeness

成熟の程度，度合をいい，未熟，黄熟，適熟，完熟，過熟などという．熟度は一般に外観の色により判定することが多く，果実・野菜それぞれの熟度に対応した着色度により，ripeness score をつくり熟度を判定している．また16種の果実については果樹試験場製作のカラーチャート（6～13段階の色の変化）によって熟度の判定を行っている．早・中・晩生別の品種によって，〔満〕開花日から収穫日までの日数（成熟日数）によっても大略の熟度を判定する．果実は一般に成熟に伴う熟度が進むにつれて，果色は緑色からその果実特有の色に着色し，糖の増加，酸の減少がみられ，果実は軟化し，特有の芳香成分が生じ可食状態となる． （萩沼）

主 茎 main stem

種子が発芽すると，胚が生長してシュート（苗条 shoot）を生ずる．このシュートは茎頂

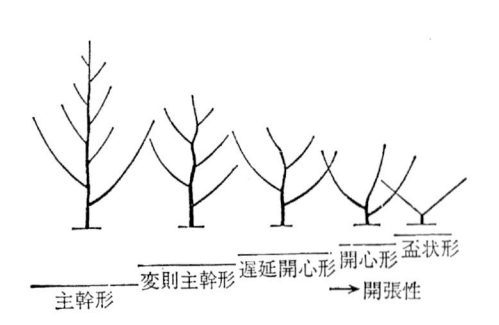

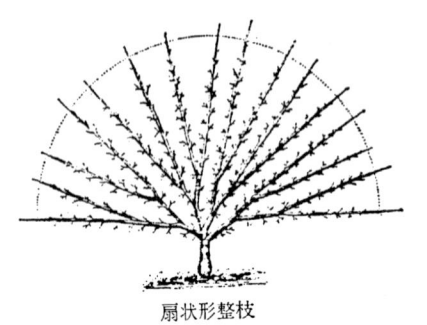

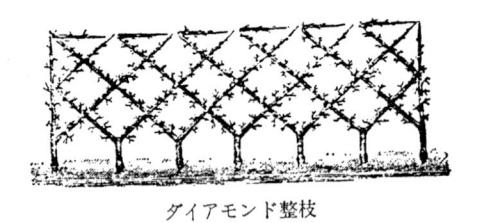

主幹形　変則主幹形　遅延開心形　開心形　盃状形
　　　　　　　　　　　　　　→開張性

扇状形整枝

ダイアモンド整枝

マンゴーの自然樹形（無せん定）（フイリピン）

リンゴの並木植え（主幹形）（ソ連）

リンゴの垣根仕立て（トルコ）

リンゴの斜め植え（イギリス）

部から次々に茎や葉を分化するが，この主軸を主茎という．この側方に発生する芽（通常葉えきに生ずる）は側芽で，これが伸長すると分枝（branch）となる．茎頂が平等な二つの頂端分裂組織に分かれて二つの枝になるとき（二叉分枝）は，どちらが主茎とはいえないことになる．　　　　　　　　　　　（田中）

樹形・樹姿 tree form; tree figure, tree performance, tree shape

樹の全体の形を表現する用語としての樹形と樹姿は，便宜的な区別として，樹形は自然の形と人為の加えられた形（前ページ図参照）の両者を含むが，樹姿は人為的に整姿もしくは整枝された形といえる．自然樹形には，ヒマラヤシーダやイチョウが円すい形，ケヤキが扇形であるなど，種固有の特徴を示す．果実の生産効率と品質の向上のため，果樹の整枝せん定技術がある．整枝せん定により，一定の樹形もしくは樹姿を育成し，長年月にわたり維持する．理想的な樹姿とは，良品果実の多収に適合し，病害虫防除などの栽培管理が容易であり，なおかつ，台風などの災害に抵抗性を有するなどの多面的合理性を必要とする（→整枝，せん定）．　　　　（岸本）

受光態勢 light-intercepting characteristics, light-interception characteristic

植物個体群内への光の透過および分布に関係する葉群の形状ならびにその立体配置のことで，草姿と呼ぶこともある．個体群光合成能力（P_1）は，$P_1=Afp_0$ すなわち，葉面積指数（A），受光能率（f）および葉面積当りの光合成能力（p_0）の積によって決定される．受光能率は，p_0 に対する群落内葉群の面積当りの光合成の割合で，1より小さい．葉面積指数が等しい場合，受光態勢がよいと受光能率 f の値が大きくなり，群落光合成能力が高まる．個体群の物質生産の向上には，葉面積の拡大とともに，品種ならびに栽培法によって生育盛期の受光態勢を良好にして受光能率を高く保つことが重要である．（稲田）

主　根 main root, tap root　　──→根系

種　子 seed

顕花植物は一般に種子を生じ，これを散布して繁殖していく．これは裸子植物も被子植物も同様である．一般に種子といっているものでも，本当の種子そのもの（ブラシカ類，マメ類，ナス，トマト，キュウリなど）と，本当は果実と称すべきもの（レタス，ゴボウ，ホウレンソウ，バラなど——瘦果）とがある．イネの種子はさらにえいに覆われている．ビートの種子は花被に覆われた果実の集まったものである．

種子は種皮，胚乳および胚からなっているが，無胚乳種子（ブラシカ類，ウリ類，マメ類など）では胚乳はうすい1層をなすのみで，発芽のための養分は子葉部に蓄えられている．マメ類種子では種皮上の一角に種孔（発芽孔），種瘤，臍および臍条が接近して存在している．種孔は幼根の伸長してくる場所であり，臍および種瘤は水分が最初に浸入する場所となることが多い．種果皮あるいはえいのみが発育して，内部の発育の不十分なものが"しいな"である．

開花・受精後種子は次第に発育して完熟に達するが，イネ科の種子ではこの各期を乳熟，糊熟，黄熟および枯熟に分けている．植物体上で成熟期に達しても胚が未熟で，地上に落ちてから胚の発育を必要とするものがある（朝鮮ニンジン，クロガネモチなど）．またニンジン種子では発育の不十分な胚をもっているもの，あるいは胚を全く欠く無胚種子がある．未熟刈（若種）では特にその割合が多い．これらは，いわゆる不完全種子である．

採種した種子は十分に乾燥した後精選機にかける．種子は一般に，大きく，充実している種子ほど発芽してからの生育がよい．したがって少なくとも一定度以下の小型，軽比重の種子の使用は好ましくない．精選には風選とふるい分けが最も多く用いられ，この二つを組み合わせた精選機が数多く市販されている．その他毛除機，比重選別機，色選別機など様々な精選機が種子の種類および選別区分に応じて用いられている．

多くの種子は，完熟当初は休眠していて，時日の経過とともに休眠が破れて発芽できるようになる．休眠には発芽抑制物質が関係している場合が多い．抑制作用が何らかの理由で弱まって植物体上で発芽してくるのが穂発芽あるいは果実内の発芽である．

種子の休眠はいろいろな条件によって破れる．すなわち光，変温，低温，高温，乾燥，各種化学物質（ジベレリン，エチレン，サイトカイニン，硝酸カリ）などが休眠を破って発芽を促進する．自然条件下でもこれらが休眠打破を促進しているが，人工的にこれらの条件を与えると効果的に休眠を破ることができる．

光線条件では光によって発芽を促進されるもの（好光性種子，光発芽性種子，明発芽種子——ゴボウ，レタス，ブラシカ類，キンギョソウなど）と，光によって発芽を抑制される暗発芽種子——ダイコン，ハゲイトウ，ブロムグラスなどがある．マメ類，ホウレンソウなどはいかなる条件でも光は無関係である．しかし好光性，好暗性を問わず，一般に赤色光は発芽を促進し，近赤外光は発芽を抑制する．したがって近赤外光に富む白熱電灯光は発芽に有害な場合が多い．

温度条件は，低温発育性の作物（レタス，ホウレンソウ，セルリー，エンドウ，コムギなど）では15～20℃が発芽適温であり，高温性作物のトマト，ピーマン，キュウリ，スイカ，イネなどでは25～30℃が発芽適温である．ナス種子は変温を必要とし，採種直後の休眠の深い種子は特に変温要求性が大きい．ゴボウ，タデ，野シバなどの種子でも変温が休眠打破に有効である．

植物ホルモン中ではジベレリンが最も対象範囲が広い．ナス，シクラメン，ニチニチソウ，ベゴニア，ブロワリア，カルセオラリアなどに有効である．サイトカイニンはジベレリンと協同して有効な場合が多い（レタス，セルリーなど）．エチレンはレタス，ラッカセイなどに有効であるが，気体であるため，エチレンを発生する液体であるエスレルが用いられることが多い．硝酸カリもブラシカ類，クレオメ，キンギョソウ，キンセンカなど多くの種子に有効である．チオ尿素もゴボウやアブラナ科種子の休眠打破に用いられる．

低温処理は層積処理と共通するもので，2～3日の短期間（ブラシカ類，レタスなど）ないし数か月間の長期を必要とするもの（果樹類，林木種子）まで，適当な期間処理することによって有効に休眠を打破することができる．

ラッカセイやホウレンソウ種子の休眠打破には高温（45～60℃）の短期間（2～7日）処理が有効である．

マメ類では硬実を示すものがある．硬実とは種皮が不透水性で吸水できないものである．クローバー類などの小粒マメ科種子に多いが，ダイズ，インゲンなどでも品種によっては硬実の多いものがある．また通常は硬実を示さなくとも，含水量が減少すると硬実を示す場合がある．マメ科以外で硬実を示すものには，アオイ科のオクラ，タチアオイ，ハイビスカスなど，ハゼノキ科のウルシ，ハゼノキなど，ヒルガオ科のアサガオ，ヒルガオ，カンショなど，シナノキ科のシナノキ，黄麻など，ナス科のバレイショ，フウロソウ科のゼラニウム，カンナ科のカンナ，ジンチョウゲ科のガンピ，ヒツジグサ科のハス，などがある．

種子が発芽する場合には，まず幼根が伸びて，ついで幼芽が伸びてくる．幼芽が先に伸びて，幼根の発育不十分なものは異常発芽である．活力の弱った場合に多い．また子葉下位として子葉が地中に残るもの（エンドウ，ソラマメ，クリなど）と，子葉と幼根との間の胚軸が伸びて，子葉が地上に出てくるもの（インゲン，ウリ類，ブラシカ類，ネギ類，ナスなど）とがある．

種子を播く場合に，直接播かずにいろいろ予措を行うことがある．浸種，種子消毒，ホルモン処理，催芽などである．イネでは一定比重の塩水中に浸漬して比重の軽いものを除

く(塩水選).

浸種はあらかじめ吸水させて，ほ場に播いたときの吸水の手間を省かせて発芽を促進するために行う．しかし浸種は大粒マメ類種子の場合には有害で，その他の種子でも活力の弱った種子は浸種によって貯蔵養分の流出が多くなって好ましくない場合が多い．

催芽も種子あるいは種イモを一定条件下で芽を出させて，これを畑に播く方法で，貴重な種子（種子なしスイカなど），休眠の深い種子，発芽の不ぞろいになりがちな種子（セルリー，ニンジンなど），あるいは寒冷期または高温期（レタス，セルリーなど）の播種に用いられる．ジャガイモも催芽播きが行われる．催芽播きを機械化したものが溶液播き（fluid drilling）である（→催芽）．

小粒種子あるいは不整形種子では種子を粘土などで被覆して丸薬のような形にしておくと機械播きに便利である．これがコーティング種子（pelleted seeds）である．被覆中に殺菌剤あるいは肥料を混合しておくと発育に好都合である．

種子の貯蔵には一般に乾燥・低温が好適である．すなわち水分を5〜6％にして，なるべく低温にして貯蔵するのがよい（ordinary seeds）．乾燥した種子を密閉貯蔵するために缶，瓶，アルミ箔袋，ポリエチレン袋などが用いられる．また乾燥剤としてシリカゲルを封入するとさらに効果的である．しかし一部の種子（recalcitrant crop seeds）では湿潤貯蔵が適し，乾燥すると生命力を失う．タデ，ワサビ，クリ，カシなどの種子がこれに属し，さらに熱帯植物種子では乾燥のみでなく，10〜15℃以下の低温が生命力を害するものがある（コーヒー，カカオなど）．

Ordinary seedsは乾燥・低温に保てば数十年ないし数百年の間生命力（発芽力）を保ちうる．従来短命種子とされていたネギ，タマネギなどにしてもそうである．ハスのような硬実種子では自然条件下でも千年以上の生命力を保ったという報告がある．しかしrecalcitrant seedsではたとえ適条件に置いても長期の貯蔵は困難である．

各種苗会社は低温・乾燥貯蔵庫をもっていて，それぞれ種子を貯蔵しているが，これを種苗会社全体として計画的に行っているのが備蓄種子である．備蓄用種子貯蔵庫の規準は，温度20℃以下，空気湿度55％以下となっている．このような条件であれば，数年間の貯蔵は可能である．

種子が古くなって弱ってくると，全体の発芽率の低下に先だって活力が弱ってくる．この活力の低下は発芽勢（限定日数下の発芽率），テトラゾリウムクロライド反応，幼根および幼芽の長さなどによって測定できる．

貯蔵種子の生産力は，活力さえ正常であれば，貯蔵年数はあまり関係がない．たとえ貯蔵年月は少なくとも，活力の弱った種子は十分な生産をあげることができない．

種子には様々な病菌（糸状菌，バクテリア，ウイルス，ネマトーダ）が付着あるいは侵入している場合が多く，これが発芽に際して立枯れを起こし，あるいは成植物の発病の原因となる．種子消毒にはふつう薬剤消毒および熱（乾熱，湿熱）消毒が用いられる．種子会社はレタス，ビートなどの種子をベンレート，ダイセンなどの殺菌剤で粉衣してから販売することが多い．

各種苗会社は自社の各ロット種子の発芽を調べている．また政府の種子検査機関でも抜取り検査をして，また依頼検査として，発芽試験を行っている．発芽試験の発芽床としては，日本では小粒種子にはろ紙を，マメ類などの大粒種子には砂を用いているが，欧米諸国では大粒種子にはロールペーパー法を用いている場合が多い．

検定種子とは，発芽率などの室内検査のみならず，同時にほ場生育調査をも行った種子のことであるが，現在では単に室内検査のみを行った種子を指す場合が多い．保証種子とは採種ほの検査と室内検査とに合格した種子である． (中村)

主枝・亜主枝 primary scaffold limb, primary scaffold branch ; secondary scaffold limb, secondary scaffold branch

　果樹は幼木期に整枝管理を行うのが一般的である．これは，主枝や亜主枝の強力な骨組みをこの期間に完成させるためである．主枝というのは，主幹から分岐させる最も太い枝で，果樹の種類によって2～4本を選定する．果実の安定した生産を保持するために，主枝の分岐させる位置，特に主枝が同じ位置から分岐して車枝にならないよう，また主枝間の距離や主幹に対する角度が適切になるよう注意を払う必要がある．亜主枝はこの主枝上に分枝させる第二番目に太い枝で，この亜主枝上にさらに枝を張らせて側枝および結果枝群を構成するため，亜主枝として残す枝についても主枝と同様にその位置や角度に留意する必要がある．なお，果樹はその生長習性に応じて変則主幹形や盃状形（開心自然形）に仕立て，またブドウでは棚仕立てを行うが，主枝，亜主枝の骨組みは同じである．　（湯田）

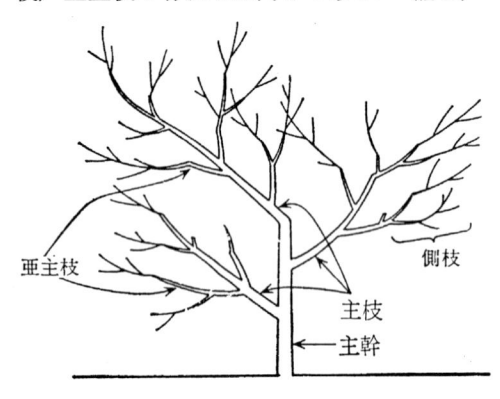

主幹，主枝，亜主枝の関係

樹　姿　tree figure, tree performance, tree shape　──→　樹形・樹姿

樹　脂　resin

　植物体からの分泌物または傷口からの流出物として生ずる精油類縁物質の総称である．主としてセスキテルペン，ジテルペン，トリテルペン，またはそれらのオキシ誘導体の混合物からなる．植物体からは精油との混合物として分離されるが，精油中の揮発性成分の蒸発と酸化によって粘度を増し，ついには固化する．植物の傷口から流出した樹脂は，傷の部分の被覆・保護の役割を果すともいわれる．たとえば，*Phomopsis* sp. によるカンキツ樹の樹脂病のように，枝幹が病菌の侵入加害により，樹脂を流出する場合もある．また，植物の種類によっては樹脂を塗料や薬品などの原料に用いるなど，広い用途がある．

　果樹のせん定は，人為的に樹に傷口をつくるため，ゆ（癒）合組織（カルス）の形成と関連した樹脂の分泌への対応が重要である．樹脂が，ある程度の期間，継続的に補給される状態の切口が望ましく，切株のような突出部分の切口はカルスの形成が困難である．ウイルスや菌などに起因し，かつ老化とも関係がある樹脂病もあり，傷口の保護に配慮を要する．
　　　　　　　　　　　　　（玉木・岸本）

種子検査　seed testing　──→　種子
種子根　seminal root　──→　根系
種子春化　seed vernalization　──→　春化
種子消毒　seed disinfection　──→　種子
種子伝染　seed transmission

　作物に病気を起こす病原体が，種子を介して次代に伝わり病気を起こす現象で，昆虫伝染，土壌伝染などに対する言葉である．種子伝染の仕組みから，①種子表面に付着した病原体による場合と，②種子の内部に入りこんだ病原体による場合とがある．①は糸状菌（かび）やバクテリヤ（細菌）による病気でひんぱんにみられるが，種子消毒剤によって防ぐことができる．②はムギのはだか黒穂病やマメ類・核果類などのウイルス病でみられる．ムギのはだか黒穂病では，種子を温湯に浸漬することによって種子内部の菌糸を殺す方法がとられるが，ウイルス感染の場合は防ぐ方法がない．親植物の花粉または胚のうがウイルスに感染していると，受精胚の中にウイルスがもち込まれ種子伝染が起こる．しかし，種子伝染するかしないかは，ウイルスと植物の組合せで決まっており，多くの植物ではウイルスに全身感染していても種子伝染することはない．　　　　　　　　（山口）

樹脂病　resinosis, gummosis　──→　樹

脂

樹上かん(灌)水 overhead watering, overhead irrigation ——→ かんがい・かん水

珠心胚 nucellar embryo

カンキツ類やマンゴーにみられる無性生殖 (apomixis) の一つで，珠心細胞から不定芽的に発達した無性胚をいう．このような無性胚を含む種子は多胚性 (polyembryony) で多胚種子となる．カンキツ類では発生過程が詳しく観察されており，珠心胚始原細胞は開花期前後から識別できる．この始原細胞は開花1カ月後ごろから，受精に関係なく分裂を開始し，無受精種子内でも球状胚程度まで発達する．しかし，発芽能力をもつ胚に発達するためには胚乳が必要で受精しなければならない．前述の無受精種子を培養すれば微小胚が発育し珠心胚実生 (nucellar seedling) を育成できる．珠心胚が形成されると受精胚からの交雑実生が育ちにくく育種には不都合である．カンキツの珠心胚形成は優性遺伝子に支配され，劣性ホモの場合に単胚性 (monoembryony) となる．　　　　　　　(岩政)

珠心胚実生 nucellar seedling ——→ 珠心胚

受精 fertilization ——→ 受粉・受精

樹勢 tree vigor

樹の生育力の総合的表現である．同一の園内の樹の相対的評価に用いうるが，客観的な規定はない．一般的に，早生種が晩生種より，老木が若木より，長幹型整枝が短幹より樹勢は弱いとされる．使用される背景に注意を要す．　　　　　　　　　　　　　(岸本)

主成分分析 principal component analysis, PCA

たとえば，たくさんの品種（系統）について多くの特性が測定され，品種と特性の2元表ができあがってもこれから品種の特徴を総合的に把握することは難しい．主成分分析法は，互いに相関関係のある特性のもつ情報を，独立な少数個の総合特性値（主成分）に要約し，品種の特徴づけや類別を容易にする多変量解析法の一つである．総合特性値は，個々の特性の重みづき1次式で表される．1次式の中で分散（固有値）が最大なものを第一主成分，第一主成分とは無相関で最大の分散をもつ総合特性値を第二主成分という．主成分と，元の個々の特性との相関係数を因子負荷量と呼び，これによって主成分の生物学的意味を考察できる．生物において，第一主成分は全体としての大きさ (size factor)，第二主成分は形状 (shape factor) を特徴づける場合が多い．　　　　　　　　　(菊池)

酒石酸 tartaric acid ——→ 果実酸

出荷 shipment, shipping

青果物は選別後，ダンボール箱に詰めて出荷するのが一般的である．選果場に数戸以上の生産者の品物を集めて出荷するのを共同出荷と称し，農家が個人で市場などにもち込むのを個人出荷と呼ぶ．果実の出荷基準は全国標準規格が農林水産省農蚕園芸局長の通達により，果樹の種類ごとに決められ，品位基準（外観），大小基準，包装基準から成り立っている．包装基準にダンボール箱の大きさ，量目，材質などが決められている．カンキツ類は10〜15kg入りのダンボール箱にバラ詰めするが，リンゴ，ナシは1段5kgをパック詰めにしてダンボール箱に2〜3段重ねて詰める．イチゴ，ビワ，オウトウ，スモモは塩化ビニルトレイに詰め，ストレッチフィルムをかぶせたものを4箱ダンボール箱に入れて出荷している．野菜には野菜供給安定基金刊行の「野菜標準規格の手引き」があるが，果実より複雑であり，供給量がピークとなる時期より早期出荷すれば，単価の高い場合が多い．　　　　　　　　　　　　　(伊庭)

出芽 emergence

種子を播いて覆土した後，芽が地上に出てくるのが出芽である．作物栽培では出芽が早くかつ斉一であることが望ましい．このためには活力の旺盛な種子の使用，種子消毒，適当な覆土の厚さ，かん水等に関する注意が必要である．　　　　　　　　　　　(中村)

宿根性植物 perennial plant

生育，開花，結実後枯死せずに，植物体の

一部または全部が残って長年にわたって生育，開花を繰り返すものを宿根性植物と呼んでいる．普通は草本植物に用いられ宿根草，多年草とも呼ばれている．木本性のものに対しては永年性が用いられることもある．宿根草は一度定植すると，毎年継続して生育・開花してくるので園芸的には取扱いが容易である．増殖は普通，挿し芽，株分け等の栄養繁殖によるので，品種の維持も比較的容易である．キク，カーネーション，ガーベラ，ミヤコワスレ，アルストロメリヤなど，園芸上重要な種類が多く含まれている．　　　　（国重）

シュードガミー　pseudogamy

配偶体単為生殖の一つで，胚のう母細胞が一般分裂を行い，あるいは減数分裂の途中で分裂が中止されることによって2倍性の卵を形成し，その卵細胞が受精を行わず，受粉，花粉管の伸長あるいは精核の刺激によって発達し，新しい個体を形成することをシュードガミーまたは偽受精という．こうしてできた植物は遺伝的に親株と同一である．アブラナ科などでは，偽受精によって傾母植物の育成を行うなど，育種に利用されている．

（吉田）

種　皮　seed coat, testa　　→種子

珠　皮　integument

珠皮は胚珠を包む被膜で，通常内外二層になっている．外側の層を外珠皮（outer integument），内側の層を内珠皮（inner integument）という．受精後，子房や花たくが果実に発達すると，珠皮は種皮（seed coat）に変わり種々に変形する．　　　　（湯田）

樹皮たい(堆)肥　bark compost　　→たいきゅう肥

種　苗　seed and seedling

種苗とは種子および球根，苗，苗木，菌糸等，農林水産物の繁殖の用に供するものを指す．種苗は繁殖の基本になるもので，その品質の優劣は農産物の収量および品質に直接影響するので，各国ともに種子法あるいは種苗法を制定して種苗の品質の確保，向上に努めている．各国の種苗法では一般には農作物の種物を扱っているが，わが国の種苗法（農産種苗法は旧法である）では林木，きのこ類および海藻類の苗木，種子，菌糸あるいは胞子をも包含している．

種苗法には二つの基本柱がある．一つは新品種育成者の権利保護であり，他は流通する種物の品質確保である．前者は一種の植物特許であって，政府の認めた新品種については，育成者に一定期間（15〜20年）その品種繁殖の権利を与えるものである．その権利は国際協定によって国際的にも保護されている．流通する種物については政府が種子検査あるいは種苗検査を実施している．この検査にも，増殖時，流通時および流通後の検査に分れ，グレードの高い種子（保証種子，登録種子等）ほど多くの段階の検査が行われるが，一般種子については流通段階の検査のみである．

欧州諸国では品種登録制度を採用していて，多くの作物で政府に登録した品種（登録品種）以外の栽培を認められていない．日本およびアメリカではこうした厳重な品種管理は行われていない．

新品種育成のためには国内に現存する品種のみでは不十分なので，外国で育成した品種の導入，あるいは探検隊を組織して野生種で育種親として利用できるものの採集導入に努めている．こうして導入された種苗は，種子については政府の種子貯蔵庫で保存され，苗木，球根等はそれぞれ専門の試験場が分担して栽培保存している．菌類は継代培養を行う．最近組織培養の進歩とともに，組織培養の形での保存法の研究が進んでいる．

種苗消毒は種子消毒と球根消毒に分けられる．いずれも薬剤消毒と熱消毒が用いられる．薬剤消毒ではベノミル，チラム，チオファネートメチル等の薬剤が用いられる．ベンレートTはチラムとベノミルの，ホーマイはチラムとチオファネートメチルの複合剤である．熱消毒では，種子では湿熱および乾熱が，球根では湿熱が用いられる．乾熱は70〜80℃で3〜7日間処理され，湿熱では50〜55℃の温湯で数分〜30分間浸漬が行われる．

種子の生産には豊凶が伴うので，その意味でも種苗の貯蔵は重要である．このために野菜種子については備蓄種子の制度が行われて，毎年一定量の主要野菜の種子が各種苗商の貯蔵庫に計画的に貯蔵されている．種子検査が政府機関によって行われている．

(中村)

種苗検査 seed and seedling test
⟶ 種苗

種苗消毒 seed and seedling disinfection
⟶ 種苗

種苗法 the seeds and seedling law
⟶ 種苗

受粉・受精 pollination; fertilization

被子植物の花粉が雌ずいの柱頭に，裸子植物の花粉が胚珠の珠孔部に付着する現象を受粉といい，受粉した花粉が発芽し，その核が胚のう内の卵核と結合することを受精という．被子植物では，珠孔に入り込んだ花粉管の先端が破れて，その1個の雄核（雄性核）は卵細胞に入って卵核と合し，他の雄核は極核（胚乳核）と合する．前者は発育して胚となり，後者は分裂して胚乳組織をつくる．このように，胚のう内の2カ所で受精が行われるので，これを重複受精と呼んでいる．裸子植物の場合は，花粉粒が珠孔から花粉室に入って数カ月待機してから花粉管が伸び出して胚珠心に侵入して頸卵器に達し，頸細胞の間から中央細胞に入って受精が行われる．

1) 受　粉

雌性側からみた場合を受粉，雄性側から実施するものを授粉と区別する場合もあるが，現在では両方の意味を含めて受粉という用語を使用している．

〔自家受粉と自花受粉〕　同一個体上の花粉がその柱頭につく場合を自家受粉，同一の花中で雄ずいの花粉が柱頭につくことを自花受粉または同花受粉という．

〔隣花受粉〕　同一個体上の異なるの花の花粉で受粉することをいい，同株他花受粉ということもある．

〔他家受粉と他花受粉〕　同花受粉でないものをすべて他花受粉とする説もあるが，遺伝的に同じものと異なるものが含まれるおそれがある．他家受粉も異株の花粉を受粉する場合，すべてが含まれるが，通常は遺伝因子を異にする個体相互間の受粉である交雑受粉を指す．

〔自然受粉〕　人手によらない，風や昆虫などによる受粉を自然受粉あるいは放任受粉と呼んでいる．

〔つぼみ受粉〕　開花前のつぼみの時代に，他花の花粉を受粉することをつぼみ受粉といい，交雑育種では広く利用されている．また，自家不和合植物でも，つぼみ受粉を行うと自家受精種子を得る例が知られている．

〔老花受粉〕　自家不和合植物の中には，開花後2〜4日の老花に自家受精力のあるものが知られている．アブラナ科植物やヒュウガナツに老花受粉を行うとこの現象がみられる．しかし，ペチュニア，リンゴなどに老花受粉を行っても交雑受精力が衰えるばかりで，自家受精力を増すことはないといわれる．

〔遅延受粉〕　受精能力の衰えた開花終期に受粉することを遅延受粉といい，受精は行われないが，花粉の刺激で結果割合が高められる効果がある．

2) 受　精

〔自家受精と自花受精〕　自家受粉および自花受粉によって受精することをいう．育種学では，同花受精と隣花受精とをまとめた同一個体内の生殖細胞の結合を自家受精あるいは自殖と呼んでいる．

〔他家受精と他花受精〕　他家受粉および他花受粉によって受精することをいうが，遺伝的には同じものと異なるものが含まれる．通常，遺伝子型の異なる種内交雑を他家受精あるいは他殖と呼んでいる．

〔同花受精〕　同花受粉によって受精を行うことを同花受精といい，普通に見受けられるように花が咲いてから受粉して受精の行われる開花受精と，全然花が開かず閉花のままで受粉，受精の行われる閉花受精とがある．

〔選択受精〕　高等植物では，一つの柱頭上

に異なる数種の花粉が受粉されたとき，特にあるものでよく受精する現象を選択受精という．それが起こる要因として，①花粉に先天的活力差のある場合，②花粉に対する選択力が雌ずいにある場合，③花柱の長さと花粉管の生長能力との間に特殊の関係のある場合，④花粉の染色体数と花柱組織の染色体数との関係，⑤花粉相互間に拮抗作用のある場合が考えられる．

〔競争受精〕 花粉の活力に差があり，その発芽および花粉管の生長速度が異なると，遅いものの受精が困難となる．この現象を競争といい，選択受精の原因として最も普通にみられる．

〔末期受精〕 植物によっては，開花初期に自家不和合性の強いものが，開花中期から末期になると自家不和合性を失い，自家受精しやすくなる現象がみられ，これを末期受精という．

〔試験管内受精〕 胚珠培養法を前提にして，培地上に置床した未受精胚珠に花粉を散布し，試験管内で受精させ，胚珠を発育させて種子を得るやり方を試験管内受精といい，ケシ科，タバコ科，アブラナ属などで成功している．この方法は自家不和合性，遠縁交雑など，柱頭，花柱などにおいて花粉管伸長が抑制され，受精が起こらない場合に利用することができる．胚珠も花粉も無菌的に取り扱うので，胚珠のついた胎座ややくを殺菌して使用する必要がある． (吉田)

受粉樹 pollinizer

花の雄器の不完全あるいは欠除，雌雄両性器の不和合のために，一品種だけ単植しておいては結実しない場合，適当な花粉供給者として混植する異品種のことを受粉樹と呼んでいる．両性器が完全で自家和合性の高い品種でも，結実安定と品質向上のために受粉樹を混植することがある．受粉樹は，栽培目的品種と交雑和合性が高いこと，完全花粉の包蔵量が多いこと，そのものの品種の果実の商品価値が高いこと，花粉伝染性のウイルスに感染していないことが必要条件である．リンゴ，ナシ，モモ，スモモ，ウメ，オウトウ，カキ，キウイフルーツなどでは受粉樹を混植することが多い．混植割合は，種類や場所によって異なるが，普通には栽培目的品種の10～30%を混植する． (吉田)

しゅ(撞)木挿し mallet cutting ⟶ 挿し木法

しゅ(撞)木取り法 horizontal layering, continuous layering ⟶ 圧条法

受容器官 sink ⟶ シンク・ソース

シュリンク包装 shrink-package, shrink-packing ⟶ 包装

樹齢 tree age

樹の生育した年数を樹齢と称し，接ぎ木苗においては穂木の年数を用いる．苗木を定植し，加齢とともに，幼木期 (juvenile phase)，若木期 (transition phase)，成木期 (adult phase)，老木期の各時期の経過が果樹の一生

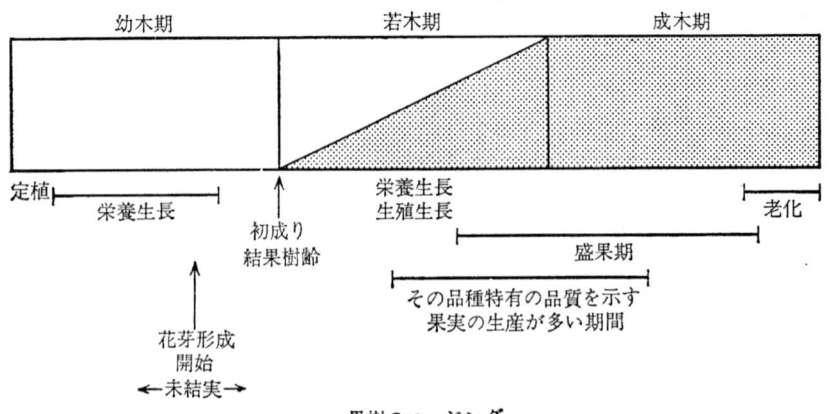

果樹のエージング

である．ともに生育旺盛整枝中であるが，幼木は未着花（果）の年代であり，若木は結実しはじめた数年である．その後，安定した高収量の年代を成木と称し，老木期になると個体の一部が枯損したり，ほ場内に欠株が生じる．一定空間内で連年の果実生産を前提として，新しょうの年間伸長率を，それらの母枝の累計長の5倍と仮定し，その逆数の1/5をせん定せず残す枝として，各樹齢の特徴は次のようである．幼木から若木の段階は，新しょうの伸長率の増大期であり，成木は安定期であり，老木は衰退期に相当する．（岸本）

春 化 vernalization

植物の中には，生殖生長に入るために一定期間の低温に遭遇しなければならないものがある．普通，冬を越して春に開花するムギ類やダイコン，ハクサイなどの菜類などがこれである．これらの植物で，低温により開花し得るようになることを春化と呼んでいる．低温は人工的に与えることもでき，これを春化処理と呼ぶ．春化の過程が安定するためには一定の期間が必要で，途中で急激な高温に遭遇すると春化の効果は失われる．これを離（脱）春化（デバーナリゼーション）あるいは春化消去と呼んでいる．離春化したものを再び低温処理すると，再度春化され，これを再春化（リバーナリゼーション）と呼んでいる．

春化の過程は，吸水させた種子でも進行しうる種子春化型の植物と，一定量生長した苗にならないと春化が進行しない緑色植物春化型（緑体春化型）の植物とがある．ムギ類，ダイコン，ハクサイなどは種子春化型であるのに対し，キャベツ，ニンジンなどは緑色植物春化型の植物である．春化過程が進行するためには，酸素と糖が必要である．春化過程が進行している間に，特定の伝令 RNA の合成がさかんになる．核酸代謝阻害剤は，この伝令 RNA の合成を阻害し同時に開花も阻害する．このように，低温処理により誘発される特定の伝令 RNA の合成は，多分特定のタンパク質合成につながるものと思われる．通気した水中で低温春化処理した種子から，水中に開花促進作用のあるヌクレオチド類が浸出してくるという報告もあるが，春化過程の進行とどのような関係にあるのか必ずしも明確でない．ジベレリンは，春化効果の一部を代替する場合もあるが，春化を必要とする植物はロゼット型なので，ジベレリンの効果は茎伸長を誘起する結果としてあらわれる二次的効果である可能性が大きい．

作物の春化要求性は，品種により著しい差がありムギ類などではその程度は連続的に変化し，春秋播性程度と呼ばれている．しかしわが国に栽培されるムギ類では，この低温要求性を示す春秋播性程度と春の自然出穂とは，あまり相関がない．これは，自然条件下で春の出穂に影響を与えないほど十分に早くわが国の冬の気象条件下で春化過程が終了してしまっていることを示している．開花に春化を必要とするダイコン，ハクサイ，キャベツなどの野菜栽培においては，異常な低温の襲来により不時抽だい，不時開花を引き起こすことがあり問題となるので低温要求性について品種選択が重要となる．（菅）

順　化（馴化） 1) acclimatization, acclimation, domestication, 2) habituation

1) 一般に生物が新しい環境（高地，季節，淡水・海水）に対応するのに数日から数週間を必要とする適応を指す．この説明からもわかるように，これは個体の順応性の意味であって，遺伝的変異によるものは含まれていない．それゆえ，選抜によって新しい環境に適する個体を得ることが順化と誤解される場合がある．

2) 植物の培養細胞が継代を繰り返すうちにそれまで必要としていた成長調節物質を加えなくても成長，増殖するようになる現象．また，分化した幼植物を普通栽培にもっていくことも順化という．（成河）

瞬間殺菌 flash pasteurization

液状の食品を加熱殺菌する際，品質の変化を少なくするために，高温でごく短時間，瞬間的に行う殺菌法をいい，主として熱交換型の殺菌装置が使用される．果汁缶詰や牛乳で

はほとんどこの方法が採用されており，果汁の場合は 93～95℃ に加熱して 15 秒，牛乳では 120℃ 2 秒程度保持した後に容器に充てんする．その後は冷却する．普通殺菌法と比べて，果汁の香気，風味などが優良に保持される．
(伊藤)

純　系　pure line

自家受精作用において同型接合（ホモ）個体の自殖後代をいう．実際の場面ではヘテロ個体であっても，自殖と個体選抜を繰り返して行くとホモ個体が増加し，やがて遺伝的に親とまったく変わらない次代を生産することとなり，これを純系と呼ぶ．

自殖性作物の育種，あるいは他殖性作物の F_1 品種の親系統（自殖系統）の育成では純系が望まれるが，実用的には自殖を 7～8 回繰り返すことにより純系が得られる．この過程を固定化といい，得られた系統は固定した (fixed) といわれる（→自殖・他殖）．
(成河)

純系分離　pure-line separation　──→ 育種

純　水　pure water

不純物をできるかぎり除いた純粋な水とほとんど同一とみなすことのできる水をいう．純水は工業的にはイオン交換脱塩によりつくられる．比抵抗 $10\times10^4\Omega\cdot cm$ 以上のものは水電解用水に，さらに比抵抗 $100\times10^4\Omega\cdot cm$ 以上のものは高圧汽缶給水，原子炉用水などに用いられる．さらに精製した超純水もある．
(金沢)

純正花芽　pure flower bud　──→ 花芽
純同化率　net assimilation rate, NAR　──→ 光合成
ジューンドロップ　June drop　──→ 生理的落果

子葉・本葉　cotyledon; true leaf

種子植物で胚の発育時において，最初の節に生ずる葉的器官を子葉，その後に分化する葉的器官を本葉，または単に葉という．被子植物は，子葉の数が 1 枚か 2 枚かによって単子葉植物綱と双子葉植物綱に分類される．一方，裸子植物の子葉の数は 2～3 枚（例，イチョウ）から 6～12 枚（例，マツ・モミ）などいろいろである．双子葉植物の子葉は本葉に比べて，ふつう形態が著しく単純で，子葉身は先端が 2 分岐するものが多い．ストックの八重咲と一重咲株の鑑別は，子葉の形の差異によって行われている．胚乳の発達する種子の子葉（例，カキ）は，種子の発芽後に発育して光合成を行うが，マメ類は胚乳がなく，子葉にデンプンや脂肪が貯えられている．クリ，ソラマメなどでは発芽の際，子葉が地中にとり残されるが，このような子葉を地下子葉 (hypogeal cotyledon) という．
(田中)

常温貯蔵　room temperature storage, ambient temperature storage

常温貯蔵は貯蔵環境条件の調節を冷凍機などの機械に頼らず，外気の導入や断熱によって行う方法で室温貯蔵と呼ぶ場合もある．暖地では高温から守るために，寒冷地では外気温が零下になるので，保温のために断熱を行う．断熱材を用いると，密閉度がよくなり，庫内の湿度を高く保つことも可能になる．

この状態は地下の穴でも得られるので，穴蔵貯蔵，風穴貯蔵も常温貯蔵の一種である．大谷石採石跡地のように条件のよい地下は夏でも温度が低いため，省エネ貯蔵ができる．

暖地の秋播きタマネギは 5～6 月収穫し，10～11 月まで，吹きさらしの吊り小屋に吊り玉貯蔵するが，これも常温貯蔵の一種で収穫後休眠する現象を利用したものである．

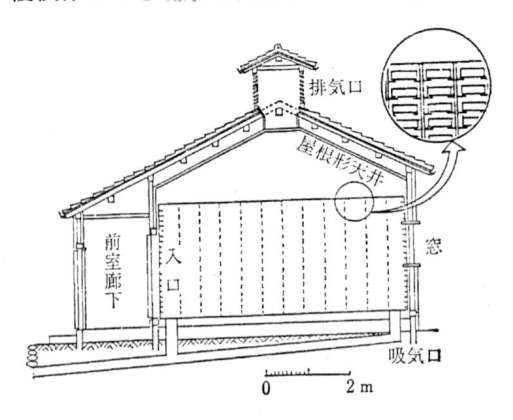

普通貯蔵庫の断面図（伊庭ら，1963）

ウンシュウミカンでは3月末まで常温貯蔵するため，土壁またはブロックづくり，代表的なものは図のとおりの貯蔵庫を傾斜地の気流を利用するように建てる．このような貯蔵庫は熱容量が大きいので換気しても昼夜の気温較差の影響を受けにくく，庫内温度の変動は少なく，3～5℃，80～85％相対湿度と比較的低温を保つことが可能である（貯蔵中の品質変化は品質の項参照）． (伊庭)

小花 floret

キク科植物の頭状花序(caput, capitulum, head)のように多数の花が密集して一つの花のようにみえる場合，その花序を構成する個々の花を小花という． (樋口)

硝化作用 nitrification

硝酸化成菌によって好気的にアンモニアが酸化されて硝酸を生成する作用（硝酸化成作用）をいう．硝化作用はアンモニアが亜硝酸に酸化され，さらに亜硝酸が硝酸に酸化される2段階の反応からなる． (佐藤)

小花柄(小花梗) pedicel ⟶ 花柄

ショウガ芽 spur group ⟶ 長果枝・中果枝・短果枝

小果樹類 small fruits

温帯果樹のうち，高木性の果樹に比べて低木性の果樹をいう．スグリ，フサスグリのスグリ類．ブラックベリー，ローガンベリーなどのイチゴ類，ブルーベリー，クロマメノキなどのコケモモ類，そのほかユスラウメ，グミなどが含まれる．それぞれ生態と適地とが異なり，たとえば同じブルーベリーの仲間でも，ハイブッシュブルーベリーは比較的低温域に，ラビットアイブルーベリーはより温い地域に適する．生果としてよりもむしろ加工原料として重要であり，ヨーロッパや北アメリカでは温帯北部の経済果樹として，ジャムやゼリー，果汁，冷凍，製菓原料などに利用される． (大垣)

しょう(漿)果類 berry fruits, berries ⟶ 液果類

蒸気消毒 steam sterilization ⟶ 土壌消毒

蒸気暖房 steam heating ⟶ 暖房・暖房機

蒸気法 steam sterilization ⟶ 土壌消毒

条件遺伝子 conditional gene ⟶ 遺伝子

蒸散 transpiration

植物体内の水が水蒸気の形で大気中に排出される現象をいう．蒸散はおもに葉で行われ，気孔を通して行われる気孔蒸散とクチクラ層を通して行われるクチクラ蒸散とがある．気孔蒸散は気孔の開閉によって調節されており，気孔開度が十分大きいときの気孔蒸散量はクチクラ蒸散量の数倍～数十倍に達する．蒸散量は気孔が開いて気孔拡散抵抗値が下るほど大きくなる．光は気孔開度を増し，葉の含水量低下および大気中のCO_2濃度の増大は気孔を閉鎖する方向に作用する．葉温，大気湿度および風速は気孔開度とともに蒸散に影響を与える．蒸散は植物体の水分調節ならびに葉温調節にとってきわめて重要な生理作用である．葉面からの蒸散によって葉に吸水力が生じ，導管，仮導管内に連続した水の糸となって流れる水流のことを蒸散流(transpiration stream)という．蒸散を抑えて植物体のしおれを防止する目的で蒸散抑制剤が開発され利用されている． (稲田)

硝酸化成菌 nitrifying bacteria

アンモニアを，亜硝酸を経て硝酸にまで酸化する（硝酸化成 nitrification）一群の細菌をいう．亜硝酸菌（アンモニア酸化菌）と硝酸菌（亜硝酸酸化菌）があり，前者には*nitrosomonas, nitrosococcus*, 後者には*nitrobacter, nitrospina*などがある．両者とも独立栄養細菌で，土壌粒子に吸着して相伴って棲息している．畑地は森林や草地に比べると一般に硝化活性が大きい．硝酸化成菌は環境条件の変化にきわめて敏感で，土壌の通気性や水分，pHなどによって影響を受けやすい．ハウス栽培でアンモニア態窒素の施用量が多いと亜硝酸が集積したり，種々の農薬や土壌くん蒸剤の処理によって硝化作用が抑制

されて，土壌中にアンモニアが集積することがある．　　　　　　　　　　　（佐藤）

硝酸化成作用　nitrification　→硝化作用

硝酸還元酵素　nitrate reductase　→酵素

硝酸態窒素　nitrate nitrogen

無機硝酸塩（NO_3塩）の窒素を硝酸態窒素（NO_3-N）という．作物，特に畑作物体中のNO_3-N含量は植物種，器官，生育時期，日照，特に窒素施肥条件等により1ppm前後から200ppm以上と大きく変動し，作物の窒素栄養状態をよく反映する．そこで畑作物の窒素栄養診断にそのNO_3-N含量の大小が利用される．高濃度のNO_3-Nを含む野菜の摂取は人体，特に乳幼児にメトヘモグロビン血症methemoglobinemia を起こし，有害となる場合が多く，またこのような野菜の缶詰製品ではスズ異常溶出を起こし人体に金属中毒が生じたので，作物体中のNO_3-N濃度の測定が重視されている．植物体中のNO_3-Nを抽出後定量法としては，フェノールスルフォン酸‐比色法，微量拡散滴定法，ガスクロマトグラフ法，イオンクロマトグラフ法等があり，迅速法には硝酸電極法がある．金属カドミウム還元・亜硝酸‐比色法は精密性は高いが煩雑である．　　　　　　　　　（馬場）

照射線量　exposure dose　→放射線照射

掌状果　palmate fruit

バナナの果実が好例である．バナナは花（果）軸に無限花序のごとく基部の果掌から開花し，十数の果掌が結実する．十数段の掌状の果掌全体を果房と称し，果掌は十数本の果指からなり，よって果房全体では100～150本の果指からなる．　　　　　　　　（大垣）

上子葉休眠　epicotyl dormancy　→上胚軸

掌状複葉　palmate compound leaf　→葉形（はがた）

壌　土　loam　→土性

じょうのう（瓤嚢）・砂じょう（瓤）
segment; juice sac, vesicle

カンキツ果実は花器を構成していた子房壁が発達してできたもので，開花期に子房内壁が突出し始め，生長して砂じょうをつくり果汁をためる．砂じょうを収めているじょうのうは花器の室が生長したもので，開花期にほぼ10～12室と一定するが，砂じょう数は開花期以後増加し，6月中旬ごろに決定する．
　　　　　　　　　　　　　　（大垣）

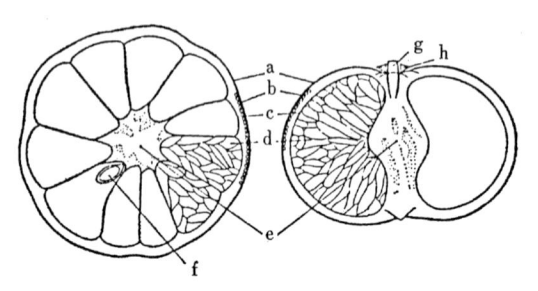

(a) ウンシュウミカン果実の断面（高橋，1959）
a：果皮，b：油胞，c：じょうのう，d：砂じょう，e：果芯，f：種子，g：果柄，h：がく片

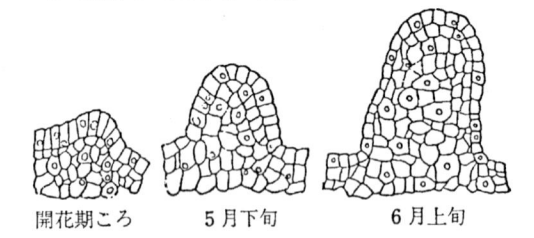

開花期ころ　　5月下旬　　6月上旬
(b) 砂じょうの形成（バーソロミュー，1948）
砂じょうは子房内壁が突出して形成される．

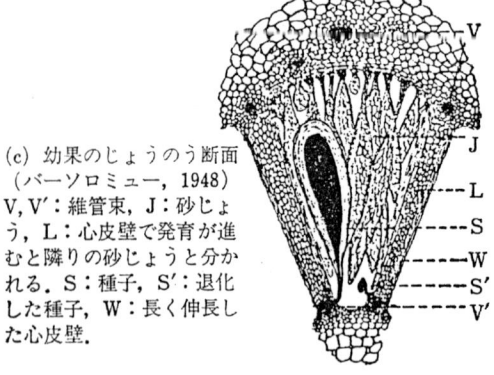

(c) 幼果のじょうのう断面
（バーソロミュー，1948）
V, V'：維管束，J：砂じょう，L：心皮壁で発育が進むと隣りの砂じょうと分かれる．S：種子，S'：退化した種子，W：長く伸長した心皮壁．

じょうのうと砂じょう

条　播　drill seeding, drill sowing　→播種法

上胚軸・下胚軸 epicotyl; hypocotyl

幼芽において子葉より上部の茎を上胚軸，下部を下胚軸という．ユリ類，スズラン，ボタンなどの種子では上胚軸休眠（上子葉休眠ともいう）という現象がみられる．これらの種子は地中で発芽し，下胚軸は形成されるが，上胚軸は休眠して地上に発芽せず，次年に至って上胚軸が伸長して地上に発芽する性質をもっている．上胚軸休眠はユリ類の場合，地下発芽後の高温処理によって打破することができる． (川田)

上胚軸休眠 epicotyl dormancy ⟶ 上胚軸・下胚軸

蒸発散 evapotranspiration

水が植物体の表面（大部分は葉面）から気化する現象を蒸散，地表面や水面から気化するのを蒸発といい，両者を合わせて蒸発散という．蒸散は気孔によって制御される点で蒸発と異なる（→蒸散）．蒸発散量の単位は降水量と同様，水深の mm であり，1 日当りのものを日蒸発散量，生育期間中の総和を総蒸発散量という．蒸散量，蒸発量ともに気温，湿度，風など気象要因に支配されるが，植物自身も気孔の開閉によって蒸散量を調節している．また蒸発量は土壌表面の乾湿や，地表被覆の状態によってかなり変化する．蒸発は高温，大気の低湿度，高風速の場合に多く，さらに，水面蒸発では大気圧が関係し，土壌面蒸発では土質，地表面被覆ならびに地中からの水の供給状態の影響を受ける．植生地の蒸発散速度 (evapotranspiration rate) は，このほかに植物の種類，繁茂程度，生育時期などによる蒸散量の多少に強く支配され，生育盛期の作物群落では蒸発散の大部分は蒸散によって占められる．蒸発散量は耕地の用水量決定にとって重要な因子の一つである．盛夏期の日蒸発散量は 4〜8 mm であり，作物の種類によって異なる． (佐藤・稲田)

商品化率 ratio of sales to production

園芸生産物は同一品種でも形，大きさ，熟度，成分などがまちまちで，規格化されにくい特性をもつ．生産物の中で，商品性があって販売されたものの割合を商品化率といい，販売量を総生産量で割った商を百分率で表す．果実はいずれの種類も 90％ 以上と商品化率が高く，野菜類は自家消費が多いため商品化率が低かったが，最近は野菜専業農家が増え，商品化率は高くなっている．農業経済の分野では，粗収入中での販売収入の比率を表す場合もある． (伊庭)

上偏生長・下偏生長 epinasty; hyponasty

形態的あるいは生理的に背腹性をもつ植物器官で，上側の生長が下側より早く，その結果上側が凸状に曲がる現象を上偏生長，この反対の現象を下偏生長という．オーキシンの移動量が背腹で異なるために起こる．葉柄の上偏生長はエチレンを気中に加えると起こる． (川田)

小胞体 endoplasmic reticulum ⟶ 細胞

しょう(梢)葉 sheath leaf

単子葉植物の葉身と葉しょうとからなる葉のうち，葉身を欠いて葉しょうだけからなっている葉を一般にしょう葉という．イネ科に独特の胚的器官で，発芽時に最初に地上に抽出する筒状の鞘となっている子葉しょうのこともしょう葉という．りん茎のりん葉のうちスイセンやヒヤシンスなどのように，新生長点が最初に形成する数枚の同化葉をもたないりん片，通称ハカマと呼ばれるものもしょう葉である． (斎藤)

小 葉 leaflet

葉身が 1 枚の葉に一つのものを単葉 (simple leaf) と呼び，葉身が二つ以上に分かれている葉を複葉 (compound leaf) という．

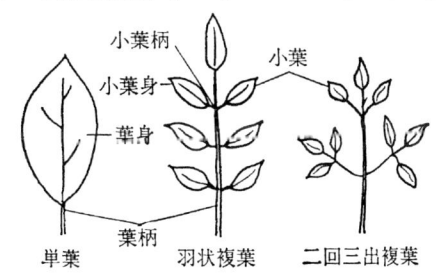

小 葉（左端は小葉のないもの）

この複葉の一つ一つを小葉という．小葉は，その基部から側芽を生じないこと，各小葉は同一平面上に並んでいること，の2点で葉と区別できる． (田中)

常緑果樹 evergreen fruit tree
年平均温度15～18℃，多雨の南部温帯および亜熱帯で栽培されるカンキツ類，ビワなどは，冬にも葉をつけているのでこの用語で総称される．4月に発芽し，6～7月に緑化，成葉となって越冬し，通常翌年の5～8月に落葉して新葉と交代するが，一部は翌々年の春まで着生している．耐凍性は弱い．落葉性のモモなどの野生種で常緑のものもある．
(大垣)

省力栽培 labor saving cultivation
従来の栽培より投入労力（作業量）を節減するものを省力栽培という．労力を節減する方法には作業能率の向上（機械力の導入など）と作業の簡略化（耐病品種の利用など）の二つがある． (新井)

常緑樹 evergreen tree
木本性植物のうち，冬期葉が落葉せず越冬するものを常緑樹と呼び，落葉樹と対称させている．落葉は植栽地の冬の気温にも影響され，同一種類でも，寒冷地，高冷地では半落葉になるものもある．冬も緑を保つことから緑化樹としての意義が高い． (国重)

除 核 pitting　　→ 核
埴壌土 clay loam　　→ 土性
植 生 vegetation
ある場所に生育している植物の集団を指す用語．人為的影響を受けていない場合を自然植生，受けている場合を代償植生という．植物群落と同義に用いられることが多いが，厳密には区別すべきである． (大垣)

食虫植物 insectivorous plant
捕虫器官をもち，捕えた虫を分解し自己の栄養の一部として利用する機能を備えた植物を食虫植物と呼んでいる．サラセニヤ，ウツボカズラ，モウセンゴケ，ムシトリスミレ，ハエトリグサなどがよく知られている．
(国重)

埴 土 clay　　→ 土性
植物群落 plant community
植物共同体である．単位性と個別性をもつ植生の単位をいうのであって，植物社会ともいわれる．気象や土壌の環境条件によって規則的な生育をし，競争条件によって種類の繁茂や衰退を繰り返し，種々の植物の組合せが成立している．

植物群落の優占種，標徴種，識別種などの組成を基準として，あるいは立地や相観によって識別され，植物群落類型の概念が組み立てられており，植物群落学（植生学）を体系化している． (大垣)

植物生長調節物質 plant growth regulator
植物の生育を調節する薬剤をいう．主として植物ホルモン剤であるが，その拮抗剤もこれに含める．

おもな薬剤として，生育促進剤，オーキシン活性剤（エチクロゼート，NAA，2,4-D，2,4,5-T，2,4,5-TP．ジクロルプロップ，MCPB，4-CPA，IBA，NADなど），ジベレリン，エチレン発生剤（エセフォン），生育抑制剤（MH，SADH），発芽促進剤（BA），摘果剤（NAC）などがある．

適用目的として，休眠打破，開花調節，除雄効果，結果調節，生長促進と抑制，落葉調節，落果調節，乾燥促進，発芽調節，抽台抑制，呼吸と蒸散抑制，光合成促進，熟期調節，貯蔵性と鮮度保持，品質向上などがある（→植物ホルモン）． (廣瀬)

植物特許 plant patent　　→ 種苗
植物防疫法 plant quarantine law, plant protection law
大正3年制定の輸出入植物取締法が昭和23年に改正された輸出入植物検疫法があったが，これと明治29年に制定された害虫駆除予防法とを整理統合し，昭和25年に植物防疫法が公布された．これは輸入植物の検疫と，輸出植物について諸外国の要求を満たすための検疫を規定しているほか，種苗などによる病害虫の国内まん延防止を目的とする国

内植物検疫，新たに海外より侵入した病害虫や国内の一部に発生しまん延のおそれのある病害虫に対する緊急防除などを規定している．その後昭和26年に改正（昭和27年に施行）され，農作物に重大な損害を与える病害虫の指定，指定病害虫の発生予察事業，病害虫防除所および防除員の設置なども盛り込んだ．　　　　　　　　　　　　　　（上杉）

植物ホルモン phytohormone, plant hormone

産生器官とそれが働く標的器官が異なり，しかも微量で重要な生理作用を有する内生生長調節物質を，動物のホルモンにならって植物ホルモンと呼んでいる．しかし，植物ホルモンの場合，動物ホルモンと違って産生器官と標的器官が必ずしも明確に分離し，特定することができない．微量で作用を表し，重要な生理作用に関与するということでは定義を大体満足する．現在，植物ホルモンとして市民権を得ている物質は，オーキシン，ジベレリン，サイトカイニン，エチレン，アブシジン酸の5種であるが，最近発見されて現在鋭意その生理作用が研究されているブラシノステロイド類は，他の植物ホルモンと違ってステロイド構造をもっており，将来植物ホルモンの仲間入りする可能性は大きい．（→植物生長調節物質）　　　　　　　　　　（菅）

食物繊維 dietary fiber

人間の消化酵素で消化されない食物中の難消化成分の総称である．難消化性高分子多糖類，粗繊維（crude fiber）もこの中に含まれる．セルロース，ヘミセルロース，リグニン，マンナン，アルギン酸などで果実，野菜中に多く含まれている．健康維持のためその摂取の必要性が指摘されている．　（萩沼）

処女生殖 parthenogenesis　─→ 単為生殖

初生根 primary root　─→ 根系

除草剤 herbicide, weedkiller

作物の生育，生理作用に影響が少なくて，雑草に処理することによって，非選択的にまたは選択的に枯死させる薬剤をいう．土壌処理剤は植物種子の発芽を抑制するが生育している植物（草・作物）に影響しない（CAT, トリフルラリン，DCMV）．接触剤は雑草茎葉に処理し，地上部を枯らす薬剤で，種子発芽や多年草根系に影響しない（パラコート，ジクワット；DCPA＋NAC）．接触・移行剤は茎葉に処理され，それが植物体内を移行して根まで枯死させる薬剤で，植物ホルモン剤（2,4-D, MCP, MCPA）と非ホルモン剤（グリホサート）などがある．殺草性は土壌処理剤では処理土層内で発芽すると枯死する（PCP），発芽して上胚軸が処理層を通過する時に吸収し枯死する（CNP），発芽根から吸収されHill反応阻害により枯死する（CAT），接触剤では処理葉から生じるオゾンによって枯死する（パラコート）など，多様である．
　　　　　　　　　　　　（廣瀬・大垣）

除　袋 bag removing　─→ 袋掛け

ショ糖 sucrose　─→ 還元糖・非還元糖

除　雄 castration, emasculation

人工交配を行う場合，自分の花粉による受精を避けるためにやくを取り除いておくことを除雄という．普通開花前日の裂開していないやくを，花粉を散らさないようにピンセットでつぼみから抜き取る．　　　（糠谷）

白　子 albino　─→ アルビノ

シラップ漬け缶詰　─→ 缶詰

しり腐れ blossom-end rot　─→ カルシウム（石灰）欠乏症

シリンジ syringe, syringing

施設のかん水方式のうち，作物の葉面へ降雨のように直接かん水する方式をいう．頭上にかん水パイプを配管するこの方式は土壌が固くしまらない長所はあるが，施設内の空気湿度が高くなるため，作物によっては病害の多い短所も有している．なお，ミストはほぼ同一のかん水方式であるが，水滴が小さいため，シリンジとは区別されている．（新井）

シルト silt　─→ 土性

人為選抜 artificial selection

自然選抜（natural selection）に対する語

で，分離集団（遺伝的に変異性のある集団）から人為的に優良個体を選ぶことをいう．なお不良個体を捨てることは淘汰という（→選抜）． (成河)

人為同質倍数体 artificial autopolyploid ⟶ 倍数性・倍数体

人為分類 artificial classification ⟶ 分類法

真果・偽果 true fruit; false fruit, pseudocarp

一般に子房は受精後に大きさを増して果実となり，その中に種子を含んでいるが，子房壁は果皮となって種子を包み保護している．果皮は外側から外果皮，中果皮および内果皮からなる．多肉果ではその区別が容易であるが，必ずしもすべての果実で明らかでない．

果実が形成されるとき，子房とともに花床など子房以外の部分が発育して果実組織の大部分となることがある．子房の発育した果実を真果，子房およびそれ以外の組織を含めて発育した果実を偽果という．真果は花の形態上から子房上位花および中位花から，偽果は子房下位花から生ずる．

カンキツ類，カキ，モモ，ウメ，ブドウなどの果実は前者であり，ナシ，リンゴなどは後者に属する． (志村)

仁果類 pomaceous fruits, pome fruits

花器の子房下位の花たくと，花弁，がくの付着している部分とが肥大発達し，可食の果肉部を形成している果実（偽果）で，リンゴ（図参照），ナシ，マルメロなどが属する．古い植物分類学上の仁果科にこれらの果樹が属していたためこの名がある．カキを準仁果類としたことがあったが，カキは真果で子房の中果皮が可食部となったもので，正しくない． (大垣)

真空乾燥・真空凍結乾燥 vacuum dehydration; vacuum freeze drying

〔真空乾燥〕気密な乾燥室内を真空にして水分を低温で蒸発させる方法で，乾燥機は真空乾燥室，水分凝縮器，真空装置，加熱装置からなり，真空度は $0.1 \sim 10$ mmHg 程度で乾燥する．製品は防湿セロハン，アルミ箔，ポリセロなどのフィルム袋に詰める．

〔真空凍結乾燥〕あらかじめ原料中に含まれる水分を凍結して氷の細かい結晶にし，高真空下でこの氷を水蒸気に昇華させることにより水分を除く方法である．特に真空度が $0.01 \sim 1$ mmHg 程度に保つように材質と構造が強化され，凝縮機も $-30°C$ 以下の温度に保たれるように容量の大きいものが使用されている．野菜，果実の切片を処理すると高品質の乾燥品が得られる．

乾燥すると変質する実験材料の迅速な水分除去法にも用いられ，あらかじめ $-20°C$ に冷却固化させ，これを減圧（$10^{-2} \sim 10^{-3}$ mm/Hg）にすると水は昇華して試料から除かれる． (伊藤)

真空浸透（真空浸潤） vacuum infiltration

おもに細胞間隙のある植物組織の細胞にいろいろな物質（色素，代謝基質など）を浸透させるのに用いられる方法．組織片を真空ポ

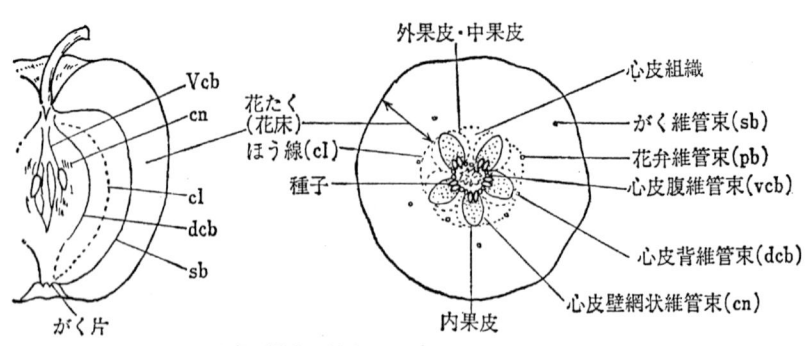

リンゴ果実の構造

ンプで10～15 mmHgぐらいの圧力まで減圧して細胞間隙の空気を抜き，その物質の溶液を注入しながら，さらに排気して細胞間隙に溶液を浸潤させる．かなり健全な状態のまま実験を続けることができるのは，大体40～50時間である． （金沢）

真空凍結乾燥 vacuum freeze drying ── 真空乾燥・真空凍結乾燥

真空包装 vacuum package, vacuum packing ── 包装

真空冷却 vacuum cooling ── 予冷

心腐れ core breakdown, black heart, black rot

〔ナシおよびリンゴの心腐れ〕core breakdown： 一般にはナシの果心部が果実収穫期に褐変する症状をいい，菊水や長寿などに発生が多い．果実の過熟が原因と考えられる障害である．リンゴのスターキング・デリシャスなどに発生する心腐れ症状は，果心部から腐敗が始まり，しだいに果肉にまで腐敗が進行したもので，果実の着色が他のものよりも進み，通常収穫前に落果することが多い．この症状はていあ部などから侵入した病原菌による腐敗が原因である．ホウ素欠乏の果実にも，果心部が黒褐色に変色する症状を呈することがあり，このような場合は果実のみでなく，葉にも奇形や淡黄色の斑点を生じる障害を伴うのが普通である． （青葉）

〔メロンおよびセルリーの心腐れ〕black heart, black rot： メロンの心腐れは収穫前に果肉が水浸状となってくずれるもので，ひどいときには果面に汗をかいたように水分がにじみでる．これを異常発酵果と呼んでいる．果実内に石灰が不足している場合果肉の細胞の崩壊が早くから始まって発酵果となる．このときは糖度が低く品質不良である．低温時に発生が早く，台木の種類によって発生しやすい．一方セルリーの心腐れはホウ素不足に伴う石灰欠乏により，生長点部を含む若い組織が黒変枯死する．施肥量が多すぎたり，多窒素，多カリ，低温，乾燥などの組合せによりホウ素の吸収阻害が起こり，あわせて石灰の吸収も阻害され心腐れが発生する．軽症の場合は心部の葉の縁腐れ症状で経過する． （加藤）

シンク・ソース sink; source

光合成産物供給源（器官・部位）をソースsource，光合成産物を使用して生長する，あるいは集積する器官・部位，すなわち光合成産物需要部をシンク sink と通常呼んでいる．シンクの機能に関連して，sink size, sink strength, sink capacity, sink activity, sink demand 等の語がある．ソースとしては葉身，葉しょう，芒，蒴など，光合成産物の最終的なシンクとしては穀粒，果実，貯蔵根，塊根，塊茎，球根等があげられる．最近では光合成産物の供給・需要の関係に限らず，無機養分の植物体内再移動に関連して，無機養分需要部をシンク，再移行養分供給源をソースとするなど拡張して使用されることも多い．そこで，ソースを供給器官，シンクを受容器官ともいえる．

作物の乾物生産速度・葉の光合成速度はソースとシンクの相互関係によって規制されるとする学説がソース・シンク説（source-sink theory）である．現在の優良品種が通常の生育環境下で生育する場合収穫部の肥大期において，乾物生産の律速要因となっているのは，バレイショではソースが，トマト・トウモロコシではシンクであると推測されており，一般にシンクのソースに対する影響が大きいとされている．しかし，シンクの光合成産物に対する需要が大きいからソースの光合成速度が増すのか，それともソースからの光合成産物の転流が活発に行われるから光合成速度が高まるのか，これらを明確に分離して考えることは現在のところ困難である．

ソースとシンクの相互関係を解析するのに，接ぎ木植物，一葉挿し植物，光合成産物を供給あるいは受容する器官を人為的に除去した植物，$^{14}CO_2$ 供与植物等を利用する手法が採用されてきた．

〔接ぎ木植物法〕 イギリス人 Thorne と Evans (1964) はテンサイ *Beta vulgaris* の

栽培型と野生型の接ぎ穂と台木の四つの組合せ接ぎ木植物を用い初めてその物質生産能力を比較試験し，テンサイの収量はソース（接ぎ穂）の光合成能（純同化率）とその大きさに依存するが，シンク（台木・貯蔵根）の光合成産物の大きい蓄積能はソースの光合成能を向上させる変化を起こすと彼等は推察し，ソース・シンク説を提案した．わが国では北條良夫ら（1971）がサツマイモ栽培種と近縁野生種の接ぎ穂・台木の四つの組合せ接ぎ木植物をつくり詳細な研究でソース・シンク相互関係を解析した．

〔人為的器官除去植物法〕 ソース・シンク説に重点を置く物質生産の面から摘心・摘芽・摘葉・摘果等農作業の生理的意義が研究された．なお，トマトで花房とこれに近接した一群の葉の間にソース・シンク単位が成立していることが知られた．

〔一葉挿し植物法〕 この植物は葉身：ソース，葉柄：通道器官，根：シンクに分けられるが，根の大きさ・伸長性・生長速度が葉身の光合成能と密接に関連することが知られた．

〔$^{14}CO_2$供与植物法〕 サツマイモ接ぎ木植物でシンク—塊根は葉—ソースの^{14}C固定量の大きさ，^{14}C光合成産物の転流過程に影響することやソラマメ・ナタネでも植物体にソース・シンク単位が形成されていることが知られた． (馬場)

深耕 deep plowing, deep tillage

耕土の深さは深いほう（有効土層60cm以上）が根群は広範囲に発達し，養水分の吸収が多く，生育，収量が増加する．鍬や耕運機で耕起しうる深さより深く耕起することを深耕という．不良となった表層土と下層土とを入れかえるのが天地返し，混合するのが混層深耕である．果樹園の部分深耕にはタコ壺を多数掘る方法やトレンチャーで溝状に掘るざんごう壕法，爆薬による深耕法などがあり，下層土の物理性を粗孔隙10%以上，透水係数×10^{-5}cm/s以上に，化学性を石灰飽和度10%以上，pH 4.5以上に改良する．改良効果を長く維持するため粗大有機物の多量施用，リン酸肥料の深層施用，土壌酸性矯正のための石灰資材の施用を行う．下層土の性質がきわめて悪い場合の天地返し，部分深耕により排水不良と湿害を招く場合，粗大有機物に紋羽病が付着していた場合には，かえって不良な結果となる． (大垣)

人工乾燥 artificial dehydration

天日乾燥（sun drying）の対称語．乾燥に密接な関係をもつ温度，湿度，風を人為的に管理しつつ乾燥する方法である．常圧乾燥，加圧乾燥，真空乾燥に大別され，いろいろの乾燥法があるが，果汁の粉末化には噴霧乾燥，泡末乾燥が用いられ，真空凍結乾燥は低温で乾燥されるため，品質のすぐれた乾燥品が得られる． (伊藤)

人工気象室 climatron, artificial climate room

人工的に温度，湿度，光，風，ガス環境など，自然の季節に関係なく制御できる環境調節施設を人工気象室と呼んでいる．

人工気象室は研究の対象によりファイトトロン（植物），バイオトロン（生物），インセクトロン（昆虫，蚕），ファンジトロン（菌類），ズートロン（陸生動物），アクアトロン（水生動物），ホルトロン（人間）などと名付けられている．なお，小型の施設は人工気象箱（グロースチャンバー，グロースキャビネット）と呼び区分される．

人工気象室には光環境の面で，自然光と人工光利用の二つに大別でき，前者は応用的に，後者は高性能な制御機構をもち，生理学的な

人工気象室

研究レベルで利用されることが多い．
（鴨田）

人工形整枝 artificial training ⟶ 整枝

人工交雑 artificial crossing ⟶ 交雑

人工受粉 artificial pollination, hand pollination

受粉樹を混植し，結実の確保を図っていても，開花期の天候が不良で訪花昆虫の活動が不活発のときや霜害などによって，結実不良のおそれがある場合は，人工受粉を行う必要がある．受粉により種子数が確保されると，生理的落果は減少し，果形が整って品質が向上する．不完全甘ガキでは脱渋に役立つ．開花直前の大きなつばみを採集し，やくだけを集めて光をあて，適度の温度を与えると開やくする．花粉は乾燥させ冷蔵すると長く使用できる．受粉は筆や毛ばたきなど人手による方法と，受粉器を使用する方法とがあり，石松子，バレイショデンプン，脱脂粉乳，ベントナイトなどの増量剤で稀釈して使用すると，少量の花粉を有効に利用することができる．
（吉田）

人工照明 artificial lighting

太陽に代る人工光源により照明することをいう．農業においては，日長時間の延長を目的として，終夜照明されることが多く，他に最近では光源の改良により光合成機能においても太陽光の代りとなりうる人工光源の開発がなされている．
（菅）

人工着色 artificial coloring

かつてワックス処理の際，人工着色料を添加しての着色処理がミカンやリンゴに行われたが，現在ではこのような人工的着色は行われていない．ミカンやバナナをエチレン処理して果実の地色を出すことが行われているが，この処理は催色といい，人工着色とはいわない．また，リンゴでは収穫後地上にならべ水をかけ着色することを人工着色といっている．この処理を人工着色というのには疑問がある．
（萩沼）

深根性 deep rooted ⟶ 根系

新しょう（梢） shoot

園芸用語では，本年度に伸長した枝を新しょうといっている．茎の先端部を摘心したときなど，側芽が上方に伸びたもの，またほう芽して勢いよく伸びた枝を指していうことが多い．カンキツなどでは新しょうを緑枝という場合があり，多くは新しょう群を指している．一方，新しょうにあたる英語のshootは，生物学用語では葉と茎を含んだ地上部を指し，この語には苗条という用語をあてている．
（田中）

侵食防止 erosion control ⟶ 土壌保全

伸長生長 elongating growth ⟶ 生長・栄養生長

伸長テスト growth test, straight test ⟶ アベナテスト，生物検定

心土 subsoil ⟶ 土層

浸透〔現象〕 osmosis

浸透とは濃度の異なる溶液が半透性（溶媒は通すが，溶質は通さない性質）の膜で隔てられているとき，溶媒が濃度差を減少させる方向で濃度の低い側から膜を通って濃度の高い側に拡散する現象をいう．溶液は濃度に比例した浸透圧をもつ．

生物細胞では細胞膜等の生体膜は半透性で，溶媒は水，溶質は糖などの有機化合物や無機イオン等である．最近の水ポテンシャルの概念によると，植物の水ポテンシャル（ψ，以前は吸水圧）は次式で表される．

$$\psi = \psi_s + \psi_p + \psi_g$$

ψ_s：浸透ポテンシャル（以前は浸透圧）

ψ_p：圧ポテンシャル（以前は膨圧）

ψ_g：動ポテンシャル

すなわち浸透現象は水分の吸収・移動に関与し，植物の水分生理の上で重要な物理現象である．
（施山）

浸透〔性〕殺虫剤 systemic insecticide ⟶ 殺虫剤

振動衝撃 vibrating impact ⟶ 輸送性

心止まり self-topping, determinate

たとえばトマトは通常花房間に3葉をつけ，無限に生長するが，遺伝的に花房間に1〜2葉をつけ，あるところで茎の先端に花房をつけて以後の生長が止まる性質をもつものがある．このような性質を心止まりという．

またウリ科野菜のかんざし苗やハクサイ，セルリー等でのCa, B欠乏のように茎の生長が停止した状態（座止）を心止まりということもある． (施山)

心抜き（果実の） coring, pitting　→缶詰

心抜き（整枝の） topping　→整枝

心抜き法（ヒヤシンスの） coring　→コーリング

心皮 carpel

種子植物のめしべを構成する特殊な構造をした葉的器官をいう．裸子植物では，心皮は葉状で，直接その上に胚珠がつくが，被子植物では柱頭・花柱・子房の3部に分化する．1ないし数枚の心皮が癒合して子房をつくり，内部に胚珠を包む．開花後に発育して果皮となる． (田中)

じん（靭）皮 bast

形成層における細胞分裂により，その外側に形成される師部をいう．師管・伴細胞・師部柔組織・師部繊維などを含む．前形成層の分裂によって形成された原生師部および後生師部をあわせた一次師部に対して，じん皮は二次師部といわれる．アサ，アイ，コウゾ，ミツマタなどのじん皮繊維は，紙，布，縄などの原料となる． (田中)

真比重・かさ密度（仮比重） specific gravity; bulk density

土壌の固体部分だけの比重を真比重，単位容積当りの固相重量をかさ密度（仮比重，容積比重）という．真比重は鉱物組成や有機物含量によって異なり，腐植の少ない鉱質土壌で2.65前後，腐植に富む黒ボク土は2.5ないしそれ以下である．かさ密度は鉱質土壌で0.8〜1.3，黒ボク土で0.6〜0.7程度である．かさ密度は土壌の孔隙性と関係があり，また土壌改良資材の算出基礎になるなど，実用的意義は真比重よりも大きい．かさ密度は内容積100 mlの採土管に自然状態の土壌を採取して，乾燥土壌の重量を測定（容積重という）し，100で割って求める． (佐藤)

しん（唇）弁 lip, labellum

左右相称の花冠がしん（唇）状の感じを与えるとき，それをしん形花冠（labiate corolla）といい，その中でしん状の花弁をしん弁と呼ぶ．ラン科植物では花弁の1枚がしん弁になり，カンナでは仮雄ずいがしん弁と呼ばれるなど，外観的な名称であって器官的な統一はない． (樋口)

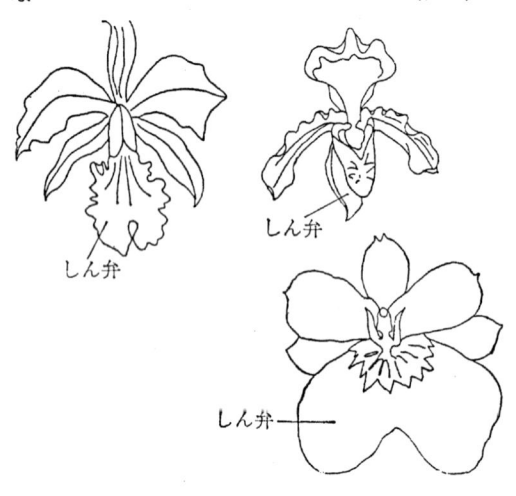

新葉 new leaf　→旧葉・新葉

新りん（鱗）片 new scale　→りん片・りん片葉

す

す(す入り) pithy tissue, pithiness

ダイコンなどの根部の肥大生長が進んで，柔組織も十分発達したころに，通導組織より離れた位置にある柔組織の大型の細胞に，内容物の変質によって気泡が現れ，白く光ってみえるようになり，細胞間に離生間隙もみられるようになる．気泡はしだいに組織中に増加し，集団化して細胞膜が切れたり，変形したりして，形や大きさも不規則な空隙を生ずるようになる．このような現象をす入りと呼んでいる．す入りはカブ，ゴボウ，ニンジンなどの肥大根，セルリーなどの葉柄の組織にもみられる．すの発現については，根部の肥大が盛んで，葉の同化能力以上に急激に根部の柔組織細胞の生長が行われるため，細胞の充実が伴わなくなり，その内容物の濃度が低下し，さらに加えて通導組織からの養分補給がこれに伴わず，柔組織が一種の飢餓状態になるために生じた老化(過熟)現象であると考えられている．　　　　　　　　（斎藤）

す上がり granulation, dry juice sac

カンキツ果実の砂じょうの形態的異常を総称してす上がりと呼ぶ．その症状から粒化症と砂じょう乾燥症とに大別される．粒化症は成熟期間中に果肉部に異常代謝を生じ，砂じょうの表皮組織が肥厚，硬化し内部の柔組織が崩壊して白っぽくなり，果汁含有率が減少して粒状化する，一種の過熟現象である．しかし，幼果期にすでに砂じょうが白色化し，成熟期に内部の柔組織がゲル化しているものがあり，これをゼリー化症 (gelatinization) と呼び，狭義には粒化症と区別している．一方，樹上越冬中に低温に遭遇した晩生カンキツの果実の砂じょうが萎ちょうし，果汁を消失し，針状化している症状を砂じょう乾燥症 (dry juice sac) という．　　　　（大垣）

垂下球 dropper ──→ ドロッパー

水気耕 ──→ 養液栽培

水　孔 water pore ──→ 排水

水　耕 water culture ──→ 養液栽培

穂こう(梗)・穂軸 peduncle, stem; rachis

新しょう上に着生するブドウの果房は穂こう，穂軸，果こうおよび果粒よりなっている．穂こうは新しょう(結果枝)に接着するとともに，穂軸，果こうおよび果粒を支持している．養水分は穂こう，穂軸，果こうの維管束を通って果粒に供給される．穂軸は穂こうと果こうを結ぶ部分をいう．　　（志村）

穂　軸(すいじく) rachis ──→ 穂こう・穂軸

穂状花序 spike ──→ 花序

水蒸気飽和圧差 water vapor pressure saturation deficit

保有しうる最大限度にまで水蒸気を含んだ飽和空気の蒸気圧を飽和蒸気圧と呼び，この値から対象とする空気中の蒸気圧を差し引いた値を水蒸気飽和圧差，あるいは単に飽差と呼ぶ．水の蒸発，乾燥に密接に関係する要因である．　　　　　　　　　　　　（鴨田）

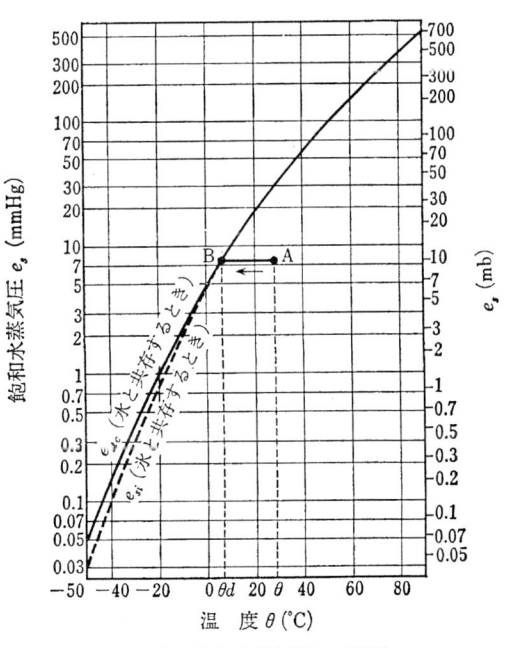

温度と飽和水蒸気圧との関係

湿度の多寡は，青果物の蒸散作用や微生物の繁殖と密接な関係にある．青果物の蒸散量は，一般に考えられるように相対湿度に直接関係するのではなく，水蒸気圧の差（V.P.D.$=0.98V-V'$）と一次関数関係にある．

V：与えられた温度における最大水蒸気圧
V'：同じ温度における貯蔵庫内の湿度を水蒸気圧で示したもの．

ある温度における純水の飽和蒸気圧を100とした場合，青果物中の溶液の飽和蒸気圧を98として計算して実際的によいとしたものである．いいかえれば，青果物からの蒸散は環境湿度が飽和される以前にすでに停止してしまうことを示している．このV.P.D.の値は相対湿度が同じでも温度が上昇すれば大となり，蒸散量も大きくなる． （伊藤）

水食（水蝕） water erosion ⟶ 土壌保全

水浸軟白 water soaking blanching ⟶ 軟白

水生植物 aquatic plant
水中で永続的に生育を続ける植物を水生植物と呼んでいる．水面に浮かぶ浮水植物と，水底に根を固着させる水中植物に分けることができる．前者にはウキクサ，ホテイアオイなどがあり，後者にはハス，スイレンなどがある． （国重）

水中植物 ⟶ 水生植物

水媒伝染 water transmission
植物の病原菌が雨水やかんがい水によって伝搬されることをいう．各種作物の疫病菌のようにべん毛をもった遊走子を放出するものでは，これが水中を泳ぎ，宿主植物に集まって侵入する．したがって，疫病は雨の多いときや畑が浸水したときに多発する． （玉木）

水盤法かんがい（灌漑） basin irrigation ⟶ かんがい・かん水

水封マルチ water tube mulch ⟶ 土壌消毒

水分欠乏 water deficit ⟶ ストレス
水分恒数 moisture constant ⟶ pF
水分ストレス water stress ⟶ ストレス
水分張力 moisture tension ⟶ pF
水分当量 moisture equivalent ⟶ pF
水平式棚仕立て ⟶ 整枝
水溶剤 soluble powder
水溶性農薬を水で希釈して用いるための粉末状製剤で，殺虫剤ではDEP（ディプテレックス），カルタップ（パダン），除草剤ではアロキシジム（クサガード），塩素酸塩（クサトール），植物生長調節剤ではダミノジッド（ビーナイン），ジベレリンなどにこの剤形の商品がある． （上杉）

す入り pithy tissue, pithiness ⟶ す

水和剤 wettable powder
農薬原体を鉱物質粉末などの担体に吸収ないし吸着させ，これに水和助剤を加えた製剤で，水で希釈懸濁させて散布する．そのまま粉衣に用いることもある． （上杉）

末成り・本成り end-season crop；⟶
果菜類などで栄養生長を続けながら開花，結実し，果実を肥大，成熟させていく場合，生育初期の基部の方の低節位に着果した果実を本成りといい，生育末期の上部の高節位に着果した果実を末成り（うら成り）という．カボチャなどでは本成りは果実の充実がよく，末成りは品質が劣る傾向がある．スイカなどでは低節位に着果した本成りを俗に辻成りといい，不整形で果皮が厚く，果肉に空隙ができるなど品質が劣るので，摘果する．
 （斎藤）

スクーピング scooping
ヒヤシンスの繁殖法の一つで，りん茎の底

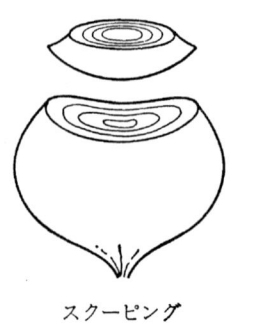

スクーピング

盤部（basal plate）をえぐり取って，人工的に不定芽形成を誘導させる方法である．ノッチング（notching）やコーリング（coring）に比べて子球形成数は最も多いが，子球の肥大は最も遅く，開花までに4～5年を要する（→ノッチング，コーリング，高温処理）．
(天野)

すじ腐れ（トマトの） vascular browning
トマト果実の果肉の一部が褐変あるいはスが入った症状のものをすじ腐れ果と呼び，前者を黒すじといって維管束あるいはその他の組織が褐変枯死しているもので黒くみえるのに対し，後者は白すじといわれ，着色不良で果面が多少凹凸する．前者が日照不良，低温，多アンモニア，少カリ，多湿，土のしまりなどが影響し，品種間差がある．後者は弱毒ウイルスを接種すると防止できることからウイルスショックによるものと思われている．
(加藤)

すじ播き drill seeding ⟶ 播種法

頭上かん（灌）水 overhead watering, overhead irrigation ⟶ かんがい・かん水

スターター starter
育苗された苗を定植する際，活着を早め，初期生育を良好にするために施される肥料のことで根付け肥とも呼ばれる．多くの場合は液肥で，しかも初期生育促進に効果の高いリン酸肥料が中心で，過リン酸石灰の水溶液などが一般的に用いれる．
(篠原)

ステムピッティング stem pitting ⟶ ウイルス・ウイルス病

ステロイド steroid ⟶ 植物ホルモン

ストレス stress
Selye（1936）によって提唱された概念で，何らかの作用因によって動物体に引き起こされる非特異的・生物的な緊張状態を現す現象一切をいう．その後この概念が植物にも適用され，1960年代から，植物に有害な緊張を引き起こすあらゆる環境因子に対してストレスという語を付し，それを克服して生き続ける能力をストレス抵抗性というようになった．環境ストレスには物理化学的と生物的の両方があり，前者には温度，水，放射，化学物質などの各ストレスがある．温度ストレスには低温（寒冷と凍結に分けられる）ストレスと高温ストレスがあり，水分ストレスには水分欠乏（または干ばつ）ストレスと水過剰（または冠水）ストレスがある．放射ストレスには紫外線やX線，γ線などがある．化学ストレスには，塩類またはイオンの過不足によるストレス，大気汚染ガスストレス，農薬ストレスなどが含まれる．ストレス抵抗性はストレス回避とストレス耐性に分けられる．
(稲田)

ストロン stolon
ストロン（ほふく茎，ほふく枝）は，本来ランノー（runner 横走枝，走出枝）とは区別して用いられているが，同義語的に使われている場合もある．主茎上の地下部に位置する節のえき芽が伸長して地下茎となり，その先端が地中に留まって炭水化物などを貯蔵して肥大し，塊茎，球茎などを形成する場合，その地下茎をストロンという．ストロンは側枝の変形したものであるが，地上部の側枝に比べて節間が長くて細く，葉緑体を欠き，特にその伸長方向は斜向性を示し，地中を横方向に伸長する．しかし，条件によっては直立して地上に現れ，葉を展開し，地上茎に変化することがある．ジャガイモ，キクイモ，チョロギなどではストロンの先端は塊茎となり，クワイ，グラジオラス（木子）などでは球茎となる（→ランナー）．
(斎藤)

砂上げ
活着した苗を定植のため挿し床から取り上げる意味に用いられ，砂上げ時期，砂上げ適期などのように用いられる．
(天野)

スパータイプ spur type ⟶ 長果枝・中果枝・短果枝

スピードスプレーヤ speed sprayer
大型送風機の周囲にノズルを配置し，ノズルから噴出する霧粒に強い風を当て，粒子をさらに細かくするとともに，粒子に大きな速度を与えて遠方まで飛ばし，効率的に散布す

るよう工夫された薬剤散布装置，略してSSともいう．加圧ポンプ，原動機，送風機，薬液タンク，ノズルなどを台車に取り付け，トラクタで牽引する方式と，散布装置と走行装置が一体化したものとがある．牽引式は大型のものが多く，性能も高いが，回転半径が大きく登坂能力が劣るなど，傾斜地や小規模は場には向かない．風量分布，風速，噴出量，ノズルの配置などによって特性が異なるので，対象作物や地形に適した機種を選ぶことが大切である．　　　　　　　　　　（小泉）

スピンドルブッシュ整枝 spindle-bush training　　⟶　整枝

スプリンクラー sprinkler

かん水において水に圧力をかけてノズルから噴射させ，雨滴〜霧状の散水法の一方法がスプリンクラーを用いる方法である．固定式は小規模に温室内や果樹棚（ブドウなど）に固定してあるもの．可搬式は1〜5 haを対象に，可搬の軽量な給水管と多段タービン式か高速回転渦巻式のポンプ，スプリンクラーとからなる．それ以上の広い面積の場合は，水源から配水幹線（塩ビ管，鉄管，ヒューム管）を地中に埋設し，これから立ち上りのバルブ（ライザー）を出して地上のスプリンクラーヘッド付の可搬式散水管に連絡したものを施設する．水源は広い耕地の内外，遠隔地でもよい．

現在使われているスプリンクラーヘッド（散水器）は回転式のもので，水圧4〜7 kg/cm²—散布直径約60 mのものから，0.7 kg/cm²—10 m以内のものまで多様である．その原理は特殊なスプリング付の反動かんがいノズルからの噴射水量で散水器の本体をうち，この力で一定方向に回転する．ノズルが180°の角度で両方についている複孔式と，片方のみの単孔式とがある．交換が自由で流出量と散水距離の調節ができる．散水器は回転を起こさせる水圧の程度によって低圧式(1.5 kg/cm²以下)，中間圧式(1.5〜4.0 kg/cm²)，高圧式（4.0 kg/cm²以上）に分けられる．

わが国の畑地かんがいでは，1回の用水量は通常30 mm前後で，3時間でかん水するには1時間に10 mmのかんがい強度であればよい．散水器を2個以上重複させるので，1個の散水器は最大約5 mm/hの流出量があればよいことになり，一般に採用されている散水器は中間圧式のものが多い．1個の散水器による表土の散水深分布は，散水範囲の外縁では散水深分布が段々と小さくなり0に近づく．そこで散水器を幾何模様的に距離，間隔を組み合わせて配置し，合成散水深が均一

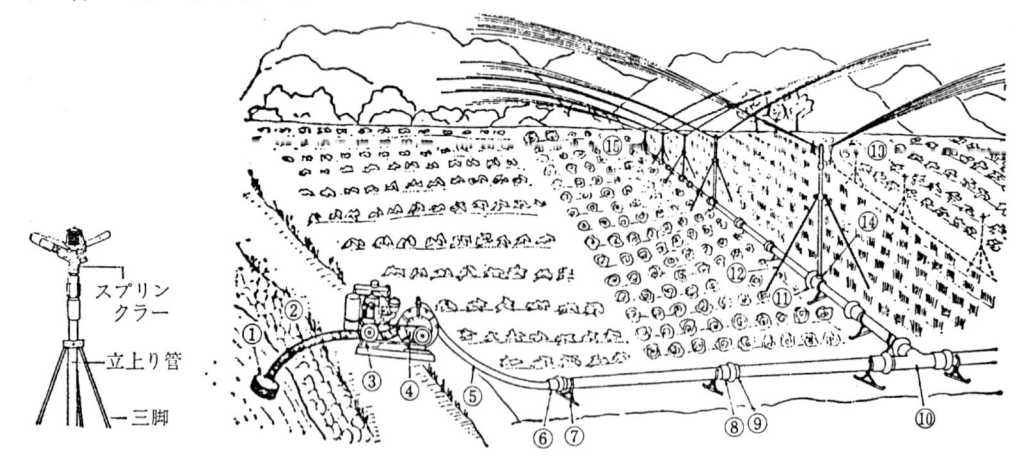

スプリンクラーによる地表定置式散水かんがい

① ストレーナ　⑥ 布ホース用アメス雌継手　⑪ 立上り管付アメス雌継手
② 吸水ホース　⑦ パイプフット　⑫ 立上り管付2脚
③ エンジン　⑧ アメス雌継手　⑬ スプリンクラー
④ ポンプ　⑨ アメス雄継手　⑭ 立上り管用ソケット
⑤ 放水ホース　⑩ アメス式チーズ　⑮ アメス式プラグ

になるようにする．また散水の分布は風速，水圧，散水器の回転速度などによって異なり，水圧が低すぎると噴出水が一束に集中して落ち，圧力をしだいに増すと小水滴となり，その飛ぶ距離が伸びる．水滴を小さくしすぎると風の影響を受けて分布がかたよるが，風速が約 2 m/s 以上になると風下への距離が伸びだす．

散水かんがいの 粗用水量 (mm) は次式に
$h' = h/E_a \times 100$
よって求められるが，h は純用水量，E_a は水の適用効率（係数）で，通常 70〜80 である．

広い果樹園の高額の施設費を要するスプリンクラーかんがい施設を有効利用するため，スプリンクラー防除（散水量 500〜800 l/10a）液肥施用（200〜300倍稀釈液），冬〜春先の凍霜害防止（作物体の付着水滴が氷結するときの潜熱 (80 cal/g) を利用）などの多目的利用スプリンクラー施設が近年稼動している．この場合，給水ポンプ電磁弁の自動遠隔制御装置が用いられている．　　　　　　（大垣）

スプリンクラー防除　sprinkler control
──→ スプリンクラー

スプレータイプ　spray type

キク，カーネーション，バラなどは本来，散房花序で，自然状態では上位数節から花柄が伸びて開花する．従来は，つぼみの小さいうちに側らいを摘除し一茎一花とする栽培が一般であったが，スプレータイプといって，摘らいを行わないで，もしくは頂らいだけ取って開花させる栽培が行われるようになり，スプレーギクなどと呼ぶ．栽培労力節減の必要，消費の好みの変化，品種の発達が相まって著しい伸びをみせている．　　　（筒井）

スペクトル　spectrum

電磁波の一種である光を，回折格子やプリズムによって分光すると波長の違う種々の光が得られるが，これを波長の長短の順序にならべたものをスペクトルと呼んでいる．農業分野でスペクトルを問題とするときは，太陽光あるいは白熱電灯その他人工光源からの光の場合が大部分である．太陽光を分光すると赤から橙，黄，緑，青，藍，紫と連続的な変化がみられるので連続スペクトルと呼ばれる．これに対してスペクトルが不連続で，すき間がたくさんある場合がありこれは不連続スペクトルと呼ばれている．植物の光に対する反応には光合成のようにエネルギー源として利用する場合の他に，光をある生理反応の信号として利用する場合があり，このいずれでもそれぞれの生理反応にエネルギーを等しくした波長の異なった単色光を用いてその反応を調べ，その反応の強さを波長の長短の順序にならべたものを作用スペクトルといいそれを調べることは，植物の生理作用を理解する上できわめて大切である．そのため光合成やその他種々の形態形成反応などについてこの作用スペクトルが調べられている．また，近時人工光源を用いたグロースチャンバーやグロースキャビネットが，植物育成に用いられ，一部は農業生産にも用いられようとしているがこの場合植物の生育を自然の太陽光下のそれに近づけるため，太陽光のスペクトル分布に類似したスペクトル組成をもつ単独の人工光源あるいは複数の人工光源の組合せを探索する試みも重ねられている．種々の生理作用の作用スペクトルを調べてゆく過程で，特定の波長の光が特別の作用を有していることが発見された場合もあり，赤色光と遠赤色光によるレタスなどの光発芽の可逆性の発見，およびその光受容色素としてのフィトクロムの発見などはその最も著しい例である．光が植物に作用をあらわすためには植物によって受容される必要があるので，多くの場合ある生理作用の作用スペクトルは，ある色素の光吸収スペクトルに類似している．光合成の場合も主たる光合成色素であるクロロフィルの吸収スペクトルに類似しているが，これよりはゆるやかな作用スペクトルを示し，青色光 (440 nm) と赤色光 (665 nm) 付近に二つの山がみられる．また近時，化学工業の発達により種々の被覆資材が開発され，太陽光を選択的に利用しようとする上から光質の植物生

育に及ぼす影響の研究も行われ，また人工光源の開発も相伴って近赤外線，近紫外線あるいは紫外線，赤外線なども含めてこれら波長域の異なる電磁波の植物の生長，発育上の意義や役割についても研究が進められている．このように，スペクトルは一般には，電磁波特に光について分光し波長の長短についてならべたものを指して使っているが，これから出発して多様な組成をなしているものを，ある規準によって分解整理し，それをその規準や反応の大小によってならべたものをスペクトルと称する場合もある．農業分野では，たとえばある除草剤について多数の雑草への殺草効果を調べ，その作用の大小について整理しこれを作用スペクトルなどという場合もある．　　　　　　　　　　　　　　　　　（菅）

素焼き鉢 clay pot, unglazed pot ──→ 植木鉢

ずらし
苗床で育苗された野菜などの苗を，すぐに定植すると断根が多いので植え傷みをする．ずらしは，定植の数日前に床の一方をあけて，土をくずさないように，苗を1本ずつ，わずかにずらして断根する方法で，定植前に行う苗順化のための作業の一つである（→根回し）．　　　　　　　　　　　　　　（平野暁）

青果物の貯蔵におけるずらし（shift up temperature slowly）：　貯蔵庫内と外気の温度差が大きい場合に果実を出荷すると，品温が露点温度以下となり果面に水滴がつき，腐敗や品質低下の原因となる．これを防止するため，庫内の温度を徐々に上昇させ，果面に露をつけないようにする操作をいう．
　　　　　　　　　　　　　　　　　（伊庭）

スリークォーター式温室 three-quarter greenhouse ──→ 温室

スレンダースピンドル整枝 slender-spindle training ──→ 整枝

せ

ゼアチン zeatin ⟶ サイトカイニン

生育 growth and development

一般には植物の生活過程または生活の状態を指して用いられる．生育は広義の生長と同義である．狭義の生長 (growth) が生物の量的拡大に重点をおいた概念であるのに対し，発育 (development) は質的充実・質的発展に着目した概念であり，分化・形態形成・栄養生長から生殖生長への転換などが含まれる．この両者を同時に表す場合または特に区別する必要がない場合に生育（生長発育）が用いられることが多い．生長（成長）調節物質 (growth regulating substance) を生育調節物質と呼ぶことがあるのは発育過程の調節作用も含まれることを強調する場合である．また単に育つことまたは生活という意味で生育地 (habitat) などと用いられることがある．その場合には環境の影響下での生活を意味することが多い．生態学では可視的に認められる生長・発育を示す植物の生活を生育とする場合がある．この意味で，ある地点で1年のうちで植物が生長・発育できる期間を生育期間 (growing period, vegetative period) という．また生育に適した温度は生育適温と呼ばれる．環境の影響を反映した生育の仕方は生育習性 (growth habit) と呼ばれる．この形態的特徴により植物を直立型・ほふく型・ロゼット型などと類型化したものは生育型 (growth form) と呼ばれる．生活形 (life form) と同義である．

発育と同じ意味で生育を用いることもある．生育段階・生育相は発育段階・発育相と同じである．いずれも質的発展・質的転換の段階または相を表している．　（桂）

盛果期 high productive age ⟶ 樹齢

青果物 fruit and vegetables

農産物の中で生鮮物または加工原料に供する果実・野菜類など食用園芸生産物を総称して青果物という．青果物は組織の軟弱な多水分系生鮮食品であり，それ自体が生命体として生存を続け生理活性が活発である．また腐敗性食品であり，そのために生産・流通・消費の問題は多元的である．　（垣内）

正規分布（ガウス分布） normal distribution (Gaussian distribution)

平均値 μ を中心とした左右対称のなだらかな山形の分布．標準偏差を σ とすると，この分布曲線の式は

$$y = \frac{1}{\sqrt{2\pi}\,\sigma} e^{-\frac{(x-\mu)^2}{2\sigma^2}} \quad (-\infty < x < \infty)$$

である．π は円周率で 3.142，e は自然対数の底で 2.718 である．記号で $N(\mu, \sigma^2)$ と表す．平均の両側1標準偏差の範囲内にすべてのデータの 68.3%，2標準偏差の範囲内に 95.4%，3標準偏差の範囲内に 99.7% が含まれる．この分布は，量的形質のデータの分布にみられる．平均0，分散1の正規分布 $N(0,1)$ を標準正規分布という．　（菊池）

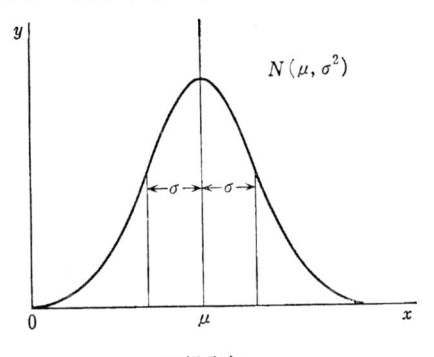

正規分布

正逆交雑 reciprocal crossing ⟶ 交雑

生合成 biosynthesis

物質が生体内で生理的な反応によって合成されることをいう．この生理的な反応については，生長，増殖に必要な物質の合成，普通状態での生体構成物質の損耗を補う合成，長期や短期の貯蔵に必要な合成が考えられる．生活に必要な生体物質は外界から摂取した

物質を材料として幾段階もの酵素反応からなる複雑な経路によって合成される．

研究方法としては生体およびこれを解体した系を用い，これと並行して予想される前駆物質，中間物質を与えて生成物を分析し，また，これに影響する諸因子との関係を解析して個々の酵素反応に帰着させていく．化学エネルギー供給の典型としてはATPの生合成による． (廣瀬)

清耕法 clean cultivation system, clean tillage system

耕うん，中耕によって畑表面を裸地のまま管理する方法をいう．除草剤の使用による場合を無被覆無耕うん法（ヒンクレー方式）といっている．中耕によって裸地状態を保つと，表層の透水性や通気性の改善，有機物分解による窒素無機化の促進，雑草除去，毛管切断による土壌水分の保持などの効果があげられている．しかしながら，長年月に土壌有機物の分解による腐植の減耗，表層部の断根の悪影響，土壌の安定団粒の破壊，強雨による土壌侵食被害などによる問題点のほうが重大な欠点と考えられ，ひいては多肥，多労力を招くことになる．現在ではほとんどの果樹園は敷草法，中耕被覆作物法，草生法あるいはそれらの折衷法に移行している． (大垣)

生産力 productivity

収量を決定する要因としては環境条件，栽培技術のほかに作物独自の遺伝形質があり，狭義の生産力は遺伝形質を指す．また，生産力にはイネ，ムギにおける1株穂重，平均1粒重などの直接的な生産力と病害抵抗性，耐冷性などの間接的な生産力とがある．(新井)

整　枝 training

果樹の経済栽培において，園地の一定空間内で連年継続して果実を効率的に生産するために，栄養生長と生殖生長の均衡を維持する方法として，木本来の樹高よりも低くしたり，種々の樹形や樹姿を育成するのが整枝である．たとえば，散在樹のカキやクリが10m以上の大木となっている例も多いのに対し，果実を手で収穫する方法で，脚立を利用したとしても，多くの樹種における樹高は6m以下が限度であり，収穫能率の向上にはさらに低い樹高が望まれている（→樹形・樹姿，せん定）．

〔年代的な推移〕　台風のような強風がなく，木が直上に生長する西欧の庭園樹は，人工的に幾何学模様に整姿される例が多い．整姿樹形を維持し，温度不足を補充するための壁面利用を反映して，窓飾りや左右対象とする各種の樹形（人工形整枝，コルドン整枝，ダイヤモンド整枝，カンデラーブル整枝，パルメット整枝）が果樹の整枝に考案されていた．明治期に西欧から日本に各種の果樹苗木と，整姿果樹の垣根仕立ての技法も導入されたが，それらとともに10a当り75本植え方式も含まれていた．この栽植距離は夏乾性の地中海性気候に適応したもので，夏湿高温の日本における75本植えは過密植であり，栄養生長のみが旺盛になり，着花数も乏しく，開花結実しても，梅雨期の長雨で生理的落果がはなはだしいなど，果実生産は不安定であった．導入当初よりアメリカの疎植の影響を受けたリンゴ（半円形整枝）を除き，多くの果樹は結実の安定化を求めて，枝をたわめて結実させる技法など，結実安定などを整枝せん定技術に過度に依存する傾向もあった．

昭和10年代より疎植大木主義の考え方に基づいて自然形整枝に移行し，10a当り10〜20本植えと栽植密度を減少させたことにより，過密植の弊害が軽減され，それに伴って木の生殖生長も盛んとなり，結実の安定と収量増加が期待されるようになった．疎植の欠点である収益の遅延を修正する特徴をもつ計画密植栽培が，昭和30年ごろからミカンを中心に広まり，栽植当初の収穫向上にかなりの貢献をした．昭和40年ごろからは，わい性台木の利用がリンゴを中心に普及し，それに適した立ち木整枝がフリースピンドル整枝・スピンドルブッシュ整枝，スレンダースピンドル整枝が一般化している．

以上のように，日本の果樹の整枝法の変遷は，栽植密度の推移と連動した形で，今日も

試行錯誤が続けられている．

〔目的と理論的背景〕　整枝の目的は，樹種固有の環境適応性の拡大もしくは補完による，連年の果実生産の維持である．たとえば，ニホンナシの大部分の品種を棚栽培に適した整枝にするのも，収穫期前の風害による落果防止を目的としている．寒地のブドウ栽培において，凍害防止のために冬季に土中に枝を埋めるが，それに適した樹形を維持するのが整枝の原点である．農薬散布は病害虫の生息密度の減少を目標に実施するが，目的達成のためには樹冠全面に対する均等な散布が望ましく，低い樹高や，園地全面に枝の配置された整枝が重要である．

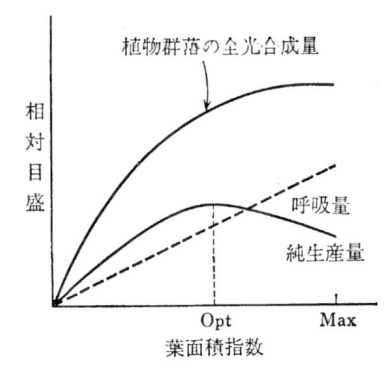

(a) 作物生産の純生産量にみられる葉面積指数の最大（Max）と最適（Opt）の各値の関係

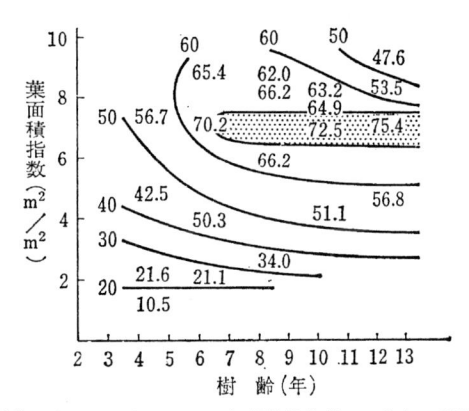

(b) ウンシュウミカンの収量等位曲線にみられる最適葉面積指数（図中の数字は果実数量 ton/ha）（平野ら，1979）m^2/m^2 は樹冠投影面積(m^2)当たり葉面積(m^2)

図（a）は葉面積指数（単位土地面積当りの全葉面積をその土地面積で割った値）を基にした作物生産の純生産量にみられる．最大値と最適値の関係である．純生産量が最大となる最適葉面積指数に達するまでの葉面積の増加段階においては，葉量の増大と純生産の増加は比例している．しかし，最適値に達した以降の葉面積指数の増大は，それ自体の呼吸量の増加によって，純生産（＝全生産－全呼吸）が減少している．地上部の全部が収穫対象となる青刈飼料作物では，葉面積指数の最大値と最適値が近似するが，果実を目的とする果樹においては，葉で生産された光合成物質の果実への転流があり，最高の果実収量は最大葉面積指数よりも少し低いと推定され

ている．たとえば，図（b）はほ場レベルにおけるウンシュウミカンの葉面積指数の最適値の存在を実証している．葉面積指数の最大値は9内外に達しているが，最高の果実収量は7付近であり，最適値となっている．最適値以上は過繁茂を意味している．このような葉面積指数の最適値に近い状態を連年維持する方策として，個々の葉を立体的に配置し，光条件を最良とするには，果樹の整枝は必要なものであろう．

図（c）は樹齢の推移を基にした純生産の変化を示している．純生産を果実の収量とみなせる．苗木を定植し，十数年を経過し若木から成木に達して，純生産量が最大となるまでの整枝の基本は，着葉数の多い状態の維持が望ましい．純生産が最大に達した樹齢以降における漸減状態の原因は，材積や枝，根など植物の非光合成系器官の増大に伴う呼吸量の増加である．かかる現象をみると，主枝，亜主枝，側枝など材積を構成する部分は，可能な限り，少数で細く短いのが合理的といえよう．そのために，亜主枝の間引きや，側枝の若返りを求めた更新せん定の必要性が生じる．機械によるせん定（ヘッジング，刈り込みせん定）が一般化しても，外周部の切除のみでは不十分であり，整枝という面から，数年に1度は内部の材の部分の除去や，機械の切断面の直下に形成されやすい鳥の巣状の枝

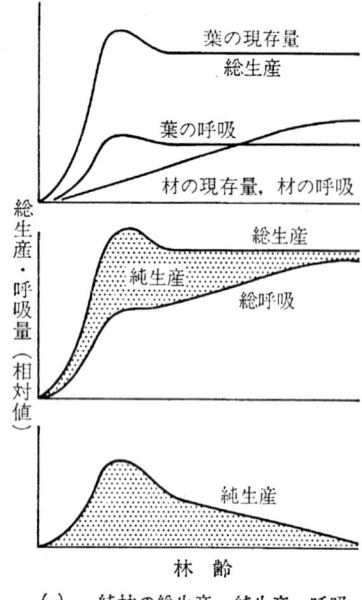

(c) 純林の総生産，純生産，呼吸および現存量と林齢との関係をしめす模式図(Kira and Shidei, 1967)（沼田, 1969 より引用）

条の間引きせん定が重要となろう．

〔種類〕 主幹や主枝の配置状況により，主幹形，変則主幹形，開心自然形，盃状形，オールバック形などが主要な整枝の種類である．各種の整枝法は，樹種本来の性質を尊重しながら，地形や，棚栽培などに適する樹形との妥協を計った成果である（→樹形・樹姿）．

主幹形：高木性の果樹の大部分は，放任すれば主幹形となる．主幹を伸長させ，その周囲に主枝，亜主枝を配置する円すい形の整枝である．高木性のビワ，カキなどに多く利用されている．主幹形は木本来の上伸生長を阻害しないために，生育力の弱いわい性台木利用の果樹に適用し，経済樹齢の延長などに有効である．

変則主幹形：若木の段階までは，主幹形と同様に育成し，ながら主枝を形成し数本の主枝が構成された時点で，最上位の主枝の分岐部より先端の主幹部を切除する（心抜き，除心）．主幹形と同じくカキ，ビワに用いられている．

盃状形と開心自然形：開張性の樹種に適した整枝法であり，主幹の高さ1m以下で主枝，亜主枝をほぼ同じ平面に拡張した樹形が盃に類似しているところから命名されている．盃状形の主幹は短いために車枝となりやすく，裂開枯損の危険性が高い．その改良形として，主幹をやや長くし，主枝間隔を大きくして，より立体的な枝の配置をしたのが開心自然形である．これらの整枝法は，ナシの棚仕立て（主幹から主枝を分岐させる位置と，棚面における太枝の配置とから関東式（水平式），関西式，折衷式，漏斗状などの整枝法がある）（→果樹棚）．イチジク，ウメ，モモ，ミカンなど多くの樹種に用いられている．

ブドウの棚仕立てとオールバック形：ブドウの整枝法は主枝の配置により一文字，X字，H字形などがあり，また，1本の主枝からの新しょうをトレリス式棚仕立てする方法も新しく取り入れられている．さらにせん定時の結果母枝の切り残す長さによって短しょうと長しょうの2種類が複合している．傾斜地における棚栽培において，低部に主幹を位置させ斜上する方向に主枝をオールバック形に配置する整枝であり，ブドウとナシに適用されている．

株仕立て：少雨乾燥地帯のブドウ栽培では1本ごとの株立ちに整枝し，列状に栽培する．

〔今後の課題〕 整枝を検討するうえの難しさは，枝の配置やその発生量の個体変異が大きいことだけでなく，切断したことによる反応が多面的であり，また，種類，品種，樹齢による差異などが複雑に混合されているところに由来する．今後とも現場の経験を尊重した形の指針が重要であろうが，適正範囲の幅はかなりに大きいという事実は銘記すべきである．

残された今後の課題の一つに，整枝せん定の合理化とは何であるか，という難題がある．省力化は合理化の一面でしかない．主要な整枝せん定は落葉期の冬季に行うが，次年の花芽数の管理，病害虫加害枝の除去を含む防除作業など，夏季の栽培管理の先駆的役割も実施されている．すなわち，整枝はせん定

とともに，栽培体系の一端に位置づけて対応する必要があろう． 　　　　　　（岸本）

成　熟　maturing, ripening maturity

農業上は，ある作物が有性生殖の過程を経て一世代の終了に向かいつつある一定の期間における状態のことを指し，その期間は成熟期と呼ばれる．しかし，栄養繁殖をする植物では，栄養繁殖のための器官が新生され，次世代への準備が完了しつつある状態を成熟と呼んでいる．農業においては，植物としての次世代への準備の完了の度合よりは，作物生産において収穫の対象とされる器官，組織について成熟期が重要視されている．（菅）

成熟日数　number of days to ripening
⟶ 熟度

生殖器官　reproductive organ, sexual organ

生殖には2個の細胞の接合による有性生殖と，接合によらない無性生殖とがあり，生殖細胞をつくるための器官を生殖器官という．したがって，イチゴのランナーやジャガイモの塊茎なども生殖器官に入れることもできるが，一般には胞子または配偶子によるものをいい，それらを入れる部分を含めて生殖器官と呼んでいる．種子植物では花が生殖器官であるが，花は苗条（shoot）が種々の形に変態したもので，がく片，花弁，おしべ，めしべの各器官に大別できる．おしべは花粉（小胞子）を入れたやく（小胞子のう）をもつ胞子葉で，めしべは胚珠（大胞子のう）をもつ胞子葉の集合である．花粉からは精子（精核）が，胚珠からは卵子（卵細胞）が生じ，これらの配偶子（gamete）が合一して受精が達せられる．受精卵は分裂して胚になり，胚珠は種子になる． 　　　　　　（田中）

生殖質　germplasm　⟶ ジャームプラズム

生殖生長　reproductive growth, reproductive development

栄養生長に対応する概念として用いられ，次世代を残すために生殖器官を分化し，それを発育させ，さらに，開花，受精，成熟に至る過程にかかわる生長を生殖生長と呼んでいる．栄養生長と生殖生長の分岐点は，花芽の分化である． 　　　　　　（菅）

生食用品種　table variety

生鮮状態での利用を主体とする品種のことで，加工用品種と対置される．生食・調理用も含むと生果用という語も使われる．レタスの品種は生食用のみであるが，ダイコンには生食，調理，加工用とその兼用品種がある（→加工用品種）． 　　　（芦澤）

精　選　purity, cleaning　⟶ 種子

生態育種　breeding for ecological traits

一般作物でも生態的形質に対する育種（日長反応，温度反応など）は重要であるが，野菜の周年生産が要求されるようになったとき，それぞれの作型に適した品種の育成に名づけられた語である． 　　　　（成河）

生体外　⟶ in vitro

生態系　ecosystem

ある地域に生存し，互いに関係をもつ生物の集団と，それに作用し，あるいは作用を受けるその地域内の無機的，非生物的な環境とをまとめて，主に物質循環やエネルギーの流れが生物的，非生物的な諸作用によって行われる機能系としてとらえたもの．森林，湖沼などは独立性の強い一つの生態系である．しかし，この用語は，近年本来の概念を離れて漠然と使用されることが多く，生物は環境との関係なしには生存できないことを強調する場合や，生活系の意味に使う場合がある． 　　　　　　（大垣）

生体計測　somatometry

植物のもつ物理的特性（質量，色，形，電気抵抗，電気容量，熱伝導率等）の変化からその挙動を測定すること．

簡単な例では，植物体の質量の変化を生育中の植物を電子天秤に乗せて，経時的に測定することなどがあげられる．

植物の生活中の状態を生きたまま測定するので，リアルタイムでの測定やデータ処理を容易に行える．

最近ではより高度なセンサやコンピュータ

を用いた処理技術を使って，植物の諸形質を知ろうという試みもなされている．
例：画像解析，生体電位差，蒸散流．
(狩野)

生態種 ecospecies
生育地の立地条件の影響により，同一種でありながら，形態的・生態的特性に差異を生じ，それが遺伝的に固定してしまったものの集団を指す．この現象は種内のみでなく，生育地を異にする品種内でもみられる．
(芦澤)

生体情報 biological information
生体を取りまく，もろもろの要因の中で生体によって感知され受容された情報を生体情報として理解する考え方や，あるいはそれに生体が反応して発現される結果を，生体の保持している情報としてとらえる理解もあろう．しかし，現在はまだ必ずしも一致した見解はない．対応する英語も確定したものはない．
(菅)

生態的地位 ecological niche
ある種，亜種に特有の生息場所が成立した場合に，そこを埋めようと進化するが，その最も小さな分布単位としての生息場所をいう．一つの種，亜種が時間的空間的に一つの生態的地位を占めること，あるいは違った位置も占めること，逆に同じ地位をいくつかの種，亜種が占めることもある．なお，生息場所とは非生物的，無機的環境のほかに，植生や食物，敵，競合種を含んだ用語である．
(大垣)

生態的防除 ecological control
植物病害の発生生態に対応した様々な栽培手法を生かした防除対策のこと．耕種的防除と共通する内容を含んでいる．対象病原の生活様式や寄主範囲に応じ，播種期の変更・輪作，環境改善，衛生管理，土壌管理，抵抗性品種の導入などを行う．
(平野和)

整 地 soil preparation
整地とは作物を栽培する場合，最初に行う作業であり，耕起，砕土，鎮圧，うね作りなどの諸作業を包括している．整地の効果としては，土壌が膨軟になり，通気や保水が良好となること，土壌に残った養分が可溶性となること，作物の生育むらを小さくすること，雑草を防ぐことなどがある．
(新井)

生(成)長・栄養生(成)長 growth; vegetative growth
一般には生長は生体における不可逆的な量的増加を示す概念である．以前は動物では成長，植物では生長と区別されてきた．特に動物では子供から大人になる過程も成長と呼ばれるように，内容的充実も指す．しかし最近では徐々に成長に統一されつつある．

植物の場合，細胞の拡大と増殖が空間的に複雑に入り組んで起こっている．さらに動物と比較すると細胞内に液胞をもっているため水分の増減量がきわめて多い．このため量的増加といっても何を尺度とするかにより生長の度合は大きく異なることになる．また不可逆的増加を強調することもできない場合がある．このように生長の厳密な定義はあまり意味をもたない．たとえば乾物重量に基づいてみると，発芽直後の芽生えでは乾物重は種子よりもむしろ減少している．したがってこれを生長とみるのは大きさまたは水分を指標とした場合である．このため植物では吸水生長・肥大生長 (expansion growth)・伸長生長 (elongation growth) などと区別される．個体レベルでみた場合には容積・重量の増加を指している（一次生長は根および茎の縦方向の伸長生長であるが，二次生長は軸の直径方向への肥大生長である）．生長解析 (growth analysis)・生長速度 (growth rate)・相対生長率 (relative growth rate)・生長曲線 (growth curve) などの用語に用いている生長は容積・長さ・重量などの増加を指す．

一方植物の細胞は分裂した後，肥大または伸長する．個体あるいは器官単位でみるとこれらの過程が混じっている．さらに細胞の分化も起こっている．したがって生長の内容はきわめて複雑であり，このような内容を含め全体に発達する過程（発育）を生長と呼ぶことも多い．生長ホルモン (growth hormone)

・生長調節物質 (growth regulating substance) などの用語はこのような広義の生長を意味する.

植物は種子の発芽から花芽を形成するまで葉・茎・根など栄養器官のみを形成しつつ大きくなる.この時期を栄養期 (vegetative phase) と呼び,このような生長を栄養生長 (vegetative growth) と呼ぶ.これに対し花芽分化期以降の生殖器官の発達を主とする生長を生殖生長 (reproductive growth) と呼ぶ.二年生植物のように両者が明瞭に区別される場合におもに用いられる.しかし両者が同時に進行する場面でも,たとえば葉・茎の生長など栄養器官の生長に着目するときにはそれを指して栄養生長という.このように広く発育あるいは生育と同じように用いられることも多い. (桂)

生産円すい(錐)体 vegetative cone
⟶ 生長点

生長解析 growth analysis

植物の生長量を,時間に対しての光合成による乾物の増加の関数としてとらえ,時間の経過に伴う,乾物重,葉面積,葉重などの変化を測定して,それらの数値からの計算値により生長を解析していこうとする手法である. (菅)

生長活性 growth activity, growth potential

潜在的な生長力.植物の休眠・ロゼット現象を体内の生理活性で説明するとき,生長活性の概念が役立つ.植物の生長活性は環境条件により誘導されて,あるいは内生的なリズムによって変動しており,それが高いときと低いときとがある.活性が高いときには広い範囲の温度のもとで生長あるいは伸長できるが,低いときには狭い特定の温度範囲でのみ生長(伸長)するか,いかなる温度でも生長(伸長)しない.逆にいえば,ある特定の温度で生長(伸長)していても,生長活性が高いときと低いときとがあり,別の温度に移すと活性の高いものは生長(伸長)し,低いものはそれを停止することがある.たとえばキクは,冬の低温を経過した春には夜温5℃あるいはそれより低い温度でも伸長するが,夏の高温を受けた後の秋には,夜温15℃以上でなければ伸長せず,温度がそれより低いとロゼットになる.秋には高温で伸長していても生長活性が低いということができる.

(小西)

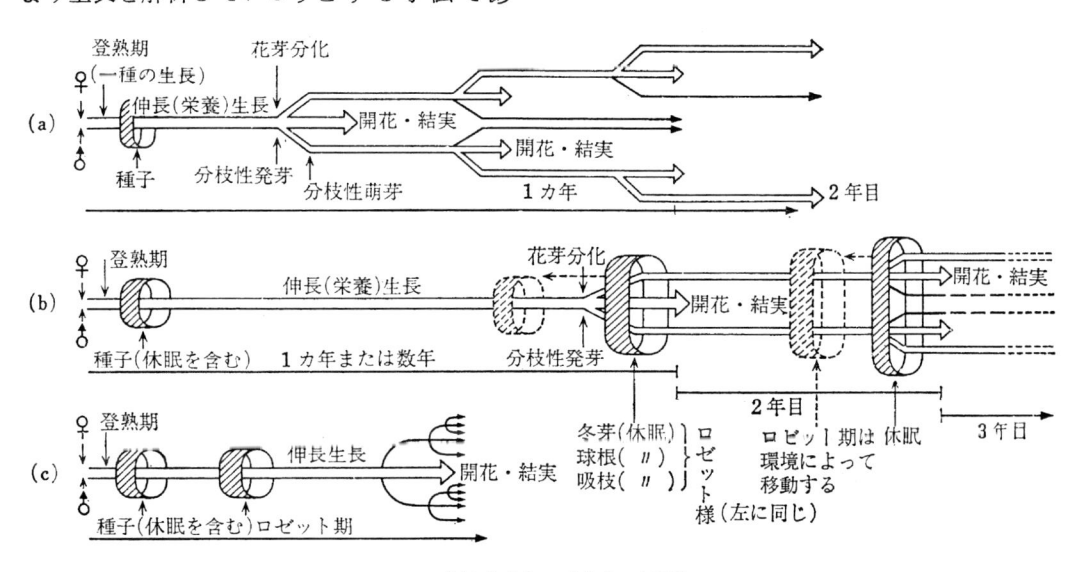

生長サイクル (上本,1973)
(a) 熱帯起原花卉の生長サイクル, (b) 温帯起原花卉(多稔性)の生長サイクル,
(c) 温帯起原花卉(単稔性)の生長サイクル

生長環 growth cycle

高等植物の生長発育サイクルの最小単位として考えられており，発生（または分枝）発芽，伸長（または肥大）生長，分化，および開花・結実の四つの経過から構成される．生長環は単数の場合と複数の場合の両経過に大別され，前者は地中海沿岸型気候帯原生の一，二年生草本に多く単稔性植物（mono-carpic plant）と呼ばれている．後者は熱帯原生植物および温帯原生の宿根草，球根類（主としてりん茎，球茎ならびに塊茎球根），木本性植物に多く，多稔性植物（polycarpic plant）と呼ばれている．温帯原生植物には，生長環のいずれかの経過部位にそれぞれ特有の休眠期をもつ（前ページ図参照）．　　　（上本）

生長曲線 growth curve　──→ 生長・栄養生長

生長促進物質 growth promoter　──→ 生長ホルモン

生長点 growing point

植物において，細胞分裂を伴って新しい組織，器官を産生している部分を生長点という．植物の場合は，一般に軸にそってその頂部先端の芽と下部先端の根に生長点がある．芽の生長点は一般に生長円錐体と呼ばれそれは外衣（tunica），内体（corpus）よりなるとされている．　　　（菅）

生長点培養 apical meristem culture
──→ 茎頂培養

生長ホルモン growth hormone

生長に関与するホルモンのことで，植物の場合は植物生長ホルモンと呼ばれることが多い．植物の生長ホルモンには，主として生長を促進する物質であるオーキシン，ジベレリン，サイトカイニンと，主として生長を抑制する物質であるアブシジン酸，エチレンがある．しかし，後者の場合も植物の種類や器官・組織によっては，生長を促進する場合もあり，またその生理作用も相互に重複している場合もあるので単純ではない．

生長ホルモンとして一般に認められているのは，上述の五つの物質であるが，これ以外の物質の場合は，その主たる生理作用によって生長促進物質あるいは生長抑制物質と呼ばれる場合が多い（→植物ホルモン）．（菅）

生長抑制物質 growth inhibitor, growth retardant　──→ 生長ホルモン

性　比 sex ratio

生物の集団中における雄と雌との割合．雄を分子，雌を分母とした比で表す．動物，植物（雌雄異株植物）を通じて雌雄の比は $1:1$ を原則とするが，それは遺伝的に一方の性をヘテロ（XY），他方をホモ（XX）とする戻し交雑の原理による．　　　（徳増）

性表現 sex expression

個体や系統における雌雄性の表れ方．たとえばキュウリには雌雄同株型のほか雌性型あるいは準雌性型があり，遺伝的には主働遺伝子やポリジーンに支配されるが，同時に温度，日長などの環境条件に反応して雌花の着生率は変化する．　　　（徳増）

生物環境調節 environmental regulation in biology

生物を扱う研究に用いるためその生物の発育にとって一般的または特殊な環境（温度・湿度・光など）を人工的に与えることおよびその応用技術を指す．　　　（桂）

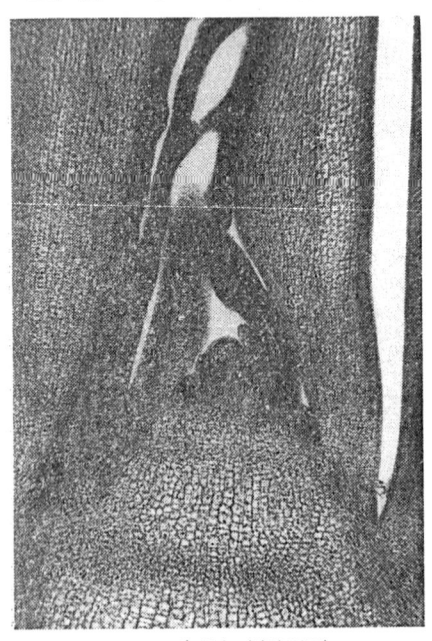

イネの生長点（柿崎原図）

生物検定法 bioassay, biological assay

生物の生存維持・発育そのほか何らかの機能にとって不可欠な，あるいは阻害的な物質の量を，それらの生活現象の計測によって定量することをいう．

園芸的には多くの場合植物ホルモンの活力測定に用いられており，それは植物ホルモンを単離して化合物量を測定する定量法とは別に，植物体が反応する反応度としてとらえることができる利点がある．

1) オーキシン検定法

〔エンドウ屈曲および伸長テスト〕 8日間暗所で育てたエンドウ黄化幼植物の第3節間が4cmに達したものを切り取り，縦に切れ目を1～2cm入れる．これを水に浮かべると節間の両半分が屈曲する．この節間をオーキシン溶液に浮かべると，表皮が伸びて反対に屈曲する．この屈曲角で濃度を測定する．

伸長テストはエンドウの上胚軸の切片を用いる．これはジベレリンにも反応する．

〔アベナ屈曲テスト〕 Wentによって開発されたオーキシン定量法である．IAAや未同定の天然オーキシンの定量に用いられる．

〔アベナ伸長テスト〕 子葉しょうから3～5mmの切片を取り，これをオーキシン溶液に浮かべて，その伸長量を測定する．

2) ジベレリン検定法

〔イネ検定〕 浸漬法は管瓶内でイネ種子を30℃ 2000 lx以上で生育させ，第2葉しょうの長さで測定する．点滴法は生育したイネ幼苗の子葉しょうと第1葉との間に1μlの被験液をのせて，上記の条件で生育させ第2葉しょうを測定する．

〔わい性トウモロコシ検定法〕 わい性トウモロコシを明所，28～30℃で発芽させ，それに被験液を入れ，第1葉および第2葉しょうの長さの和を測定する．

〔わい性エンドウ検定法〕 暗黒で種子を発芽させ，赤色光下で水耕し，被験液を散布した後，5日後に先端から子葉節までの長さを測定する．

3) サイトカイニン検定法

〔タバコ茎髄検定法〕 開花始めのタバコ茎の髄を切り取り，被験液を含む寒天培地に置き，3週間後にその重量を測定する．この他にダイコン葉切片検定法などがある．

4) アブシジン酸検定法

ワタ，ゴガツササゲ，ユリウス，オレンジのエクスプラントを用いて落葉性を測定する．
(廣瀬)

生物的防除 biological control

害虫や病原体の繁殖や活動を妨げるさまざまな生物の働きにより，病害虫の発生や被害を軽減させる防除手段のこと（→天敵）．病気の場合，特定の病原体に対する拮抗微生物の利用が多くの生物的防除における基本的な考え方であり，おもに土壌病害を対象として適用される例が多い．生物的防除の具体的な手法は，対象の病気に特異的に有効なきっ抗（干渉）微生物を直接寄主植物に処理する方法（たとえば弱毒TMVの利用，非病原 *Fusarium oxysporum* 菌の前処理など）や特定有機物の土壌添加による有用きっ抗微生物の活性化（カニ殻等の利用），非病原細菌による種子処理（バクテリゼーション），特異的病原体寄生者の利用（線虫寄生出芽細菌など），病原性支配遺伝子操作による非病原化などが注目されている．
(平野和)

性分化 sex differentiation

植物の性分化は雌雄両全型が原型で，それが雄性化あるいは雌性化することによって，単性的な雌雄同株型や果株型が生じたものと考えられている．雌雄異株の被子植物で性染色体の存在が確められているものもあり，その大部分はXY型であるが，YXY型，XnYn型，ZW型，XO型なども認められており，それら性染色体によって株の性分化が起こるとみられる．雌雄同株のウリ類などでは，初期には両性花として分化し，発育途中で雄ずいあるいは雌ずいのいずれか一方のみが発達して雄花あるいは雌花となって花の性分化が起こる．
(斎藤)

成木 adult tree, mature tree　　→樹齢

成木園・未成園 bearing orchard, mature orchard; non-bearing orchard

果樹の苗を植えて一定の樹齢に達すると，収量が多く，果実も品種固有の品質を示すようになり，ある期間ほぼ同様の状態が続く．この期間は果樹園経営上最も有利な期間で，このような状態の園を成木園という．その状態に達する前の状態を未成園という．

（平野暁）

精　油 essential oil ⟶ 化学分類
西洋野菜 ⟶ 洋菜
生理障害 physiological disorder, physiological injury

作物が種々の物理化学的環境ストレスに十分抵抗できない場合に，植物体またはその一部に現れる生理的異常現象をいう．一般に，障害の原因や発生機構が複雑あるいは不明確な場合に生理病 (physiological disease) と呼ばれる傾向がある．因果関係が明確で急速に発現する温度障害，干害，大気汚染ガス障害，薬害などは明らかに生理障害であるが，少なくとも生理病とはいわない．園芸作物の生理病には，トマトやピーマンのしり腐れ，キャベツやハクサイの心腐れおよび縁腐れ，セルリーの黒色心腐れなど石灰欠乏症として原因が明らかにされているものもあるが，つるぼけ，生理的落果，実割れ，がく割れ，核割れ，す入り，いや地，石ナス，石ナシなど原因が複雑あるいは不明なものが多い．

（稲田）

生理的花芽分化期 physiological flower-bud differentiation ⟶ 花芽分化
生理的落果 physiological fruit drop

樹体の生理的条件がおもな原因となって落果する場合，台風や病虫害によって起こる落果とは異なるところから，これを生理的落果と呼んでいる．生理的落果は着花（果）過多の場合，樹体維持のための自然淘汰現象とみることができるが，樹勢や環境条件のいかんによって，必要以上に落果してしまうことがある．また，逆に落果による自然淘汰が軽度で終る場合は，摘果による人為淘汰を行なわなければならない．

生理的落果には不受精などによる早期落果，幼果の肥大期における養分競合によるジューンドロップ，収穫直前に起こる後期落果などがある．いずれも果柄と枝の連絡部に離層が形成されることによるもので，これにはいくつかの植物ホルモンが関与しているところから，これらを調節して生理的落果を防止する方法が行われている．

（渡部）

生理病 physiological disease ⟶ 生理障害
石　化 fasination ⟶ 帯化
赤外線 infrared rays ⟶ スペクトル
赤外線ガス分析器 infrared gas analyzer

試料ガス中を透過する赤外線のガスの成分および濃度によって生じる吸収による強さの変化から，ガス成分の分析や濃度を知る計測器．分光器を用い，単波長の赤外線を入射させる分散型と，連続波長の赤外線をそのまま入射させる非分散型とがある．たとえば空気中の一酸化炭素の測定には非分散型赤外線ガス分析器が用いられる．測定精度が高く，か

赤外線炭酸ガス分析計

つ瞬間値が連続測定できるので，環境ならびに自動車排出ガスの測定，トンネル内監視用に広く利用されている．　　　　　（金沢）

石細胞　stone cell

一般に果肉は柔細胞よりなり，多量の水分，デンプン，糖類，有機酸などを含んでいる．その細胞膜は薄く，平等に肥厚しているが，時によりリグニンなどが沈着して厚膜の細胞となることがある．そのような細胞を石細胞という．ナシの果肉（中果皮）には石細胞が数個ずつ群をなして異常組織の石細胞群を構成し，また，モモやスモモなど核果類の核は全部が石細胞よりなっている．（志村）

積算温度　heat summation, accumulative temperature, cumulative temperature

ある期間の温度の積算値を積算温度という．算出の方法や期間のとり方，積算する温度の種類などは目的対象によって異なる．栽培適地の判定などに使う場合には，生育全期間の日平均気温の積算あるいは作物生育に有効な温度範囲の積算などが用いられる．たとえば，カンキツ類の気象的適地判定に用いる積算温度（Hu）は，次式により算出する．

$$Hu = \sum (T_M i - 10°C) N_i$$

T_M：月平均気温(°C)，i：平均気温が10°C（カンキツ類の生育零点）を越えた日および月に限る．N：その月の日数

カンキツ類の積算温度の例は，ウンシュウミカン2700°C，ポンカン3500°C，ネーブルオレンジ2800°C，グレープフルーツ4300°Cなどである．　　　　　　　　　　（鴨田）

節　node

茎のうち葉の付着している部分を節（せつ），それ以外の部分を節間という．茎頂分裂組織で葉原基が発現したときから節と節間の区別ができることになるが，構造的には生長や分化が進むにつれて相違が現れる．節には葉の外に分枝，花序，巻きひげ，不定根などが着くことがあり，茎の維管束が連結するとともに一部は葉跡，枝跡として葉や分枝に赴き，内部構造も複雑である．　　（斎藤）

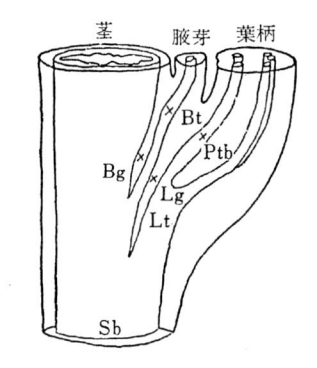

サツマイモの茎の節部の構造
(戸刈, 1950)
Bt：枝跡，Bg：枝隙，Lt：葉跡，
Lg：葉隙，Sb：茎維管束，
Ptb：葉柄維管束

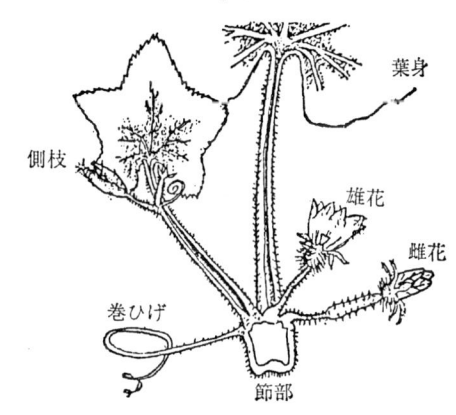

キュウリの茎の節部における各器官の配列(金浜ら, 1983)

雪害　snow damage

降雪に伴って発生する被害を雪害という．雪害には，雪荷重や雪崩，長期間にわたる積雪，融雪遅延など，雪そのものによる直接的な被害と，積雪に伴う病害やねずみ，鳥などによる被害など間接的なものとがある．

園芸生産上雪害で問題になるのは，果樹およびハウスなどの被害である．これらの被害は，異常積雪による冠雪荷重や沈降荷重に起因するものが主要である．ひと降りの降雪深が20～40cmに達し，雪密度が大な場合には，枝折れや幹の裂開，果樹棚やハウスの倒壊などが著しく多くなる．また，積雪深が大きく，しまり雪の発達が著しい場合では沈降荷重による被害が多くなる．

雪害の防止対策には，除雪や排雪，融雪や

雪質変化の促進，せん定や整枝法の改善，鳥獣よけなど各種の方法が実施される．また，樹種や品種によって枝の分岐角度，太枝の伸長角度などの性質を異にし，耐雪性に違いがある． (鴨田)

石灰欠乏症 calcium deficiency ⟶ カルシウム（石灰）欠乏症

節間 internode ⟶ 節（せつ）

接合体 zygote

花粉や卵細胞のような半数性の生殖細胞を配偶子といい，雌雄の配偶子が合体して生じた二倍性の細胞を接合体という．したがって受精卵は接合体であるが，またこのような単一の細胞の接合体から発達した個体をも含めていう場合がある．1対あるいはそれ以上の対立遺伝子がヘテロの状態にある二倍体や倍数体をヘテロ接合体といい，それに対してホモの対立遺伝子をもっているものをホモ接合体という．また，核型が異型で染色体の一部に構造的変異があり，ホモの核型をもつ正常個体に比べ，染色体上の遺伝子の配列を異にするような個体を構造的ヘテロ接合体（構造雑種）という． (徳増)

接種 inoculation

感受体である健全植物に対し，人工的に病原体を植え付けて，病気の再現を試みる実験手法のこと．したがって，接種は，病理学的な観点から病原体の病原性を実証するための基本的な作業過程の一つであり，『コッホの原則』の一項目にあげられている．接種は病原体の種類ごとに固有な方法が用いられる．通常人工培養が可能な植物病原菌の場合は，培養菌体を直接健全植物に接触させる．絶対寄生者であるウイルスやその他の病原体では，感染植物から分離したものを直接健全植物に植え付ける．接種方法は，実験の目的に応じて病原ごとにいろいろ工夫して行われ，病気の再現しやすい条件を設定する必要がある．また，昆虫により媒介される病原体では，保毒虫を使い接種が行われる． (平野和)

舌状花 ray floret

キク科植物の頭状花序 (caput, capitulum, head) の中心から周縁部に放射状につく小花．周辺花ともいう．花冠は色，形，大きさが様々な変異があり，観賞対象の中心になっている．特に日本ギクの厚物，管物，広物などは舌状花冠の形の変異によるものである．機能的には単性花で雌花である．筒(管)状花の項の図参照． (樋口)

接触型除草剤 contact herbicide ⟶ 除草剤

接触屈性 thigmotropism ⟶ 極性・屈性

接触形態形成 thigmomorphogenesis

機械的刺激に対する植物の生長，発育上の反応 (thigmomophogenesis) のこと．生育中の植物に手などの接触を繰り返すと，葉の小型化，葉柄の短縮，わい化がみられる．これらの現象は物理的ストレスにより発生するエチレンの作用による． (川田)

接触伝染 contact transmission ⟶ ウイルス・ウイルス病

絶対的短日植物 qualitative short-day plant, absolute short-day plant ⟶ 短日植物

絶対的長日植物 qualitative long-day plant, absolute long-day plant ⟶ 長日植物

折衷式棚仕立て ⟶ 整枝

施肥基準 standard application rate of fertilizer, recommended application rate of fertilizer, recommended method of fertilizer application, recommended rate of fertilizer

各作物につき品種・作型・土壌等に対応し安定多収と品質向上を方針として行われる合理的な施肥量・施肥法等の施肥上の標準が施肥基準であり，各都道府県が農家の指導のため提示している． (馬場)

施肥法 method of fertilizer application

施肥は土壌からの作物に対する養分天然供給を量的に補充し，時期的に調節して，経済的に安定した高品質・高収量の生産物を得ることを第一の目的としている．そこで施肥の

適切な方法，すなわち施肥法としては，① 肥料成分の作物による効率的利用，② 肥料による濃度障害の回避（特に畑作），③ 耕作者に対する効率的・省力的・快的施肥作業，最近ではさらに ④ 環境保全的見地からの安全性等が求められている．①，② 項につき言及する．

〔施肥量〕 作物種・土壌条件・施肥の種類と形態等により施肥全量，基・追肥間配分量を決める．窒素・カリ以外の肥料養分はおもに基肥で施与されるので施肥位置，窒素（カリ）は分施されるので特に施肥時期の選定が重要となる（→施肥量）．

〔施肥位置〕 作物根の生理生態的特性，土壌の肥沃度・肥料養分保持力，肥料の土壌中の挙動等に基づき決められる．全面，表面（表層）・全層・深層・帯状・放射状・輪状・側条・注入施肥法がある．

〔施肥時期〕 上記の他に，作物の養分吸収特性・生育時期による吸収養分の収量生産能率等の栄養生理的特性に基づき決められる．特に追肥時期の選定は重要である．施肥時期として穂肥・実肥（水稲），初・晩秋肥（落葉果樹），12月中旬窒素施肥（砂丘地チューリップ）等の施肥法がある．

〔施肥様式〕 土壌施肥・葉面散布・肌肥等がある． (馬場)

施肥量 rate of fertilizer application, amount of applied fertilizer

作物に施用する肥料養分量である．通常10a当りのkg数で表される．肥料成分，窒素，リン酸，カリ，石灰，苦土，ケイ酸，マンガン，ホウ素の施肥量はそれぞれ N, P_2O_5, K_2O, CaO, MgO, SiO_2, MnO, B_2O_3 としての量で示される．作物に対する施肥量の目安としては都道府県の提示する施肥基準がある． (馬場)

ゼリー jelly

ゼリーは果実をそのまま，または水を加えて煮沸後圧搾ろ過して搾汁し，得られたペクチン液に砂糖を加えて煮詰め，ゲル化したもの．濃縮の程度は冷却したときに凝固する濃度までとする．完全なゼリーは透明できらめくような光沢をもち，色が良好で，容器から取り出したときに，原形を保ってくずれない状態で，原料果実の風味や芳香を保っていることが望ましい．

ゼリー化にはペクチン，酸，糖が共存することが必要であり，この必要な3成分の濃度や比率に若干の差はあるが，仕上げ製品のpHは2.8～3.3の範囲が望ましい．pHが3.6以上になると，ペクチンの質，量のいかんにかかわらずゼリー化しない．ゼリー化はゼリー製造ではもとより，ジャム，マーマレード製造においても主反応となる． (伊藤)

ゼリー化症 gelatinization ⟶ す，す上り

セルラーゼ・ペクチナーゼ cellulase; pectinase

セルラーゼはセルロースを加水分解する酵素（EC 3.2.1.4）で，エンド-1,4-β-グルカナーゼとも呼ばれる．ペクチナーゼはペクチン（メチルエステルを含有したポリガラクツロン酸）を加水分解する酵素（EC 3.2.1.15）で，ポリガラクツロナーゼとも呼ばれる．これらの酵素は，植物細胞の細胞壁中層および細胞壁の分解に，密接な役割を有していると考えられている（→酵素）． (兵藤)

遷移 succession

ある一つの植物の群落が生息地の環境の変化に応じて，他の植物群落に移り変わる過程と，それによって生ずる生物や生態系の変化の過程をいう．光や土壌などの条件を生物自身が変えていく場合を生態遷移といい，人間活動も変化する原因となる． (大垣)

選花 grading

切り花を長さ，品質，切り前（→切り前）別に分けること．長さ別に分けるには手選花と選花機による方法がある．バラ，カーネーション，アルストロメリアなどの大規模経営には選花機が広く利用されている． (大川)

せん(剪)芽 ⟶ せん定

潜芽 latent bud ⟶ 陰芽・潜芽

選果・選別 fruit grading, fruit sorting;

grading

　選果は商品化率を高めるために行うもので，汚れをとり，品揃えをし，包装をして出荷するまでの行程がある．多数の生産者のものを集めて選果するのを共同選果または共同選別という．

　野菜類は機械使用が困難で，農家の手仕事による選別・包装が主体であったが，最近，比較的形が揃っているキュウリ，トマト，タマネギ，バレイショなどの集団産地では土落としから包装まで機械選果・包装化しているところもある．

　カンキツの多くの場合，農協の選果場で大規模に行われている．生産者は20kg入りプラスチックコンテナで選果場に搬入し，計量と評価（外観と味）が行われて，貯留されるまでが荷受けである．青果として出荷できない果実を加工用に抜きとり，残りを水洗いし外観を美しくする．時にはワックス処理も行う．

　等級選別は外観の美しさを基準にした選別方法であるが，人手によって着色，病虫害の被害度，形状などから秀，優，良，格外に分けている．その基準は農林水産省の局長通達で定められているが，等級区分は非常に漠然としており，選果場によって異なる．一般にはベルトコンベア上の果実から不良果を抜き出し，そのあと，秀を別のベルトコンベアにのせ，主ベルトを流れる果実を優とする方法である．この方法では優の割合が多くなる．秀を多くするときは良と優を拾い上げる方法がとられる．いずれにしても等級選別は人手に頼るため，作業前の目合せが必要になる．

　果実の評価に味の占める割合は大きいが，果実の大きさや外観のように非破壊で測定できないため，選果場での選別基準にはなかった．しかし，最近は味が重視され，果汁分析の結果を評価点に加えたり，地帯別に味でグループ分けして（これを層化法という）選果するようになった．

　果実の大小の選別は機械選別が一般的で，形状選果機と重量選果機がある．形状選果機は大量処理ができ，選果の能率は高い，しかし，選別中の転がり（落下衝撃）や，狭あい部の通過で傷つきやすい欠点がある．重量選別は果実の重さで仕分けるため精度が高く，不整形のものでも選別でき，傷がつきにくい．

　光学的選果機は，果実の選果時の落下衝撃などによる傷害が問題になってから注目されだした方法で，階級選別が実用化されており，等級選別機の開発が進めば，両方一括して測定選別できる利点がある．　　（伊庭）

先駆種　pioneer species

　その種の存在しなかった土地へ最初に侵入し，馴化する種をいう．通常陽性植物で，生育，特に幼苗・若齢期の生育が早く，不良環境に耐える種が先駆種となる．　　（芦澤）

前駆物質　precursor

　ここでは植物に限定して考えると，植物は根から吸収した無機養分と光合成により二酸化炭素と水から合成した炭水化物から，多種多様な物質を合成している．そこには無数の生化学反応と，それを触媒する酵素が関係する．植物が生命を維持する上で重要な物質は多数あり，その化学構造や生体内での機能は明らかにされているが，特にそのような物質がつくられる途中の生合成上の経路の前段階に位置する代謝途中の物質を前駆物質という．たとえば，ジベレリンには数多くの種類があるが，その多くは少数の活性の高いジベレリンの前駆物質としての役割をもっているものが多い．　　（菅）

浅根性　shallow-rooted　　→根系

前作　preceding cropping

　本来，間作の中で先に定植したものを前作，前作の条間に後から定植したものを後作（あとさく）という．しかし，野菜栽培等では主作物のすぐ前に作付けするものを前作，すぐ後に作付けするものを後作ということが多い．
　　　　　　　　　　　　　　　（新井）

前出葉　prophyll　　→高出葉・低出葉・前出葉・根出葉

洗浄機　washer

　カンキツ類では果皮に付着した農薬やススを取り除くため，ダイコンやジャガイモでは

付着泥を洗うために洗浄機を用いる．カンキツ類は選果行程で回転するロール上を果実が転がる間にノズルで水をかけ，ブラシロールで汚れを取る．その後，風を送って乾燥させる．最近，水を使わずにブラシだけで汚れを取る乾式もある．

野菜の泥を取る場合は高圧の水を使う場合が多い． （伊庭）

染色体 chromosome

細胞の有糸分裂において紡錘体内に塩基性色素に濃染する棒状の構造体が現れる．これを染色体といい，その形態や数などは種によって定っている．染色体の大きさは様々であるが，基本的形態は動原体（紡錘体の付着点）のある一次狭窄（その位置によって中部，次中部，次端部，端部などに分類される）とその両側にそれぞれ腕をもつ．また二次狭窄をもつ染色体の末端の小部分は付随体と呼ばれる．減数分裂（→細胞分裂）の際，普通の二倍体では両親の配偶子に由来する相同染色体（対立遺伝子が同一順序で配列している染色体）が対合して二価染色体を形成するが，相同染色体をもたない半数体や雑種などでは一価染色体が，倍数体などでは多価染色体が形成される．染色体異常は自然にまた人為的物理・化学的刺激によりしばしば起こる．それらは数的変化（倍数性，異数性，半数性）と構造的変化（断片，欠失，重複，逆位，転座など）に分けられる．非相同染色体間で腕の部分を交換した場合を相互転座といい，ヘテロ接合体では染色体環や鎖を形成する．相互転座は育種的にも種子なし性や連鎖分析などに利用される．染色体上の遺伝子の位置関係を示す図を染色体地図といい，遺伝子の相対的位置を交叉価を利用してトマト，イネなどについて作成された遺伝学的地図と，トウモロコシなどの減数分裂のパキテン期の染色小粒の位置や大きさ，狭窄の位置，仁形成部位などを染色体ごとに図示した細胞学的地図がある． （岩佐）

全身病 systemic disease

植物の病気の中で，その症状が全身に広がるものをいう．実例をあげると，ウイルス病の場合，被害植物の多くは茎や葉などにモザイク症状を示す．同時に全身的な萎縮やわい化の症状を伴うことが多い．また土壌伝染性の病気では，導管感染を起こす青枯病や萎ちょう病は，ともに全身の萎れを伴い，根腐れ病も生育不良の後立ち枯れる．永年作物でも白紋羽や紫紋羽病にり病した木が全身的に生育不良となり，急速な立ち枯れを起こす場合がある．したがって，全身病の原因は一定していないが，概して地下部にその根源があり，土壌伝染性の病気であることが多い．全身病にも青枯病のように急性のものや，線虫病のように慢性のものがあり，それぞれ診断のコツを心得ておかねばならない．(平野和)

先祖返り atavism, reversion

帰先遺伝ともいう．現在一般にみられない形質で先祖が有していたと思われる形質が，突然生じることをいう．ヒトに尾が生じたり多毛となる場合などがその例であるが，作物ではあまりとりあげられない．遺伝子の組換え，突然変異などによって説明される．ホモ集団（優良品種）の採種では品種の劣悪化の要因として考えられる． （成河）

選択受精 selective fertilization ⟶ 受粉・受精

線 虫 nematode

線形動物門に属するもので推定種類数約50万種といわれる．カイチュウ類などの人畜の寄生虫も線虫である．土壌中に生息するものも多く，腐生性，食菌性，捕食性などの自

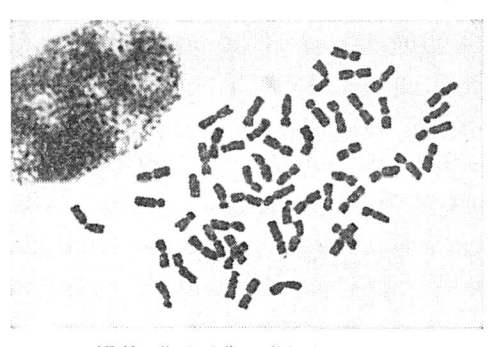

キク（品種：黄天が原）の体細胞分裂中期の染色体（2n=56）（岩佐ら，1972）

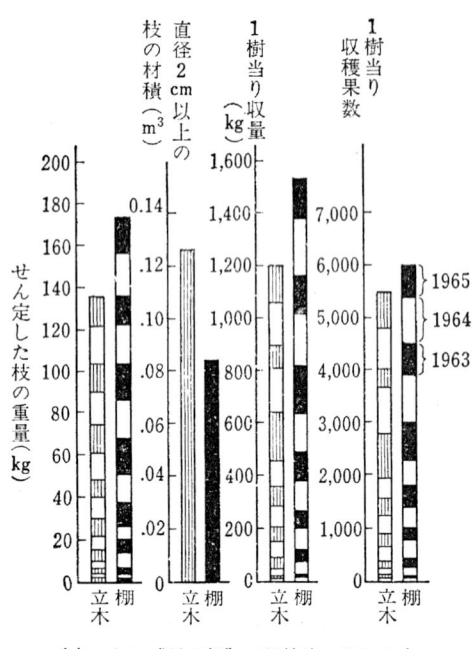

(a) ナシ"長十郎"の整枝法の異なる木1樹当たり各種の累計値と17年生時の材積（立木8本，棚10本の平均値）（金戸ら，1968）

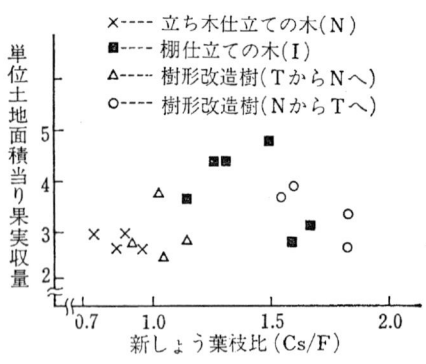

(b)-1 新しょう葉枝比と果実生産量，整枝法の相互関係

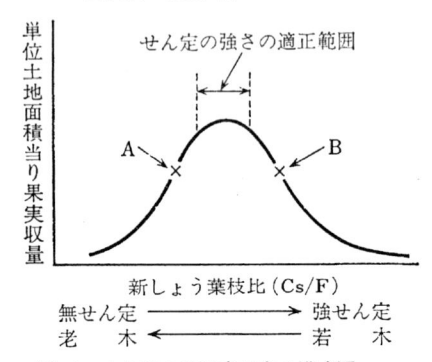

(b)-2 せん定の適正度判定の模式図 土地面積当りの最大数量に対応する新しょう葉枝比がせん定の適正範囲とする．

活性線虫と呼ばれるものであるが，一部の線虫は植物に寄生する．植物寄生性線虫にはネコブセンチュウ類，シストセンチュウ類，ネグサレセンチュウ類などの地下部に寄生するもののほか，植物体地上部にもマツノザイセンチュウ，イネシンガレセンチュウ，ハガレセンチュウなどが寄生する．これらは有害昆虫類と並んで重要な作物生産阻害要因となっており，特に土壌中に生息する植物寄生性線虫はいや地または連作障害との関係で注目されている． (玉木)

せん(剪)定 pruning

整枝はせん定によって維持される反面，整枝という一定の樹形目標のないところには合理的なせん定は行うべくもなく，両者の関係は表裏の関係にある．理想的樹形を育成するために，苗木の定植時から，支柱をたて誘引をし，成木となれば，ほぼ同じ樹形を維持するためにせん定をする．このように，せん定を広義に解釈すると，枝葉の切除以外に，主枝，亜主枝の先端部の肥大伸長の促進のために用いる誘引，摘果，ねん枝なども含んでいる（→樹形・樹姿，整枝）．

〔理論と適正度〕 図（a）はニホンナシの棚・立ち木仕立てにおける累計のせん定量，収量，収穫果数，材積の現存量を示した．成木において，やや強いせん定の棚仕立ての木は，弱いせん定の立ち木よりも，葉での光合成産物を効率よく，果実生産に分配しているとみなされた．棚仕立ての木の葉面積指数は立ち木とほぼ同じ2～3であったが，材積の現存量が少なく，それに伴う呼吸消耗の少なさが，果実生産を向上させた．これらの事象から，適切なせん定は，光合成産物の果実への配分に関与し，それを高めるようである．整枝の項に記したように，純生産量が最大値に達した以降の樹齢における．果実収量の漸減が材の呼吸の増大によることを示唆してい

る．

　せん定には，太枝や側枝など古い材積の部分を切除し減少させるが，他方で，新しょう，果実など，当年産の部分，換言すると1本の木の末端に相当する部分の，木全体に対する相対的な占有率を高める効果が認められた．せん定による末端部の増大効果を利用して，せん定の適正度の表示法を検討し，図（b）のような結果を得た．単位土地面積当りの最大の果実収量に対応する1樹全体の新しょう葉枝比をもって，せん定の適正度とする方法である．新しょう葉枝比は，1本の新しょうの葉重で枝重を割った値であり，乾物重比であるが，個々の新しょうが長いほど高い値となる．1個体の新しょう葉枝比は，若木から老齢化につれて小さい値となり，せん定が強いほど次年の値が大きくなる性質は樹齢を越えてみられる．

　〔種類と順序〕　枝の中途で切断する切り返しと，枝を基部もしくは分岐部から切除する間引きの2種のせん定がある．

　更新せん定は，対象とする部分，個体の若返りを求めてのせん定である．直接に結実部となる結果枝群を側枝と称し，木の骨格を形成する主枝，亜主枝の周辺に，より近づけて結実部位を維持するため，側枝は2〜5年で更新せん定をする．亜主枝も加齢して過密となったり，裂損した場合，近接した枝との更新や間引きせん定を行う．園全体の収量維持のために，間伐予定樹に対して2〜3年間は樹冠縮小のため，樹冠外周部を切り返しせん定を中心とした縮伐を行う．

　せん定の順序は，更新せん定の考えに示されるように，継続的な開花結実の維持に，つねに木の各部が若返る方向で行うのが基本であり，「大は小を兼ねる」の格言とは逆の立場である．すなわち，より若い部分に重点を置くという視点から，せん定の順序は大きな枝の切除から始めて，細部へと移行すべきである．具体的には，枯死部分の除去を最初に，主枝，亜主枝の更新や交差枝など相互に悪影響しあっている枝の間引きせん定の必要性の有無を検討し，次いで，側枝の更新など，のこぎりを必要とする作業を実施する．後半の細部のはさみによるせん定は，結実部位の樹冠全体への均等な配置などを主目的に行う．

　切断面の保護は重要であり，ゆ合組織が形成されやすいように，切断面は樹液の流動するところに近接し，しかも最小面積となるように配慮し，過度の乾燥を避けるために接ぎろうなどを塗布する．新しょうでは切り返した直下の芽（せん定）の枯損を避けるために，せん芽の上部数mm以上を残して切断し，ブドウは節の中間部で切る．

　〔時期〕　枝葉の生長期に実施する夏季せん定は，結果母枝の確保など，目的を限定して行うべきである．冬季せん定は樹形の構造や骨格の更新，間伐などを行う主要なせん定で，葉面積を減少させることの少ない落葉期の冬季か，常緑果樹においては，極低温期をすぎて樹液流動の前，春のほう芽期の直前に行う．

（岸本）

鮮度　freshness

　青果物は採取あるいは収穫後直ちに物理的あるいは生理化学的変化を起こし，食品としての価値が低下していく．このような食品としての価値評価の程度を鮮度といい，品質を規定する要因である．特に青果物は腐敗性食品であり，実用的な鮮度判定法が望まれ，物理的，化学的，官能的，細菌学的方法がいろいろ行われているが，外観や肉質から経験的に判定されている．鮮度保持のため，種々の処理方法，貯蔵方法が開発されてきている．

（垣内）

鮮度保持　freshness retention, keeping freshness　⟶　鮮度

　潜熱　latent heat　⟶　地中熱交換

　選抜　selection

　選択，淘汰ともいう．進化学ではもっぱら淘汰の語を用いる．集団中に遺伝子型の異なる個体が含まれており，遺伝子型間で適応度に差があるとき，世代が進むにつれて遺伝子型の頻度に変化が生じる．これを淘汰が働く

という（自然淘汰）．集団の適応度を高める方向に働くのを正の淘汰（positive）といい，有害遺伝子を除去するような働きを負の淘汰（negative）という．

育種とは人為淘汰にほかならないが，特に優良個体（elite）を選ぶ場合を選抜といい，不良個体を棄却する（discard）場合を淘汰と呼ぶことがある． (成河)

選 別 grading ⟶ 選果・選別

全面散布 broadcast application, overall application

まんべんなく散布することをいう．作付け前の土壌消毒剤や除草剤散布，果樹園でのダニ剤，殺菌剤などの散布は通常，全面散布である． (小泉)

せん（腺）毛 glandular hair

先端が小球状に膨らんでいて液体を分泌する毛で，植物の表皮系にみられる．活発に分泌する腺毛の細胞には，豊富な原形質と分泌物が認められる．葉歯・葉面の毛を始め，花の蜜腺の毛，食虫植物の消化液を分泌する毛などが該当する． (糠谷)

前 歴 previous condition, previous history

ある現象が生じたとき，そのとき以前の環境や種々の条件によってその現象が影響されていると考えられる場合に，その前の条件を指すときに使われる．実験に用いた材料の来歴をまとめて前歴と呼んだり，栽培前歴，光前歴，低・高 CO_2 前歴の影響といったように，あるいは条件が特定できない場合にも前歴が影響しているというように用いられる．逆の見方をすれば後作用になる．たとえば，前年に浅植えしたスイセンのりん茎を掘り上げて植えると，植え付けの深さにかかわらず，次の年にはよく分球する．この場合，分球には浅植えという前歴が影響しているというか，浅植えの後作用が分球をもたらしたというかのいずれでもよいのである． (今西)

そ

ソイルブロック soil block

オランダで開発された育苗ポットを用いない培土塊.普通,土壌にピートモス,粘土,肥料などを混合して,崩れにくく,通気性,保水性に富む一定の方形ブロックをソイルブロックマシーンで製造する.播種も機械で行うこと,定植作業がポットより比較的簡単であることなどから労力の節減も可能となる.

(新井)

ソイルブロック育苗 soil block rasing seedling, raising seedling on soil block
⟶ 育苗

そう(痩)果 achene

閉果の一種で,果実は成熟しても裂開せず,果皮は普通数層の細胞からなり,外・中・内果皮ともに多肉質とならず,熟すと乾燥して薄い膜質となる.普通1室1種子で小さく,果皮は種皮に密着して両者の界が判然とせず,一見種子のようにみえる.花たくの発達したイチゴ果実の表面にらせん状に配列する種子のようにみえるのはそう果である.ソバの果実もそう果で,そばがらと呼ぶのは果皮で,果皮の下に薄い種皮に包まれ,胚乳と胚があり,胚乳は白色のデンプンを多く含む.

(斎藤)

霜 害 frost injury, frost damage

春または秋に温度が急激に下がることによって,作物の受ける被害を霜害という.霜害はその発生時に結霜の有無は別としても,細胞凍結死によるものであり,冬期の凍害と区別しにくい場合がある.霜害と凍害との区別は,その発生時期を異にすることである.

春または秋の霜は,移動性高気圧に覆われよく晴れた風のない夜に発生する.このような条件下では,接地気層の放射冷却が卓越し無風状態とも相まって地表面付近が著しく低温となり,逆転層が発達する.

霜害の発生は,地域性や局地性がきわめて大きく,作物の種類や生育段階によっても被害の程度に大差がみられる.霜害の危険性が最も大きな地域は,関東北部から東北南部であり,次いで,東山,関東南部,東北北部,東海,近畿北部などである.霜害の少ない地域は,四国,北海道,北陸,山陰であり,九

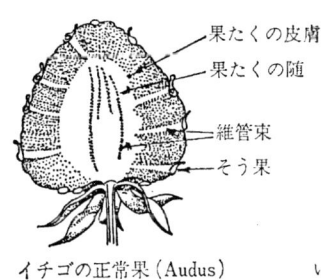

イチゴの正常果(Audus)　　そう果が1個しか発育しない場合(Nitsch, 1950)　　そう果が3個発育した場合(Nitsch, 1950)

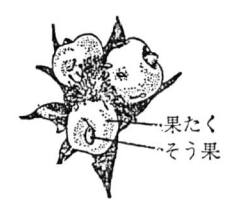

(a) イチゴの果たくとそう果

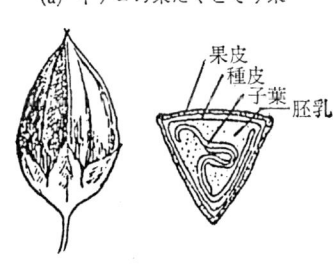

(b) ソバの果実(そう果)(星川, 1980)

州は場所により被害が大きい．局地的な面では，低温気流が流れたり，停滞したりする霜道や霜穴，冷気湖と呼ばれる霜害の著しいところがあり，また，局地的に被害を受けにくい場所がある．霜害危険地の判定は，場所別の気温観測，煙の移動集積状況の観察，地形による判定法などにより行われる．

霜がおりるかどうかの予想は，気象台から霜注意報や低温注意報として発表されるが，自分でも午後の気温や湿度観測から翌朝の最低気温を推定することができる．

霜害では，作物の種類や生育時期によって同じ低温遭遇でも被害の受け方が著しく異なる．このことは，作物の凍結のしかたに違いのあることにほかならない．その原因には，体温の下がり方，霜の付着，凍結温度の違いによるものと考えられている．霜害に関与する耐霜性は複雑であり，今後明らかにしなければならない問題が多い．

晩霜害における実用的な危険温度は $-2 \sim -3°C$ で，遭遇時間30分〜2時間で被害が著しく多くなる．なお，危険温度とは作物体温のことであり，気温ではない．作物体温は周囲気温より $1 \sim 2°C$ 以上低くなるのが普通で，気温表示では $0°C$ 内外で危険ということになる．

防霜対策のうち，恒久的なものには，防霜林，防霜堤の設置，霜害に強い作物の導入などがある．応急的なものには，作物体温を下げないための燃焼法，被覆法，煙霧法，散水氷結法，送風法，かん水法などが利用される．

最近，INA 細菌の制御によって凍霜害を防ぐ方法が実用化されつつある． （鴨田）

相加作用 accumulative action, additive action

相互作用の一種．多数の要因が関与している現象で，同時に与えた同一方向に働く二つ以上の要因の作用が，各要因ごとの効果の和に近い作用を示すこと． （桂・小泉）

層化法 ——→ 選果・選別

相関係数 correlation coefficient

二形質 X, Y に関し，(x_1, y_1), (x_2, y_2) …, (x_n, y_n) の n 組のデータが得られたとき，両者の直線的な関係の強さを表す統計量が相関係数 r であって，次式によって求められる．

$$r = \frac{X と Y の共分散}{\sqrt{(X の分散)(Y の分散)}}$$
$$= \left[\frac{1}{n-1}\sum_{i=1}^{n}(x_i-\bar{x})(y_i-\bar{y})\right]$$
$$\div \left[\sqrt{\frac{1}{n-1}\sum_{i=1}^{n}(x_i-\bar{x})^2 \cdot \frac{1}{n-1}\sum_{i=1}^{n}(y_i-\bar{y})^2}\right]$$

相関係数 r の値は $-1 \leq r \leq 1$ の範囲内にあって，1 あるいは -1 に近いほど正あるいは負の相関が強いことを，0に近いほど相関関係が小さいことを示す．相関係数の2乗 r^2 は決定係数と呼ばれる．

重回帰分析において，観測値 y と回帰による推定値 $\hat{y}$ との相関係数を重相関係数（multiple regression cofficient）と呼び，R の記号で表す．重相関係数の2乗 R^2 は，寄与率または決定係数と呼ばれ，1に近いほど y の変動が説明変数によってよく説明されていることを示す． （菊池）

早期検定法 early diagnosis, early generation testing

育種過程では目標形質について早期に検定（選抜）ができれば，育種の効率化に役立つという考えから，古くから有効な早期検定法が育種の一つの大きな課題となってきた．しかし，早期というとき二つの意味がある．一つは生育の初期の検定により選抜し，ほ場を有効に利用するもので，耐病性の幼苗検定あるいは生育初期と後期との形質間相関を利用した検定法などである．他の一つは交雑の初期世代での検定で，メジャージーンによる形質については早期検定は有効であるが，収量のような計量形質についても早期検定法が可能であるという報告もある． （成河）

早期出荷 advance shipping ——→ 出荷

早期抽だい(苔) premature bolting, premature seeding ——→ 抽だい

相互作用 interaction, coaction

作物に吸収される養分や土壌微生物の個体

群にみられるように，二つ以上の要因が互いに影響を及ぼしあっていること，あるいはある要因の効果が他の要因によって影響を受けること．生物の個体群においてみられる個々の生物間の働き合いをいうこともある．相加作用・相乗作用・相助作用・相反作用（きっ抗作用）などがある．相互に有利に作用しあう場合は相助作用や相乗作用と呼び，不利に作用しあう場合はきっ抗作用や相反作用と呼ばれる．　　　　　　　　（桂・小泉・青葉）

相互転座 reciprocal translocation　⟶ 染色体

走査型電子顕微鏡 scanning electron microscope　⟶ 電子顕微鏡

早熟栽培

普通栽培より早期に収穫する作型を早熟栽培と呼ぶ．この中に加温育苗後，露地または露地に近い条件（マルチなど）に定植する露地早熟栽培と，トンネルまたはハウスに定植するトンネルまたはハウス早熟栽培とがある．いずれも保(加)温能力が劣るので半促成栽培より栽培時期がわずかに遅い．（新井）

総状花序 raceme　⟶ 花序

相乗作用（相助作用） synergism

相互作用の一つであり，相互の作用を助け合うもの．二つの要因を同時に与えた場合の作用が，それぞれ単独で与えた場合の効果の和より大きいこと．単独で与えたときには効果がなく，同時に与えたときにのみ有効なことも指す．相反作用，きっ抗作用の反意語である．

ある特定の養分が共存すると，他の養分の吸収が促進される作用をいう．たとえば，リン酸とマグネシウムのように，両者が共存すると作物による吸収が相互に強められる現象などはこれに属する．

薬剤の場合，個々の要因だけでは期待できなかったような高い効果，あるいは新しい効果が現れることをいう．石灰硫黄合剤にPCPを加えると殺菌力が強まり，薬害が軽減するのは，両者の相乗作用といわれている．
　　　　　　　　　　　（桂・小泉・青葉）

層状りん(鱗)茎 imbricated bulb　⟶ りん茎

増　殖 multiplication

有性，無性にかかわらず個体を殖やすことを増殖というが，通常は遺伝的に同一のクローンである個体を増やすことを指し，個体レベルでは，挿し木や取り木あるいは葉挿しによる繁殖をいう．また，組織培養技術を用いて，生長点や組織のカルス化したものから個体を増やす方法も確立され，さらに，植物体組織の細胞をバラバラにし，これを細胞培養することによって，多数の個体を同時に得る試みもなされている．　　　　　　（湯田）

相助作用 synergism　⟶ 相乗作用

早　生 early flowering, early maturing, early ripening, early season　⟶ 早生（わせ）

草　勢 plant vigor

作物の茎葉の繁茂や生長の活力など特に栄養生長の状態を表す．作物の栄養状態や栄養生長と生殖生長のバランスなどに関して作物栽培上から生育の状態を表すときに用いられる．　　　　　　　　　　　　　（施山）

草生法 sod culture system, grass sward system

果樹園の地表を雑草やイネ科，マメ科の多年生牧草で恒久的に被覆する方法．下草の生育を適当に抑えるため，年数回草刈りして刈草を被覆に用いるか，除草剤を利用する．草種によっては数年に一度耕起して鋤き込み，更新する方法もとられている．草生法の狙いは土壌有機物の増加，草の根の発達と根圏土壌の団粒化，土壌侵食の防止などの地力増進にあり，果実の熟期促進と品質向上などは二次的な効果である．しかし，果樹との養水分の競合が当初想定されたほどでないとしても，幼木や乾燥地，あるいは草生開始初期には十分注意し，草刈の励行や窒素の増施をする．また樹間を草生にし（帯状草生法），その刈草を樹冠下に敷く方法（敷草草生法，草生マルチ法）の導入が望ましい（→敷草法）．
　　　　　　　　　　　　　　　　（大垣）

草生マルチ法 sod-mulch system ⟶ 草生法

層積法 stratification

層積法は低温処理の一種であって，大粒種子の低温処理に適し，また小粒種子でも大量に処理する場合に適する．低温処理を行う場合，種子は十分に吸水していなければならない．砂，のこくず，ピートモスあるいはこれらの混合物を湿らせて，これと種子とを交互に積重ねていく．これを0〜5℃の恒温器に一定期間入れる．あるいは冬の戸外の地中に埋めて1冬過させる．林木，果樹，バラ，シソ等の種子の大量低温処理に用いられる．またクリ，カシ等乾燥をきらう種子では貯蔵に層積法を用いる．すなわち層積して低温下に保てば，こうした種子でも相当期間死滅することなく，またほう芽することなく貯蔵しうる． （中村）

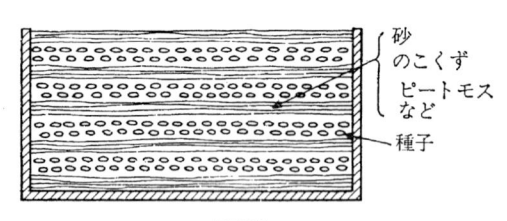

層積法

相対的短日植物 quantitative short-day plant ⟶ 短日植物

相対的長日植物 quantitative long-day plant ⟶ 長日植物

相転移（温度の） phase transition

物質が一つの相（固体，液体，気体）から他の相へ，一定圧力下ではある一定温度で変わることをいう．そのとき潜熱を伴う場合を一次相転移といい，たとえば0℃以下に下がったときに果樹に散水して結氷させ，水（液相）から氷（固相）に変えるときの潜熱の放出により凍害を防ぐのは，相転移の応用である． （大垣）

相反交雑 reciprocal crossing ⟶ 交雑

相反作用 reciprocal action, repulsion

相互作用の一種で，同時に与えた二つの要因の作用が互いに打ち消しあう現象を指す．すなわち，一方の要因が強まると他方の要因の効果が低下し，逆に一方の要因が弱まると他方の効果が強まる．この場合，一方の濃度を上げることにより他方の作用が弱められることをきっ抗作用（antagonism）といい，植物の養分吸収において，たとえば，カリウムの供給量が多すぎると，マグネシウムやカルシウムの吸収量が減少する，というような関係を指す． （小泉・桂・青葉）

送風法 air stirring method ⟶ 防寒

総包 involucre

花軸（flower axis）または花茎（flower stem）の基部に多数の包葉（bract leaf）が集合して形成された葉的器官の一種．個々の包葉を総包片（involucral scale）と呼ぶ．花の発育途中で多くの花全体を保護する役割をもつ．一般に，苞（bract）は，花柄（peduncle）の基部に生じた小型の葉を指しており，総包とは着生位置の違いにより区別される．図は筒状花の項参照． （樋口）

草本・木本 herb; arbor

木部が発達せず，葉と草質の茎だけで構成されていて，地上部が1年で枯れる植物を草本植物と呼ぶ．一方，木部がよく発達し，多年生の茎をもつ植物を木本植物と呼んでいる．竹がどちらに属するのかは議論の分かれるところである． （国重）

増量剤 1) extena, extender; 2) dust diluent

1) 受粉増量剤

人工受粉には多量の花粉を必要とするが，花粉だけを使用すると効率が悪いので，増量剤を加えて花粉を希釈して使用する方法がとられている．その場合，増量剤は吸湿性がなく，粒子が細かくて均一であり，かつ比重が花粉と近似していることが望まれる．また，花粉の発芽を阻止する有害成分が含まれていないことも条件になる．リンゴでは，花粉1に対して石松子を4の割合で希釈して受粉し，高い結果率を得ている．リンゴやナシで

は石松子のほかバレイショデンプン，脱脂粉乳で5～10倍に希釈してよい結果を得ている．その他，0.01％ホウ酸を加えた10％ショ糖液でリンゴ花粉を200倍にうすめて懸濁させ，受粉に用いる方法もある．　　（吉田）

2）粉剤増量剤

粉剤に用いる固体希釈剤で，タルク，ピロフィライトなど鉱物質粉末が多く用いられる．　　　　　　　　　　　　　　（上杉）

阻害物質・抑制物質 inhibitor; retardant

植物の生育あるいは生理作用を阻害または抑制する物質をいう．天然に存在する物質と外生的に作用させた合成物質とがある．

高等植物に含まれる最も普遍的で主要な阻害物質はアブシジン酸（ABA）であるが，これ以外にも多くの物質が単離されている．その多くは安息香酸や桂皮酸のオキシ誘導体，フラボノイド等のフェノール性物質である．この中にはアレロパシー現象の原因物質も含まれる．

合成物質としては，CCC，MH，SADHがあり，それぞれ，キクのわい化，タバコの側芽抑制，ブドウの摘心などに使用されている．今後実用化が期待されているものにパクロブトラゾール（PP-333），ウニコナゾールD（S-327 D）がある．　　（廣瀬）

そぎ芽接ぎ chip budding　──→ 芽接ぎ

属 genus (pl. genera)　──→ 科・属・種

側　果 lateral fruit　──→ 側花・側果

側　芽 lateral bud

側芽とは茎の側方につくられる芽で，頂芽に対していう．シダ植物では葉に直接には関係しない位置に側芽が発生するが，種子植物の側芽は，茎上に着生している葉の上側の部分，葉えきにつくられるのでえき芽ともいう．したがって，種子植物の側芽はそれぞれの植物の葉序にしたがって一定の部位に配列されている．　　　　　　　　　　　（斎藤）

側花・側果 lateral flower; lateral fruit

中心花（果）以外の花や果実をいう．リンゴ，ナシなどの花芽が形成される場合，中心花の分化発達が旺盛で，側花はやや緩慢である．花では花柄の長さは中心花より長く細い場合が多いが，幼果に生長するころにはほとんど差がなくなる．普通，リンゴでは側果は摘果の対象となり，ニホンナシでは側果のほうが優良果となる．　　　　（渡部）

属間雑種 genus hybrid, intergeneric hybrid　──→ 種間雑種・属間雑種

側　根 lateral root　──→ 根系

側　枝 lateral branch, lateral shoot　──→ 主枝・亜主枝

束　生 fasciculate

葉・花・茎・枝など植物の器官の一部が，それぞれ互いに接近して多数が束（たば）のようになって生ずることをいう．例，ゴヨウマツ・カラマツ類の葉，スモモ・オウトウなどの花束状短果枝（短縮茎についたえき花芽群），シャクヤク・オダマキなどの雄ずいなど．　　　　　　　　　　　（田中）

カラマツの葉　　スモモの花束状短果枝

束　生

促成栽培 forcing (culture)

従来，石垣イチゴで代表されるように自然状態の普通栽培（露地栽培）より早く栽培する作型を促成栽培と呼んだ．近年，プラスチック資材の普及に伴って促成栽培の期間が拡大し，一部のものでは抑制栽培（普通栽培より遅い作型）との境界がなくなるに至った．現在は促成の程度によって促成（最も早い作型），半促成，早熟の3作型に分けるようになった．狭義の促成栽培は別名加温栽培とも呼ばれるように，生育または収穫期全般を加温（保温）する作型と規定できる．このた

速成床土 artificial bed soil ⟶ 床土（とこつち）

促成たい(堆)肥 artificial farmyard manure ⟶ たいきゅう肥

ぞく(粟)粒 hilum

クリ果の座部分に点状に分布するアワ粒状の部分をいう。ぞく粒は毬梗を通って果実に供給される養水分の通路である維管束が連なる部分であり、成熟に伴って離層が形成され、果実は毬肉から離脱する。　　（志村）

そ(蔬)菜 vegetable ⟶ 野菜

組織培養 tissue culture

多細胞生物体の一部分を摘出して、*in vitro* で、適当な物理的、化学的条件下で、無菌的に培養することを組織培養（広義）という（→*in vitro*, 無菌培養）。生物体から摘出され、培養される部分を外植片といい、これに養水分などを供給し、さらには支持する媒体を培地または培養基という（→外植、培養基）。植物の組織培養（広義）は器官培養、組織培養（狭義）、細胞培養に大別される（→器官培養、液体培養）。

植物の場合、狭義の組織培養とはカルスの培養をいう（→カルス）。カルス培養は外植片をカルス誘導 (callus induction) し、カルスの状態で培養することで、外植片には茎、葉、根、各種の花器、果実、貯蔵器官や、茎頂、形成層、胚など多様な器官、組織を使うことができる。種々の腫よう組織を用いることもある。カルス誘導とは、これらの外植片に細胞分裂を促してカルスを形成させることをいい、この過程で、外植片中の分化、成熟した細胞が分裂してカルスとなることを脱分化 (dedifferentiation) という。誘導されたカルスは、適当な培地で培養すればカルスとして生長を続け、継代培養を繰り返しても生長速度を低下させることなく無期限に培養できる（→継代培養）。これを連続培養 (continuous culture) あるいは無期限培養 (unlimited culture, indefinite culture) という。

1939 年、Gautheret と Nobecourt がそれぞれ独立に、オーキシンを含む培地を用いることによってニンジンの根の形成層起原のカルスで、同年 White が無機塩類とショ糖のみの培地でタバコ属雑種の遺伝的腫よう組織起原のカルスで、それぞれ連続培養に成功したのがカルス培養の最初の成功である。1950 年代に Skoog らが、オーキシンと協同して成熟細胞の細胞分裂を誘起する作用をもつサイトカイニンを発見して以来、広範な植物種の種々の組織起原のカルス培養が可能になった（→オーキシン、サイトカイニン）。彼らはさらに、培地のオーキシン、サイトカイニンの濃度バランスによって、タバコの茎片やこれから誘導したカルスに不定芽あるいは不定根の分化を誘起できることを発見した（→定芽・不定芽、不定根）。また、Steward(1958)、Reinert (1959) は、ニンジンの培養細胞・カルスが不定胚を分化する事実を見出した。これらの研究以来、多くの植物種で各種外植片、培養カルス・細胞から不定芽あるいは不定胚形成をへて植物体を再生する事例が認められている。脱分化したカルスから不定芽、不定根、不定胚などを分化することを再分化 (redifferentiation) という。植物体を構成する細胞は、おかれる条件のいかんで種々の器官、組織、細胞に分化する潜在能力——全形成能 (totipotency, 分化全能、全能性ともいう)——をもつとの考えがあるが、上記の事実はこの考えを立証するものとして受け取られている。　　（石原）

ソース sauce ⟶ シンク・ソース

祖先型 ancestral form

園芸作物の成立には、一種あるいは複数の野生種が関与している。このような栽培種の起源に関わった野生種のことを祖先型という（→原型）。　　（岩政）

粗大有機物 bulky organic matter

畑の敷草や深耕に用いる比較的炭素率の高い有機物。自給的に入手するそだ（炭素率 700）、刈草 (19)、かや、わら (80)、竹材、おがくず (500) などをいう。土壌有機物の

補給源として，その物理性，化学性の改善に役立つが，未分解有機物の分解のため一時的に土壌に窒素飢餓を招くので，速効性窒素肥料を施用する．また，紋羽病などの土壌病害の付着していないことが大切である．
(大垣)

速乾性ワックス solvent wax ──→ ワックス処理

速効性肥料 quick acting fertilizer

施用したときに肥効が早く現れる肥料をいう．このような肥料の成分は一般に水溶性で，土壌に施用されるとすぐに溶けて作物に吸収されるが，反面雨などにより流亡しやすい．そのため肥効が長続きせず，また一度に多量施用する場合などには，土壌中の濃度が高まり濃度障害（肥焼け）を生じやすいので，分施するほうが効果が高い．硫酸アンモニウム，過リン酸石灰，硫酸カリなどはいずれも速効性肥料の例である． (青葉)

速効・遅効 1) quick acting; gradually acting, slow acting; 2) rapid action; slow action

1) 肥 料

硫安のアンモニア態窒素，過リン酸石灰のリン酸，硫酸カリの加里などの水溶性肥料成分は土壌に施用されると，すぐ土壌水に溶けて作物に吸収利用されやすく，その肥料の効果が速やかに現れる．このことを速効〔性〕という．これに対し，堆肥や棉実油粕のように，土壌に施肥されてから土壌微生物によって徐々に分解され，アンモニア態窒素，無機態リン酸が放出されてから，これら肥料成分が初めて少しずつ吸収利用され，肥効の発現に時間がかかる．これを遅効〔性〕という．肥効発現が速効と遅効の中間的なことを緩効 (controlled release) という．肥料成分の土壌からの流亡による損失を減少させ，また作物生育の展開と対応して肥料成分を有効化させ，肥効を高めるため肥料の緩効化が行われている．IB・CDU 窒素肥料，溶成リン肥，被覆肥料，固形肥料，大粒化成肥料，硝化抑制剤（たとえば AM）入り窒素肥料等は緩効性肥料である． (馬場)

2) 薬 剤

薬効発現経過についての表現である．対象生物に対する生育阻害機構が多面的（多作用点阻害）であったり，呼吸阻害であったりすると速効性となることが多い．殺虫剤などでは神経系の阻害剤は一般に速効性であるが，遅発性神経毒性がみられる場合もあって，一概にはいえない．生体構成成分の生合成阻害作用による薬効発現では遅効性となることがある．そのほか，害虫に対する摂食忌避剤などは遅効性である． (上杉)

粗 皮 rough bark

樹皮の表面ががさがさとなり，亀裂や剥離を生じたり，いぼ状の小突起ができたりする症状のこと．粗皮は一般に生理的障害（栄養の失調など）で起こるとされ，リンゴではマンガン過剰がその原因として知られている（→過剰障害）．なお，ウイルスが関与することもある． (平野和)

粗皮病（りんごの） internal bark necrosis ──→ 過剰障害，粗皮

ゾル・ゲル sol; gel

物質が微細な状態で，原子あるいは分子よりは大きく，可視的なものよりは小さい状態をコロイドと呼ぶ．コロイドあるいはコロイド状態は，日常われわれを取りまくものに多くみられ，非結晶質の状態のものがこれである．コロイド状態は分散系か凝固系かによってそれぞれゾルとゲルに分けられている．

ゾルとは溶液でなく，物質の固体粒子が一つ一つ分離しているいわゆる分散系で，その分散媒の名をつけて区別している．分散媒が水の場合はヒドロゾル (hydrosol)，空気ならエアロゾル (aerosol) といった具合である．前者には水に分散した懸濁液（エマルジョン）が，後者には空中に浮遊する煙や霧などが属している．ゾルにはタンパク質やデンプンなどのヒドロゾルによって形成される生物体と関連が深い親水ゾルと農業薬剤の水散布用として利用されるエマルジョンである疎水ゾルがある．

一方，固体粒子が互いに連結し，ある程度の力学的な強度をもった構造を示す状態をゲルという．タンパク質やデンプンあるいは寒天やポリアクリルアマイドなどは，酸や熱を加えてゾルの状態からゲルの状態に変えることができ，組織あるいは細胞培養の培地として用いる寒天ゲルや，タンパク質，酵素の電気泳動による分析に用いるゲル（デンプンやポリアクリルアマイド）などがそれである．

(上本)

た

ダイアモンド整枝 diamond training
⟶ 整枝

耐陰性 shade tolerance
弱い光のもとでも植物が生育できる性質をいう．最小受光量が小さい，呼吸が小さい，光合成の補償点が低い，葉の寿命が長いなどの性質をもつ植物は耐陰性が強い．耐陰性の強い樹木を陰樹，弱い樹木を陽樹という．
(松尾)

耐塩性 salt tolerance
高塩類濃度下でも生育できる性質を耐塩性と言う．高濃度の食塩環境に対して，塩性植物は適応して生育するが，塩性植物以外の中性植物は適応せずに枯死する．しかし，中性植物でも低濃度の場合（食塩数％以下）には，作物の種類や品種によっては耐塩性を有する．また，耐塩性は生育ステージや栽培方法によっても異なる．一般にマメ類やイチゴなどは弱く，ホウレンソウ，アスパラガスなどは強い．
(糠谷)

帯化（石化） fasciation
植物体の一部分，たとえば茎，枝，花序など種々の器官にみられる奇形の一つである．正常では放射相称形に発育する茎頂部において，相対する両側面の細胞が特に盛んに分裂して，側方に異常発達して扁平化することにより，この現象が起こるといわれている．また，栄養過剰などのために，枝や芽が密に形成され，互いに癒合生長するためという説もある．茎にみられる帯化では，葉序は不整になり，葉が異常に増加したり，多数の枝がつくことがある．石化ヤナギは枝物として，またボストンタマシダは観葉植物として栽培されている．また，ケイトウの一系統であるクルメケイトウは，茎の頂部が帯化して，赤や黄に着色したものである．花ではデージー，

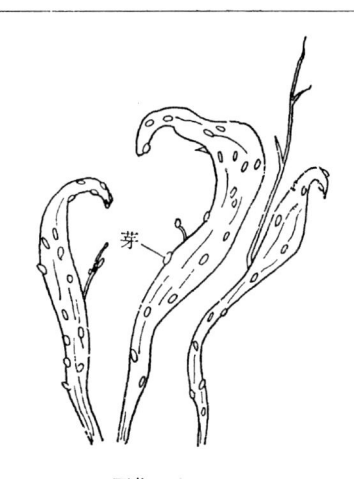

石化ヤナギ

プリムラ・ポリアンサなどにみられる．
(田中)

退化現象 degeneration, degradation
育種学でいう退化は進化学のそれと異なり自殖性作物の品種を長く作付けしているときにその集団が劣悪化することをいう．採種技術の不完全さによる異型の混入は別として，集団内で突然変異が生じたり，ヘテロなマイナージーンのホモ化によったりして，最初の形質と異なる形質が表現されてくる．これらの形質の多くは劣悪であるため，退化現象といわれる．
(成河)

台勝ち rootstook overgrowing scion
⟶ 台木

耐冠水性 overhead flooding resistance, overhead flooding tolerance, resistance for submergence ⟶ 冠水

耐干性 drought resistance, drought tolerance ⟶ 干害

耐寒性 cold hardiness, cold resistance, cold tolerance ⟶ 寒害・寒風害

台木 rootstock, stock
繁殖目的の接ぎ穂が接がれる台となる植物体を台木という．接ぎ木における台，穂の関係は栄養的にみて共生関係にあり，相互に影響し合う．接ぎ穂の遺伝的特性は保持されるが，栄養的変異（接ぎ木変異）を示す．園芸的にはこのような性質を利用して，次のような目的達成のため，特別な台木が利用されて

いる．

[樹勢の調節] 台木の影響で樹の生育，樹形をある程度調節でき，同時に収量，品質にも影響する．一般に地上部の生育を強め樹を大きくする性質の台木を強勢台木（vigorating rootstock），逆に地上部が抑制される台木をわい性台木（dwarfing rootstock）と呼んでいる．その代表例としては，リンゴ栽培において，イギリスのEast Malling試験場では，古くからわい性台，半わい性台，半強勢台，強勢台の育成が進められてきたが，近年わが国でもわい性台が注目され，従来の主要な台木マルバカイドウに代って，早期多収，省力，品質向上を目標にM26, M9（わい性台），M7, MM106（半わい性台）を利用したわい化栽培が進められている．その他コーネル大学育成CGK台木などもある．この他，ウンシュウミカンのカラタチ台，洋ナシのマルメロ台もわい性台として知られている．

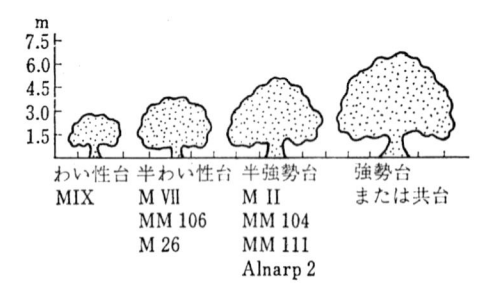

台木の違いによるリンゴ樹の相対的な大きさ（Carlson）

台木と穂との発育のちがい

[環境に対する適応性の促進] その土地の気候，風土に適した台木の選択によって栽培を有利にできる．寒地におけるカキ栽培では，共台に比べ耐寒性の強いマメガキ台が用いられる．カンキツ栽培におけるユズ台は，乾燥，寒害，やせ地に耐える．乾燥地でのレモン栽培におけるラフレモン台が用いられるのもその例である．

[病害虫による被害の回避] 病害虫に対する抵抗性は植物によって異なるから，抵抗性のある台木を用いることで被害を回避できる．ブドウ栽培では，根に寄生するフィロキラに対する抵抗性台木として，リパリア，ルペストリス，ベルランディエリーなど野生種およびその交配種が用いられている．二十世紀ナシのユズ肌病の発生防除にマンシュウマメナシ台の有効なことも知られている．近年わが国のリンゴ栽培において，わい性台木の利用が普及しつつあるが，従来の台木に比べてクラウンロット（フェトフゾラ菌によって台木部分の腐敗を起こす病気）に侵されやすく，この病気に対する抵抗性がわい性台木の性能を決定する要因の一つとなっている．また，果菜類でも接ぎ木栽培が行われるが，これは病害虫を回避して連作を可能にするためである．ウリ科植物では，つる割病，立枯性えき病，ナス科植物では，青枯病，萎ちょう（凋）病などの防止のため接ぎ木苗が用いられる．

[結実率や果実品質の向上] 台木の選択によって，結実量を増やし，果実の形，肉質，成分などの向上がはかれる．ウンシュウミカンの台木としてカラタチ台が多く用いられるのは，ユズ台などに比べ，果実の品質が優れ，早期に結実期に入るためである．

[樹勢の回復] 病害虫の被害を受けて樹勢の低下した樹に対して，根系の根接ぎ，幹に橋接ぎして樹勢を回復させる．ウンシュウミカンでは樹勢の低下した樹の基部に強勢のユズの根系を根接ぎして経済年齢の延長がはかられる．

[台木の種類] 台木として接ぎ穂と同じ植物を台木として用いる場合を共台と呼ぶ．カキ，モモ，バラなど多くの種類で用いられる．しかし，共台では樹勢が強すぎたり，種子の不足するもの，病虫害の回避，樹のわい化をはかりたい場合など，接ぎ木親和性の高い近縁の植物が抵抗性台木，わい性台木として用

いられる．

　既成品種を更新するとき，成木の枝幹に高接ぎするが，その場合既成品種は中間台木 (intermediate stock, interstock) ということになる．したがって，中間台木と新品種間に親和性がなくてはならないから，接ぎ木にあたって，この点の検討が必要となる．

　〔台木の養成〕　台木の養成には，おもに実生繁殖が行われるが，挿し木（サクラ，ブドウ），取り木（リンゴわい性台）など栄養繁殖も行う．苗木生産の場合は，移植しやすい若木のよく肥培された一，二年生台木が利用される．

　実生法は大量生産に適し，遺伝的には均一性に欠けるが，根は直根で深根性なため乾燥，風害に強く寿命の長い性質がある．種子はよく成熟したものを選び，秋播きまたは春播きする．中にはビワのように取り播きした方がよいものもある．落葉性果樹類では，種子が成熟したようにみえても後熟の必要なものが多く，果実採取後，水洗，陰干しした後3～5℃の低温，適湿の条件に貯蔵しておき，後熟を完成させてから春播きする．一般に適当な容器に湿らせた川砂を入れ，その上に種子を並べて再び砂を入れ，これを交互に繰り返してふたをしたものを低温条件下（約5℃）におく層積貯蔵法 (stratification) が用いられる．貯蔵しておいた種子は十分吸水させた後，2月～3月上旬に播種する．播種床は床下に完熟したたいきゅう肥を施し，床土を入れて播種し，覆土，敷わらをして乾燥を防ぐ．核果類では5月上・中旬新芽が10数cmに伸びたころ，カンキツ類では翌春育苗ほに移植し肥培につとめる．　　　　　　（町田）

大気汚染　air pollution

　工場や自動車等の人為的な原因または火山活動等の自然的な原因により発生した物質が大気中にもち込まれ，動植物の生活を妨害するようになっている状態をいう．

　汚染物質には二酸化硫黄，窒素酸化物，エチレンや各種微粒子に加え，オゾンやPAN (peroxyacetyl nitrate) 等の光化学オキシダントがある．二酸化硫黄はかつて大気汚染の主要な原因となっていたが，近年対策が進められ植物への被害は減少している．他方オキシダントはエネルギー源としての化石燃料の利用により発生する窒素酸化物や炭化水素が光化学反応を受けて発生するものである．オキシダントは酸化力が強く，植物への毒性も強く，その発生は自動車の増加などにより広域化している．現在農作物に対する大気汚染の被害症状はオキシダントを中心にその他の汚染物質と複合化して発生しているのが特徴である．　　　　　　　　　　　　　（施山）

たいきゅう(堆厩)肥　compost, stable manure

　たいきゅう肥は，たい肥およびきゅう肥を総称して呼ぶ名称である．一般的にたい肥はわら，野草，落葉などをたい積，切り返して発酵させたものであり，きゅう肥は家畜ふん尿とわらなどの敷料の混合物をたい積し腐熟させたものである．しかし粗大有機物に家畜ふんを加えて発酵させたものをたい肥と呼ぶことも多く，明確に区別することは難しい場合が多い．また，石灰窒素を用いてつくるものを速成たい肥と呼ぶ．近年は材料の入手難や労力の制約からたいきゅう肥の施用が減少して，化学肥料を主体にした施肥が一般的となり，それにつれて土壌の理化学性が悪化している傾向がみられる．そのため従来のたいきゅう肥のほかに，おがくず，チップ，樹皮（バークたい肥・樹皮たい肥），汚泥，都市ゴミなどをたい肥化した有機質資材がつくられて市販されている．

　たい肥およびきゅう肥は，材料の性質やたい積方法により成分含量や性質がかなり異なっている．また腐熟を早めるために添加する窒素源の種類や腐熟の程度によっても著しい相違があるが，一般にたい肥よりもきゅう肥は成分含量の高い場合が多い．たいきゅう肥の施用法としては，基肥として耕起前に全面散布をする場合や，植え付け時の植え穴に施用する場合が一般的である．

　たいきゅう肥は，窒素の大部分が有機態の

ため速効性ではないが，土壌中では徐々に分解され肥効が長続きする傾向がある．窒素含量の高いきゅう肥などを毎年多量に施用する場合は，肥効が後効きの傾向を示すため，成熟遅延などの現象を生じることがある．たいきゅう肥中のリン酸含量は多くはないが，土壌中の鉄やアルミニウムと結合して不溶性になることが少ないので作物に吸収されやすく，またカリは大部分が可溶性で肥効が高い．その他微量要素の供給源としても有効である．

以上のような肥料的な効果のほかに，たいきゅう肥は土壌の物理性を改善し，作物の生育に良好な土壌環境をつくる作用が大きい．土壌の粗孔隙や腐植が増加し，陽イオン交換容量が高まる．また微生物の活動を促し，土壌の緩衝能を高める効果がみられる．

(青葉)

胎 座 placenta

心皮 (carpel) のうち胚珠 (ovule) のつくところを胎座と呼んでいる．胎座は子房内の位置により側膜，中軸，中央などのタイプに分けられる．ブドウの果実は，2個の胚珠を包むが，ジベレリン処理を行うと，退化萎縮した胚珠にかわって胎座組織が発達して空隙を埋める (→子室)．

(渡部)

帯雌花穂 bisexual catkin

クリの花は雌雄異花であり，雄花は沢山集まって雄花穂を形成している．雌花は充実した前年枝の頂芽および，これにつぐ2～3芽から伸長した新しょうの頂部に近い雄花穂の基部に1～2個着生する．このように雌花の着生した雄花穂を帯雌花穂という．

(志村)

耐湿性 excess moisture tolerance, excess water tolerance　→ 湿害

代 謝 metabolism

生命維持に必要な種々の物質の合成，構築ならびに確保を行うため，生体内に取り込まれた物質が一定の調節機構のもとで段階的に変化するとともにエネルギー変換を行うことを代謝といい，物質代謝とエネルギー代謝を包括した語である．単に代謝というときは物質代謝を想定するが，常にエネルギー変換を伴うので両者は不可分の関係にある．個々の反応が連結し，制御しあって直列状や回路状からなる複雑な代謝網を形成する．代謝が合成過程の場合を同化，分解過程の場合を異化と呼ぶこともあり，酸素を必要とするか否かによって好気的代謝または嫌気的代謝ともいう．また，しばしば特定の物質群の名称を冠して炭水化物代謝，糖代謝，窒素代謝，タンパク質代謝，リン酸代謝，脂質代謝などと呼ばれる．呼吸や発酵は炭水化物を分解してATPを生成する代謝経路であり，光合成は光エネルギーによってATPとNADPH$_2$をつくり，それらを用いてCO$_2$から炭水化物を合成する炭素代謝からなっている (→呼吸, 光合成, ATP)．生体構成物質は外部から取り込まれたエネルギー (光, 栄養物質など) を用いてたえず合成されるとともに，他方ではたえず分解されていて，両者は一定の平衡状態にある．合成が分解よりも盛んなときは生長や肥大が起こり，反対の場合には生体成分の消耗を招く．

植物の生育や生産には，光合成，呼吸を含

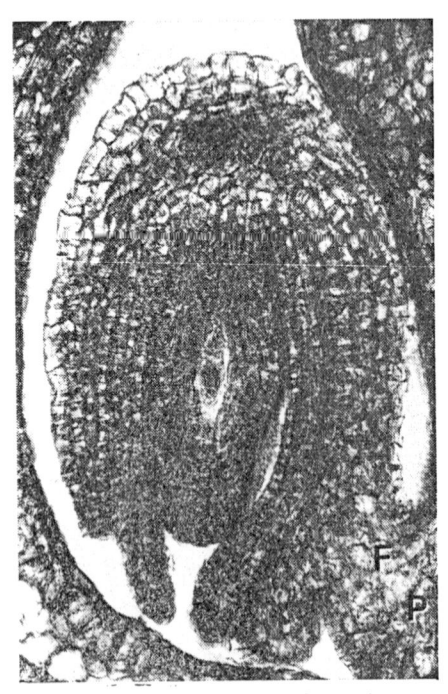

ブドウの胎座 (F: 珠柄, P: 胎座)

む炭水化物代謝と，生命の基本的構成成分であるタンパク質，核酸などの生合成を中心とする窒素代謝が特に重要である．

〔炭水化物代謝〕 一般に，植物では光合成系のCO_2固定回路を経て生成されるヘキソースリン酸から，グルコース，フラクトース，ショ糖，デンプンなどの直接栄養炭水化物または一時貯蔵炭水化物がつくられる．栄養炭水化物はエネルギー源として解糖・呼吸系を経て分解される．一方，セルロース，ヘミセルロースなどの構造炭水化物や貯蔵デンプンその他の貯蔵糖質，第二次栄養糖質などの生合成材料として用いられる．貯蔵炭水化物は種子，果実，茎，根などに貯えられる．

〔窒素代謝〕 多くの植物では，窒素は硝酸塩またはアンモニア塩の形で根から吸収され，硝酸塩は亜硝酸を経てアンモニアに還元される．アンモニアは炭水化物と反応してアミノ酸をつくり，やがてアミノ酸が縮合してタンパク質を合成する．また，含窒素塩基のプリンやピリミジンは糖およびリン酸と反応してヌクレオチドを合成し，さらに核酸合成へと進む．一方，アルカロイドを生成する特殊な窒素代謝系をもつ植物もある．　（稲田）

退　色 fading

植物体にみられる発色と着色（色素の形成と発現）は，種々な要因によって左右される．花弁，葉，茎，果実などにみられる着色は，その作物の特徴とする細胞内含有色素成分の消長によって，色素が強く発現したり，一時的に弱くなったりする．色素の発現が弱まり外見的に色があせた状態を退色といっている．　（渡部）

耐水性団粒 water-stable aggregate, water-tolerant aggregate ── 団粒・単粒構造

対　生（葉の） opposite [leaf] ── 葉序

耐雪性 snow resistance ── 雪害

耐霜性 frost hardiness frost resistance, ── 霜害

耐虫性 pest resistance, insect resistance

昆虫の加害に対する植物の耐性や抵抗性をいう．植物は昆虫に対して化学的または物理的な誘引，定着，産卵刺激，摂食刺激などの因子と十分な栄養をもつと同時に，忌避，産卵阻害，摂食阻害，発育阻害などにかかわる因子をもたないときに昆虫の寄主植物となる．農作物と害虫との関係でも同様で，作物にこれらの条件が一つでも欠けると害虫は加害しなくなる．耐虫性品種はこのような因子の一つ以上を遺伝的に欠いたものや，加害を受けても植物体の強い補償作用によって実害までに至らないものである．　（玉木）

耐凍性 freezing resistance ── 凍害

耐熱性 heat resistance, heat tolerance

ここでいう耐熱性とは，主として植物病原体の熱に対する耐性を意味する．それぞれの病原体のもつ耐熱性は，種子消毒や床土などの熱処理を行うときに問題となり，熱による物理的防除の可否を決定する基礎資料となる．したがって，各々の病原体の示す耐熱性がいかなる条件下で測定されたかを十分吟味しなければ，実際上の意義はない．たとえば，種子に汚染している病原細菌を加熱して殺す場合でも，乾熱条件と湿熱条件では耐熱性が異なる．また最近は，太陽熱を利用した密閉ハウス内土壌の熱処理の効果が注目されている．この場合は，熱以外の物理的要因（嫌気的条件）および生物的要因が関与している．それゆえ病原体の耐熱性については，その調査目的を明確にして評価する必要がある．　（平野和）

耐肥性 adaptability to (for) heavy dressing of fertilizer, fertilizer responsiveness

肥料（通常は窒素肥料）施用量の増加に対する収量の増減傾向からみた品種の栄養特性を耐肥性という．たとえば水稲で窒素施肥量の増大に伴い，日本型稲 *japonica* は増収するに対し，インド型稲 *indica* は減収することが多い．前者は耐肥性が強く，後者は弱いといわれる．日本型稲の中でも多収品種は多分げつ，短稈，直立小葉の草型で耐肥性が強

い．　　　　　　　　　（馬場）

野菜は種類・品種ともに多く，耐肥性もそれぞれ異なる．一般にナスは耐肥性が強いのに対し，トマトは窒素過多により過繁茂，小果実になるといわれている．　　　（松本）

耐病性　disease resistance, disease tolerance

病原体の侵入，感染を受けても病徴が現れないか，あるいは病徴が現れて発病してもそれ自身の生育や収量に影響がないような寄主植物のもつ性質をいう．これは，抵抗性（→抵抗性）の語義とは区別されねばならない．別ないい方をすれば，耐病性とは，旺盛な生育によって病害を見掛けの上で隠ぺいする素因を備えている寄主植物の特性といえよう．ここで，耐病性の語義についていま一つ明確にすべきことは，病害に対する回避性（escaping）との区別である．後者は，それ自体病原体に感受性を示すが，栽培方法などの環境条件により発病しない場合をいう．いわば耕種的な手段に基づく意味を含み，耐病性とは異なる．　　　　　　　　　　（平野和）

台風害　typhoon damage　──→ 風害，潮風害

耐風性　resistance to wind damage, wind torelance　──→ 風害

台負け　scion overgrowing rootstock　──→ 台木

タイミング　timing

バラやその他の切り花の価格の高い特定の日，いわゆる物日に集中出荷するために行う一連の操作（たとえば摘心）をタイミングという．　　　　　　　　　　　　（大川）

第四アンモニウム　──→ アンモニア態窒素

対立遺伝子　allele　──→ 遺伝子

対立形質　allelomorphic character

遺伝的に対立して現れる形質のことで，相同染色体の相対応する部位に位置している対立遺伝子に支配されている．　　（岩佐）

多因子要因実験　factorial experiment　──→ 要因計画

駄温鉢　partly glazed pot, partly clay pot　──→ 植木鉢

多花果　multiple fruit

果実は，形態的に単果（simple fruit），集果（aggregate fruit），集合果（multiple fruit）の三つに大別される．

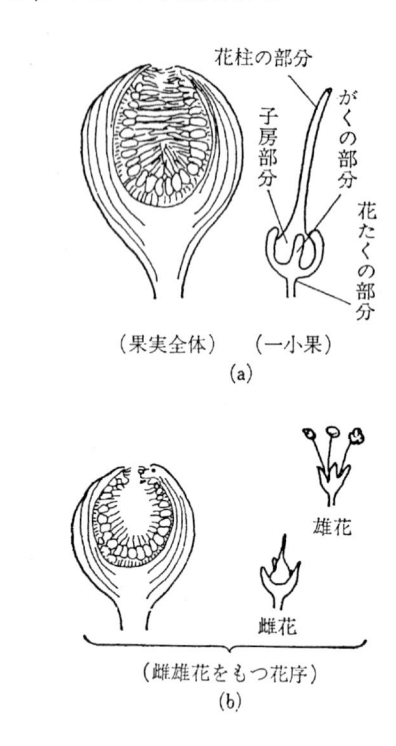

（果実全体）　（一小果）
(a)

花柱の部分
子房部分
がくの部分
花たくの部分

雄花
雌花

（雌雄花をもつ花序）
(b)

多花果

多花果は集合果あるいは複果ともいう．2個以上の花から由来した果実の集合体が外観上は1個の果実のようにみえるものをいう．集合果は，さらにクワのような桑果(sorosis)イチジクのような無花果または隠花果(syconium) パイナップル，マツ，モミなどの球果(cone) の三つに分けられる．　　（樋口）

高子　off shoot　──→ 高芽

他家受精　cross fertilization　──→ 受粉・受精

他家受粉　cross pollination　──→ 受粉・受精

多芽体　multiple shoot, shoot mass

茎頂培養によって植物を繁殖する場合にできる芽やシュート（葉条）の集塊をいう（→

茎頂培養).　　　　　　　　　　（石原）

高接ぎ法　top-working, top-grafting

一般の接ぎ木では台木の低い位置に接ぐが，それより高い位置に接ぐ場合をいう．果樹栽培で既成樹を品種更新するとき，太い枝幹を途中で切断して高い位置に接ぎ木する．高接ぎの方法は一般の接ぎ木と同様に切り接ぎ，割り接ぎ，腹接ぎ，一芽腹接ぎ，芽接ぎなどが用いられる．太い幹に切り接ぎ法で接ぐような場合は，図のように幹の太さに応じて数本を接ぎ，ポリ袋をかぶせ，その上を厚紙で遮光する．活着後は生育の状態，枝の方向を考えて1本を残して後のものは除去する．成木の側枝，亜主枝などに10〜20cm間隔に多くの1芽腹接ぎをかけ，一挙に新しい品種に更新してしまう方法を一挙更新法とい

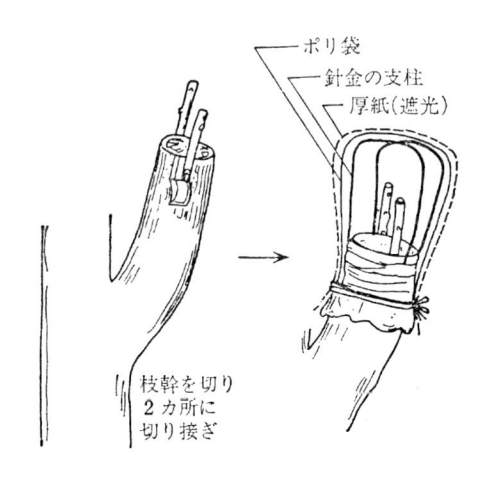

高接ぎ

い，とくにカンキツにおいて常用されている．

新品種に更新する場合，既成品種は中間台木となるが，接ぎ木にあたって新品種の接ぎ穂が中間台と親和性があるか確かめる必要がある．不親和のものは活着しても後で樹勢が衰える．　　　　　　　　　　（町田）

高取り法　air layering　→取り木

高芽　offshoot, offset

デンドロビウムなどある種のランは，偽球茎の上位節のえき芽は生長しないか，花になるのが普通である．しかしある条件におかれると栄養芽として発達する．またファレノプシスなどでは花茎のえき芽が栄養芽として発達することがある．このように上位節に発生した苗条を高芽または高子という．これらは，発根後母植物から切り離して培養すれば繁殖に供することができる．一般にoffsetは，短縮して肥厚した茎がロゼット状を呈している場合をいい，球根類の外子球を指す場合が多い．またoffsetとoffshootは，節間の伸びの状態によって使い分けが行われる程度で両者間に明確な区別はない．　　（樋口）

高芽

他感作用　allelopathy　　→アレロパシー

たく(托)葉　stipule

葉は一般に葉身，葉柄と，これらの基部につくたく葉が区別されるが，これらの1また

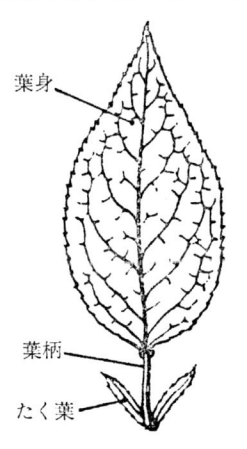

サクラの葉（矢野・石戸）

は2部を欠くものも少なくない．双子葉植物はたく葉をもつものが多く，概して小さいりん片状であるが，葉状で葉身より大きいもの（エンドウ），筒状（タデ），苞状（モクレン）などのものもある．　　　　　　　　（石原）

多交配 polycross　──→ 交雑

多汁質 juicy　──→ 果肉

他　殖 outbreeding, outcrossing, allogamy　──→ 自殖・他殖

立ち枯れ damping-off, blight

立ち枯れは植物体に全身的枯損を引き起こす症状をいう．その症状が現れる植物体の生育時期，進展の経過，外観の特性によりそれぞれ違った症状名がつけられる．たとえば幼い実生や移植後の子苗に発生する立ち枯れは苗立ち枯れ（damping-off）と呼び，ほかのものとは区別する．この苗立ち枯れ症状にも寄主植物や病原菌の種類により特徴があり，地中腐敗性の出芽前立ち枯れ（pre-emergence）や出芽後の苗立ち枯れ（post-emergence）を示す．寄主植物が生長してからの立ち枯れは，地上部だけの枯損（blight）や，地下部病害に由来する二次的症状としての枯れ込みがある．後者は，根腐れ，菌核，萎ちょう，疫病，紋羽などの症状から進展して立ち枯れとなるものが多い．　　　　（平野和）

立ち木仕立て　──→ 整枝

立ち木整枝　──→ 整枝

立ち性 upright, vertical growing

植物は地上部の茎葉の生育において背(走)地性を示し，地下部の根の生育において向地性を示すなどの趨性をもっている．地上部の生育が地面に直立して背地性を示すことを立ち性という．したがって単子葉植物の多くにみられる短縮茎も方向が背地的であれば立ち性を示すと考えてよい．これに対して地面に沿って生育する場合はほふく（匍匐）性といい区別している．一見ほふく性にみえても伸長する茎の先端が直立的であれば立ち性の一部と考えられ，支持体を得れば立ち性を示す．　　　　　　　　　　　　　（上本）

脱　気 exhausting　──→ 缶詰

脱渋法 method of the removal of astringency

シブガキは成熟しても渋く，そのままでは生食できないので，渋味すなわち水溶性カキタンニンを100％不溶性タンニンに変化させるのが脱渋法（渋ぬき）である．いろいろの方法があるが，湯抜き法，アルコール抜き法，炭酸ガス抜き法の三つが基本である．①湯抜きは40℃の温湯に15～24時間浸漬するだけで簡単に脱渋されるが，日持ちや品質がよくない．②アルコール抜きは35％アルコールを4～5 ml/kgカキの割合に，または固形アルコールをカキ果に添加し密閉すると，7～10日間で脱渋される．会津身不知等はポリエチレン袋併用ダンボール箱で輸送中に脱渋される．風味はよいが，果実は軟化しやすく，脱渋後の日持ちがよくないのが欠点である．③炭酸ガス抜きは密閉容器内の空気を二酸化炭素で置換する（CO_2濃度70～75％）と，3日くらいで果実が硬い状態で脱渋できる．これを改善したのがCTSD脱渋法（Constant Temperature Short Duration）である．④CTSD脱渋（恒温短期ガス処理法）は二酸化炭素濃度90％以上で処理時間を恒温（25℃）下で24時間処理後，ガスを開放し，恒温の空気中に2日程度放置すると自動的に脱渋される新法である．すなわち，カキ脱渋は明確に二つの過程からなり，果実が実際に二酸化炭素にさらされて，ある代謝変動を起こしている初期の期間を誘導期，次に二酸化炭素の有無とは無関係に渋味が消失していく期間を自動脱渋期と呼び，この両者よりなっていることが明らかになった．CTSD脱渋は，ハチマキ現象などの生理障害果の発生がないので優れている．⑤凍結脱渋はカキ果を－20～－30℃に凍結貯蔵すると35～75日で徐々に脱渋されるが，品種により脱渋に遅速がある．⑥樹上脱渋はカキ果をポリエチレン袋で包み，固形アルコールを入れて樹上で脱渋を行う方法である．処理時期は果実の着色初期から三分着色の間がよく，平核無の場合（和歌山県）被袋処理後3日間で脱渋が完了するので，4日

目に袋の底切りを行う．底切り後は，果実の肥大着色の進行をまって収穫する．普通10日～2週間以内に収穫できる．樹上脱渋は果肉内に多くの褐斑（カキゴマ）が発生し，甘ガキ様の肉質に変化するので，従来の脱渋平核無とは全く異なる脱渋果となる．

干しガキ製造も脱渋法の一種であり，渋ガキをはく皮し，天日または火力乾燥すると脱渋が完了し，水分の蒸散により糖含量が高くなり，甘味が増す．天日は1カ月くらいかかるが，35℃前後の火力乾燥では5～7日くらいで脱渋され，製品となる．　　（伊藤）

脱春化 devernalization ──→ 春化

脱窒作用 denitrification

硝酸態窒素（NO_3-N）および亜硝酸態窒素（NO_2-N）は，還元的な酸素不足の土壌中あるいは水中では，還元作用を受けて亜酸化窒素（N_2O）または窒素ガス（N_2）として，空気中に放出される．これを脱窒作用という．この作用は脱窒菌と呼ばれるある種の通気嫌気性菌によるもので，菌の種類は多数知られており，いずれも土壌中に広く分布している．また根圏では脱窒菌の作用が旺盛であるといわれる．脱窒作用を支配する環境要因としては，酸素分圧，反応，水分，温度，有機物がある．脱窒作用は，たん水下の水田ではNO_3-Nが存在するときはもとより，畑地でも通気の悪いところで起こり，窒素の損失を招くので農業上大きな問題である．（鈴木鐵）

ダッチライト温室 Dutch light greenhouse ──→ 温室

脱分化 dedifferentiation ──→ 組織培養

脱　粒 berry shattering, berry drop

ブドウの果粒は果こうによって穂軸と連なっている．巨峰などでは成熟すると果こうと果粒との接着が振動などによって離れやすい．果粒が果こうから離脱することを脱粒という．品種により脱粒の難易がある．
　　　　　　　　　　　　　　　（志村）

縦傷・目傷 vertical wound; notching

ナシの棚仕立ての場合，長大な枝を棚に誘引したり，主枝・亜主枝として一定方向に結束する際に，急激な曲げの力が加わると折損しやすく，その防止のため，枝の基部の樹皮に，縦に5～10cmの長さの傷を数本つけると，曲げやすくなる．

果樹における目傷は，一～二年枝の中間に位置する芽を特別に強勢伸長させたいときには，その芽の上部に横に深さが形成層に達する傷をつける．逆に強勢に伸びるのを抑えたいときには下部に横傷をつける．　（岸本）

盾芽接ぎ shield budding ──→ 芽接ぎ

他動的単為結果 stimulative parthenocarpy ──→ 単為結果

多糖類 polysaccharides

広義には加水分解すると2分子以上の単糖類を生ずるものをいい，二糖類，三糖類，四糖類などの少糖類（オリゴ糖）も含まれる．少糖類は単糖類と性質がにているためである．狭義には少糖類をのぞき，7分子以上の単糖類の縮合したものをいう．また同一単糖類が縮合したものを単一多糖類(simple polysaccharide)，種々の単糖類やその誘導体（ウロン酸など）からなるものを複合多糖類(complex polysaccharide)という．果実・野菜にはセルロース，ヘミセルロース，ペクチン，デンプンなど多くの多糖類が含まれている．果実，野菜の種類，品種，熟度，部位により，含まれる多糖類の種類や含量，性状が異なる．
　　　　　　　　　　　　　　　（萩沼）

棚仕立て trellis training ──→ 整枝

たな持ち shelf life ──→ 貯蔵性

多肉植物 succulent plant

水分を多く含む柔組織が貯蔵器管として発達している植物を多肉植物と呼んでいる．寒冷地や乾燥地への適応型とみられる．サボテンも多肉植物であるが，園芸上は区別している．多肉化する部分は葉，茎，根などで，多種多様のものが寒帯を除く全世界に分布している．
　　　　　　　　　　　　　　　（国重）

種　芋 seed tuber, seed potato

サツマイモ，ジャガイモ，サトイモ等の芋類の繁殖に用いる芋を種芋という．種芋は系

的統に純正で，病害がなく，かつ生育力が旺盛でなければならない．周年栽培の行われるジャガイモでは種芋の生育力が特に重要で，休眠は破れていなければならないが，休眠が破れた後長く時日を経過していると生育力が衰えている．休眠の破れた直後のころの種芋を利用するのが最も適当で，たとえば暖地の春作には北海道産の種芋が適しており，東北地方の7～8月収穫の種芋では老化しすぎている．種芋は植付け前にベンレートやホーマイで消毒するのがよく，ジャガイモの寒冷期の植付けでは催芽播きが行われる．（中村）

種肥 seed impregnation

種子と混合して施す肥料（たい肥，化学肥料，微量要素を含む塩・酸化物等）または，種子に肥料を混ぜて施与する施肥法をいう．現在はほとんど行われていない．モリブデン欠乏土壌でモリブデン要求量の高い大型種子を播種するとき，種子にモリブデン酸塩を粉衣することがある．（馬場）

種場 ⟶ 採種

多稔性植物 polycarpic plant ⟶ 生長環

多年草 herbaceous perennial ⟶ 宿根性植物

多胚種子 multigerm seed ⟶ 珠心胚

多胚性 polyembryony ⟶ 珠心胚

他発休眠 imposed rest, quiescence ⟶ 休眠

多犯性 polyxency

さまざまな種類の寄主植物に寄生し，発病させることが可能な病原体のこと．つまり寄生性が分化していない，寄主範囲の広い病原体をいう．生態的特性として，多犯性のものは寄主依存性や侵害力が小さい反面，腐生生活力が強い傾向がある．（平野和）

W.S.D. water saturation deficit ⟶ 飽和水分不足度

ダブルシグモイド曲線 double sigmoid curve ⟶ シグモイド曲線

多変量解析 multivariate analysis ⟶ 主成分分析

玉ぞろい uniformity of fruit

果樹や果菜の，品種の特性や栽培上の良否を検討するとき，収穫した果実の形質上，その大きさや形状が品種固有の性質をそなえ，整一であるかを達観，評価する用語．狭くは果実の大きさのバラツキの少ないことのみを指し，広くは果皮色や果面の粗滑などの外観的品質の整一度にも及ぶ．（大垣）

玉づくり tamazukuri

樹木を刈り込んで樹木全体あるいは枝が丸く（球形，卵形，半球形，楕円体状）みえるようにつくること．このようにしてつくったものを玉ものという．樹冠の形による樹形の一つで，円形玉づくり，筒形玉づくり，玉散しなどがある．（松尾）

玉直し（玉回し）

リンゴなどアントシアン系色素の発現により着色する果実では陽光面が着色し，反対面は着色不良となりやすい．このような場合，全面着色をはかる手段の一つとして，玉直し（玉回し）といって果実を回して着色不良面を陽光面に向けてやる方法がとられている．

また，大果のスイカでは果形を球に整え着色を斉一にするために，果実を回す作業を行う．（志村）

玉もの

植木類のうち丸型の樹形に刈り込まれたものを玉ものと呼んでいる．マメツゲ，ツツジ，サツキ，イブキ，キャラボクなど分枝性が強く，刈り込みによって樹形の整えやすい

玉もの（マメツゲ）

樹種が利用されている．整型庭園のアクセント，芝生の縁取りなどに利用される．
(国重)

多毛作 multiple cropping

1年に3回以上作物の栽培を行う土地利用の仕方をいう．年1回の栽培が一毛作，年2回が二毛作．回数が多いほど土地の利用効率が高く，集約的に利用されていることになる．近郊野菜では五～六毛作の例もある．
(松尾)

多量要素 macronutrient, major nutrient, macronutrient element

すべての高等植物に共通して，植物の正常な生育史を全うするため生育に必要不可欠の元素が必須要素で現在16種ある．この中で植物体中の含量が%台（乾物当り）と高く，必要量が比較的多い元素が多量要素であり，炭素C，酸素O，水素H，窒素N，リンP，カリウムK，硫黄S，カルシウムCa，マグネシウムMgの9種である．高等動物では現在必須元素は25種，多量要素は11種である．
(馬場)

たる抜き removal of astringency with ethanol ⟶ 脱渋法

単為結果 parthenocarpy

受精の過程を経なくても果実が生長肥大する現象をpartheno（処女）―carpy（結実）と称し，普通には種子をもたない．この現象は厳密には自動的単為結果（autonomic parthenocarpy：受粉なしで果実形成）と他動的単為結果（stimulative parthenocarpy：受精しなくても刺激によって果実形成）の二つに分けられる．果実に種子は形成されないが，しいな（abortive grain）や偽種子（pseudo seed）が形成されることがある．カキの平核無では受精しても，途中で胚の発育が停止する偽単為結果（pseudo-parthenocarpy）現象が認められる．

単為結果は植物生長調整物質を用いることにより人為的に誘起できるが，ブドウの無核果形成にはジベレリンの利用が，果菜類の単為結果誘起にはオーキシンの利用が実用化されている．
(渡部)

単為生殖 parthenogenesis

高等植物では，雌雄両配偶体の正常な接合による胚発生のほかに，生殖器官およびそれに付随する組織・細胞が，正常な配偶子間の接合によることなく，接合体およびそれに類似する個体を発生することをアポミクシス（無配合生殖apomixis）という．単為生殖は，アポミクシスと同じような意味で広く使用されることが多いが，厳密には卵細胞から発育（処女生殖parthenogenesis）したものをいう．それ以外の細胞，たとえば胚のう内の栄養細胞である場合を無性胚生殖（apogamy）といい，いずれも遺伝的に母親と全く同じ性質を示す．種子単為生殖には配偶体単為生殖と不定芽胚発生があり，前者には半数性と2倍性の単為生殖，後者にはカンキツ類の珠心胚形成が知られている．リンゴのアポミクシスは台木としての利用が考えられている．童貞生殖（androgensis）は広義の単為生殖の一つで，雄性配偶子が単独に細胞分裂して胚形成する現象をいう．花粉の培養によって半数体を育成することは人工的な童貞生殖といえよう．
(吉田)

単芽・複芽 single bud; double bud, accessory bud, multiple bud

一つの葉えきの基部に着生する芽が1個であるものを単芽，2個以上のものを複芽という．複芽の場合，原則として最初に分化したものを主芽，それ以外を副芽というが，副芽は休眠芽となることが多い．秋冬期になると東洋系のモモは1本の新しょう上に，単芽と複芽がともに着生しているのがみられる．単

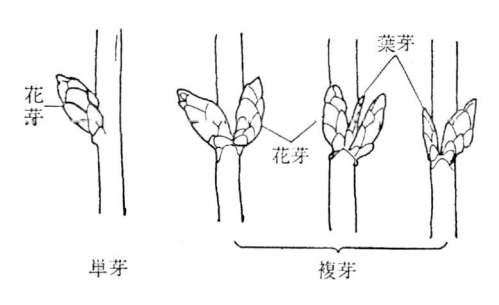

モモの芽

芽は多くの場合花芽となる．複芽は花芽が2個つくもの，2個の花芽の中間にやや細い葉芽があるもの，花芽と葉芽が並んでいるものなどがある．　　　　　　　　　　（田中）

短果枝 spur　──→ 長果枝・中果枝・短果枝

短花柱花 short-styled flower　──→ 花柱

ダンカンの多重検定 Duncan's multiple-range test

分散分析の結果，処理間に有意差が認められたとき，どれとどれとに差があるかを明らかにする方法の一つである．いま，tを処理の数，一つの処理の繰り返し数をn，誤差の分散および自由度をそれぞれV_E，f_eとすると，処理平均値の差が5%あるいは1%の水準で有意と判定される最小範囲R_pは

$$R_p = q(p, f_e; \alpha)\sqrt{\frac{V_E}{n}}$$

として求められる．$q(p, f_e; \alpha)$はダンカンの係数で統計数値表から得られる．pは比較に含まれる処理平均値の数で，大きさの順序に並べられた最大と最小の平均値の比較の場合$p=t$である．二つの平均値の差がR_pより大きいとき，この差は有意と判定される．検定結果は，平均値に英小文字を添えるか，傍線をつけて表す．同じ文字をもつもの，傍線でつながれたものは有意差が認められないことを示す．　　　　　　　　　　（菊池）

短銀坊主 Tanginbohzu　──→ 点滴法

単茎・複茎 monopodium; sympodium

茎が伸長する際，主軸が長く生長を続け，枝は主軸の側方から発達するものを単軸分枝 (monopodial branching) といい，主軸の先端が止まり，側枝があたかも主軸のように伸長するものを仮軸分枝 (sympodial branching) という．ラン類では図のように，バンダ，ファレノプシス，など1本の主茎しか伸長しないもの（単茎性）とカトレア，シンビジウムなど根茎から次々に分枝を出すもの（複茎性）との二つに大別されている．
　　　　　　　　　　（田中）

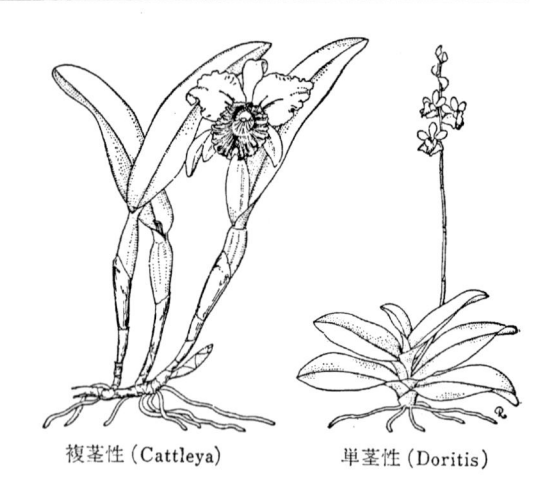

複茎性 (Cattleya)　　単茎性 (Doritis)

単茎と複茎 (Larson, 1980)

単交配 single cross　──→ 交雑

タンゴール・タンゼロ・オレンゼロ tangor; tangelo; orangelo

タンゴールはミカン (*tang*erine) とオレンジ (*or*ange, *orange*) の雑種である．自然発生したタンゴールにはタンカンやテンプルがあり，キングやマーコットもタンゴールとみなされている．清見はウンシュウミカンとオレンジの雑種として育成されたタンゴールである．タンゼロはミカンとグレープフルーツ（一名 pom*elo* という）の雑種である．セミノール，ミネオラ，オーランドはダンシータンゼリンとグレープフルーツの雑種である．オレンジ (*orang*e) とグレープフルーツの雑種をオレンゼロという．プエルトリコの Chironja という品種がこれに類する

tangor, *tangelo*, *orangelo* の語は，上記の親品種のイタリックの部分を組み合わせた合成語である．　　　　　　　　　（岩政）

断　根 root pruning, derooting

(1) 不定根が発生しやすい果菜類の苗（特に台木）で，根を除去し，挿し木して密に細根を発生させる処置．耐病性，低温抵抗性，吸肥性を強化する（→断根接ぎ木，断根育苗）．

(2) 樹木の枝しょうの生育が旺盛に過ぎるとき，その根の一部を切り取り，養水分の吸収および生育を抑制させる処置．果樹では

有機栄養充実を，盆栽ではわい化を狙いとし，(1),(2)を通じて移植を容易にすることに役立つ（→根回し）． (高野)

断根育苗 raising of seedling with root pruning

苗を定植する場合には植え傷みを生じやすい．これを防ぐためには移植時にできるだけ細根を発達させておく必要がある．このために移植，ずらし，断根等を行う．断根は苗のまわりの長く伸びた根を切って，コンパクトな細根や不定根を発生させるものである．
(中村)

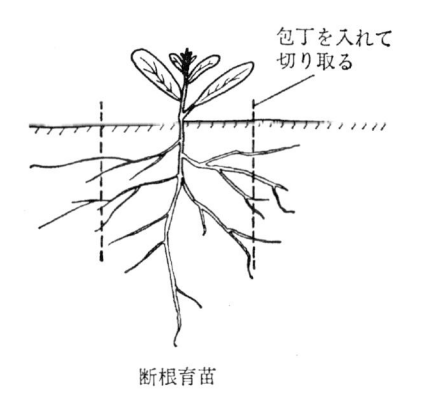

断根育苗

断根挿し木

トマト，スイカ，キュウリなどの野菜類で，育苗の省力化，増収をはかる目的で，播種後，子葉が展開，本葉1,2枚のとき，子葉の下5cmくらいで切断した穂を挿して発根させる方法，断根挿し接ぎの方法もある．
(町田)

断根挿し接ぎ

台木の胚軸の下端部を切断し，穂木を接いでから挿し木することで，断根接ぎ木育苗ともいう． (松本)

担根体 rhizophore

本来はシダ植物クラマゴケの茎の腹側に生じる，葉をつけない特殊な茎のことをいう．ヤマノイモ属でみられる長形，扁形，塊形をした芋に対しても，この名がつけられている．伸長したつるの基部の節に着生し，維管束の配列は茎の特徴を示し，塊茎の一種とみなされる． (今西)

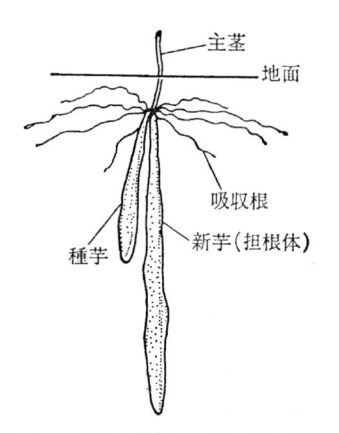

ナガイモの担根体(rhizophore)の着生状態（熊沢ら，1956）

炭酸ガス過剰障害 carbon dioxide excess injury ─→ ガス障害

炭酸ガス高濃度障害 high CO_2 injury ─→ 高炭酸ガス障害

炭酸ガス施用 carbon dioxide enrichment, carbon dioxide application

作物を栽培する際に，空気中の炭酸ガス濃度を人為的に高めて管理し，生育の促進や収量増大，品質向上等の目的で行われる技術である．大気中の二酸化炭素濃度は，通常0.035％(350 ppm)程度であるが，早朝換気しないでいると，作物の光合成により，温室内の二酸化炭素濃度は低下し，もはや光合成では利用できない二酸化炭素濃度にまで達してしまう．これを二酸化炭素の補償点（濃度）という．このような二酸化炭素飢餓をなくすために，白灯油やLPガスを燃料とした専用の炭酸ガス発生機を用いて，朝方の数時間，600～1000 ppmに室内の二酸化炭素濃度を保持する．これ以上高濃度にすると，黄化葉や老化促進等の二酸化炭素高濃度障害が発生することがある（→炭酸ガス高濃度障害）． (伊東)

炭酸ガス抜き removal of astringency with carbon dioxide ─→ 脱渋法

炭酸ガス発生機 carbon dioxide generator ─→ 炭酸ガス施用

炭酸固定 carbon dioxide fixation ─→ 光合成

短日植物 short-day plant

1日のうち昼の長さが，ある一定の限界の時間より短くなったときに開花が引き起こされたり，あるいは促進されたりする植物を短日植物という．ある限界の時間より昼の長さが長くなると栄養生長を続け開花しないものを質的短日植物あるいは絶対的短日植物という．これに対し，それらの限界の時間より昼の長さが長くなっても開花は遅れるがいずれは開花するものは量的短日植物あるいは相対的短日植物と呼ばれる．しかし，量的短日植物では，その限界の時間が必ずしもはっきりしない場合が多く，日の長さの延長に伴う開花の遅れは連続的である．代表的な短日植物には，キク，アサガオ，イネ（晩生品種），オナモミ，シソなどがある（→長日植物）．
（菅）

短日処理 short day treatment ──→ 日長

単 植 single variety planting ──→ 混植

単色光 monochromatic light ──→ スペクトル

炭水化物 carbohydrate

一般に $C_x(H_2O)_y$ で表される有機化合物をいう．炭水化物は大きく単糖類，オリゴ糖類（少糖類），多糖類に分類される．

単糖類は加水分解によってそれ以上簡単な炭水化物にならない糖で，グルコース（ブドウ糖），フルクトース（果糖）などがある．オリゴ糖とは加水分解で2〜6個の単糖を生じる化合物で，スクロース（ショ糖），マルトース（麦芽糖）などがある．多糖類には，その機能から化学エネルギーの貯蔵物質としての貯蔵多糖類と細胞構造の構成物質としての構造多糖類とに分類される．前者の代表的なものとしてデンプンがあり，後者の代表的なものとしてセルロースがある．（施山）

炭水化物代謝 carbohydrate metabolism ──→ 代謝

たん（湛）水かんがい（灌漑） flood irrigation ──→ かんがい・かん水

単性花 unisexual flower, diclinous flower ──→ 完全花・不完全花・単性花・両性花

タンゼロ tangelo ──→ タンゴール・タンゼロ・オレンゼロ

炭素－窒素率（炭素率） carbon-nitrogen ratio ──→ C-N率

担 体 carrier

水和剤，粉剤，粒剤などを製剤するときに農薬原体を吸収ないし吸着させる粉末などをいう．鉱物質粉末の中でも吸収能や吸着能の高いベントナイトなどが用いられる．俗に増量剤をも含めて，キャリヤーと呼ぶこともあるが，担体と増量剤との役割りの区別のつけ難いカオリン，クレー，珪藻土が使われていることもある．（上杉）

暖地園芸 warm region horticulture

温帯圏のなかでも特に冬季温暖な地帯で営まれる園芸をいう（→近郊園芸）．

西南暖地の南九州などは秋が長く秋冬季を通じて温暖であるので，冬季出荷のほか秋の遅出しや春の早出しなど特徴のある園芸を展開することが可能である．（松本）

単頂花序 solitary inflorescence ──→ 花序

短長日植物 short-long-day plant

開花するために，初めにある限界の日長よりも短い短日を，引き続いてある限界の日長より長い日長を必要とする植物を短長日植物という．ムギ類のある品種はこの型に属すると考えられる．（菅）

単 棟 single span ──→ 温室

タンニン tannin

1) 性 状

種々のポリフェノール化合物が重合した高分子物質（分子量600〜2 000）の総称で，化学構造的に明確には分類できない．本来は無色であるが酸化されて褐色を呈する．フェノールカルボン酸と糖が結合し，加水分解されるタンニン（デプシート型タンニンとエラーグタンニン）とカテキンやロイコアントシアンが結合した縮合型タンニン（クリ渋皮のタ

ンニン等）に大別される．果実，野菜中に広く含まれ，種類，品種によりその組成や含量が異なる．一般に未熟果に多く含まれ成熟すると減少する．水溶性タンニンは渋味を呈し，果実の褐変の原因物質でもある．　（萩沼）

2) カキのタンニン

シブガキは成熟果でも渋味が強く，これをかむと激しい収斂性を呈する．渋味はカキ果のタンニン細胞の中に含まれている可溶性タンニンに起因する．タンニン細胞は容易に原形質吐出を行い，タンニン物質が流出するのである．褐変形タンニン細胞は硬くなって凝固しており，カキゴマと呼ばれ，渋味はない．

カキタンニンの成分はプロアントシアニジンのポリマーであり，エピカテキン，カテキン-3-ガレート，エピガロカテキン，ガロカテキン-3-ガレートが1：1：2：2の比で結合した高分子の物質である．このカキタンニンは容易に不溶性タンニンに変化し渋味がなくなる．甘ガキは樹上で渋の消失が早く，8月中旬で可溶性タンニンはゼロになり，渋味が消失する．　（伊藤）

3) 接ぎ木，挿し木におけるタンニン

接ぎ木および挿木において，植物体中に多価フェノールであるタンニンの含量の多い植物は一般に接ぎ木，挿し木が困難である．フェノールは植物体内で生育抑制物質として働く場合が多いことが知られている．

たとえば，挿し木の容易なクチナシ，ムクゲ，アジサイなどは挿し穂内部のタンニン含量が少なく，デンプン含量が多く，挿し木の困難なコブシ，ヤマモモ，ウバメガシ等ではタンニン含量が多く，デンプン量が少なく，発根程度中庸のドロノキ，アスナロ，ヒムロ等はその中間である．接ぎ木でも，接ぎ木の容易なクワは茎の皮層，形成層，木質部および射出髄の各部ともにタンニン含量が少なく，接ぎ木の困難なチャでは各部ともにタンニン含量が多く，接ぎ木性中等度のナシではタンニン含量も中間である．　（中村）

断熱材 heat insulating material　⟶　貯蔵庫

単稔性植物 mono-carpic plant　⟶　生長環

単胚性 monoembryony　⟶　珠心胚

タンパク質分解酵素 protease　⟶　酵素

暖房・暖房機 heating；heater

作物が生育できる最低限の温度まで，あるいは好適な温度まで，人為的にエネルギーを加えて温室内温度を高めることを暖房という．また地温が極端に低いときは，地温を高めないと正常な発育は望めないことが多く，これも暖房の一種で地中加温(soil warming)という．

暖房の方式には，温風暖房，温湯暖房，蒸気暖房，電熱暖房がある．温風暖房は温室内の空気を直接温風暖房機で加温する方式で，設備費が最も安く，保守が簡便で，熱効率がよいため最も広く利用されている．温湯暖房は，温室外に設置した温湯暖房機で温湯をつくり，温室内に定置配管した放熱管へポンプで強制循環させる方式が一般的である．また温湯や蒸気を室内上部に設置したユニットヒーターで，温風に変換して利用する方式もある．温湯暖房は温和で持続的な加温ができ，配管位置を変えることによって，均一な暖房と必要に応じては地中加温もできる長所をもつが，反面設備費が高く，配管の位置によっては作業性をそこねる場合もあり，大規模な施設にだけ導入されている．蒸気暖房は集団施設に有利な暖房方式で，施設群の中心に蒸気暖房機をもち，そこで発生させた蒸気を各温室前の熱交換水槽で温湯に変換し，室内の放熱管に導かれるものである．蒸気暖房機は土壌消毒の際，蒸気消毒機として利用することもできる．また高圧蒸気を発生させることができる蒸気暖房機では，温室上部に配管した放熱管に直接蒸気を通し，放射暖房を行うことができる．これは室温を上げずに作物体温を上昇させる長所をもつ．放射暖房は蒸気のほか，LPガスや白灯油を燃焼させて得られた高温空気を利用する場合もある．電熱暖

房は電熱温風機や電熱線を用いて暖房するもので，設備が安く，設置が簡便なため，小規模施設や，床暖房（floor heating）や地中加温に適している．しかし経常費が石油の3～4倍につくので，中・大型施設では実用的でない．

暖房機の必要容量を決定するにあたっては，まず作物の種類や栽培目的により，室温設定値を決める．温室内の気温をこの設定値以上に保つためには，暖房機で必要な熱量を補わなければならない．この熱量を暖房負荷という．暖房デグリーアワーは，暖房期間中の温室内外の気温差を積算した値で，暖房機容量や燃料消費量の算出等の際によく利用される（→地中熱交換）． （伊東）

温風暖房機

暖房デグリーアワー heating degree hour ⟶ 暖房・暖房機

暖房負荷 heating load ⟶ 暖房・暖房機

段ボール corrugated cardboard ⟶ 包装

短命種子 microbiotic seed, short-lived seed ⟶ 種子

単葉 simple leaf ⟶ 葉形

単粒構造 single grainded structure ⟶ 団粒・単粒構造

団粒構造・単粒構造 aggregate structure; single grained structure

単一の土壌粒子が集合して粒団になっているものを団粒構造といい，水中での動揺や雨滴の衝撃など，水による破壊作用にある程度保つ団粒を耐水性団粒という．団粒構造の場合は大小様々の孔隙が存在する．すなわち，団粒の内部には保水性のある微細な毛管孔隙が形成され，団粒の外部には排水性や通気性を高める大きな非毛管孔隙が形成される．そのため，作物の生育にとって保水性，透水・通気性のバランスのとれた状態が得られる．団粒の生成には，粘土，有機物，カルシウム，水分などが関与している．これに対して土壌粒子が集合せず，単一粒子として存在しているものを単粒構造という．単一粒子が粘土の場合には，粒子間の孔隙が小さすぎて，空気・水の透通が悪く，酸素不足で呼吸困難となり，植物の根は伸びにくくなる．砂質土の場合には，粒子が大きいため水の透通がよいものの，干害を受けやすく，土壌侵食もこうむりやすい． （鈴木（鐵））

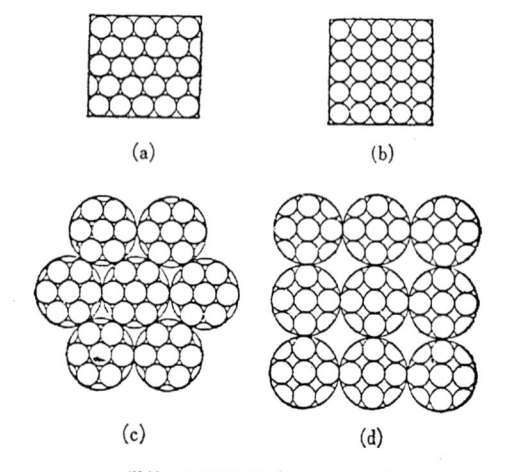

単粒，団粒構造（川口，1977）
(a)(b)は単粒，(c)(d)は団粒．

ち

遅延受粉 delayed pollination ⟶ 受粉・受精

地下かん(灌)水 subirrigation ⟶ かんがい・かん水

地下茎・地上茎 subterranean stem; terrestrial stem

地中に存在する茎を総称して地下茎と呼ぶ．葉あるいは芽の存在により，また維管束の配列様式により根と区別される．多量の炭水化物を貯えて肥大する傾向があり，形態上，球茎，塊茎，根茎などに区別される．こ

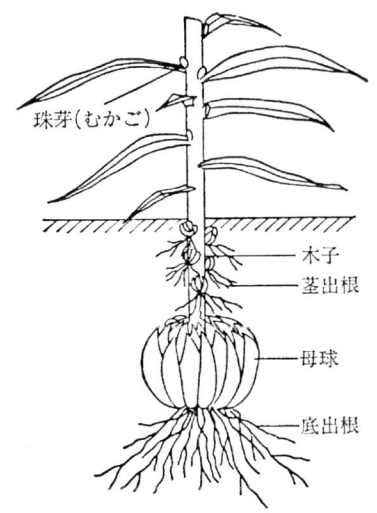

ユリの地下部と地上部の形態（萩屋，1968）

りん状地下茎（アキメネス）

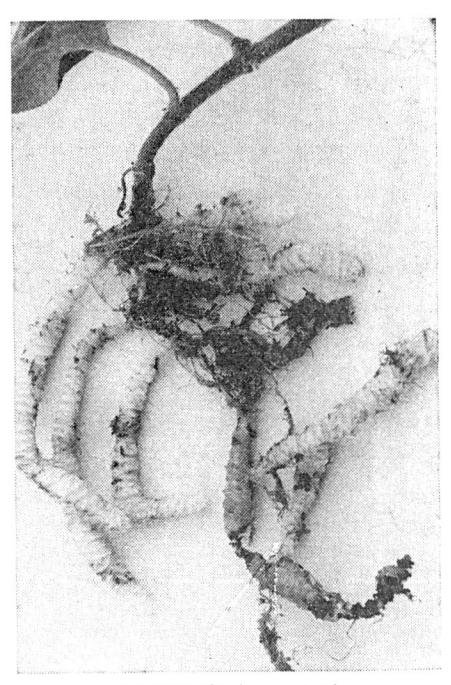

りん状地下茎（コーレリア）

の他特殊なものとして念珠状地下茎（ringed stem），りん状地下茎（scally rhizome）がある．前者は節間が球状に膨らみ，節の部分がくびれて数珠のようにみえるもので，リボングラスがその例である．後者は地下茎の各節に肥厚したりん葉がついて重なりあい，尾状の特異な形を示すもので，アキメネスやコーレリアなどでみられる．根茎を地下茎と称する場合があり，混同されやすい．地下茎に対し，地上部にある普通の茎を総称して地上茎という． （今西）

地下結実 geocarpy

地上で開花して受粉，受精後，その子房が地下に侵入して果実を結ぶことで，ラッカセイがその代表的な例である．ラッカセイでは受精後子房直下の子房と花床の間の組織の分裂伸長によって，子房柄が向地性を示して伸長し，その先端に位置する子房が地下に侵入して肥大を始める（次ページ図参照）． （斎藤）

地下子葉 hypogeal cotyledon ⟶ 子葉・本葉

置換性塩基（交換性塩基） exchangeable base, exchangeable cation

234　チコウ

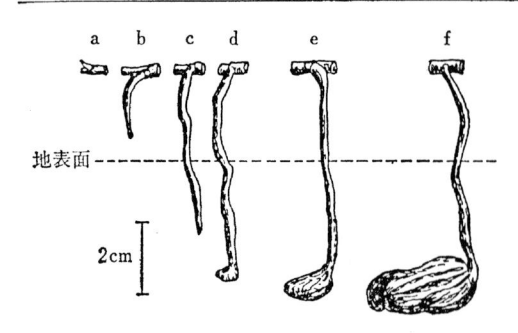

地下結実.(Smith, 1950)
ラッカセイの子房柄の伸長と子房の発育過程
a：受精期，b：子房柄伸長期（受精後5〜7日），
c：地下侵入期（受精後8〜12日），d：莢肥大始期（受精後14〜21日），e, f：莢肥大期

　土壌膠質物（土壌コロイド）は主として負（マイナス）に帯電しているから，正の電気をもったカルシウム（Ca^{2+}），マグネシウム（Mg^{2+}），カリウム（K^+），ナトリウム（Na^+），水素（H^+）などの陽イオンは，いろいろの強さで土壌コロイドの表面に吸着されている．これらの陽イオンは，多少解離していて一般に他の陽イオンで容易に交換される．このような塩基を交換性塩基または吸収塩基という．なお，陽イオンの中で，水素イオンは塩基イオンの吸収交換と似ているが，塩基ではないので交換性塩基に入らない．塩基置換容量とは上記の土壌のもつ負の電荷の総量をいい，陽イオンを交換できる最大量を表すものである．塩基置換容量に占めるそのときの交換性塩基の割合（％）を塩基飽和度という．土壌中の交換性塩基の大部分はカルシウムであり，このほかマグネシウム，カリウム，ナトリウムがわずかの部分を占めている．すなわち，普通の土壌の各塩基の割合は，カルシウム72〜92％，マグネシウム5〜13％，カリウム1.4〜3.0％，ナトリウム0〜7.6％である．交換性塩基は，植物の養分吸収に対して非常に有効である．そして交換性塩基の量およびその種類は，土壌の肥沃度と密接な関係にある（→土壌塩基）．　　　　　　　（鈴木鐵）

遅　効　gradually acting, slow acting
──→ 速効・遅効

遅効性肥料　delayed release fertilizer
──→ 速効・遅効

致死遺伝子　lethal gene　　──→ 遺伝子

地上茎　terrestrial stem　　──→ 地下茎・地上茎

地生〔の〕・着生〔の〕　terrestrial；epiphytic

　地中に根を張る植物を地生植物と呼び，他の植物，岩石または人工構築物の上に固着器管で固着して生活する植物を着生植物と呼ぶ．ラン類にはパフィオペディラムのような地生ラン，カトレヤのような着生ランがあり，それぞれ栽培管理の方法が異なる．
　　　　　　　　　　　　　　　　（国重）

地中加温　soil warming　　──→ 暖房・暖房機

地中かん（灌）水　subirrigation　　──→ かんがい・かん水

地中熱交換〔暖房〕　soil air heat exchange〔system〕

　日中太陽熱により温室内に蓄積された熱を，土壌に一時的に蓄え，夜間必要時にその熱を暖房に利用する方式をいう．地熱の高い地域では，直接暖風を室内に送入し，暖房することもできる．
　地中熱交換暖房は，約10cm径の塩ビ管または素焼管を地下40cm以下に40〜100cm間隔で並列に埋設し，室内気温が設定値以上に達したとき，送風扇により室内空気を地中に送り蓄熱をはかる．室温が暖房の設定値に下降したとき，再び送風扇が作動し，地中の熱が室内空気中に放出される．暖められた空気が露点以下に冷やされるため，結露によって大量の潜熱が発生する．したがって室内の湿度が高くなるのがこの暖房方式の短所で，これを改善するために暖房時の放熱を外部被覆材と内張りカーテンの間に放出，循環させる，エアーカーテン方式も普及している（→エアーカーテン方式，放熱）．　（伊東）

窒素飢餓　nitrogen starvation

　新鮮な有機物が土壌に施用されると微生物が働いて，有機物の含む炭素をエネルギー源として利用しながら分解し，残りの炭素と窒

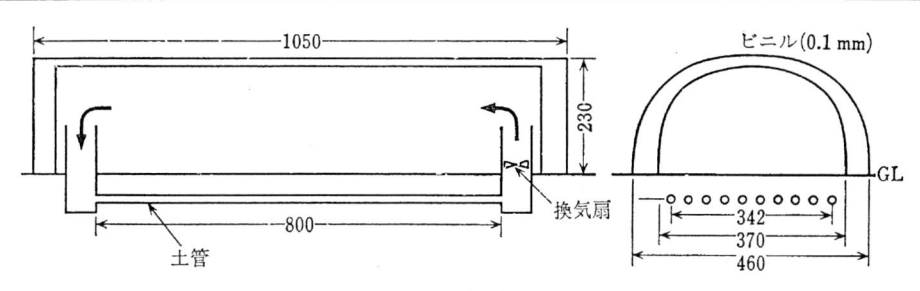

地中熱交換ハウスの構造（cm）（山本原図）

素とを栄養源として微生物体をつくる．そして，有機物を分解する微生物と作物の間に土壌中の窒素の奪い合いが生じ，作物は一時的に窒素不足となって，葉色の黄化や生育不良の状態となる．このように，急激な有機物の分解に伴うような窒素不足状態を窒素飢餓という．有機物中の炭素の量を窒素の量で割ったものを炭素率（C/N 比，carbon-nitrogen ratio）というが，有機物の炭素率が 20 以下の場合は窒素飢餓が起こりにくい．わらなどでたい肥をつくるとき，硫安などを加えるのは，炭素率を低めて分解を促進し，炭素率の小さい腐植をつくるためである．（鈴木鐵）

窒素欠乏症 nitrogen deficiency

窒素は作物に最も欠乏しやすい養分であるから，窒素肥料の施用がないと通常すぐ典型的欠乏症が現れる．

〔欠乏症状〕窒素が欠乏すると下位葉から均一に黄化し葉脈の緑も残らない．また，地上部はわい化し生育は衰え，根量も少ないが，地上部がしおれることはない．この典型的症状は硫黄欠乏症に似ているが，窒素施肥により葉は速やかに緑色に戻るので容易に判別できる．作物の老化は窒素欠乏症の一種である．病虫害で作物全体や葉が黄化する場合も多いので，症状の診断に注意を要す．

〔欠乏の生じやすい条件〕施肥窒素の流亡が多い条件では窒素欠乏の生じるおそれがある．また未熟有機物の多投により一時的に生じやすい作物の窒素欠乏は窒素飢餓と呼ばれている．

〔対策〕速効性窒素肥料の適正な追肥．果樹では 0.2～2.5％ 尿素液の葉面散布．
（馬場）

窒素代謝 nitrogen metabolism ⟶ 代謝

チップバーン tip burn

レタス，ハクサイ，ユリなどに発生する縁腐れ症状のこと．カルシウム欠乏，カルシウム不足または多肥により他肥料要素とが競合したとき，多雨や乾燥などによって根に障害を起こし，カルシウムが吸収できない場合に生じる．

また，有機リン剤の土壌施用および散布により葉先が枯れ込む現象もチップバーンと呼ばれる．
（平野和・大川）

地熱 subterranean heat ⟶ 地中熱交換

地被植物 ground cover plant, cover plant, ground cover

地表面の上を覆って生育し，美観維持，熱放射，乾燥，飛砂防止などの役に供される植物をいう．一般につる性で水平方向への生長が早く，しかも丈夫な種類が利用されている．

シバ，ササ，アイビー，リューノヒゲ，シバザクラ，フッキソウなどがある．（国重）

地表〔面〕かん（灌）水 surface irrigation ⟶ かんがい・かん水

地方品種 local variety, native variety

ある特定の地域に限って栽培されている品種で，一般に在来品種であることが多い．地方の自然条件，栽培方法に適応しているが，普遍性に欠けるものが多い．しかし，中には適応範囲の広いものがあり，これが現在の主要品種の基礎となっている（→在来品種）．
（芦澤）

着色 coloring, pigmentation

果実は未熟なうちは果皮とその内側の細胞中にクロロフィルの含量が多く緑色を呈するが，成熟するにしたがってクロロフィルが減少し，表皮系細胞内の液胞に果実特有の植物色素により着色する．色素のおもなものは，カロチノイド，アントシアン，フラボノイド，キノン類などで，果実の種類，品種，熟度により色素の種類，含量が異なる．トマト，スイカ，カキ，カンキツ類果実の果皮はカロチノイド，ナス，シソ，モモ，イチゴ，ザクロ，リンゴはアントシアン色素による．これら色素の生成は生育中の光が不可欠で，受光量の多い果実がよく着色し，光の十分あたらない果実は着色の濃さがよくない．光がよくとどくようにリンゴでは花つみや玉回し，あるいは樹冠下にシルバーポリシート敷が行われる．一般に昼間が晴天で夜低温でより着色促進される．トマトのリコピン色素の生成適温は19～24℃で，リンゴのアントシアン色素は10～20℃でよく生成される．果実の糖濃度の高まりと着色程度とはよく一致する． (萩沼)

着色フィルム colored film, colored plastic film

特定波長域の光線透過をカットし，作物の生育調節をはかるために，特殊な顔料を用い着色した光線の選択的利用プラスチックフィルム，赤色，青色，緑色，灰色，黒色，銀色などがある．雑草防除のためのマルチ資材としての黒色が最も多用されている． (板木)

着生〔の〕 epiphytic ⟶ 地生〔の〕・着生〔の〕

虫えい(瘿) insect gall ⟶ 虫こぶ

中央脈 midvein ⟶ 葉脈

中果枝 ⟶ 長果枝・中果枝・短果枝

中間芽 transitory bud

一般に果樹の花芽は前年生の枝しょう上で夏ごろから分化し始め，漸次花器が発達していく．しかし，混合芽を形成するリンゴやナシなどのように，外観的には花芽をもつようにみえる芽が，樹体内の生理的要因や環境要因などによって，花芽の発達が阻害され，完全な花芽とならないものがある．これを中間芽といい，通常は葉芽のみがほう芽する．
(湯田)

中間〔性〕植物（定日性植物） intermediate plant

植物には，日長がある限界の長さより長くなると開花する長日植物と，短くなると開花する短日植物があるが，その他に特定の日長の範囲内でのみ開花し，日長がその範囲を越えて長すぎても短かすぎても開花しないものがある．これは，中間〔性〕植物あるいは定日性植物と呼ばれている．この型に属する植物は，多くは知られていないがサトウキビのある品種（F. 106）はこの類とされ，日長が12時間～12時間45分の場合には花芽をつけるが，それより長くなっても短くなっても花をつけない．

開花に日長が関与せず，一定の生育日数で開花に至るものを中性植物あるいは中日植物（day-neutral plant）と呼んでいるが，栽培上はこの方が有利な場合も多く，トマト，ナス等の果菜類にはこの型が多い． (菅)

中間台木 intermediate stock, interstock ⟶ 台木

中空果心 hollow center, hollow axis ⟶ 果心

柱状図 histogram ⟶ ヒストグラム

中心果 central fruit of a cluster ⟶ 中心花・中心果

中心花・中心果 central flower of a cluster, king flower (以上リンゴ), disk flower (キク科); central fruit of a cluster, center-bloom fruit, king fruit (リンゴなど)

花軸（floral axis）の先端に形成される花で，それより下位節に形成される側花より分化発達が旺盛である．リンゴ，ナシでは花柄は太く短く，不整形果を形成する率も高くなる．リンゴでは摘花・果の際，形状が正常であれば，中心花・果を残すようにする．
(渡部)

中 生 medium flowering, medium maturing, medium ripening ——→中生（なかて）

中生柑・晩生柑 mid-season citrus cultivars; late-season citrus cultivars

ウンシュウミカンはカンキツの中でとびぬけて早熟である．わが国ではそのウンシュウミカンが主流であるため，外国の早生品種も中生として取り扱われている．つまり，ウンシュウミカン以外の，年内に収穫し2～4月に出荷される品種が中生，越冬後に収穫し6, 7月まで出荷される品種が晩生とみなされている． （岩政）

沖積土 alluvial soil ——→ 洪積土・沖積土

抽だい（苔） flower stalk development, seeding, bolting, seed stalk formation

長日植物や低温要求性植物は，栄養生長を続けているときは，いわゆるロゼット型といい茎はきわめて短縮されているため外見上，根に直接葉がついているようにみえ著しいほふく（匍匐）型を示す．これらの植物に花芽が分化した後に，開花に至るときは比較的短期間の間に急速な花茎の伸長が起こる．この花芽をもった茎の急速な伸長を抽だいあるいはとう（苔）立ちと呼んでいる．ダイコンやカンランなどの栽培においては，予期しない低温の襲来による早期抽だいあるいは不時抽だいは収量を減ずるので大きな問題となる．このような抽だい現象には，体内のジベレリンが大きな役割を演じていると考えられている． （菅）

柱　頭 stigma ——→ 花柱

虫　媒 entomophily

昆虫によって花粉が運ばれて結実するものを虫媒花という．虫媒花は，一般に色彩が豊かで，強い香気と多量の蜜をもつものが多い．風媒花と比較して花粉は大きく，水分含量も多いので，風によって遠くに飛散することはないが，粘質で昆虫の身体に付着して運ばれやすいような性質をもっている．リンゴ，ナシ，モモ，スモモ，オウトウ，カキ，ミカンなどの果樹類，キュウリ，カボチャ，アブラナ，イチゴなどの野菜類，キンギョソウ，マツバボタン，ツツジなどの花き類は，いずれも虫媒花である．受粉に役立つ訪花昆虫（媒介昆虫）としては，ミツバチ，マメコバチ，ツツハナバチ，シマハナアブ，ハエ，ハナムグリなどが知られている． （吉田）

虫媒花 entomophilous flower ——→ 虫媒

虫媒伝染 insect transmission, insect-borne infection

虫媒感染，昆虫伝染ともいう．植物などの病原微生物が昆虫の移動によって運ばれ，昆虫の加害行動に伴って他の健全な植物体へ伝搬することをいう．特に病原ウイルスの伝搬に果す昆虫の役割が大きい．アブラムシ，コナジラミ，スリップスなどによるウイルスの伝搬は昆虫体内でのウイルスの無毒化が起こりやすく，短時間しか伝搬できないのでこれを非永続的伝搬という．これに対して，一般にウンカ・ヨコバイ類は病植物を吸汁後何日間もウイルスを伝搬するのでこれを永続的伝搬という．この場合，その昆虫の当世代だけではなく，経卵伝染よって子世代までウイルスが伝わる場合もある．また，細菌や糸状菌が昆虫体に付着して伝搬されることもある． （玉木）

頂芽・えき（腋）芽 apical bud, terminal bud; lateral bud

普通，植物は一定の生長環をくり返して連続的に生育し，越冬一年草は1回限りの，多年草は複数回の生長環を示している．それら生長環の始まるときに芽を形成する．前回の生長環の生長点に最も近い，すなわち枝の先端えき葉に形成される芽を頂芽といい，これより下位の葉えきに形成される芽をえき芽という．植物は，植物ホルモン，特にオーキシンの働きによって頂芽は最も早くほう芽生長し，えき芽は下位にあるほどほう芽と生育が遅れるのが一般である．この現象を頂芽優勢（apical dominance）と呼んでいる．温帯植物では休眠器官として，ほう芽，地下茎，球根などを形成するが，それら諸器官内におい

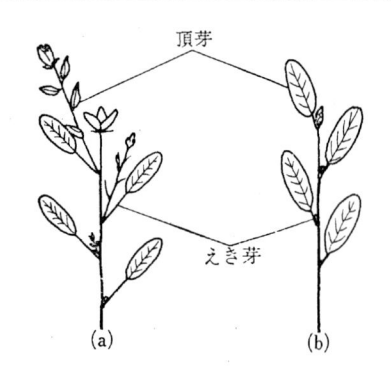

頂芽とえき芽
(a) 休眠をもたない熱帯・亜熱帯原生の植物の場合
(b) 休眠をもつ温帯原生の植物の場合

ても頂芽，えき芽の関係は存在する．
（上本）

鳥　害　bird damage, bird injury

鳥による作物の芽や果実の食害を鳥害と呼んでいる．芽の食害は多雪年の春先に多く，ウソやムクドリにより発芽前の芽や種子がついばまれる．

果実の食害は多くの作物で被害を受け，カラス，ムクドリ，オナガ，ヒヨドリなどによって荒らされ，特に，ムクドリは留鳥となって最近その密度が高くなり，被害が著しく増大している．

鳥害防止には各種手段が講じられているが，装置等に対する鳥の慣れがあり完全防止のものはない．現在，最も有効なものは園全体を網で覆うことであり，ムクドリを対象にした場合には，網目を30mm以下にすれば十分である．網被覆によって防鳥の他に，防ひょう，吸ガ(蛾)類の防止など多目的利用が図られる．
（鴨田）

潮　害　salty injury, salty damage
──→潮風害

長果枝・中果枝・短果枝　──；──；spur

結果枝の長さの相対的な表現として，長・中・短果枝がある．長さの区分として，短果枝が5〜10cm以下，中・長果枝の境界は30〜50cmと幅が広い．同じ品種でも，施肥量，土質，地理的環境により，伸長量に大きな差異が生じるために，区分はあいまいである．

核果類において，花芽が短果枝上に節間がごく短く密着している状態を花束状短果枝と呼ぶ．また，リンゴでは短果枝のつきやすい変異系のある品種のスパータイプとして利用している．

ニホンナシにおいて，近年，長果枝せん定が広まっている．従前の短果枝（ショウガ芽（→果台））の利用も含めて，厳密には，冬季のせん定時における長短の結果母枝を対象としているが，結果枝との呼称が慣用化している面に，便宜性が感じられる．どの長さの結果枝が良品果実を生産するかは，品種や地域によって異なり，栽培経験を通じて，望ましい結果枝の長さを決めるべきであろう．結果枝の長さは果実生産の一要素であり，過信はさけたい．
（岸本）

リンゴの短果枝

長花柱花　long-styled flower　──→花柱

頂芽優勢〔性〕　apical dominance〔dominancy〕

茎に頂芽と側芽が共存する場合に頂芽はよく発育するが，側芽は発育しにくいことが多い．この現象を頂芽優勢〔性〕という．このように頂部に近い芽ほど伸長が盛んな現象を頂部優勢 (apical dominance) ともいうが，両者の間に区別はない．頂芽からオーキシンなど側芽の発育を抑える物質が移動してくるために起こる．側芽の生長抑制はサイトカイニンによって解除される．草本植物の摘心や

木本植物のせん定作業は，頂芽を除去して，側芽の発生促進することを一つの目的として行われている． (川田)

調合土 compost, soil mix ── 配合土

丁字(子)咲き anemone type, anemone flowered type

キクの花型の一種．花の中心部にある筒状花が発達してチョウジノキ Syzygium aromaticum（フトモモ科）の花に似た小花弁を形成し，花の中心部が半球に盛り上がった花型．周縁部の舌状花は一重または二重．舌状花の形状によって平丁字，管丁字，匙丁字などに分けられる． (樋口)

丁 字

長日植物 long-day plant

1日のうち昼の長さが，ある一定の限界の時間より長くなったときに開花が引き起こされたり，あるいは促進される植物を長日植物という．長日植物にとって，もっとも開花に好適な条件は暗黒の時間の全くない連続照明すなわち24時間日長である．ある限界の日長より日長が短くなると開花しないものを，質的長日植物あるいは絶対的長日植物という．これに対し量的な反応をする長日植物は，量的長日植物あるいは相対的長日植物と呼ばれ，どのような短日下でも理論的には遅れはするが開花は起こる．しかし，実際には極端な短日下では光合成が不能となり開花しなくなる．長日植物には，ムギ類，ホウレンソウ，ダイコン，アカツメクサなど春に咲くものが多い（→短日植物）． (菅)

長日処理 long-day treatment ── 日長

頂生・えき(腋)生 terminal; axillary

茎頂では葉原基のみを分化し続ける植物もあるが，種類によっては条件がととのうと花芽などを分化するようになり，花などの器官を茎頂に生ずるのを頂生という．花や枝などの器官が葉のつけ根の上えきに生ずることをえき生という． (斎藤)

頂生花・頂生果 terminal flower; terminal fruit

茎や枝の頂端部（terminal）に着生する芽を頂芽と呼んでいるが，一つの芽の中で頂端の位置にある花（中心花 king flower）は頂生花と呼ぶ場合がある．一般的には，枝の側部ではなく，頂端部に形成された花または果実を頂花（果）と称している． (渡部)

頂生果 terminal fruit ── 頂生花・頂生果

長短日植物 long-short-day plant

開花するために，初めにある限界の日長より長い長日を，引き続いてある限界の日長より短い短日を必要とする植物を長短日植物という．シコロベンケイ，夜咲きジャスミンはこれに属する． (菅)

頂端分裂組織 apical meristem ── 分裂組織

潮風害 salty wind injury, salty wind damage

強風により海水が飛沫となって作物体に吹きかかり，機械的な被害とあわせ塩分付着による被害を潮風害という．台風襲来時などに海岸近くの耕地に発生し，ミカン，チャ，各種野菜などの被害が目立つ．

潮風害は強風吹走後，降雨がなく晴天日になるときに被害が大きい．早期に真水で洗うことにより被害を軽減できる． (鴨田)

重複受精 double fertilization ── 受粉・受精

頂部優勢〔性〕 apical dominance ── 頂芽優勢〔性〕

直光着色品種 cultivar raising moderate

light intensity　→　散光着色品種・直光着色品種

直交表　table of orthogonal arrays

多数の因子を同時に取りあげる多因子要因計画では，あらゆる処理組合せについて実験を行うことは困難になる．そこで，因子が多くても適当な一部分の組合せを試験することによって，必要な情報を得る一部実施法が工夫された．直交（配列）表を利用して因子のわりつけ，試験区の配置，データの解析が可能である．直交表は一般に $L_N(P^K)$ という記号で表される．たとえば，$L_8(2^7)$ の直交表では，8が表の行数で実験の大きさ（処理区）を，2は各因子が2水準であることを，7は直交表の列数である．この表を使って，列に因子や因子間交互作用の要因を適当に割りつけると，主効果と因子交互作用効果に関する分散分析を行うことができる．　　　　（菊池）

直根　tap root　→　根系

直根類　tap root vegetables

直根類は野菜の種類を分類する一項目で，ダイコン，カブ，ニンジン，ゴボウのように直根を利用の目的とする野菜をいうが，分類法によっては塊根・塊茎類とともに根菜類に含めることがある．　　　　（松本）

直線回帰　linear regression

二つの形質 X, Y に関して n 組のデータ $(x_1, y_1), (x_2, y_2), \cdots (x_n, y_n)$ が得られ，両者の間に直線的関係があれば，X の変化に対応して Y がどのように変化するかを両者の1次式で表すことができる．これを x に対する y の回帰式と呼び最小2乗法によって求めることができる．得られた直線回帰式を

$$y = a + bx$$

とすると，b, a は次のようにして求める．

$$b = \frac{\sum_{i=1}^{n}(x_i - \bar{x})(y_i - \bar{y})}{\sum_{i=1}^{n}(x_i - \bar{x})^2}$$

$$a = \bar{y} - b\bar{x}$$

b は直線の勾配（傾き）であり回帰係数と呼ばれ，a は切片と呼ばれ $x=0$ のときの y の値である．x は説明または独立変数，y は目的または従属変数と呼ばれる．

重回帰分析は1組で2個以上の独立変数 $(x_1, x_2, x_3, \cdots)$ としこの従属変数とに対し行われる．　　　　（菊池）

貯蔵器官　storage organ, reserve organ　→　貯蔵組織・貯蔵器官

貯蔵庫　storage room

貯蔵方法に応じて常温貯蔵庫，低温貯蔵庫，CA貯蔵庫などがある．カンキツ類の常温貯蔵庫は土壁などで断熱し，1室面積10～15 m^2 の室を組み合わせてつくる．

低温貯蔵庫は冷媒にフロンなどのガスを使用したガス圧縮式冷凍機で冷やし，発泡スチロールやウレタンホームなどの断熱材で壁面の熱貫流率を小さくし，外部の熱が侵入して冷却効率が悪くなることを防ぐ．冷気を庫内で強制通風循環させる方法にはユニット式とダクト式がある．前者は冷却と同時に庫内空気を循環させ，各室ごとに温度を変えられ，後者は新鮮な空気の取り入れ方が簡単で庫内温度分布がよく，設備費が安い．低温貯蔵庫は個人用から共同の大規模のものまで，大小種々なものがある．

CA貯蔵庫にはガス濃度を調節するために低温貯蔵庫より気密性が要求され，酸素，二酸化炭素を調節するスクラバー，ガスジェネレーター，ブリザーバックなどの装置をつける．　　　　（伊庭）

貯蔵根　storage root

養分を貯えるため，特殊な形に変化した根で，塊根，多肉根などがある．塊根はサツマイモ，ダリアなどのように不定根が塊状に肥大し，デンプンやイヌリンなどを貯蔵している．多肉根はダイコン，カブ，ニンジン，ゴボウなどのように種子から発芽した下胚軸と幼根の主根（直根）が伸長，肥大したものである．　　　　（斎藤）

貯蔵障害　storage disorder

園芸生産物の貯蔵中に生ずる生理的障害，温度（凍結，低温，高温），空気組成（高二酸化炭素濃度，低酸素濃度），揮発性物質（エチレン，アンモニア），湿度（過湿，低湿）

などの環境条件，ならびに生産物の種類，齢，熟度などの園芸生産物自身に由来する要因が発生の有無や程度に関係する．発生部位や症状は多様であるが，発生の原因に対して特徴的である場合が多い．症状は褐変，変色，崩壊，ピッティング，しおれなどの可視的なもの，異臭や苦味などの化学的なもの，出庫後に生ずる追熟不良などの生理的なものがある（→貯蔵病害）．　　　　　　（崎山）

貯蔵条件 storage condition　⟶　貯蔵性

貯蔵性 storage quality, keeping quality, storability

貯蔵して商品価値の低下しない期間が長いほど青果物の貯蔵性が高いという．水分の蒸散（目減り）と，腐敗などによって貯蔵量が減少するが，これらの少ないものが貯蔵性は高い．貯蔵性は収穫時期や温度，湿度などの貯蔵条件によっても異なる．出荷して小売り店頭までの間の貯蔵性を特にたな持ちがよいと称する．消費者段階では日持ちがよいという．　　　　　　　　　　　　　　　（伊庭）

貯蔵性付与剤 prestorage chemicals

ウンシュウミカンの貯蔵には予措が必要である．その場合果皮中の水分を蒸散させて減量するが，本剤は予措期間を短縮させることを目的としている．現在，微粒炭酸石灰（商品名―クレフノン）および石灰硫黄合剤が使われている．これらは果皮の気孔に入り，開孔状態にすることが，果皮水分を樹上で減少させて予措効果を現すものと考えられている．　　　　　　　　　　　　　　　（廣瀬）

貯蔵組織・貯蔵器官 storage tissue, reserve tissue; storage organ, reserve organ

植物組織の中で多量の貯蔵物質を含む柔組織を貯蔵組織という（→柔組織）．茎のずいや根の皮層のように一時的にデンプン粒を貯える組織と，貯蔵機能の特殊化した組織がある．後者は多肉の塊茎，球茎，りん茎，塊根，貯蔵根や種子の胚乳，子葉など，貯蔵機能の特殊化した器官（貯蔵器官という）の柔組織ばかりでなく，トウゴマなどの若い茎にみられるデンプンしょう，木本植物の枝幹のデンプンを含んだ放射組織などもある（→放射組織）．貯蔵物質は炭水化物としてデンプン粒のほか，肥厚した細胞壁にヘミセルローズなどの形で蓄えられることもあり（カキ，アスパラガスの胚乳），タンパク質，脂質のこともある．乾生植物の葉によくみられる水を貯える組織も貯蔵組織であるが，特に貯水組織という．下図参照．　　　　　　（石原）

貯蔵病害 storage disease

貯蔵中の収穫物に発生する病害のことで収穫後病害ともいう．農作物を収穫した後に発

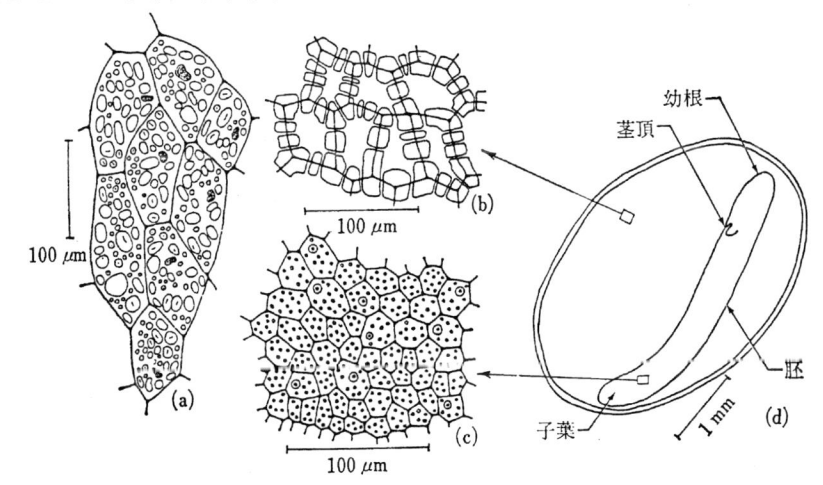

種子の貯蔵組織
(a) ライムギ種子のデンプン粒を含んだ胚乳組織，(b)〜(d) アスパラガス種子(d)の細胞壁の肥厚した胚乳組織(b)および，貯蔵養分を含んだ子葉の組織(c)．

生する病気は，貯蔵，輸送，市場などいろいろな場面で問題とされている．それらは貯蔵病，輸送病，または市場病とか呼ばれているが，どれにも共通した病気としての性格がある．対象となる収穫物は，果実，野菜，いも類，球根など，様々である．問題となる病原菌は，生産ほ場からもち込まれるもの（炭そ病菌，灰星病菌，灰色かび病菌など）のほかに，貯蔵庫や市場内で通常汚染している病原菌類（Penicillium, Aspergillus, Rhizopus など）による被害がいちじるしい．これらの病原菌は傷感染するものが多く，収穫時の作業と病原菌に対する汚染予防ならびに貯蔵環境の管理に細心の注意が必要である（→貯蔵障害）． (平野和)

貯蔵物質 reserve substance ⟶ 貯蔵養分

貯蔵養分 reserve nutrient
果樹や球根類など春期に急速に生長する作物は，前年中に多量の養分を樹体内や球根中に蓄えており，それを貯蔵養分という．貯蔵物質としてはデンプン，糖などの炭水化物と窒素化合物が重要であり，それらの多少は翌春の生長や収量のほか，冬期の寒害抵抗性とも密接な関係がある． (佐藤)

地 力 soil productivity, soil fertility
地力（土壌肥沃度）は土壌生産力（soil productivity）と類似語であるが，内容は少し異なる．すなわち，地力とはその構成因子である土壌の化学的，物理的，微生物的諸性質の総合されたもので，二面的な性格がある．その第1は養分的性格で，養分量，養分バランス，養分供給過程であり，植物養分の量をもって表される．第2は機能的・容器的性格であるとされ，物理化学性（肥料保持力，緩衝能など），物理性（有毒物の消去性，保水・排水性など），微生物活性が含まれる．地力には永年にわたる気象，地形，土壌母材，植生，人間などが関係している．これに対して，土壌生産力は作物の収穫物の生産量をもって示され，生産力といえば，地力だけでなく，栽培される作物の種類・品種，気象，および栽培法などが関係してくる．高い土壌生産力は，地力が基礎となり，人間の意識的な力によって産みだされていくものと考えてよい．地力が低下（土壌老朽化）すると，長く高い土壌生産力は維持できなくなる． (鈴木鐵)

チルドジュース chilled juice ⟶ 果汁

鎮 圧 compaction, firming, packing, tramping [the soil]
土壌が膨軟になっているのを踏みしめや重みのあるもので固め落ち着かせること．播種や定植後あるいは冬季霜柱が立つ畑で，板や鍬あるいはローラーで土面を押さえつけ，種子や植物の根と土粒とを密着させ，吸水を容易にする． (高野)

沈降荷重 snow settling load ⟶ 雪害

沈床花壇 sunken garden ⟶ 花壇

つ

追　熟 ripening　⟶　後熟・追熟

追　肥 top dressing, supplement application, side dressing

　種子（球根）の発芽（ほう芽）後や移植苗の活着後で作物の生育中の適当な時期に肥効を高めるために施与される肥料，または施肥法を追肥（ついひ，おいごえ）という．基肥に対応して用いられる．なお，落葉果樹では新しょうの発芽伸長から摘果までの期間に施与される肥料・施肥法が追肥であり，果実収穫直後に施与される肥料は礼肥（初秋肥）という．追肥用の肥料は通常速効性窒素・カリ肥料である．一般に追肥は集約多肥農業では非常に重要であり，追肥時期・量は作物の生理生態的特性を重視して慎重に決められている．果樹栽培の施肥法にみられるように，園芸作物の栽培では作物種・作型等に対応して追肥時期・量・回数等が提示されている．

（馬場）

通気組織 aerenchyma

　植物の器官において発達した細胞間隙が網状あるいは管状につながった空隙をいい，同化，呼吸，蒸散作用に必要な空気，水蒸気の通路となり，ウキクサなどでは"ウキ"の役目を果している．　　　　　　　　　（石原）

通道組織 conductive tissue

　シダ植物，種子植物において養水分の通道の機能を果す組織をいい，維管束の組織がこれに当る（→維管束）．維管束は根，茎，葉，花，果実など植物体の諸器官を貫いて連絡した系をなしている．維管束の組織は一般に木部と師部からなり，木部は道管（vessel），仮道管（tracheid），木部柔細胞，木部繊維からなる．師部は師管（sieve tube）あるいは師細胞（sieve cell），師部柔細胞，師部繊維からなる．被子植物では師管はしばしば伴細胞（companion cell）を伴う．木部は主として根から吸収した養水分の通道に，師部は主として葉でつくられた養分の通道にあずかる．

（石原）

通風冷却 air cooling　⟶　予冷

接ぎ木 grafting

　接ぎ木は増殖を目的とする植物体の一部（接ぎ穂）を切りとって，他の植物体（台木）に接着させ，独立した個体に養成する栄養繁殖の一方法である．接ぎ木植物は，栄養的にみて台木は根からの養水分を接ぎ穂に送り，接ぎ穂は同化養分を台木に送り共生関係にある．接ぎ木は主要果樹のほとんど，一部の花木，庭園樹，果菜類などで行われる．

　接ぎ木繁殖の特色としては，品種の特性が維持されること（栄養繁殖共通），実生苗に比べ開花・結実が促進され，挿し木の難しい植物も容易に繁殖できること，台木を選ぶことにより特別な栽培目的（樹勢の調節，環境に対する適応性の促進，病害虫による被害の回避，果実品質，結実率の向上など，台木の項参照）が達せられること，品種更新ができるなどの利点がある．接ぎ木には，用いる器官により，枝接ぎ（scion grafting）（接ぎ方としては，切り接ぎ，割り接ぎ，舌接ぎ，袋接ぎ，合わせ接ぎなど），芽接ぎ（budding）（盾芽接ぎ，そぎ芽接ぎなど），根接ぎ（root grafting）があり，その他，接ぎ木の方法によって，呼び接ぎ（approach grafting），緑枝接ぎ（softwood grafting），腹接ぎ（side-grafting），高接ぎ（top-working）などがある．

　〔接ぎ木の活着〕　接ぎ木する場合，まず台穂間に親和性のあることが必要である．園芸的に親和性があるというのは，単に活着するだけでなく，接ぎ木苗が永年，正常な開花・結実を継続するものでなければならない．後で樹勢が衰えたり，接ぎ木部で折損するような組合せは接ぎ木不親和（graft incompatibility ということになる．親和性は一般に植物分類学上近縁なものほど高いとされているが例外もある．不親和の原因としては，台穂

間の組織構造上の相違，相互の養分要求，タンパク質合成の質的な違いなどによるものと考えられているが不明な点も多い．接ぎ木の活着は双方の接ぎ木接着面のおもに形成層，放射組織からカルスが分化し抱合する．やがてカルス中には相互の形成層を結ぶ連絡形成層が分化し，通道組織を形成し接ぎ穂の生育とともに組織的な結合がより強固となる．

〔活着に及ぼす要因〕台穂の栄養的な充実はいうまでもないが，休眠期接ぎの場合，穂木は休眠期に採取貯蔵したものを用い，台木は接ぎ木時活動状態にあることが望ましい．また接ぎ木後の外的要因としては，適温（20～25℃），穂木，接ぎ木部の乾燥を防ぐ意味で高湿度の条件が要求される． （町田）

接ぎ木育苗 ⟶ 育苗
接ぎ木キメラ graft chimera ⟶ キメラ
接ぎ木雑種 graft hybrid ⟶ 栄養雑種
接ぎ木伝染 graft transmission

草本植物・木本植物を問わず，接ぎ木をすることによって，台木または接ぎ穂の一方が保毒するウイルスが他方に伝染することをいう．ウイルスはすべて接ぎ木伝染する．というより，ウイルスを抽出・純化することの困難な木本ウイルスでは，接ぎ木伝染を証明することが，ウイルス病の証拠とされてきた．ウイルスは芽接ぎ，切り接ぎ，寄せ接ぎなどいかなる方法でも伝染する．ウイルスの伝染には，組織の完全癒合は必要でなく，両者の形成層が4～8日間密着していれば，感染が起こる． （山口）

接ぎ木部異常症 graft union disorder, bud union disorder ⟶ ウイルス・ウイルス病
接ぎ木不親和 graft incompatibility ⟶ 接ぎ木
接ぎ木法 graftage

接ぎ木には接ぎ穂に用いる器官，接ぎ方により多くの種類がある．

1) **枝接ぎ** 落葉樹では1～数芽をつけた休眠枝を接ぎ穂に用い，接ぎ方としては切り接ぎがおもに用いられ，割り接ぎ，舌接ぎ，袋接ぎ，くら接ぎのほか，特殊な方法としては接ぎ木と挿し木を同時に行う挿し木接ぎ（接ぎ挿し），接ぎ木した穂木にさらに接ぎ木する二重接ぎ，主幹などに傷害を受けたような場合，その上下を連絡して樹勢回復をはかるために行う橋接ぎなどがある．常緑樹では通常2葉くらいの葉をつけた枝を接ぎ穂とする．

2) **芽接ぎ** 接ぎ芽は芽と少量の樹皮，木質部をつけてそぎとり，これを台木の樹皮の剝皮部（盾芽接ぎ），または削傷部に接着する（そぎ芽つぎ）方法である．

3) **呼び接ぎ** 他の接ぎ木と異なり，根系をもつ接ぎ穂を台木に接着して，活着後，接ぎ穂は接着部の下で台木は上で切り離す方法．接着部は双方の茎をそぎ，形成層を合わせ密着させる．同様な方法として寄せ接ぎがある．

この他，根系に接ぐ根接ぎ，新しょうを接ぎ穂として，台木の新しょうに割り接ぎする緑枝接ぎ，一般の接ぐ位置より高い位置に接ぐ高接ぎ，枝幹の側面に接ぐ腹接ぎなどがある．また，台木を掘り上げて接ぐか否かによって，揚げ接ぎ，居接ぎと呼ぶ．次に代表的な接ぎ木の手順を示す．

枝接ぎ（落葉樹―切り接ぎ）

接ぎ木適期：リンゴ，ナシなど多くの種類は3月上・中旬，カキ・クリなどは遅く4月中・下旬（関東）．

穂木の貯蔵：穂木は品種・系統のはっきりしたものを準備，接ぐ1カ月前くらいの休眠期中に採取し，接ぎ木時まで低温で温湿度変化の少ない条件下（例：ポリ袋に入れ冷蔵庫に入れる）に貯蔵しておく．

台木―普通―，二年生の実生台，挿し木台などを用いる．

接ぎ方―貯蔵してあった穂木を取りだし，数芽をつけて切り，まず，上部の芽の基部を2～3cmわずか木質部にかかるくらいに切り出しをあて水平にけずる．次に反対側を基部

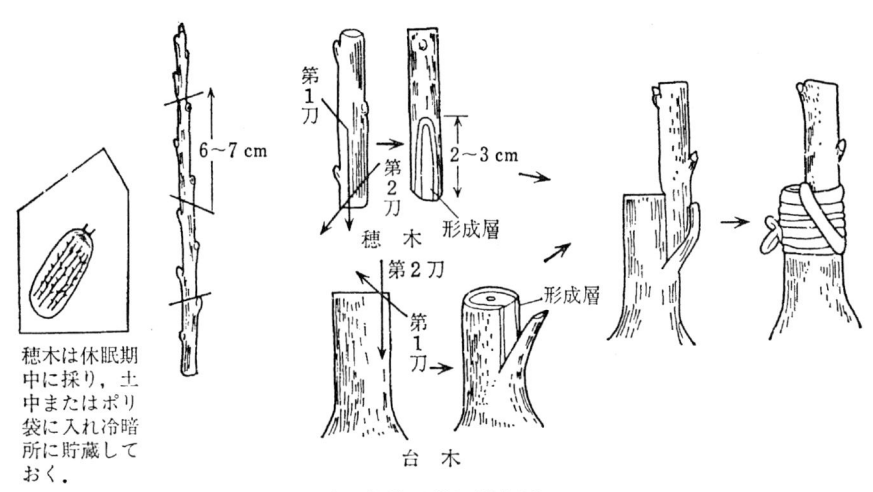

切り接ぎの要領（落葉樹）

にむかって30〜45度の角度に切り返す．台木は基部4〜10cmを残して切断し，切断面の肩の部分をそぎ，形成層の位置の少し内側に切り出しをあて，まっすぐ下へ切り下げる．次に双方の形成層を合わせるように接ぎ穂をしっかり挿入し，接ぎ穂を動かさないよう下方から接ぎ木テープで結束する．

結束する材料としては，従来打ちわら，ろう布（松やに，みつろう，豚脂を混合した液に綿布を浸して乾燥したもの），ラフィア（ヤシの葉の繊維）などが用いられたが，現在は広幅ビニルテープが用いられる．接ぎ終ったら上部の芽がでるくらいに覆土する．揚げ接ぎの場合は接ぎ方は同様であるが，台木は新根の発生を促すため根先きを切りつめる．接いだ苗は，条件のよい保温施設内の床に植え込むことが多い．活着した苗のほう芽後の管理としては，台芽を早めにかき取ること，新しょうの誘引などが必要となる（→芽接ぎ，高接ぎ）． (町田)

つきぬき（貫生） prolification (proliferation)

花および花序は，本来茎の先端の生長が停止した有限の構造をもつ．しかし何らかの刺激によって潜在した生長点が活性化されて不定芽を生じ，花または花序を反復してつけたり，枝にもどる現象をつきぬきという．形態的には先端つきぬき (diaphysis) とえき生つきぬき (ecblastesis) の2種がある．またパイナップルの花序の先端のクラウンやキクザクラ，ヤブカンゾウなどの二重化にみられる遺伝的なつきぬきと，生理障害とみなされる非遺伝的つきぬきによる奇型がある． (樋口)

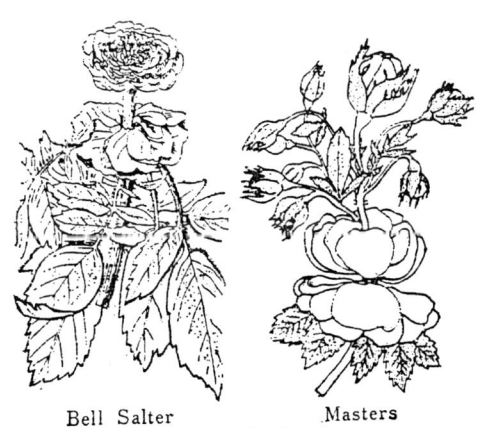

合わせ接ぎの接合方法（丸川原図）

バラの先端つきぬき

接ぎ穂 scion ⟶ 接ぎ木
接ぎ芽 scion bud ⟶ 接ぎ木法
接ぎろう(蠟) grafting wax ⟶ せん定

漬け物 Japanese pickle
漬け物は「香の物」ともいい，野菜を原料とした塩蔵食品の一種である．もともと食塩を使った野菜貯蔵法の一つとして発達したもので，食塩以外の各種調味料，香辛料を添加したものも多い．いわゆるピックルスは乳酸発酵させた漬け物類であるが，単に含酢調味料に漬け込んだ即席ピックルスと区別するために，本来の自然発酵させたものを発酵ピックルスという．日本農林規格による表示は，漬ける野菜名と副資材（漬け床）の原材料名を連記することになっている．漬け物の分類は，種類があまりにも多いため定まったものはない．一般的には主要な副資材で分けるのが実際的である．①塩漬け，②糠漬け，③糠みそ漬け，④粕漬け，⑤酢漬け，⑥こうじ漬け，⑦みそ漬け，⑧しょうゆ漬け，⑨からし漬け等がある．漬け物には多くの微生物が作用するが，中でも乳酸菌は漬け物のそう快な酸味を付与するだけでなく，pHを下げ，他の雑菌の繁殖を押える働きがある．

食塩濃度は保存期間により異なり，たとえば即席漬け2～3%，当座漬け5～6%，保存漬け10～12%のようになる．　　（伊藤）

土入れ earthing
野菜やムギ類の栽培で，株元に土をふりかけまたは土を寄せて倒れにくくし，茎を広げて日当りをよくし，または根部の発育を有利にし，ひいては全体の生育をよくしようとする操作をいう（→土寄せ，覆土）．　（高野）

土寄せ earthing up, ridging
畝間の土を作物の株元へ盛り寄せる作業で，中耕の一方法．根菜類の地下部肥大促進，ネギ類，ミツバ，セルリー，アスパラガス等の茎の軟白，ハナヤサイ，ブロッコリ等の風に対する支持強化・倒伏防止等に役立てられる．その他防寒，除草，排水の効果もある（→土入れ，軟白）．　　（高野）

土寄せ軟白 ⟶ 軟白
つぼみ受粉 bud pollination ⟶ 受粉・受精

つま物(芽物) vegetable sprout
芽物（つま物）というのは，タデ，シソ，ネギ，サンショウ，ダイコン，ダイズなどが発芽して後，子葉が開き，本葉が出る前に収穫するもので，刺身のつま，すまし汁の青実などに用いられる．貯蔵や輸送が困難であるために，都市近郊で栽培される．二，三の例をあげると①芽たで：紅たでが色調がよく，辛味が強い．刺身のつまとして重宝がられる．適温は22℃くらいで，播種後10～15日たてば採収する．収量は1 m^{2}当り約600gである．②カイワレダイコン：20℃の温度に保って発芽させ，高温多湿に保ち，4～5日経つと日光に2～3時間あてて葉を緑化させる．播種して後，10日目ごろから採収する．③サンショウの若芽：「きのめ」といい，芳香はシトロネラールやゲラニオールという成分による．利用法はすまし汁に1～2葉浮かせるか，細くきざんでタケノコのみそあえ等にまぜて香気を楽しむ．苗木を養成し，管理，採収する．収量は1 m^{2}当り15 000枚くらいである．　　　　　　　　　　　（伊藤）

つり(吊)棚 ⟶ 果樹棚

つる vine, cane
節間が細長く伸びて，自ら直立することができず，地上をはい，あるいは他物に巻きついたり，まつわってよじのぼる茎をつると総称し，このような茎をもつ植物をつる植物という．つる植物では茎自体が他物にらせん状に巻きついて伸長するものと，茎自体が巻きつかずにつかまったり，ひっかけて伸長するものがある．前者の茎の巻きつき方にもアサガオなどのような右巻き，スイカズラなどのような左巻き，ツルドクダミなどのような左右両巻きがあり，この習性はほぼ遺伝的に決まっている．他物につかまる器官としての巻きひげは，ブドウなどでは茎の変態したもの，マメ類，ウリ類などでは葉の変態したもので，バニラでは不定根が巻きひげになってい

アサガオの茎(纏繞茎または巻きつき茎)(浜, 1958)　スイカの茎(攀登(縁)茎またはよじ登り茎)(星川, 1966)

つ　る

る．着生根をもつものにツルマサキなど，茎針をもつものにカギカズラなど，とげをもつものにノイバラなどがある．　　　　（斎藤）

〔親づる・子づる・孫づる〕（main vine; secondary vine; tertiary vine）親づるは主枝，子づる・孫づるは側枝ともいう．ウリ類では発芽後，子葉に引き続き本葉を展開するが，本葉の着生している主茎が親づるである．親づる上の葉えきから発生した枝を子づる，子づる上の葉えきから発生した枝を孫づると呼ぶ．ブドウなどでも主幹のことを親づるということがある．　　　　（糠谷）

つる〔性〕植物　liane, liana

つる状に茎を伸ばす植物で，果実，葉，根等が食用，観賞用に供せられるものをつる性植物と呼んでいる．野菜，果樹，花き，芋類，特用作物など広範囲にわたってつる性作物は存在している．つる性であるので，支柱，棚等への誘引が必要な場合もあるが，空間の有効利用，長期連続収穫等の利点もある．
　　　　　　　　　　　　　　　　　　（国重）

つるぼけ　excessive vine growth

つる性作物において栄養生長に偏って枝や葉ばかり繁茂した場合に，同化産物の受容部の着生や発育が不良になることをいう．ウリ類では初期の着花果の不良，後続の花の素質低下，落花果，果実肥大の停滞等が起こり，サツマイモでは根部の肥大が不良となる．
　　　　　　　　　　　　　　　　　　（糠谷）

て

T-R率 top-root ratio

植物の地下部（root）に対する地上部（top）の新鮮重または乾物重の比である．一般に地上部と地下部の間の生長のバランスを示す指標として用いられる． (施山)

DNA deoxyribonucleic acid ⟶ 核酸

庭園用花き（卉） garden flower

切花や鉢物として消費される花き以外で，主として個人庭園や公園などに植えて観賞される花きを庭園用花きと呼んでいる．両者には厳密な区別はなく共用されている場合が多いが，ペチュニア，デージー，パンジー，ヒヤシンス，クロッカスなどがある． (国重)

低温感応 response to cold treatment

ある種の植物では，催芽種子あるいは栄養生長の進んだ植物体が数週間 0～10℃ の低温にさらされることによって，花をつけるようになるか，花芽形成が促進される（→春化）．この場合，低温によって植物は直接花成を引き起こすのではなく，花成能力を獲得するのである．すなわち，低温に対する植物の反応は花成を誘導する方向への生理状態の変化と考えられるので，これを低温感応と呼んでいる．低温に感応した植物は，その後長日条件の下で花成が促進される．低温感応は作物や品種によって種子春化型と緑植物春化型に大別される． (稲田)

低温障害 chilling injury, low temperature injury

生育や貯蔵適温をはずれた低温条件下でもたらされる障害を低温障害という．栽培中における場合の低温障害は，冬の異常低温による障害（寒害・凍害），春や秋の霜害，高温を好む作物を寒冷地に栽培した場合，あるいは夏期の異常低温による生育障害などがこれに相当する．また，貯蔵においては低温貯蔵で，はなはだしい低温に短期間やや低い低温に長時間おいておくと，変質，腐敗，品質不良を招く．

寒害や霜害は別項に述べられているので，ここでは暖候期の低温障害について述べる．4～5月の低温は開花期を遅らせ，花器の異常，訪花昆虫の減少，結実障害などをまねく．また，夏期の低温少照により果実肥大の抑制，変形果や着色不良，成熟異常がみられ，また，秋期の早い低温遭遇は未熟で生育を終らせる結果となる．これら暖候期の低温障害防止には，被覆栽培が有効であり，さらにマルチ栽培や施肥改善等が図られる． (鴨田)

低温処理 chilling treatment, low temperature treatment

一般的には目的いかんにかかわらず，低温で処理することをいうが，農業，園芸分野で用いるときは，特に開花に低温を必要とする植物において，人為的に開花を促進させる目的で低温処理する場合のことを指しており，その他の目的の場合には，冷蔵とか低温貯蔵のように別の言葉を用いることが多い．開花促進を目的として低温処理するときは，発芽種子，幼苗，挿し穂，切り枝，株，球根，りん茎など植物の種類や目的によって種々の器官が用いられる．処理温度は大部分 5～15℃ 位の範囲内にある．目的に応じて，冷蔵庫，低温室を用いる他に標高差を利用した自然環境を利用することもある． (菅)

低温貯蔵 low temperature storage, cold storage

冷凍機を用いて常温より低い一定の温度で貯蔵する方法を低温貯蔵または冷蔵貯蔵と称している．低温貯蔵庫は保持温度によって分類され，青果物の貯蔵庫はC3級で，保持温度 −2～+10℃ のものである．必要な冷凍能力は貯蔵庫の建築様式（特に断熱仕様—熱貫流率），大きさ，入庫量，冷却期間，冷却方式，外気温などから計算された冷却負荷によって決定される．

低温にすると呼吸および代謝の抑制，水分蒸散防止，成熟の抑制，微生物による腐敗の減少，発芽と発根の抑制などで貯蔵期間が長くなるなどの特徴がある．

それぞれの青果物には最適の貯蔵温度，関係湿度，貯蔵期間，凍結温度，比熱などの必要な数値が定められてきている．果実で一般に低温貯蔵するのはカンキツ類（3〜6℃），リンゴ，カキ，キウイフルーツ，ナシ（1〜3℃）などである．野菜ではタマネギ（0〜1℃），ジャガイモ（5〜15℃）などで低温貯蔵が行われている． (伊庭)

低温輸送 low temperature transportation ⟶ コールドチェーン

低温要求性 low temperature requirement, chilling requirement

植物の開花に関与する最も大切な環境要因は温度と日長である．植物によっては，開花が起こるためにある一定期間，低温の期間を経過することが必要なものがあり，そのような性質を低温要求性といい，特に一定温度以下の低温を経過しないと開花しえない場合，それは質的低温（要求）性といわれる．一般に，いわゆる二年生植物（biennial plant）や冬型一年生植物（winter annual plant）は開花のために低温要求性をもっている．前者には，ニンジン，キャベツ，ビートなどがあり，後者にはナタネ，ムギ類，ダイコンなどがある．チューリップのように，球根内にすでに花芽が分化していても，それが正常に伸長してくるために低温を必要とする場合も，広義には低温要求性があると考えることができる．そのため，いろいろな促成技術が発達している． (菅)

低温要求量 low temperature requirement

開花のために低温の期間を経過することが必要な，低温要求性をもっている植物があるがこの場合，正常に開花するために必要とされる低温の程度，その期間は植物あるいは品種の遺伝的性質により異なっており，これを低温要求量という．ムギ類ではこの低温要求量は秋播性程度と平行しており，この程度の大きいほど低温要求量が大きい．園芸作物の促成栽培あるいは採種栽培においては，この品種による低温要求量の違いを正確に把握していることがきわめて大切である．一方，一般栽培においても不時抽だいを防ぐためにも，品種の特性としての低温要求量を熟知した上で栽培地の気象条件にあった品種選択をする必要がある． (菅)

低温流通技術 cold-chain〔system〕 ⟶ コールドチェーン

t 検定 t-test

t 分布を利用した標本平均値の差に関する仮説検定である．2組の異なる処理を行った標本平均値 $\bar{x}_A$，$\bar{x}_B$ の差の有意性検定は，両組の母平均 μ_A と μ_B が等しいという仮説のもとで，次の統計量 t_0 を計算して行う．

$$t_0 = \frac{\bar{x}_1 - \bar{x}_2}{s\sqrt{\frac{1}{n_A} + \frac{1}{n_B}}}$$

ここで，n_A，n_B はそれぞれ 2 組の標本の大きさ，s は両組に共通の標準偏差で，2組の標本の平方和を S_A，S_B とすると，次のようにして求められる．

$$s = \sqrt{\frac{S_A + S_B}{(n_A - 1) + (n_B - 1)}}$$

t_0 を自由度 $f = (n_A - 1) + (n_B - 1)$ の t 表の 5% あるいは 1% の有意水準の限界値と比較してみて，限界値より大きければ帰無仮説を 5% あるいは 1% の危険率で棄却する．対応のある 2 組の平均値の差の有意性検定も t 検定で行う． (菊池)

抵抗性 resistance ⟶ 免疫性・抵抗性・り病性

抵抗性遺伝子 resistance gene ⟶ 遺伝子

抵抗性台木 resistant rootstock

ある種の病原菌や害虫に対して，強い抵抗性のある台木をいう．

〔利用目的〕スイカ，メロン，キュウリ，トマト，ナスなどの果菜類では土壌伝染性病害が多く，連作障害と呼ばれるものの主要原

因となっている．これらの土壌病害は薬剤などによる土壌消毒によって防ぐこともできるが，防除コストが高く，またくん蒸などについては環境汚染という問題も生ずる．最も経済的で，しかも環境・食品衛生的にみて好ましい防除手段として抵抗性台木の利用がある．

野菜における台木の利用は，スイカで昭和初年に始まったのが最も早いので，比較的新しいが，現在ではスイカでは栽培のほとんどで，メロン，キュウリでは半分以上，ナス，トマトでも抵抗性台木の利用が増加している．

〔対象病害と台木の種類〕　ウリ類（キュウリ，スイカ，メロン）のつる割病（*Fusarium* 属），ナス科（トマト，ナス）の青枯病（*Pseudomonas* 属）や半身萎ちょう病（*Verticillium* 属）などがおもな対象病害となっている．

抵抗性台木は穂木に用いる野菜と植物学的に同一の種である場合（共台と呼ばれる）と，異種の植物である場合がある．共台は病原菌の新しいレースの出現によって抵抗性が低下する場合があるのに対し，異種台木は対象とする病原菌には免疫性であるが，台木自身に類似症状を起こす別の病原菌が存在する場合があるので注意を要する．

スイカの台木にはユウガオ（カンピョウ）が多く，トウガンも一部で利用される．キュウリ，スイカ，メロンを通じて，ウリ類の台木には，多くの病害に強いカボチャの利用が多い．トマトでは共台とともに野生種と栽培種の雑種が用いられ，ナスでもヒラナス（通称アカナス）その他の野生種台木が普及している．

〔抵抗性台木利用上の問題点〕　台木利用でまず問題となるのが接ぎ木親和性の有無であり，はっきりと不親和，つまり枯死してしまうことはなくとも，穂の生育が明らかに劣る場合は台木として利用できない．トマトをジャガイモに接ぐこともできるが，収量が低くなるので実用化しない．

病害抵抗性についても，抵抗性台木に接ぎ木したからといって，穂木が抵抗性を獲得するわけではなく，台木は病原菌の侵入・通過を阻止するだけなので，もし病原菌が穂木に直接侵入すれば，抵抗性は崩壊する．栽培管理に注意が必要である．

もう一つの問題点として，品質への影響がある．スイカ，メロン，トマトなどは，異種台木を用いた場合に品質が低下しやすい．スイカを例にとると，ユウガオやトウガン台は品質への影響が少ないが，カボチャ台，特に草勢を強くする台木で品質が劣変しやすい．栽培管理に工夫が必要となる．

〔病害抵抗性以外の利点〕　抵抗性台木利用の利点は病害回避のみにとどまらない．異種台木の多くは穂木作物に比べて根群がよく発達し，吸肥力が強いので，穂木の生育が旺盛となり，多収となりやすい．またクロダネカボチャ（カボチャの一種）台は低温下での根の発育がよく，これに接がれたキュウリの多収をもたらすので，冬のキュウリ施設栽培で多く採用されている．

〔果樹の抵抗性台木〕　ブドウの根害虫のフィロキセラに対する抵抗性台木にリパリア，ルペストリス，ベルランディエリの3種に加えて純ヨーロッパ種のビニフェラ種の種間雑種が多く用いられている．また，カンキツでは各種ウイルスに抵抗性の高い台木が採用されようとしている．

(山川)

低酸素障害　low oxygen injury　⟶ CA貯蔵

T字形芽接ぎ　T-budding　⟶ 芽接ぎ

低出葉　cataphyll　⟶ 高出葉・低出葉・前出葉・根出葉

定　植　planting, setting

ある作物を最後まで長期間栽培するほ場に，その作物の苗や球根などを植え付けることをいう．この場合，作物や果樹の生育速度，生育期間，最終的な大きさなどを考えて植え付け密度を決める．また，種類ごとに，定植に適する苗の大きさや季節的な適期（定植期）がある．

(平野暁)

定植期 planting time, setting time
⟶ 定植

T.T.T. time-temperature-tolerance

時間，温度許容限界という．収穫後の青果物を低温〜常温貯蔵して，種類別に，どの程度の期間まで品質保持できるかの指標．すなわち，品質保持特性（keeping quality characteristics）である．たとえば，イチゴーダナー種—5月下旬—DB箱に500g詰塩ビ箱詰—19〜20℃で2日間，4〜8℃で3〜4日間，と表示する．

冷凍食品については，消費時の品質が製造直後，貯蔵と流通の間，どのような温度におけば適正に保持できるか，あるいはどの温度でどの位の期間その品質を保持できるか，の指標． (大垣)

底盤部 basal plate

りん茎において短縮した茎に相当する部分を指し，基板，ディスク（disk）とも呼ばれる．扁平形をし，上部にはりん葉がつき，下部からは根が発達する．なお球茎，塊茎において新根が発生する部位は底盤部とは呼ばず，底部である． (今西)

底盤部傷つけ法 basal cuttage

人工的に有皮りん茎の底盤部に傷をつけ，そこに不定芽を形成させて子球を得る人為的繁殖法で，古くからヒヤシンスについて行われており，次のような方法がある．①ノッチング（notching, scoring, cross-cutting）—りん茎の底盤部に生長点に達するのに十分な深さの切込みを底部から入れる．②スクーピング（scooping）—りん茎の底盤部全体を主芽を除く程度の深さに，へら状のナイフでえぐりとる．③コーリング（coring）—コルクボーラーでりん茎の底盤部から頂部にかけて中心を打ち抜き，主芽を除く．④ボーリング（boring）—コルクボーラーでりん茎底盤部に7mmぐらいの深さに円形の切込みを入れる．通常7月に作業後5〜8日間湿度を高くしてキュアリングし，その後室内の多湿でないところにおくと，子球が形成される．秋にそのまま切り口を下にしてほ場に定植する．1年でノッチングでは15〜20，スクーピングでは40〜60，コーリングでは20〜40の子球が得られる．ボーリングでは形成される子球は少ないが，大きな子球が得られるので，1〜2年で開花球に達する利点がある．これに対しノッチングでは3〜4年，スクーピングでは4〜5年を要する．

なお，アマリリスなど他の有皮りん茎に対する繁殖法としても適用可能であり，その場合はノッチングが使われることが多い．
(今西)

低木性 shrubby ⟶ 高木性・低木性

呈味成分 tasty substances

味覚神経を刺激し，味を感じさせる作用のある成分をいう．甘味（ブドウ糖，果糖，ショ糖），酸味（クエン酸などの有機酸），苦味（たとえば，カンキツ果実のリモノイドやナリンギン），渋味（総称してタンニン），辛味，えぐ味のそれぞれを発現する呈味成分がある．味覚を現すためには呈味成分が水に溶け，舌の味らい組織と接触する必要がある．呈味成分の味の強さは感知しうる最低濃度（閾値）で示すことができる． (垣内)

デオキシリボ核酸 deoxyribonucleic acid
⟶ 核酸

摘花・摘果 flower thinning; fruit thinning

果樹ではたくさん結実した果実をそのまま放置しておくと，その発育に用いられる養水分が多くの果実に分配されて，個々の果実への供給量が減少する．そのため果実の発育が悪く，商品性のある果実が得がたくなる．また，樹体に貯えられる栄養分も少なくなるので翌年に開花する花のもとである花芽の分化・発達も不良となる．したがって隔年結果を生じやすくなる．

そこで果実が幼果のうちに，その一部を摘みとって果実数を減らし，残した果実へ供給される養水分の分配量を増し，商品性のある果実に発育するのを助けるとともに，花芽分化に必要な樹体内養分の確保を目的に行う作業を摘果という．落葉果樹では春先〜春に営

まれる新しょうの初期生長，開花，幼果の発育などに，前年に貯えられた樹体内養分が利用されるので，幼果がある程度の発育をしてからの摘果では，間引かれるべき幼果の発育に消費された貯蔵養分がむだとなる．それを防ぐために，摘果時期は早いほど貯蔵養分の消耗が少なくなる．つぼみ時に行う作業を摘らい，開花時に人為的に花数を減らす作業を摘花という．

一般に摘果は果樹の生理落果期を考慮して行うが，第1回の摘果を開花後10日～2週間の間に，次いで第2回目の仕上げ摘果を行って，最終的に残す果実数が決定される．袋掛け栽培の果樹では袋掛けと平行して摘果が行われることが多い．摘果の程度は商品性のある1個の果実を生産するに必要な葉数で示されるのが一般であり，多くの果樹では20～40枚程度を目安としている．太枝ごとに全摘果枝と無摘果枝を設ける部分摘果は樹勢不良のカンキツ樹に用いられる．

摘果には多くの労力を要し，しかも短期間で終了しなければならないので，近年は化学物質を利用した摘果も行われ，そのような目的に用いられる薬剤を摘果剤という．薬剤摘果はその効果が散布時期，樹勢，天候などの諸条件によって反応，効果を異にするので，予備摘果（第1回目の摘果）に用い，仕上げ摘果（第2回目の摘果）は人手で行うのが一般的である．摘果剤には植物ホルモンのうちのオーキシン系物質（エチクロゼート，商品名フィガロン）がウンシュウミカンに，カルバリン剤のデナポン（ミクロデナポン）がリンゴに利用されている．また，リンゴでは開花中に薬剤を散布してめしべに薬害を起こし，結実を抑える摘花剤（殺花剤）として，石灰硫黄合剤も利用されている．　　（志村）

摘果剤 chemical fruit thinner, fruit thinning agent ⟶ 摘花・摘果

適　熟 table ripe ⟶ 熟度

摘　心 pinching, topping, stopping

生育中の茎や枝の先端部を摘み取るまたは切り直すことで，整枝の一方法である．残った部分の栄養状態をよくし，トマトやブドウでは摘心と側芽かきにより開花結実を高め，ひいては早期収量や果実の肥大・収量を増加させる．また頂芽を除去することは頂芽優勢を解除し，側芽の発生と伸長を促すことである．着果が子づる，孫づるにあるウリ類では結果期を前進させる．また，果樹や盆栽では，側枝発生により樹形を整えることができる．特にキクとカーネーションでは，適当な切り花本数を確保するとともにいつ開花させるかが大切なので，生育程度に応じ開花目標の時期と仕立本数を考慮して摘心する必要がある（→サイトカイニン，薬剤摘心）．　（高野）

適　地 right land

気象，土地（土性土質，地形など）の立地条件および経済上の条件が，特定の作物の栽培，貯蔵，販売にとって好適であり，生産力および生産性が高い土地をいう．適地には絶対的適地といって，その作物の上記栽培などの条件に気象，土地の自然条件が完全に適合する場合と，比較的適地のように，その土地の自然，経済条件が必ずしもある作物の栽培などの条件に完全に好適ではないが，他の作物を栽培するよりは適している場合がある．多くの園芸作物の露地栽培は比較的適地におけるものが多い．

なお，経済条件とは栽培労力の供給，生産物輸送，販売市場（消費地），加工工場などとの関係条件を指す．　　（大垣）

摘　房 cluster thinning ⟶ 摘粒・摘房

摘　葉 defoliation, leaf picking

植物体の生長や果実肥大に葉の機能が適切に発揮されるように，葉が多すぎる場合または老化した下葉がある場合，葉と枝または果実とのつり合いを考えて葉の間引きまたは下葉かきを行うこと．ブドウの摘心や芽かき，他の果樹やナスなどで葉を間引いて，樹冠あるいは草冠内部へ光が入るようにし，効率のよい物質生産を可能にし，残りの植物体および果実の生長を促す．盆栽マツのミドリ摘みでは，分枝を促し，小型な樹形を保つ．草本

の作物では，生育不全な下葉は病害を受けやすいので，防除のために除去する．イチゴやシクラメンでは下葉が老化しやすいので除去し，残りの葉の機能と生長を高める．摘葉により地下部の生育が抑制されるおそれがある場合，ビタミン，ホルモン等の散布により，葉の機能を若返らせる．　　　　　　（高野）

リンゴ，ナス，トマトなどの赤い色素はアントシアニンまたはリコピンであり，その発現には光を必要とする．光のよく当る果実は着色が良好である．そのため，着色管理の一環として，果実に日陰をつくる葉を数回にわたり摘み取る作業が行われる．これを摘葉（葉摘み）という．　　　　　　　（志村）

摘らい（蕾）　disbudding

摘果（花）は開花後の実施時期が早いほど残された果（花）実へ配分される貯蔵養分が多いため，その発育が良好となる．貯蔵養分の効率的利用をはかるため，つぼみの時期に間引きを行うことを摘らいという．モモなどで実施されている．　　　　　　　（志村）

摘粒・摘房　berry thinning; cluster thinning

ブドウやビワではたくさんの花が集まって花房（花穂）を形成している．それが結実した状態を果房という．自然のままに放置すると結実過多のため商品性の高い果実が生産できず，またいろいろな障害を生ずる．したがって，結果調節の一環として，開花前あるいは後に花（果）房の除去を行う．これを摘房という．摘花・果の一種である．

摘粒は果房から果粒を間引くことで，一定重量以上の1果粒重としなければならないブドウの巨峰などの大粒種では，残す果粒数を限定することにより，果粒の肥大を助けるとともに，果粒間に隙間を生ずるので裂果防止策ともなる（ただしビワでは果実を間引くので摘粒といわずに，摘果という）．

また，摘粒の一つの方法として岐肩や，果房の下3分の1を切り取るなどの処理をするがこれを整房という．　　　　　　　（志村）

デコラティブ咲き　decorative flowered type

ダリアの花型の一種．小花はほとんど平弁で，八重咲き．一名キク咲きとも呼ばれる．花型はやや扁平で，よく発達した舌状花が層をなしてついた状態である．　　（樋口）

デコラティブ

デシューティング　de-shooting

バラの光合成産物の流れは新しょうの生育状態によって異なり，新しょうが伸び始めてから花らいが先端にみえるようになるまでは，新しょうに近い母枝の5枚葉や3枚葉から新しょうに供給されていて，新しょうから下部への転流はほとんどない．発らい後は新しょうの上部の葉の同化養分は花らいの発育に，下部の葉の同化養分は主として根部へ転流するようになる．苗木の品質が悪かったり，定植時期が遅れたような場合，採花しない期間ピンチを繰り返すと樹高が高くなりすぎるようなときに，2～3日ごとに伸びてくるえき芽をすべて除去すると，同化養分が常に下部へ転流することになり，ベーサルシュートやフックからの充実した新しょうの発生が多くなる．このような目的で，えき芽が伸び始めたらすぐ取り除くことをデシューティングという．デとは除去の意である．カリフォルニア州立大のコールが提唱し，ヘブライ大学のジースリンが体系化した．　　（大川）

鉄欠乏症　iron deficiency

常に新葉に欠乏症が現れる．鉄は葉緑素の生成過程に不可欠であるから，鉄が欠乏すると葉緑素の生成が妨げられクロロシスを起こす．根の鉄吸収や植物体内での鉄の利用が何らかの原因により激減すると，鉄の植物体内再移動は難しいので，鉄必要量の多い新葉に

鉄欠乏が生じる．

〔欠乏症状〕 新葉の葉脈間が黄白化し（葉脈間クロロシス），次に葉全体が黄白化するが，壊死は生じない．クロロシス発生の難易・進展の様相は作物種・品種により違っている．硫酸第一鉄0.1％液をクロロシス葉面に散布・塗布し5～6日後緑が戻れば，鉄欠乏である．

〔欠乏の生じやすい条件〕 土壌反応が中性（好酸性植物）～アルカリ性（石灰誘導鉄欠乏），過乾・過湿・塩類異常集積土壌および，リン酸多施や過剰銅・亜鉛・マンガン存在土壌（リン酸・重金属誘導鉄欠乏）で鉄欠乏が生じやすい．

〔対策〕 応急的対策―硫酸第一鉄0.2～1.0％液を弱日照時刻に隔日5～6回葉面散布，中性～アルカリ性土壌ではキレート鉄2～3kg施用，追肥に酸性肥料使用，硫黄華20～30kg土壌散布（10a当り），果樹では幹に鉄塩の注入．基本的対策―適正な土壌反応の維持，適当な三要素肥料の選択と適量施用，土壌の過乾・過湿防止．　　　　　（馬場）

デバーナリゼーション devernalization
⟶ 春化

テラス terrace ⟶ 開園

デルフィニジン delphinidin

その名称がヒエンソウ（*Delphinium*）属に由来するアントシアニジンの一種．スイレン，リンドウ，アジサイなどの他，スイートピー，バーベナ，チューリップ，グラジオラスなどの青紫色系の品種に含まれる．ツユクサのような典型的な青色が発現するためには，一般に金属錯体形成，コピグメント化，アシル化などの現象が付随する必要がある．（有隅）

電気泳動法 electrophoresis

帯電した分子または粒子がある電圧下に置かれた場合，その電荷に応じてどちらかの極に移動する現象を利用して，物質の同定，精製，純度検定を行う方法．電気泳動を行わせる方式から界面電気泳動法とゾーン電気泳動法に分けられる．界面電気泳動法は境界面の移動速度の差により分析を行うため各成分を完全に分離することは不可能である．この方法はタンパク質の成分の検出に用いられている．ゾーン電気泳動法はゲル，粉末，ろ紙などを電解液の支持体とし，通電により試料を支持体中で泳動させ分離したゾーンとして存在せしめ，適当な検出法（試薬発色法，紫外線吸収法など）を用いて成分の分離，検出，定量を行う．特にろ紙電気泳動法は微量試料の分析に適し，タンパク質，アミノ酸，アルカロイド，色素などの分析に広く用いられている．
　　　　　　　　　　　　　　　　（金沢）

電気伝導度 electric conductivity, EC

たんに電導度または電気伝導率ともいう．1cm²の2枚の極板を1cm間隔で溶液中においたときの，極間の電気抵抗値の逆数を，この溶液の比電導度と呼び，mho/cm（モウ，℧）で表す．土壌溶液，浸出液の電導度（EC）は，これまではmmho/cm（ミリモウパーセンチメートル）で表示したが，最近mS/cm（ミリジーメンスパーセンチメートル）で表すことになった．この値が高い土壌ほど，土壌溶液中に陰イオンや陽イオンの含有量の多いことを意味するので，施設栽培や樹園地では，土壌診断（分析）の必須項目となっている．なお，一般的には乾土に対し5倍量の脱塩水を加えた浸出液の電気伝導度（EC，1：5）が，0.5mS/cm程度までは標準施肥でよいが，1以上になると多肥障害のおそれがあるので，適宜減肥したり，2以上では作物の生育が不良となるので，除塩対策が必要となる．
　　　　　　　　　　　　　　　　（鈴木鐵）

電気葉 electronic leaf ⟶ ミスト繁殖

転座 translocation ⟶ 染色体

天挿し top cutting ⟶ 挿し木法

テンシオメーター tensiometer

土壌と水の間に働く吸引力を水分張力というが，この張力（土壌水の毛管ポテンシャルに相当）を測る装置をいう．土壌が乾燥すればポーラスカップの水を引っ張り，マノメーターの水銀を引き上げる．逆に，湿潤になればカップに水が入り，水銀を押し下げる．

h：水分張力（水柱 cm），pF は次式により求められる．$h = 12.6a - H_0$，$\mathrm{pF} = \log h$.

一般的に，信頼できるテンシオメーターの測定範囲は0.5気圧（pF 2.7）の負圧ぐらいである． (鈴木鐡)

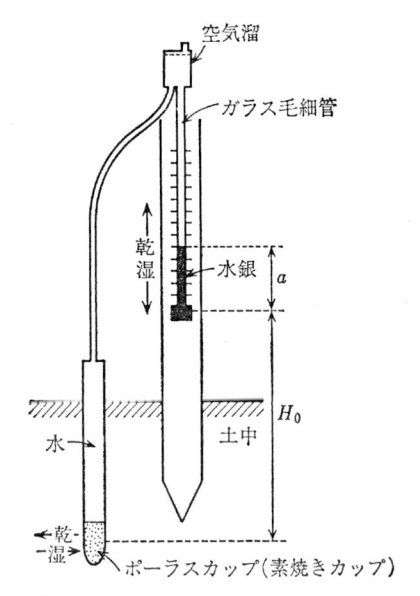

テンシオメーター（直管式マノメーター）

電子顕微鏡 electron microscope ⟶ 顕微鏡

電子線 electron beam ⟶ 放射線照射

電子伝達 electron transport ⟶ 暗反応・明反応

電照栽培 light culture

人工光源を利用して日長時間を人為的に長くし，あるいは夜間を中断して花成の誘起，休眠打破などの効果をあげる栽培方法である．キク，イチゴでは広く実用化されており，カーネーションその他の花き類などでも効果が期待され，実用化の検討がすすめられている．光源としては植物の光形態形成に関係する波長の600〜700 nm の放射エネルギーを多く含む白熱灯がよく，価格も安いので，一般に賞用される．電球内面にアルミ反射膜や白色拡散膜をつけ広範囲にむらなく照明できるようにした専用球も開発されている．必要照度はイチゴでは20 lx 程度．日長延長のほか，深夜に照明する光中断（暖期中断），間欠的に中断するサイクリックライディングがある（→日長）． (板木)

天地返し plowing to replace surface soil with subsoil ⟶ 深耕

展着剤 spreader, sticker, wetting agent

古くから使われているカゼイン石灰のように作物体への薬液付着を良好にする固着剤(fixer)も，界面活性剤のように作物体表面での薬液付着面を拡大する拡展剤(spreader)も，いずれも展着剤と呼んでいる．散布液中に添加して用いられる． (上杉)

天 敵 natural enemy

自然界で生物種Aが生物種Bにより捕食，寄生などの攻撃を受けるとき，BはAの天敵という．一般に害虫の大発生は天敵によって抑えられていることが多い．天敵には昆虫の他に野鳥類，クモ類，捕食性ダニ類，線虫，糸状菌，細菌，原生動物，ウイルスなどがある．害虫は天敵を伴わずに新しい土地に侵入すると大発生を続けることがある．その場合，害虫の原産地から天敵を導入して放ち，生物的防除を行うことが多い．また，飼育の容易な天敵を大量飼育し，定期的に放って害虫の防除に利用することもある． (玉木)

点滴法 dripping method, microdrop method

ジベレリンがわい性個体の伸長を促すことはよく知られているが，これを応用して未知の生長ホルモン（特にジベレリン）を検定する方法が村上により確立された．わい性稲の代表的な品種「短銀坊主」に標準濃度のジベレリン（GA_3）を滴下し，一方に被検液を滴下させる．これを点滴法という． (成河)

比重1.05の食塩水でモミを塩水選し，殺菌した後，2日間32℃の水に浸漬して子葉しょうの発芽をみる．管瓶に1%寒天を5 cmの高さに加え，子葉しょうの長さが2 mmになったモミを植える．5000〜7000 lx の蛍光灯下で32℃に保ち生育させる．第二葉の先端が第一葉から2 mm 出た状態で，子葉しょうと第一葉との間にマイクロピペットで被験

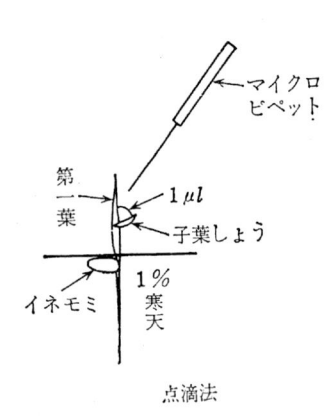

液 $1\mu l$ を点滴する．それを3日間，前と同一条件で育て，第三葉しょうの先端が第二葉しょうから抜け出たときに，第二葉しょうの長さを測定し，瓶ごとの平均値を求める．
（廣瀬）

天なり果（ミカンの） upright-terminal fruit

強勢な枝の，ほぼ先端部にある結果母枝につく有葉果で，果こう枝の着葉数が7～8枚以上の強い新しょう上の果実を，カンキツでは俗に天なり果と称する．枝が立つほど，結果母枝の先端の有葉果であるほど，果実が大果になるが，皮厚，果皮が粗で品質が悪く，摘果したほうがよい場合が多い．残った果こう枝は翌年の結果母枝となる． （大垣）

伝 熱 heat transfer

熱が温室の被覆材や構造材のような物体の中を，あるいは物体から次の物体へと移動する現象をいう．温室内外に温度差があるとき，熱は温度差に比例して移動する．構造材のような物質からの熱の伝導は，その物質の熱伝導率（度）により異なり，熱伝導率の小さい物質ほど熱の伝導が少ない．

温室内外に起こる熱流を熱貫流（heat transmission）といい．貫流伝熱量を低減させることは，施設の保温（heat insulation）性の向上につながる．伝熱の抑制は施設の被覆材を重ねることによって経済的に達成できる．施設を保温するための被覆とその資材を，保温被覆，ならびに保温被覆材という．

保温被覆は施設の固定被覆を二重または多重にする一次被覆と，施設の被覆材の内側または外側に取りはずしができる被覆材を重ねて用いる二次被覆とに分類できる．二重被覆とは，ガラス板，プラスチック板またはフィルムを2枚または層状に重ねて使用するもので，固定張りであるため，気密性は高く，保温性も高い．二次被覆の典型は二重（多重）トンネルとカーテンである．原則として日中は光条件をよくするために取りはずし，夜間だけ使用する．二次被覆の保温性は，対流伝熱をいかに抑えるかと，床からの放射伝熱をいかに抑えるかにかかっている．可動式であるため前者は使用法に関係するが，後者は被覆材の熱貫流率に影響される．カーテン材の中ではアルミ箔蒸着フィルムが最も低く，アルミ混入フィルム，塩ビフィルム，不織布，酢ビフィルム，ポリエチレンフィルムの順に高くなり，保温効果も小さくなっていく．被覆材の種類による保温効果の違いは，長波放射の透過率によっても説明される．夜間温室床面から出た長波放射が被覆材で遮断されれば，保温効果が高いわけで，熱貫流率の低い資材は，長波放射透率も低いことになる．

実際栽培での保温カーテンは，各種の被覆材を一層，二層，多層として使用している．二層カーテンでは，2枚の被覆材の間隔をわずかにあけ，そこに熱伝導率の小さい空気層を入れたほうが保温性が高い（→被覆資材，加温栽培，保温栽培）． （伊東）

電熱温床 electric-heated hotbed ——→ 育苗

電熱暖房 electric heating ——→ 暖房・暖房機

天然果汁 natural juice ——→ 果汁

点 播 hill seeding, hill sowing, spacing drill ——→ 播種法

田畑輪換 paddy-upland rotation

水田を畑とし，または畑を水田とし，1～2作後再び水田または畑として交互に利用する方式をいう．地力を維持し，いや地，病虫害，雑草の発生を少なくする等連作障害を避け，生態系の安定化をはかるとともに，労力や農

薬・肥料等の節減にもなり，安定した生産を期待する一種の輪作である（→培土，輪作，連作）．　　　　　　　　　　　　　　（高野）

天日乾燥　sun drying

天然の乾燥条件すなわち，気化潜熱の供給を太陽熱を利用する乾燥法である．乾燥経費が安く，高度の技術も不要で最も一般的な乾燥方法である．直射日光にあてる乾燥を日干し，軒下などで直接あてない乾燥を陰干しという．干しブドウ，干しアンズ，干しダイコン，カンピョウなどの製造に用いられている．　　　　　　　　　　　　　　　（垣内）

デンプン　starch　⟶　多糖類，糖化

展葉　leafing, foliation

植物の葉が分化後生長し，展開すること，あるいは展開した葉のこと．落葉性の樹木では春に新葉の展開する時期を展葉期と呼ぶ．
　　　　　　　　　　　　　　　　（施山）

転流・分配　translocation; distribution

植物は光合成によって得た同化産物を，一部は自己維持のため呼吸によって消費し，余剰物を新しい器官の産生の材料として用いている．そして，生活環が1回転する前には，次代のために特定の器官に同化物を貯蔵物質として貯える．この間，いわゆるソースと呼ばれる産生器官からシンクと呼ばれる受容器官に同化産物は遺伝的プログラムにしたがって，移動していく．このような，同化産物の移動は転流と呼ばれ，異なった器官へのそれは分配と呼ばれている．作物栽培において，収穫対照とされる植物の器官は，茎葉から花，実，根とありとあらゆるものにわたるが，その収穫器官への転流を支配する機構は現在最も研究が望まれる分野の一つである．（菅）

と

糖衣 glacéing, sugar glazing ⟶ 糖果

同位元素 isotope ⟶ アイソトープ

遠縁交配（遠縁交雑） wide cross, wide breeding ⟶ 近縁交配・遠縁交配，交雑

遠縁種 wide crossed species

分類学的に近縁（同一種）でない植物間の交雑によって成立したものを指す．ダイコンとキャベツの間の属間雑種 *Raphanobrassica*, *Brassicoraphanus* はその例である．キャベツとハクサイの種間雑種ハクランも著名である． (芦澤)

糖化 saccharification

デンプンなどの多糖類を酸や酵素（デンプン-ショ糖転換系）により，加水分解して還元糖にかわることを糖化という．果実内では酵素により糖化が行われるが，果実が成熟するにしたがって糖化され糖が増加する．たとえば，リンゴ果実でデンプン臭をしていた未熟果が，デンプンの糖化が完了すると成熟に至る． (荻沼)

糖果 candied fruit

砂糖の保存性を生かした製品として，形のある果実を砂糖液で煮詰め，最終糖度60～70％にした糖漬け果実を，糖液から引き揚げて乾燥したものを糖果という．糖果製造は果実に徐徐に糖をしみ込ませて，変敗しない程度にまで果実中の糖濃度を高めることが中心となる．たとえば，最初果実を湯煮してから，糖液処理は30％糖液につけて短時間煮沸し，一定時間そのまま放置してから，次に糖を追加して40％，50％，60％，70％と順次同様に糖濃度を高める．糖液からとり出した果実は乾燥させ，表面をグレーズ（糖衣処理）して仕上げる．イチジク，モモ，ナシ，オウトウ，パイナップルなどからつくられ，製菓原料に利用される．ブンタンの果皮の砂糖漬け，クリを原料にしたマロングラッセはこれに属する． (伊藤)

凍害 freezing injury, freezing damage

致死温度以下の低温となり，細胞凍結による被害を凍害という．一般に凍害と呼ばれるのは冬期（生長休止期）に発生するものを指し，同じ細胞凍結死でも春や秋の被害は霜害と呼ばれている．

凍害に直接関与する耐凍性は，作物の種類や品種，器管や部位によって差がみられ，細胞の内容物が脱水や濃縮に対しどれだけ抵抗力をもっているかによって決まってくる．なお，凍害と日射量とは密接な関係があり，温度較差は耐凍性の強弱や脱水濃縮に関与している．凍害発生の機作については，細胞の凍結傷害，塩害説や SH 説（タンパク質分子の引きさき）急速融解による害などによるとされている．枝幹の凍害発生温度（結氷点）は，リンゴ －25℃，ナシ，ブドウ，ウメ，クリ －20℃，ミカン －7℃ などである． (鴨田)

同化器官 assimilatory organ ⟶ 光合成

到花日数 number of days to flowering, number of days to anthesis

播種，定植，摘心，あるいは温室搬入など任意に設定された起算日から開花に至るまでの日数をいい，品種の開花の早晩や特定の処理が開花に及ぼす影響などを比較するのに用いられる．したがって，起算日とともに開花日の内容（最初の花が咲いた日か平均開花日かなど）をあらかじめ明確に設定する必要がある． (筒井)

透過率 transmissivity, transmittance ⟶ 光線透過率

道管・仮道管 vessel; tracheid

どちらも長い管状をしており，植物の維管束系の通道組織の一つとして，根から吸収された水分の通路となっている．ともに細胞は原形質を失い，木質化しており，膜壁には種

々の模様がある．道管は被子植物で発達し，隔膜は消失している．仮道管は維管束植物には広く分布しているが，特にシダ・裸子植物でよく発達している． (田中)

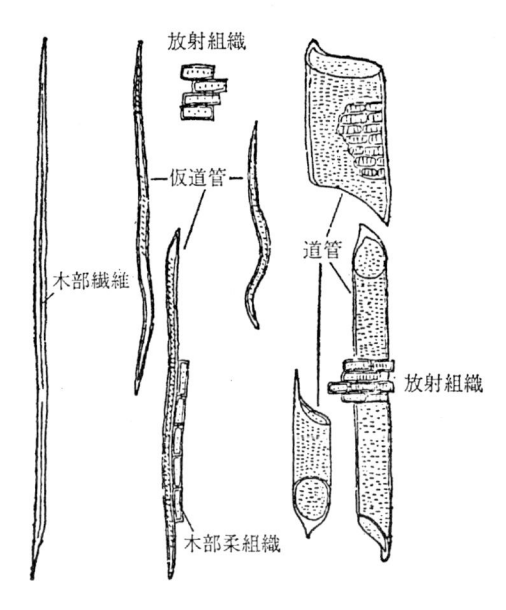

クヌギの材の構成要素 (小倉)

道管病 vessel disease

維管束病 (vascular disease) ともいう．寄主植物の道管が侵され，水の上昇が妨げられるために生じる萎ちょう性の病気のこと．実際には病変が道管だけでなく，維管束系組織に及ぶ場合も含まれる．道管病の症状の特徴は，地上部のしおれであり，急性の場合は茎葉が青々とした状態のまま枯れる．急性でない場合は，茎葉の断続的なしおれや葉縁の巻き上がり，ときには葉の黄化や退緑を伴って枯れる．さらにもう一つの特徴として，道管部の褐変症状がある．これは，道管病の診断に重要な決め手となるもので，茎を切断して肉眼で十分観察できる，道管病を起こす代表的病原菌には，*Fusarium oxysporum* の分化型による各種萎ちょう病菌，*Verticillium* 半身萎ちょう病菌，*Pseudomonas solanacearum* 青枯病菌などがある． (平野和)

同義遺伝子 polymeric genes, multiple genes ——→ 遺伝子

冬季せん(剪)定 winter pruning, dormant pruning ——→ せん定

等級区分 grading ——→ 選果・選別

同形花柱 homostyle ——→ 異形花柱・同形花柱

凍結乾燥 freeze drying ——→ 真空乾燥・真空凍結乾燥

凍結脱渋 ——→ 脱渋法

銅欠乏症 copper deficiency

ある程度生育が進んでから，最も若い葉～上位葉に欠乏症が現れ，生育状態が急に悪化する．穀実や果実にも欠乏症が現れる．

〔欠乏症状〕 新葉～上位葉がまっすぐに伸びず垂れ下がり，または奇形になり，新葉や若枝の先端が枯死し，生育は全体的に停滞する．さらに栄養器官よりむしろ生殖器官に特有な欠乏症状が現れる，すなわち，果樹では裂果が生じる．これらの症状が比較的共通した症状である．葉色の黄白化や色調の変化は植物種・品種，欠乏の程度により多彩に違う．植物種により銅欠乏に対し感受性に大差があり，また特有な欠乏症状が生ずる．国内の作物でみられた代表的欠乏症状をあげると，ウンシュウミカンの夏秋枝樹皮の水ぶくれ，夏枝のわん曲，秋枝の先端枯死，果皮の錆色化，裂果の発生等が挙げられる．

〔欠乏の生じやすい条件〕 腐植の多い火山性土壌・泥炭土壌，貝殻砂の多いアルカリ性砂質土壌等有効態銅の不足している土壌．

〔対策〕 応急的にはなるべく初期に硫酸銅 0.2～0.4％液の葉面散布する．基本的対策と注意としては，硫酸銅粉末を 10 a 当り 2～4 kg 土壌施用(有機物の少ない酸性・砂質土壌では 0.5～1 kg 施用)．6～7 kg 施用すると銅過剰害が発生する危険がある． (馬場)

等高線栽培 contour cropping

果樹などを傾斜地で栽培する場合，降雨などによって，肥料や肥よくな表土が流れ去る．傾斜角度のゆるいところでは，階段はつくらないが，幾何学的な植え方に栽植せず，等高線に沿って植え付け，これに平行して浅い溝をつくったり，樹列間を草生にしたりして，土壌の流亡などを防ぐ．このような栽培

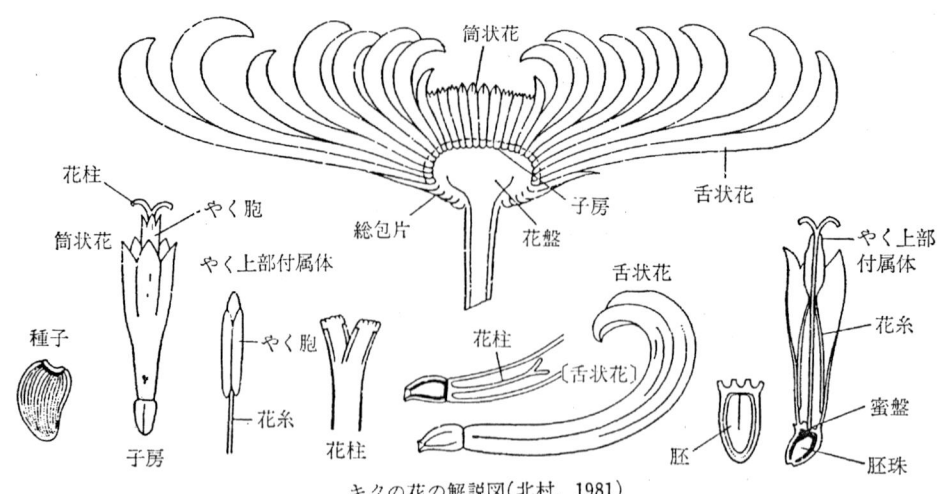

キクの花の解説図(北村, 1981)

方法を等高線栽培という. (平野暁)

透光度 light permeability ⟶ 光線透過率

糖酸比 solid-acid ratio, sugar-acid ratio ⟶ 甘味比

同質倍数体 autopolyploidy ⟶ 倍数性・倍数体

冬至芽 winter sucker

キクのロゼット化した吸枝（ひこばえ）のことで，9月下旬〜10月上旬ごろから地ぎわに節間が著しく詰まった側枝が発生し始め，12月中・下旬ごろに顕著となるのでこの名がある．キクの吸枝は，地上部の茎の生長点がすべて花らいとなったり，除去された場合に発生し，これがロゼットになるのは10℃前後の低温や短日条件のためである．いったんロゼット化した冬至芽は，0℃前後の低温に30日以上遭わないと適温を与えても伸長しない．ロゼット相 (rosette phase) の後には幼若相 (juvenile phase) が続き，花芽分化に適する日長，温度条件が与えられてもしばらく栄養生長を続ける．キクの促成，半促成では，一般に冬至芽が用いられ，高冷地で育苗した苗や冷蔵処理した苗が用いられる．
(天野)

登熟 ripening

一般に作物が開花し，受精後種実が生長して炭水化物，脂肪，タンパク質等の貯蔵物質を蓄積する過程をいう．

この時期を登熟期といい，種実を収穫目的とする作物や採種においては時に重要なステージである．物質代謝の面からみるとこの時期には光合成産物や無機養分が種実に向って盛んに転流・蓄積する．したがって登熟期に日照不足，低温，高温等の不良環境に遭遇すると種子の稔実が悪く，収量の減少や発芽不良の種子となる．またダイコン等の作物では登熟期の低温に感応し春化が起こるが，これを登熟期バーナリゼーションと呼ぶ．
(施山)

筒状花 disc floret, tubular floret

管状花ともいう．キク科植物の頭状花序の中心部にあって花冠の発達が悪く，短い筒（管）状にみえるのでこの名がある．筒状花は咲き雌雄ずいをもった両性花で稔性がある．一重ギクの場合は，花の心として目立つ．またT字咲きギクの場合は筒状花の花冠が長くなったものである（上図参照）. (樋口)

頭状花序 capitulum, caput, head ⟶ 花序

透水性 water permeability

水が土壌中を浸透するに当って，浸透しやすいかどうかの程度を土壌の透水性という．透水性は構造，土粒の大きさ，堆積の状態，粗密度などの物理的性質によって，その良否が左右される．一般的には，砂れき質の土壌

や，団粒構造が発達していれば透水性はよい．透水性が不良（不透水層）だと土壌は過湿に，あるいは還元状態になりやすく，根は呼吸困難になり，湿害を受けやすい．透水性の目標基準値は，畑地では飽和透水係数 10^{-4} cm/秒以上，下降浸透量 50 mm/日以上，水田ではそれぞれ $10^{-4} \sim 10^{-5}$ cm/秒，15〜20 mm/日である．　　　　　　　（鈴木鐵）

淘汰 selection ⟶ 選抜

とう(苔)立ち flower stalk development, bolting, seed stalk formation ⟶ 抽だい

童貞生殖 androgensis ⟶ 単為生殖

糖度計 saccharimeter, saccharometer ⟶ 可溶性固形物

導入品種 introduced variety

わが国の在来または育成品種でなく，外国から導入した品種をいう．キュウリの四葉，キャベツの葉深，リンゴの紅玉等は導入品種が順化したものである．セルリー，レタス等では米国の品種の種子を輸入し，栽培に用いている．　　　　　　　　　　　（芦澤）

胴吹き

擬人的表現の一種である．胴吹きは，主枝や亜主枝の基部の太い部分の潜芽または陰芽から，徒長枝などが吹き出るように芽吹く状態の表現である．胴吹きの多発は，過度に強いせん定や分岐角度の不適切などで生じる．
　　　　　　　　　　　　　　　　（岸本）

糖分率 total sugar-acid ratio ⟶ 甘味比

藤本 liana

細長く伸びて他の植物あるいは人工構築物にからみついたり，地表をはう茎をもつ植物を藤本植物と呼んでいる．茎がつるになって巻きつく纒繞（てんぎょう）藤本，巻きひげをもつ攀縁（はんえん）藤本，不定根で吸着する倚根攀縁（きこんはんえん）藤本がある．　　　　　　　　　　　　　　（国重）

透明果汁 clarified juice ⟶ 果汁

登録品種 resistered variety ⟶ 種苗

毒性 toxicity

農薬の人畜に対する毒性には，1回の摂取によって短時日のうちに障害が発現する急性毒性（acute toxicity），長期間（通常 6 ヵ月以上）にわたる反覆摂取によって障害が発現する慢性毒性（chronic toxicity）など種々の性質のものが考えられる．薬事法では経口急性毒性で LD_{50} が 30 mg/kg 以下を毒物，それ以上 300 mg/kg 以下を劇物として規定し，経皮急性毒性，吸入急性毒性などについてもそれらが強いものは毒物，劇物と規定している．農薬取締法による農薬登録の際には慢性毒性に関する客観的な試験成績を必要とし，それから求められる農作物への農薬残留基準（これには安全係数が考慮されていて通常 200 倍以上の余裕のある数値となっている）が決定される．農薬ではそのほか魚類に対する毒性が弱い A 類から強い C 類までと水質汚濁性農薬（D 類）とが規定されている．
　　　　　　　　　　　　　　　　（上杉）

とげ prickle, spine, thorn

植物体の表面から突出し，それが表皮細胞のみに起因しているものを毛または毛じ（茸）というが，カンキツ類のレモンなどにみられるように針状に硬化しているものを spine といい，バラのように内部の基本組織が合体して毛状体を形成しているものは thorn と呼ぶ．とげをもつ枝はまた，実生樹の幼木相に発現し，成木相にいたって消滅するものがあるところから，相的変換の指標になる場合がある．　　　　　　　　　　　　　　（湯田）

土耕 soil culture

土壌を培地とする普通の栽培で，無土壌の養液栽培に対する用語である（→養液栽培）．
　　　　　　　　　　　　　　　　（高野）

床挿し ⟶ 挿し木法

床土 bed soil

一般に育苗床に用いる土壌（苗床土）をいっていたが，目的別に播種床土，挿し木床土なども含める．箱土，鉢土なども広くは床土用の土壌に変わりはない．床土には無病で通気，保水のよいことが共通的に必要である

が，発根を目的とする床土には肥料分の少ない鹿沼土や，赤土に砂，パーライト，バーミキュライト，ピートモス，腐葉，水ごけ，もみがら燻炭などを適宜混用するが，発根後は適当に肥培していく．反対に育苗土や栽培床土は培養土であるので，保肥力のよいことが最も大切である．床土づくりの方法には慣行床土といって，土とよく腐熟した有機材料を容積比1：2以下とするものと，それ以上に腐葉を主体とする．腐葉土がある慣行床土は有機質の熟成に長時間を要し，養分の溶脱もあるので，質的に不安定である．これに対し速成床土は原土の物理組成をピートモスや腐葉土などで調整し，肥料を混入してつくる簡便で，安定した床土である． (大垣)

とさか果 cockscomb berry　→奇形果

土壌塩基 soil base

置換性（交換性）塩基と同義語で，土壌中に存在する塩基性カチオンのグループをいい，カチオンの種類としてはCa^{2+}, Mg^{2+}, K^+, Na^+がある．中性ないし微塩基性の畑土壌では，CEC（塩基置換容量）の大部分はカルシウム，マグネシウム，カリウム，ナトリウムで占められている．ヨーロッパではCa：Mg：K：Na＝70〜80：15〜20：5：5ぐらいが畑土壌として理想的であるといわれている．酸性土壌では当然酸性イオンの割合がふえる． (鈴木鐵)

土壌改良剤 soil conditioner

無機質系（粘土鉱物）土壌改良剤はケイ酸とアルミナを主成分とし，塩基置換容量80〜100 ml以上の良質のモンモリオナイト系粘土に富むベントナイト，ゼオライト，パーライト，オーヤダイトなどで，養水分の保持，土壌酸性改良，塩基の供給，透水通気性の改良に効果がある．合成高分子系土壌改良剤は土壌団粒化を発達させる土壌粒子結着力をもち，商品名クリリウムやポバールなどがある．有機質系（フミン酸系）土壌改良剤は天然有機物の泥炭，亜炭，褐炭などを化学的に処理した各種のフミン酸塩基で，有機物施用と同様の効果を狙ったものである．なお，広義には苦土石灰類，熔リンなどの土壌塩基増加と酸性矯正の資材も，土壌改良剤に含めることがある． (大垣)

土壌型 soil type

土壌の分類について，従来からいろいろの体系が提案されてきた．土壌型は目（もく・order）以下の分類単位としてドイツの学者Stremmeが提唱し，わが国の土壌分類にも大きな影響を及ぼした重要な基準単位の一つである．土壌型は，同型の生物気候および水文学的条件下に発達し，有機物の状態，無機物の分解，有機無機複合物の合成過程が同型であること，物質移動の型が同じであること，土壌断面の構成が同じであること，土壌肥沃度の維持増進の手段が同一の方向をもつこと，などの土壌生成過程が同じであると思われるもので統括されている．

近年では，アメリカ農務省の提案による新しい分類体系が採用されつつあり，基準単位にも検討が加えられ，かなりの変更がみられる． (鈴木鐵)

土壌緩衝能 buffer action of soil

水に酸またはアルカリを加えると，pHは著しく変化するが，土壌にある程度の酸またはアルカリを加えても，ほぼ一定のpHを維持できる．これは土壌中に含まれる粘土，有機物のほか，炭酸塩，リン酸塩などの存在によるものであり，このような性質を緩衝能という．堆きゅう肥や石灰質資材の十分な施用，または良質の粘土を客土することで，土壌の緩衝能を増大させることができる． (鈴木鐵)

土壌管理 soil management

果樹の生育のために土壌の物理性，化学性，微生物相が好適となるように，根の及ぶ深さの土層の改良と維持をはかる管理．狭義には畑土壌表面の被覆法，取扱法と深耕などをいうが，広義にはかん水，排水，いや地防止法，客土なども含む． (大垣)

土壌区 soil phase　→土壌分類

土壌空気 soil air　→土壌三相

土壌くん(燻)蒸剤 soil fumigant ⟶ 土壌消毒

土壌検定 soil test ⟶ 土壌診断

土壌膠質物 soil colloid ⟶ 土壌コロイド

土壌硬度 soil hardness ⟶ 土壌物理性

土壌コロイド（土壌膠質物） soil colloid

土壌中にあるコロイド的性質をもった，粒径が0.001mm程度以下の粒子である．土壌コロイドは単一の物質ではなく，有機コロイドと無機コロイドに分けられるが，粘土鉱物は土壌コロイドの最も重要な部分である．通常の土壌pHの状態では土壌コロイドは負に帯電している．したがって，コロイド粒子の表面には各種の陽イオンが吸着されており，この陽イオンは他の陽イオンによって容易に交換される性質をもっている．土壌コロイドは肥料成分の吸収や解放，土壌緩衝能，土壌反応など，土壌の理化学性を支配するきわめて重要な土壌成分である．　　（鈴木鐡）

土壌三相 three phases of soil

土壌は固体（土壌粒子，有機物），液体（水），気体（空気）から成り立っており，それぞれを固相（solid phase），液相（liquid phase），気相（gaseous phase），三者を一括したものを土壌三相という．それらが占める容積割合（%）は三相分布と呼ばれ，土壌の物理性の良否を判断する重要な指標とされている．固相には砂，シルト，粘土などの無機質部分と，動植物遺体，腐植などの有機質部分のほか，微生物，ミミズなどの土壌生物も含まれる．液相は固体間のすき間（孔隙）の一部または全部を満たしている水分（moisture）であり，気相は孔隙内の水に満たされない部分である．

土壌三相の関連用語には図のようなものがあるが，このうち汎用されているのは，固相率，固相重量（容積重），水分率，空気率，孔隙率などである．

固相率は土壌による違いが非常に大きい．黒ボク土は固相率が一般に小さくて20〜30%，それ以外の土壌は40%内外が多いが，砂質土や保水力の小さい黄色土の中には60%に達するものがある．同一土壌では耕うん直後に最も小さく，自然に沈下して安定化するが，踏圧が加わると急増する．踏圧の影響は土壌水分と関係があり，降雨後など土壌の支持力が低下している場合はその影響が大きく，乾燥時は小さい．

孔隙率は全容積を100としてそれから固相率を差し引いた部分であり，黒ボク土は大きく，砂質土などは小さい．孔隙は土壌水分と土壌空気を保有して作物に供給するが，そのどちらを保持するかは孔隙の大きさと関係がある．粒径の大きな団粒間に形成される孔隙ほど孔径が大きく，降雨時に一たん水で満たされても，水分吸引圧が弱いため，重力の作用で速やかに排除され，空気と入れ替わる．一方，単粒間または団粒を構成している微細粒子間には孔径の小さな孔隙が形成され，そこに含まれる水分は吸引圧が大きく，重力に逆らって保持される．孔隙の大きさは連続的であるが，ほ場容水量（pF 1.5〜1.8）の時点で水分を保持している孔隙を毛管孔隙，空気と入れ替わっている孔隙を非毛管孔隙と呼

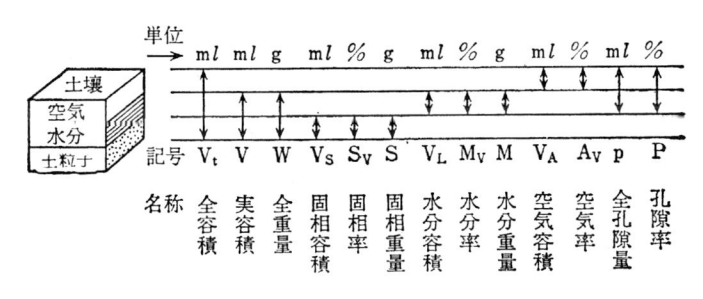

単位	ml	ml	g	ml	%	g	ml	%	g	ml	%	ml	%
記号	V_t	V	W	V_S	S_V	S	V_L	M_V	M	V_A	A_V	p	P
名称	全容積	実容積	全重量	固相容積	固相容積率	固相重量	水分容積	水分容積率	水分重量	空気容積	空気率	全孔隙量	孔隙率

土壌模型による用語

び，二大別している．非毛管孔隙は粗孔隙ともいい，最近は後者がよく用いられる．粗孔隙の多少は排水および通気性と密接な関係があり，それが少ない土壌は作物が湿害を受けやすい．果樹園や野菜畑の土壌は15〜20%以上の粗孔隙が必要とされている．なお管理作業等による土壌の踏圧は粗孔隙を破壊し，深耕や耕うん作業による土壌の膨軟化は，それを回復させることを意味している．

固相率および孔隙率は外力が加わらなければ変化しないが，孔隙を共有している水と空気は土壌の乾湿に伴って変動する．そのため，水分率および空気率の多少は一定 (pF) 条件下で評価する必要がある．試料採取時期を限定するのは困難なので，砂柱法による pF 1.5 の水分率を求め，その値から空気率も計算する．なお三相分布の測定は通常市販の実容積測定装置を用いて行うが，容積重と真比重および水分率から計算によって求めることもできる．　　　　　　　　　　　　　（佐藤）

土壌酸度 soil acidity ⟶ pH（ピーエイチ）

土壌残留 persistence in soil

農薬を施用した後，長い期間，変化せず，土壌中にそれが残存している現象をいう．農薬の施用目的からはこれは望ましい現象であるが，農薬の種類によってはその土壌残留が後に植えた作物の生育を害したり，その農産物の利用が原因となって人畜に被害が生ずるおそれがあったり，微生物への悪影響があるなど，土壌環境の保全上，問題になることがある．農薬取締法ではこのような農薬を土壌残留性農薬に指定し，その使用を規制している．たとえばアルドリン，ディルドリンがその例である．　　　　　　　　　　　　　（金沢）

土壌消毒 soil disinfection, soil sterilization

土壌中に生息する病原菌や害虫を死滅させるために行う処理．特に，ガラス室やビニルハウスなどの施設栽培では連作による土壌病害や線虫害が深刻であり，植え付け前の土壌消毒は欠かせない．加熱して行う熱消毒，薬剤による薬剤消毒とがある．

熱消毒はそこに生息するあらゆる病原菌や害虫，さらに雑草の種子まで非選択的に殺す効果があるが，反面，有用微生物までも殺し，種々の障害を起こすことがある．その一つがアンモニア過剰による生育障害である．硝酸化成菌の死滅温度は60〜70℃であるのに対し，アンモニア化成菌のそれは100℃以上であるため，70〜80℃以上の高温を長く保つと消毒後，アンモニア態窒素が急激に増加し障害を起こす．そこで，大部分の病原菌は60℃で10分以内に死滅することから，最近は60℃，30分間の低温消毒が勧められている．

熱消毒には焼土法，蒸気法，および太陽熱利用法がある．焼土するには，鉄板の上に土を載せ，下から加熱する簡単な方法があるが，絶えずかきまぜなければならない．そこで回転ドラムの中に土を入れ，バーナーで火炎を吹き込み，連続的に処理する装置が市販されている．しかし，局部的に加熱し，有機物を焼失するおそれがあり，また，労力がかかるなどの欠点がある．

蒸気法は，ボイラーでつくった蒸気をパイプで土壌中あるいは床土の表面に導き，穴あきパイプやキャンバスホースから蒸気を噴出させ，周囲をビニルシート等で被覆あるいは水封マルチするものである．60℃の低温蒸気を得るには，配管の途中で蒸気に空気を強制的に混和する．0.5 kg/cm² 前後の低圧蒸気あるいは5〜7 kg/cm² の中圧蒸気が用いられるが，圧力が高い方が地温の上昇も早く，能率的である．ボイラーとしては暖房用の蒸気専用機であれば兼用できるが，わが国の施設栽培に一般に用いられている耐圧性のない温水缶は使えない．移動できる消毒用の専用機が市販されている．なお，わが国では一定以上の大きさのボイラーを取扱うためにはボイラー技士の免許取得が必要である．

太陽熱利用は，7月下旬〜8月の高温時に作付け前のビニルハウスやビニルトンネルを密閉し，内部の気温が高くなるのを利用して

地温を高め，土壌消毒するものである．処理前に深く耕し，多量の有機物を混和してうね立てする．地表面を古ビニル等で覆い，うね間に十分，かん水する．有機物施用は地力維持が主目的であるが，処理前に加えることでそれ自体も消毒できること，土壌の酸化還元電位を低下させることで，消毒に要する限界温度を40℃前後まで下げられること，などのためである．また，水のかん注は，熱の媒体として温度上昇と蓄熱上有効であり，さらに，土壌の酸化還元電位を低下させて，病原菌や線虫が比較的低い温度でも死滅するようにするためである．このようにして施設を密閉しておくと，夏の強い直射日光の下では，内部の気温は60～70℃に達し，地温も上昇する．種々の実験の結果，地下20cmの地温が40℃以上になる積算時間が8～14日に達すれば，十分な土壌消毒効果が得られることがわかっている．これには通常20～30日かかる．処理後，雑草が生えてこなければ，熱処理効果があったものと簡単に判定できる．本方法で有効な土壌病害は，イチゴ萎黄病，キュウリつる割病，白絹病，菌核病，苗立枯病などである．ナス科植物の青枯病，軟腐病など，病原菌が深層にまで及ぶものには効果が十分でない．本方法は経費がかからず，有用微生物を殺さず，除草効果も高いので，近年著しく普及している．

薬剤による土壌消毒は，熱消毒のような高価な器具や施設が不要で，経費もそれほどかからず，温室やハウス内だけでなく露地をも広範囲に消毒することができる．しかし，その効果は土壌の水分や気温，孔隙の多少などによって著しく変動し，さらに薬剤によっては特定な病原菌にしか効かないなど，選択的である．これらの諸条件を考慮して適切な方法で消毒しなければならない．なお，人畜に対する毒性が強いものが多いので，取扱いには十分な注意が必要である．代表的な土壌消毒剤（土壌くん蒸剤）としては，殺菌・殺線虫・殺虫など広範囲に効果のあるクロルピクリンおよび臭化メチル（メチルブロマイド），殺線虫剤のD-D剤，オキサミル剤，殺菌作用のみのPCNB剤などがある．

これら薬剤による土壌消毒を行うためには，あらかじめ土を深く耕し，大きな土塊をほぐしておく．クロルピクリン，臭化メチル，D-D剤などは植物に対する薬害が強いので，植え付け前に処理する．処理後は覆いを取り，表面を軽く耕し，数日，放置してガスを十分抜いた後に作付けしなければならない．PCNB剤やオキサミル剤など，薬害の少ないものは，播種または植え付け直前にかん注したり，土壌に混和することができる．

(小泉)

土壌侵食 soil erosion ⟶ 土壌保全
土壌診断 soil diagnosis

土壌診断は土壌調査で得られた結果を，さらに具体的に展開させ，個々の耕地土壌の問題点を知り，土壌改良や施肥法など，具体的な処方箋をつくるための調査である．

診断体制として，各都道府県には地力保全診断事業により，診断施設が設けられている．すなわち，農業試験場には分析診断室が，農業改良普及所には測定診断室が，県経済連や農協には土壌診断相談車などがあって，簡易な検定・分析による診断体制が整備されつつある．土壌診断の手順としては，診断地域の概況把握に始まり，聞きとり調査，現地での観察および調査，採土，簡易検定および化学分析と進み，データ整理がなされ，処方箋ができ上り，指導が行われる．

(鈴木鐵)

土壌水 soil water, soil moisture

土壌中にはいろいろな状態の水が存在するが，農耕地土壌の性質や作物の生育に影響するのは，主として液体の土壌水であり，土壌の孔隙に含まれている．土壌中での水の運動，植物の吸収，土壌の力学性などに関連する諸現象は，土壌水としての水の物理的性質および水量に大きく影響される．土壌水は純水ではなく，無機・有機成分を含んでおり，植物の養分吸収などを問題とするときには土壌溶液という．

土壌水は，その状態や土の粒子との間に働く力の強弱によって，結晶水，吸湿水，膨潤水，蒸気体水分，結合水，毛管水（自由水），重力水などに区分される．また，土壌の水分状態はいつも変動しているが，植物の生育，土壌水の保持，移動性などに，質的にも量的にも重要なふし目となる点があり，これらを水分恒数という．主な水分恒数としては最大容水量（pF 0），ほ場容水量（pF 1.5〜2.0），水分当量（pF 2.7），毛管連絡切断点（pF 3.0），初期しおれ点（pF 3.8），永久しおれ点（pF 4.2）がある．水分恒数は，土壌水に関するエネルギー概念（化学ポテンシャル，pF）の導入によって，はじめて土壌の種類にかかわらず，統一的に把握することが可能になった． （鈴木鐵）

土壌水分 soil moisture, soil water ⟶ 土壌三相，土壌水

土壌静菌作用 soil fungistasis, mycostasis

自然土壌で，菌類の胞子発芽や菌糸生長が抑制される作用のこと．この作用により土壌中の菌類は外因的休眠を続け生存する．静菌作用は，土壌を殺菌すると失われ，また，根や新鮮有機物の周囲では認められない．おそらく他微生物との競争や抗生に由来する要因が関与するものとみられる． （平野和）

土壌生産力 soil productivity ⟶ 地力

土壌施用 soil application

肥料や農薬などを土壌に施用すること．除草剤，殺線虫剤，土壌殺菌剤，土壌くん蒸剤などが土壌に施用される．ある種の浸透移行性農薬では，土壌施用で地上部の病害虫をも防除できる． （小泉）

土壌層位 soil horizon ⟶ 土層
土壌通気 soil aeration ⟶ 土壌三相
土壌伝染 soil-borne

土壌中に生存する植物病原が伝染源となり，寄主植物の主に根部に病気を起こす場合の伝染方法をいう．土壌伝染する病気は，土壌伝染性病害，土壌伝染病，土壌病，土壌病害のようにいろいろな用語で呼ばれている．土壌伝染する病原の種類には菌類，細菌，ウイルス，線虫などがあり，各病原のもつ生活史と生存様式に応じた伝染の特性がある．しかも媒体となる土壌の環境条件によって伝染能力は著しく変動する．それゆえ土壌伝染については，病原ごとに寄主植物と対応した条件を明確にする必要がある．また，土壌伝染病は作物の連作障害と密接な関係がある．さらに，病原相互間では，一方が他方の媒介者となる場合，両者が協力する場合など，複雑な諸相があることも見逃してはならない．
 （平野和）

土壌統 soil series ⟶ 土壌分類
土壌微生物 soil microorganism, soil microbe

土壌は微生物の生育・繁殖に適しているために，微生物相（種類，数）はきわめて複雑である．そして，それぞれの生活過程を通じて，様々な物質の変換を行っている．たとえば，最も重要な作用でもある動植物遺体の分解による CO_2 の大気への還元をはじめとして，腐植の集積，窒素固定，作物養分の供給など，農業上有益となる場合があり，土壌中の微生物総量を微生物バイオマスと称し，土壌の可給態養分量を推定する指標となり，地力維持や肥培管理を行うための必要な基礎資料となる．一方，土壌病害，脱窒など，有害になることもある．この微生物を大別すると，細菌，放線菌，糸状菌（かび），担子菌，藻類，原生動物およびウイルスに分けられる．しかし，その量および活性からみて農業上重要なのは，細菌，放線菌，糸状菌である．

細菌の数が最も多く，表土1g当り 10^6（100万）〜10^8（1億）にも達し，分布も広い．放線菌は細菌と糸状菌の中間の大きさで，表土1g当り 10^5（10万）〜10^6（100万）生息している．糸状菌は大半が菌糸の状態で存在し，その数は表土1g当り 10^4（1万）〜10^5（10万）である． （鈴木鐵）

土壌肥沃度 soil fertility ⟶ 地力

土壌物理性 physical properties of soil

土壌のもっているいろいろな性質のなかで，物理的手法により取り扱われる性質を土壌の物理性と呼ぶ．土壌物理性の領域と重要な現象をあげると，①土壌構造（土粒子結合と孔隙形態，たとえば土性，土壌の硬度，比重，土壌三相，単位構造と団粒構造など），②土壌電磁気（構成物質の界面物性），③土壌水（保水性，透水性と運動法則），④土壌空気（ガス拡散と通気性），⑤土壌温熱（熱伝導機構と地温），⑥土壌の浄化作用（ろ過機能），⑦土壌力学（乾湿に伴う形体変化と外力による変形流動）

このような土壌物理性は，土壌肥沃度における主要な要因であり，土壌生産力の可能性分級でも物理性が最優先されたかたちとなっている．したがって，植物生育の基盤である土壌の肥沃度を高めるためには，まず土壌の物理性を適正に整備し，その上で肥培管理の適正化をはかることが望まれる．（鈴木鐵）

土壌分類 soil classification

土壌調査の結果から，土壌をその母材，堆積様式，性状，断面形態などによって，グループ分けすることを土壌の分類という．土壌の分類には，比較的簡単なものからきわめて複雑なものまであるが，大別して実用的な目的分類と科学的に系統的に体系づけた自然分類とがある．実用的な目的分類には土地利用別分類，地形別分類，地質母材別分類，堆積様式別分類，化学成分別分類，反応による分類，土性別分類など特定の目的，項目による分類がある．これに対して土壌生成作用と土壌断面形態を基礎として，系統的に体系づけた自然分類がある．自然分類の体系で高位の分類単位は目（もく，order）と呼ばれる単位であり，成帯土壌，亜成帯土壌，間帯土壌を指す．それらの目は最も生成的均質性をもつ部類をつくる性質を基礎にして，亜目に区分される．亜目は，主として特徴層位の有無および発達程度，これらの配列状態により土壌群に分類され，これはヨーロッパでの土壌型とほぼ同じレベルの分類単位に相当する．

土壌統（soil series）は，農林水産省農林水産技術会議の共同研究の結果確立されたもので，自然分類単位の一つであり，アメリカの soil series にほぼ相当し，母材，堆積様式が同一と考えられ，生成学的にほぼ同一の断面形態をもった一群の土壌を土壌統とすると定義されている．土壌統は土壌区分の基本概念であるとともに，作図単位の基本と考えられ，日本全国で現在 318 の土壌統が設定されている．土壌統を細分した自然分類体系の最低次の単位を土壌区（soil phase）という．土壌統の数は大変多いので，断面形態の主要な特徴，母材，分布する地形などについて，共通点をもっている一連の土壌統をまとめて土壌群とし，このうち所属土壌統の多いものについては，中間区分として土壌統群を用いている．これら分類単位とわが国における区分数は，土壌群（16）―土壌統群（53）―土壌統（318…沖縄を含む）―土壌区であり，わが国の農耕地土壌でみられる土壌群の名称は次のようなものである．岩屑土，砂丘未熟土，黒ボク土（火山灰土壌），多湿黒ボク土，黒ボクグライ土，褐色森林土，灰色台地土，グライ台地土，赤色土，黄色土，暗赤色土，褐色低地土，灰色低地土，グライ土，黒泥土，泥灰土．なお，冲積土とか台地土壌は，地質母材別，地形別にみた分類上の呼称である．

シベリア，カナダなどの寒冷湿潤な地帯の針葉樹林下には，ポドゾルという土壌が発達する．また，湿潤な熱帯および赤道気候の森林植生下にはラテライトが形成され，半乾ないし乾燥気候下の低地には，塩類土が形成される．

（鈴木鐵）

土壌保全 soil conservation

土壌侵食とか自然肥沃度の低下，連作障害など，農地の地力を低下させ，生産力を阻害している要因を取り除いたり防止するための対策を，土壌保全と呼ぶ．土壌が降雨や融雪または風の作用によって，地表から流亡したり飛散して，土地が荒廃する現象を土壌侵食（soil erosion）という．そして原因が水の作用によるものを水食，風の作用によるものを

風食と呼ぶ．また侵食が進行する速さによって ①正常侵食（または自然侵食），②加速侵食に区別する．農業上あるいは治山治水の対象とする土壌侵食は，加速侵食を指す．

水食はおもに降雨によって起こる場合が多い．特にわが国は傾斜地が多く，気象的にも多雨の時期があり，土壌の侵食を受ける頻度が高い．雨滴の衝撃作用と傾斜面に生じた流去水により，土壌が分散流亡していく過程を雨滴侵食と呼ぶ．したがって雨滴の作用は大きさや落下速度に影響を受け，傾斜度や傾斜長が増大すると，地表面の侵食は広がっていく．雨滴の破壊力でち密層が形成され，地下浸透できなくなった雨水は，分散した土壌を懸濁し，斜面を流下する（細流侵食）．この雨滴の衝撃力と掃流力が種々に組み合わされて，侵食が進行し，面状・雨裂・地隙侵食などになる．

風食は風により地表面の土粒子が飛散移動する現象で，その程度は風の強さ，土壌の乾燥状態や耐風食性に左右される．この風食は世界的には乾燥地帯で大規模に起こっている．土壌表面の乾燥した砂，粘土は秒速3～5mの風で動き始める．

土壌侵食防止のうち，水食防止には，①地表面を被覆して落下雨滴の衝撃力を弱めるために，敷草や草生栽培を実施する．輪作や被覆作物の効果もある．②斜面を改造して流去水量と水速の減少をはかる．階段畑にするとか等高線栽培，帯状栽培にして輪作を取り入れると効果がある．③土壌の団粒化につとめ透水を良好にし耐水食性を強化する．これには適度の耕起と有機物施用が有効である．風食防止には，①風食を起こす風の方向に防風林とか防風垣を設置する．②輪作により休閑地をなくし，地表面の被覆と土壌の乾燥を防止する．③土壌の凝集力を強めて地表面に団粒や土塊が増加するようにし，土壌の耐風食性を高める．粘土の客土が効果的である．

中近東，アフリカなどの乾燥気候下では，かんがいと塩類集積の問題が深刻であるが，わが国ではハウス，施設内の塩類障害が問題となる程度である．畑土壌では連作障害と自然肥沃度の低下が著しく，深耕と有機物の施用による地力の維持・増進をはかるべきである．このほかの干ばつ時におけるかんがいや，湿害対策としての排水も，広義の土壌保全に含まれる． （鈴木鐵）

土壌溶液 soil solution

土壌の液体部分を呼び，通常は土壌水分と同義語である．しかし，液体部分の主体は水分であるものの，有機および無機物質を溶存し，植物の養分吸収などと関連して，溶質として存在する電解質の種類・濃度が特に問題となる場合は，土壌溶液と呼んでいる．溶質の濃度は，降水量や施肥などによって大きく変動するが，新しい干拓地や多肥栽培下の温室土壌などでは，きわめて高濃度の塩類の集積をみることがある．降雨などによって土壌水分が容水量以上となると，深層への浸透が始まり，浸透水中に溶質が溶存して下降し，植物に利用されないようになる現象を溶脱（leaching）という．土壌酸度，腐植や粘土鉱物の量・質による土壌の電気的吸着力の程度によって，溶脱の難易が異なる．（鈴木鐵）

土壌流亡 soil loss ——→ 土壌保全

土 色 soil color

土壌の色は土壌の性質や生成の過程を知る上にきわめて重要な性質である．土壌の色の原因となるものの中には，有色の造岩鉱物もあるが，おもな色の原因は腐植，酸化鉄および酸化マンガンである．色の表示はマンセル記号による場合が多く，色相，明度，彩度に基づき YR 6/4 のように，標準土色帖の色に比べて表示する． （鈴木鐵）

土色帖 soil color chart ——→ 土色

土 性 soil texture

れき（礫）を除いた細土の粒径組成，すなわち砂（粗砂，細砂），シルト，粘土の各成分の組成割合を示すのが土性である．国により粒径区分の方法や命名法が異なり，独自の土性名が用いられている．わが国には農学会法があるが，近年国際法が多く用いられている．すなわち，国際法では粗砂，細砂，シ

ルト，粘土の4成分の百分率を定量し，粗砂と細砂の合計を砂として，結果を粒径区分に基づいた土性三角図表にあてはめる．土性三角図表内の各点は砂，シルト，粘土の百分率が100になっていて，土性は14種ある．農学会法による場合は，粘土含量によって区分され，50.0％以上が埴土，37.5〜50.0％を埴壌土，25.0〜37.5％を壌土，12.5〜25.0％を砂壌土，12.5％以下を砂土と区分している．

土性は土壌の物理性，化学性と深い関係があり，したがって土壌分類上においても重要な性質である． (鈴木鐵)

土　層（土壌層位） soil layer, soil horizon

土壌断面には，色，土性，ち密度，腐植集積，斑鉄の現れ方などが異なる．いくつかの層が観察されるが，これらを土層と呼ぶ．そして，このような土層の重なりを土壌層位という．したがって，土層と土壌層位は同義語であるが，内容的には若干異なる．

発達した残積土には，最表層に腐植が集積した暗色の層があり，下層は黄褐色で，さらに下層には母材の層や母岩がある．また，水田土壌では長期間の稲作の結果，すき床層が形成される．土壌層位の分化が進んだ土壌断面をみると，土壌生成の過程・来歴を知る鍵となる層位があって，土壌を分類する上で重要である．これらの層位は上から順にO, A, B, C, R層と命名され，条件によってはG層も出現する．農業利用上からは作土（耕土），心土とか表層土（または上層土），下層土と呼ぶこともあるし，第1層，第2層……と区別することもある． (鈴木鐵)

土地分級 land classification

土地分級は，土壌統などに基づいて分類した各土壌区に対して，土壌を生産力可能性によって分級しようとするもので，土壌がもっている本来的な制限因子と阻害因子，あるいは土壌悪化の危険性の種類，程度を基盤として行う．そして，土壌生産力可能性等級を表現するに当っては，基準項目および要因項目からなる示性分級式をもって表し，どの要因によったかを要因強度の数値で明確に示すものとする． (鈴木鐵)

土中埋没法　──→　防寒

徒　長 succulent growth, spindly growth

植物の生長において縦方向の生長つまり伸長が勝ることをいう．徒長は高温・弱光・多湿・多窒素の条件下で起こりやすい内容の充実が伴わないため，柔らかく細長いという形態的特徴がある．一般に植物の栽培にとっては好ましいことではない．青色光が乏しい環境下で顕著に現れる．貯蔵養分をもつ植物体は極端に光が不足する条件あるいは暗黒下で著しい徒長を示し，クロロフィル（葉緑素）の形成を伴わないことが多いので黄化（etiolation）と呼ばれる．

草本作物や果樹の茎や枝は，肥料の過多，光の不足で軟弱かつ長大に伸長する．果樹において，主枝，亜主枝の基部の太い枝の潜芽や陰芽から発生し，長大に伸長した枝を徒長枝（water shoot, water sprout）と称する．大部分の徒長枝は花芽を着生しない点から，発育枝の一種ともいえる．結果母枝を形成するタイプの結果習性をもつ果樹では翌年の花芽分化期前の6〜7月までに，適切なねん枝や誘引により，結果母枝に転じうる可能性はある．徒長という用語にも厳密な規定はなく，便宜的表示である．ナシの棚栽培において，徒長枝発生の過少，過多の場合，いずれも果実生産力が低く，中庸な量の徒長枝の発生量であることが望ましい．縮伐や高接更新時における強いせん定は，徒長枝の多発を招来しやすいが，徒長枝の発生時に間引くなどの管理が必要である． (桂・岸本)

徒長枝 water sprout, water shoot, succulent sprout, succulent shoot　──→　徒長

突然変異 mutation

普通には遺伝子の変異をいうが，広い意味では染色体異常も含まれる．突然変異は自然突然変異（natural mutation）と誘発突然変異（induced mutation）とがある．前者は集

団内の遺伝子頻度に変化をもたらし，集団の進化，退化の原因となる．一方，誘発突然変異は育種の一法として利用される．すなわちある突然変異原（mutagene）により集団内に突然変異体を誘発し，その中から有用なものを選ぼうとするもので，特に突然変異育種法と呼ばれる．変異原としてはX線，γ線などの放射線，エチレンイミン（EI），エチルメタンスルホン酸（EMS）などの化学薬品がある． (成河)

トップドレッシング top dressing

農薬または肥料の施用方法の一つである．農薬の場合，粒剤や微粒剤を作物の茎葉上からふりかけることで，薬剤の一部は茎葉上にとどまり，大部分は株元に落ちる．肥料の場合は作物の生育中期以後に必要に応じて施用する追肥，またはその施用方法についていう． (玉木)

飛び節 ⟶ 節なり

ドーミン dormin ⟶ 休眠

止め葉 boot leaf, flag leaf

イネ科植物の穂の直下の葉で穂首節の下の節から出る．止め葉は下位節から出る葉に比べて多少短いが，一般に止め葉の大きい稈は収量が多い．止め葉までの葉数は栽培条件によって非常に異なるが，最少葉数は種類・品種によって決まっており，それ以上の節の葉は条件によって止め葉となる可能性がある．キクなどでも花首の下の葉を止め葉と呼び，この位置，大きさなどを草姿の点で問題にする．

果樹の新しょうの伸長が停止し，あるいはカキやミカンでは自芽せん定し，頂芽（偽頂芽）の節の着葉を止め葉という．止め葉の大きいほどその新しょうは充実し，結果母枝型の場合には良好な母枝となるといわれている． (田中)

共台 free stock ⟶ 台木

ドライフラワー dried flower

草花を乾燥させて保存した花．乾燥花あるいは永久花（everlasting flower）とも呼ばれる．

ドライフラワーをつくるにはグリセリン処理法（生処理および乾燥後処理），強制乾燥法，乾燥剤利用法，自然乾燥法などがある．

ムギワラギク，スターチス，カイザイクなどが古くからドライフラワーとして利用されてきたが，グリセリン処理法などで生花とは異なった美しさをもったドライフラワーをつくることができるようになったため，バラ，宿根カスミソウなど非常に多くのものが素材として用いられるようになり，生花とは別の領域を形成しつつある． (大川)

鳥足状複葉 pedate compound leaf ⟶ 葉形（はがた）

取り返し ⟶ 採種

取り木 layering

母株から枝を切り離すことなく土中あるいは空中で不定根を発生させ，発根した枝を切り離して独立した個体を得る栄養繁殖の一方法である．取り木には次の方法がある．

〔伏せ木法〕（bowed-branch layering）圧条法ともいわれ，母株から発生した一，二年枝を誘引，覆土して発根させる方法．枝の誘引のしかたにより，かさ取り法，先取り法，しゅ木取り法，波状取り法などがある．

〔盛り土法〕（mound layering）枝を根際近くで切断して新しょうを発生させ，これに覆土して発根させ切り離す方法．

〔高取り法〕（air layering）母株の枝に環状剥皮，そぎ上げなどの処理を行い，その上部に発根剤（主剤はオーキシン）を塗布，湿ったミズゴケをあてさらにビニルなどで包み発根後切り離す方法．観葉植物，盆栽のたね

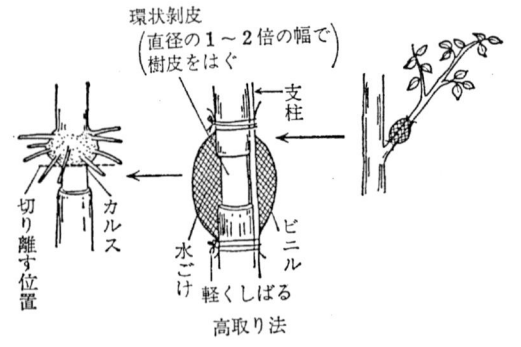

木養成に用いられ，応用範囲が広い．
(町田)

取り播き immediate sowing after harvest, immediate seeding after harvest ⟶ 播種

トリヨード安息香酸 2,3,5-triiodobenzoic acid, TIBA ⟶ オーキシン

トレーサー tracer

ある物質の行動を追跡するのに用いられる目印となる他の物質をいう．化学反応におけるトレーサーは目的成分の化学的挙動と同一の必要があるため，一般に同位体を標識として含む化合物が用いられる．一方，物理的トレーサーとは，たとえば水の流速を測るために投入される色素のようなものである．
(金沢)

トレリス式棚仕立て ⟶ 整枝

ドレンタイル（隔離ベッド） drain tile

図のような構造をした隔離ベンチをドレンタイル（ドレン＝排水，タイル＝土管）と呼

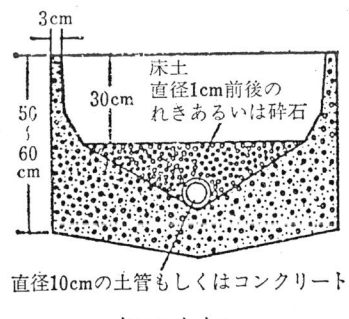

ドレンタイル

んで，バラ切り花栽培における理想的な土壌管理法とされている．容積比で30〜50％のバークたい肥やピートモスを入れて粗孔隙を増大させ，かん水のたびに液肥を施す．土管は排水と改植の際の蒸気消毒を兼ねている．
(大川)

トレンチャー trencher ⟶ 深耕

ドロッパー（垂下球） dropper

通常の植え付けた種球の位置でなく，地中深く伸びた長い柄の先に形成された新球をいう．チューリップでよくみられ，実生時や小球を植え付けたときに形成されやすく，大球でも貯蔵中あるいは生育中に光を受けると誘発されやすい．
(今西)

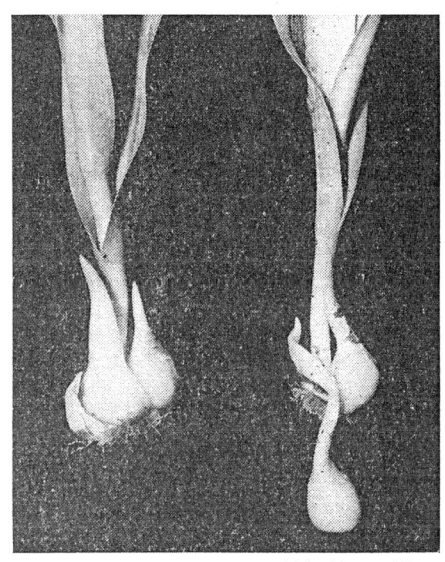

チューリップのドロッパー（右）（左は正常）

トンネル栽培 plastic-tunnel culture, growing under plastic tunnels, growing in plastic tunnels

割竹や針金で半円形トンネル状の骨組みをつくり，その上にプラスチックフィルムを被覆した構造物の中で作物を育てること．簡易な保温施設として，早熟栽培の初期段階，抑制栽培の生育後半期に用いられるほか，雨や風をよけ，作物保護のために広く利用される．
(高野)

な

内果皮 endocarp ⟶ 果皮

内花被 inner perianth ⟶ 花被

内生オーキシン endogenous auxin ⟶ オーキシン

内生菌根 endotrophic mycorrhiza, endomycorrhiza ⟶ 菌根

内生リズム endogenous rhythm

植物には外囲条件に関係なく，一定の周期をもって繰り返されている種々のリズムが存在している．たとえば，インゲンマメの葉の就眠運動などは，植物を暗黒下においてもある限度内では，一定の周期をもって繰り返される．それらのリズムは，外囲条件に依存しない植物に内在して本来もっているリズムであるので内生リズムと呼ばれている．しかし，その周期は24時間で1日が交代する環境下で長年の間進化してきたので，光のオンやオフがそのリズム開始の信号として遺伝的に固定されてしまっているものが多い．開花現象において，植物の計時の機構を，この内生リズムに求める人もいる．しかし，内生リズムの生化学的基盤は，ほとんど何もわかっていない．　　　　　　　　　　　　　（菅）

内体 corpus ⟶ 外衣

内部寄生 endoparasitism

植物病原体の寄生様式のうち，寄主植物の組織内部に病原体が侵入して寄生生活することをいう．菌類病原ではほとんどが内部寄生であるが，うどんこ病菌は表生菌といって内部寄生しないものが多い．内部寄生に対して外部寄生があるが，これは植物寄生線虫類で多く知られている．　　　　　　　（平野和）

ナイフプルーニング knife pruning

バラの採花法の一つで，母枝をつけて採花することをいう．通常環境条件のよくなる春先以降に行われ，この採花方法を続けていくと漸次樹高も下がることから，漸次切り戻し法とも呼ばれ，剪定方法の一つともなっている．図はナックルカットの項参照．　（大川）

苗・苗木 seedling, nursery plant; nursery stock

苗あるいは苗木はその後の植物体の生育を左右するものであるから，良苗であることはきわめて重要である．よい苗・苗木とは，まず純正な品種・系統で，生育がよく，根群が発達しており，また病害虫に犯されていないものでなければならない．

育苗のためには特別の育苗床を設置して，集中的に苗を管理して，健苗の育成に努める．集団産地ではさらに共同育苗を行って，育苗労力の軽減をはかるとともに，斉一な良質の苗の生産に努める．イチゴ，カーネーション等では組織培養によるウイルスフリー苗の生産が行われている．

接ぎ木による苗や苗木では台木の種類や性質についても注意しなければならない．
　　　　　　　　　　　　　　　　　（中村）

苗木 nursery stock ⟶ 苗・苗木

苗床 nursery bed ⟶ 育苗

中生（なかて） medium flowering, medium maturing, medium ripening

開花・結実・成熟が早生と晩生の中間にあること．その幅は広く，中早生，中生，中晩生などに分けられることが多い（→早生(わせ)）．　　　　　　　　　　　　　　（岩佐）

夏枝 summer shoot, summer-cycle growth ⟶ 春枝・夏枝・秋枝

夏果 first season crop, summer crop, breba ⟶ 秋果・夏果

夏ギク summer flowering chrysanthemum ⟶ 秋ギク・夏ギク

ナックリング knuckling

チューリップの促成栽培などでみられる生育異常現象で，「白鳥の首」とも呼ばれ，茎葉（ノーズ）の先端部が球根部にひっかかったように残り，屈曲してほう(萌)芽する現象をいう．大球を促成したときなどに大量に発生することがあり，促成切花品質の著しい低

下をもたらす．原因は明らかでないが，促成球根の温度処理条件および遅植えなどが関係していると考えられる． (天野)

ナックルカット knuckle cut

バラの切花生産では通常5枚葉を1〜2枚残して採花するが，葉を全く残さず，新しょうの発生位置（節の部分）で切る採花方法をナックルカットという． (大川)

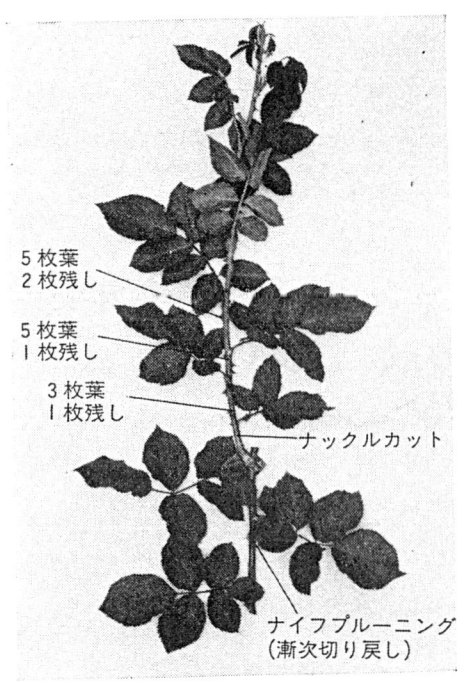

図中のラベル：
- 5枚葉 2枚残し
- 5枚葉 1枚残し
- 3枚葉 1枚残し
- ナックルカット
- ナイフプルーニング（漸次切り戻し）

ナックルカット

夏　作 sumer cropping ──→ 春作・夏作・秋作・冬作

ナフタレン酢酸 1-naphthaleneacetic acid, 旧名 α-naphthaleneacetic acid, NAA

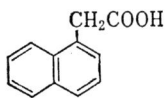

構造式：ナフタレン環に CH_2COOH

オーキシン活性をもつ合成化合物として発見され，Zimmermanらによって1935〜38年にボイストムプソン研究所から，この化合物を含めて合成ホルモンの挿し木に関する組織的研究が報じられている．

本剤は水に難溶でアルコールに溶けるため，初期にはアルコール溶液を徐々に水に溶かすことを行ったが，現在ではナトリウム塩またはカリウム塩が使われ，水易溶性となった．

オーキシン効果はインドール酢酸の約2倍であり，したがって2分の1の濃度でインドール酢酸と同じ効果をもつ．

実用的効果：挿し木繁殖のときに浸漬またはタルク処理によって発根促進効果を示す．濃度は多くの場合20〜100 ppmである（→発根）．

単為結実効果は水溶液あるいはラノリン軟膏で処理するが，濃度は2〜10 ppmである．実用的には受粉補助剤のような使用法があり，落果防止用にカボチャ，スイカに使われていた．

摘果効果としては，ウンシュウミカンの生理的落果期に使用して，摘果効果を認め実用化されていた．摘果剤としての作用機構については，オーキシンの高濃度処理によるエチレン生成にあると考えられている．この薬剤が散布されることにより，ウンシュウミカン葉の呼吸が高まり，同時にエチレンが発生し，それがまた呼吸を高める．そのことが葉中の呼吸基質である糖および有機酸の栄養水準の低下をもたらせ，樹全体の栄養水準が低下するため，栄養的に劣る小果が落果すると考えられている．したがって散布時の高温など，呼吸を高める条件は摘果剤の落果率を高めることになる．

落果防止効果は，ナシ，リンゴなどで収穫直前に落果することがあり，（後期落果）収穫前処理でその防止に有効であった．

その他，イチゴの肥大，ウンシュウミカンの肥大および減酸効果も認められていた．

本剤は現在，農薬登録がないので実用的には使用することはできない． (廣瀬)

成り年 on-year ──→ 隔年結果

ナリンギン naringin ──→ 呈味成分

軟　化 softening ──→ 熟度

軟質ポリ塩化ビニル soft polyvinyl chloride ──→ プラスチックフィルム

軟　白 blanching

普通の状態で生育した野菜は，その茎葉部

を食料に供するとき，質が粗く硬かったり，あるいは苦味が強かったりして食べにくいものがある．そこで収穫の前にある期間，日光を遮って暗黒に保つと，植物体の葉緑素は分解され，黄化ないし白化し，苦味物質の含量も低下し，機械的組織の発達が抑えられて柔軟となり，食用に適するようになる．遮光によって節間が伸びるので軟白部分が長大となる．このような栽培法を軟白（軟化）という．

軟白法には，結束，土寄せ，覆土，日よけ，板囲い，水浸，雪被覆，むろ入室等の方法がある．

結束するものとして，冬どりのハクサイ，ハナヤサイ，セルリーなどがあり，防寒の手段ともなる．紙巻きや土寄せを行うこともある．ハナヤサイでは，花らいに切葉をかぶせて日よけと防寒とをはかる簡易な方法もある．

覆土するものとして，タケノコ，ウド，アスパラガス，チコリー，サトイモ等がある．土寄せするものは，セルリー，アスパラガス，ネギ，ミツバ等がある．セルリーや太ネギの場合，太さと軟白部の長さを確保するため，土寄せは3～4回に分けて行われる．土寄せの代りに，板囲いや黒ビニルによる株ぎわ被覆も行われる．

水浸と溝を組み合わせて，採取したミョウガ，芽ショウガ，ハマボウフウ等を密植し，暖かい水温によって芽を出させる．黄化した芽に対し延べ1日位日光にあて，アントシアニンを生成させて赤く着色させるのが普通である．セリの場合は水浸がおもである．これらの方法をとるには暖い水と十分な溶存酸素を含む水が決め手となる．

ウドやチコリーではいったん採集して，地下にむろ（室）を掘り密に植えて軟白する．フキでは軽い日よけをするが，最近はハウスで促成される．　　　　　　　　　　（高野）

に

荷傷み damage in handling and transport ── 包装

二階球 pupa

葉がほとんど生長せずに，母球の養分が転移して，母球上部に形成された新球をいい，フリージアでみられる．球茎を植え付けずに長期間貯蔵しておいた場合に形成され，こうして形成された二階球が抑制栽培に用いられたこともある．また促成栽培において低温処理の開始が早すぎた場合，植え付け後に二階球が形成され，問題となる．なおダッチ・アイリスにおいて，低温で長期間貯蔵された母球の内部で新球が形成される．球内球形成も同質の現象とみなされる．二階球あるいは球内球の形成は10℃前後の低温に遭遇した後，20℃前後に移されると速やかに進むこと，一方25℃以上の高温におくと低温による球形成効果が打ち消されることが知られている．

(今西)

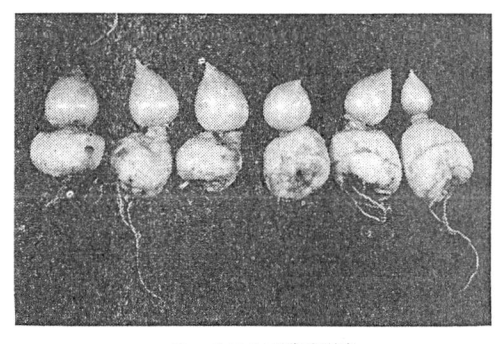

フリージアの二階球形成

苦み bitterness ── 呈味成分

肉質 texture

肉質の定義は必ずしも一定ではないが，一般的には果実，野菜を食べたときの歯切れ，舌ざわり，硬軟，粗滑など感覚に関与する物理的な特性をいい，品質評価上重要な因子である．リンゴ，ニホンナシ，モモなど固有の食感に差があり，たとえば，クリの粘質と粉質といった肉質の差を具体的に説明することはかなり難しい．肉質に関与する要因として，組織学的には細胞と細胞の結合力，細胞の緊張度，細胞壁の強度が考えられるが，細胞膜，細胞内の構成成分の性状が複雑に関与する．果実が成熟軟化するに際し，含有ペクチンの性状が変化することはよく知られている．肉質の測定には外部から何らかの力を加え，これによる変形を測定，記録，算出する方法があるが，簡単な方法としては果実硬度計が用いられる．

(萩沼)

二次休眠 secondary dormancy ── 休眠

二重果 secondary fruit ── 重のう果・二重果

日較差 diurnal range ── 温度較差

荷造り packaging, packing ── 包装

日射量 amount of insolation, amount of solar radiation

地表面に到達した太陽放射エネルギーのうち，0.3〜3.0 μm の波長域の放射を日射（短波放射）と呼び，その放射量を日射量として表す．なお，日射量は紫外部 (0.3〜0.4 μm)，可視部 (0.4〜0.75 μm)，赤外部 (0.75〜3.0 μm) に分類される．3.0 μm 以上の放射は長波放射と呼ばれる．

大気中で減衰する太陽放射は，$I_0(1-\rho^{secz})$ で示され，I_0 は太陽常数 (1.98 ly/min)，ρ は透過率，z は天頂距離である．一般に日射量と称する場合は全天日射量を指し，この中に直達日射および散乱日射量を含んでいる．

日射量の測定は，日射計を用いて計測し，測器受感部の基礎は熱や電気，化学的作用などの利用である．

(鴨田)

日照時間 hours of sunshine, duration of bright

日照時間とは，太陽光が雲や霧に遮られないで直射日光が地面を照らした時間をいう．快晴日の日照時間は可照時間（照り得る最大

日照時間）と同じになり，朝から晩まで曇りの場合は日照時間はゼロとなる．

日照時間と可照時間との比を日照率と呼び，その値が1に近いほど好天を意味する．可照時間は天文学的に求められ，北緯36°で1月308.8時間，4月391.4時間，8月417.6時間などである．

日照時間の測定は，ジョルダン日照計で計測される例が多く，その他，バイメタル日照計，光電式日照計などが利用される．

(鴨田)

日　長　daylength, photoperiod

日長はもともとは，地球の自転によってもたらされる夜と昼の交代の中での日の長さすなわち昼の長さのことであり，さらにそれは地球の公転により季節的に変化し地球上の場所によっても異なる．植物は，生活環を制御する上で，この日長をシグナルとして利用していることが1920年にガーナーとアラードにより発見されたため農業分野で急に重要性をおびるようになった．植物の開花反応は，日長により著しい影響を受けるが，この場合重要なのは本当は昼の長さではなくて，夜の長さすなわち暗黒の持続する時間である．しかし，1日は24時間と固定されているから，夜が長くなれば自動的に昼は短くなるので，昼の長さすなわち日長を基準としても実際上はさしつかえない．暗黒の持続時間が問題となるため，自然の日長ではいわゆる薄明，薄暮が明期に入るのか暗期に入るのか問題となることがある．

植物の開花や塊茎形成のように日長に対する反応によって，その遅速が決定される場合，これを日長感応といい感受性が大きい場合は，日長感応が大きいというようないい方をする．また，そのような日長を変える処理により開花などに何らかの効果が現れる場合，それを日長効果と呼び，そのような処理をすることを日長処理と呼んでいる．したがって日長処理の場合，ある植物の限界日長より長い日長で処理するときは長日処理と呼ばれ，反対に短い日長で処理するときは短日処理と呼ばれている．しかし，短日植物に短日処理を与える場合，極端に短い日長は光合成を著しく制限するので，ある限度の日長より短い日長処理は開花を遅らせる．反対に長日植物の場合，長日が開花促進効果をもたらすので暗期の全くない連続照明下で最も開花が早い．長日処理効果を表すためには，連続して照明する必要はなく，長い夜（暗期）のちょうど中間を短い期間の光で中断しても同様の効果がでることが多く，これを光中断（暗期中断）と呼んでいる．

自然界において，多くの作物の品種が特有の出穂日あるいは開花期をもっていて早生や中生あるいは晩生の品種が分化しているのは，この季節によって変化する自然の日長の変化にシンクロナイズして，それぞれの品種の花芽分化が行われるからである．温度は，日長との相互作用で品種の日長感応性を少し変えるが，天文学的に毎年規則正しく変化する日長の方が，花芽分化を決定する要因としてはるかに作用が強いので，多くの品種の出穂，開花期は温度が多少変動しても毎年ほぼ同じ時期になるのである．

(菅)

日長感応　photoperiodic response
⟶　日長

日長効果　photoperiodism　⟶　日長

日長処理　photoperiodic treatment
⟶　日長

二度切り（カンキツの）

カンキツ類果実を収穫する際，果こうが長く残ったり，切り口が斜めになると，収穫，運搬，貯蔵にあたって隣の果実の果皮を傷つける．また，無理に一度で短く切ろうとすると，引きもぎ，ヘタ部の付傷ができる．そこから菌が侵入し緑かび病などの貯蔵中の腐敗が生ずる．そこで貯蔵性を高めるために採収直後に果こう部を短く平らにはさみで切りなおすが，この作業を二度切りという．

(伊庭)

二度切り栽培

切り花を終了した株は廃棄するのが普通であるが，これをそのまま栽培し続け，再び切

り花を採ることが行われるようになり，このような栽培を一般に二度切り栽培と呼ぶ．たとえばユリ類では切り花生産費に占める球根代の割合が大きいので，これを軽減するため切り花後の球根（切り下球）が用いられ，電照ギクでは切り花後引き続き加温して休眠させずにほう芽させ，育苗労力の節減と栽培期間の短縮が図られている．　　　　　（筒井）

二年子採種　——→　採種

二年草　biennial　——→　一年草・二年草

二倍性・二倍体　diploidy; diploid　——→　倍数性・倍数体

二番枝　secondary shoot, lateral shoot　——→　一番枝・二番枝

二毛作　double cropping, two crop system　——→　多毛作

乳　剤　emulsion, emulsifiable concentrate

水に不溶性の農薬を水で希釈するために，その農薬に有機溶剤，乳化剤などを加え，水に入れたときに乳化するようにした製剤をいう．　　　　　　　　　　　（上杉）

乳　熟　milk-ripe　——→　種子

庭　木　garden trees, garden trees and shrubs

庭園に植えられ，主として観賞の用に供せられる樹木を総称して庭木と呼んでいる．常緑性，落葉性，高木，中木，低木の区別があり，それぞれを組み合わせて美観がつくり出される．樹姿が美しく，丈夫で管理の容易な樹種が用いられる．　　　　　（国重）

ぬ

ヌクレオチド　nucleotid　——→　核

ね

根株　rootstock

草本多年生植物では生育中に根部に養分を貯蔵し，地上部が枯死した後も根部だけが地下に残り，休眠状態で生育している．そして次の生育期にこれら貯蔵養分を利用して，地上部に茎葉を生長させ，地下部に再び養分を貯蔵する．この根部を一般に根株といい，繁殖に用いられるとともに，野菜類では軟化栽培などに多く用いられる．　　　　（斎藤）

根腐れ　root rot

寄主植物の根部に壊死を生じ，根系全体の生長を阻害したり，根部収穫物の品質を劣化させる症状をいう．発生原因は，土壌伝染病と生理的障害のいずれかが考えられる．前者については，根腐れを起こす病原が多種多様であり，寄主植物によって症状の変化が著しい．菌類病では *Rhizoctonia*, *Phytophthora*, *Pythium*, *Fusarium* など普遍的なもののほか，菌核病，紋羽病，ならたけ病，各種の根腐れ病などいずれも固有の根腐れ症状を伴う．また細菌病で軟腐，腐敗を起こすもの，線虫病でも根腐れによる被害が著しい例は少なくない．生理的障害の場合は，湿害や肥料焼け，薬害などによる根腐れは頻繁にみられる現象であり，伝染性の病気との見分けは外観から困難な場合が多い．　　（平野和）

ネグサレセンチュウ　root-lesion nematode　――→　線虫

ネクター　nectar　――→　ピューレー

ネクロシス　necrosis

植物組織の一部が変色し枯死することをネクロシスといっている．その発生には二つの誘因が考えられる．その一つは病原菌に侵入されて病斑を形成し，その中心部などが褐変枯死する場合である．他は生理的要因による場合で，①要素欠乏あるいは過剰によって誘起されるとき，②肥料ガスや大気汚染，暖房の不完全燃焼によるガスなどのガス害によるものなどがみられる．

軽症の場合クロロシスであるが後にえ死してネクロシスになる場合が多い．たとえば葉縁にカリ，石灰欠乏によって黄化部分を生ずるが後ネクロシスとなる．ホウ素過剰でも同様である．また光化学スモッグでも発生する．葉脈間の場合も同様で，軽症の場合葉脈間クロロシスであるが，重症になるとネクロシスとなる．また茎の先端，果実にも発生し，石灰欠によるトマト，ピーマンのしり腐れ果は果頂部ネクロシスであり，セルリー，ハクサイ，レタスの心腐れも茎頂ネクロシスである．　　　　（加藤）

ネコブセンチュウ　root-knot nematode　――→　線虫

根挿し　root cutting　――→　挿し木

根じ(締)め

庭園樹や庭石，小構造物などの根もとに植えて，地表との連絡，地表の保護，修景等を図る植栽をいい，小かん木，宿根草などがおもに用いられる．植栽する場所の環境に適したものの中から修景効果を考えて種類を選択することが大切である．　　　　（筒井）

根接ぎ　root grafting, inarching

一般の接ぎ木は台木の茎の部分に接ぐが，根系に接ぐ接ぎ木の方法をいう．根系をいくつかに分けて接ぐ場合 (piece root grafting) もある．根に接ぐと活着のよいもの，適当な台木のないときや若木の根系を利用する場合に行われる．接ぎ方は一般の接ぎ木と同様に行えばよい．このほか，わが国では繁殖目的でなく病害虫の被害を受けたり，樹齢が進み樹勢の衰えた成木の基部に強勢の根系を何個所か呼び接ぎする方法 (inarching) を根接ぎと呼ぶのが一般化している．カラタチ台のウンシュウミカンの栽培樹では，ユズのような深根性の根系を特別な根接ぎ鎌を使って根接ぎして樹勢の回復をはかる．　　（町田）

熱効率　heat efficiency

暖房機で燃焼した燃料の全発熱量のうち，

暖房用の発熱に使用された熱量の割合を，暖房機の熱利用効率といい，単に熱効率ともいう．灯油は毎時1ℓで8500 kcalの熱を発生するが，温風暖房機ではその80%が室温上昇に利用されている． (伊東)

熱収支 heat balance, heat budget

対象物への受熱，放熱の関係にはエネルギー保存則が適用され，その収支関係を熱収支という．地面に対する熱収支は，次式で表される．

$$S_0 + B_0 + lE_0 + L_0 = 0$$

S_0：純放射量，B_0：地中伝導熱量，lE_0：潜熱伝達量，L_0：顕熱伝達量である．上式の熱収支項のほかに，土壌表層内で水分の凍結や融解があり，地温と異なる降水がある場合などは，各要素の熱フラックスを加減しなければならない．

熱収支の解析は潜熱，顕熱，蓄熱，放熱などその量的関係を明らかにし，微気象の量的把握，気象環境の改良効果の判定，省エネルギー対策改善などに広く利用されるようになってきた． (鴨田)

熱帯果樹・亜熱帯果樹 tropical fruit tree；subtropical fruit tree

原生地が年平均気温20℃以上の熱帯で，最低気温がある程度以下では生育，結実しない果樹を熱帯果樹という．またココヤシが生育する地域に生育できる果樹と定義する場合もある．馴化や育種，栽培技術によって亜熱帯や温帯地域で栽培が可能になっているものがある．国際的に流通し栽培の多いものは，バナナ，パイナップル，アボカド，マンゴー，パパヤなどである．

亜熱帯果樹には年平均気温17〜20℃の亜熱帯を原生とする常緑性果樹で，カンキツ類，ビワ，オリーブ，ヤマモモ，キウイフルーツなどが属する．10℃以下の低温に一定期間遭遇し，細胞分裂停止期間を経た後，温度上昇に伴う再分裂時に花芽が形態的に分化するものが多い． (大垣)

熱治療法 heat therapy, thermotherapy

ウイルスに全身感染した植物体を，高温に保ちその間に生長した茎頂組織をとってウイルスフリーの個体を再生する方法で，熱処理法ともいう．処理する高温は，湿熱と乾熱に分けられ，前者は温湯に植物体の枝を浸漬する．後者は鉢植えの植物を温度調節器の中に保つ．処理温度は，植物の耐熱性によっても異なるが，温湯の場合50℃前後．温度調節器に入れる場合は，35〜45℃の間であるが，昼間と夜間の温度を変えることが一般的に行われる．処理期間は，温湯の場合5〜10分，温度調節器の場合2〜10週間である．植物とウイルスの種類によって無毒化の条件はまちまちである．処理後の茎頂組織を実生苗に接いでウイルスフリー個体を得る．このときの茎頂組織の大きさは，植物とウイルスの組合せによって異なり，1〜10 mmの幅である．
(山口)

熱電対 thermocouple, thermo-junction

種類を異にする2本の金属を接合して回路をつくり，両接点に温度差があるとき，熱起電力が生じ電流が流れる．このような金属の組合せを熱電対という．両接点の温度差と熱起電力とには比例関係があり，一方の接点を基準温度（0℃など）に保てば，両接点の電位差から他方の温度を知ることができる．

熱電対には，銅-コンスタンタン，鉄-コンスタンタン，クロメル-アルメル，白金-白金ロジウムなどがある． (鴨田)

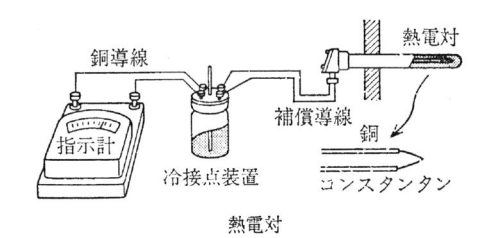

熱電対

熱伝導率（熱伝導度） heat conductivity, thermal conductivity ⟶ 伝熱

ネット net

野菜栽培におけるネット利用はノリ網や魚網の廃品を，ビニルトンネルやビニルハウスのフィルムおさえに用いたことにはじまるが，その後，夏キュウリ栽培の誘引用に用い

られるようになり，ネット栽培と称されるようになった．前者は他の資材に変わったが，ネット栽培は専用のプラスチック製のネットが開発され定着した．糸の太さ0.5mm内外，網目は18～20cmであり，これをアーチ状に加工された高さ2m程度の鋼管を支えに展張し，巻きひげをからませてつるを登らせる．花き栽培ではベッド栽培のカーネーション，キク等の誘引用として，竹支柱に代って用いられ，省力化がはかられている．防風・防鳥用として果樹と同様に用いられる場合もある（→支柱）． (板木)

ネット栽培 net-cultivation of orchard
果実を加害する鳥あるいは飛来性害虫を防ぐため，または風当りを弱める目的で果樹園に張られる網．古い漁網も使われるが，近年は軽くて丈夫な各種網目の専用網が市販されている（→綛掛け）． (小泉)

根づまり potboundness, compact ball of roots, pot bound
根が狭いところに密生した状態をいうが，特に鉢物で，鉢の中にいっぱいになり，根が伸びる余地がなくなり，鉢土面に根を張りつめ，底孔からはい出すようになった状態を指す．養水分の不足，生長抑制物質の生成により，栄養失調となり，褐変枯死に至る．根づまりになる前に外観上健全にみえても生育が緩慢になるので，早目に株分けや植え替えをする必要がある．場合によっては根をせん定して植え替えることもある． (高野)

根 箱 root box, observation box
→ルートボックス

根 鉢 root ball
根とその周りについている一塊の土を含めて根鉢という．
根鉢の土は根によく密着し，容易に崩れないことが必要であり，特に移植の際にこのことが大切である． (松本)

根張り root spread → 根系

根回し
果樹の成木や大きな庭木を移植すると，多くの根を切断し，その上地上部が大きいので，その後の生育が悪く，はなはだしい場合には，活着せずに枯死する．このようなときには，移植の1～2年前に，幹を中心として円形に深さ40～50cmの溝を掘り，現れた根を鋭利なのこぎりやはさみで切断し（太い根は切断せず，根皮を環状除皮しておく），堆肥などと混合した土を埋め戻しておく．このような操作を根回しという．すると，切断された部位から新根が発生し，1～2年後にその新根を含めて掘り取って移植すると，植え傷みが少なく，その後の生育がよい．なお，同様の目的のために，苗ほで育苗された野菜などの苗の間の土を，定植数日前に，包丁で縦横に切り，根を切断することも根回しという（→ずらし）． (平野暁)

眠り病 delayed sprouting caused by freezing damage
ブドウの生理障害の一つで，2～3年生樹の新しょうが萎縮して伸長しない場合を，眠り病あるいは三年病と呼んでいる．眠り病の発生は，凍害を受けやすい樹体内の栄養不良が主要因であり，枝や根の充実，冬期の干害防止などが防止対策上重要である． (鴨田)

練り床育苗 raising seedling in kneaded nursery bed → 育苗

根分け division
株分けのことを根分け，芽分けなどと呼ぶことがある．根分けといっても根だけを切り離すのではなく，宿根草の株分けのように芽と根頸部をつけて比較的ボリュームのある根を分ける（crown division）ような場合に用いる． (町田)

粘 核 clingstone → 核

年較差 annual range → 温度較差

ねん(捻)枝 twisting
強勢な枝や徒長枝の基部を，6～7月頃にねじ曲げることをねん枝と称し，環状はく皮と同様の効果が得られ，花芽分化が促進される傾向がある．水平に誘引する効果とも類似し，多用されている． (岸本)

粘 質 non-mealy → 肉質

念珠状地下茎 ringed stem → 地下

茎・地上茎

燃焼法 heating methods of frost protection ⟶ 防寒

稔性・不稔性 fertility ; sterility

植物が開花したとき，受粉能力がある雌・雄性器は稔性があるというが，時に雌・雄性器の異常により，その能力を有しないものがあり，これを不稔性と呼ぶ．環境（高温あるいは低温など）による不稔性もあるが，特に遺伝的な不稔性は育種に利用される．すなわち，遺伝的に花粉を生じない個体（雄性不稔個体）と稔性をもつ個体を隣接して栽植すれば，雄性不稔個体上に交雑種子（F_1用種子）が得られる．これが雄性不稔利用によるF_1品種作出の方法である． （成河）

粘土鉱物 clay mineral

粘土の主体をなすきわめて微細な鉱物で，たとえば花こう岩中の石英，雲母，長石などの一次鉱物から変質生成したものであるから，二次鉱物とも呼ばれる．主成分はケイ素，アルミニウム，マグネシウム，水であるが，これらの成分中の陽イオンを中心にもった．四面体および八面体の各層が構造の基本となっている．粘土鉱物にはいろいろな種類があるが，その大部分は四面体層と八面体層が積み重なってできた含水層状ケイ酸塩である．このような層構造型のものは層の積み重なり方の差異によって，①1：1型鉱物，②2：1型鉱物，③混合層鉱物に分けられる．このほかに複鎖状構造型のものもある．

粘土鉱物は土壌の生産力と深くかかわる性質をもち，腐植とともに地力の基幹をなしている．しかし，その特性の現れ方は種類によって著しく変化するもので，粘土鉱物の組成は土壌の機能に大きな影響を及ぼす．

（鈴木鐵）

年輪 annual ring

寒帯や温帯に生育している裸子植物ならびに被子植物の幹の横断面をみると，同心円的に層状構造がみられる．このうち，薄膜性で広くて疎い組織を形成する輪が春材（spring wood）で，厚膜性で狭くて密な組織を形成する輪が秋材（autumn wood）である．この輪は通常1年に1回形成されるので，秋材の輪の数を中心から外側に順番に数えていくと樹齢がわかる（下図参照）． （湯田）

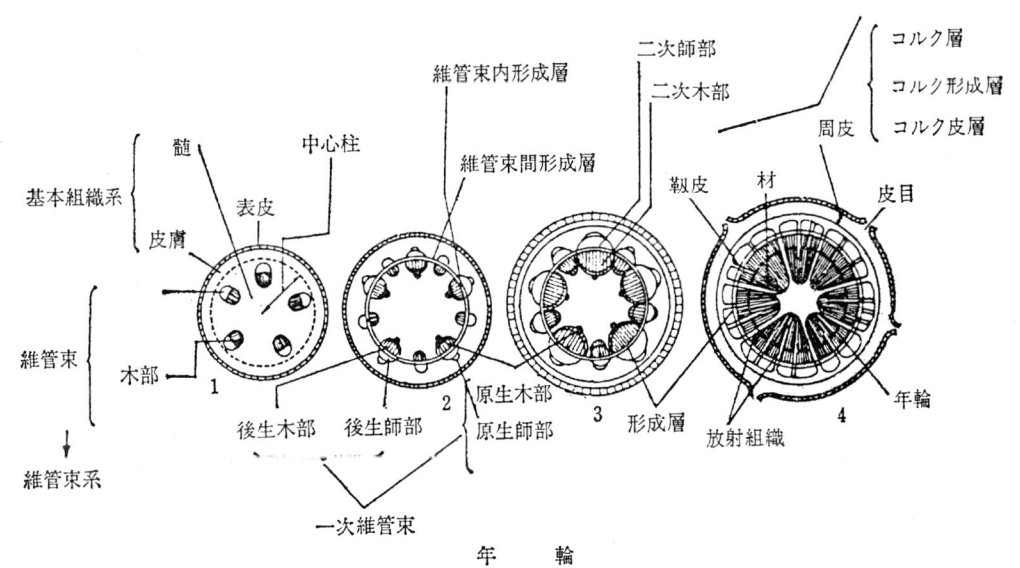

年 輪

双子葉植物および裸子植物の茎の肥大生長過程を示す模式図（福住原図）一年草の茎は2または3の段階で枯死，多年性草本および木本の茎は4の段階へ進む．

の

濃縮果汁 concentrated juice ⟶ 果汁

農薬残留基準 pesticide residue standard ⟶ 安全使用基準

ノーズ nose

有皮りん茎の中心に存在し，掘り上げ後に伸長してきて，次のシーズンに生長する芽のことをいう．チューリップなどではその中に花芽を含んでおり，その長さが低温処理の際の指標としてよく使われる． （今西）

ノッチング notching

ヒヤシンスの繁殖法の一つで，小刀で球根の底部から基部の中心を通り切れ目を入れ，人工的に不定芽形成を誘導させる方法である．切り込みの深さは球根の高さの1/2または2/3，分割数は4〜8で，分割数が多いほど子球数は多くなるが1球のサイズは小さくなる．アマリリスや他の球根にも用いられることがある（→スクーピング，コーリング，高温処理，縦傷・目傷）． （天野）

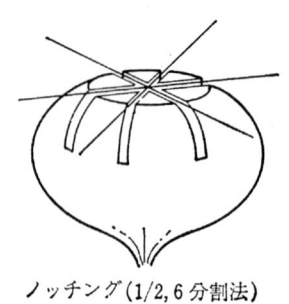

ノッチング(1/2, 6分割法)

は

胚 embryo

一般に，多細胞生物が受精卵から発生する初期の段階をいう．被子植物では受精した卵細胞が数回分裂して前胚（proembryo）を形成し，次いで球状胚（globular embryo）と胚柄（suspensor）を分化し，球状胚が成胚に発育するが，成胚の構造は植物の種類によって異なる．双子葉植物では球状胚形成に続いて2枚の子葉が分化し（心臓型期 heart shape stage），さらに2枚の子葉の間に茎頂分裂組織が，これと対極に胚柄に接して根端分裂組織が分化し，2枚の子葉が伸長する（魚雷型期 torpedo shape stage）．単子葉植物では，球状胚から1枚の子葉が胚軸方向に伸長し，

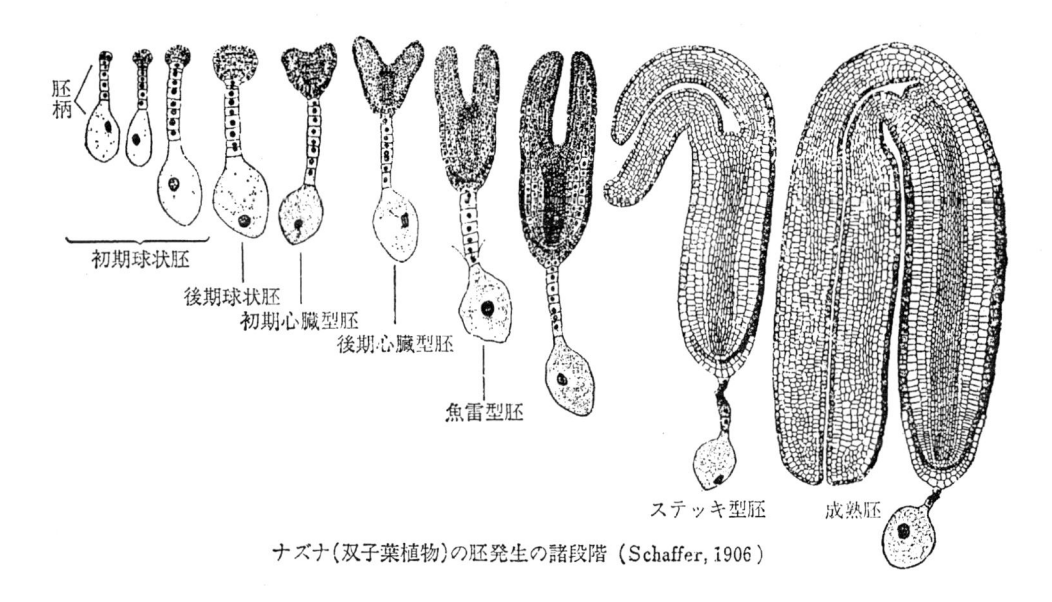

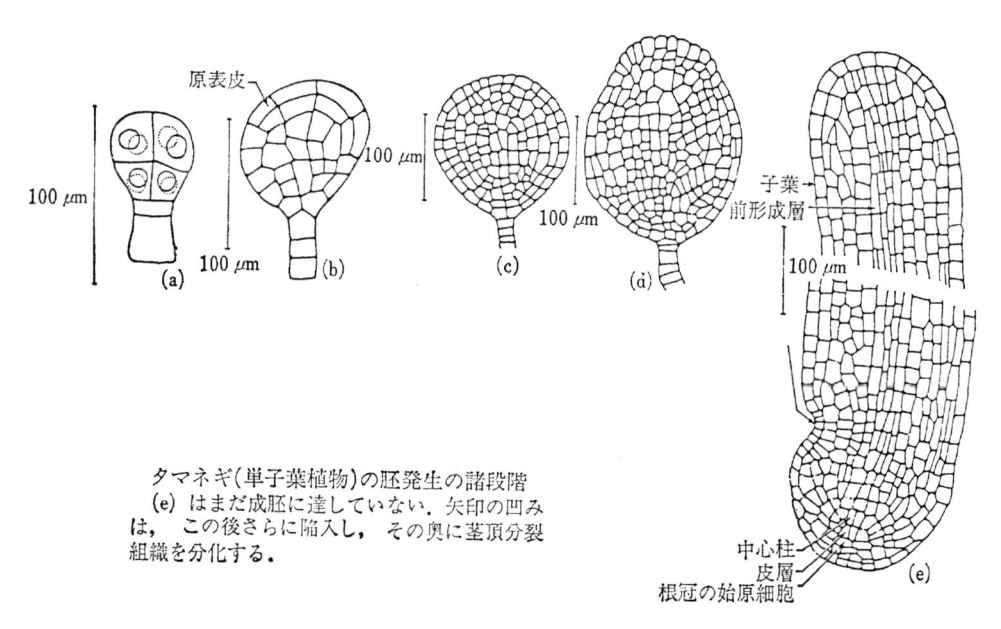

ナズナ（双子葉植物）の胚発生の諸段階（Schaffer, 1906）

タマネギ（単子葉植物）の胚発生の諸段階
(e) はまだ成胚に達していない．矢印の凹みは，この後さらに陥入し，その奥に茎頂分裂組織を分化する．

その基部側面に茎頂分裂組織が，胚柄に接して根端分裂組織が分化するが，イネ科植物ではこのほか胚盤（scutellum），エピブラスト（epiblast）の分化を伴う（→胚状体）．

(石原)

バイオアッセイ bioassay ⟶ 生物検定法

バイオテクノロジー biotechnology

生物学，微生物学，生化学，工学の諸分野にまたがる諸知識を基盤として生物のもつ機能をより高度に活用しようとする諸技術の総称．微生物の培養，利用技術は発酵工業とともに進歩してきたが，最近は動植物の細胞組織培養技術も進歩し，特に遺伝子組換え，細胞融合などの新技術が開発されるにおよんで，医療，化学工業，作物・家畜の育種，環境浄化などの分野でも，この生物機能の有用性が期待されている． (金沢)

バイオトロン biotron ⟶ 人工気象室

バイオマス biomass

ある地域内に生活する生物の現存量のこと．生物量は動物量と植物量の総和で表されるが，植物のみを指す場合も多い．

(狩野)

倍　加 doubling ⟶ 倍数性・倍数体
媒介昆虫 insect vector ⟶ 虫媒
配偶子 gamete

動物および植物を通じて，合体（copulation），接合（conjugation）あるいは受精（fertilization）に関与する生殖細胞を配偶子（核相n）という．被子植物では，雌性配偶子の本体は胚のう（embryosac）で，一つの卵細胞（egg cell）と二つの助細胞（synergids），三つの反足細胞（antipodal cell），二つの極核（polar nuclei）からなる．雄性配偶子には花粉が相当し，減数分裂により精子母細胞（generative cell）と花粉管核（tubenucleus）をつくる．精子母細胞は，花粉の発芽に伴って二つの精核に分裂する．一つの精核は卵核と接合して前胚（proembryo）の核（$2n$）となり，他は胚のう核と接合して胚乳核（$3n$）となる．これが重複受精（double fertilization）と呼ばれる現象である．受精した卵細胞すなわち前胚は接合子（zygote）である．一般に配偶子は単独では新個体にならないがときには単為生殖によって新個体になることがある．

(樋口)

配合土（調合土・培養土） compost, soil mix

一般に作物の生育に好適な鉢用土の物理性は，三相割合がそれぞれ1/3がよいとされるが，単独の土壌でこれを満足することは困難であり，いくつかの素材を種々の割合に混合した配合土がつくられる．古くは土壌の改善という発想から，畑土，水田土などの天然の土（基土という）に川砂，堆肥，腐葉土などを混合したが，近年，ピートモス，バーク，オガクズ，バーミキュライトその他の鉱物，植物資材が幅広く用いられるようになった．最近では，無土壌配合土（soilless compost, loamless compost）といって基土を全く用いない清潔な配合土も用いられている．砂とピートを種々の割合に混合したUC soilmixes，ピートとバーミキュライトあるいはパーライトを混ぜるCornell peat-lite mixesなどがよく知られている． (筒井)

胚　珠 ovule ⟶ 子房
胚珠培養 ovule culture

植物を組織培養するときに，子房から摘出した胚珠を培養する方法（→器官培養）．

(狩野)

胚状体 embryoid

植物組織培養では外植片やカルス，培養細胞から不定胚あるいは胚に類似した構造物が分化，形成されることがあるが，これを本来の胚と区別して胚状体または胚様体と呼ぶことがある（→組織培養，外植片，胚）．

(石原)

排　水 1) drainage, 2) guttation

1) 土壌排水

畑土壌において適正な土壌水分を保ち作物の正常な生育をはかること，機械などによる作業の能率向上をはかること等を目的とし

て，地表面や有効土層中にある過剰な水を排除することをいう．湿害（別項参照）を受けやすい地形において排水工事が必要である．

地表面を，その傾斜を利用した溝（排水路）などにより排水する方法を地表排水，下記に詳述するように土中を排水する場合を地下排水法という．

地下排水法には深さ1～1.5mの素掘り溝やU字溝による明きょ排水と，地中に埋設された導水路による暗きょ排水とがある．暗きょの組織は過剰水分，地下水を吸い込む吸水きょ（支線：深さ90～110cm，間隔10～18m），集めた水を導く集水きょ（幹線），出口の排水口，それに止水栓の水閘（すいこう）とからなる．簡易暗きょはそだ，竹材，砂利，石礫などを溝の底に敷き，その上にわらやしだを用いたもので，有効年数は長くないが資材費は低廉である．完全暗きょは土管，コンクリート管，合成樹脂管，ドレンホースなどを埋設し，継目や多孔の水孔から吸水させ，集水太管で排水する．また無材暗きょは材料を用いず，穿孔機で直径10cm程度の通水孔をあけたもので，泥炭地や重粘土地帯で可能な方法である．

温室などの施設栽培においても，栽培床の底に傾斜をもたせたドレインを施設すると，過剰かん水によって集積塩基を溶脱排除することができる． （大垣）

2) 排水（排液・溢液）

植物に吸収された水分のうち一部は構成物となり，大部分は体外に排出される．排出される水分の多くは気孔を通し，気体として蒸散作用により大気中に拡散する．しかし，一部は植物の特別の組織（排水組織）から液体の状態で排出され，これを排水という．

排水組織には水孔，排水細胞，排水毛があり，形態的には2種類に分けられる．すなわち，排水細胞や排水毛は表皮細胞に由来するものであり，水孔は表皮に内部の組織も加わった複雑な構造となっている．水孔の構造は気孔に類似し，一対の孔辺細胞よりなっているが，内容物がなく開閉能力もない．主として葉先，葉縁，きょ歯縁など葉脈の末端に存在する．

排水は根圧の影響を受け，根圧が高いと水分が水孔から排水される．水ポテンシャルが0になり，吸水しきれなくなったときに起こる．このため時間的には夕方～朝の夜間に起こり，環境条件としては，昼間の日射が多く，吸水が促された後，夜間の多湿等蒸散作用が抑えられたり，吸水が促される条件で起こりやすい．

一般に水孔からの水分には有機物，無機物ともに少ないが，排水毛からの水液には有機物，無機物を含むことが多い．塩性植物等では炭酸カルシウムやナトリウム塩，ケイ酸塩などを多量に含むことがあり，これらの植物の排水腺を石灰腺，塩類腺という．園芸作物ではサトイモが水孔から多量の水を排出することが知られているが，その他の作物でも排水を行っている．施設栽培では排出された水分が蒸発し，降雨で洗い流されることがないので，排水に含まれる成分が，葉縁に白く析出しているのが観察されることがある．一般に，排水によって生じる溢液量は根の健全度を示し，溢液量が多いと根の活性が高いと考えられているが，前述のように，排水は環境条件の影響を受けることを考慮する必要がある． （施山）

倍数性・倍数体 polyploidy; polyploid

種固有の基本染色体組（ゲノム→ゲノム分析）を整数倍にもつ現象を倍数性といい，その保有するゲノム（x）の数によって一倍性（半数性x），二倍性（$2x$），三倍性（$3x$）……と呼ばれる．さらに構成ゲノムが相同の場合に同質倍数体（autopolyploidy），非相同の場合に異質倍数体（allopolyploidy）という．倍数性を示す個体は倍数体と呼ばれる．一個体内においても組織・細胞間で倍数性の変異を示す場合があり，この現象を混数性（mixoploidy）といい，ホウレンソウや染色体倍加処理（→コルヒチン）を行った個体などで観察される．人為的に作出された人為同質倍数体は稔性が低く，同じ遺伝子の量的増加によ

る形質の変化はあるが新しい形質は現れにくい．これに比べて人為異質倍数体は稔性も高く，両親種由来の遺伝子の組合せによる形質の変化に加えて新しい形質も現れる．構成する非相同ゲノムがそれぞれ二倍性となっている異質倍数体を複二倍体 (amphidiploid) といい，人為的に合成した場合あるいはその成立に与った両親種が明らかになった自然種について用いられることが多い（ハクランはカンランとハクサイの人為複二倍体種；コムギは二粒系コムギとタルホコムギの自然複二倍体種）．種間雑種である複半数体 (amphihaploid) は不稔性を示すが複二倍体化により稔性を回復する．複二倍体は稔性も高く育種的利用価値が高い．異数性 (aneuploidy, heteroploidy) とはゲノムを構成する染色体が1～数個増加（高数性）あるいは減少（低数性）した現象，すなわち不完全ゲノムをもつ状態をいい，そのような不完全ゲノムをもつ個体を異数体 (aneuploid, heteroploid) という．また一個体内の組織，細胞間で異数性の変異がみられる現象を体細胞異数性 (aneusomaty) といい，キクなどで観察される．異数体はその増減する染色体の数と構成によって，四染色体植物 (tetrasomics $2n+2$)，三染色体植物 (trisomics $2n+1$)，二染色体植物 (disomics $2n$)，零染色体植物 (nurisomics $2n-2$) などと呼ばれる．異数体は増減した染色体の種類によってそれぞれ異なった形質を現すことから，これを利用して染色体に含まれる遺伝子の種類を決定することができる．これを異数体分析 (aneuploid analysis) という． (岩佐)

倍数体 polyploid ⟶ 倍数性・倍数体

背地性 apogeotropism, negative geotropism ⟶ 極性・屈性

配糖体 glycoside

糖のヘミアセタール水酸基が他の化合物とエーテル状に結合したものをいう．糖と結合する相手をアグリコン (aglycone) という．アントシアン，ナリンギン，ヘスペリジンなど植物界に広く分布している． (萩沼)

胚培養 embryo culture

動物，植物の胚を *in vitro* で，適当な養分を与えて育てることをいう (→ *in vitro*)．植物の胚培養では，発育途中の胚を培養した場合の生長様式に，胚の発育を進める胚的生長 (embryonic growth) と，実生として生長する発芽的生長 (seedling growth) が区別され，早すぎて弱々しい発芽的生長をさけるためには，まず胚的生長を促してから発芽的生長を行わせる必要がある．胚培養は胚の発育生理の研究に有用であるばかりでなく，作物育種上，遠縁交雑で受精しても発芽力のある種子が得られない場合に，雑種実生を育てる方法として広く利用されている． (石原)

培養液 culture solution, nutrient solution

液体の培養基をいう (→培養基)． (石原)

培養基（培地） culture medium (pl. media), medium

微生物や動・植物組織の人工培養に必要な一定の栄養分を含み，溶液または固形に調製したものをいう．もともと培地は無菌条件下で行う純粋培養のために開発されたが，今日では，栽培作物の養液栽培のために使う培地や，いわゆる園芸用の栽培植物に適した特殊な成分（微生物など）を含む培養土まで指して培地と呼ぶこともある．つまり培地の内容が多様化したといえる．培地には，多くの種類があり，成分的な違いにより天然培地，合成培地，半合成培地に類別され，利用目的により選択培地，非選択培地があり，一般微生物用，細菌用，菌類用，組織培養用などに分けられる．さらに，微生物でもある特定の菌だけを選択培養するために，それぞれ複雑な処方が考案されている．高等植物の組織培養に用いる培養基の成分としては，一般に水，無機要素（多量要素，微量要素を含む），糖類（通常ショ糖を用いる）のほかに，外植片の種類，培養目的により生長調節剤（オーキシン，サイトカイニンなど）やそれ以外の有

機補助物質（チアミンその他のビタミン類，グリシンその他のアミノ酸，アデニン，myo-イノシトールなど）がある．これらの既知成分からなる培地を合成培地といい，Murashige-Skoog（MS）の処方は最も広く使われている．培地成分としてココナツミルク，酵母エキスなど天然複合物質を加えることもある（→ココナツミルク）．これらの成分は水溶液の状態（液体培地，培養液），または寒天（通常0.6〜1％の濃度）などでゲル化した状態（固形培地，寒天培地）で用いる（→液体培養）．
（平野和・石原）

培養土 compost, soil mix ⟶ 配合土

ハウス栽培 plastic greenhouse culture, growing in plastic greenhouse

ガラス室栽培の被覆資材ガラスの代りにプラスチックフィルムを用いた施設下の栽培をいう．被覆用フィルムは，ポリビニル，ポリエチレン，ガラス繊維強化アクリル樹脂等が主として使われている．これらは扱いやすく，軽量なので，骨材が竹や鉄パイプ等で足り，全体として設立の経費が安価である．保温施設としてばかりでなく雨よけの効果やかん水量を節減できる効果があるので，わが国のハウス栽培面積は，世界で最も広く，特に野菜生産への寄与率が高い．

プラスチックフィルムは汚染や変質により，光線透過率の低下や物理的に破損しやすくなるので，短い年限で張り替える必要がある．長期の減価償却費の点から，ガラス室栽培に移行する場合もあるが，近年は硬質ビニル等の新資材を用いて，張り替えの煩わしさが著しく軽減されるようになった．

形式はガラス室と同様であるが，ハウスの場合はより自由な型を取り入れられる．保温施設として無加温のものと，暖房装置を付加した加温のものがある．さらに内張りカーテンを併用したものが多い．プラスチックフィルムは光透過性に関して量および質が著しく異なるので，目的とする作物の種類によってフィルムを選択することが大切である．温度に関しては夜間の放熱が大きく，構造上地温は横への逃げが大きい．湿度はガラス室に比べて高いので，除湿や換気を特に考慮する必要がある（→露地栽培，プラスチックハウス）．
（高野）

葉　形 shape of leaves

葉は，普通葉，りん片葉，包葉など形態的にも機能的にも多様である．このうち，光合成を営む普通葉は，葉身，葉柄，たく葉からなり，これら三つの部分をすべて備えたものを完全葉，葉柄あるいはたく葉のいずれかあるいは両方を欠くものを不完全葉という．単子葉植物では，茎を包む葉しょうが発達している場合があり，これは葉柄が広がったものとも，葉柄にたく葉が付着したものとも考えられる．また，葉身が1枚からなるものを単葉，基部に関節のあるいくつかの小葉からなるものを複葉という．複葉は，三出葉が基本型となる．葉軸の左右に小葉が並ぶものを羽状複葉（フジ，バラ），葉柄の先端に小葉が並ぶものを掌状複葉（アケビ），三出葉の左右小葉が外側に増加したものを鳥足状複葉と呼び，小葉がさらに分かれて複葉状となるとき再複葉（ナンテン）という．葉は，通常左右相称であるが，葉縁の凹凸や葉脈の配置など厳密には左右相称でないことも多い．また複葉では，小葉の配列が左右相称でないことがしばしばある．葉は，表皮系，基本組織系，維管束系の構造の違いにより，背腹性を示す両面葉が一般的である．しかし，棒状や針状の葉では表裏の関係が外見上明らかではなく等面葉と呼ばれる（マツ）．維管束の配列か

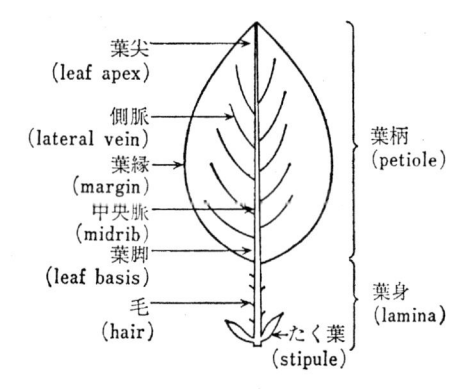

葉の各部位の名称（織田，1981）

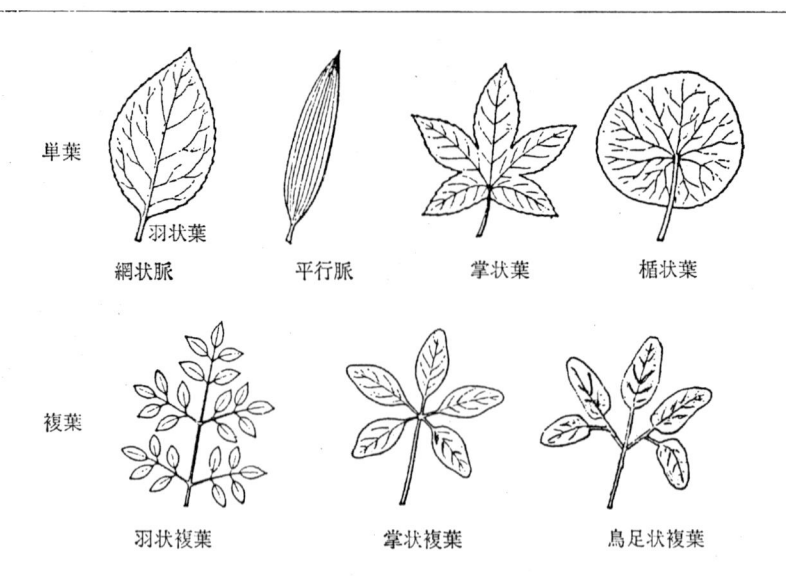

葉 の 形（増田ら，1980）

らも面の区別ができないこともあり，これを単面葉という（ネギ）．葉柄は葉身の葉脚部で葉身に付着し，一平面上にあることが多いが，両者は付着点で折れ曲ることもあり，葉身の基部両縁が融着し，葉柄が葉身の裏面についた場合は楯形葉や杯状葉となる．茎から葉柄を経て葉身に入った維管束は，葉脈を形成する．その配列は，脈系と呼ばれ，種類によって異なっている．葉脈は，全く分枝しない場合もあるが（スギ），シダ植物や裸子植物では二叉分枝を繰り返して広がることが多い（イチョウ）．単子葉植物では，多数の葉脈が葉身をほぼ平行に縦走する平行脈が広くみられる．双子葉植物の多くは，中央に太い中央脈をもち，それより側脈が出，分枝や融合を繰返して，羽状，掌状，網状に配列する．このような葉脈の配列と密接な関係にある葉身の形は，全形，葉尖や葉脚の形，葉縁の切れ込みなどによりいくつかの類型に区分されている．しかし葉の形は，同一種にあっては品種や個体による変異が大きく，また同一個体にあっても齢や着生部位による変異がきわめて大きい．　　　　　　　　　　　（土井）

馬鹿苗病 "bakanae" disease, rice see-

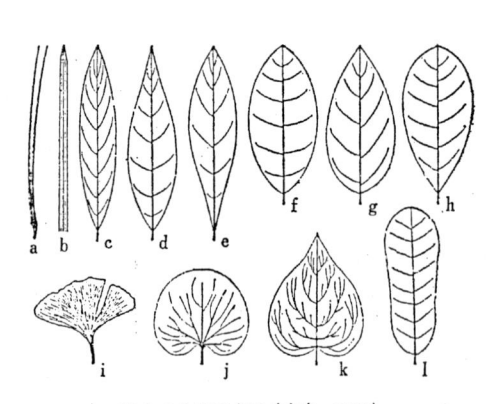

葉身の全形模式図（木島，1963）
a：針形，b：線形，c：長楕円形，d：ひ針形，
e：倒ひ針形，f：楕円形，g：卵円形，h：倒卵円形，
i：扇形，j：じん臓形，k：心臓形，l：へら形

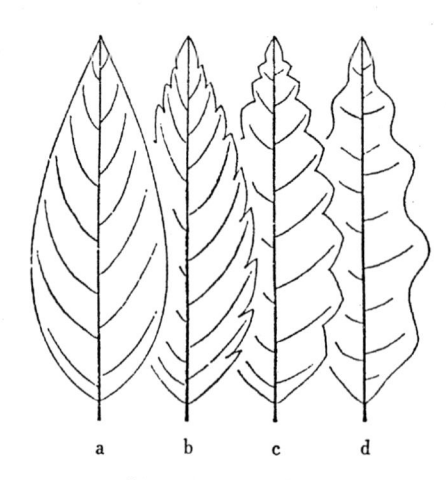

葉縁の模式図（木島，1963）
a：全縁，b：きょ歯縁，c：歯縁，d：波縁

dling infected with *Gibberella fujikuroi* ⟶ ジベレリン

薄層クロマトグラフィー thin-layer chromatography ⟶ クロマトグラフィー

白化 albinism, chlorosis ⟶ アルビノ，クロロシス

バーク堆肥 bark manure, bark compost ⟶ たいきゅう肥

白濁現象 turbidity ⟶ 缶詰・瓶詰め

バクテリオファージ bacteriophage, phage

細菌 (bacteria) に感染して増殖するウイルスのこと．単にファージともいう．自然界に広く分布しており，細菌にとっての重要なきっ抗微生物である．バクテリオファージの成分は核酸 (DNA または RNA) とタンパク質であり，おたまじゃくし形，球形，多角体，ひも状などの形をしている．細菌に感染するのは，核酸であり，毒性ファージが細胞内で増殖すると細菌は崩壊する．そのため細菌を平板培養したとき，その菌に感染するファージがいると，集落のところどころに細菌が崩壊して生じた透明な溶菌斑ができる．植物病原細菌に対して特異性のあるファージの存在は，そこに病原細菌が分布していることを知らせるもので，このファージを病気の発生予察に有効に使うことができる．溶原ファージは細菌の変異に関与するものもある．

(平野和)

爆薬深耕 ⟶ 深耕

箱詰め box packing

青果物は出荷する際，輸送しやすく，荷傷みを少なくし商品性を高めるために，ダンボール箱に詰める．これを箱詰めという．輸送中の動揺を防ぐため，リンゴやナシのようにパッキングを用いて，果実を1個ずつ並べて詰める．詰め方としては果実の赤道面を水平に並べる平詰め，垂直に車輪のように並べる輪詰め・車詰めがある．このような詰め方は人手がかかるために最近はウンシュウミカンのようにばら詰めするようになった．贈答用などにきれいに化粧した木箱やダンボール箱が用いられ，化粧箱という．

(伊庭)

端境期 off-crop season

栽培適期の関係から市場に出回る青果物が，品不足になったり，全然なかったりする期間がある．この時期を端境期という．野菜では周年出荷されるようになったので，この時期は比較的なくなったが，種類によっては，なお明らかな端境期がみられる（→不時栽培）．

(高野)

葉先枯れ burned tip ⟶ チップバーン

葉挿し leaf cutting

植物の繁殖で，葉を挿し穂として用いる場合をいい，全葉を挿す全葉挿し（ベゴニア・レックス，ペペロミア等）と1枚の葉をいくつかに分けて葉片を挿す葉片挿し（サンセベリア，アロエ，ベゴニア・レックス等）がある．サンセベリアでは全葉を各7〜8cmの長さに切断し，ベゴニア・レックスでは葉脈に沿って扇状に切断する．葉にえき芽と茎の一部をつけて挿す葉芽挿し（キク，ダリア，ツバキ等）は葉挿しと枝挿しの中間的なものである．球根類でりん片を挿すりん片挿し（ユリ，アマリリス等）も葉挿しの一種といえ，自然分球に比べて高い繁殖率をもつ．肥料分を含んだ土にこれらを斜めに挿して，温暖・湿潤条件下に置く．NAA，IBA などの発根促進剤で処理することも有効である．

(中村)

播種 seeding, sowing

播種にはまず畑の耕うんあるいは播種床づくりを行い，肥料を施した後，これに散播，あるいは播き溝に条播，点播して，あと覆土する．降雨のない場合にはかん水を行う．

播種期は一般に春播き（4〜5月）秋播き（9〜10月）がふつうであったが，周年栽培の普及とともに周年播種されるようになった．播種密度および播種量はそれぞれの作物および栽培型によって適当な量で行うが，間引きの手間を少なくするためにはなるべく活力の

強い種子を少量播くのがよい．ほう芽後適当な間隔に間引きを行う．適期の播種で発芽不良あるいは欠株のある場合には追い播きを行う．

3倍体スイカのような高価な種子，ホウレンソウやレタスの高温期播種あるいはバレイショの低温期の播種では催芽播き（芽出し播き）を行うことがある．ニンジン，セルリー等のようなほう芽しにくい種子の機械催芽播きが fluid drilling である．

取り播きとは採種した種子をすぐに播種に用いることであるが，取り播きではしばしば種子が休眠していて発芽の悪いことがあるので休眠打破に留意する必要がある．休眠打破を十分に行えない場合には貯蔵種子を使用した方が好結果の得られることがある（ホウレンソウやシュンギクの7～8月播きで行われている）． (中村)

播種機 seeder, planter

専門経営では種播きに播種機を使用すると省力化に大きく貢献する．すなわち播種機では，播き溝（孔）づくり，播種，覆土および鎮圧が一体となって行われるために，手作業の1/3～1/4あるいはそれ以下に労力が軽減される．日本では野菜類には人力播種機を用いることが多いが，大農経営では動力播種機 (seeder) が能率的である．播種法にしたがってそれぞれ散播機 (broadcaster)，条播機 (seeddrill) および点播機 (planter) がある．

レタス，ニンジン，セルリー等の不整形で小型の種子を機械播きするには pelleted seed（被覆種子）の形にして播くと都合がよい．

またシードテープとして，水溶性のビニルテープに種子を一定間隔にはさみ込んで，このテープをそのまま苗床あるいは畑に展張して覆土していく方法がある．種子とともに肥料を封じ込めることもある．路肩の牧草種子のはりつけ施工で多く用いられている．

フルードドリル (fluid drilling) では，ニンジン，セルリー，レタス，バミューダグラス等の種子に色々の発芽促進処理をした後，これを乾燥することなく，ゲル状液体に浮べたまま次々に播いていく方法である．催芽した種子を播く場合にはゲル中に浮べて，しぼり出すようにして播いていく．催芽法および播種法についてそれぞれ特別な装置およびゲルが考案されている． (中村)

播種法 sowing method

散播 (broadcast seeding) はばら播きで，畑あるいは苗床一面に種子をばら播いて覆土する方法である．点播 (hill seeding) では畑あるいは苗床に点々と播き穴を掘って，これに播いて覆土する．条播（すじ播き）(drill seeding) では畑あるいは苗床に適当な間隔で長溝を掘って，これに播種して覆土する．このうちすじ播きが最もふつうに行われる．その他シードテープ法や fluid drilling（溶液播き）も行われる． (中村)

波状棚 ⟶ 果樹棚

波状取り法 serpentine layering, compound layering ⟶ 圧条法

破　袋 ⟶ 袋掛け

肌　肥 manure mixed with seed ⟶ 施肥法

鉢 pot ⟶ 植木鉢

鉢上げ potting ⟶ 鉢栽培

場違い（採種の） foreign ⟶ 採種

鉢栽培 pot culture

実物盆栽が特殊な種，品種を用いて観賞だけを対象としているのに対し，栽培品種の結果に栽培や観賞のポイントをおき，家庭園芸として室内に取り込んだ鉢植え果樹づくり．材料としては鉢上げ2～3年で果実をつけるミカン類，ナシ，リンゴ，モモ，ウメ，ブドウ，ブルーベリー，キウイフルーツなどが好適である．3～4年で鉢土や根の更新をはかる． (大垣)

鉢　物 pot plant, potted plant

営利を目的に栽培され市場に出荷される花きのうち，焼物鉢，プラスチック鉢，木製鉢などの容器に植えられているものを総称して鉢物と呼んでいる．切り花，苗物，花木，球根とともに，花き生産の重要な分野を占めている．花物，観葉物，和物など，さらに細か

く分類されることもある．　　　　（国重）

発　育　development

生物が時間軸に沿って量的・質的に発達し育つこと．発生（development）も同じ意味であるが従来は形態的発達を指して用いられることが多かった．これに対し発育は生理・生化学的な発達も含めて用いられてきた．しかし最近では同じ意味で用いられることも多い．

発育の過程で環境に対する反応あるいは形態などが質的に異なる場合を発育段階（developmental stage），発育相（developmental phase）と呼ぶ．低温要求性長日植物の低温要求性と長日要求性の時期的違いから段階的発育を唱えたLysenkoの発育段階説（theory of phasic development）が歴史的に有名である．生長と同じ意味で用いられることも多い．　　　　　　　　　　　　　　　　（桂）

発育枝　vegetative shoot, vegetative branch

果樹の新しょうを花，果実の着生の有無により，それぞれを結果枝と発育枝に分ける．発育枝のうち軟弱かつ長大に伸長したものを徒長枝と称する．発育枝は充実した生育をし，翌年の結果母枝として利用される以外に，亜主枝などに用いられる．　　（岸本）

発育相　developemental phase　⟶ 発育

発育段階　developemental stage　⟶ 発育

発　芽　sprouting, bud break, bud-burst（芽の）; germination（種子の）　⟶ 花粉，種子，ほう芽

発芽孔　germ pore　⟶ 花粉，種子

発芽試験　germination test

1) 種　子

種子の生命力を知る最も一般的な方法が発芽試験である．最も普通に用いられているのはペトリ皿内にろ紙を敷き，水を飽和させて，その上に種子を置床し，一定温度に置く方法である．欧州ではヤコブセン発芽試験器が用いられることが多い．大粒種子では砂播きまたはロールペーパー法が用いられる．

種子の発芽には温度，光線，休眠等が大きく関係するので，最も適当な温度（恒温または変温）および光線条件下に置き，休眠のある種子では適当な休眠打破法（硝酸カリ，ジベレリン，低温処理，高温処理等）を用いる．硬実の打破には磨傷を用いる．　　（中村）

2) 糸状菌

糸状菌の胞子発芽阻害を指標とした殺菌剤の効力検定法の一つであるが，最近の殺菌剤のなかには胞子発芽阻害を示さないが病害防除力がすぐれたものもある．　　　（上杉）

発芽床　germination substratum　⟶ 花粉

発芽勢　germination rate　⟶ 種子

発芽抑制　inhibition of germination　⟶ 種子

発芽率　germination percentage　⟶ 種子

発芽力　germination ability, germination power　⟶ 種子

発　酵　fermentation　⟶ 果実酒

発　根　rooting

植物の種子，塊根・塊茎，球根等の繁殖器官や葉，茎，根等の器官またはその一部およびカルス等の組織から根が分化し，生長することをいう．園芸関係で発根が重要な場面は定植や断根，ずらし等の栽培操作，挿し木，取り木等の栄養繁殖や組織培養における不定根の発生などである．

挿し木，取り木では根は維管束に隣接した部分から分化するので維管束に対応して茎に沿って列になって発生する．発根には植物の内的条件と外的条件が影響する．内的条件としては植物の発育ステージ，齢（age），部位等があり，外的条件としては温度，湿度・水分，培地等がある．また発根に関係する物質としてはオーキシンなどの植物ホルモンや炭水化物などにある．現在発根促進剤としてオーキシンの一種であるIBAが用いられる．
　　　　　　　　　　　　　　　　（施山）

発生予察　forecasting of occurrence

── 病害虫発生予察

バッチ培養 batch culture ── 液体培養

パッドアンドファン pad-and-fan system

水の蒸発冷却力を利用した温室冷房法の一つで，温室の妻部または側壁部に水を流下させて濡したパッドを装置し，反対側の壁部に設けたファンの吸引によりパッドを通して外気を入れ，室内を冷却する方法である．
（板木）

パッドアンドファン方式（中川）

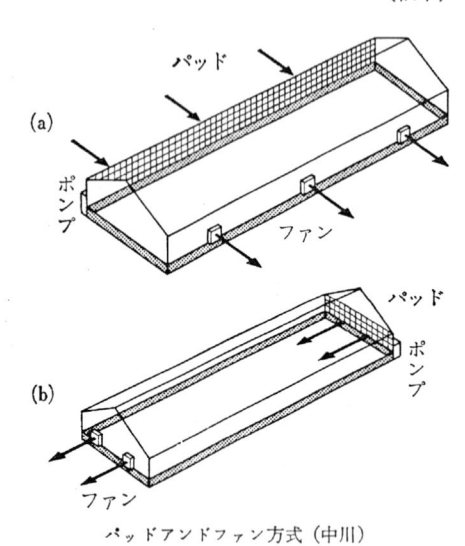

初成り first crop ── 結果年齢

発らい(蕾) budding ── 花らい

バトニング buttoning

ハナヤサイの一種の早期出らいで，小型の花らいを着生し，これを包む十分な葉がなく，花らいが露出しているものである．ハナヤサイは緑植物低温感応型であるが，幼形期を過ぎたばかりの幼植物が低温にあい，低節位に花らいを形成したものである．苗床で窒素不足，乾燥などの状態で栄養生長が抑えられた老化苗を，春先のような低温期に断根を伴う定植をした場合に発生しやすい．（斎藤）

カリフラワーのバトニング

花落ち stylar scar

果実に残存している花柱などの脱落痕を指す．（志村）

花下がり gladioli-like flower

フリージアの花茎は花房基部の花らいの着生部より屈曲して水平となっているが，花房形成期の前後に20℃以上の高温に遭遇すると，花茎の屈曲部が上部の花らい着生部に移動し，基部の花は上部の花より低い位置で開花する．この現象を花下がりと呼んでいる．低温処理した球茎を高温下で植え付けたときに多発する．（川田）

花飛ばし法 blindstoken

貯蔵中のチューリップ球根を積極的に高温にあわせ，花芽を座止させて球根の増収をはかろうとする方法．ノーズ長約1cmの段階で，33℃1週間の処理を行うとよい．ウイルスり病株，混種株の抜き取りができないのが欠点である．（今西）

花振るい berry shatter

ブドウは開花しても受粉・受精が行われずに落花したり，受精してもまもなく生長が停止してきわめて小さい幼果が落果することがある．このような現象を花振るい（花流れ）という．一種の生理的落果である．巨峰やピオーネ，あるいは近年育成された果粒の大きい品種では，開花時に放任すると著しい花振るいを生ずる．

花振るいには貯蔵養分の多少，樹勢，窒素過多，微量要素（ホウ素）欠乏，せん定の程度，開花期の気象などの諸条件が影響する．その防止対策としては新しょうと花房の生育に利用される養水分の競合をさけるため，新しょう先端の摘心やB-ナイン散布，花房の切り込みなどが行われている．（志村）

花芽　flower bud　──→　花芽（かが）
花持ち　vase life　──→　切り花保存剤
バーナリゼーション　vernalization
──→　春化
パネルテスト　panel test

官能検査（テスト）において，特定の目的のために選ばれた判定人の集団をパネルといい，食品の品質性状すなわち食味をパネルが評価・判定することをパネルテストという．大別して分析型パネルと嗜好型パネルがある．前者は試料食品の特性を分析的に識別検査するのを目的とするが，固定したパネルで一貫して行うのがよく，パネル自身の嗜好は問題にしない．出荷受入検査のパネルがこれに当たり，判定人ともいわれる．一方嗜好型パネルは，特定の食品の味覚などがパネル自身の好みに合致するかどうか，あるいはその程度を評価するパネルで，食品の一般大衆に対す普及性，商品性，受容性などの判定に利用される．

検査方法には，ペアテスト（2点比較法），トライアングルテスト（3点試験法），デュオ・トリオテスト（1対2点比較法），順位法，評点法などがある．　　　　（垣内）

バーノット　burrknot　──→　根系
バーミキュライト　vermiculite

ひる石（vermiculite）を約1000℃で焼き多孔体とした雲母状の輝きのある赤～黄褐色の配合土資材で，粒度の異なるものが市販されている．砂の1/15ほどの重さで軽く，保水性，通気性がきわめて良好で，清潔であり，播種床，挿し木床として単用されるほか，塩基置換容量がきわめて大きく，カチオンや微量要素を含み微アルカリ性で，配合土素材としてもよく用いられる．

（筒井・浅平）

葉物

市場用語として使われる場合が多い．野菜ではおもにツケナ類，ホウレンソウ，シュンギク，ネギなどのような緑葉類を総称している．花きではソテツの葉，アスパラガス，タマシダなどおもに生花・花束に用いる切り葉（foliage）類を総称している．　　　（松本）

葉焼け　leaf scorch, leaf burn

セイヨウナシの生理障害の一つで，葉縁から枯れ黒変し，落葉するものを葉焼けと呼んでいる．バートレットに多発し，夏期高温乾燥時に葉内水分のバランスがくずれ，細胞枯死が原因とみられている．蒸散抑制剤の利用や敷わら，根の伸長強化などの対策が重要である．　　　　　　　　　　　　　　　（鴨田）

早咲き性・遅咲き性　early flowering; late flowering

植物の開花時期の早晩は休眠期間の長短と関係があり，早咲き性のものは休眠期間が短く，遅咲き性のものは長い．また，木本性のものでは，生殖生長が盛んで，早く開花期，結果期に入るものを早成り性（precocity）と呼んでいる．　　　　　　　　　　　（吉田）

早掘り栽培　early crop growing〔of root vegetables〕（例：early potato growing のように表現）

サツマイモ，ジャガイモ，サトイモ，ハスなどの根菜類で早期収穫を目的として，早生で豊産または食味，外観のよい品種を栽培する作型．発芽の適温下において芽出しを行い，挿し苗または定植する．トンネルやハウス内で促成する栽培が多くなった．　　　（高野）

パーライト　perlite

火成岩の一種真珠岩（perlite）を約1000℃で焼いた白色の多孔体で，種々の粒度のものが市販されている．容積重が軽く，保水性，通気性が良好で清潔であるから，播種床，挿し木床として単用されるほか，配合土の素材としても用いられる．塩基置換容量が小さく，保水性はバーミキュライトに劣る．

（筒井）

腹接ぎ　side-grafting　──→　高接ぎ法，接ぎ木法
ばら詰め　jumble-pack　──→　箱詰め
パラフィン　paraffin

炭素数20～40程度のパラフィン系炭化水素の混合物で，白色半透明の固体，融点は50～70℃で組成により異なる．石油を分留

して粗成品とし，これを精製して得られる．化学的には不活性な物質で，脂溶性で，安定であるため，軟膏，硬膏の基剤，顕微鏡標本の固定などに用いられるほか，その撥（撥）水性，防湿性，点火性を利用してろうそく，パラフィン紙，防水材料などに用いられる．また，花木，緑化樹など樹木類の切り口や接ぎ穂の乾燥防止ならびに病虫害防除のため，塗布剤として用いられる．　　　（金沢・天野）

春植え・秋植え spring planting; fall planting

露地に栽培される一年草，球根類などは，春植え一年草，秋植え球根などのように，春植え，秋植えに二大別される．これらは，耐寒性（hardiness）と休眠打破のための低温要求性両者の有無による類別である．特に前者による場合はある程度相対的なもので，通常秋植え一年草とされるものでも寒冷地では春植えとするものが多い．　　　（筒井）

春植え球根 spring planting bulb

春から夏にかけて生育・開花し，秋の低温期になると地上部が枯死して休眠する球根．冬季乾燥地域，熱帯，亜熱帯原産で，一般に寒さに弱いので，日本では通常霜が降りる前に掘り上げて貯蔵または防寒し，越冬させる．　　　（松尾）

春枝・夏枝・秋枝 spring shoot; summer shoot; fall shoot

カンキツ類を例にすると，栄養生長が旺盛な樹や太枝では，まず春先に仲長を開始した新しょう（春枝）は梅雨期のころにいったん生長を停止するが，盛夏期に入って春枝の先端やその下2～3芽から生長を再開する（夏枝）．夏枝の生長が盛夏期の後半にいったん停止した後，秋期に再び生長の再開がみられる．これが秋枝である．通常，カンキツ類ではこのような地上部の生長が停止しているときに根の生長がみられる．　　　（湯田）

春作・夏作・秋作・冬作 spring cropping; summer cropping; autumn cropping, fall cropping; winter cropping

作付け期間の主体と収穫期が，それぞれ春，夏，秋，冬にかかる作物を指す．しかし，単一の季節だけで生育・収穫の完了するものは少ないので，季節を重ねて春夏作，秋冬作と呼ぶこともある．播種期を示す春・夏・秋・冬播きと，作季を示す春・夏・秋・冬作とには通常若干のずれが出る．夏播きキャベツは秋冬作であり，春播きニンジンは春夏作となる．

本来の作季からいえば，果菜類は一般に春夏作，葉・根菜類は秋冬作であるが，近年品種改良と栽培技術（特に環境調節技術）の進展，輸送条件改善に伴う緯度差・高度差の利用により，主要な野菜の大部分については周年栽培が可能となり，果・葉・根菜類の大部分は周年生産（春・夏・秋・冬作）されるようになっている．　　　（芦澤）

パルプ pulp

植物体の繊維状物質を機械的あるいは化学的方法で砕いたかゆ状のものをいう．食品加工では果実，野菜を機械的に粉砕後，裏ごししてつくるが，ミカン内皮のように酸分解を併用する場合もある．生のまま粉砕する冷砕法と予熱して行う熱砕法とがある．リンゴ，オレンジ，アンズ，トマトなどのパルプがあり，18 *l* 缶詰として保存し，ソース，ジャム，ネクターなどの二次加工用に供される．　　　（伊藤）

春播き spring seeding, spring sowing ⟶ 播種

春播き一年草 summer annual ⟶ 一年草・二年草

パルメット整枝 palmette training ⟶ 整枝

半円形整枝 ⟶ 整枝

半結球採種 ⟶ 採種

半数体 haploid ⟶ 倍数性・倍数体

晩生 late flowering, late maturing, late ripening, late season ⟶ 晩生（おくて）

伴性遺伝 sex-linked inheritance ⟶ 遺伝

晩生柑 late citrus cultivars ⟶ 中

生柑・晩生柑

晩霜害 late frost damage　──→ 霜害

半促成 semi-forcing　──→ 促成栽培

半透性膜 semi-permeable membrane

　物質が生体膜を透過する速度は，膜に局在する特別な輸送タンパクが作用するなど複雑な生体反応のあらわれとして，必ずしも通過物質の分子量にはよらない．膜の種類，生物の種類，生理条件などによって様々な透過性を示す．細胞膜はこのような半透性を示す．

（新田）

半八重 semi-double　──→ 八重

半離核 semifreestone　──→ 核

半割り果　──→ アルカリはく皮

ひ

PAN peroxyacetyl nitrate　⟶ ガス障害

pH potential of hydrogen

pHは溶液中の水素イオン(H^+)濃度を表す単位で，次のように定義される．$pH = -\log[H^+] = \log\dfrac{1}{[H^+]}$．$[H^+]$は溶液中の$H^+$濃度($g/l$)．水素イオン量は非常に少ないので，上記のように水素イオンの$1l$中のグラム数の逆数の対数で表し，これをpHと呼ぶ．純水や中性の溶液では，水素イオン濃度$[H^+]$と水酸イオン$[OH^-]$がいずれも$10^{-7}g/l$になる．すなわちpHは7となる．pH値が7より小さい場合を酸性，大きい場合をアルカリ性と呼ぶ．

pHは土壌酸性の強度（土壌酸度）を表し，通常はガラス電極法であるpHメーターを用いて測定する．すなわち，20gの土壌に対して2.5倍量の溶液（50 mlの純水または1規定塩化カリウム溶液）を加えてかく拌し，しばらく静置した後，電極を挿し込み測定する．測定値の表示に当っては，pH(H_2O)とかpH(KCl)のように浸出液の区別を明記する．
　　　　　　　　　　　　　　　（鈴木鐵）

pF potential of free energy

一成分系（純水）におけるギブス(Gibbs)の比自由エネルギー（化学ポテンシャル）を重力単位になおし，その絶対値を対数にとったものである．pFのPは対数を，Fは自由エネルギーを想定する．つまり，それぞれの水分恒数の吸引圧すなわち，土壌水が粒子に吸着される強さ（水分張力）を表すもので，吸着力に相当する水柱の高さ(cm)が用いられることもあったが，数値が大きく取扱いが不便なため，水柱の高さの対数をとり，これをpFと呼び，広く用いられた．なお，全有効水分はpF 1.8～4.2の範囲内をいうが，pF 3.8を境として，それよりpF 1.8までが作物に比較的容易に吸収され，土壌水分がこの範囲内に維持されれば，作物に萎ちょうは生じない．永久萎ちょう点のpFは4.2でほぼ15気圧に相当し，毛管水領域の保水力の大小を示す．水分当量はpF 2.7，過剰な重力水が排除されて，水の下向移動が著しく減じたときの土壌の含水量である．ほ場容水量はpF 1.5～2.0に相当する．

ただし，この概念は土壌水を純水とみなすがゆえに，土壌溶液の溶質の浸透圧効果を考慮していないという欠点がある．なお，土壌の孔隙全部が水によって占められた，すなわち土壌が含みうる最大の容量を最大容水量(maximum water holding capacity)という．
　　　　　　　　　　　　　　　（鈴木鐵）

光形態形成 photomorphogenesis

植物の生長や花芽の分化などの発育が光の質，強さ，照射の長さなどの相違によって制御されることを光形態形成という．すなわち，種子の形成，種子の休眠導入ならびに解除（暗発芽，明発芽，胞子発芽などを含む），生長の早さ，花芽分化，花芽の発達，開花，結実，芽の（側枝の）休眠導入（苞形成，地下茎，球根形成，結球など）と解除，などの普通，植物の生長環や生活環にみられる諸現象が光要因によって制御されることを指している．一応，これらの現象はファイトクローム(phytochrome)のような植物体内に存在する光受容体(photoreceptor)によって内生植物ホルモンの消長を引き起こし，それによって生長や発育が制御されると考えられている．

なお，光受容体は複数存在すると仮定されている．　　　　　　　　　　（上本）

光呼吸 photorespiration　⟶ 光合成

光受容機構 photorecepting mechanism　⟶ フィトクローム

光発芽性種子 light-sensitive seed　⟶ 種子

光飽和点 light saturation point　⟶ 光合成

光補償点 light compensation point ⟶ 光合成

光リン酸化 photophosphorylation ⟶ リン酸化反応

非還元糖 non-reducing suger ⟶ 還元糖・非還元糖

微気候（微気象） microclimate, micrometeorology

地表付近のごくせまい場所における気候を微気候という．水平的な広がりの範囲は10^{-2}〜10^2 m，垂直的広がりは10^{-2}〜10^1 m程度である．微気候と微気象の区別は，前者が接地気層の構造や特性を地理的関係でとらえようとするのに対し，後者は気層内の大気運動や熱の放射，蒸発などの気象現象を物理法則として説明しようとすることである．

接地気層内では気温，風速，湿度等の気象要素がその上層に比べて値や変化が著しく異なり，特殊な気候を形成する．作物は微気象（候）の影響を受け，また微気象の変化に対し大きく作用する．

微気象観測用測器の必要条件は，精度が高く，感部が必要に応じ微細であること，隔測ができ同時多点観測が可能なことなどである．

なお，局地気候（local meteorology）とは，地形の起伏と地表状態によって特徴づけられた比較的狭い地域の気候をいい，都市気候，盆地の気候などがその例である． （鴨田）

微気象 micrometeorology ⟶ 微気候

ひげ根 fibrous root

主根と側根の区別がなく，多数の細い根が束生してひげ状になった根．単子葉植物の根やダイコンやニンジンなどの肥大直根から出た側根はひげ根である． （大川）

肥効 fertilizer efficiency, fertilizer response

施用した肥料養分が作物に吸収利用され，無施肥時に比べ，収穫目的部の増加，あるいは品質の向上に及ぼす施肥の効果が肥効である．肥効は肥料成分の利用率・生産効率，施肥効率，施肥収益率等により判断され，肥効が安定して高い施肥法が求められる． （馬場）

ひこばえ root sucker, sucker ⟶ 吸枝

尾状地下茎 caudate subterranean stem ⟶ 地下茎・地上茎

比色分析 colorimetric analysis

呈色物質の色の濃さを標準物質のそれと比較して行う化学種の定量法で，溶液の場合に多く用いられる．簡単な視覚法のほか，フィルターを通したり，プリズムや回折格子で分光した光の吸収を光電的に測定する吸光光度法とがある． （金沢）

ヒストグラム（柱状図） histogram

多数の測定値（データ）が得られたとき，これらを大きさの順に分類，整理し，データの集りが示す特徴を理解しやすいようにしたグラフである．データの分布範囲をいくつかの区間（階級）に分けた場合，各区間を底辺とし，その区間に属するデータの個数（度数）を縦軸に目盛って，長方形の柱にしたものを並べた図．各階級の中央値を階級値といい，階級の代表値として表す．データの数が100以下のときの階級は6〜10，100〜250のときは7〜12階級にすると，わかりやすいヒストグラムになる．度数はデータの数によって変わるので同類の度数分布を比較するときは，各階級の度数をデータ総数に対する割合，すなわち相対度数で示すと便利である． （菊池）

微生物相 microflora ⟶ 土壌微生物

微生物バイオマス microbial biomass ⟶ 土壌微生物

非選択的除草剤 non-selective herbicide ⟶ 除草剤

皮層 cortex, cortical layer

植物の基本組織系では，根および茎の表皮と中心柱の間を占める組織である．木本のように茎が二次生長する場合には，皮層はコルク層に分化し，その後樹皮となってはげる．ダイコンのように肥大する根でも同様である．

皮層の最内層に生じるさや状組織で中心柱との界をなす細胞層を内皮，皮層の最外層に分化した細胞層を外皮という．　　　（浅平）

非耐寒性植物　tender plant, non-hardy plant

冬の寒さに耐えうる性質（耐寒性）のない植物．冬の寒さで枯れたり，辛うじて生き残る状態となるので，十分な加温設備がなければ経済的栽培は難しい．一般に熱帯原産の植物には非耐寒性のものが多い．　　　（松尾）

肥大根　thickening root, fleshy root　⟶ 根系

肥大生長　thickening growth, expansion growth　⟶ 生長・栄養生長

ビターピット　bitter pit　⟶ 苦とう病

備蓄種子　reserved seed　⟶ 種子

ピックルス　pickles　⟶ 漬け物

ピッティング　pitting　⟶ 貯蔵障害

ヒップ　hip

バラの実，特に野生バラの実をヒップという．野生バラのヒップには多量のビタミンC（アスコルビン酸）が含まれているが，種子にはほとんどなく，花床が発達した果肉（pulp）に大部分含まれている．ハマナスでは生体重100g当り535mg含まれている．この他 *R. canina*, *R. acicularis*（タカネバラ）にも多量に含まれている．果実が完熟したときに含有量が最も高い．第2次世界大戦中の1940年にブルガリアでは120万kgのバラのヒップが収穫され，国民のビタミンCの補給源として貴重な役割を果たした．現在でも北欧諸国ではバラの果肉のジャムが市販され，イチゴジャムやブルーベリージャムと同様に常用されている．写真参照．　　　（大川）

比電導度　specific electric conductivity, specific conductance　⟶ 電気伝導度

ヒートセラピー　heat therapy　⟶ 熱治療法

ピートモス　peat-moss

温帯湿原でミズゴケ，スゲ等の遺体が堆積分解してできたもので，表層に近い分解が完全でないものは，保水力が大きく単用あるいは配合土素材として重要である．ミズゴケを主体とする泥炭（草炭）をよく水洗いして，乾燥，粉砕したピートモス（sphagnum peat moss）と，スゲ類が堆積したセッジピート（sedge peat moss）とがあり，前者がおもに用いられている．きわめて酸性が強いが，中和したものも市販されている．

酸性を中和していないものを使用する場合は，石灰と混用する必要がある．腐熟化はそれほどすすんでおらず，おもに鉢もの用土などの物理性改良や堆肥がわりに用いられる．

（筒井・鈴木鐵）

ビニルハウス　plastic film greenhouse　⟶ プラスチックハウス

ビニルマルチ　vinyl mulch　⟶ マルチ

非破壊品質測定　nondestructive quality measurement, nondestructive internal quality evaluation

試料（果実，野菜）に損傷を加えず，そのまま内部の品質（成分，肉質など）を測定する方法をいう．光（可視光，近赤外線），X線，打音，超音波，振動などにより測定を行

ヒップ

う．現在研究中のものが多く，今後の発展が期待される．　　　　　　　　　　　（萩沼）

ppm parts per million

100万分の1のことをいう．100万分の1を単位として割合を示したもので，微量の濃度を示すときに用いられる．100 ppmは0.01％に相当する．　　　　　　　　　（菊池）

被覆遺伝子 covering gene　──→ 遺伝子

被覆作物 cover crop

果樹園の地表面管理法の一つとして，緑肥作物や牧草類などを園内に生育させ，土壌侵食の防止，有機物の生産，養分の還元と供給，地温の調節に役立たせる．果樹との養分競合や管理労力などに問題がないわけではない．一年生草種を夏作か冬作し，草を土壌中にすきこみ，中間は中耕除草する方法を中耕被覆作物法という．　　　　　　（大垣）

被覆資材 covering material

作物栽培を行うための温室（ガラス室，プラスチックハウス），トンネル，雨よけハウスなどの屋根や側壁に用いるガラス，プラスチック板，プラスチックフィルム，寒冷しゃ，ならびに土壌表面を被うマルチ用フィルム，べたがけ用不織布などの材料の総称である．

温室は最も被覆資材への依存度が高いのでその性能が問題となり，光線透過率，分光透過特性，強度，耐候性，防曇性，流滴性等について改良が進められてきた．保温用フィルムでは熱線透過特性が重視される．展張に当っては風により破損しないような止め方が重要であり，専用の止め具等が多く準備されている．マルチ用には価格が低廉な薄物（厚さ0.03 mm）が多く用いられる（→伝熱）．
　　　　　　　　　　　　　　（板木）

被覆植物 cover plant

カバープラントのうち地表面を被覆する目的に使われる地被植物に対し，ブロック塀，フェンス，壁面，法面等の人工構築物の表面を覆い美観をつくり出す目的で，あるいは熱放射防止などの目的で植栽される植物を被覆植物と呼んでいる．　　　　　　（国重）

被覆肥料 coated fertilizer　──→ 緩効性肥料

被覆法 covering method　──→ 防寒

皮目 lenticel

木本植物の若い幹や枝の表皮には気孔があり，ガス交換を行っている．しかし，周皮が形成されると表皮とともに離脱し，その場所にガス交換の場として小孔がつくられる．これを皮目といい，レンズ状の形状で内部に細胞間隙に富んだ組織を形成している．皮目にもコルク形成層を生じるが，周皮のものと形態的に明らかに区別される．　　　（湯田）

日持ち keeping quality（青果物），vase life（切り花）　──→ 貯蔵性，切り花保存剤

日焼け（果実の・幹の） sunscald, sunburn

西日の強い日差しや，長降雨後，台風による雨の後などに強い日照があたった場合などが主因となり，果実表面や葉，枝幹表面などが局部的に異常に高温になり（早生ウンシュウ果実では42℃以上），組織が障害を受けることを日焼けと呼んでいる．高温時に成熟する早生ウンシュウ，ナシ，モモなどの各種果実をはじめ，トマトやナスなどの野菜にも発生をみる．

日焼けが発生すると二次的に病害発生を誘発し，また，果色を不良にし日持ちを悪くするなどの品質低下につながる．

果実の日焼け防止には，袋かけ，除袋時の環境緩和，玉まわしなどが行われ，また，枝幹の日焼け防止には，枝葉誘引による被覆や

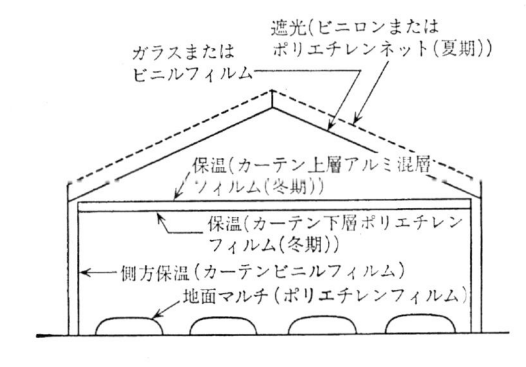

温室における被覆資材の利用例

ホワイトウォッシュの塗布などが実施される. (鴨田)

ピューレー purée

果実を破砕裏ごししてから濃縮したもの. その上に原料果実名を付し, トマトピューレー, モモピューレーなどと呼ぶ. トマトピューレーは JAS (Japanese Agicultural Standard 日本農林規格) 規格では全固形分 (食塩を除く) が 25% 未満のものをいい, 屈折糖度計で 10.7 度以上をトマトピューレー 1 号, 9.6〜10.7 度を同 2 号, 6.4〜9.6 度を同 3 号としている. アメリカでは無塩固形分と称し, 25% 以下, 8.37% 以上をピューレーという. ピューレーは料理に使われるほかケチャップ, ソース, スープの材料となる. ネクター (nectar) と呼ばれる果肉飲料は, 果実ピューレーを希釈し, 甘味をつけたものでピューレー含有率 20〜50% 以内となっている. (伊藤)

ひょう(雹)害 hail damage, hail injury

降ひょうにより, 直接または間接的に受ける被害を総称してひょう害という. 降ひょうは 5〜6 月にかけて多発し, 関東, 中部, 東北地方の山間部などに多く発生する.

降ひょう継続時間が長く, ひょうの直径が大きいほど被害度は高くなり, また, 作物の種類や生育時期, 防ひょう対策の有無により被害に大きな差がみられる. 常襲地では防ひょう網の利用などが有効である. (鴨田)

病害虫発生予察 forecasting of disease and pest occurrence

病害虫の発生状況や気象の推移について調査を行い, それぞれの地域に適した予察方式に基づいて病害虫の発生を予想し, その情報を関係機関や栽培者に提供するシステムをいう. これを各地域ごとに実施することにより, 病害虫の防除の効率化を計ることができる. 発生予察は, 国が行政的な事業として推進し, イネ, 畑作物, 果樹, 野菜などの特定した作物の主要病害虫を対象に行っており, 重要病害虫の発生が予想される場合には, 警報あるいは注意報を発し, 栽培者に対し望ましい防除法を指示する方法がとられている.

この事業のために, 公共の研究機関では, つねに病害虫の発生生態を研究し, よりすぐれた予察の体制がとれるように努めている.
(平野和)

氷結法 freezing method →防寒

表現型 phenotype

表面に表れる形質の型. 表現型は生物の遺伝的な潜在力 (遺伝子型) と環境との相互作用の結果である. ヘテロ個体 (Aa) の自殖の次代で遺伝子型は 1 AA : 2 Aa : 1 aa に分離するが, 表現型では優性 3 : 劣性 1 となる.
(徳増)

病原性 pathogenicity

寄主植物に対して, 寄生し, 病気を起こさせる寄生者の能力および性質をいう. 病気をひき起こすには, 植物の抵抗にまさる侵害する能力と病気を拡大させる働きが必要である. 病原性は寄生者のもつ特質であるが, その強さは寄主の状態で変わりうるものである.
(平野和)

標準偏差 standard deviation

データの分布の広がりを数量的に表す尺度の一つである. n 個のデータ $x_1, x_2, \ldots, x_n$ について, その標本平均を $\bar{x}$ とすると,

$$V = \frac{\sum_{i=1}^{n}(x_i - \bar{x})^2}{n-1}$$

で計算される V を (不偏) 分散といい, その平方根 $S = \sqrt{V}$ を標準偏差という. $\sum_{i=1}^{n}(x_i - \bar{x})^2$ は平方和と呼ばれる. 標準偏差は, 元の測定値と同じ単位である. (菊池)

苗条 shoot

茎とそれについた葉とを一緒にした単位で, 苗 (びょう), 葉条, 芽条ともいう. 維管束植物では, 茎の生長と葉の発生はきわめて密接な関係にあるために発達した概念である. (糠谷)

表層土 surface soil, cultivated soil →土層

病徴 disease symptom

寄主植物が病気に罹ったときの反応として認められる固有な症状をいう. 病徴は病気の

診断に重要であり，個々の特徴を慎重に観察し，見分ける必要がある．また，病徴は時間の経過，栽培品種，環境条件により変化するし，症候群 (syndrome) として現れることもある．　　　　　　　　　　(平野和)

表　皮　epidermis

植物体の表面を1層から数層の細胞層で覆って，植物体を保護し水分の蒸散を防いでいる組織で，多くは1層である．気孔や毛じは表皮細胞に由来する．表皮は外面に分泌する物質でクチクラをつくり保護されている場合が多い．　　　　　　　　　　(浅平)

表皮細胞　epidermal cell　→ 表皮
日よけ　shade, shading　→ 軟白
平詰め　→ 箱詰め
微量要素　micronutrients, minor element, trace element

高等植物の必須要素（元素）16種の中で，正常健全な植物体中の含量がppm台（乾物当り）と微少な元素が微量要素で現在以下の7種，鉄 Fe，マンガン Mn，亜鉛 Zn，銅 Cu，ホウ素 B，モリブデン Mo，塩素 Cl である．Stout (1961) によると植物体中の平均的含量は Fe, Mn, Zn, B, Cu, Mo, Cl それぞれで 100, 50, 20, 20, 6, 0.1, 100 ppm である．ホウ素は高等植物にのみ必須な微量要素である．微量要素は生体内で不可欠の重要で特有な生理作用に関与しており，植物種・品種，環境条件により体内含量の変動が多量要素より著しく大きい傾向があり，欠乏すると各要素に特有な欠乏症状が生ずるが，またその過剰の害も現れやすく，特に Mn, B, Cu 等では顕著である．第二次大戦後わが国の多くの作物で各種の微量要素欠乏症が発見され，その解明克服により収量・品質が顕著に改善向上された．なお，高等動物の微量要素は現在14種と多い．　　　　　　(馬場)

ヒル反応　Hill reaction　→ 光合成
品　温

青果物のそれ自体の温度を品温といい，果実の場合，果実温ともいう．青果物の鮮度は貯蔵温度に左右されることが多いが，この場合も正確には品温に依存しているといわなければならない．品温は多くの場合は環境温度に近い温度域を示すが，必ずしも一致するとは限らず，青果物の品質変化の温度依存性等の調査には品温が重要な指標となる．そのため，予冷などで低温処理を施す場合は品温の低下を正確に検知する必要がある．

青果物の鮮度保持効果を高めるためには，品温ができるだけ低い早朝に採取するのが望ましく，10～14時は品温が最高となり，この時間の採取は好ましくない．なお品温は温度センサの挿入により測定されることが多いが，精度の上で問題があり測定法の改善が望まれている．　　　　　　　　　　(垣内)

品　質　quality

1) 品質の要因と評価

品質とは食品として，商品としての性質，品柄，その良し悪しと程度をいう．

品質の要因（指標）としては①外観，②食味，③栄養価，④日持ち，貯蔵性，輸送性，⑤安全性などがあげられ，これらの要因が集約されたものが品質である．果実，野菜は種類が多く，種類により品質評価の項目が異なる．果実類は嗜好的要因が強く，野菜類は栄養的要因が強くあげられ，同じ考え方で評価することはできない．また各評価項目中，何を重点にするかには個人差があり，品質鑑定を一口でいうことは非常に難しい．

青果物の品質は外観（大きさ，重量，形，色など）により評価されているのが現状であるが，外観さえよければよいということには批判がある．色などは熟度，内容をある程度推定する要因であるといえるが，外観以外の要因を含めて考える必要がある．

食味（風味）に関係する成分は，糖，酸，アミノ酸，香気成分，ペクチンなどがあげられる，また物理的性質も関係する．これらは分析の結果から評価できるが，食味は味，香り，肉質，歯切れなど人間の感覚により決められるもので，分析結果だけで決めることは困難で最終的には官能検査 (seusory test) により決められることが多い．しかし，個人に

よって嗜好が異なるので，大多数の人が好むものをよしとすることには多少の疑問がある．嗜好の多様化した現在ではさらにキメ細かい評価法が必要である．

栄養成分としておもなものはビタミン，無機塩類，食物繊維があげられる．人間はビタミンCの約90％，ビタミンAの約50％を青果物より摂取している．無機塩類も多く含まれ，数種の例外をのぞけば，すべてアルカリ性食品でもある．最近その摂取の必要性が問題になっている食物繊維も青果物には多く含まれている．このように青果物は保健食品としての価値が高い．

青果物は腐りやすく品質低下が早いものが多く，日持ちのよいものが好まれる．また貯蔵中，輸送中の品質低下の遅いものが流通上有利で，低温などの利用による鮮度（品質）保持技術（品質管理）の導入が必要である．最近では特に食品の安全性が叫ばれ，農薬や食品添加物の使用に際しては細心の注意が必要である． (萩沼)

2) 選果と貯蔵における品質

品質とはそのものの性質を意味するが，青果物では外観と食味に大別できる．

外観には大きさとその美しさがある．大きさの測定は容易であるため，一般に規格は統一されていて，果実ではどの選果場でも同じ規格で選別が行われている．選果の全国規格では，大きさの規格を階級と呼称し，リンゴ，ナシ，モモ，カキ，ブドウ，ビワが果実の重量で，カンキツ，スモモ，クリ，オウトウが果実の直径で選別するよう規定している．

果皮の美しさすなわち，品種独特の着色，地色，風傷度，病害虫被害度によって秀，優，良に分けるが，これを等級選別と称している．この選別は機械化ができず，肉眼に頼っているため，規格の表示もあいまいで，同じ秀でも選果場によって品質が異なることが起きる．

食味を左右するものとして糖・酸含量などの化学成分，舌ざわり，みずっぽさなどの物理的なもの，香気など微量成分の影響するものなどがある．

これらの品質構成要素のほとんどのものが貯蔵中に変化し，大部分は低下する方向に進む．すなわち，水分の蒸散によって大きさが1階級小さくなるとともに，萎ちょうして外観が悪くなったり，硬度が低下して軟化する．酸の減少や糖の分解で食味も低下し，香気が抜けたり異臭が生じたりして，風味も悪くなる．貯蔵や流通時にこれらの変化ができるだけ少なくなるように注意すべきである．しかし，カンキツ類では着色が貯蔵中に促進されて外観がよくなったり，熟度が進んで食べやすくなったりすることもある．さらにセイヨウナシ，キウイフルーツなどのように，追熟して品質がよくなり食べられるようになるものもある． (伊庭)

品　種 cultivar, cv, variety

同一の栽培種に属するが，形態的・生態的な実用形質に関して，他の個体群（集団）と明らかに区別でき，かつ，同一群内では相互に区別し難い個体群が形成される．これらの個体群を品種と呼ぶ．品種は植物分類学上の単位というより，農業生産上の概念で，固定品種とほぼ対応するが，一代雑種も F_1 品種と呼ぶことがある．

種苗法では，いささかまわりくどいが第1条の2の④において次のように規定している．固定品種とは，同一の繁殖段階および異なる繁殖の段階に属する植物体のすべてが次に掲げる要件を満たす場合における植物体のすべてをいい，交雑品種とは，一の固定品種の植物体と他の固定品種の植物体とを交雑させて得られる植物体のすべてが次にあげる要件を満たす場合におけるその植物体のすべてをいい，品種とは，固定品種および交雑品種をいう．

一．重要な形質に係る特性（以下単に特性という）において十分に類似していること．

二．一又は二以上の特性によって他の植物体と明確に区別されること．

品種は農業上の概念であって，人間が長い歴史の中で，その利用上有用なものを選別，

栽培しているうちに形成されたものである．類似した栽培条件下では，品種は遺伝的に安定した平衡状態にある．しかし，他殖性作物にあっては同一品種といってもかなりの数の異なった遺伝子をもった個体の集まりであり，自殖系作物にあっては多くの純系の集まりであり，遺伝的に変異する可能性を有する．したがって，栽培条件が変わったり，ある方向をもった人為的な選抜を加えると，品種のもつ遺伝的特性はそれに対応して変化する．同一起源をもつ地方品種や育成品種から，新たに異なった地域的系統や，選抜系統が分化し，やがてこれらから新しい品種が成立するのは，このためである．

品種は，先述のとおり人間が利用するために長い年月にわたって栽培している間に成立したものである．これらからさらに積極的に，ある目的にあった形質をもつ新しい品種をつくり出すことが育種である（→系統）．

(芦澤)

品種登録 registration of variety ⟶ 種苗

瓶詰め bottling, bottled foods ⟶ 缶詰・瓶詰め

ふ

ファイトアレキシン phytoalexin

感染に反応して寄主植物の組織に生成，蓄積し，寄生者の発育を阻害する抗菌性の物質のこと．この作用は，そもそもジャガイモの塊茎に非親和性の疫病菌レースを接種して過敏感反応を起こした組織に対して，親和性の疫病菌レースをあとから接種しても病徴を示さないことに注目し，過敏感反応を起こした組織には何らかの病原菌の生育を阻害する物質が存在することを示唆したミュラーらの研究により実証された．現在多くの寄主植物からそれぞれファイトアレキシンが純粋に単離され，化学構造が明らかにされている．病害に対する寄主植物の抵抗性の機構を説明する重要な鍵としてだけでなく，健全植物におけるさまざまな代謝機構にも関係することが知られ，その認識は益々多面的に拡がりつつある． (平野和)

ファイトトロン phytotron ⟶ 人工気象室

フィトクローム phytochrome

菌類を除くすべての植物に存在し，赤色光・遠赤色光可逆的反応の光受容機構として働き，光形態形成に関与している．青緑色の色素タンパク質．細胞質中に溶けて存在するほか，ミトコンドリアやミクロゾームの膜に付着して存在し，分子量約12万のポリペプチド鎖からなる．光を受けていない細胞ではフィトクロームの大部分が赤色光を吸収する P_r 型で 660 nm に吸収のピークをもち，赤色光を受けると遠赤色光を吸収する P_{fr} 型に変わり 730 nm に吸収ピークをもつようになる．一般に P_{fr} 型が生理的に活性で，P_{fr} 型は遠赤色光によって急速に P_r 型に変換されるほか，暗黒下でも徐々に P_r 型に変わり，分解も起こる．P_r 型と P_{fr} 型の変換は可逆的で，要する光エネルギーはきわめて低い（→光形態形成，スペクトル）． (位田)

ふ(斑)入り variegated, mottled

通常ふ入りという言葉には，植物の病気としての認識はなく，遺伝的な特性による形質の現れとされている．一方，病理学の観点から病徴として扱われるふ入りがある．その場合主として花弁に不規則なふが入り，茎葉にもモザイク症状を示す．これから病原ウイルスが確認されている例が多い． (平野和)

風害 wind damage, wind injury

強風やそのための乾風によって生ずる作物被害を，一般に風害という．風害の中に，潮風害や寒風害を含め総称して風害ということもある．

風害のうち台風，突風，冬の季節風による被害が大きく，その他，フェーン，竜巻，地形性の局地的強風による被害がある．風害は風の性質，作物の種類や品種による耐風性 (resistance to wind damage) や生育時期，栽培管理，防風垣の有無などにより大きく変化する．風害の原因は，風の物理的なものと生理的なものに大別でき，風速の増大とともに作物に茎葉や果実の損傷，脱粒や落果，倒伏や枝折れが多くなり，また，生理的原因には作物体内の水分欠乏，同化作用の低下と呼吸増大があげられる．

風害防除（防風）には，防風林や防風垣の設置，作物体への網かけ，耐風性品種の選択，作期移動，栽培管理的防除法などが図られる． (鴨田)

風乾重 air-dry weight

通気のよい室内に植物体，土壌などを1〜3週間放置して重量の減少のなくなったときの重量をいう．乾燥中に呼吸による消耗や成分変化が起こり，また空気湿度によっても変わるが，大量の試料を処理する場合に用いられる． (施山)

風穴貯蔵 ⟶ 常温貯蔵

風傷果 wind abrasion fruit

おもにカンキツ果実の果皮が，強風により葉枝とすり傷，切り傷を受けたあとの後遺障

害をいう．その程度によっては商品価値を損ずる．幼果時に受けた傷あとは果面上に広くケロイド状に広がり，開花時のスリップス類など訪花昆虫の害と混同しやすい．7～8月に受けた傷あとは果皮表面積上の割合としては少なく，深い条溝となることが多い．10月以降の風傷あとは癒合組織が未発達のまま，カビの被害により樹上発病する．　（大垣）

風食 wind erosion　──→ 土壌保全
風選 winnowing, wind selection　──→ 種子
風媒 anemophily

風によって受粉することを風媒という．風媒花は，一般に色，香気，蜜などが目立たないものが多い．花粉は軽く，量が豊富で，花粉壁はきわめて強い．トウモロコシ，マツ，クワ，クリなどは風媒によって結実する．
（吉田）

風媒花 anemophilous flower　──→ 風媒

富栄養化現象 eutrophication

河川水や湖水の有機物，栄養塩類の濃度が高まることをいい，人間の生活や生産活動に伴う水質汚濁現象で，窒素，リン，ABS，COD，BODなどが該当する．農業生産に支障をきたすことがあり，基準値が設けられている．　（板木）

フェノール phenol

ベンゼン環，ナフタリン環その他の芳香族性の環に結合する水素原子が，水酸基で置換された化合物の総称である．クレゾール，チモール，ナフトール，レゾルシン，ヒドロキノン，フロログルシンなどがある．水酸基の数に応じて一価，二価……と呼ぶが，二価以上を一括して多価（ポリ）フェノールと呼ぶ．　（廣瀬）

フェロモン pheromone

生物個体から放出され，同種の別の個体に一定の行動や生理的過程を引き起こす化学物質をいう．種内の個体間のコミュニケーションにかかわる化学物質であり，その機能からいろいろの類別が行われている．一般に，行動を解発する解発フェロモンと生理的過程を誘導する誘導フェロモンの二つに分けられるが，前者は配偶行動にかかわる性フェロモン，集合行動にかかわる集合フェロモン，警戒・防衛行動にかかわる警報フェロモンなどがあり，後者の例としては，ミツバチの女王物質のような社会性昆虫の階級分化にかかわるフェロモンがある．　（玉木）

フェンロー型温室 Venlo-type greenhouse　──→ 温室
深植え deep planting　──→ 植え穴
不完全花 imperfect flower, incomplete flower　──→ 完全花・不完全花・単性花・両性花
不完全雌ずい imperfect pistil, subgynoecious　──→ 雌ずい
不完全種子 imperfect seed　──→ 種子
不完全優性 incomplete dominance　──→ 完全優性・不完全優性
不完全葉 incomplete leaf　──→ 葉形
複果 multiple fruit　──→ 多花果
複芽 accessory bud, double bud, multiple bud　──→ 単芽・複芽
副芽 accessory bud　──→ 単芽・複芽
副花冠 corona, trumpet　──→ 副冠
副冠（副花冠） corona, trumpet

花冠の中にできる花冠状の付属物．花被片の一部が増長してできたもので，スイセンのラッパが副冠（trumpet）に相当する．
（大川）

複茎 sympodial　──→ 単茎・複茎
複合型ジベレリン bound gibberellin　──→ ジベレリン
複合環境制御 control of combined environmental factors

温室栽培において複数の環境要素を相互に関連させながら制御することをいう．近年の温室は環境制御技術が進歩し，多くの要素が人工的に調節できるようになってきたが，これらの要素を互いに関連させ，たとえば，暖房や換気の目標値を日射量によって変更した

り，室温だけでなく湿度やCO_2濃度も制御したり，風向，風速によって窓の開度，開閉位置を変えたりする複雑な制御法である．コンピュータ技術，センサ技術等エレクトロニクスの発達により装置の開発が進んできた．

単一制御に比べて複合制御は省エネルギー，省力，増収，品質向上，警報発信，記録表示等の効果が期待され，石油ショックを契機に導入は漸増している（→生物環境調節）．

(板木)

複交雑 double cross　→ 交雑

複散形花序 compound umbel　→ 花序

副しょう（梢） lateral shoot, side shoot　→ 一番枝・二番枝

福助づくり

大輪の花を丈が伸びすぎないように育て鉢物とする仕立て方を，頭の大きい福助になぞらえていう．大輪ギクの福助づくりがよく知られ，1本仕立てとし，日長処理やわい化剤処理を施して，草丈の伸長を抑えながら品質のよい大輪の花を咲かせる営利栽培も行われている．

(筒井)

大輪ギクの福助づくり

複対立遺伝子 multiple alleles　→ 遺伝子

覆土 soil covering

種子を播いたときや球根あるいはイモ類を植え付けたとき，その上に種ものの直径の3倍位の厚さに土をかけて覆う．また，生育中の作物への土寄せ，土入れ等の処置も覆土の一方法である．水分を供給し，日光を遮り，幼根の定着を安全にする．また風による飛散や鳥獣の害を防ぐ（→土入れ，土寄せ）．

(高野)

複半数体 amphihaploid　→ 倍数性・倍数体

複葉 compound leaf　→ 葉形

覆輪 marginal variegation, picotee

ふ（斑）入りの一種で，黄色，紅色，白色などの斑が中央部の緑色を囲むようにして現れるふ入りを覆輪と呼ぶ．斑の幅の広い深覆輪，狭い糸覆輪，緑色との境が不鮮明な覆輪くずれなどがある．

(大川)

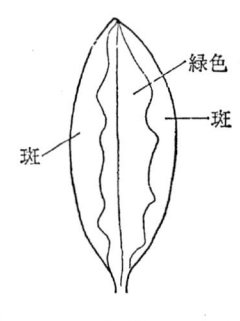

覆　輪

袋掛け bagging

病害虫防除のため果実に紙袋をかけて保護する作業を袋掛けという．明治10年代に岡山県下のモモ栽培で試みられたのが最初という．袋掛けは病害虫防除のみならず，果実の外観向上に有効である．袋掛け栽培の行われている果樹にはリンゴ，ナシ，モモ，ビワ，ブドウなどがあり，いずれも1果当りの価格が高いもの，商品として外観が重要な役割を占めているもの，薬剤による病害虫防除の困難あるいは不確実なものなどの条件をもつ品種と限られる．袋掛け栽培では除袋や破袋にも多大の労力を要するため，近年では袋掛けを行わない無袋栽培がリンゴ，ナシ，モモなどで普及している．

袋の材料としては，新聞紙，ハトロン紙，ワックス紙あるいは薬剤を浸透させたものな

どが用いられ，小は36切りから大は4切りまでの大きさがある． (志村)

不結球採種 → 採種

房咲き性 cluster flowering, multi flowering

頂芽以外のえき芽にも花芽が分化し，多数の花が房状に咲く花きを房咲き性と呼んでいる．キク，カーネーション，バラの切り花栽培ではえき芽を摘んで一茎一花にするのが普通であるが，房咲きの切り花も増加しつつある．その場合はスプレータイプと呼んでいる． (国重)

節 node → せつ

不時開花 unseasonable flowering, unseasonable blooming → 狂い咲き

不時栽培 off-season culture, out of season growing

露地における普通の生育期以外の時期に促成または抑制の栽培をすること．今日では，品種の生態分化が明らかにされ，さらに積極的に種々の生態条件に適する品種が育成され，栽培施設の開発利用と相まって，品種の作型が成立し，同一の種類の野菜や花が周年にわたり生産されるようになった．したがって不時栽培という言葉はこれらの作物ではあまり使われなくなった（→端境期）． (高野)

不時抽だい(苔) unseasonable bolting → 抽だい

節成り

ウリ類の花は一般に雌雄異花で，雌花あるいは雄花の単性花を同一株上に着生する雌雄同株である．花の性発現は種によりまた品種によってかなりの変異がみられ，特に若い果実を生産の対象とするキュウリでは，雌花発現の密度の高い方向へ淘汰が進められてきたために遺伝的変異が著しい．キュウリやカボチャの一部などにおいて，主枝上の低節位では雄花を着生し，上節位になるにつれて雌花に転じて連続雌花節となる品種や，主枝上の下位節に若干雄花節を着生するのみで，比較的下位節から雌花を連続的に着生する品種がある．このように主枝上において，果実となる雌花節を連続的に着生することを節成りといい，節成りに対して飛び節がある． (斎藤)

腐植 humus

広義では土壌有機物と同義，狭義では土壌有機物のうち土壌特有の暗色無定形の高分子物質群を指し，腐植物質と同義である．腐植物質は土壌に加わった生物遺体から生物学的および物理，化学的作用によって生成した物質群で，その化学的構造はまだ十分明らかでなく，しかも，これと混在している腐植物質でない有機物質（非腐植物質）とを厳密に分別する方法も，まだ確立されていない．しかし，普通の土壌では腐植物質が土壌有機物の大部分を占めていると考えられる．実際上は，腐植物質はアルカリや酸に対する溶解性によって腐植酸（またはフミン酸），フルボ酸，ヒューミンに分けられる．腐植物質は土壌中において比較的安定な高分子物質であり，土壌の理化学性および微生物性に大きな影響を及ぼしているので，土壌生産力のきわめて重要な因子である． (鈴木鐵)

腐植土 humus soil

岩石の風化とともに地衣類やこけ類が生え，土中に微生物が繁殖し，植物の遺体を分解し，その一部を腐植にする．これが増加すると高等植物が生育できるようになる．高等植物の遺体が加わると，一層土壌化が進む．土壌中に腐植が20％以上を含むものを腐植土という．腐植は炭水化物，タンパク質，リグニン，脂質などから腐植酸，フルボン酸，ヒューミン等になったものである．やや冷涼なところや嫌気的な条件下でそれらの蓄積が多いが，湿潤熱帯で植物の物質生産がその分解より上まわるところにも存在する．養分の給源，陽イオン交換能，緩衝能として重要であるばかりでなく，団粒化による透水性，通気性を改善し，生物活性の増大が起こる．ただし，酸度が高い． (高野)

不織布 non-woven fabric → 被覆資材

浮水植物 floating plant → 水生植

物
伏せ木法 bowed-branch layering ⟶ 圧条法，取り木

伏せ込み planting, laying-in
栄養繁殖する野菜，花き，球根類，芋などを増殖のためほ（圃）場に植え込む（定植する）ことをいう．貯蔵のために栄養繁殖する野菜および花きなどを地中に埋めて保存するときにも伏せ込みという場合がある．
(天野)

双子 twin
一般に種子植物の種子はその中に1個の胚を含み，一つの実生（seedling）を生ずるのが普通である．しかしながら，1個の種子中に2個またはそれ以上の胚を蔵している場合もある．これを多胚性といい，2個を有する場合を双子，3個の場合を三つ子という．その原因は無胞生殖（apogamy），無胞子生殖（apospory），不定胚形成（adventitious embryony）などによる．
(志村)

付着根 adhesive root
茎の変態した不定根で，よじ登り植物のノウゼンカズラにみられるように茎を付着させるために生ずる短根．
(大川)

仏炎包 spathe ⟶ 包葉

物質生産 matter production ⟶ 光合成

ブッシュ bush ⟶ 高木性・低木性

不定根 adventitious root
幼根が生長した主根およびこれから発生した側根を定位根というのに対し，茎特に節間部や，葉などから発生する根を不定根という．挿し木発根の場合は，枝組織内の射出髄線上に根原体を蔵し，節と節間から発根する形態根と，切り口から発根する不定根とに分けている．不定根を容易に発生させるためには茎や葉を保水力のよいバーミキュライトに挿し，ミストハウス内に置くとよい．さらにオーキシン類のIBAなどで処理すると発根率が高まる．また，樹種によっては，取り木法によって不定根を発生させる場合もある（→根系）．
(湯田)

ブドウ酒 wine ⟶ 果実酒

ブドウ糖 glucose ⟶ 還元糖・非還元糖

懐枝 inner branch
せん定用語に多い擬人的表現の一つである．樹冠の中心部に発生し，日照を受ける程度が少なく閉じ込められた状態の枝の総称である．樹冠の中央部に向って伸長した内向枝や逆行枝をも含めて老化した状態である．着花は少なく，良品質の果実は期待できない．
(岸本)

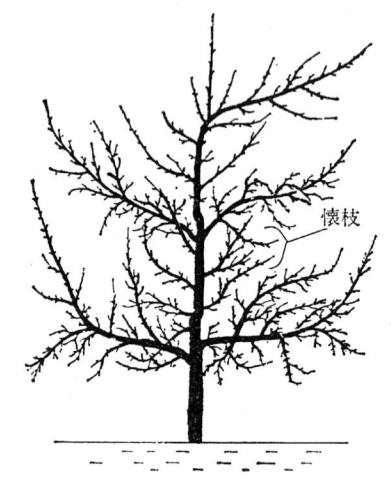

懐枝

舟弁 keel, carina ⟶ 旗弁・翼弁・竜骨弁

不成り年 off-year ⟶ 隔年結果

不稔性 sterility ⟶ 稔性・不稔性

不稔性因子 sterility ⟶ 離反因子

部分摘果 partial fruit thinning ⟶ 摘花・摘果

部分不稔 partial sterility ⟶ 稔性・不稔性

冬咲き winter flowering
春咲きの花きで遺伝的に早咲きする性質をもち，冬に咲くものを寒咲きと呼んでいる．これに対し，同じ春咲きのものを促成開花させて露地，あるいは霜よけの下で冬に咲かせたものを冬咲きと呼んでいる．
(国重)

冬作 winter cropping ⟶ 春作・夏作・秋作・冬作

浮葉 floating leaf

葉身が水面に浮んでいるものを浮葉といい，葉柄が長く，茎および根が水底の土に着生している植物と，葉身のみが水面に浮び土着しない植物とがある．前者には，ハス，ヒツジグサなどが，また後者にはウキクサ，サンショウモなどが例示される．また，水面上に浮ぶ葉と水中に止まる葉とでは，オオオニバス，ヒシのように著しく形態が異なる場合がみられる．

（上本）

腐葉土 leaf mold

落葉を堆積，腐敗させて土壌化したもので，多孔質で保水力が大きく，塩基置換容量もきわめて大きく，微量要素に富み，土壌に混合すると粗孔隙を増し排水を良好にするなど，配合土の素材としてすぐれている．容積重がきわめて小さく，互いに結合する性質がないので単用することはあまりないが，育苗用土，鉢物用土などのすぐれた配合素材である．クヌギ，ナラ，ブナなどの落葉広葉樹がC/N率が適当で分解しやすく，できた腐葉の理化学性もすぐれるので推奨される．秋に落葉を集めて堆積すれば，翌春，おそくとも翌秋までには腐葉土となる．従来，鉢用土配合の主流をなしたが，資材としてはコストが高いため，大規模な営利栽培ではピートモス，バークなどの代替資材がおもに用いられるようになってきた．

（筒井）

ブラインド blind

分化した花芽が正常に発達せず，途中で座止して，開花に至らない現象．分化した花芽は発達に適した体内の生理的状態および環境条件下では順調に発達するが，不適当な日長，温度，光量などの条件下では分化が中断され栄養生長へと生長相が逆転する．

バラは採花やピンチ，剪定などによって頂芽優勢が取り除かれると環境条件に関係なく新しょうが1～4cmに達すると花芽分化を始め，がく片，花弁，雄ずい，雌ずいの順で分化し開花するが，低温，低光量下では花弁分化の段階で座止し，ブラインドとなる．雄・雌ずいが分化した段階では不良環境条件下でも座止することなく，順調に発達し，開花する．

（大川）

ブラウンチェッキング（セルリーの） brown checking

セルリーの葉柄表面にみられる褐変部位の発生で，茎割れを伴うことがある．茎割れ，ささくれをクラックトステムといって区別している．ブラウンチェッキングはホウ素の少ない，カリ，窒素の多いところで発生しやすく，石灰の過剰は関係していないようである．品種間差があり，根系分布の深い品種で発生が少ない（→クラックトステム）．

（加藤）

ブラシノライド blassinolide

ブラシノライドは，1970年にアメリカ農務省のMitchellらによって，ナタネの花粉中より抽出された，これまでの植物ホルモンとは異なる植物生長促進活性を有するステロイド化合物である．

ブラシノライドおよびその類縁体（ブラシノステロイド）は，初期にはナタネ，ハンノキなどの花粉から見い出されたが，それ以外にフジマメ，インゲン，マルバアサガオ，ハクサイなどの未熟種子やクリの枝・葉，チャおよびイヌキの葉，アラスカトウヒの新しょう，イネの茎葉などに存在が認められ，多くの高等植物に普遍的に存在することが明らかにされている．なお，異常分裂組織であるクリやイヌキの虫えいにおいて含量の高いことは，ブラシノライド類の生理活性を考える上で興味深い．

ブラシノライドは，インゲン幼植物の第2節間に処理すると，節間を伸長させるとともにその上部を著しく肥大させる．この場合，節間基部の細胞は縦方向に約2倍に伸長し，節間上部では細胞分裂が顕著に促進されており，細胞伸長と分裂の二重作用という特異的な生理活性を示す．インドール酢酸の生物検定法として確立されたイネのラミナジョイント（第2葉身基部）テストにおいて，低濃度（$0.01\,\mu g/ml$以下）で強い活性を示す．なお，切片においても，無傷植物においても，

オーキシンと共力効果を示すことが多い．また，ブラシノライド類は，植物に対して奇形形成を伴うことなく幅広い濃度で生長を促進したり，阻害的影響を現すことや根の伸長に対して阻害が少ないことが大きな特徴である．作物の生育に対しては，初期生長の促進，穀類の増収，不良環境への耐性付与などの特徴ある報告がなされ，実用化に向けた研究が盛んに行われつつある．

ブラシノライドの構造は1979年にGroveらによって $2\alpha, 3\alpha, 22R, 23R$-tetrahydroxy-24S-methyl-B-homo-7-oxa-5α-cholestan-6-one であることが決定されている．

(糠谷)

プラスチックハウス plastic film greenhouse, plastic house

プラスチック製の被覆資材を用いた温室の総称で，わが国では軟質ポリ塩化ビニル（→プラスチックフィルム）がおもに用いられ，ビニルハウスの名称が早くから定着したが，このほかに硬質無可塑塩ビ，ポリエステルなどの硬質フィルム，ガラス繊維強化ポリエステル(FRP)，同アクリル(FRA)などの硬質板も用いられる．

構造形式は最も簡易な鋼管を骨材とするいわゆるパイプハウスが主体であるが，連棟，単棟大型など多種類ある．園芸施設共済ではこれらをⅠ類（木竹），Ⅱ類（パイプ），Ⅲ類（鉄骨下），Ⅳ類（鉄骨中），Ⅴ類（鉄骨上）に5分類している．

簡易な施設では軟質フィルムを毎年張替するのに多くの労力を要するので，着脱容易な垂木材や部材が利用される．一方，多年被覆により年ごとの張替作業を省くために3～7年展張の硬質フィルム利用が固定化した鉄骨ハウスにおいて漸増している（→温室）．

(板木)

プラスチックフィルム plastic film

プラスチックを用いた農業用フィルムの総称で，軟質ポリ塩化ビニル（農業用ビニル）フィルム，硬質塩化ビニルフィルム，ポリエチレンフィルム（農ポリ），エチレン・酢酸ビニル共重合フィルム（農サクビ），ポリエステルフィルムなどが含まれる．主体となるのは農ビと農ポリである．

農ビはポリ塩化ビニル(PVC)を主原料とし，これに可塑剤，安定剤，防曇剤などを加えておもにカレンダー法でつくられ，厚さは0.05～0.2mmの96基準がある．農ポリはエチレンを高圧下で重合してつくられる高圧ポリエチレンを原料としてインフレーション法とTダイ法でつくられ，厚さは0.02～0.1mm

主要被覆材料の物理的特性

項目	材料	ガラス(厚さ3.0mm)	FRP(0.7mm)	FRA(1.0mm)	塩ビフィルム(0.1mm)	ポリエチレン(0.1mm)	酢ビ(0.1mm)
光	光線透過率 (%)	91	90	90	90	92	88
重さ	比重	2.5	1.5	1.5	1.2~1.5	0.92	0.9
重さ	重量	7.5	1.1	1.5	0.1~0.2	0.09	0.09
機械的強度	引張り強さ (kg/mm^2)	3.5~8.5	12~14	9~11	2.0~5.0	2.0	—
機械的強度	圧縮強さ (kg/mm^2)	60~120	13~18	10	—	—	—
機械的強度	曲げ強さ (kg/mm^2)	4.5~8.5	15~20	14~16	—	—	—
熱的特性	熱伝導率 (kcal/cm^{2}h°C)	0.68	0.09	0.09	0.14	0.28	0.28
熱的特性	線膨張係数 (cm/cm/°C)	0.08~1.0×10^{-5}	2.8×10^{-5}	4.8×10^{-5}	6.0~8.0×10^{-5}	—	—

の5基準がある．農ビはおもにハウス，トンネル用に，農ポリはおもにマルチ，ハウス内保温カーテン用に用いられる．

フィルムの性能として重視されるのは光線透過率，分光透過特性，引張り・圧縮・曲げ強度，耐候性，防曇性などである．軟質フィルムの耐用年数は1～2年であるが，無可塑塩ビ，ポリエステルなどの硬質フィルムは5～7年の耐用年数のものが多い．

〔流滴・有滴〕流滴フィルムとは農業用プラスチックフィルムに親水処理をして，表面の結露水が水滴化しないようにし，防曇性をもたせたもの．親水性の強さを調節して，ハウス内の霧の発生を抑制する防霧フィルムというものもある．有滴フィルムとは農業用被覆資材に親水処理を施してないもの．表面の結露水が水滴化するので，透過光が減少する．

使用ずみの廃プラ処理が問題となり，特に焼却処分が困難な農ビではその対策が求められている． （板木・狩野）

ブラスティング blasting

十分に発達した花らいが，開花に至らないで枯死するのをブラスティングといって，ブラインドと区別する．ユリやアイリスの促成切り花栽培でよく発生する． （大川）

フラッシング flushing ⟶ 過冷却
フラベド flavedo ⟶ アルベド・フラベド
フラボノイド・フラボン・フラボノール flavonoids; flavone; flavonol

植物界には2個のベンゼン環を炭素3個の鎖でつないだ形をした，$C_6(A)—C_3—C_6(B)$ の炭素骨格をもつ色素が，広く分布する．フラボノイドはこのような色素を総括した総称名であって，フラボン，フラボノールの他にアントシアニン，カルコン，オーロン，イソフラボンなど全部で十指にあまる色素群が含まれている．フラボンは化学的には2-フェニルクロモンで，その3-ヒドロキシ誘導体がフラボノールである．両色素群とも遊離または配糖体として，植物のほとんど全組織にわたり広く分布するが，その発色はせいぜいクリーム色までである．ただフラボノールの6位や8位に水酸基または7位に糖が結合すると，濃い黄色を発現する．クェルセタゲチン，ゴッシペチン，クェルセチン-7-グルコシドなどがそれである（→アントシアニジン）． （有隅）

フラボノイド色素 flavonoid pigment ⟶ アントシアニジン
ブランチング blanching ⟶ 缶詰
フリースピンドル整枝 free spindle training ⟶ 整枝
ブリックス Brix ⟶ 可溶性固形物
ブルーイング blueing

バラの赤色品種の花色が，青味がかり暗色化する現象をいう．その原因については古くから研究されタンニン欠乏説，pH上昇説，金属錯体説，コピグメント説，タンニンを主体とする特殊な細胞内構造説などの学説があるが，原因は一つではなく，コピグメンテーションとpHとの関係で説明できるケースと安田が指摘している花弁の細胞内にタンニンあるいはペクチンを主体とする特殊構造を生じ，それにアントシアニンが吸着して青色を示すようになるケースとがあることが明らかになっている． （大川）

フルクトース fructose ⟶ 還元糖・非還元糖
フルードドリル fluid drilling ⟶ 播種機
ブルヘッド bull head

バラの花芽が正常な花にはならず，商品価値のない奇形になることがある．花弁数が正常花より多く，かつ短く，幅広で，内側に曲がり，著しい場合には花の中心部が平らになり，しばしば二心，三心になる．その格好が雄牛の頭を連想させることからブルヘッドと呼ばれる．高温期と低温期に発生するが，高温期に発生するのは，開花約1週間前（がくが花弁から離れて下がる時期）に短時間30°C近い高温に遭遇するのが原因で，低温期のそれは，花らいの発育初期に低温（5～10°C）

に遭遇するのが原因である．品種によって発生率に大きな差があり，ゾリナは高温期にバッカラは低温期に多発する．　　　　（大川）

ブルーム　bloom

果皮や茎葉を覆う白粉状のろう物質のことである．ブドウなどの果皮，キャベツ，カーネーション，アロエの茎葉上に広く認められる．
　　　　　　　　　　　　　　　　　（川田）

プレザーブ　preserve　　→　ジャム
フレーバー　flavor　　　→　揮発性成分
フレーム　frame

高さ30〜45cm程度の南面に緩傾斜した木製のわくまたはわらわくを地上式または半地下式に設け，ガラス障子または油障子を被覆する保温栽培施設．ビニルフィルムの普及により水平な簡易わくにトンネルがけで代用されるようになった（→トンネル栽培）．
　　　　　　　　　　　　　　　　　（板木）

ブレンド果汁　blended juice　　→　果汁
プロテアーゼ　protease　　　→　酵素
プロトコーム　protocorm

ラン科植物の種子はきわめて微小で，自然状態では菌が共生して発芽するが，まず球状，紐状など種に固有な形の組織塊を生じ，これから芽が生じて実生となる．この芽を生じる組織塊をプロトコームといい，原塊体と呼ぶこともある．ラン科植物の茎頂培養でもこれと同様の組織塊を生じ，増殖するが，これもプロトコーム，あるいは本来のプロトコームと区別してPLB（protocorm like body）と呼んでいる．写真参照．　　（石原）

プロトプラスト（原形質体）　protoplast

細胞膜（原形質膜）に覆われた原形質の塊をいい，植物では細胞壁をのぞいた全細胞内容に当る（→原形質）．　　　　（石原）

不和合性　incompatibility

花粉および胚のうが完全に機能を有するにもかかわらず，その間で受精の行われないことをいう．不和合性には自家不和合性と他家不和合性（または交雑不和合性）とがあり植物界にかなり広く見出される性質で，受精を行っても花粉の不発芽，花粉管の花柱への浸入不能，花粉管の成長速度の低下，停止などが起こり，受精に至らない場合である．不和合性に関与する遺伝子は不和合性遺伝子と呼ばれる．

両全花をもつ植物で自家受粉によって種子が生じない現象が自家不和合性であるが，この現象は異型花柱性と同型花柱性との場合がある．異型花柱性はソバ，アマ，サクラソウ，トマトの野生種などでみられるが，遺伝子型の異なる長花柱花と短花柱花との間にお

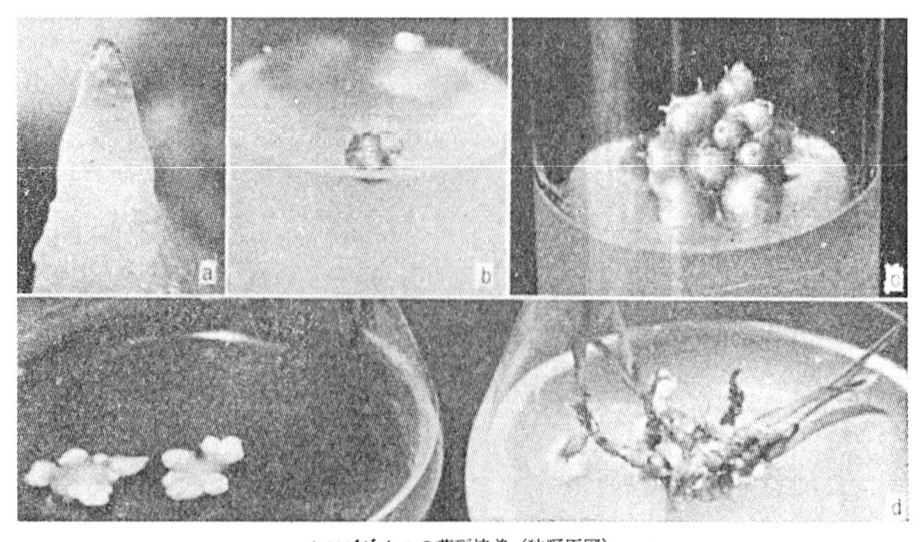

シンビジウムの茎頂培養（狩野原図）
a：解剖して露出した茎頂，b：茎頂から生じた球体（プロトコーム），c：球体の増殖，d：左（液体培地）は球体細切片からの球体増殖，右（寒天培地）は球体細切片からのシュート形成

いてのみ受精が可能で，長または短花柱花内では受精不能である．遺伝的には1対の芽胞体型遺伝子によって説明される．

同型花柱花の場合は複対立遺伝子群（通常Sで表される）の仮定により説明される．その働きには二つの場合があり，第一の型は花粉の遺伝子組成（半数体）と花柱との関係で説明されるもので，配偶体型の自家不和合性と呼ばれる．ナス科やマメ科の植物でみられる．たとえばタバコでは雌ずいがS_1S_2であるとS_1またはS_2の花粉は受精しないがS_3は受精する．したがって$S_1S_1(♀)×S_1S_2(♂)$ではS_2の花粉により受精が可能であるが，$S_1S_2(♀)×S_1S_1(♂)$では不和合である．

第二の型は花粉のつくられる芽胞体の遺伝子組成（二倍体）によって花粉の行動が決まるとされるもので，キク科，アブラナ科などにみられる．この場合$S_1S_1×S_1S_2$の交雑でも共通遺伝子S_1が両者にあるので，S_2がS_1に対し優性でない限り，正逆両交雑とも不和合である．

交雑不和合性は品種間，種間，属間レベルでその意味するところは異なる．種間交雑において，自家不和合種（♀）×自家和合種（♂）では自家不和合性と同様の現象となり，自家和合種（♀）×自家不和合種（♂）では花粉管が正常に伸長するところから，unilateral incompatibility といわれる．

自家不和合性は環境条件によって解消される．アブラナの花の成熟を高温で促進させると不和合性の発現は弱まる．また，高濃度の二酸化炭素ガスで処理することによっても解消される．自家不和合性は雄性不稔と同様，F_1作出の有効的方法として利用されている．

(成河)

フローリゲン florigen ⟶ 開花ホルモン，花成物質

粉衣 dust coating, dressing

種子や種芋に農薬の粉状製剤をまぶすことをいう．古くから種子消毒，種芋消毒に使われていた水銀剤では粉衣によることが多かったが，現在わが国では水銀剤は用いられておらず，スラリー処理，浸漬などによる薬剤処理も増加してきた．ベンレート（ベノミル），ベンレート・チウラム（ベンレートT），チオファネートメチル（トップジンM），チオファネートメチル・チウラム（ホーマイ），チウラム（ポマゾールエフ，チウラミンなど），PCNB（ペンタゲン），ヒドロキシイソキサゾール（タチガレン），キャプタン・チアベンダゾール（ケス）などの薬剤が水和剤あるいは粉衣用粉剤の製剤形態で用いられる．

(上杉)

雰囲気 ambient air ⟶ 温湿度勾配

分岐・分枝 bifurcation, branching; branching, ramification

分岐も分枝も，ものが2個以上に枝分かれする状態を表現し，日常的にも両者の間に明確な区別はない．植物学用語として，分岐は進化の過程で系統が分かれる状況を意味し，収れんの対語である．分枝は生物の生活上の軸が複数になる場合，軸相互の関係を称するが高等植物の茎の分枝法には，単軸（単条）分枝や，側軸が主軸に交替したため，単軸分枝から二次的に生じた仮軸分枝がある．高等植物の地上部の分枝の原基は，表皮系か表面の近くにあり，外長生長の様式によるため，外長分枝である．よって，分枝性は種類や品種の遺伝的な形質である．果樹においても，分岐と分枝の区別は不明確である．一般的な用法は，小枝や若齢の同一年次の枝分かれは分枝を用いる．主幹からの主枝の分枝角度を

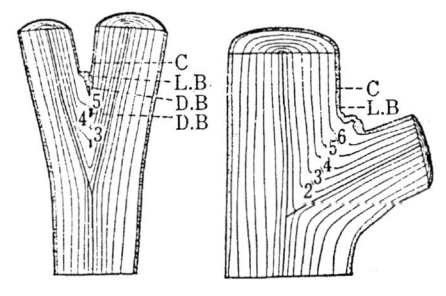

(a) 分枝角度の狭い場合 (b) 分枝角度の広い場合
分枝角度の広狭と枯死部の有無
C：形成層，L.B：生きている樹皮，D.B：死んでいる樹皮．数字は年輪の年齢．

分　球 division, separation, splitting, multiplication

球根類において自然に分かれて数が増える過程をいう．りん茎において中心の生長点が分かれて二つ以上の球に増えたり，りん片葉の葉えきに子球が形成され，側球として分かれていく場合，あるいは球茎において伸長した芽の数だけ，新球茎をつくり増えていく場合などがその例である．分球の能率が悪い球根類では，分球の調節や人為的な繁殖法を講じる必要がある．

一方，人為的に切り分けて，数を増やす場合も分球（division）と称し，その切り分け方が分球法である．ダリアの塊根において，クラウンにある芽を必ずつけて切り分ける作業，あるいはカンナなどの根茎を細切する作業がその例である（→りん茎）． （今西）

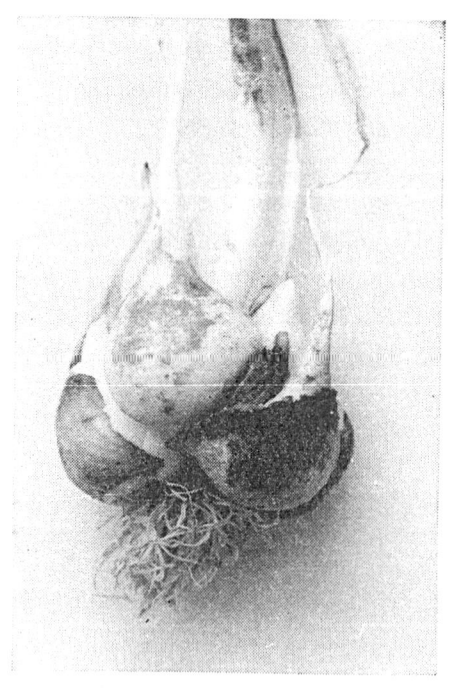

分球（チューリップ）

分げつ(蘖) tiller, tillering

イネ科作物あるいはネギ類で地際部のわき芽から茎あるいは葉が分かれて生育するのを分げつという．球根類の分球も分げつの一種である．イネやムギ類では分げつの多い方が収量が多くなるが，トウモロコシでは分げつの多いのは好ましくなく，現在のトウモロコシ品種は分げつのないものが多い．スイートコーンでは分げつは摘除する．

ワケギは分げつ力旺盛で，種子を生じないために，分げつを株分けして増殖していく．ニラも分げつ力が強く，種子不足のときには株分けによる増殖が行われる．ネギでは石倉，下仁田等の根深ネギは分げつが少なく，九条，越津等の葉ネギは分げつが多い．分げつはまた苗の栄養状態によっても支配され，多肥のときには分げつ数が増加する．
 （中村）

分光光電比色計（分光光度計） spectrophotometer

スペクトルの各波長について，その強度を測定することから物質の分光透過率または分光反射率を求める装置．普通スペクトルをつくるモノクロメータ，測定試料および標準試料に単色光を入射させ，透過あるいは反射光を得る光学系，この両光束の強度を比較する光電管，写真（紫外および可視域用），肉眼（可視域用），熱電対，ボロメータ（赤外域用）などが用いられ，強度を比較する光度計には絞りを利用するもの，偏光の性質を利用するもの，電気的に測定するものなど，各種のものがある．一般に有機，無機物の定性，定量分析に広く用いられている． （金沢）

粉　剤 dust

粉状の農薬有効成分，あるいは農薬有効成分を担体に吸着させたものを固体希釈剤と混合してつくられる．粉剤はそのまま散粉機を用いて散粉される．散粉の際の漂流飛散が少なくなるよう微細粒子を除いたDL粉剤が工夫されているほか，逆に，施設栽培のハウス内で煙のように浮遊するよう製剤化されたFD剤もある． （上杉）

分散分析 analysis of variance

実験データの示す全体のばらつき（総変動）を，実験で取りあげた因子（品種，肥料など）

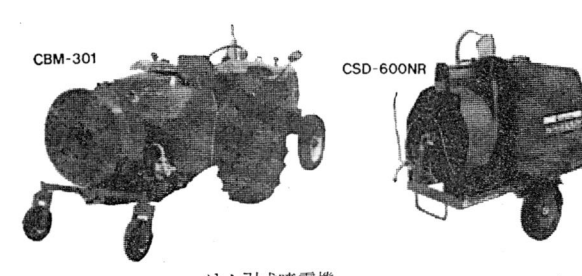

噴霧機のいろいろ

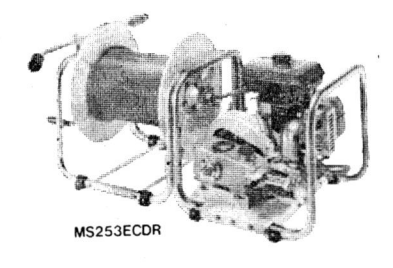

の効果によって生じた部分と，偶然誤差によって生じた部分に分離し，因子の効果を検定する方法で，実験計画法によって得られたデータの解析法として広く用いられている．個々のデータから総平均値を引いた偏差の2乗和（すなわち）総平方和は，単独の因子による効果（主効果）や因子間の交互作用効果による平方和および誤差平方和に分解される．これらの平方和をそれぞれの要因の自由度で割って不偏分散（平均平方）を求める．主効果や交互作用効果の有意性は，それぞれの不偏分散を，誤差分散で割った比（F値）の大小によって評価する．これらの結果をまとめて分散分析表を作成する． （菊池）

分　枝 branching, ramification ⟶ 分岐・分枝

分枝角度 branching angle, crotch angle ⟶ 分岐・分枝

分子間呼吸 intramolecular respiration

無気呼吸の一種で分子内呼吸ともいう．糖などの基質が酸化される際に生じる水素が代謝産物の一つを分子状酸素の代りに還元する．たとえば，グルコースの代謝産物ピルビン酸が炭酸ガスを放出してできるアセトアルデヒドは還元されてエタノールとなるが，還元する水素は代謝過程でグリセルアルデヒド3-リン酸が1,3-ビスホスホグリセリン酸に酸化されたときに生じたものである．分子間呼吸は微生物の発酵に典型的にみられるが，カキの脱渋過程，過熟メロンのエタノール生成に際して生じていると考えられている．

（崎山）

分枝性 branching habit ⟶ 分岐・分枝

粉　質 mealiness ⟶ 肉質

分株法 division, suckering ⟶ 株分け

分　配 distribution ⟶ 転流・分配

粉末果汁 fruit juice powder, powdered juice ⟶ 果汁

噴霧機 sprayer

農薬には水和剤，乳剤，水溶剤など，水に懸濁あるいは溶かして散布するものが多い．噴霧機はこれら薬液を散布するための機器である．原理は薬液を加圧して噴霧用ノズルに送り，霧粒にして散布する．加圧ポンプ，原動機，薬液タンク，圧送ホース，ノズルとからなる．簡単なものは家庭園芸用などの手押しポンプがあるが，一般には電動機やガソリンエンジンなどを動力とするものが多い．動力式の中には小型の背負式や可搬式，共同防除施設などに設置される大型の定置式，さら

にトラクタでけん引するけん引式あるいはトラクタと噴霧機が一体化した搭載型，送風機からの強風により，薬液を円板に叩きつけてミスト状に噴霧するミスト機など種々のものがある．　　　　　　　　　　　　（小泉）

噴霧耕　mist culture　　⟶　養液栽培

分　離　segregation

減数分裂により，対をなしている相同染色体または遺伝子が互いに分れ，異なる細胞に分配されることをいう．またその結果生じた遺伝子組成を異にする配偶子の組合せにより，親と異なる種々の遺伝子型や表現型の個体を生ずることもいう．ヘテロ個体 Aa の自殖次代に AA，Aa，aa を生ずる場合，遺伝子型分離比は 1:2:1 であり，表現型分離比は 3:1 である．また種々の遺伝子型を含む集団中から，特定の遺伝子型の個体または個体群を選び出すことをも分離といい慣らされているが，上述の分離とは意味合いを異にする．遺伝子型の選択によって新品種をつくり出す育種法を分離育種法（選択育種法，選抜育種法）という．分離育種法では，特に純系分離法が有名である．　　　　　　（徳増）

分離育種法　breeding by separation, breeding by isolation　　⟶　育種，分離

分類法　classification

分類には人為分類と自然分類がある．

人為分類は利用する立場から便利なように類別する方法で，園芸作物を果樹，野菜，花きに分けるのは人為分類である．果樹は落葉果樹と常緑果樹に分けられ，さらに落葉果樹は仁果類，核果類，堅果類，小果類などに分類される．野菜は葉菜類，果菜類，根菜類のように食用部位により分けるのが一般的である．花きは種子繁殖性のものを一，二年草に分け，一年草は秋播き（耐寒性）と春播き（非耐寒性）に分類されている．多年生花きは宿根類，球根類，花木類などに類別されている．このほか習性に応じて類別し，サボテン・多肉植物，ラン類，ヤシ類などに分類している．

自然分類とは，植物の系統的な類縁関係に基づいた分類すなわち系統分類（phylogenetic systematics）のことである．植物の系統分類は遠くリンネに始まる．彼が創始した二名法による学名（scientific name）は分類学

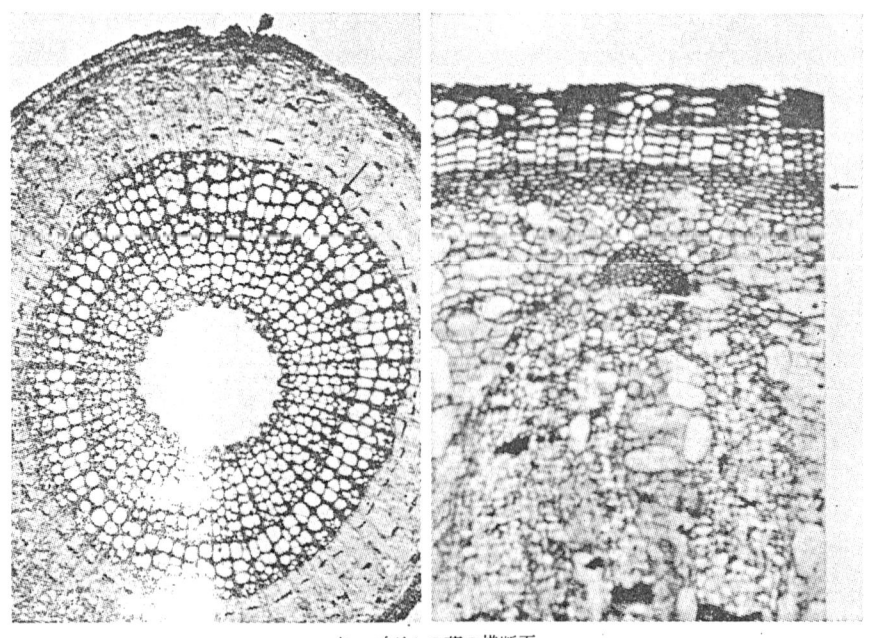

ヤマブドウの茎の横断面
左：矢印は維管束形成層の位置を示す．右：左の一部（表層，周皮を含む部分）を拡大．矢印はコルク形成層の位置を示す．（原襄：植物の形態，裳華房）

の発展に大きく寄与した．ダーウィン以後進化思想が取り入れられて本格的な系統分類学が発展した．

系統分類の方法は，科学の諸分野の進歩に伴い新たな発展をみているが，伝統的で最も基本的な方法として形態学的方法があげられる．これは植物の形態や構造にみられる形質の相違や類似性に基づいて分類するもので，植物のもつ様々な形質の中から安定性のある形質をみつけ出すのが第一歩で，この形質について他の植物との比較を行い，両者間の差違が系統発生上どのような意味があるかを考察することが重要である．細胞遺伝学的方法は今世紀になって染色体観察が行われ始めてより最近まで盛んに行われてきた．染色体の数や相同性，核型分析あるいは倍数性や異数性などが研究されて，系統分類学上大きな役割を果してきた．このような細胞学的な研究により植物の系統分類を論じる分野を細胞分類学 (cytotaxonomy) という．最近，盛んに行われるようになったのは化学分類 (chemotaxonomy) と数量分類学 (numerical taxonomy) である．前者は植物体内の物質の相違や類似性に基づく分類法である（→化学分類）．後者は植物のもつあらゆる形質を数量化することにより，分類群間の類縁関係を論ずるもので，最近コンピュータの導入によりめざましく発展してきた． （岩政）

分裂組織 meristem, meristematic tissue
高等植物では胚形成の時期を除き，長期間にわたって細胞分裂の能力を有し，細胞分裂によって植物体に細胞を加えていく組織は頂端分裂組織 (shoot apical meristem)，根端分裂組織 (root apical meristem)，維管束形成層 (vascular cambium)，コルク形成層 (cork cambium) などに限られ，これらを分裂組織という．茎頂および根端の分裂組織は一次分裂組織と呼ばれ，それぞれ茎，根の体軸方向の生長（伸長生長，一次生長）の中心となる（→一次組織）．維管束およびコルク形成層は二次分裂組織と呼ばれ，いずれも茎，根の径を増大する生長（肥大生長，二次生長）に関与する（→維管束，コルク形成層）．以上のほか，諸器官が形成される際一時期現れる分裂組織がある．葉原基の頂端分裂組織や葉縁分裂組織，イネ科などの茎の節間や葉しょうの伸長に関与する部間（または介在）分裂組織はこの例である． （石原）

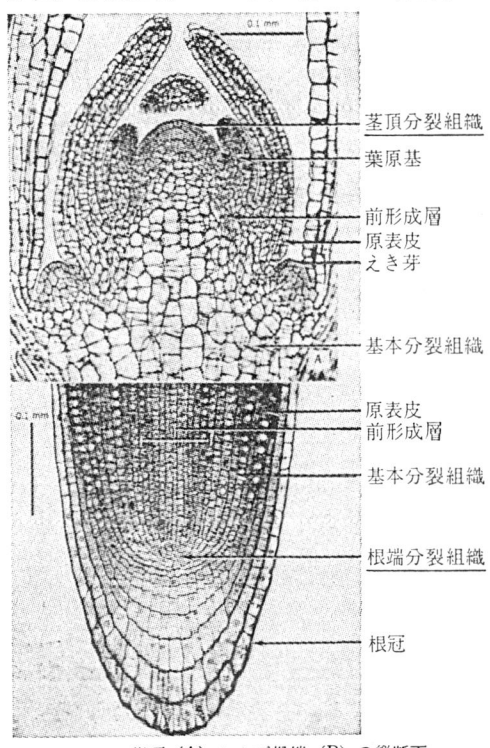

アマの茎頂 (A) および根端 (B) の縦断面
茎頂分裂組織，根端分裂組織（矢印は先端の位置を示す）とそれぞれから派生する組織を示す．(Esau, 1977)

へ

閉果 indehiscent fruit

果実の外部形態から果実を分類する場合，成熟時に果皮（pericarp）が乾燥状態になるものを乾果（dry fruit），逆に肉質で果汁の多い状態になるものを湿果（juice fruit）と称している．この乾果のなかでも，乾燥してから自然に果皮が裂開するものと，ほとんど裂開しないものがあるので，前者を裂開果（dehiscent fruit）と呼び，後者を閉果（indehiscent fruit）と呼んでいる．

閉果のグループには，クリのように木質でかたい果皮をもつもの（堅果 nut）と，そう果（achene），えい果（caryopsis），翼果（samara）など，それぞれ果皮の形態の異なったものが含まれている．そう果はタンポポ，えい果はイネ科植物，翼果はカエデなどの果実にみられる．　　　　　（渡部）

閉花受精 cleistogamy ──→ 受粉・受精，閉鎖花

閉鎖花 cleistogamous flower

被子植物では開花してから受精が行われるが，中には開花せずにつぼみのままで自家受精（閉花受精）して結実する種類があり，これを閉鎖花と呼んでいる．この場合には自家受精後も開花しない．オオムギではつぼみのときに自家受精（閉花受精）するが，その後正常に開花するので，このような場合には閉鎖花とは呼ばない．この他，本来は開花受精するものが，環境条件の変化によって，閉花受精することがあるが，このような場合にも閉鎖花とはいわない．閉鎖花にはスミレ，センボンヤリ，ホトケノザ，モウセンゴケ，フタリシズカなどがある．スミレの場合には春に正常に開花する花は結実せず，遅れて形成される花では花弁が十分発達せずに閉鎖花となり，よく結実する．長日条件下で閉鎖花となることが明らかにされている．　　　（大川）

柄子 pycn[i]ospore

さび柄胞子ともいう．さび病菌類の生活史で，柄子器（柄胞子器ともいう）中に生じる胞子のこと．成熟した柄子器から蜜状に溢れ出る柄子は，別の性の柄子器上の受精糸と融合した後，対核をもつ菌糸を伸ばし，やがてさび胞子腔を形成してさび胞子を増やす．
　　　　　　　　　　　　　　　（平野和）

ペオニジン・ペオニン peonidin; peonin

シアニジンのB環の3′位がメチル化された色素．ボタン（*Paeonia*）属ではじめて見出されたのでこの名があり，スイートピー，シクラメン，フクシア，サクラソウ，ペチュニアなどに他のアントシアニジンとともに分布する．メチル化されたアントシアニジンには，この他にペチュニジン，マルビジンなどがある．ペオニンは配糖体の一種3：5-ジグルコシドである．　　　　　　　　　（有隅）

ペクチナーゼ pectinase ──→ セルラーゼ・ペクチナーゼ

ペクチン pectin

ペクチンは植物の細胞間隙を満たし，セルロースとともに細胞を保持し，果実・野菜の肉質，硬度を支配する重要な成分で，粘性を与え，食べたときの触感に大きな影響をもつ．

化学的にはポリメチルポリガラクチュロン酸で，分子量5～20万の直鎖多糖類とされ，少量のペントザンを伴うことがある．特に未熟果では不溶性のプロトペクチンとしてCa，Mg，糖，リン酸，セルロースなどと結合しており，成熟に伴って可溶性のペクチン（ペクチニン酸）に変わる．過熟になると脱メチルされて，不溶性のペクチン酸を経て，低分子のポリガラクチュロン酸となり，果実類が軟化する．また，ペクチンは果汁の混濁や搾汁の難易の要因となり，ジャム，ゼリー，ジュースなどの品質に大きな影響をもつ．ゼリー化にはペクチン，酸，糖の三者が一定量以上存在することが必要であり，ペクチンが不足の場合は，リンゴ，レモンから抽出された

粉末ペクチンが用いられる． (伊藤)

ヘ ゴ tree fern

ラン類，シダ類などを着生させて観賞するのに用いる栽培資材．ヘゴ科に属する暖地性常緑の木本性シダであるヘゴ（*Cyathea fauriei*）の幹は，径10〜50cm，高さ4mにも達し，径2mmの黒褐色針金状の気根が絡み合って厚く表面を覆い網目状構造をなし，この目的に適するので，材を適当な大きさに切って使用する． (筒井)

ヘゴにつけたオンシジウムの一種

ベーサルシュート basal shoot

植物の基部より発生する徒長枝のことである．高木類では頂芽優性が強いためベーサルシュートの発生が少ないが，バラなどの低木類では，ベーサルシュートが盛んに発生し，古い枝は老衰していき，枝が更新される．ベーサルシュートの発生は，せん定や摘芽による頂芽優性の抑制やかん水・施肥によって促される． (川田)

ヘ そ hilum, navel ⟶ 重のう果・二重果

ヘ た（がく（萼）） calyx

がく片（sepal）と花弁（petal）を花被（perianth）と総称しているが，がく片がゆ合してがく（calyx），花弁がゆ合して花冠（corolla）となっている．しかし，一般的にはがくとはがく片の総括名称であり，へたとは果実の縮存がくのことを指している．

カキ，ナス，トマトなどの果実は，大型の縮存がくを有しているが，これらのへた片は組織形態的には葉と似ている．カキでは，へたは両面気孔（bistomata）になっており，光合成機能が旺盛である．したがって，へた片の一部を除去すると，果実の肥大に影響する．また，果肉とへたの接合部組織の裂開，亀裂現象があり，へたすきといい，早く着色軟化して商品性が低い．ナス，トマトも，へたが薬害を受けたりすると，果実の発育に悪影響をおよぼす．形態的にはがくは，花および幼果を保護する器官と考えられている． (渡部)

へたすき fruit cracking of the calyx end ⟶ へた

ヘッジング hedging ⟶ 整枝

ベッド bed ⟶ ベンチ・ベッド

ヘテロ hetero ⟶ 遺伝子

ヘテロ接合体 heterozygote ⟶ 接合体

pH potential of hydrogen ⟶ pH（ピーエイチ）

ペーパーウィック培地 paper wick medium ⟶ 液体培養

ペーパーウィック法 paper wick method

組織培養において，液体培地中にろ紙を浸し，その一部を培地上に出して，この上に培養体を置床して培養する方法．固体培地において問題となる寒天などに含まれる夾雑物の影響がないほか，培養体が出す有害物質の影響を少なくすることができ，茎頂培養においてよく用いられる（→液体培養）． (土井)

ペーパークロマトグラフィー paper chromatography ⟶ クロマトグラフィー

ペーパーポット paper pot ⟶ ポット苗

ペラルゴニジン・ペラルゴニン pelargonidin; pelargonin

テンジクアオイ（*Pelargonium*）属に因んで命名された．ヒナゲシ，サルビア，ポインセチア，ウケザキクンシランなどの他，スイートピー，バーベナ，バラ，チューリップ，カーネーションなどでは鮭肉〜橙赤色系の品種に含まれる．3-デオキシペラルゴニジンに相当するアピゲニジンのような希少分布の特殊なものを除くと，アントシアニンの中では最も暖色の色相を示し，蛍光灯下でも鮮明さを失わない．遺伝的にはデルフィニジンやシアニジンに対して劣性で，もともとこの色素をもたなかった多くの花きで劣性遺伝子突然変異として出現し，花色の幅を広げた．ペラルゴニンは配糖体の一種3：5-ジグルコシドで，紫外線により著しい黄色の蛍光を発する．
(有隅)

へり花壇（リボン花壇） ribbon flower bed →花壇

ペルオキシダーゼ peroxidase
ペルオキシダーゼ（パーオキシダーゼ）(EC 1.11.1.7) は SH_2（供与体）$+H_2O_2 \longrightarrow S+2H_2O$ の反応を触媒する酸化酵素である．補欠分子族にヘム（鉄-ポルフィリン）を有し，精製酵素は赤色を呈する．植物中の生理作用は不明の点が多いが，植物の老化，クロロフィルの分解などに関与することが考えられている（→酵素）．
(兵藤)

ベレゾーン veraison
ブドウ果粒が幼果から成熟果に至る肥大曲線はダブルシグモイドを示し，その発育ステージはⅠ期（初期急速肥大期），Ⅱ期（肥大停滞期）およびⅢ期（成熟前肥大期）に分けられる．Ⅱ期は種皮が硬化する時期で硬核期ともいわれる．果粒の発育がⅡ期からⅢ期へと移行する時期つまり，肥大が再び活発になる初期はそれまで緑色であった果皮色が淡くなり，硬かった果肉も軟らかくなる．この現象を「水がまわる」といい，この時期をベレゾーン期という．この後のⅢ期は果汁中の糖の増加と酸の減少，果皮の着色などが生じて果粒は急激に成熟へと進む．
(志村)

変異 variation
変異はある集団内の個体間の差異として認められる．それらは遺伝子型の差異による遺伝子型変異 (genetic variation) と遺伝子の働きに対して環境が強く影響を与えたために生じる環境変異 (environmental variation, 彷徨変異 fluctuation) に分けられる．同一遺伝子型の個体群では環境変異は反応幅 (reaction range；その遺伝子型が生存しうるあらゆる環境に対して現すことのできる表現型の範囲のこと）を越えないが，収量，草丈などのような連続した量的形質は生育環境の差異や発育途上の種々な要因に影響され，個体間で量的変異を示す．また変異は突然変異の略語として用いられることもある．
(岩佐)

変異係数 coefficient of variation　→変動系数

変温 alternating temperature
1) 変温管理

1日のうちで，また作物の生育段階ごとに管理温度をより好適な範囲に変えることで，このような技術を変温管理という．1日の管理目安温度は，昼間は高く夜間は低いという，日温度較差を5〜10℃とすることが基本原則である．育苗には特に夜冷青苗が健苗育成に必要なことは知られている．夜間はさらに日没後4〜5時間をやや高めにし，その後日の出までを積極的に低く抑える管理法が，光合成産物の転流を促進し，過度な呼吸消耗を抑制するということで，「変夜温管理」として普及している．また複合環境制御では，日積算日射量に比例して，夜温を2〜3℃の幅で加減している．さらに作物の生育後期は一般に低温を好み，低温に耐えることから，後期管理温度を一段と低くする変温技術もある．
(伊東)

2) 貯蔵，出庫時の変温

貯蔵温度を変えることをいう．青果物は一般に一定の温度で貯蔵することが多いので変温しないが，着色促進や追熟のために温度を変えることがある．また，低温貯蔵したもの

を高温時に出荷するとき，急に出すと水滴がつくので，貯蔵庫の温度を徐々に上げて，水滴がつかないようにする． (伊庭)

弁化 petaloidy ⟶ 花弁

偏光顕微鏡 polarizing microscope ⟶ 顕微鏡

べん(鞭)状葉 whip tail

ハナヤサイにおいて，葉身の欠如した中肋のみの細長いいわゆるべん状葉やスプーン状にカッピングしている葉の発生がみられる．これら葉の奇形や委縮症状はモリブデンの欠乏症であり，アブラナ科野菜ではホウ素およびモリブデンの要求が高く，モリブデン欠乏症が発生しやすい．野菜畑のモリブデン欠乏症の発生は，新開墾畑の酸性土壌地帯に限られる．土壌中のモリブデンは，土壌 pH がアルカリのときに可給態になるが，酸性下では不溶性の形態で存在する．そのため土壌 pH を矯正すれば，作物に必要量のモリブデンは可溶化されることが多い．モリブデン欠乏の対策としては，まず第一に酸性の矯正，第二に堆きゅう肥など有機物の施用，第三にモリブデン酸ナトリウムなどの施用である．
(斎藤)

ベンジルアデニン benzyladenine, BA ⟶ サイトカイニン

偏相関〔係数〕 partial correlation

二つの変数 x と y の相関係数 r_{xy} から，第二の変数 z の影響を除いたあとの相関係数で $r_{xy \cdot z}$ で示され，次の式で計算される．

$$r_{xy \cdot z} = \frac{r_{xy} - r_{xz} \cdot r_{yz}}{\sqrt{1 - r_{xz}^2}\sqrt{1 - r_{yz}^2}}$$

(菊池)

変則主幹形整枝 modified leader type training ⟶ 整枝

ベンチ・ベッド bench; bed

作物栽培の場としての栽培床の種類．ベンチは揚床（あげどこ）で，ある程度の高さに床を設け，用土を入れて作物を栽植したり，鉢や箱植えにした作物を並べる方法をいい，ベッドは地床（じどこ）で，床面にわくをつくり用土を入れ，あるいは床面の土壌をそのまま盛り作物を栽植する方法をいう．作物栽培のための歩行や管理作業，運搬のための通路をもって隣の床と隔てられるもので，温室栽培においてはこれら栽培床の占めるスペースの大小は作物の生育，収量，品質を決める重要な条件になり，また栽培管理作業の難易を決める条件にもなるので，施設装置の設計に当っては重要な検討事項となる．

ベンチは通常花き類や野菜の育苗用に用いられ，図のように用途に応じた鋼鉄の架台を

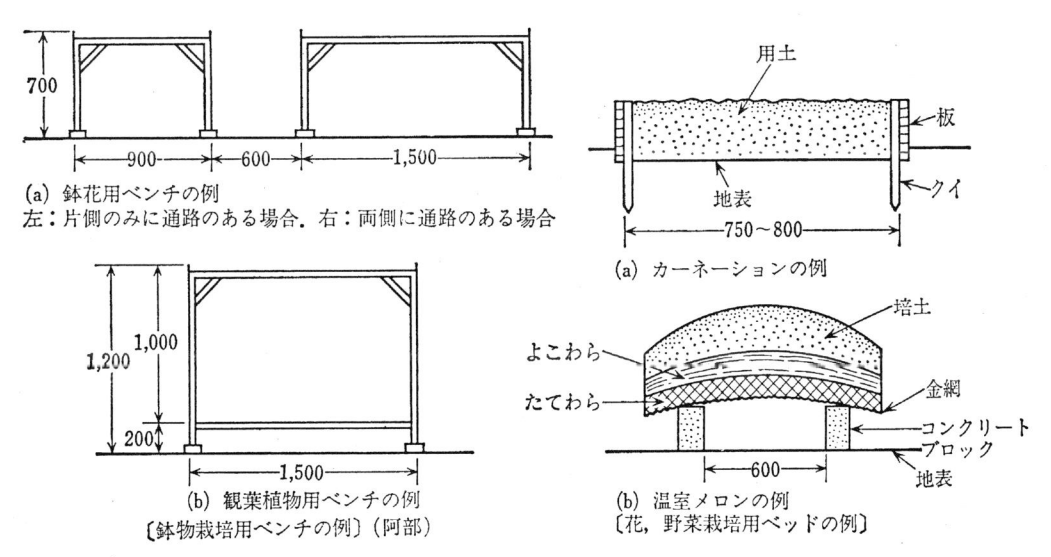

(a) 鉢花用ベンチの例
左：片側のみに通路のある場合．右：両側に通路のある場合

(b) 観葉植物用ベンチの例
〔鉢物栽培用ベンチの例〕(阿部)

(a) カーネーションの例

(b) 温室メロンの例
〔花，野菜栽培用ベッドの例〕

温室栽培用ベンチとベッド

構造材として上面には鋼鉄製の網板をのせる．幅は片側通路か両側通路かによって異なり，手をさしのべて管理しやすくし，高さはひんぱんな管理を必要とするものは作業に便利なように70cm程度としている例が多い．固定した架台の上に自由に回転するパイプを配置し，その上に乗せた網板を容易に移動できるようにしたローリングベンチは，作業時に必要な場所の通路だけをあけ，他は全面がベンチとなるので，通常60％程度のベンチ面積率を90％程度まで高めることができ，丈の低い鉢物栽培において利用されている．イチゴの無病苗養成用などの簡易ベンチにはプラスチック被覆鋼管をつなぎ合わせてつくる規格部材も市販されている．

ベッドは通常花き類や野菜の一部に用いられる．たとえばカーネーション温室では床面に板をクイに固定した幅約80cm，高さ10cm内外の囲いわくを設け，土を盛り栽植する．メロンでは類似の方式が用いられるほか，図のようにコンクリートブロックを用いた金網床が考案され，土壌の蒸気消毒の効率化とあいまって普及している．このほか土壌の集積塩類を水で流去するためのドレンタイル方式もある（→温室，プラスチックハウス）． （板木）

変動係数 coefficient of variation

分布の広がりを表す標準偏差 s を平均値 $\bar{x}$ で割った値で，普通百分率で表す．

$$CV = \frac{s}{\bar{x}} \times 100 (\%)$$

つまり，変動係数（変異係数）はばらつきの大きさを相対的に表したもので，たとえば草丈と果重のばらつきを比較するときには，単位が異なりそのままで比較できないので，変動係数を用いる． （菊池）

ベントナイト bentonite ⟶ 人工受粉，土壌改良剤

ベントネック bent neck

バラやその他の切り花の維管束の通導度が低下し，吸水が抑えられると花床直下の茎が軟らかくなり花を支えられなくなるため，つぼみや花が花首直下から垂れ下がること．若切りすると花首直下の茎の組織が十分硬化していないために，ベントネックしやすい．また，品種間差も大きく，バラではキャラミアが最も敏感であるが，サマンサは抵抗性がある．吸水と蒸散量のバランスだけでなく，花らい（蕾）が茎葉の組織から水分を吸引する能力の差も影響している． （大川）

片肉果 fruit of unequal halves ⟶ 奇形果

ほ

包 bract ⟶ 包葉

膨圧 turgor pressure

細胞の内圧と外圧との差を膨圧という．植物細胞の細胞壁は膨張に抵抗するため，数気圧から数十気圧にも達する．

ほう（萠）芽 sprouting

宿根草や木本植物などの芽が発芽すること．休眠状態で越冬する植物の芽は，ほう芽にさきだって低温を必要とする種類が多い．

（川田）

訪花昆虫 flower visiting insect ⟶ 虫媒

防寒 cold protection

作物体温がある温度以下にならないように（この温度は危険温度とも呼ばれる），寒さを防ぐことを防寒という．

防寒法には，恒久的なものと応急的なものとがあり，その組合せにより効率的な防寒を果すことができる．恒久的な防寒法には，防寒（霜）林帯を設けるなど，地区全体の気候改良を図ることである．

果樹や野菜などを対象にした防寒は，各種のものがありその概要は次のようである．

〔被覆法〕 各種被覆材で作物を覆い，被覆内気温低下を防ぎ，作物体の放射冷却を防止することである．従来，こもやむしろなどが用いられたが，現在ではこれに替わり各種の織物，不織布，マットなどが利用され，さらに断熱性の向上，長波放射の反射性資材などが開発され普及するようになった．

〔土中埋没法〕 厳寒地などでは，ブドウの枝条を土中に埋没し，また，幼木の根元に高い土寄せを行うなどして防寒対策とする．土中に埋没させたブドウは，$-30°C$ 程度の寒さにも耐えることができる．

〔燃焼法〕 各種の燃料を燃やして，その熱と放射エネルギーを利用し，気温低下の防止と作物体温保持をねらいとする．この方法の温度効果は，燃焼器の数や配置，気温逆転層の強さや風速などにより大きく変化する．現在，燃料には重油やプロパンガス，古タイヤ，廃ポリなどが利用されているが，専用の燃焼器にはあまりよいものはない．

〔煙霧法〕 煙や霧発生によって接地気層の冷却を防ぎ，作物体温の低下を防止するものである．煙霧法の主効果は，煙霧層による有効放射の低下に基づく保温作用に期待するものである．この方法の実用例は少なく，発煙剤や発煙方法，人工霧の大量発生とその保持などさらに検討する必要がある．

〔送風法〕 逆転上層の空気を作物のある下層に送風し，温度上昇をねらうのが送風法である．昇温効果は気層上下の温度差，送風量などに左右される．わが国のチャ園などにみられる防霜ファンは，ファン直径 50 cm，4〜6 m の高さ，10 a 当り 3〜4 台程度の設置である．

〔散水氷結法〕 作物体に連続的に散水し，氷結熱の利用（80 cal/g）と氷の皮膜により作物体温の低下を防止する方法である．外気の低温の度合により散布水量を加減し，危険温度以内に作物体温を保つことができる．実用的な散水強度は，4〜6 mm/h であり，弱霜の場合は 2〜3 mm/h でも間に合う．

〔その他〕 予防法として，かん水やたん水法がありこれによって地表面の冷却を緩和させる．

（鴨田）

芳香成分 aroma component

果実や野菜の風味を形成する重要な成分で，微量の揮発性成分によって構成され，物理的，化学的操作によって容易に変質したり，消失しやすい性質をもっている．また，バナナやセイヨウナシなどは追熟によって芳香を放つようになるが，その芳香の良否は追熟の仕方によって異なる．その主成分としては，リンゴではアルコール類がおもで，他にエステル類，カルボニル類，酸類がある．オレンジ，レモンなどのカンキツ類は果皮の精油に

テルペン類などが含まれ，オレンジ油中のシトラール，ネロリドール，ネロール，レモンのシトラプチンなどが芳香成分として知られている．バナナ，パイナップル，モモ，ブドウ，イチゴ，メロンなどにも独自の香気成分が知られている．

メロンの香気成分としてはじゃ香（musk）などがあり，じゃ香はジャコウジカやジャコウネコから分泌されるムスコン，シヴェトンなどの物質が香りのもとになっている．マスクメロンとは，じゃ香臭のするメロンの意である．メロン以外にもじゃ香を発する植物がある．

果汁の濃縮技術は進歩しても，芳香成分の損失はさけがたいので，濃縮を終った果汁は回収した芳香を還元する方法がとられる．収量は果汁に対し1%程度で，生果の100倍くらいの香気をもったものが得られる．なお，これを再蒸留すると，600〜1000倍のエッセンスが採取できる． （吉田・糠谷・伊藤）

縫合線 suture　──→ 果皮

彷徨変異 fluctuation　──→ 変異

飽差 saturation deficit　──→ 水蒸気飽和圧差

胞子 spore

菌類一般に形成される繁殖器官の基本単位のこと．通常胞子は栄養器官から離脱しやすく，分散性や耐久性に適したきわめて多様な形態を備えている．菌類の胞子には，有性胞子と無性胞子がある．有性胞子は菌類の分類基準となる重要なもので，有性生殖の方式でそれぞれ異なり，接合菌類では接合胞子，鞭毛菌類では卵胞子，子のう菌類では子のう胞子，担子菌類では担子胞子を形成する．無性胞子の典型は分生子（分生胞子）であり，これには，形，大きさ，細胞数，色など，種類ごとに千差万別のものがある．胞子は，しばしば環境が不適なときは厚膜胞子を形成して耐久化するが，一方細胞壁を欠く遊走子などは外界の環境抵抗が弱く短命である．また胞子は各菌の生活環に応じて病気の伝染，まん延に深くかかわっている． （平野和）

放射性同位元素 radioisotope, radioactive isotope, RI

元素の同位体のうち放射性を示すもの．放射性同位体ともいう．たとえばトリチウム（三重水素）は水素の放射性同位元素である．天然に存在するもののほか，人工的に種々の核反応を用いて，すべての元素に対して人工放射性元素がつくられている．放射性元素は放射線（X線，γ線など）を放出し，それぞれ定った半減期をもって崩壊し，他の核種に変換する．しかし放射性同位元素は本来の元素と同一の化学的挙動をとるので，化学反応の追跡，化学物質の生体における代謝，排泄，環境中における動態などの研究に，化学的トレーサーとして利用される． （金沢）

放射線照射 irradiation

放射線は物質を通過するとき，分子をイオン化させる性質をもつ．食品の放射線処理（照射食品）にはRIからのγ線と，電子加速装置からの電子線とが用いられる．γ線は透過力が強く深部までとどき，各種の形態の食品でも均一に処理しうるので，最もよく使われる．^{60}Co（半減期5.26年）と^{137}Cs（同30年）がγ線の線源として用いられている．電子線は荷電粒子線で，装置からは任意のエネルギーをもった粒子をうることができる．透過力が弱く，たとえば3 MeV（メガ電子ボルト）の電子線の水への到達距離は1.3 mで，そのため表面処理用である．

ジャガイモ，タマネギなどの発芽（根，抽台）抑制，果実の殺虫・殺卵，果実の熟度調節，殺菌・減菌に利用して，食品の保蔵力を高めることを目的とする．食品自体の温度をほとんど上昇させないので無熱殺菌が可能であり，保蔵効果を大きくしている．

各国で各種青果物，食品に対して放射線照射研究が行われ，使用許可品目は各国の事情によって異なる．わが国では，食品構成原子の核分裂により放射線を帯びるか，発がん性物質が生じないかなどの安全性論議があって，現在ジャガイモの発芽防止にのみ許可され，北海道には実用的な放射線照射装置（線

源 ^{60}Co) が稼動している.

なお,照射線量は照射された物質が吸収したエネルギー,すなわち吸収線量の実用単位 rad（ラド）で現している.

$$1\ \text{rad} = 100\ \text{エルグ}/\text{g} = 6.24 \times 10^{13}\ \text{eV}/\text{g}$$

（1 g の物質に 100 エルグのエネルギーが吸収された場合）

食品の貯蔵に対する放射線利用

利用場面	適用線量 krad	適用範囲
発芽抑制	5～50	ジャガイモ,タマネギ,ニンジンなどの発芽,発根,抽だい防止,クリ果実の発根,発芽防止など.
殺虫・殺卵	10～100	貯蔵物類の害虫駆除,豚肉の旋毛虫駆除,乾燥食品の殺虫・殺卵など
熟度調整・その他	50～500	果実の追熟促進または抑制,カキ果実の脱渋,アスパラガス組織の軟化,リンゴのヤケ病防止など
冷殺菌 表面殺菌	100～1 000	魚貝類,畜肉類,穀類,生鮮果実,野菜の表面殺菌による一時的保存
冷殺菌 完全殺菌	1 000 以上	ベーコン,ハムなど加工食品の殺菌など

放射組織 ray tissue, medulary ray
茎の形成層を挟んで維管束組織中を放射方向に,維管束に対しては垂直方向に走る束状の柔組織（→維管束）.茎軸と垂直方向の物質の通導や貯蔵の機能をもつとされている.下図参照. （石原）

放射暖房 radiative heating ――→ 暖房・暖房機

放射能 radioactivity ――→ 放射線照射

放射冷却 radiation cooling, radiative cooling, radiative refrigeration
物体はその温度に応じて電磁波を射出するが,その電磁波を総称して放射という.夜間の物体は有効放射で放熱を続け,有効放射が大きいほど物体は早く熱を失って冷却するがこの現象を放射冷却という.夏は大気中の水蒸気の熱放射が多く,純放射の放熱が少ないために冷却は小さいが,冬は大気の水蒸気が少ないので放射冷却が大きい.温室等の被覆下では室内空気からフィルム（またはガラス等）内面に熱伝達,凝結および放射で熱が伝わり,伝導でフィルム外面に流れ,そしてフィルムの外面から放射で熱が失われる.この

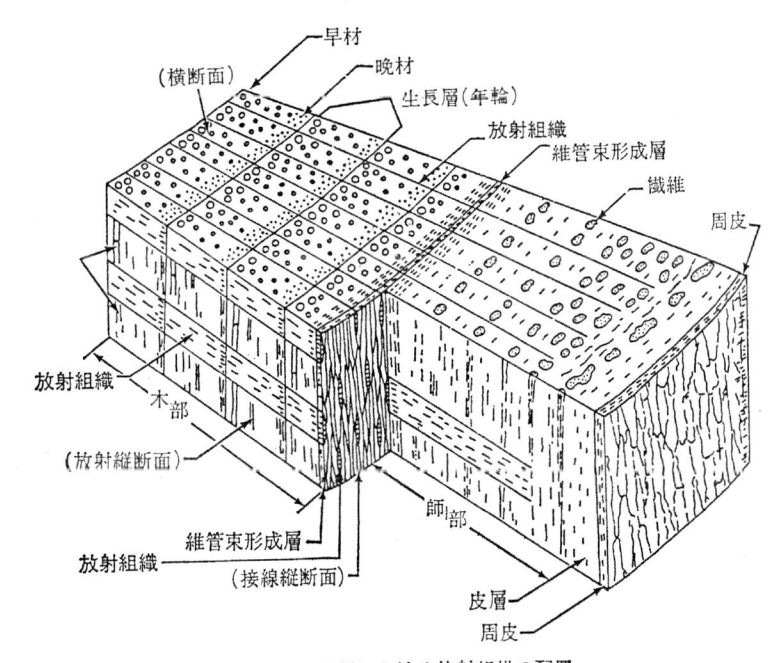

木本植物の茎の二次組織における放射組織の配置

とき室内温度は外気温以下に下がることが多く，これを気温の被覆逆転と呼ぶ．放射熱量は，すき間換気とともに夜間の室温低下の要因となり，これを小さくする配慮がなされる（→伝熱）． (板木)

紡錘体 spindle ——→ 細胞分裂

包装 packaging

包装は，青果物の流通の段階で中身を保護し，輸送性と日持ち性をよくするとともに，商品価値を高めるために行われる．輸送性を高めるために青果物を入れるダンボールやプラスチックでつくった箱を外装と称する．このように，箱に青果物を入れることを荷づくりという．包装資材にはこのほかにセロハンやポリエチレンなどがある．これらは青果物を1個ずつ包み，小売りの段階で行われることが多いが，最近は貯蔵中，輸送中にも行うことがあり，個装と称している．また，プリパッケージ（prepackage事前包装）と称し，産地・販売店で一定数量ずつ包装される．

ダンボールなどの外装材に果実を1個ずつ並べて入れる場合と，包装時の省力を図るためにばら詰めする場合とがある．また輸送中の荷傷みを防ぐために，パックやトレイに詰めたり緩衝材を用いることもある．

小売り段階での包装にはシュリンク包装と真空包装がある．前者は熱によって収縮するプラスチックフィルムを用い，青果物にフィルムを密着させ美観を高める．真空包装は，酸素があると呼吸を促進したり酸化の起こる場合に行う．青果物は呼吸をしているためにガスの透過性のあるフィルムがよく，一般に低密度ポリエチレンフィルムを使用することが多く，密封包装や袋に穴をあけたり，口を密封しない包装が行われる．果実では甘夏とカキで用いられ，前者は，水分の蒸散防止が主目的であり（口があいている），後者はCA貯蔵の効果を高めるために用いられる（密封）．野菜ではキュウリやトマトで，収縮フィルム自動包装機によるシュリンク包装が行われ，ピーマン，シシトウ，ホウレンソウはポリ袋，ネギなどでポリエチレンフィルムが用いられる． (伊庭)

防霜 frost protection ——→ 霜害

ホウ素欠乏症 boron deficiency

新しい器官の生育停止で示される欠乏症に止まらず，ある程度生育の進んだ器官に欠乏症が生じ，葉よりもむしろ他の器官で特有な欠乏症が現れることが多い．

〔欠乏症状〕植物種・品種，生育時期およびホウ素欠乏の強弱により各器官に特有な欠乏症状が生じ，土壌水分・気温・日長等の環境条件がホウ素欠乏発生を助長している．

〔生育の始期に生ずる症状〕新葉・芽のロゼット化・生育停止・枯死変色，多数の側芽の再生と死滅

〔生育途中に生ずる症状〕根：先端部の褐変，伸長不良．葉：葉肉肥厚，葉の脆弱・縮れ・しおれ，黄斑点生成．茎・葉柄・枝：肥厚，コルク質化，脆弱化，水浸状化，ひび破れ，伸長不良．花：やく委縮，花粉異常，落花，花弁ひび割れ，花弁アントシアニン色素の消失．果実・塊茎・貯蔵根：肉質部の水浸・褐色斑点・ネクロシス・コルク化・亀裂，維管束系の変色．著名なホウ素欠乏症をあげれば，ナタネの不稔症，ダイコン・カブの心腐れ，ハクサイ・キャベツの褐色心腐れ，セルリーの茎割れ，チューリップの首折れ・色抜け，ブドウ果房のえび症，リンゴの縮果病，ミカンの硬果症等がある．特有の欠乏症状の現れない器官では生育が不良であるので，潜在的欠乏状態にある．

〔欠乏の生じやすい条件〕酸性土壌，養分流亡の激しい砂土等有効態ホウ素の少ない土壌，アルカリ性土壌，土壌の乾燥．

〔対策〕応急的にはホウ砂0.2〜0.3％液に生石灰0.3％添加液を2〜3回葉面散布する．基本的対策：適正な土壌反応の維持・たいきゅう肥・生わら等有機物の施用，肥料用ホウ砂の施肥（10aに野菜0.5〜1kg，果樹2〜4kg），ホウ素過剰害を回避し，持続的効果を計るときには難溶性ホウ素肥料の施肥（たとえばFTEを10aに野菜4〜6kg，果樹6〜8kg施用）．敷わら，ビニルマルチによ

る乾害防止，かん水． (馬場)

放熱係数 heat loss coefficient

温室からの単位面積，時間，温度当りの放熱量を放熱係数と呼び，kcal/m²·h·℃で示される．同意語として暖房負荷係数があり，次式で表される．

$$U = \frac{Q_g}{A_g(\theta_{in} - \theta_{out})(1 - f_r)}$$

A_g：温室の表面積（m²），θ_{in}, θ_{out}：温室内外気温（℃），f_r：保温被覆の熱節減率，Q_g：暖房負荷（kcal/h）を示す．

温室からの放熱は，被覆材および構造材を通しての放熱（貫流伝熱），すき間換気で逃げる熱（換気伝熱），地中への伝熱（地中伝熱）の三つがある．このうち，最も大きな放熱量は貫流伝熱であり，温室内外気温差が大きくなるにつれ放熱量が増大する．放熱係数の概数は，ガラス室5.3，ビニルハウス5.7，一層カーテンを用いた場合，両者とも3.7程度である． (鴨田)

防風 windbreaking ⟶ 風害，防風垣・防風林

防風垣・防風林 windbreak, windbreak hedge, shelter hedge；shelter belt, windbreak forest

強風地帯で，風害を防ぐために設けられる垣根状の施設を防風垣，林帯を防風林という．これらの防風効果は，垣根の密閉度（60～80％が減風効果が大きく，その範囲も広い）や高さ，方位，あるいは強風の風向および風速などにより異なるが，平坦地で風速半減の範囲は垣高の風上側3倍，風下側10倍程度とされている．

防風垣の効用は，落葉，落果，倒伏などの直接被害の防止の他に，病虫害発生の予防，気温上昇や蒸発抑制，果実品質向上などが期待できる．しかし，不利益な面もあり，耕地利用率の低下，日蔭地を生ずること，養水分競合，根や雑草の耕地への侵入などがあげられる．

防風林には永年生の針葉樹や広葉常緑樹が用いられ，樹高10～20mとする．防風垣には低木による生垣や高稈性の飼料用作物，よしずやわら，最近では各種の網や寒冷しゃが用いられている（→風害）． (鴨田)

防風林 shelter belt, windbreak forest ⟶ 風害，防風垣・防風林

包葉 bract, bract leaf

包（ほう）ともいう．花の下，普通葉の上につき，芽やつぼみを覆って保護している特殊な形をした葉．普通葉に似ているがやや小型で，葉や花が開くと先に落ちてしまうことが多い．ドクダミ，ヤマボウシ，ポインセチアのように花弁状を呈し，長く残るものもある．サトイモ科などの花序を包む包葉は大きく発達し仏炎包と呼ばれる．また包葉はその位置や形により，総包，小包などに区別される（→総包）． (位田)

飽和水分不足度（W.S.D.） water saturation deficit

水欠差（水分不足）の指標で，葉が完全に水分で飽和されていて水分不足度ゼロの場合を基準とし，それに対して現在，葉がどれくらい水分不足の状態にあるかを％で示したものである．測定に当っては，デシケーターの中に水を入れ，金網をセットして湿室状態とし，生葉重を秤量したら直ちに葉柄のみを水中に24時間浸漬し吸水させて，湿葉重，乾葉重を秤量しW.S.D.を算出する．ウンシュウミカンを例にとると，W.S.D.が8％以上になると葉に干害徴候が現れ，10％に達すると果実の外観にもその徴候が出始める．

(鈴木鐵)

保温栽培 heat insulation culture ⟶ 加温栽培・保温栽培

保温貯蔵 storage by heat insulation

寒冷地帯などで凍結を防いで貯蔵する方法をいう．土の保温力を利用するのが一般的である．地上部に貯蔵するものを堆積して土で覆う方法（ダイコンなど），地下に穴や溝を掘ってその中に入れ，わらやすりぬかで覆い，その上に土を盛り上げる方法（イモ類など），山腹に横穴を掘り貯蔵する方法，半地下または地上部に建物を立て，断熱材で保温

する方法などがある（カンキツ，リンゴ）．

リンゴ産地は11月から外気温が零下になるので，凍結しないように保温貯蔵する．寒冷地の野菜も同様である．サツマイモは高温性のため，呼吸熱を利用し，土の保温力でさらに高温を保つ． (伊庭)

穂　木　scion, budwood

接ぎ木や挿し木の繁殖材料に用いる枝のことをいう．穂木は品種の特性を備え，栄養的に充実したものが望ましい．落葉樹の穂木は休眠期中に採取，低温条件で貯蔵しておいて春接ぎ木に用いる． (町田)

母球・子球　mother bulb, mother corm, mother tuber ; daughter bulb, dry set (タマネギ), bulblet(ユリ), cormel (グラジオラス)

新しく形成される子球に対して，その親となる球根，あるいは植え付け時の球根を母球と呼ぶ．また優良な形質をもつ，繁殖用の母本となる球根を指して，母球という場合もある．

子球は母球に対する語として，自然に新しく形成される球根を指し，この場合は娘球と呼ぶこともある．またりん片繁殖やノッチングなどの人為的な繁殖法により，あるいは自然に形成された小さな球根(bulbelt, cormel)に対する呼称でもある（→りん片繁殖）．
(今西)

ぼ　け　mealy breakdown

果肉はたくさんの柔細胞より成り，それらはペクチン様物質によって互いに接着している．しかし，成熟の進行に伴ってペクチン様物質が酵素作用によって分解すると，細胞間の接着が離れて遊離細胞となる．このような果実は老化の進んだ過熟状態にあり味が変化し商品性を低下していく．ナシやリンゴではこの状態の果実をぼけと称している．
(志村)

補　光　supplemental lighting

植物の生育に必要な太陽光の量（強度と時間）を補うための人工光源による照明のことをいう．光合成量を増大させることを主目的とするので，光週効果をねらう長日処理のための電照とは区別する（→電照栽培）．

積雪地帯の冬季は曇天日が多く，強光を必要とする果菜類や花き類では生育が遅く，花器の健全な発達や良質品の生産が困難であり，育苗時または栽培中における補光効果が期待され，トマト，カーネーション，バラ，キク，クンシラン，デンドロビウムなどで効果が認められている．白熱ランプ，蛍光ランプ（赤色光，遠赤色光加用），水銀ランプなどが用いられる．ランプ代，電気料がかさむので，実用場面はかなり限定される． (板木)

母　株　mother stock　　⟶　母樹・母株

母樹・母株　mother tree ; stock plant, mother plant, mother stock

果樹類，花木，カーネーション，イチゴ等で，接ぎ木，取り木，挿し木，挿し芽を行い，あるいはランナーをとる場合，その接ぎ穂，挿し穂，取り木，挿し芽あるいはランナーをとる樹を母樹，株を母株という．母株は株分けの親の場合にも用いられる．母樹・母株の条件としては，系統的に純正で，病虫害がなく，かつ生育が旺盛でなければならない．特にウイルス り 病性の種類（カンキツ，リンゴ，イチゴ，カーネーション等）ではウイルス検定を行ってウイルスフリーを確かめなくてはならない．イチゴ，カーネーション等の母株はあみ室で育成すればウイルスの感染を防ぎうる．苗木生産県では母樹園を設置して業者の苗木生産の用に供している． (中村)

ほ(圃)場抵抗性　field resistance

量的抵抗性，非特異的抵抗性あるいは微動抵抗性ともいう．そもそも病害抵抗性に関しては「植物の病害抵抗性の反応は，特定の抵抗性遺伝子をもつ感受体と，それに対応する非病原性遺伝子をもつ病原菌の菌系が対面して触れあうときだけ現れる」という，遺伝子対遺伝子説 (gene for gene theory) の考え方に基づいて理解されている．ここでは場抵抗性というのは，多数の弱い作用力の遺伝子（微動遺伝子）が集まって生じる程度の低い

抵抗性のことであり，病原菌のレースには非特異的な対応を示すものである．そのためほ場における環境条件により影響を受けやすい抵抗性ということになる．これは，真性抵抗性やレース特異的抵抗性，主働的抵抗性とは対称的な性質のものである． （平野和）

補償点 compensation point ⟶ 光合成

ほ(圃)場容水量 field moisture capacity ⟶ 土壌三相，pF

補植 supplementary planting
定植した苗が枯れたり，播種した種子が適当な間隔に発芽しなかったりした場合，土地の利用率を高めるため，その位置に，一定の間隔になるように，同じ品種の苗を移植すること． （平野暁）

保水性 water retentivity, water holding ability, moisture holding ability ⟶ 地力

保蔵 storage, preservation ⟶ 貯蔵性，放射線照射

補足遺伝子 complementary gene ⟶ 遺伝子

ポット育苗 ⟶ 育苗

ホットキャップ hot cap
早熟栽培で，作物の播種後または定植後，割竹や太い針金を組んで，その上を半透明の紙で帽子状に覆った簡易な保温用の被ふく物をいう．ウリ類ではウリバエの害を防ぐ効果もある．材料としてパラフィン紙，乾性油塗付のロール紙が多く使われ，最近は紙とプラスチックフィルムと張り合わせたものもある． （高野）

ポット苗 pot seedling
育苗の場合に，小さなプラスチックポット，ペーパーポットに土を入れて，これに種子を播いて育てた苗のことをいい，鉢土のまま移植する．ふつうの床育苗の苗に比べて植え傷みが少ない．これをさらに改良・簡便化したものがくん炭育苗，ピートモス育苗あるいはウレタン育苗である． （中村）

ポットマム potmum
鉢植えギクを意味する pot chrysanthemum からの造語で，周年生産鉢花用のキクである．厳密に特定の品種群を指すわけではないが，電照，遮光等によく反応して周年安定して開花し，かつわい化剤がよく効く欧米の品種が多く用いられる． （筒井）

穂発芽性 viviparity ⟶ 種子

ほふく(匍匐)茎・ほふく(匍匐)枝 stolon, runner; stolon, runner ⟶ ストロン，ランナー

ほふく(匍匐)性 creeping
植物地上部（茎葉）の伸長生長は地面に直角に立つ直立性の生長と地面に平行して生長するほふく性の生長に分けられる．地中を地面に平行して生長する場合は地下茎として分けられている．
直立生長は植物元来の生長であるが，ほふく生長は温帯地方における時期的環境要因の変化，たとえば日長の短日化などによって生ずることが多く，一種の偽休眠現象の一つともみられている．
また，つる性植物が支持体をもたない場合，枝垂れ性植物の茎（枝）が地面に接した後の生長などにもほふく性がみられる． （上本）

母本採種 root-to-seed method ⟶ 採種

ホモ個体 homozygote ⟶ 遺伝子

ホモ接合体 homo zygote ⟶ 接合体

ポリウレタン育苗 ⟶ 育苗

ポリエチレン polyethylene, PE ⟶ 包装

ポリエチレンフィルム polyethylene film ⟶ プラスチックフィルム

ポリジーン polygene ⟶ 遺伝子

ポリフェノール polyphenol ⟶ フェノール

ポリフェノールオキシダーゼ polyphenol oxidase ⟶ 酵素

ホワイトウォッシュ whitewash ⟶ 日焼け

盆　栽　bonsai

陶・磁製などの鉢に植え，特殊なせん定，肥培管理によって生長を抑制し，全体を小型化させ，それでいて自然での樹姿，風景をほうふつとさせる雰囲気を出して観賞の用に供するものを盆栽と呼んでいる．花物，実もの，松柏，サツキ盆栽等に分類されている．
　　　　　　　　　　　　　　　　（国重）

本場種子　home seed　⟶　採種

ポンポン咲き　pompon type

ダリアやアスターなどの花形の一つで花弁が筒状をして先端が開き，ショー咲き（完全万重のほとんど球形）に似ているが，かなり小型．花は丸形，花弁は巻いて重なり合い，全体が球状を示す．　　　　　　（大川）

本　葉　true leaf　⟶　子葉・本葉

ま

マイコプラズマ mycoplasma

ヒト, 家畜, 鳥や下水などから分離される培養可能な PPLO (牛肺疫菌様微生物) と呼ばれていた微生物を, 細菌類と同じ分裂菌綱から独立させて Mollicutes 綱を設け, マイコプラズマと呼ぶようになった (1967). マイコプラズマは①2分裂増殖をする, ②無細胞培地で増殖可能, ③細胞壁を欠き弾力性のある膜に包まれている, ④ペニシリンに耐性でテトラサイクリンに感受性である, などの特徴を有する. 植物の病原菌としてのマイコプラズマの発見は, 土居ら (1967) によるクワ萎縮病やエゾギク萎黄病が世界で最初である. 植物マイコプラズマの多くは無細胞培地上での培養が困難なので, マイコプラズマ様微生物 (mycoplasma-like organism, MLO) と呼ばれている. MLO の細胞は多形性で (60〜1200 nm) で, 円形や棒状など種々な形をしている. MLO による植物の病気は萎黄そう生型の症状を示すものが多い. 症状によって萎縮病 (クワ), 萎黄病 (イネ, エゾギク, セルリー, ホウレンソウ, ニチニチソウなど), てんぐ巣病 (ジャガイモ, マメ類, ミツバ, シュンギク, リンドウなど) などと呼ばれている. 世界中で報告された MLO 病は 70 種を超え, わが国では, およそ 20 種が報告されている. MLO 病は熱帯から亜熱帯にかけて分布し, 昆虫 (主としてヨコバイ類) によって媒介される. 媒介昆虫が病原微生物を獲得してから 20〜30 日の虫体内潜伏期間を経て伝搬が始まり, 媒介虫の生涯をとおして連続的または断続的に伝搬されるのがふつうである. MLO 病の防除は, テトラサイクリンの施用と媒介昆虫の防除が中心となるが, 病原の培養が不可能であるため, 個々の病原の同定が進まないのがネックとなっている. 最近, MLO 病と考えられていた病気のうち, リケッチァ様細菌 (ブドウピアス病) とスピロプラズマ (カンキツスタボーン病) は無細胞培地上で培養されることから, マイコプラズマと区別されるようになった.

(山口)

埋土貯蔵 ⟶ 簡易貯蔵

巻きひげ tendril

他のものに巻きついて, 植物体を支持するように変態した器官. 巻きひげには, 茎の変態した茎性巻きひげ (ブドウ, フウセンカズラ), 葉あるいは葉の一部の変態した葉性巻きひげ (エンドウ, ノウゼンカズラ), 根の変態した根性巻きひげ (バニラ, ノボタン) およびそれらが組み合わさってできている場合 (カボチャ) がある. 巻きつきは, 接触刺激によって生じる急速な屈触性の生長運動によって起こる.

(土井)

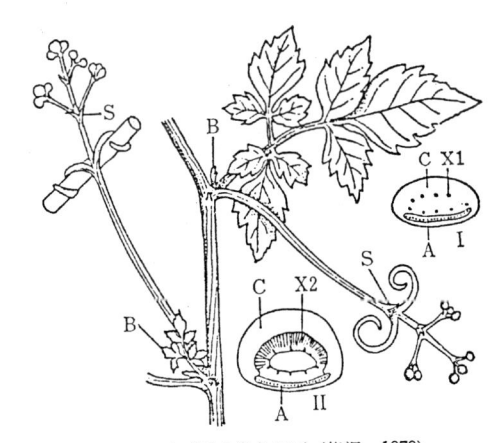

フウセンカズラの巻きひげ (熊沢, 1979)
Ⅰ: 若い巻きひげ横断面, Ⅱ: 古い巻きひげ横断面
A: 同化組織, B: 栄養側枝, C: 皮層, S: りん片葉, X1: 一次木部, X2: 二次木部

マグネシウム(苦土)欠乏症 magnesium deficiency

生育がある程度進んでから下位葉に, あるいは果実付近の旧着葉に欠乏症が現れる.

〔欠乏症状〕 一般的症状―葉縁から始まり, 次第に葉脈間が黄化〜白化し, 葉脈の緑は遅くまで残る (葉脈間クロロシス). また葉先きから葉脈の緑色をあまり残さず黄化する場合もある. 特異的症状―葉脈間に大型の

不規則な黒色斑点が生じる（イチゴ・スイカ・バラの欠乏症状）．これはダニ類による被害に類似するので判定に注意を要する．

〔欠乏の生じやすい条件〕 塩基の流亡が激しい土壌，酸性土壌・火山灰土壌ではマグネシウム Mg が欠乏している．また Mg が十分でもカリ肥料多施土壌では作物に Mg が欠乏しやすい．果実がなりすぎ，あるいは急速に肥大するときに付近の旧葉に Mg 欠乏が生じやすい．

〔対策〕 応急的対策—1～2％硫酸マグネシウム液の葉面散布．

基本的対策—適量のマグネシウム肥料の施用（置換性 Mg 6 mg％ 以下の土壌），カリ肥料の偏用防止（Mg/K 比（置換性）0.72 以下のとき）． (馬場)

負け枝

擬人的表現の一種である．主枝や亜主枝に予定していた枝が，隣接の枝との伸長や肥大生長の競合に負けた状態の表示である．相互に隣接する枝の伸長の強弱に影響する要因として，病害虫または強風による頂部生長点の欠損か心折れ，頂部優勢の有無，結実数の多少，各枝の葉面積の大小などがある．負け枝を生じない対策には，競合するおそれのある枝の除去と，それが弱小な生長にとどまるように芽数を減少させるせん定などの管理を用いる．せん定の際に留意すべき点は，翌年の枝の肥大は着生する葉面積に比例し，翌年の新しょう1本当りの長さは残された芽数と反比例する．これらの相反する現象の活用である．長大な枝の維持には着葉数が多いことが重要である． (岸本)

孫芋 secondary corm, secondary tuber ── 子芋・孫芋

孫づる tertiary vine ── つる

増し土

(1) 花のあと芽が土の上に出ると生育が衰える多年性草本の場合，その衰弱を防ぐために，その芽を埋め込むように土を増してのせること．

(2) 客土とほとんど同意で，耕土の浅いやせ地に他から肥えた土を補給して作物の生育を良好にするための土入れ（→覆土，土入れ，客土）． (高野)

マスキング masking ── ウイルス・ウイルス病

末期受精 end-season fertilization ── 受粉・受精

マット栽培 matted row culture

イチゴの永年式栽培法の一つである．すなわち，苗を一度植え付けた後3～4年くらいそのまま栽培を続けて，収穫のうえ，更新する．ランナーは出るにまかせることが多いので，畑は植被でマット状になる．したがって，果実は小さくなるが，収量は多くおもに加工原料にされる． (高野)

窓開き（トマトの） creased stem ── 異常茎

間引き thinning

苗床や畑で作物が生育に適切な栽培密度となるように作物を抜き去る作業．残した株は利用できる養水分を豊富にし，地上部の競合を少なくし，生育が促される．これが間引きの主目的である．同時に異品種が混ざっていたり，遺伝的に形質が異常なものや物理的障害または病虫害などにより不良個体が入っていたりするとき，これらを幼苗時に除去できるので一種の淘汰を加えることもできる．この作業は株間の除草や根菜では株元への土寄せをかねて行われる．

種子を畑に播く場合，播いた種子が全部発芽して健全な発育をするわけではないので，株間が不整一になりやすい．したがって播種の際，所要株数の数倍の種子を播くのが普通である．播き方がばら播き，すじ播き，点播であるか，幼苗期の密度が助け合い効果と競合的効果をあらわすかどうか，抜き菜として間引いたものを収穫することを目的としているか等によって，間引きの早晩，程度が異なる．

果樹では，成木に達するまで年数を要するので，最終密度の倍くらいの苗を植え，初期の収量をあげ，5～10年位で間伐する．種類

や土壌によって経済年齢となる樹齢あるいは枝葉生長量ないし葉と果実重とが均衡に達する年齢が異なるので間伐の時期を考えなければならない．果樹や果菜では，植物個体の枝，葉，果実などが多すぎるとき，それらを間引きせん定（thining-out pruning），残った枝，葉，花，果実の生育することも間引きの範疇に入る（→せん定）．　　　（高野）

間びき樹 thining-out tree ⟶ 間伐

マーマレード marmalade ⟶ ジャム

マルチ mulch, mulching

畑土壌の表面をポリエチレンフィルムや敷わら，敷草などで被覆することをいう（敷草法については別項を参照）．一般的には雨による土壌侵食の防止，土壌からの蒸散の防止，雑草を防ぐ効果がある．野菜のトンネル栽培の畦面にビニルマルチして地温の上昇をはかり，促成に役立たせるとか，強雨時に雨滴と一緒に土粒子，病菌が作物体に付着することを防ぐこと，またモモ，リンゴなどのように，果色の上がりを評価する果樹では，シルバー色の反射シートをマルチし，園内照度を高くする効果など，種々多目的に利用されている．ポリエチレンフィルムは通常0.02 mm 程度の厚さのものが用いられている．

(大垣)

マレイン酸ヒドラジド maleic hydrazide ⟶ MH

マロングラッセ marrons glacés ⟶ 糖果

マンガン欠乏症 manganese deficency

生育がある程度進んでから，新葉（上位葉）に欠乏症が通常現れるが，作物によっては下位葉から欠乏症が現れることがある．

〔欠乏症状〕葉脈間が漸次全面的に黄化するが，葉脈に沿って緑色が永く残り，脈脈間クロロシスとなる．症状が進み葉脈間に褐色のネクロシスを生じる作物が多い．マンガン（Mn）欠乏症は顕著な特徴がないので，ダイズの灰斑症，カンキツ類・リンゴ・カキの黄化症等作物に特有の名称で呼ばれる場合が多い．ジベレリン処理デラウェア・ブドウ果房の着色障害ゴマシオ（1978）はマンガン欠乏症である．

〔欠乏の生じやすい条件〕砂土・老朽化水田の転換畑等 Mn の少ない土壌および石灰肥料多施により土壌 pH 6.5 以上の土壌・火山灰土壌等有効態 Mn の少ない土壌で欠乏症が発生しやすい．

〔対策〕応急的対策―硫酸マンガン 0.2～0.3% 液に生石灰 0.3% 添加液を10日ごとに2・3回葉面散布．

基本的対策―生理的酸性肥料の使用・石灰質資材の使用中止によるアルカリ性土壌反応の矯正，たいきゅう肥・敷きわら等の有機物施用，難溶性 Mn を含む肥料（FTE・BM 溶リン等）・土壌改良資材でマンガン MnO 2～3 kg，2～3年間隔で施用（10 a 当り）．

(馬場)

慢性毒性 chronic toxicity ⟶ 毒性

み

ミクロトーム microtome

顕微鏡標本をつくるために材料を薄い（普通3～50μm）一定の厚さの切片に敏速に切断する機械．材料はあらかじめ，凍結するか，またはパラフィンやセロイディンのような，固いが切りやすい物質中に包埋する．ミクロトームには刃の運動の仕方によって回転式と滑動式とが区別される．回転式はもっぱらパラフィン法のために使用される．材料を包埋したパラフィン塊が上下に往復運動し，1往復ごとに所定の距離を前進し，固定された刃によって前進しただけの厚さに規則正しく切断され，連続切片ができる．滑動式はパラフィン法のほか凍結法，セロイディン法などに，および生の組織をニワトコの髄などにはさんだまま直接切るために使用される．刃は水平に滑動し，刃の往復に伴って材料が一定の厚さだけせり上がり，所定の厚さに切断される．超薄ミクロトームはガラス切片を刃とし，材料の前進には金属の熱膨張を利用し，厚さ0.05μmあるいはそれ以下の電子顕微鏡用の超薄切片をつくるために特別に設計されたものである． （金沢）

未　熟 immaturity　⟶熟度

実　生 seedling

種子から生じた苗を実生という．種子繁殖の作物ではこれを育てるが，果樹類やイチゴ等の栄養繁殖の作物では，実生は形質が雑多に分離するので，実生選抜法による育種目的以外には用いられない．実生でもカンキツ類等の多胚性種子では親と同一形質の苗を得ることができる．実生苗は挿し木苗や株分け苗に比べると生育旺盛で，通常ウイルスフリーでもある．

果樹類の繁殖に用いる台木は実生による実生台が多い．実生台の生育性はその後の植物体の生育に大きく影響するので，肥培管理に注意しなければならない．また実生の生育は種子の活力に影響されることが大きいので，できるだけvigourの旺盛な種子を使用する必要がある． （中村）

水掛け栽培

主としてツケナ類で，寒冷な時期に湧水の暖かさを利用して，その水を畦間に流し，また水を掛けて葉の生長を促すもの（ミズナ），湧水を流して雪をとかし抽だいを促進させるもの（大崎菜）などの栽培法である．最近は，トンネル被覆と組み合わせた水掛け栽培が行われている． （高野）

水ごけ sphagnum moss

ミズゴケ科に属するコケで，葉は多数の貯水細胞からなり，保水性がきわめて大きく，腐敗しにくい性質があり，かつ互いに絡んで塊になるので，ラン類，シダ類の標準的植え込み材料となっている．また，取り木や苗木輸送の保湿資材，細切して微細種子やシダ胞子の播種床としても用いられる．山間の湿地に自生するものを採取する．オオミズゴケ（*Sphagnum palustre* L.）など数種を含むが，利用上の性質に差はない． （筒井）

水栽培 water culture

ヒヤシンス，クロッカスなどの球根を透明容器を用いて水だけで育て，水中に伸びる根もあわせて観賞する栽培を特に水栽培といい，種類に応じた容器が市販されている．植え付け当初は球根の底部が接するよう水を入れ，根が伸びたら水位を下げて空気に触れさせ，根が十分伸びるまでは暗黒に保つ，などの注意が必要である． （筒井）

ミスト機 mist blower　⟶噴霧機

ミスト繁殖 mist propagation

人工的に挿し床上に細かい霧を断続的に噴射させる装置を付設して行う挿し木の方法．挿し穂がしおれやすい緑枝挿しでは，挿し床上が比較的明るい条件の下で，高湿度，温度が低下して好条件が得られ，活着が促進される．ミスト装置は水圧を上げるためのポンプ関係（ハイドロポンプ，モーター，ストレー

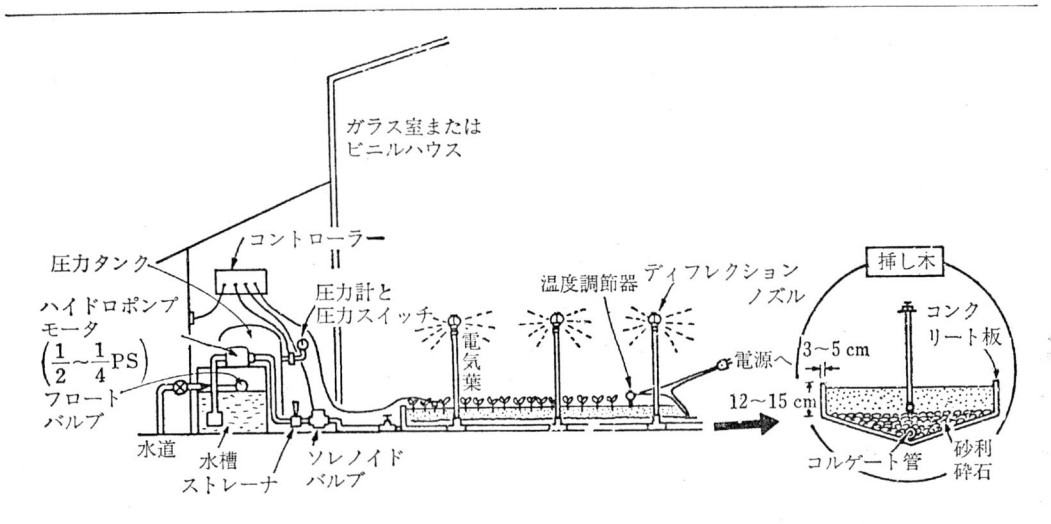

ナ，圧力タンク，電磁弁など，水圧3kg前後が必要），ノズル（ディフレクション），パイプライン，噴霧間隔を調節する自動制御装置（電気葉式，タイマー式）などからなる．微細なミストを材料，外的条件に合わせて適当な間隔で断続させること，挿し床は排水のよい条件にすることが大切である．設備費がかかり軟弱な苗ができやすい欠点もある．またミスト繁殖すると挿し穂中の養分が溶脱するので，水中に養分を入れた養分ミストが試みられたが，実用的な成果はあがっていない．
（町田）

水まわり期 véraison ⟶ ベレゾーン期

未成園 non-bearing orchard ⟶ 成木園・未成園

みつ〔症〕 water core, glassiness

リンゴ果実が成熟期近くになると果肉に発生する現象で，デリシャス系品種やふじなどに多くみられる．ソルビトールを果糖に変える酵素の活性が弱いため，細胞間隙に果糖に変わる前のソルビトールが蓄積し，水浸状にみえ，その部分が甘いので，この名前を生じた．収穫後ただちに販売する場合は喜ばれるが，みつ入り果は長期貯蔵には適さない．ニホンナシの豊水などに生ずる場合は，商品価値を低下させる生理障害である．（萩沼）

みつせん（蜜腺） nectary

分泌腺の一種で，蜜を分泌する組織ないし器官．多くは子房の基部または子房と雄ずいとの間にあり，環状または盤状である．虫媒花に発達している．花部のほかたく葉，葉柄，子葉などにも存在し，花外みつせんと呼ばれる．
（大川）

密閉挿し closed-frame cutting

挿し木後挿し床をビニル，ガラスなどで密閉して行う挿し木の方法．緑枝挿しの活着を高めるには，まず，挿し穂の葉からの蒸散と基部切り口面からの吸水のバランスを保ち，挿し穂の萎ちょうを防ぐことが重要であるが，この点密閉挿しは挿し床上が高湿度に維持され，挿し木後の管理も始めに十分かん水しておけば，その後あまりかん水せずにすむ

ので省力的であり，安定した活着が得られる．現在慣行法に代って広く普及している．一般に行われている密閉挿しは，被覆用の半円のパイプを挿し床にわたし，トンネル式にポリエチレンのフィルムで密閉し，その上を黒寒冷しゃ2，3枚で遮光する方法である．

(町田)

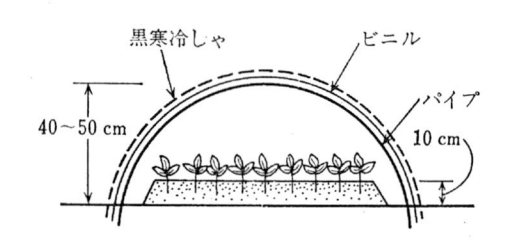

密閉挿し

密封包装 seal packaging ⟶ 包装
ミトコンドリア mitochondria ⟶ 細胞
実止まり fruit set ⟶ 結実・結果
実割れ fruit cracking, fruit splitting ⟶ 裂果

む

無核・有核 seedless; seeded

単為結果性の強い果樹や果菜類では無核果 (seedless fruit) を生じやすい．また，いったん受精 (fertilization) が行われても偽単為結果性 (pseudoparthenocarpic) の果実は種子のない無核果になりやすい．

果実を食用に供する立場からは無核果が有利であるが，反面，無核果は落果しやすく，時に果形が不整で小型（無核小果粒—ブドウ）となりやすい欠点をもっている．ブドウ，カキ，カンキツ類およびイチジクには無核（遺伝的単為結果）品種が多いが，バナナ，リンゴおよびセイヨウナシにみられる無核品種は3倍体のものが多い．

今日ではオーキシン，ジベレリンおよびサイトカイニンなどの生長調整物質を用いて人為的に無核果を造成することができる．ブドウに対するジベレリン処理はその典型的な例であり，オウトウなどの核果類でも実験的には無核果の造成が可能とされている．このような化学薬剤のほか，高温，霜害（低温）による刺激や，物理的な刺激を与えても無核果を生ずる例が知られている．このような果実は刺激によりジベレリンを内生的に合成できると考えられている．

卵細胞と花粉管先端の精細胞が合体して接合子を形成した場合，有核果 (seeded fruit) となる．接合子が発達するにつれて，珠心，珠皮，胚および胚乳にいろいろな変化が起こり種子は成熟にむかう．特に胚の発達には，生長調整物質が関係し，窒素源も重要な物質とされている．

品種の中に無核と有核のすぐれた経済品種を含んでいるカキ果実について，それぞれの特徴を比較してみると，種子数が少なくなるほど果実の発育が劣り，成熟果について果重と含核数との関係を調査した結果では，無核果は有核果より果重が軽く，肥大も劣った．また，無核果は果形の点で有核果と異なり，有核果が果頂部が隆起するのに対し，無核果は頂端部がわずかに陥没することが多く，果肉色も有核果実の場合，褐斑が多く，褐色を呈するが，無核果では，果肉の色は淡色となった．このように種子の有無により果肉の色が変化するものを pollination variant, 変化しないものを pollination constant と称している．

さらにカキでは，種子数が多いほど果実の着色が早く，不完全甘ガキ（脱渋度の高いもの）では種子数が減るほど脱渋しにくい傾向がある． （渡部）

無核果 seedless fruit →無核・有核

無核小果粒 shot berry →無核・有核

むかご aerial bulblet, bulbil →珠芽

無機栄養 mineral nutrition, photoautotrophism, autotrophism

高等植物は日照下で気孔から吸収した大気中の二酸化炭素と根から吸収した培地中の水と無機塩類，すなわち無機物のみを体内に吸収同化して，生命活動を維持発展させ正常な生活史を全うすることを光独立栄養 photoautotrophism, 独立栄養 autotrophism, または無機栄養と呼んでいる．有名な Liebig の「植物の無機栄養説」は1840年初めて発表された．しかし現在では，高等植物が培地中の無機養分を根から吸収同化して生育を維持発展させ正常な生活史を全うすることを通常植物の無機栄養といっている．植物が必須無機養分を吸収同化できるのは，光エネルギーで二酸化炭素を同化して必要なすべての有機物を生合成していることを自明の前提としている．農学では作物の品質・収量の維持向上を目的として作物の無機栄養が研究されている．最近では必須要素養分以外の元素の吸収同化とその生育への関与も無機栄養研究の対象になっている． （馬場）

無気呼吸 anaerobic respiration

無酸素呼吸，嫌気的呼吸ともいい，分子状酸素が存在しない条件下で起こる呼吸である．グルコースは無気呼吸により乳酸やエタノールとなる．微生物の発酵のほか，たん水条件下の植物組織，種子の発芽初期にみられる．

青果物を密封包装したり，過度の高二酸化炭素や低酸素ガス中に貯蔵すると無気呼吸が生じ，異臭や風味の低下，変色などの障害が発生する．

ある種の細菌は硫酸塩や硝酸塩を最終的に還元することにより無気呼吸を行う（→分子間呼吸）．
(崎山)

無機成分 mineral element ─→ 葉分析

無機養分 inorganic nutrient ─→ 養分

無菌培養 non-symbiotic culture, aseptic culture, sterile culture

動植物の個体あるいはその一部分を細菌，糸状菌の存在しない状態で培養することをいう．組織培養はこの一種である（→組織培養）．
(石原)

無菌発芽 nonsymbiotic germination

ラン類の種子はきわめて微細で，胚が未分化であり，自然界ではランの根に寄生するある種のカビと共生して，その栄養的な助けによって発芽している．これをカビの助けによることなく，人工培地を与えて発芽させるのが無菌発芽である．ラン種子をさらし粉等で殺菌した後，ショ糖および各種要素を含む寒天培養基（pH約5.0）上に植え付ける．
(中村)

無限花序 indeterminate inflorescence ─→ 花序

無作為抽出 random sampling

私たちの行う実験や調査は，少数のデータすなわち標本(sample)から，その背後に横たわっている同じような集団（母集団population）全体に適用される結論を得ることを目的としている．少数の標本から，母集団の性質を的確に推測するためには，データが母集団から無作為に(at random)抽出されたものでなければならない．無作為標本を偏りなく抽出するためには，乱数サイを使用したり，乱数表を用いる．
(菊池)

虫こぶ（虫えい(癭)） insect gall

植物体内に昆虫が産卵・寄生し，その結果として生ずる植物体の異常発育した部分をいう．同し目，双し目，膜し目の昆虫が植物の地上部につくることが多い．虫こぶの形成は昆虫の分泌する物質によって植物の細胞分裂を促進すると思われているが詳細はわかっていない．農業上重要なものの一つにクリタマバチによるクリ新しょうの虫こぶがある．
(玉木)

無性生殖・有性生殖 asexual reproduction; sexual reproduction ─→ 無性繁殖・有性繁殖

無支柱栽培 [vine] growing without stake

つる性または茎が生長するにつれて地表を這う性質をもつ作物を無支柱で栽培すること．多くは支柱に誘引する栽培が行われるが，労力や資材費あるいは収量を考えると，無支柱栽培で，純収益が多くなる場合がある．加工用のトマト，ピックルス用キュウリなどで行われる．病害の発生が多くなるので，マルチをするとか，耐病性品種を作付ける必要がある．
(高野)

無性胚 vegetative embryo, asexual embryo, apomictic embryo ─→ 珠心胚

無性胚生殖 apogamy ─→ 単為生殖

無性繁殖・有性繁殖 asexual propagation; asexual reproduction; sexual propagation, sexual reproduction

生物は生殖という営みによって，次代の新しい個体をつくり種族の繁栄を維持している．植物の生殖は，一部に特別な生殖細胞ができ，それらが合一受精してできた種子によって増えるので有性生殖といい，人為的に繁殖手段とする場合，有性繁殖といい，種子繁殖＝実生繁殖がそれにあたる．これに対し，

雌雄に関係なく，植物体の一部から不定根・不定芽を分化させ個体を得る場合を無性繁殖という．一般に栄養繁殖といい，挿し木，接ぎ木，取り木，株分け，球根類の分茎繁殖，micropropagationなどの方法がある．園芸植物の主要な繁殖法である． (町田)

無霜期間 frost free period, frostless period

四季を通じて全く霜をみない期間を無霜期間という．暖地は無霜期間が長いのはもちろんであるが，寒地においても南面傾斜地や水辺，林辺，傾斜地中腹などでは霜の降りる期間が短い．無霜期間の長短により，栽培作物の種類や作付け様式，作型を異にし，栽培適地がみられる．

各種の被覆栽培が盛んになり，従来に比べて無霜期間のもつ意義は小さくなった．
(鴨田)

無袋栽培 ⟶ 袋掛け

無てい(蔕)果 calyx deciduous fruit ⟶ 有てい果・無てい果

無配合生殖 apomixis ⟶ 単為生殖

無胚種子 embryoless seed ⟶ 種子

無胚乳種子 exalbuminous seed ⟶ 種子

Murashige-Skoog 培地 ⟶ 培養基(培地)

室(むろ) pit ⟶ 軟白

め

明きょ(渠)排水　open ditch drainage
⟶ 排水
　明　度　value　⟶ 色
　明発芽種子　light germinating seed, positively photoblastic seed　⟶ 種子
　明反応　light reaction　⟶ 暗反応・明反応
　芽かき　disbudding

1カ所から数芽が発生したり，節間が短いため芽が密に着生したり，また果菜で必要としない側枝がある場合，全てまたは一部の芽を除去すること．残った芽が十分な養水分や光を受けられるので充実した茎や枝を伸長させ，葉を大きくし，しかも緑色を濃くし，また厚味を増加させ，さらに結果量を調節し，草姿を整えることにもなる．

果樹では，ブドウやナシあるいは苗木の仕立てにおいて重要な作業である．ブドウでは，結果枝の強さを揃えるとともに過繁茂になり花振いするのを防ぐために，たとえばデラウェアでは発芽・展葉期，展葉5〜6枚時，展葉8〜9枚時と3回位行う．ナシでは徒長枝になるような芽を発芽・展葉期までの初期に除く．

トマト，スイカでは側芽をなるべく小さいうちに除く．

キクやカーネーションでは必要採花茎数以外のわき芽を除くが，頂端は花らいがつくと側芽やつぼみが出やすいので芽かきは摘らいをすることでもある．　　　　　　　　(高野)

　めがね(トマトの)　creased stem　⟶ 異常茎
　目　傷　notching　⟶ 縦傷・目傷
　メタキセニア　metaxenia　⟶ キセニア・メタキセニア
　芽出し播き　sprout seeding　⟶ 播種，催芽まき
　芽接ぎ　budding, bud grafting

芽接ぎは芽を少量の樹皮，木質部とともにそぎ取り，これを台木の茎の開いた樹皮内や削傷部に挿入して活着させる方法である．芽接ぎはヨーロッパで考案され，明治初年わが国に導入された技術であるが，わが国でも改良が加えられ，切り出しナイフを用いたそぎ芽接ぎの技術が発達し一般化している．芽接ぎは技術的に簡便で，穂も経済的で繁殖率が高く，接ぎ木期間も長く，活着後の生育も旺盛で，活着の判定が早いため失敗しても接ぎなおしができるなど種々の利点がある．したがって，モモ，カンキツ類など多くの種類で苗木養成に用いられる．

〔芽接ぎの時期〕　接ぎ穂は新しょうの側芽を用いるので，その充実期でしかも台木の樹皮が剥ぎやすい時期ということになり，8月下旬〜9月にかけて行われるものが多い．

〔芽接ぎの種類〕　芽接ぎには盾芽接ぎ，そぎ芽接ぎが多くの種類で用いられ，カンキツ類では枝の性質からかぎ形芽接ぎが行われる．このほか，はめ芽接ぎ，環状芽接ぎ，十字形芽接ぎ，I字形芽接ぎ，逆芽接ぎなどがある．

盾芽接ぎ (shield budding)：芽接ぎの基本的な方法で，接ぎ芽が西洋の盾に似ているところからこの名がある．また樹皮をT字に開くのでT字形芽接ぎとも呼ばれ，特別な芽接ぎナイフで行う．穂木は充実した枝を選び，葉身を切って準備し，芽接ぎナイフで芽を中心に2cmくらい樹皮，木質部をつけて薄くそぎとる．一方台木は平らな部分を選びT字形に形成層に達する切り傷を入れ，ナイフのつめで樹皮を開く，これに接ぎ芽を挿入し，上部の余分の部分は切り落し，テープでしばる．

そ(削)ぎ芽接ぎ (chip budding)：接ぎ芽は芽の少し上から切り出しナイフを入れ，わずかに木質部にかかる程度に切り下げ，第二刀で芽の下から木質部にむかって切り取る．台木は接ぎ芽を取るときと同様に木質部にか

（盾芽接ぎ）　　　　　　　　　（そぎ芽接ぎ）

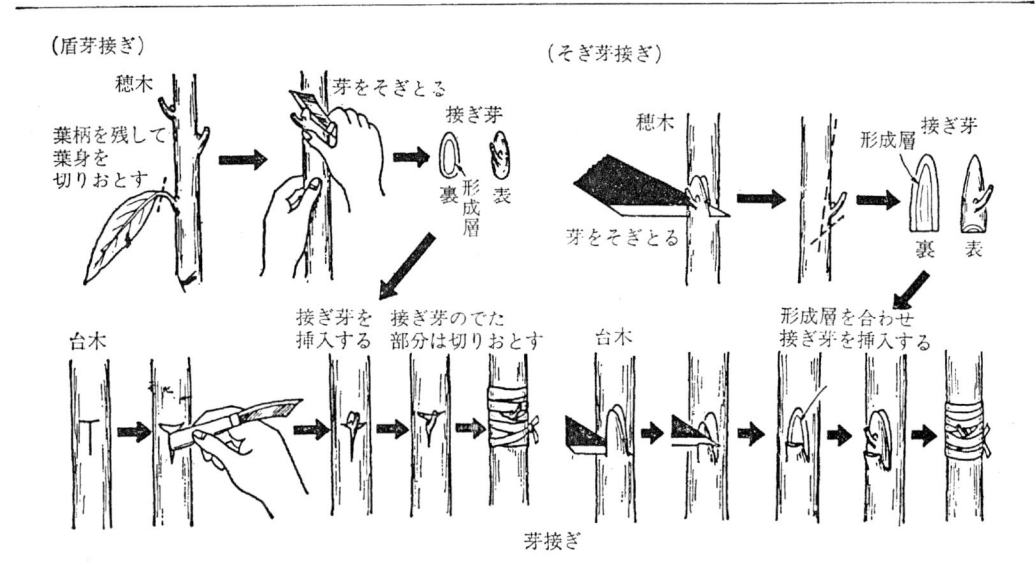

芽接ぎ

かるように樹皮をそぎ，舌状の樹皮を中間で切る．この削傷部に接ぎ芽を挿入する．この際お互いの形成層を合わせるようにする．次いで接ぎ芽を動かさないようにテープでしばる．

〔活着の判定〕　接いで1週間ぐらいたったとき，接ぎ芽の葉柄に手を触れて容易に脱落すれば，ほぼ活着したとみなす．これは台と穂からのカルスが癒着し正常な生理状態にあって葉柄基部に離層が発達するからである．

翌春接ぎ芽のほう芽が始まったら，残した接ぎ木上部を利用して誘引し，夏ごろ接ぎ木部の上で切断し，改めて支柱をたてて誘引しなおす．この間台芽が伸長してきたら早めにかきとる（→接ぎ木法）．　　　　　　（町田）

目減り　weight loss　──→　貯蔵性

芽　物　──→　つま物

メリクロン　mericlone　──→　茎頂

免疫性台木　immune rootstock　──→　台木，抵抗性台木

免疫性・抵抗性・り（罹）病性　immunity; resistance; susceptibility

植物病における抵抗性という用語は，植物が病気に侵されにくいこと，いい替えると植物体自身に病原による悪い影響を抑える性質があることを意味する．それを裏返せば，その植物はり病性または感受性が乏しいという意味を含んでいる．つまり病気に対する抵抗性と感受性とは，生物現象の表と裏にあたる関係を意味する．それらの用語の意味と関連して，免疫性というのは，植物病の場合は極度に強い抵抗性を意味する用語として慣用しているに過ぎない．これは，強力な病原体の接種にもかかわらず，まったく発病しないことを指している．抵抗性には静的と動的な要因の違い，あるいは垂直と水平との質的落差，さらには誘導抵抗性など概念上の類別がなされている．　　　　　　　　　（平野和）

メントール法　mentor method

ソ連のMichurinによって提唱された接ぎ木雑種（→栄養雑種）作出の方法である．接ぎ木雑種をつくる際，台木か穂木のいずれか一方に発育の進んだ段階のものを用いる．これをメントール（指導者の意味）といい，このメントールの影響によって他方に変異を起こさせる．　　　　　　　　　　　（岩佐）

も

盲芽 blind
混合花芽がほう芽して開花結実する場合，通常1〜2本の新しょうが出て葉をつけるが，葉芽を欠いていたり，発芽しなかったりして，新しょうを着生しなくなる芽．ナシの短果枝では，主芽が花芽形成した後に副芽も花芽を形成し，盲芽となる場合が幸水や新水に多い． （土井）

毛管水 capillary water　⟶ 土壌水

毛じ(茸) pubescence, hair, trichome
高等植物の表皮細胞に由来する突起物の総称で，単細胞のものも多細胞のものもある．形態から，乳状突起，綿毛，剛毛，刺毛，かぎ状毛，星状毛，りん毛などに，性質や機能から粘毛，触毛，腺毛，感覚毛，排水毛，消化毛，根毛などに区別され，植物それぞれが特徴的な毛をもつことが多く，分類指標として有効である． （位田）

毛せん(氈)花壇 carpet flower bed
⟶ 花壇

木化 lignification
発育中の若い細胞はペクチン質が主体の中層と，セルローズとペクチン質の1次細胞壁とで包まれており，層状構造をもたず，格子状となっている．そして生長が停止すると，層状の2次細胞壁が発達する．これを構成する物質はセルローズ・ヘミセルローズ・リグニンなどであり，これらの物質のうち，細胞壁にリグニンが沈積する現象を木化または木質化という．また，木本植物では，緑枝が外観的に木質化して硬化する現象を木化と呼んでいる（⟶リグニン）． （湯田）

木〔質〕部 xylem, wood part
植物の維管束系には師部と木部の二つの複合組織がある．木部は木質部ともいい，養水分の通道や植物体の機械的支持の役目を司る．この組織は主として，道管，仮道管，木部柔組織（⟶柔組織），木部繊維で構成されている．道管や木部繊維がみられるのは被子植物で裸子植物やシダ植物にはそれらがみられない．しかし，仮道管，木部柔組織は維管束をもった植物にはすべて存在する．道管は縦に配列された死細胞で隔膜が消失して互いに連絡して管状となっている．細胞壁はその大部分が木化，肥厚して紋様を呈している．仮道管もまた縦に細長くとがった死細胞で，孔紋がみられる．しかし，道管と異なり，隔膜の消失はみられない．木部繊維は木部を補強する機械的組織である．木部柔組織は生細胞で，ここにデンプンや脂肪が蓄えられる．この組織は落葉果樹では落葉後の養分の貯蔵場所として重要である． （湯田）

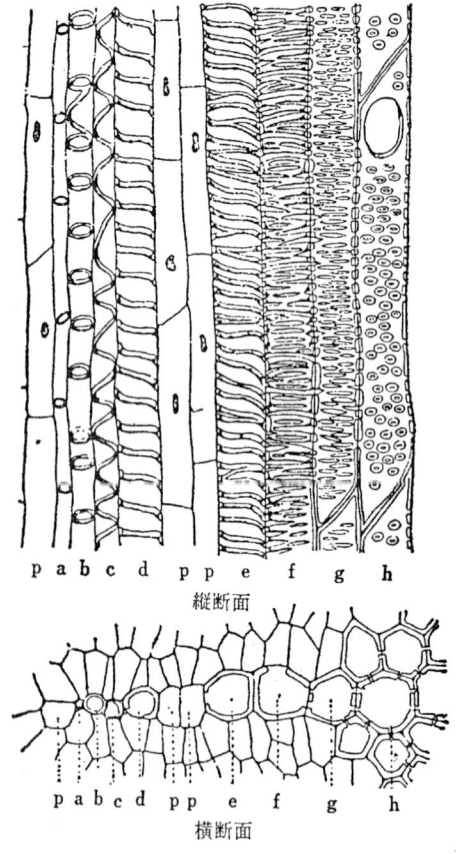

各種道管（サワギキョウ Lobelia の一種）
a,b：環紋道管，c,d,e：螺旋紋道管，f：階紋道管，g：網紋道管，h：孔紋道管，p：柔細胞．(Eames and Mac Daniels)

木本　arbor　⟶　草本・木本
モザイク　mosaic　⟶　ウイルス・ウイルス病
基肥(元肥)　basal dressing, basal application, basal fertilizer

　播種・苗移植・球根植え込みの前に施与する肥料，または施肥法をいう．なお，落葉果樹では落葉後の晩秋〜春期に，常緑果樹では新葉のほう芽前の春期にそれぞれ施与される肥料・施肥法が基肥に相当する．基肥でも施肥位置により全層・深層・表層・表面施肥等，施肥様式によって肌肥・側条・帯状・間土・注入施肥等種々の方法がある．基肥は農作業上容易で施肥上合理的な面が多い．肥料成分からみるとリン酸・カリ・石灰・苦土等は一般に基肥重点であるが，カリではカリウム吸収量の多い作物，流亡しやすい土壌および高度の多収栽培等では基肥の他に追肥される．窒素は通常基肥・追肥に分施される．土壌中で化学的，または微生物的に分解されアンモニア態窒素を放出する窒素肥料，すなわち石灰窒素・緩効性窒素肥料・有機質窒素肥料等ではもっぱら基肥として施用される．主要作物では基肥・追肥量割合，追肥の時期・回数等適切な施肥体系が提案されている．
(馬場)

戻し交雑　back cross　⟶　交雑
本成り　⟶　末成り・本成り
もみがらくん(燻)炭　carbonized chaff, rice-chaff charcoal

　もみがら (chaff, hull, husk) を300度で2時間位かけて電気炉で焼いて炭化したもの．吸着性があり，またケイ酸を含むので陽イオン交換能も大きい．したがって，養液栽培の培地あるいは培養土の構成分として混ぜて使われる．藻類増殖の防止，根から浸出する物質の吸着，陽イオン養分の置換保持と可給化など有効な働きを示す．養液栽培では作物の培地として単用され，3年間連続して使える．この場合は養液濃度を濃い目にする．普通の養液栽培では養液1l当り2〜3gで十分である．調合土としては5〜10%程度混入される．鉢物では底面給水の場に敷きつめ，素焼面に増殖する藻類の発生を防止する．挿し木床の用土に半量位混入すると切口の腐敗を防止し，発根もよくなる．特に温度の高い時期に有効である．自家製のくん炭は灰化が進み，アルカリ性が強いので，用いにくい．水耕用くん炭製品をすすめたい．
(高野)

模様花壇　mosaic flower bed　⟶　花壇
盛り土法　mound layering, stool-layering　⟶　取り木
モリブデン欠乏症　molybdenum deficiency

　欠乏症はある程度生育が進んでから古い下位葉に現れ，次第に若い葉に及ぶ．

〔欠乏症状〕　生育は貧弱で草丈は短小である．葉は初めは全体的に淡緑黄化し，窒素欠乏症状に似るが葉脈は淡緑色である．葉脈間がさらに黄化するか，あるいは斑点状に黄化する．また葉縁が壊死，あるいは巻き縮み(ちりめん葉)，内側にまくれる(コップ状葉)等が現れる．アブラナ科作物では窒素が土壌に豊富なとき，葉脈間の斑点状黄化，葉縁黄化が進み，モリブデン(Mo)欠乏が激しい場合には葉は中肋を残し鞭(べん)のような異状な形状(べん状葉)となる．症状の発現は作物種・品種により違う．葉柄・茎が赤褐色となることもある．Mo欠乏の指標植物にカリフラワー・ブロッコリ・ダイコン，ホウレンソウ・レタス等がある．

〔欠乏の生じやすい条件〕　酸性土壌，土壌反応が中性〜アルカリ性でも，Mo要求量の多い作物を長年栽培して土壌Moが消耗した土壌．

〔対策〕　応急的対策—0.01〜0.05%モリブデン酸ナトリウム液(100l/10a)葉面散布．
　基本的対策—土壌反応の矯正，堆きゅう肥・緑肥等有機物の施用，モリブデン酸ナトリウム(100g/10a)の土壌施用．
(馬場)

モル濃度　molarity, molar concentration
　溶液1l中に含まれている溶質の量を，モル(分子量の数値にグラムの単位をつけた

量）で表わした濃度を容量モル濃度（単にモル濃度）という．mol/l または記号 M をつけて表す． 　　　　　　　　　　　　　　（菊池）

モルファクチン morphactins

モルファクチンと呼ばれる一群の物質は，すべてフルオレン核をもつフルオレン-9-カルボン酸の誘導体である．モルファクチンは，高濃度では殺草効果をもつが，他に葉のねじれを引き起こし，茎の伸長を阻害し頂芽優勢を打破するなどの特異な生理作用を示すために注目された．特に，重力と光の影響に拮抗する．芽ばえは，通常屈光性と屈地性により，芽は上に根は下に伸びるが，モルファクチンで処理すると光や重力刺激に反応しなくなる．モルファクチンは，恐らくオーキシン代謝に影響を与えるのではないかと考えられる．モルファクチンは，ジベレリンの生成と作用には干渉せず，アミラーゼ誘導にも影響を与えない．　　　　　　　　　　（菅）

や

八重（八重咲き）double flowered

一重であるもとの花と比較して，花弁数が増加した花を八重（咲き）または重弁花という．八重の程度に応じて半八重，超八重という．八重咲きになると一般に観賞価値が高まる．バラ，カーネーションなどは八重咲きとなって始めて重要な花きとなった．八重咲きの発生は雄ずい，雌ずい，がくなどが花弁に変わる花弁化（ツバキ，ボタンなど），花弁も雄ずいも増加する器官の重複（カーネーション，ペチュニアなど），花弁が裂けて多くなり，裂片が大きくなった花弁分裂（フクシア，アサガオなど），花中に花がつきぬけて二段咲きとなる貫生（→つきぬき）などによるが，これらの一つまたは二つ以上が組み合わさって八重咲きとなっている場合が多い．一種の奇形といえる（→八重鑑別）． （大川）

八重咲き double flowered ⟶ 八重

八重鑑別 identifying double and single flowered forms

	双子葉		単子葉	発芽	色
八重	広い↕ 長い→	楕円形	長い↕ 広い→	早い	淡い
一重	狭い↕ 短い→	丸形	短い↕ 狭い→	遅い	濃い

(a) 子葉形態を中心とする八重咲き鑑別の指標
（花き栽培指標　長野県，1982より作図）

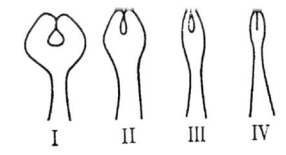

　Ⅰ　Ⅱ　Ⅲ　Ⅳ

(b) さやの形の分類（兵庫農総試淡路分場，1982）
Ⅲ・Ⅳ型の株から採種すると八重咲き率が高い．

ストックの八重咲きは雌・雄ずいが花弁化したもので，不稔である．このため一重から採種しているが，八重咲率は50%である．これは一重咲遺伝子と花粉の致死遺伝子との強い連鎖による．一重咲きは切り花価値が低いので育苗時に八重咲き苗の鑑別を行っている．八重咲き苗の指標は子葉の形態（色，大きさ，形）による．子葉の緑色が淡く，子葉長，子葉幅，子葉面積が大きい形質の個体ほど八重咲き率が高い．また，さやの形によって八重咲き率が異なる．最近は種子の色で鑑別できる品種も発表されている． （大川）

焼き土 heating soil ⟶ 土壌消毒

やく（葯）anther

雄ずいの一部で花粉を入れている器官．雄ずいは1枚の葉と相同な器官で，シダ植物の胞子葉にあたり，やくと花糸の2部分よりなる．裸子植物ではやくは小胞子葉の面上に直接つく．被子植物ではやくは通常左右2個にやく隔によって分けられ，やく隔で花糸の先端に付着している．左右のやくの片方は半やく（theca）またはさくと呼ばれ，それぞれ二つのやく室すなわち花粉嚢（小胞子嚢）よりなる．つまり1個のやくは4個の小胞子嚢の集まったものである．花粉（シダ植物の小胞子に相当）が成熟すると，2個のやく室の間の境は破れてひと続きになることが多い．次いで，多くの植物ではやく壁が縦に裂開（開やく）し花粉を露出する． （位田）

薬害 phytotoxicity, chemical injury

元来は薬剤によって起こる有益生物の障害をいうが，農薬の場合は作物に対する薬害のみを指すことが多い．古くは薬害は避けられないものとして，薬害がなるべく軽微となるような農薬施用を行ってきたが，最近の農薬は一般に選択的かつ特効的となったため，薬害の心配なく施用できる薬剤が多くなってきた．しかし，今日でもなお用いられている従来型の農薬の場合には特に注意が必要であり，場合によっては薬害軽減剤を加えるとよい．ジチオカーバメート剤（有機イオウ剤）や銅剤に対する炭酸カルシウム剤や，ボルド

一液に対する硫酸亜鉛剤は薬害軽減剤である．一方，薬害の少ない薬剤でも混用により薬害を生ずる場合もあり，たとえば除草剤DCPA剤（プロパニル，スタム）はリン剤やカーバメート剤と混用するとイネに顕著な薬害を起こす． （上杉）

薬剤摘果 chemical fruit thinning
⟶ 摘花・摘果

やく（葯）室 anther locule ⟶ やく

やく（葯）培養 anther culture

つぼみよりやくを無菌的に取り出し，人工培地で培養することにより，半数性の組織または植物体を得る操作のことで，1964年にインドのGuhaとMaheshwariがケチョウセンアサガオで最初に成功した．培養やく中で花粉母細胞が分裂してできた花粉から直接不定胚が形成される場合と，カルス形成を経て植物体が誘導される場合とがある．半数体はコルヒチンなどを使って容易に倍加できるので，2倍体の純系植物を作出するのに有効である．したがってやく培養により雑種作成の効率を上げたり，育種年限を著しく短縮したりできる．また性の遺伝的制御や，半数性細胞の突然変異が発現しやすい特徴をいかした変異体作成にも利用される． （位田）

やけ scald

リンゴの貯蔵を長期間行った場合に果皮部に発生する日やけしたような症状をいう．障害は一般的に果皮部に限定されているが，しだいに直下の果肉に及ぶようになる．褐変部位はあまり軟化しない．長期の貯蔵を行う場合には，どのような品種にも発生がみられる．大部分の品種では未熟果で貯蔵したものほど発生が多い傾向がみられる．原因は果実中から出るガス成分によるとも考えられているが明確ではない． （青葉）

野菜 vegetable

園芸作物の一種で，単に採収して食用に供するいわゆる野草や山菜も含むが，おもに栽培し，副食物として調理して用いる草本性植物である（→果菜類，根菜類，葉菜類，菌じん類）．野菜は一般用語で，従来学術用語としては蔬菜が使われていた．しかし当用漢字の公布により蔬の字がなくなり，そ菜とすることもあったが，最近は一般に野菜が慣用されている．

野菜は軟弱多汁な形質をそなえているものが多く，生産上は他の園芸作物と同様集約な管理を必要とする．しかしビタミンCや有色素のプロビタミンAなどのビタミン類，無機類あるいは食物繊維を多く含み，健康維持の上で重要な作物となっている（→食物繊維）．さらに野菜は種類が多く，形態・色彩や利用部位が多様で，香味・辛味に富むものもあり，食生活を豊かにする役割を果たしている（→野菜園芸・野菜園芸学）． （松本）

野菜園芸・野菜園芸学 vegetable gardening olericulture; vegetable crop science

園芸の一部門で，野菜を用いて生産・流通を行うことをいう．

もともと野菜園芸は都市あるいは都市近郊での重要な農業として成立してきたが，一方交通機関の発達に伴い都市から離れた輸送園芸地帯で，それぞれの立地条件を活かした産地も形成されて，野菜の需給を充たしている（→近郊園芸，輸送園芸，暖地園芸）．

野菜は種類が多彩であるため，露地栽培，施設栽培を通じ作型がいろいろ工夫され，多くの野菜で周年供給の体制がとられている（→露地栽培，施設栽培）．また野菜栽培にはつま物やもやし生産のための芽物栽培・軟化栽培やキノコ栽培などの特殊な栽培も成立している（→つま物，軟白，菌じん類）．

野菜園芸学は野菜および野菜園芸に関する学理を追究する学問である． （松本）

野生種 wild species

突然変異型に対し，普通自然状態でみられる正常型を指す．また，野生集団の中で最も高頻度にみられる表現型をもつ系統をいう．しかし，栽培種に対応し，自然にみられる同一種（起源種）を指すこともある． （芦澤）

やなぎ芽 crown bud

キクの花芽分化はそれぞれの品種の花芽分化についての限界日長より短い日長下，ある

いは株の成熟によって誘起される．しかし，その後の日長が花芽の発達についての限界日長より長いとか，著しい高温あるいは低温によって正常な花芽の発達が阻止された場合には，包葉の一部がやなぎ葉状の細長い葉に転じ，花首に着生する．このような奇形の葉を伴う奇形の花らいをやなぎ芽と呼んでいる．自然条件下でのやなぎ芽は，早植え，老化苗の定植，あるいは強光線および多肥によって生育が促進され，長日下で花芽分化した場合，曇天によって一時的に花芽分化の限界日長より日長が短くなった場合に多発する．やなぎ芽は，①早植え，多肥を避けての株の成熟を抑える，②電照を行って花芽の不時的な分化を抑えることによって防止できる．

一般に早生秋ギクは花芽分化についての限界日長が花芽の発達についての限界日長より著しく長いためにやなぎ芽を発生しやすい．ボサギクの玉づくりは，やなぎ芽が発生しやすく，その下部から分枝するという性質を利用し，長日下でやなぎ芽の発生と分枝を繰り返させて，玉状の草姿に仕立てたものである．
(川田)

山上げ育苗 ⟶ 高冷地育苗

山上げ栽培

生育や花芽の形成に冷涼な条件を要求する植物を，夏の高温期に高冷地に送って培養し，秋から冬にかけて再び平地に戻して開花させる栽培をいう．たとえばシンビジウム，デンドロビウムなどの低温性ランで行われている．リレー栽培というのも，この限りでは同じであるが，山上げ栽培が山上げ期間の管理を委託する形をとるのに対し，この場合は独立の生産者がそれぞれの部分を受けもつ点で経営的にやや異なる（→高冷地育苗）．
(筒井)

山なり開墾 land reclamation in natural slope ⟶ 開園

夜冷育苗 ⟶ 育苗

ゆ

結いたて tying ⟶ 誘引

有意性検定（仮説検定） significance tests

農学実験では，ある処理が有効であるか，品種間差があるかどうか調べることが多い．この場合，統計処理では，「処理の効果がない」「品種間に差がない」という仮説を設ける．この仮説は，棄却されることが期待される意味で，帰無仮説（null hypothesis）と呼ばれる．一方，差があるという仮説を対立仮説という．仮説検定あるいは有意性検定は，たとえば標本から得られる平均値の差が，帰無仮説が正しいときに，偶然によってどれだけの確率で起こるかを調べ，仮説を採択するか棄却するか検証する手法である．この確率が小さいとき仮説を棄却するが，この基準となる確率として0.05（5％）あるいは0.01（1％）が使われ，有意水準あるいは危険率と呼ばれる．有意水準0.05の下で仮説が棄却されるとき，5％の有意水準あるいは危険率0.05で仮説は有意である（significant）という．

各組の母平均の間のどこに差があるかを検定するには，2組ずつの母平均 $\bar{x}_i, \bar{x}_j$ の差を調べる．t 検定で有意な差があることを認めたら，$t(f, 0.05) \times \sqrt{V_E/n_i + V_E/n_j}$（ただし，有意水準を5％と設定したときの $t(f, 0.05)$ の値は付表から読みとる．V_E/n_i は n_i 個の平均値 $\bar{x}_i$ の誤差分散）より $\bar{x}_i - \bar{x}_j$ が大きければ有意差があると認める．上式で求められる数値を最小有意差（LSD：least significant difference）と呼ぶ（→ t 検定）．

（菊池）

誘引 training

園芸用語としての誘引は，枝しょうを支柱などに縛りつける（結いたて tying）か，網目状の構築物を利用して，栽培に便宜となるように作物の生育を誘導する方策である．目的としては，風などによる倒伏，損傷の防止，ブドウ，ナシの棚仕立て栽培における結実部位の均等な配置，樹の骨格となる主枝，亜主枝の育成のため，一定の方向への伸長促進と維持，の3点がある．枝の伸長期に誘引した果樹の幹や枝は，果実の収穫後から落葉までの期間に急激な肥大をするので，その際に結束部が縄によりくびれ，折損の原因となりやすいので注意を要する．長年月にわたる誘引結束には，天然繊維のシュロ縄などは，最初は強く緊縛でき，やがて誘引目的を果したころには自然にとけるなどの合理性を残している．

（岸本）

雄花 stamen ⟶ 雄ずい

有核 seeded ⟶ 無核・有核

有核果 seeded fruit ⟶ 無核・有核

雄花穂 unisexual catkin, male catkin, staminate catkin

ブナ科のクリやクルミ科のクルミ，ペカンなどの果樹は雌雄異花である．雄花は沢山集まって花穂を形成している．このように雄花だけからなる花穂を雄花穂という．（志村）

雄花先熟 protandry ⟶ 雌雄異熟・雌雄同熟

有機酸 organic acid

多種類の有機酸が植物中に広く在存し，細胞の呼吸作用における基質である．これらの酸は遊離の形，塩類として，またエステルを形成して存在する．遊離酸としては果実類に多く含まれ，食味のうち酸味に関係する果実の重要な成分で，リンゴ酸，クエン酸，酒石酸，シュウ酸，イソクエン酸，コハク酸など，果実の種類により含まれる有機酸の種類，含量が異なる．たとえばリンゴではリンゴ酸，カンキツ類ではクエン酸，ブドウでは酒石酸が主成分である．果実では未熟果に多く含まれるが，成熟するにしたがい減少する．またジャムやゼリーのゼリー化のためにはペクチンとともに重要な成分である．（萩沼）

有限花序 determinate inflorescence ⟶ 花序

有効水分 available water ⟶ pF

有効態成分 available nutrient

無機養分元素の土壌中の絶対量は長年の作物栽培で作物が必要とする量よりも通常きわめて多いので，その全量が作物に容易に吸収利用される形態で存在するならば，作物が特定の養分に欠乏して生育が異常となり，また収量・品質が低下することは起こらないはずであるが，現実には作物の養分欠乏は程度の差はあれ広く発生している．そこで，作物に容易に吸収利用されうる土壌中の養分元素の部分を有効態成分，または可給態成分と称している．有効態成分の実体や作物に養分欠乏を生じさせない土壌中のその濃度・含量の最終的決定の仕方は未解明であるが，現在ある条件下で無機養分の特定抽出剤に溶出する土壌中の養分の部分を通常有効態成分としている．代表的測定法として，PO_4：Troug 法，Mo：Grigg 法，Fe・Zn：DTPA 法，Cu：0.1 N HCl 法，NH_4-EDTA 法，Mn：易還元性法，B：熱水溶性法等がある．有効態成分の土壌中の含量と当土壌で栽培された作物の当養分の欠乏症発生の有無・程度や収量低下の程度等との関係を勘案して，各作物に対する欠乏限界濃度が決められている．

なお，肥料中の有効態成分については肥料取締法により，測定法や肥料中の保証最低含量が決められている．　　　　　　　　（馬場）

雄ずい（蕊） stamen

花冠（→花冠）の内側に輪生し，細長い柄状の花糸（filamet）とその先にあって花粉を含むやく（葯 anther）からなっている雄性の生殖器官．雄ずいは普通，同形，同大で分れて花床に着生するが（離生雄ずい），1花中の雄ずいがすべて合着した単体雄ずい，いくつかの束に別れて合着した二体，三体雄ずいなどがあり，これらを合生雄ずいという．やくの部分で接着したものは集やく雄ずいという．また1花内の雄ずいの長さを異にするものがある．花糸が花弁状になり，やくが機能を失ったものを仮（不完全）雄ずいという．

（大川）

雄ずい（蕊）先熟 protandry ⟶ 雌雄異熟・雌雄同熟

有性繁殖 sexual propagation, sexual reproduction ⟶ 無性繁殖・有性繁殖

雄性不稔 male sterility

雄性器官の形態的あるいは機能的異常のために，受粉，受精，種子形成が行われない現象をいう．雄性不稔は，環境的な一時的変異として発現する場合と，遺伝形質として発現する場合とがある．前者は栄養条件の不均衡，温度，日照などの異常によるが，後者は花粉不稔性，雄ずい不稔性，受精不能などによる．花粉の不完全は，リンゴやナシの3倍体品種にみられるように，花粉母細胞の減数分裂時の染色体行動の異常によるものと，ブドウのねじ曲性雄ずい品種や，モモ（白桃）のように，四分子形成後の小胞子から成熟花粉に至る過程で，退化するものがある．これらの雄性不稔系統は，母本にすると雑種種子の生産が容易になるので，育種上広く利用されている．　　　　　　　　　　　　（吉田）

優占種（優先種） dominant species

植物群落において，優占し群落全体の相を決定する種類をいう生態用語．一般に群落の最上部を形成するので，その気象などの環境条件の影響を最も強く受けると同時に，群落内の微気象や土壌状態に影響を与え，他の種の生育などを支配する．　　　　　　（大垣）

遊走子 zoospore

菌類のなかでも，変形菌や鞭毛菌など下等菌類が形成する鞭毛をもった運動性の胞子のこと．遊走子は，通常成熟した遊走子のう（嚢）から放出されるが，細胞壁を欠くため環境抵抗力が弱く，水中を遊泳したのち鞭毛を失い，不動化し，被のう胞子となる．

（平野和）

有てい（蒂）果・無てい（蒂）果 calyx perpetual fruit; calyx deciduous fruit

ナシやリンゴなど仁果類の花は子房が花床と癒合してがくや花弁，雄ずいなどがその上端に着生している子房下位花である．果実はがくなどの着生部分と花床が肥大し，その内

部に子房の肥大した部分を包んでいる偽果である．開花後に花弁は落下するが，がくは発育してへた（蔕）となって果実に残存することが多い．このように成熟果となってもがくの発達したへたが脱落しない果実を有てい果といい，発育の途中で脱落して着生していない果実を無てい果という．ニホンナシの有てい果は開花の早い1,2番花に多く生じ，それらは果形の乱れが大きく商品性も劣るので，摘果時に除去されることが多い．
 (志村)

誘発突然変異 induced mutation ⟶ 突然変異

有葉花 new wood bloom, inflorescence with leaves ⟶ 直（じき）花・有葉花

遊離型ジベレリン free gibberellin ⟶ ジベレリン

癒 合 healing

植物体の一部が損傷を受けたような場合，新しい細胞，組織が分化して傷口面を覆い治癒することをいう．また接ぎ木接着面でカルスが分化接着する場合にも用いる．(町田)

癒合組織 callus ⟶ カルス
癒傷組織 callus ⟶ カルス
癒傷ホルモン wound hormone

傷ホルモン・傷害ホルモンともいう．ある組織を破壊したときに形成・分泌され他の細胞の成長・分裂を促す物質をいう．インゲンマメにおいて果実の中にさやの内側の表皮細胞の分裂と伸長を促進する物質があることが明らかにされ，トラウマチン酸 (traumatic acid HOOC-CH=CH-(CH$_2$)$_8$-COOH) と名付けられた (English ら, 1939)．これには傷害組織の細胞分裂誘起以外の作用は認められていない．現在では単一の特異的な物質により支配されるというよりもむしろいくつもの物質が関与し，種により異なるものと考えられている．
 (桂)

ゆず（柚）肌果 ⟶ 硬果障害

輸送園芸 truck gardening

都市から離れたところでも，立地条件が園芸作物の生産に適していれば発達した交通手段により出荷が可能で，園芸産地が形成されるが，このような園芸を輸送園芸という．たとえば中部の高冷地や九州の暖地における園芸は典型的な輸送園芸である（→近郊園芸）．
 (松本)

輸送性 shipping quality

消費者まで運ぶ距離が長くなり，鉄道，トラック，航空機などの輸送手段を用いるが，この間に振動衝撃や，荷物をおろしたときの衝撃を受ける．これらの衝撃を受けても荷傷みせず内部，外部傷害に起因する品質変化の少ないものが輸送性があるといえる．
 (伊庭)

ユニットヒーター unit heater ⟶ 暖房・暖房機

湯抜き removal of astringency with warm water ⟶ 脱渋法

油 胞 oil gland ⟶ アルベド・フラベド

よ

葉　位　leaf position on the stem

茎上の葉の着生位置を葉位と呼び，通常，分化時期の早い下方から第1葉，第2葉，……のように表現する．これと似た語に節位があるが，すべての節に葉がついているわけではないので，現存する葉については葉位の語が用いられている．　　　　　　　　（筒井）

要因計画（多因子要因実験）　factorial experiment

測定値のばらつきに影響を及ぼすと考えられる原因のうち，その効果を調べる目的で取りあげたもの，たとえば品種，肥料，ホルモンなどを因子という．それぞれの因子を量的，質的に変化させる条件の数を因子の水準と呼ぶ．二つ以上の因子を同時に取りあげ，因子の水準のあらゆる組合せを反復実施するものを多因子要因実験という．たとえば，A因子3水準，B因子3水準，C因子2水準の3因子実験では，18通りの処理組合せを1回以上実験することになる．この実験では，個々の因子の主効果や，因子の組合せによって生ずる交互作用効果などの要因効果を評価できるので，要因計画と呼んでいる．結果の解析法を要因分析法という．　　　　（菊池）

葉えき（腋）　leaf axil

葉の向軸側の基部．側枝の原始体すなわち側芽の多くは，葉えきの茎の部分に形成され，これをえき芽という．　　　　　　（位田）

養液育苗　　→　育苗

養液栽培　nutriculture, solution culture, soilless culture, hydroponics

土壌を用いないで，生育に必要な栄養成分は作物固有の吸収成分の適組成，適濃度の培養液によって与え，酸素供給を行って作物を栽培する方法である．普通の栽培が土壌の地力に依存しているのに対して養液栽培は地力によらないで栽培するので，無土壌栽培(soilless culture) とも呼ばれる．

養液栽培法には根の支持体としての培地材，培養液の供給方法などによって噴霧耕 (mist culture)，水耕 (water culture)，水気耕，固型培地耕 (solid medium culture)（砂耕，れき耕，人工培地耕）に大別され，さらに液循環，根への酸素供給方法などを異にする数多くの方式（銘柄）がある．代表的な方式の液循環システムを図に示した．現在わが国において，生産の現場に多く普及しているのはハイポニカ，M式水耕，新和等量交換式であり，NFT，ロックウール栽培なども，簡易方式として最近漸増の傾向にある．

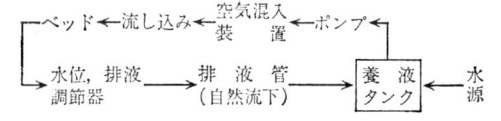

a. 協和式ハイポニカ
　┌─ベッド←流し込み←空気混入装置←ポンプ─┐
　│　　　　　　　　　　　　　　　　　　　　│
　└─水位，排液調節器→排液管（自然流下）→養液タンク←水源

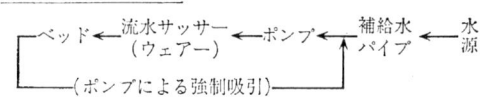

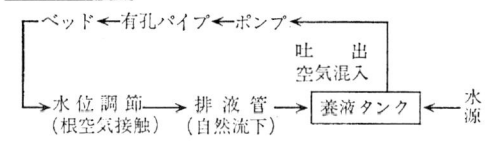

b. M式水耕プラント
　┌─ベッド←流水サッサー（ウェアー）←ポンプ←補給水パイプ←水源
　│
　└─（ポンプによる強制吸引）

c. 神園式水耕
　┌─ベッド←有孔パイプ←ポンプ
　│　　　　　　　　　　　　吐出空気混入
　└─水位調節（根空気接触）→排液管（自然流下）→養液タンク←水源

d. 新和等量交換式水耕
　┌─Aベッド←──────────┐
　├─排液口──────────→交換槽←水源
　└─Bベッド←──────────┘

水耕プラントの給排液システム事例（板木）

基本となる培養液に必要な成分は，多量要素としてN（窒素），P（リン），K（カリ），Ca（カルシウム），Mg（マグネシウム），S（イオウ）であり，それにFe（鉄）微量要素としてB（ホウ素），Mn（マンガン），Zn（亜鉛），Cu（銅），Mo（モリブデン）である．これらの成分を与えるために用いる肥料塩で特徴的なことは，窒素源として大部分硝酸態窒素を用いることである．現在実用に供されている培養液組成は，れき耕普及当初に発表

された均衡培養液（園試興津処方）であり，各作物に共通使用されるが，近年野菜の吸収濃度比（n/w）に基づく山崎処方を用いる例も多くなっている．一般に養液の濃度補正（追肥）はECを指標として減量分を推定する方法で，3～5日おきぐらいに行うことが多いが，山崎処方は用水の減量分相当を随時追加すればよいので簡易化される利点がある．成分濃度補正とともに重要なのはpHの矯正であり，下降のためには硫酸（H_2SO_4），上昇のためには苛性カリ（KOH）や苛性ソーダ（NaOH）を添加し，pH 5.5～6.5の好適値の維持に努める．

栽培適応作物は多いが，経済栽培されているのはトマト，キュウリ，メロン，ミツバ，ネギ，リーフレタスなどの野菜類であり，花きはバラ，ガーベラがわずかにある程度である．

養液栽培の利点は，連作障害の回避，省力化，品質の向上と均一化，清浄生産，労働適性の向上などであるが，その反面，施設装置費が高価，養液管理がめんどう，病害の急速なまん延の危険性など欠点があり，これらの改善の必要性が指摘されている（→NFT）．

(板木)

葉温 leaf temperature

植物葉の温度を葉温という．葉温は日射の強さ，風速，蒸散速度の大小，葉内水分や葉色などにより変化する．葉温測定は，0.1mm程度のごく微小な温度計（CC熱電対など）を葉裏に接着させるか，あるいは赤外線放射温度計などを用い，非接触で計測する．

施設栽培では植被層内の葉面付近の風速は微小である．そのため，直射光下では葉温は室温より4～5℃高く推移している．温度管理は通常室温を目安として行っているが，光合成をはじめとする葉内の化学反応はすべて葉温に支配されていることに留意しなければならない．同様の意味で，果実の成熟，着色には，室温より果実温のほうが，大きな影響を与える．センサとしては，まだ高価であるが，葉面から放射される赤外線に感知して葉温を測定できる．赤外線放射温度計も利用されるようになってきた．

(鴨田・伊東)

幼果 young fruit, fruitlet

果実は発育のステージにより幼果，未熟果，成熟果などと呼ばれている．一般に，受精が完了し，肥大をはじめたばかりの果実から仁果類の果実のように，幼果時代はクロロフィルを多く含み，果面の毛や気孔は花のステージの花たく表面に近い状態のままのものまでをいう．

また，肥大を続けている間を漠然と呼び，その間に摘果などの処理を受ける．

(渡部)

葉化 phylloidy

花被，雄ずい，心皮などの花器が普通葉状に変化する奇形の一種．たとえば，サクラ属ではまれに，心皮が雌ずいに発達せず，普通葉の先に柱頭状の付属物をつけたものになる．ブロッコリーやカリフラワーにみられる花らい上に葉が突出したリーフィーは，包葉が普通葉状になったものであり，花器が葉化したものではない．

(土井)

幼芽 plumule ⟶ 種子

葉芽 leaf bud, foliar bud

生長して葉や枝のような栄養器官となる芽．生殖器官を生じる花芽の対語．花芽に比べふくらみが少なく，細長いことが多い．なお葉と花とを生じる芽は混芽（mixed bud）という（→花芽）．

(位田)

葉果比 number of leaves per fruit, leaf fruit ratio

摘果は商品価値の高い果実の生産を目的に行われる．果実の発育・肥大は葉の同化産物と根からの養水分によっているので，摘果の程度は商品性の高い1個の果実を生産するに必要な葉数を規準とする場合が多い．そのような商品性のある果実1果を生産するに必要な葉数の割合を葉果比という．葉果比は果樹の種類，品種，台木の相違などによって異なるが，一般に落葉果樹では15～40を目安としている．リンゴではより容易な目安として頂芽数を用いることが多く，デリシャス系品種やふじ，陸奥などでは4～5頂芽に1果，つがるや王林では3～4頂芽に1果を残すの

が摘果規準となっている. （志村）

葉原基 leaf primordium (pl. primordia)
発生初期段階の葉をいう．茎頂分裂組織の周辺部の葉序にしたがった位置に，表層細胞の分裂によって隆起した突起として生じたもので，細胞分裂活性が高く，発育して成葉となる． （石原）

幼 根 radicle ⟶ 種子

洋 菜
新しく欧米から導入された野菜で，西洋野菜ともいう．たとえば，セルリー，ビートなどがそれで，欧米での利用の歴史は古いが，従来日本には定着せず，近年一般に流通するようになった野菜である． （松本）

葉菜類 leaf vegetables
葉菜類は野菜の種類を分類する一項目で，ハクサイ，ホウレンソウ，セルリーなどのように葉を利用の目的にする野菜を総称している．アスパラガス，ハナヤサイのように茎や花蕾などを利用するものも含めることもあるが最近はそれぞれ茎菜類や花菜類に分けることが多い． （松本）

幼 若 juvenility ⟶ エージング

幼若期 juvenile stage
発芽後一定の苗齢に達するまで栄養生長を行い，花芽分化に適当な条件を与えても生殖生長に移ることのできない植物が多い．このように花成誘導の困難な生育期のことを幼若期，このような性質を幼若性 (juvenility) と呼んでいる．幼若期の長さは，品種の早晩生を支配する一つの要因であり，一般に早生品種で短く，晩生品種で長い傾向がみられる．ツタ，アカシア，ヒイラギなどでは幼若期に発生する葉には欠刻が少ない．多年生植物では基部から発生する芽は頂部のものより幼若性が強い．二年草では越冬時の苗が小さいと翌年開花しない種類（例：カンパニュラ，キャベツ，タマネギ）があり，幼若期にある植物は低温による花成誘導ができないことを示している． （川田）

陽樹・陰樹 sun tree; shade tree
生態学的には，幼時の耐陰性が弱い樹木を陽樹，強い樹木を陰樹という．園芸的には，日陰では生育がよくない樹木を陽樹，日陰にも耐えうる樹木を陰樹とみる．両者の中間的性質をもつ樹木を中性樹，半陰樹と称することがある． （松尾）

葉 序 phyllotaxis, phyllotaxy
葉の茎に対する配列の様式．植物の種により特異的な一定の規則性をもつ．1節に3葉以上つく場合を輪生（エンレイソウ），2葉が向きあってつく場合を対生（シソ，ハコベ），1葉ずつの場合を互生という．互生葉序はらせん葉序とも称し，次節の葉とのずれの角度を360°で割った値で葉序を示す．すなわち180°の1/2葉序（イネ科），120°の1/3葉序（カヤツリグサ科），144°の2/5葉序（サクラ，アカザ），135°の3/8葉序（イヌツゲ，ダイコン），さらに5/13, 8/21, 13/34, 21/55葉序などがある．下図参照．
（位田）

葉しょう（鞘） leaf sheath
葉の基部が茎を取り囲んでさや状に包むような形に発達したもの．下端は茎と接着し，タケノコの皮のように茎を1回り以上巻くことが多い．バショウ，ミョウガのように葉し

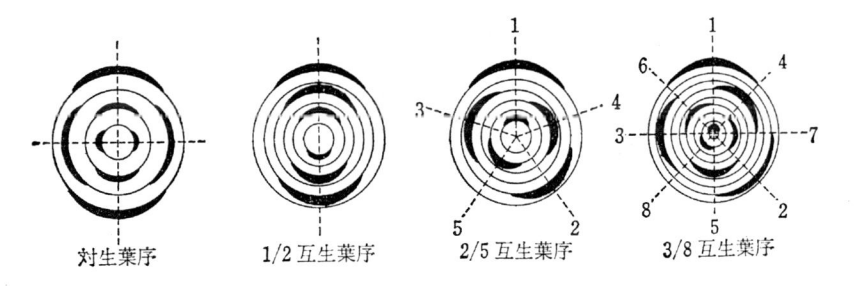

対生葉序　　1/2互生葉序　　2/5互生葉序　　3/8互生葉序

葉　序（位田原図）

ょうが重なりあって，あたかも地上茎のようになっているものもある．太ネギやタマネギの可食部も葉しょうである． （位田）

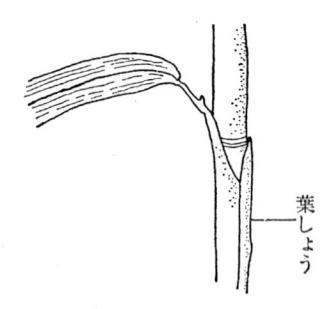

葉しょう（ササ）（位田原図）

葉状茎（葉状枝） phyllocladium
葉状の茎で，機能的にも光合成器官とみなされるものをいう．アスパラガスやナギイカダの側枝にみられる． （石原）

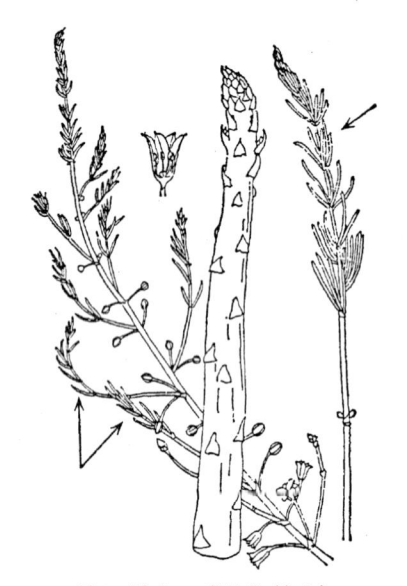

アスパラガスの葉状茎（矢印）

葉状植物 thallophyte
高等植物のように茎葉の区別がなく，多細胞であるが，維管束などの内部器管分化のない植物を葉状植物と呼んでいる．コケ植物以下の下等植物がこれに相当する． （国重）

葉色計 leaf color meter
栄養診断を目的として，葉中の葉緑素含量を非破壊的に測定する計器をいう．グリーンメーター，葉緑素計と称して，携帯用のものが市販されている． （佐藤）

葉色帖 leaf color chart ⟶ カラーチャート

幼植物検定法 young plant test, seedling test
育種では大量の個体を扱う方が効率がよい．しかし，そのためには広大なほ場と検定の労力がかかる．そこで幼植物，ことに定植前に目標形質，あるいはそれと相関の高い形質により選抜が可能であれば，労力の節減と同時にほ場での選抜が容易になる．幼苗期に耐病性検定を行うのはそのよい例である（→早期検定法）が，生育初期に現れる形質と後期に発現する形質と遺伝的相関の高い例としては，イチゴの葉色，葉の厚さと早晩性，キュウリの根群の形状と生態型などがある．
 （成河）

葉身 leaf blade, lamina
葉片ともいう．葉の主要部分で，表皮と葉肉と葉脈より構成され，普通は扁平で背腹性を示し，表面は緑色が濃く裏面は淡い．円柱状で両面の区別がない単面性のものもある．葉緑体に富み，光合成を営む．1枚の葉身からなるものを単葉，2枚以上の小葉からなるものを複葉という（→葉型）． （位田）

陽性植物・陰性植物 sun plant; shade plant
陽光の十分あたる場所を好んで生育する植物を陽性植物と呼び，反対に日陰を好むものを陰性植物と呼んでいる．陽性植物は一般に光合成能の光飽和点，光補償点，暗呼吸量が高い． （国重）

溶存酸素 dissolved oxygen
水中に溶存する酸素量で，水耕で栽培される作物の根は呼吸に必要な酸素の大部分をこれにより得ている．水中の溶存酸素量は空気中の酸素量に比べて僅少であり，拡散係数もきわめて小さい．根による酸素吸収で根の付近の養液中に濃度勾配を生じ，根に接した水膜中の酸素が不足し生育が抑えられたり，生育障害が生じてくるので，水耕では根に必要な溶存酸素量を適切に供給するため装置に工

夫がなされている．水温が高いほど飽和量は小さくなるので，高温下で酸素不足が生じやすい．測定法としてマンガン-ヨウ素滴定によるWinkler法，酸素分圧と電極の起電力あるいは電解電流との関係を利用した隔膜電極法がある．温度の影響を受けるので温度補償を要する． (板木)

溶　脱　leaching　──→土壌溶液

葉　枕　pulvinus, leaf cushion

葉柄の茎との付着部，または小葉が葉軸につく部分が少し肥厚し関節状になったもの．葉枕の膨圧の変化により，オジギソウのように振動傾性を示したり，マメ科，カタバミ科，ヤマノイモ科の植物のように葉身を太陽の方向に向ける運動や就眠運動が起こったりする． (位田)

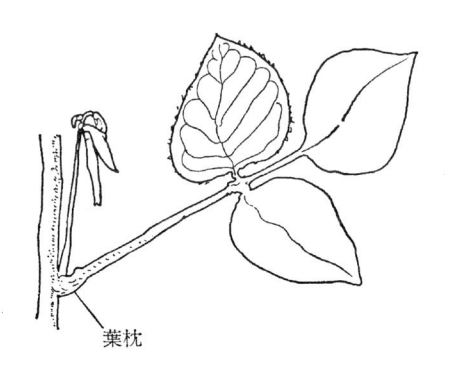

葉　枕（インゲンマメ）(位田原図)

葉肉細胞　mesophyll cell

葉を構成する細胞は，表皮や維管束の他，さく状，海綿状の独自の柔組織をつくって，全体として葉肉細胞と称される．これらの構成は，光合成器官としての葉がもつ機能と密接に関係している．葉肉細胞からはプロトプラストが得やすく，培養も比較的容易である（→プロトプラスト）． (新田)

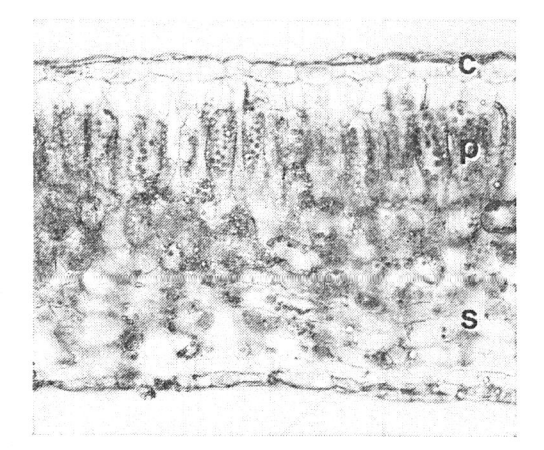

ガクアジサイの葉肉細胞（西野原図）
c：表皮，p：さく状組織，s：海綿状組織．

幼苗検定　nursery test, seedling assay

品種抵抗性の検定や薬剤のスクリーニングを行うのに，比較的短期間で効率的に実施する方法として有用なもの．苗立枯れ病，白絹病，フザリウム病，線虫病などの病気を対象として適用される．病原体の接種法は，浸根，灌注，フスマ培養など病原別に工夫している． (平野和)

養　分　nutrient element

高等植物の必須要素の内，炭素・酸素・水素を除いた13種の元素，すなわち窒素N，リン(リン酸)P，カリウム(カリ)K，硫黄S，カルシウム(石灰)Ca，マグネシウム(苦土)Mg，鉄Fe，マンガンMn，亜鉛Zn，銅Cu，ホウ素B，モリブデンMo，塩素Clが無機養分(mineral nutrient)と呼ばれる．これらの必須要素は培地から無機塩の形で根から吸収同化されるので無機養分といわれる．無機養分が根に吸収され，植物体内を移動・集積・再移動するときには慣習上単に養分(nutrient)と呼ばれることが多い．なお，肥料成分との関連で，養分としてリンの替りにリン酸，カリウムの替りにカリ等と慣行的に呼ばれている．

〔分類〕植物の必要量・含量の多少および必須性・有用性などにより分けられ，必須養分元素は多量要素（養分）と微量要素（養分）に大別される．植物に共通した必須性はないが，特定の植物群，または条件下で植物の生育に必要で役に立つ元素は有用元素(beneficial element)と呼ばれ，セレニウム，ナトリウム，ケイ素，アルミニウム，ストロンチウム，ニッケル，コバルト，バナジウム等である．養分の生理作用・存在形態等による分類は種々あるが次に一例を示す．第1群：N, S（還元された形で有機物の共有結合構成分），

第2群：P, B（酸素酸の形で存在，リン酸，ホウ酸），第3群：K, Ca, Mg, Mn, Cl（浸透圧，イオン均衡，酵素の立体構造・生触媒に関与），第4群：Fe, Cu, Mo, Zn（金属キレート，金属タンパク質に関与，特に前三者は酸化還元反応に関与）．

〔吸収される養分の化学形態〕 水溶液中の養分の化学形態はおもにイオンで，金属イオンは水和状態にある．N：NH_4^+, NO_3^-, P：$H_2PO_4^-$, HPO_4^{2-}, S：SO_4^{2-}, B：H_3BO_3, Mo：MoO_4^{2-}, K^+, Ca^{2+}, Mg^{2+}, Fe：Fe^{2+}・Fe^{3+}, Mn^{2+}, Zn^{2+}, Cu^{2+}（重金属元素は錯イオン，キレート），Cl^-．

〔養分吸収の機構〕 各種の有力な学説が提案されたが，総括的定説は確立されていない．

〔養分吸収と環境条件〕 培地の温度・酸素分圧・pH・養分濃度・共存イオン・全塩類濃度・有害物，土壌水分，光，気温，湿度等とともに植物の栄養状態，根群形態，菌根等の植物の内的条件が養分吸収に大きく影響している．

〔生育に伴う養分吸収経過〕 植物の各器官は相互に重複しながら複雑に生育するので，生育に伴う養分吸収の詳細な消長は不明である．しかし全体的に養分吸収の経過をみると，野菜では果菜・葉菜型と根菜型に二大別される．他の作物でもほぼ同様である．

〔養分の生産能率〕

1) 生産能率 吸収された養分全量（N）で作物の生産量（Y）を割った値（Y/N）である．これは吸収された養分の収穫物生産に対する効率を示す．窒素の子実生産能率は水稲では50，ダイズでは15程度である．生産能率は施肥量が増えれば低下するのが一般的であるので，施肥量決定の目安になる．

2) 部分生産能率 生育過程のある一定期間に吸収された養分1単位が何単位の収量増加を招来したかを示す数値で，木村（1943）が導入した概念である．生育過程を通じて，どの時期に吸収された養分が収穫物の生産に効果的であるかを知るに便利であり，追肥時期の選定の目安となる．

〔養分の再移動〕 植物の器官・部位に分配された養分の一部は，そこが老化してくると，新しく形成され生長しつつある器官・部位へ主に師管を経て再び移行する．再移動の難易は養分の種類により大きく異なり，一般にP・Nは最も移動しやすく，K・Mg・S・Clは移動しやすく，Fe・Mn・Zn・Cu・Moは比較的移動し難く，Ca・Bは最も移動しにくい．養分の再移動性の難易は養分欠乏の発生する器官の新旧と密接に関係している． （馬場）

葉分析 leaf analysis

葉分析は果樹で広く行われており，樹全体の栄養状態を判断するため，葉中の無機成分含量を測定することをいう．葉分析による栄養診断では，葉中無機成分含量が樹体の栄養状態と密接に関係していることを前提としているが，実際には採葉方法，樹齢，結果量，土壌および気象条件による変異がかなり大きい．また各成分間の相互作用もあって，分析値が栄養状態を的確に反映しているとはかぎらない．このため精密な肥料試験など，来歴が明らかな場合は有益であるが，多様な来歴の現地ほ場の分析値から，三要素施肥量の適否を判定することなどは困難とされている．葉分析法が最も役立っているのは，微量要素の欠乏および過剰の確認の場合である．
（佐藤）

養分ミスト nutrient mist ——→ ミスト繁殖

葉柄 petiole, leaf stalk

葉の一部分で，葉身と茎との間に位置し細くなった部分をいう．葉柄をもたない葉（無柄葉）もある．葉身を支持し，養水分，同化物質の通路となる（→葉形（はがた））．
（位田）

葉片 leaf blade ——→ 葉身
幼木 young tree ——→ 樹齢
葉脈 vein, nerve, rib

葉身内を走る維管束をいう．骨格の働きをして葉の形を保つほか，養水分，同化産物の通路となる．維管束の配列のしかた（脈系

nervation, venation) から3種に大別され，叉状脈はイチョウや多くのシダ植物に，網状脈は双子葉植物に，平行脈は単子葉植物に多くみられる．また葉身内の最も太い脈を主脈（中央脈）といい，主脈から分岐した脈を側脈，細脈と区別することもある（→葉形（はがた））． (位田)

葉面吸収・葉面散布 foliar absorpion, leaf absorption; foliar spray, foliar application

〔葉面吸収〕 葉の表面に水溶液の散布・塗布により与えられた養分が気孔，または表面クチクラ層・その下部細胞壁を通って拡散して葉内の柔細胞に到達後，その原形質膜を透過し細胞内に吸収されることを葉面吸収という．吸収された養分の体内の行動は根吸収養分と多少違う．葉面吸収の程度は植物の葉表面組織の性質，散布時の温度・湿度・日照などの外部条件により非常に違う．各種のガスが気孔を通じ葉肉内に吸収されることを葉面吸収と称するときもある．

〔葉面散布〕 界面活性剤・展着剤を添加した養分の希薄な水溶液を葉面に散布し養分を補給することを葉面散布という．その実用化は初めて果樹への尿素（窒素）の散布で始まったが，最も効果のあるのは微量要素養分の散布である．0.1％前後の微量要素を含む塩類の散布液を1週間程度の間隔で数回葉面散布すると，根が土壌から微量要素を十分吸収できない状態にあるとき，その必要量を補給する有効な手段である． (馬場)

葉面散布 foliar spray, foliar application
──→ 葉面吸収・葉面散布

葉面積 leaf area

植物体の物質増加は大部分光合成に依存する．それゆえ，光合成能力をもつ表面積の大きさ（おもに葉面積）と単位葉面積当りの光合成能率が，成長にとって重要である．成長解析の手法から成長速度を決定する要因は葉面積であることが明らかにされている．個体重当りの葉面積（葉面積比）や単位土地面積当りの葉面積（葉面積指数），単位時間間隔における葉面積当りの乾物重量増加（純同化率）などの項が指標として重視される．葉面積を確保するために病虫害や物理的傷害を防止する栽培管理上の配慮，逆に過繁茂のときは摘葉して枝や果実とのつり合いをとる処置が必要である．ハウス，ガラス室等では葉が広がりすぎ機能効率は低いので空気流動を促し，小面積の葉にする必要がある． (高野)

陽葉・陰葉 sun leaf; shade leaf

陽葉と陰葉は対語．陽葉は高等植物の葉のうち強光下にあるもので，弱光下の陰葉に比べ，概して厚くて小さくクチクラ層や柵状組織がよく発達している．また光合成能力，呼吸量，補償点，最大光合成時の光強度がいずれも陰葉より大きい．一般に陽葉は樹冠表面や南面に多い． (位田)

葉緑素・葉緑体 chlorophyll; chloroplast

光合成の全過程は細胞質に分布する二重包膜をもった葉緑体で行われる．通常，5 μm 前後の凸レンズ状で，細胞当り数十個含まれる．葉緑素は緑色植物の光合成に中心的にかかわるポルフィリン系色素で，Mg 1原子を結合し，葉緑体内膜系（チラコイド）に局在する．葉緑体は細胞核とは独立したDNAをもち，メンデル式遺伝ではなく細胞質（母性）遺伝を示す．しかし，葉緑体中のタンパク質のかなりの部分は核遺伝子に由来し，細胞質で合成されたのち葉緑体に入るので，葉緑体が示す性質・構造のすべてが母性遺伝をするわけではない．葉緑体の遺伝情報系は原核性で，たとえば抗生物質の影響を受けやすい．その起源は共生した藍藻と考えられている．葉緑体は構造と機能の上で様々な分化状態を示すことがある．これらの構造は総称して色素体（プラスチド）と呼ばれる．たとえば，花弁や果実の黄・橙・赤は，葉緑素を失う一方，カロチノイド色素を多量に蓄積したためである．色素体全体が失われると，白色（アルビノ）となる．アントシアン色素が多量に液胞に蓄積されると，葉緑素による緑色がかくされる．園芸植物にはこのようなものが多い． (新田)

葉緑体 chloroplast　→　細胞, 葉緑素・葉緑体

葉齢 leaf age

一般には, 葉の生理的な成熟, 老化の程度を指し, 物理的な時間経過とは必ずしも一致しない. 齢の進行は, 遺伝的にも環境的にも制御され, 光合成や呼吸, 光周反応などの種々の生理過程に関係する. 　　　　（土井）

抑制遺伝子 inhibiting gene　→　遺伝子

抑制栽培 retarding culture

作物の生育の時期, 熟期を普通の露地栽培よりも遅らせて栽培する作型. 高冷地や高緯度地方で夏季の冷涼な気候を利用して本州の平地地帯より遅く出荷する場合や暖地で秋から晩秋にかけて出荷する場合がある. 最近, 施設を利用しての遅出し栽培が多くなり, 生育後半に保温や加温を行い, 長期間にわたって栽培する作型の呼び名として抑制栽培が用いられている. この作型は促成栽培に接続する. イチゴでは平地で1回収穫し, 山上げして8月採りをするとか, 2月ごろ株を冷蔵し, 9月に定植して10～11月に収穫する抑制栽培もある. ヒヤシンスでは1年も球根を乾式冷蔵して翌年のクリスマス用の花として出荷することがある. ジャガイモの塊茎に低濃度のオキシン散布を冬期に行い晩春, 初夏の植え付けとして抑制栽培することがある（→促成栽培）. 　　　　（高野）

抑制物質 retardant　→　阻害物質・抑制物質

翼弁 wing, ala　→　旗弁・翼弁・竜骨弁

よじ登り植物 climbing plant

付着根, 巻きひげなどで他の植物, あるいは人工構築物に付着あるいは巻きついて茎を伸長させていく植物をよじ登り植物と呼んでいる. ノウゼンカズラ, ツルマサキ, ナツヅタ（写真参照）, キヅタなどが相当する. 　　　　（国重）

寄せ植え group planting

一定の植栽区画あるいは盆栽などにおいて, 数本（2本あるいは奇数本）の樹木を, 樹種, 樹形などがよく調和するよう組み合わせて植えることをいう. 時にかん木や宿根草を種々の形になるよう一塊に植栽するという意味に拡張して用いられることもある. 　　　　（筒井）

よじ登り植物（ナツヅタ）

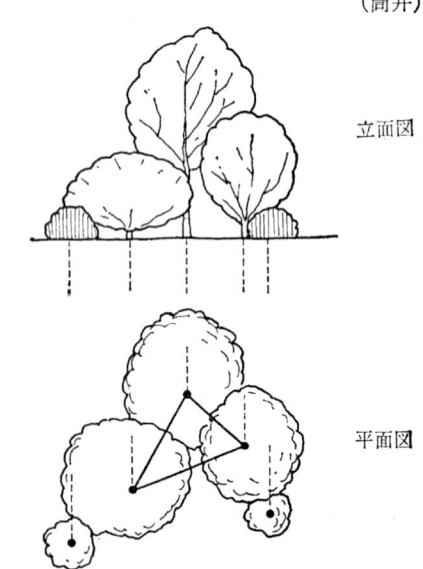

寄せ植えの一例（上原, 1976）
立面図
平面図

寄せ植え花壇 massing flower bed　→　花壇

予措 1) pretreatment, 2) prestorage conditioning

1) 種子・球根などの予措

ある処理に先立って行う予備的な措置のことである。播種前に行う種子の休眠打破のためのジベレリン処理，硬実種子の吸水促進のための磨傷，秋植え球根類の低温処理前に行う休眠打破のための高温処理（チューリップ，球根アイリス，フリージア），温湯処理（ユリ類），野菜や切り花の出荷前に行う真空冷却はその例である。

種子に関する予措としては，種子消毒，休眠打破処理，浸種，催芽などがある。種子消毒では薬剤，湿熱および乾熱が用いられる。薬剤にはベノミル，チウラムおよびチオファネートメチルが最も多く用いられ，湿熱では50～55℃―10～30分が，乾熱では70～80℃―2～7日間が一般的である。ゴボウおよびフダンソウ種子の休眠打破には水浸が有効であり，ジベレリン処理はナス，レタス，シソ等の休眠打破に有効である。その他サイトカイニン（レタス，セルリー），エスレル（レタス，ラッカセイ），過酸化カルシウム（ニンジン），次亜塩素酸ソーダ（レタス），低温処理（シソ，タデ等），高温処理（ホウレンソウ，ラッカセイ）などが用いられる。催芽まき（出芽予措）も果菜類で行われ，ニンジン，セルリーなどのフルードドリル播きではあらかじめ催芽した種子をゲル中にうかべ，これをチューブからしぼり出すようにして播いてゆく。　　　　　　　　　　（川田・中村）

2) 貯蔵予措

カンキツ類の果実を重量の3～4％減をめやすに，相対湿度70～80％の湿度条件に1～2週間おいて，果皮を乾燥させる作業をいう。予措によって，呼吸抑制と腐敗果発生の防止効果がある。また，予措果は貯蔵中の消耗が少なく糖酸含量が無予措果より多く，貯蔵中の品質劣化の防止の効果もある。予措は従来からウンシュウミカンを長期貯蔵するときに行われていたが，貯蔵しない早生温州でも流通期間中の品質保持のために同じ操作をする場合があり，出荷予措と称している。なお，これと区別する場合前者を貯蔵予措という。また最近，中晩柑類でも，こ斑症防止や着色促進のために予措が行われるようになった。
　　　　　　　　　　　　　　　　　（伊庭）

予備枝 deshooted vigorous wood

古典的な方法として，果樹では予備枝せん定法があり，この用語の原点となっている。すなわち，リンゴ，カキ，ミカンなどにおいて，花芽の集まる結果母枝の先端を切除する切返しせん定により，結果枝の発生を抑制し，1年間を結果母枝の予備として，2年後の結実数の確保を試みるせん定法である。しかし，結実しても気象の変化による生理落果率の変動も大きく，ミカンを除くと予備枝せん定はあまり利用されていない。現在では，字義通り，結果母枝などに利用可能とする枝は，すべて予備枝と称される。発育枝や徒長枝が次年に結果母枝となるであろう，と期待して切り残す場合，あるいは，リンゴ，ナシなどにおいて，花芽形成が不確実な中間芽が多い際に，予備枝として利用する。　（岸本）

呼び接ぎ approach grafting　　⟶　接ぎ木法

予冷 precooling

高温時期に収穫した青果物を，収穫後できるだけ早く適度な品温まで冷却することにより，果実自体の呼吸量，品質変化を抑えて，鮮度を保つ処理をいう。したがって，半冷却時間すなわち収穫時の品温と目標品温の中間の温度まで冷却するに要する時間が重要な要素となる。青果物等に広く採用されている予冷法には，一般的であるが冷却速度がおそい①強制通風冷却（air cooling），①を改良した②差圧通風冷却（static pressure air cooling），最終4.6トールまで減圧し，蒸散による気化冷却による③真空冷却（vacuum cooling），表面積の小さい青果物に適する④冷水冷却（hydro cooling）があり，品目により，最も適切な方法が採用される。　（垣内）

ら

ライシー ricy ⟶ リーフィー・ライシー

ライシメーター lysimeter

可能な限り現地の畑および水田のおかれた環境条件に近い状態のもとで，作物の栄養生理や土壌-作物系における養水分の吸収，溶脱，流失などの物質収支を明らかにするために，コンクリートや金属性の有底の大型容器に土壌をつめた装置である．浸透水を集めることができるように設計されていて，縦，横深さともに1～2m程度のものであるが，地下水位や温度の調節が可能であるものとか，面積では10aに及ぶものもある．

特殊なものとしては，土壌容器を水中に浮かせ，水位の変化を観測することによって，土壌-作物系における蒸発散量を測定できるフローティングライシメーターとか，傾斜地における水収支や土壌侵食などを解明するための斜面ライシメーターがある．　（鈴木鐵）

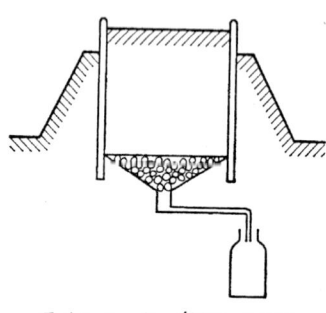

ライシメーター（川口，1977）

落　葉 leaf fall, leaf abscission, defoliation

高等植物において葉の落ちる現象をいう．葉の老化が進み，限度の生理的齢に達すると葉内の養分が若い葉や器官に転流し，離層が発達して，離層細胞内に分解酵素が形成され，離層細胞の分離あるいは崩壊が起こり，葉身は離層のところで容易にさけて落ちる．

寒期の前に，1年以内落葉する葉をもち，落葉後休眠状態に入る樹木を落葉樹という．それらの中で，果実をつける，ナシ，リンゴ，モモ，スモモ，ウメ，サクランボ，カキ，クリ，クルミ，イチジク，キウイフルーツなどを落葉果樹という．温帯性のものが多い．　（廣瀬）

落葉果樹 deciduous fruit tree ⟶ 落葉

落葉剤 defoliant

ユキヤナギやコデマリのような落葉性花木は，葉を残したまま促成すると開花が不揃いになる．促成前の落葉を促すためには，石灰窒素，塩素酸ソーダ，DEF (tributyl phosphorotrithioate)，ジョンカラー (sodium 2, 3, 5-triiodo-benzoate) などの落葉剤が有効である．　（川田）

落らい（蕾） flower-bud abscission

つぼみ（蕾）が開花せずに落下する現象を落らいという．落葉果樹には自発休眠があり，それは冬季の低温によって完了する．休眠完了に必要な低温の程度とその時間数は種類・品種によって異なる．この時間数が充たされないと正常な発芽・発育が行われない．開花前に生ずる落らいは低温時間数の不足が一原因であり，暖冬な年のアンズなどで生じやすい．また，ウンシュウミカンのように，樹体の貯蔵養分の多少は分化形成した花芽の発育不良を生じ，特に花らい数が多いとお互いに競合して落らいを生じやすい．　（志村）

ラジオアイソトープ radioisotope ⟶ アイソトープ，放射線同位元素

ラス lath

幅3～4cmのうすい板をすき間をおいて並べ固定した日覆いをいう．光線量を調節しにくく，耐用年数が短いこともあって，現在では，施設の規模拡大につれ，白や黒の遮光率の異なる各種の化学繊維製の遮光資材が広く利用されている．　（大川）

らせん葉序 spiroscalate phyllotaxis, spiral phyllotaxis, ⟶ 葉序

裸　地 bare ground, bare land
→ 清耕法

落　果 fruit drop, fruit abscission

　果実が果柄や枝から離れて落下することを落果と表現している．落果現象を細かく観察すると，機械的にもぎとったり，ゆすり落とす場合を除けば，ほとんどが，先に離層（abscission layer）が形成され，そこをさかいにして落下する．離層は枝と果柄，果柄と果実（がく部分）の間に形成されるが，落果する場合は離層組織の柔細胞を中心に細胞が解離する．ただし，果柄の維管束は解離ではなく，果重による裂断とみなすべきで，物理的な切断現象である．離層組織の分離は，様々な要因に支配されるが，これまで明らかにされた特徴としては，細胞内浸透圧の上昇，細胞の伸長，分裂，細胞壁中葉部および2次壁が溶解することによって引き起こされるという．これらの動向を抑制することが落果防止につながる． （渡部）

落下衝撃 dropping impact → 選果・選別

ラテン方格法 latin-square design

　ラテン方格とは，たとえばA, B, C, Dという文字が，図のようにどの行にも，どの列にも1回ずつ現れるように正方形に並べたものをいう．これを利用して，文字に対応して

A	B	C	D
B	A	D	C
C	D	B	A
D	C	A	B

標準方格

処理を施す実験計画法がラテン方格法である．第1行と第1列にA, B, C, Dがアルファベット順に並んでいる標準方格の，行と列をランダムに並べかえたラテン方格を利用し実験配置を行う．行方向と列方向の2種のブロックを設けることになるので，ほ場など地力のかたよりがある場合，その変動が，分散分析において行および列効果として誤差要因による変動から分離される．その結果，誤差の平方和は乱塊法に比べて小さくなる．処理数の多い実験では規模が大きくなりすぎる欠点がある． （菊池）

ラノリン lanolin

　羊毛蠟または羊毛脂ともいわれる．羊の脂肪腺から出て，生羊毛の表面に沈着している脂肪様分泌物で，蠟状物質である．羊毛の精練時の洗浄廃液から遠心分離または硫酸を加えて分離回収する．精製した羊毛蠟は淡黄色，ほとんど無臭，無刺激性，不揮発性の強粘性物で，香粧品，軟膏基剤に好んで使用され，また保革油，錆止め剤，潤滑油添加剤などにも用いられる．

　オーキシンやコルヒチンなど水に溶けにくい物質を局所に微量与える場合に，それらをアルコールなどに溶かしラノリンと混ぜラノリンペーストとして与える． （斎藤・桂）

乱塊法 randomized block design

　品種比較試験あるいは肥料試験を行う場合，ほ場の地力の不均一性が問題となる．そこで，試験ほ場を地力がほぼ等しいブロックに分け，各ブロック内に区かくしたプロットに一揃いの品種あるいは肥料条件を，無作為に配置する実験計画法である．ブロックは反復ともいわれる．

　実験結果は，処理（品種，肥料条件など）とブロックによる2元表にまとめ分散分析を行う．分散分析表では，処理，ブロックおよび誤差の変動要因ごとに，平方和を自由度で割って不偏分散を求める．処理間に有意差があるかどうかは，処理の不偏分散を誤差分散で割ったF値の大小によって判定する（F検定参照）． （菊池）

乱形果 irregular fruit → 奇形果

ランナー runner

　匍ふく茎または匍ふく枝といい，茎の一部から長い枝状を出して地上を匍ふくし，その節から根および枝を生ずるものをいう．イチゴでは普通結実が終了した5〜6月頃より高温長日下で，十分に低温に遭遇した親株から盛んに発生し，一つの親株から多くの子株（30〜150株）を生ずる（→ストロン）． （糠谷）

り

離核 freestone　→核

力価 potency
抗生物質など天然生理活性物質で，複数成分が同種効力を発揮する場合や有効成分が単一であっても化学分析が著しく困難な場合は生物検定によって有効成分量を評価する．その検定値を力価と呼んでいる．　（上杉）

リグニン lignin
植物の2次細胞壁の発達に伴い，その壁に沈積し木部のような硬化した組織を発達させるのがリグニンである．モモやウメなどの核果類の果実には内果皮が硬化してできた核が存在するが，これも組織のリグニン化によって形成されたものである．このリグニンによる核果類の核形成にはジベレリンA_{32}が関与しているとされている．

リグニンは炭水化物やその誘導体とは全く別のもので，フェニール・プロパンが縮合し網目状となった高分子化合物で，その化学構造はまだ明らかとなっていない．

土壌微生物は植物体組織を容易に分解する酵素をもっているが，リグニンはこれらの酵素によって分解されず，長年月にわたって土壌にとどまる．　（湯田）

リコピン lycopene
カロチノイドの一種．カロチンの異性体で赤色を呈し，トマト，カキその他の多くの赤い果実に含まれる．果実中での生合成は葉緑素の分解とともに開始される点で，一般のカロチノイドとは異なる．カロチンのようなビタミンA効果はない．　（有隅）

離春化 devernalization　→春化

リスポンスグループ response group
秋ギクの日長操作による周年生産は，挿し芽苗を一定期間長日下で栽培して栄養生長を促した後に短日条件に移して開花させるという方法で行われている．短日処理に移してから開花するまでの期間は適温（16～20℃）下ではほぼ一定しており，この期間によって品種が分類され，周年生産のスケジュール作成に利用されている．この方法によって分類された品種群をリスポンスグループと呼んでいる．一般に自然開花期が12月25日の品種には7～8週品種，10月26～31日は9週品種，11月1～10日は10週品種が多く，1～2月に開花する寒ギクは14～16週品種に属する．
　（川田）

離層 abscission layer
葉，花，果実が植物体から脱落するとき，葉柄，花柄，果柄などの基部に脱落面にそってあらかじめ形成される細胞層で，基本組織系に由来する．コルク組織となる場合もあり，養水分の供給がこの層により断たれる．離層細胞の老化が進むと，セルラーゼによる細胞剝離や崩壊が起こり，同時に離層内特殊細胞が伸長して離脱を促す．その過程には，アブシジン酸やエチレンの作用していることが知られている．　（土井）

立体栽培 solid culture
温室など資本投下額の大きい施設を，集約的に高度利用し，単位面積当りの収量，収入を増大する目的で，室内に作物を多段的に栽植して栽培することをいう．最も単純な例は花きのベンチ栽培にみられるベンチ下での弱光性花きの配置などであり，最も典型的なのはタワー温室における野菜類や苗物などの多段配置である．多段配置では下方位置への透光量が低下し，生育不良となるので，これを回避するために，上下，水平の移動を必要とし，装置費がかさむので，実用例に乏しい．イチゴでは傾斜した棚に数段配置したり，円筒形のバッグの外周に栽植する方法もとられる．対象作物は丈の低いものに限られる．培地は軽量であることが必要で，多くの場合人工培地耕，水耕が用いられる．　（板木）

リバーナリゼーション revernalization
→春化

離反因子 oppositional factor

植物の不和合性についての遺伝には2種類の型が知られ，一つは配偶子反応型，他は芽胞体反応型と呼ばれる．いずれも不和合性遺伝子（不稔性因子）を仮定するが，配偶子反応型では，花粉および卵細胞の遺伝子相互の関係によって不和合性が決められ，芽胞体反応型では，花粉や卵細胞をつくり出す植物体，すなわち芽胞体の遺伝子構成の関係によって決定される．配偶子反応型では，離反因子と呼ばれる不和合性遺伝子Sを仮定するが，Sは多数の複対立遺伝子 $S_1, S_2, S_3, \cdots, S_n$ からなる．S遺伝子では，花柱側と花粉側の同じ遺伝子同士が互いに退け合うために，S_1S_2♀×S_3S_4♂の組合せでは不和合にはならないが，S_1S_2♀×S_1S_2♂ や S_1S_3♀×S_2S_3♂では S_1 および S_2 花粉は受精に関与できず，S_3 花粉のみ受精する．　　（徳増）

り（罹）病性 susceptibility ⟶ 免疫性・抵抗性・り病性

リーファーコンテナ reefer container ⟶ コールドチェーン

リーフィー leafy ⟶ 葉化

リーフィー・ライシー leafy; ricy

ハナヤサイの花芽分化期に低温が不十分であると，花らいの発育が異常となり，細かい葉が発生（リーフィー）したり，毛ばだち（ライシー）がみられるようになる．（松本）

離弁花 schizopetalous flower ⟶ 合弁花・離弁花

リボ核酸 ribonucleic acid, RNA ⟶ 核酸

リボン花壇 ribbon flower bed ⟶ 花壇

リモートセンシング remote sensing

遠隔探査，遠隔観察のことで，ここでいう遠隔とは航空機，人工衛星等から地球上の事物をみる程度の距離をいう．観察には主として電磁波を用いる．農業と密接な関係のある地形，気象，地質等のみならず，植生，作物の生育，収量予測，活力差，病虫害の被害状況等も観測し，図面化することができる．観測には写真フィルム（白黒，カラー）とフィルターを組み合わせて対象物体を撮影する方式が用いられる．しかし，写真フィルムで観測できる長波長端は $0.9\,\mu m$ 程度までといわれるので，これより長い波長域に含まれる植生・土壌・水分等の分光反射特性や，温度・放射等の熱特性は線走査方式によらねばならない．農業への応用は緒についたばかりで，今後にまたねばならない．（芦澤）

竜骨弁（舟弁） keel, carina ⟶ 旗弁・翼弁・竜骨弁

粒剤 granule

鉱物質粉末などの担体と農薬とを混合して造粒したもので，粒径 $0.3\,mm$ 以上のものが含まれる．土壌処理剤や水面処理剤としてそのまま散粒され，薬剤は徐々に放出されて作物や雑草の根を通じて吸収される．（上杉）

硫酸根肥料・無硫酸根肥料
sulfate fertilizer; non-sulfate fertilizer

硫酸根肥料とは，硫酸アンモニウム，硫酸カリ，過リン酸石灰などのように副成分として SO_4（硫酸根）を含む肥料をいい，無硫酸根肥料とは，塩化アンモニウム，硝酸アンモニウム，尿素，溶成リン肥，塩化カリなどのように SO_4 を含まない肥料をいう．硫酸根肥料は連用を続けると，土壌中に硫酸根が残り土壌はしだいに酸性化し，鉄が少ない老朽化水田では硫酸根が硫化水素に変化して根に障害を与える．無硫酸根肥料では塩化アンモニウムのように塩素を含むものは，同様に土壌を酸性化するが，溶成リン肥のようにカルシウムを含むものは土壌酸性を中和する働きがある．（青葉）

粒着 berry setting

ブドウでは個々の果実が集まって果房を形成している．このような場合，果実それぞれを果粒といい，その果粒の着生状態を粒着という．粒着の良否は受精の有無，樹の栄養状態，開花期直前における花房管理の良否などによって影響される．花振るい現象は栄養の過不足，新しょうと花房の養分競合などで生ずることが多く，花ながれともいわれて果房

の粘着を悪くする現象である．　　（志村）

流滴・有滴　nondripped ; dripped　⟶ プラスチックフィルム

涼温　cool temperature

栽培と関係する温度を概略的に区分するとき，一般には相対的なものとして高温と低温とに分けられるが，休眠・ロゼット現象などを扱うときには，その中間の温度が問題になることがある．たとえば冬の低温を受けた後のキクは，低温から高温までの広い温度範囲で節間伸長する．ところが夏の高温を受けた後には生長活性が低下していて，一般に夜温15°C以上の温度ではよく伸長するが，それより低い温度ではロゼットになる．いったんロゼット化したキクは低温を受けてロゼット打破し，比較的低い温度でも伸長するようになる．ロゼット打破（生長活性の回復）に有効な温度の限界は10°Cであるとされ，それより高い温度では長年月にわたって活性は回復せず，夜温15°C以上の高温条件では伸長するが，それより低い温度ではすぐロゼットになる．こうして，四つの温度すなわち①ロゼット打破に作用する温度，②活性の低いキクがロゼットになり，しかも活性回復に作用しない温度，③活性が低くても伸長する温度，④活性低下を誘導する温度に区分することが必要になる．④は活性が低くても伸長する温度であるから，③と④とをまとめて高温とし，①を低温，②を涼温と呼ぶのがよかろう．なお，高温と低温のほかに涼温を加える温度区分は，春化現象その他にも有用である．　　（小西）

両性花　hermaphrodite flower, bisexual flower　⟶ 完全花・不完全花・単性花・両性花

両側検定　two-tailed test, two-sided test　⟶ F検定

量的形質　quantitative character　⟶ 質的形質・量的形質

量的短日植物　quantitative short-day plant　⟶ 短日植物

量的長日植物　quantitative long-day plant　⟶ 長日植物

両屋根式温室　even-span greenhouse, span-roof greenhouse　⟶ 温室

緑化　1) landscape planting, 2) greening

1) 土地緑化

本来の緑化は，山地を森林で覆って裸地や荒廃地のない緑の土地に変えることを意味した．日本での緑化運動は，戦前には「愛林日」，「植樹祭」の形で推進された．戦後は乱伐地の解消のために，国家的な「植樹祭」を行い大成功をおさめた．植樹祭に伴う植樹行事と緑の羽根運動はその後も継続され，愛林運動の啓蒙に貢献している．最近では，緑化は都市や生活場所周辺に植物を積極的に植栽し，これを管理する（保全，保護を含めて）意味に使われることが多くなっている．すなわち，都市発展に伴う住環境の悪化を防ぎ，快適な住環境をつくろうという観点から注目され，都市緑化，家庭緑化，壁面緑化などの言葉も使われるようになっている．　　（松尾）

2) 組織緑化

暗所で生育した芽生えなど，クロロフィルをもたない個体または組織が，クロロフィル（葉緑体）をつくり緑色になること．マツ・イチョウなど例外を除き，高等植物はクロロフィルの前駆物質であるプロトクロロフィルを暗所で蓄積する．プロトクロロフィルは光が与えられると，速やかにクロロフィルに変換される．この光の作用の受容体はフィトクロム（phytochrome）で赤色光に感じやすい．非常に弱い光で起こる．しかしクロロフィルの量は青色光によっても支配されている．

常緑果樹の新しょう上の葉内にクロロフィルの蓄積が多くなり，濃緑色を呈することを緑化といい，新しょうの停止期前後に最も緑化がすすむ．　　（桂）

緑果塩蔵　mature green fruit salting　⟶ 塩蔵

緑化樹　⟶ 観賞樹木

緑枝　softwood, greenwood　⟶ 新しょう

緑枝挿し softwood cutting, greenwood cutting ⟶ 挿し木

緑枝接ぎ softwood grafting, greenwood grafting ⟶ 接ぎ木法

緑熟果 green mature fruit

一般に多くの果実では幼果期には葉緑素を多く含有し，緑色を呈しているが，発育が進み，成熟に伴って葉緑素は分解し，種類，品種特有の風味とともに果皮色を呈するようになる．種類，品種固有の大きさまで肥大し，果皮は緑色〜白緑色となり，収穫後の追熟によって発色しうる状態を緑熟果という．

(斎藤)

緑植物春化 green plant vernalization ⟶ 春化

緑　肥 green manure ⟶ 自給肥料

リレー栽培 ⟶ 山上げ栽培

臨界温度 critical temperature

蒸気（気相）を等温的に圧縮すると圧力が増し，飽和水蒸圧に達すると液化し始める．図（p：圧力，v：体積）のABDEの過程をとり，液化開始点Bから全部液化し終る点Dまでは圧力は増さない．さらに高温でこの過程を行わせると，BとDが一致して，$v_b = v_d$なるC点を通る．Cに相当する物質の状態を臨界状態（critical state）といい，そのときの温度を臨界温度という．この点は物質の気相，液相どちらに属するともいえる状態で，液体として存在しうる限界を示す．一般に気体は臨界温度以下にしないと，圧力を増しても液化できない．

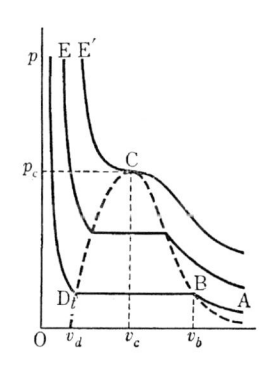

臨界状態(岩波理化学辞典より)

臨界温度の例－酸素：$-118°C$，窒素：$-147.2°C$，水素$-239.9°C$，ヘリウム：$-267.9°C$．

(鴨田)

臨界日長 critical day-length ⟶ 限界日長

隣花受粉 geitonogamy, neighboring pollination ⟶ 受粉・受精

りん(鱗)茎 scaly bulb

葉の全体または葉しょう部が肥厚して多肉となったりん片葉が，短縮して扁平になった茎のまわりに密に着生したものである．層状

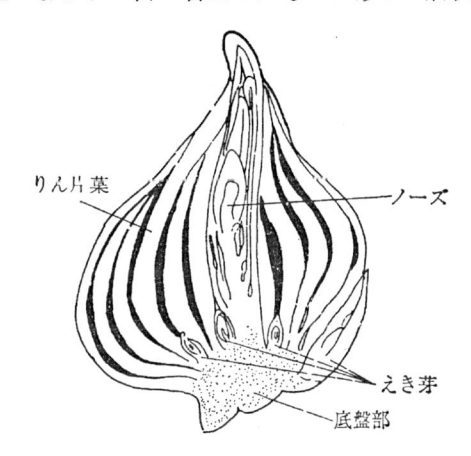

チューリップりん茎の縦断図

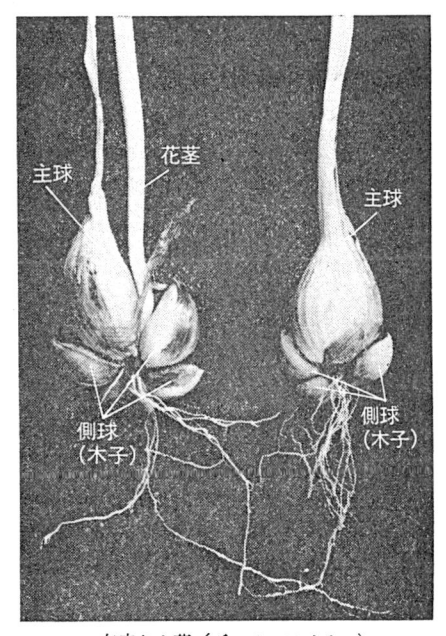

有皮りん茎(ダッチ・アイリス)
左：開花株，右：不開花株．側球は木子とも呼ばれる．

りん茎 (imbricated bulb) と，りん状りん茎 (scaly bulb) とに分けられる．層状りん茎は有皮りん茎 (tunicated bulb) とも呼ばれ，りん片葉が生長点を取りまいて層状に重なり，最外部のりん片葉が皮膜状になり外皮となって，りん茎全体を覆う．チューリップ，ダッチ・アイリスのように毎年母球が消耗してなくなり新球に更新されるものと，スイセン，アマリリスのように母球は毎年更新されることなく，新しいりん片葉を増して球が肥大していくものとがある．りん状りん茎は無皮りん茎 (nontunicated bulb) とも呼ばれ，うろこ状のりん片が瓦のように重なりあって，外皮で覆われないもので，ユリ，フリティラリアがその例である． (今西)

リンケージ（連鎖） linkage

二対の対立遺伝子が独立に遺伝するのは，互いに異なる染色体上に座位するときである．同一染色体上にあるときは，両遺伝子は相伴って行動する．この現象をリンケージ（連鎖）という．両遺伝子の優性同士，劣性同士が互いに結びついている場合を相引，優性と劣性とが結びついている場合を相反という．一般にリンケージ現象は完全なものではなく，たとえば優性同士，劣性同士の結びつきが破れて，優性と劣性との組合せを生ずる場合があり，これを交叉または組換えという．これは相同染色体の乗換えに起因するもので，交叉率は染色体上における両遺伝子間の距離を示すものである．互いにリンケージの関係にある一群の遺伝子をリンケージグループと呼び，その数は染色体数と一致する．
(徳増)

リンゴ酸 malic acid ⟶ 果実酸

リンゴ酒 cider ⟶ 果実酒

輪　作 crop rotation

同一畑で数種の作物を順次変えて作付ける方法．雑草や病虫害の回避，地力の維持増進，いや地の回避などを考慮して同一科の種類の連作を避け，2年以上のサイクルで，マメ科，イネ科，アブラナ科の葉根菜，ナス科またはウリ科等を一定の順序に組合せた作付けが実施されている．野菜花きの場合，通常種類が制約されている短期輪作が多く，継続的栽培 (successive cropping) といわれる (→ 連作)．
(高野)

リン酸化反応 phosphorylation

生物生存のすべての源泉は，太陽エネルギーを用いて植物が二酸化炭素を固定する光合成作用に依存している．生物は究極的には，植物が化学物質として固定した太陽エネルギーを食物として取り，これを呼吸によってもやし再びエネルギーとして取り出して生きている．これらの反応において，エネルギーの通貨として利用されるのがアデノシン三リン酸 (ATP) で，そのリン酸結合にエネルギーが貯わえられている．この高エネルギーをもったATPを生成する反応がリン酸化反応で，呼吸鎖によるリン酸化は，酸化的リン酸化 (oxidative phosphorylation) と呼ばれ，光合成の明反応におけるリン酸化は，光リン酸化 (photophosphorylation) と呼ばれている．
(菅)

リン酸吸収係数 phosphate absorption coefficient

土壌に水溶性のリン酸塩，たとえば第2リン酸アンモニア $[(NH_4)_2HPO_4]$ の水溶液を加えた場合，土壌100 gが吸収したリン酸の量をmg単位で表した数を，リン酸吸収係数という．したがって，リン酸吸収係数が大きい土壌は，リン酸の吸収力が強い．日本の未耕地土壌では平均683であり，地質的にみると，2,000以上は火山灰土壌の場合が多く，これらの土壌ではリン酸欠乏を起こしやすいので，リン酸の多施用が必要となる．

一般的な測定法は，風乾細土50 gにpH 7の2.5%リン酸アンモニウム液100 mlを加え，ときどき振とうしながら室温で24時間放置後にろ過し，ろ液中のリン酸を定量し，乾土100 gに吸収された P_2O_5 をmgで示したものを，リン酸吸収係数とする．
(鈴木鐵)

リン酸欠乏症 phosphorus deficiency

明瞭な欠乏症状は旧葉から現れる．普通は

欠乏症状が外観的に現れ難く，潜在的欠乏が植物体内に生じている場合が多い．リン酸は代謝回転が速く体内で移動しやすく，作物の生育初期に必要性が特に高い．

〔欠乏症状〕下位葉で葉脈・葉柄を含め葉色が赤紫色や濃緑・青銅色を示し，時には葉脈間が黄化あるいは白化する．症状は作物・品種によりそれぞれ特異的に違っている，また子実の成熟が遅延しやすく，さらに根の伸長が悪くなる．潜在的リン酸欠乏の冬季栽培の果菜・葉菜ではリン酸施肥により生育や収量が格段に良化向上する．

〔欠乏の生じやすい条件〕リン酸固定力の大きい火山灰土壌や石灰の乏しい酸性土壌．特に前者ではリン酸多施で初めてリン酸の肥効が現れる．また生育初期が低温のときには速効性リン酸肥料の効果が著しく高い．

〔対策〕応急的には第一リン酸カルシウム0.3〜0.5％液を葉面散布する．基本的対策—土壌酸性矯正後根系近くリン酸肥料の基肥施用，リン酸固定の強い土壌では難溶性の熔成リン肥を主体に水溶性の過リン酸石灰を併用し多量施肥する． (馬場)

リン脂質 phospholipid

生物を構成する細胞の種々の膜や核の構成成分であり，ミトコンドリアの脂質の90％以上がリン脂質で，生理代謝に密接な関係がある．糖脂質とともに複合脂質と呼ばれる． (萩沼)

輪　生 verticillate, whorled → 葉序

りん(鱗)状地下茎 scaly rhizome → 地下茎・地上茎

りん(鱗)状りん(鱗)茎 scaly bulb → りん茎

りん(鱗)片・りん(鱗)片葉 scale; scaly leaf, bud scale

りん茎をつくる肥厚変形した多肉の葉のことで，りん葉ともいう．本葉の基部の葉しょうに当る部分が肥厚してりん片葉となる場合と，葉身が発達せず葉しょう部のみが肥厚してりん片葉となる場合とがある．アマリリスが前者，ユリやチューリップは後者の例であり，スイセン，ダッチアイリスなどは両方のりん片葉をあわせもつ．前年に形成されたりん片葉を旧りん片，本年生のりん片葉を新りん片と区別して呼ぶ場合がある．

なお，りん片，りん片葉という語は，芽やつぼみを包み覆っている扁平な葉のうち，比較的小型のものに対しても使われる(→芽りん，包葉)． (今西)

りん(鱗)片繁殖 scale propagation

りん茎においてりん片葉のみ，あるいは底盤部をつけた数枚のりん片葉を切り離して，適当な培地に挿し，子球の形成を促し，増殖をはかる方法．りん片挿し(scaling)はユリ類で普通に行われ，りん片葉を1枚ずつはがして挿す方法である．切片挿し(fractional scalestem cutting)は層状りん茎を6〜8等分に縦断し，それぞれ底盤部に数枚のりん片葉がつく切片に分けて挿す方法である．りん

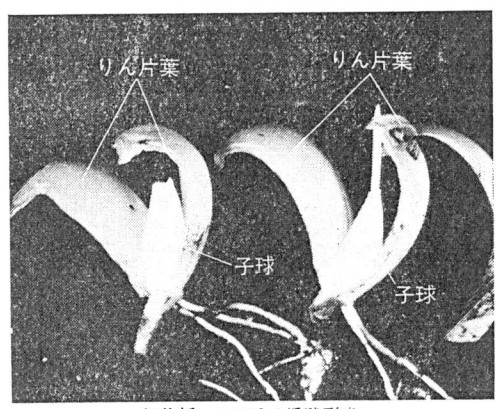

切片挿しにおける子球形成

ユリのりん片挿しにおける子球形成

片葉が2枚ずつつくように切片をつくれば2りん片挿し (double scaling) となる．この切片挿しあるいは2りん片挿しはアマリリス，スイセンをはじめ，ほとんどすべての層状りん茎に適用できるが，チューリップでは不可能である（→母球・子球）． （今西）

りん(鱗)片葉 scaly leaf, bud scale
⟶ りん片・りん片葉

る

ルートボックス（根箱） root box

一般的には，片面に透明ガラスが垂直または少し斜めにはめ込まれた幅の狭い箱をつくり，その中に培養土を入れて植物を植え付

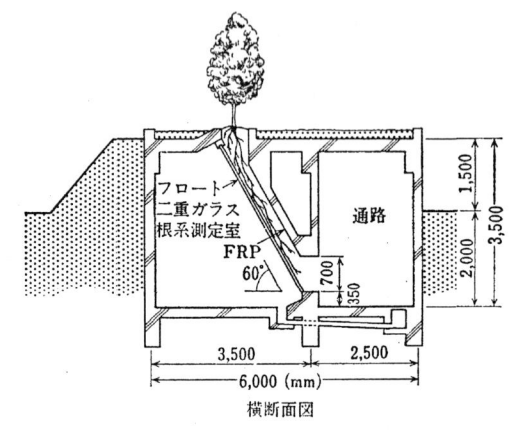

ルートボックスを大型化した
根系生長測定室（苅住，1979）

け，ガラス面に現れてきた根について，根系分布や，生長の経時変化の追跡を行う．ガラス面が 60×60cm 程度のものでは，厚さ 6mm の厚板ガラスが必要となる． （鈴木鐵）

れ

冷気湖 cold air lake, cool temperate zone　⟶　霜害

冷却負荷 cooling load　⟶　低温貯蔵，冷房

礼肥（れいごえ） top dressing after harvest, manuring after harvest　⟶　追肥（ついひ）

冷床 cold frame

ガラスやプラスチックフィルムの障子（サッシ）を移動屋根として覆った保温施設で，加温しないものを冷床という．フレーム（框）は，板，わら，コンクリート，煉瓦などが利用される．幅は120～150 cm，長さは180 cm～9 mである．南壁30～45 cm，北壁45～60 cmのように障子面が南傾斜にし，陽光がよく入り，雨水が流下しやすい框（かまち）の構造とする．框が地面に半ば埋るように低設する場合と，地下水の高いところでは大部分が地上に出る高設にする場合とがある．昼間の温度調節や換気は障子と框との間にすき間をつくったり，障子をずらす程度の簡易なやり方をする．播種床，挿し木床，育苗床として，また家庭園芸では早熟栽培，鉢物栽培等に使われる．　　　　　　　　　　　　（高野）

冷水冷却 hydrocooling　⟶　予冷

冷蔵 cold storage

氷や冷凍機を用いて，常温より温度を下げて貯蔵するのを一般に称しているが，青果物の貯蔵では低温貯蔵と呼ぶことが多い．冷凍機を用いて人工的に庫内の温度を下げる装置のある倉庫が冷蔵庫であるが，ここに青果物などを入れて貯蔵することを冷蔵貯蔵とも称している．同じことを冷温貯蔵と呼んでいたこともある．青果物の冷蔵は大部分が凍結しない範囲の低温，すなわち0℃付近が最適であるが，カンキツ類の多くが5℃，キュウリ，ナス，イモ類が10℃が冷蔵適温である．

また，花芽分化調節のため，株冷蔵技術がイチゴの抑制栽培に応用されている．すなわち，2月上中旬に株を掘り上げ，9月に植え付けるまで0～-2℃で冷蔵する．（伊庭）

冷蔵貯蔵 cold storage　⟶　低温貯蔵，冷蔵

冷凍・冷凍貯蔵 freezing, refrigeration; freezing storage, refrigeration storage

冷凍とは青果物を氷結点以上の温度におく単なる冷却（cooling）と，水分凍結で非生体状態とする凍結（freezing）の両方を含む．しかし，凍結し保存する（凍結貯蔵）食品を冷凍食品と呼ぶようになっている．

冷凍に適する原料は柔組織細胞が小さく，緻密で結合の強いもの，適熟で新鮮なもの，褐変基質のフェノール物質が少なく，酵素活性の低いものがよい．一般加工法は不可食部分の除去や整形後，酵素の不活性化のため熱湯または蒸気によるブランチングを90～100℃で1～5分間行う．粉砂糖にまぶすか，40％前後の糖液中（酸化防止のため0.2～0.3％のアスコルビン酸混合）に浸漬後，衛生，乾燥防止，商品性のためフィルム包装し凍結する．まず0℃を目標に予冷し，凍結の際の目標平衡品温ならびに貯蔵，流通温度は-18℃（深温）以下とする．食品の形によりある程度の大きさのものはブロック凍結，小粒状のものはバラ凍結する．凍結，すなわち水から氷へ相変換するときの組織への損傷は，凍結速度が早いほど氷結晶が小さくて少ない．最大氷結晶生成帯である-1～-5℃温度域を急速に通過させる急速凍結法がバラ凍結である程度可能である．

食品凍結法には，-35～-40℃，風速3～5 m/sの冷気吹きつけ方式のエアーブラスト凍結装置が主用され，他に二次冷媒（冷凍機により生成した低温を他に伝達する冷媒）で冷却した金属板で挟む接触板式凍結装置，二次冷媒中に浸漬する方法，液体窒素などの気化性液体を噴射し気化冷却する装置などがある．

冷凍貯蔵に伴う品質変化は少ないが，温度と貯蔵時間に依存し，品質評価法としてはT.T.T.（→T.T.T.）が用いられる．
(垣内)

冷凍濃縮 frozen concentrate
果汁を瞬間殺菌した後，1/5程度に濃縮する．濃縮果汁の加熱殺菌は著しく品質を損なうので，−20℃以下で冷凍貯蔵したもの．果汁1に対し水4の割合で希釈すると原果汁が得られる．また冷凍濃縮果汁（フローズンコンセントレート・ジュース）は，得られた濃縮果汁に搾りたての生果汁を加えるというカットバック法で，糖度42度に調整し，−20℃で凍結保存した製品である．バレンシアオレンジを原料にしたものが最も多い．(伊藤)

冷凍濃縮果汁 frozen concentrate juice → 果汁

冷 房 cooling
1) 貯 蔵
冷蔵と同じ意味で使われるが，カンキツ類の低温貯蔵を始めたとき，ルームクーラを改造したものが用いられたので，それを冷房貯蔵と称した．
低温による貯蔵法全般を通じて，庫内を冷却するとき，その大きさ，壁・床などの断熱性，収納する青果物の温度や照明，モーターなどの発熱量によって，冷凍機の大きさを決めることになるが，このように取り去らねばならない熱量を冷房負荷という．　(伊藤)

2) 温室冷房 greenhouse cooling
夏期の高温，強日射のもとで，温室内を外気並かそれ以下の温度に下げる技術を温室冷房という．冷房法には水の蒸発冷却力を使う方法としてパッドアンドファン法（→パッドアンドファン），ミストアンドファン法（ミスト冷房），フォグアンドファン法（細霧冷房）があり，水の吸熱力を直接利用する方法として屋根噴霧法，屋根流水法がある．実用的な効率は前者の方がすぐれる．このほかフレオン等の物質の蒸発冷却力を利用した冷凍機冷房法があり，最近ヒートポンプによる温室の暖冷房法も実用に供されるようになった．冷房により温室の周年利用と高品質化がはかられ，労働環境の改善も達成できるが，現状のコストでは利用場面は極限されている．
(板木)

〔細霧冷房〕（mist cooling, fog-and-fan system） 水1gが20℃で蒸発する際，2450Jの気化熱を奪う性質を利用して，水をミスト化させ気温を下げる温室の冷房方式で，湿度が低い時ほど冷房効果が大きい．
(狩野)

れき（礫）耕 gravel culture → 養液栽培

裂 果 fruit cracking, fruit splitting
果実が生理的原因，病虫害または外的（物理的）要因によって裂開することを，裂果または実割れと呼んでいる．果皮組織に限って浅く裂開する場合もあり，果肉に及ぶ深い裂開を生ずる場合もある．
裂果にはカキ，モモなどにみられるおもに果頂部に発生する裂開もあれば，トマトのように果柄に近い部分が裂開しやすいもの，さらには胴部が不規則に裂開する場合もある（仁果類，核果類）．また，裂果は品種による難易性もあり，発生原因は複雑である．一般的には果肉細胞の浸透圧が高まり，果皮の粘弾性が低下すると裂果しやすくなり，降雨による多湿状態が続くと裂果の発生は促進される．したがって防止対策としては被覆による雨よけをすることと，果皮組織の丈夫な（気孔が小型で，分布密度疎．傷のない，やや厚い表皮組織）抵抗性品種を育成，普及することである．
(渡部)

裂 開 dehiscence → 裂果

裂 球 cracking of bulb, cracking of head, bursting of head
チューリップなどの球根類，キャベツやハクサイなど結球性の野菜では，結球後半期に過剰な水や肥料を吸収すると，外部の生長より内部の生長が著しくなり，結球部が裂ける．これを裂球という．その防止には，結球期の著しい土壌の乾燥とその後の多量のかん水あるいは施肥を避ける．
(川田)

裂 皮 skin cracking

球根の保護器官である外皮が裂開することで，外観が損われ，商品価値が失われるばかりでなく，球根腐敗病などの病気に侵されやすくなる．チューリップでは，次のりん片葉がただちに代って外皮化することがないため，特に問題となる． (今西)

連 鎖 linkage ⟶ リンケージ

連 作 successive cropping, continuous cropping

同一の畑に同一種類の作物を繰り返し作付けることを連作という．食用作物特にイネは連作できるが，野菜花き類では連作困難なものが多い．病虫害特に線虫，フザリウム菌の増殖，特定養分の欠乏，あるいは過剰，いやけ地物質の蓄積等により生育不良となることが多い．土壌の蒸気消毒の手段で連作可能になる場合がかなりある（→輪作）． (高野)

連続培養 continuous culture ⟶ 組織培養

連棟式温室 multispan greenhouse ⟶ 温室

連年結果 annual bearing ⟶ 隔年結果

ろ

老化 senescence, aging, ageing

老化には二つの概念が含まれている．老化自身の言葉の意味としては個体または組織・細胞が固有の時間の経過後に示す生体機能の衰えを示し，senescenceに相当する．この場合機能の低下を伴う．植物の葉では一定の面積に達するころ，光合成能が最大になり，その後徐々に低下し始める．この機能の低下過程は老化であり，やがてタンパク質の分解・クロロフィル分解などが始まり死に至る．これに対し広義の老化（aging）は個体または組織・細胞の時間経過に伴う変化を指し，必ずしも機能の低下を伴うものではない．一方変化した生体が若い状態に戻る現象を若返りという．高等植物の場合，地上部の生長点から根端の生長点まで軸体制をとっており，先端の細胞程生理的に若いにもかかわらず個体発生の時間軸では老化していることになる．これはageing（加齢）と呼ばれ，狭義の老化と区別される（→エージング）． （桂）

老花受粉 old flower pollination　⟶　受粉・受精

老化ホルモン senescence hormone

植物ホルモンの中で，その生理作用として植物の老化を促進する働きをもつエチレンやアブシジン酸などは，老化ホルモンと呼ばれることもあるが，一般的な用法ではない．オーキシン，サイトカイニンおよびジベレリンには，組織，器官，植物の老化を抑制あるいは阻害する作用を示すので，これらに拮抗するホルモンという意味でエチレンやアブシジン酸を老化ホルモンとして位置づける人もある．しかし，エチレンもアブシジン酸も他に多彩な生理作用を有しているので，これらを老化ホルモンの名で限定してしまうのは適当でない．他に，老化に対して特異的に働く未知の老化ホルモンが存在するか否かという問題はある． （菅）

漏斗状棚仕立て　⟶　整枝

ろう物質 waxy substance　⟶　ブルーム

老木 old tree　⟶　樹齢

露心花 open centers

キク科の頭状花序の中心部に管状花が露出すること． （大川）

露地栽培 openculture, outdoor culture

園芸で使われる用語で，自然の畑条件で作物を栽培すること（→早熟栽培，抑制栽培，不時栽培）． （高野）

露地床 open field nursery　⟶　育苗

ロゼット rosette

茎がほとんど伸長しておらず，根に直接葉がついているようにみえる根出葉の状態をロゼットという．一般に，冬を越して春に急速に茎を伸ばして開花する型の，低温要求性の長日植物は冬の間にこの生育型をとることが多く，きびしい環境条件に適応した生育型ということができる．ニンジン，ダイコン，ホウレンソウなどは典型的なものである．多くの場合，低温に遭遇した後，高温下においてロゼットは打破され茎を伸長して開花に至る

ロゼット型（右）とそれが抽だいした後のダイコンの開花

が，ジベレリンは低温効果に代替する．低温が不十分であると，ロゼットは打破されずいわゆる座止現象を引き起こし植物は，ロゼットに止まる．植物の種類によっては，ジベレリンを投与中は茎を伸長させるが，投与を止めると伸長した茎の上に再びロゼットが形成され，ちょうど樹上の鳥の巣のようにみえることから鳥の巣状ロゼット（nest rosette）と呼ばれている．　　　　　　　　　　　（菅）

ロックウール rockwool

デンマーク・オランダなどで実用化された養液栽培用培地．普通は輝緑岩などの天然石を千数百度の熱で溶かし綿状にし，かなり硬く整形している．わが国の場合は溶鉱炉の鉱滓を利用して実用化が図られている．従来の水耕に比して根圏環境が良好なこと，設置方法が比較的容易なことなど長所も多く，今後の発展が期待されている．　　　　　（新井）

ロックガーデン rock garden　　⟶　花壇

ロータリ耕 cultivation by rotary, cultivator with harrow

多数の爪を取りつけた水平軸の回転によって耕起と砕土が同時にできる駆動型耕うん整地作業機による能率的な耕うん法．かつては，すき耕で深く耕し，土を反転させる方法であったが，今日では，このロータリ耕が耕うん法の主流となっている．　　　　　（高野）

ローリングベンチ rolling bench　　⟶　ベンチ・ベッド

わい(矮)化剤　growth retardant

1949年 Amo 1618 が発表されて以来，多くのわい化剤が合成され，鉢物生産に広く利用されるようになった．わい化剤は生長抑制作用のほか，ジベレリンとのきっ抗作用，葉色の濃緑化，花色の変化，発根促進，花芽分化の促進，耐寒性および耐乾性の付与などの作用をもっている．表に主要なわい化剤の特性を示す．近年ウニコナゾールなど著しいわい化作用を示す物質が合成され，その実用化が進められている． (川田)

わい(矮)化栽培　dwarfed plant culture

① わい化剤により節間を短くして低い草姿の花きを育てること．わい化剤としてSADH（ビーナイン），アンシミドール（スリートン），塩化コリン（CCC）などがある．植物に対する効果の選択性が薬剤によって異なるが，スリートンは最も広汎な種類の植物に効く．② 枝葉および，根の剪定や養分の制御によってミニ樹木の鉢物を育成する盆栽がある．自然の景観をまねて樹木植生，岩石，砂を配した構成を小型模型化したものを基本とする．③ 果樹でわい性台を用いて樹高を低くし，収穫の労力を軽減し，早期多収を期待して行われる栽培である．リンゴで実用化がすすんでおり，わい性台木イースト・モーリングの系統が数系統利用されている（→台木）． (高野)

わい(矮)性　dwarfism, dwarfness

植物では節間伸長が抑えられ，草丈が低い

おもなわい化剤とその性質 (Cathey, 1975)

	アモ 1618	ホスホン	CCC	アンシミドール
化 学 名	N,N,N-2-tetra-methyl-5-(1-methyl-ethyl) 4-[(1-piperidinylcarbonyl)oxy]-benzeamnium chloride (Amo-1618)	tributyl (2,4-dichlorobenzyl) phosphonium chloride (phosphon-D)	(2-chloroethyl) trimethyl ammonium chloride (CCC, Cycocel)	α-cyclopropyl-α-(4-methoxyphenyl)-5-pyrimidine methanol (A-Rest, Quel)
分 子 量	355	398	158	256
水に対する溶解度	完全	完全	完全	650 ppm/重量
土壌中の残効性	約10年	1年以上	3〜4週間	1年
濃 度 と 効 果	濃度が増すにつれ草丈減少．薬害なし．	濃度が増すにつれ草丈減少，薬害あり．	薬害なし	高濃度は生長を完全にとめる．薬害なし
散 布 処 理	非常に有効	有毒，葉緑素破壊される	比較的有効	きわめて有効
土壌かん注処理	非常に有効	有効	有効	きわめて有効
薬 害 症 状	葉縁部が褐変	葉脈部の葉緑素消失回復しない．	葉身の基部が淡緑となる．回復する．	葉縁部褐変，葉が赤味帯びる．幼葉が落葉
水耕への利用	安全	有毒	安全	安全
植物スペクトル*	5/88	12/88	21/88	68/88
かん水による消失				5分で吸収される
効果発現と季節	1年中有効	夏が最も有効	冬が最も有効	春と秋が最も有効
花色変化(キク)	影響なし	影響なし	わずかに黄変	影響なし
発 表 年	1949	1958	1960	1970

* 生長抑制効果の認められた植物の種類/試験された植物の種類

ことをいう．遺伝的なわい性化（ツルナシエンドウ，ツルナシアサガオ），生長抑制剤によるわい性化（ポットマム），台木によるわい性化（リンゴ），栽培方法によるわい性化（盆栽）がある．わい性化はジベレリンの生合成反応の異常によることが多い．　（川田）

わい(矮)性台木　dwarfing rootstock
→ 台木

若返り　rejuvenescence, rejuvenation
→ 老化

若　種　unripe seed　　→ 種子

ワグナーポット（ワグネルポット）
Wagner pot

ポット栽培試験で用いられる容器である．白色陶製の口径25 cm，深さ30 cm，面積 $a/2000$ のものが普通のサイズであるが，白色の合成樹脂製のものが軽くて取り扱いやすいので，一般に普及している．供試栽培作物の大きさに応じて，$a/1000$，$a/5000$ のものも使用される．　（鈴木鐵）

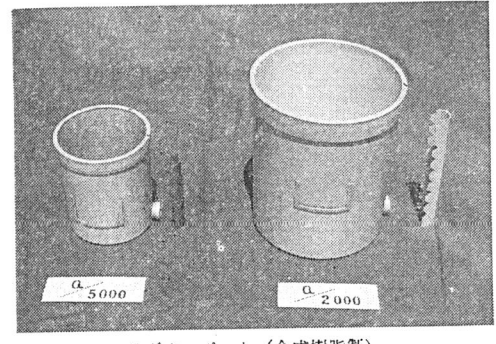

ワグナーポット（合成樹脂製）

和合性　compatibility　　→ 交雑

早　生（わせ）　early flowering, early maturing, early ripening, early season

園芸作物では時期はずれのものが好まれる傾向があり，収穫時期と関連した開花・結実・成熟の早晩性は品種の重要な遺伝的特性となっている．普通，品種の早晩性は，早生，中生，晩生に分けられるが，さらにそれらの間を細かく分ける場合もある．早生〔品〕種のとくに早いものを極早生〔品〕種という．品種の早晩性は環境条件（日長，温度など）に左右されやすいので，同一栽培条件下での品種比較試験によらないと明確に認められ難い．
（岩佐）

ワックス処理　wax coating, waxing

果実の表面を美しくし，流通段階での水分の蒸散を防止するために行う．用いるワックスは天然のカルナバ蠟を主成分にオレイン酸ナトリウムなどの乳化剤と水を加える．ワックスで被膜（コーティング）した後に風を送って乾燥させるが，この行程を短縮するため，水の代わりにアルコールで薄めた速乾性ワックスもある．

わが国ではウンシュウミカンで最初に用いられたが，選果場で果皮の汚れを水洗などで除去した後に，ワックスを塗布する行程をいう．一般に機械で行われるため，果皮を傷つけることが多く，ウンシュウミカンでも貯蔵する果実に使うと，変質を招くので使用しなくなった．　（伊庭）

輪詰め　　→ 箱詰め

英語索引

第一語がくり返される場合は——で表した．
イタリック体数字は解説文のある項目のページを示す．

A

α-naphthaleneacetic acid 273
ABA 4
abnormal leaf of Japanese pear 16
abscisic acid 4
—— acid assay 5
abscission layer 362
absolute long-day plant 202
—— short-day plant 202
absorbing root 94
absorption ability of nutrient 94
absorptive tissue 94
accessory bud 227
acclimation 173
acclimatization 173
accumulative action 210
—— temperature 201
acenaphthene 3
acetylene 3
achene 209
acid of fruit 58
—— soil 147
acid fertilizer 148
acidity 148
acridity 30
action spectrum 147
active charcoal 67
acute toxicity 94
adaptability 79
—— to (for) heavy dressing of fertilizer 221
additive action 210
adenosine triphosphate 33
adhesive root 308
adult tree 199
advance shipping 210
adventitious root 308

aerenchyma 243
aerial application 102
—— bulblet 162
—— root 89
—— tuber 162
after effect 123
—— ripening 124
ageing 30, 372
aggregate structure 232
aging 30, 372
air borne 102
—— cooling 243
—— dry weight 304
—— layering 223
—— pollution 217
—— stirring method 212
ala 91
albedo 8
albinism 289
albino 8
alkali peeling 8
alkaline soil 8
alkaloid 8
all-back training 41
allele 222
allelomorphic character 222
allelopathy 9
allogamy 153, 224
allopolyploidy 16
alluvial soil 125
alternate bearing 55
—— inflorescence 129
—— phyllotaxis 129
—— row sod system 40
alternating temperature 320
alternative bearing 55
ambient air 313
—— temperature storage 174
amino acid 7
—— nitrogen 7

ammonia gas injury 11
ammonium-forming bacteria 11
—— nitrogen 11
amount of applied fertilizer 203
—— of insolation 275
amphihaploid 306
amylase 7
anaerobic respiration 338
analysis of variance 314
ancestral form 214
Andosol 105
androgensis 261
anemone flowered type 239
—— type 239
anemophilous flower 305
anemophily 305
aneuploidy 17
animal manure 94
anomalous defoliation 17
—— leaf fall 17
—— annual 17
—— bearing 371
—— range 280
—— ring 281
antagonism 9, 90
anther 345
—— culture 346
—— locule 346
anthesis 45
anthocyanidin 9
anthocyanin 10
—— pigment 21
anti-auxin 9
antibiotic 124
antigen-antibody theory 121
antigibberellin 123
apical bud 237
—— dominance 238
—— dominancy 238

―― meristem 239
―― meristem culture 110
apogamy 6
apogeotropism 286
apomitic embryo 338
apomixis 6
approach grafting 359
aquatic plant 186
arakida soil 8
arbor 212
arborescent 127
aroma 121
―― component 323
artificial autoploid 180
―― autopolyploid 180
―― bed soil 214
―― classification 180
―― climate room 182
―― coloring 183
―― crossing 183
―― dehydration 182
―― farmyard manure 214
―― lighting 183
―― manure 214
―― pollination 183
―― selection 179
―― training 183
ascorbic acid 3
aspetic culture 338
asexual embryo 338
―― propagation 338
―― reproduction 338
ash 49
assimilatory organ 258
atavism 205
atomic absorption analysis 117
―― absorption spectrometry 117
attenuated virus 158
autoclave 40
autonomic parthenocarpy 155
autopolyploidy 260
autotrophism 337
autumn cropping 294
auxin 38
available nutrient 349
―― water 349
avena test 5
axillary 239
―― bud 28
azotobacter 3

B

BA 321
backcross 343
bacteria 135
bactericide 145
bacteriophage 289
bacterium 135
bag removing 179
bagging 306
"bakanae" disease 288
balanced nutrient solution 100
bare ground 361
―― land 361
bark compost 170, 289
―― manure 289
barnyard manure 94
basal application 343
―― cuttage 251
―― dressing 343
―― fertilizer 343
―― plate 251
―― shoot 319
basic fertilizer 34
basin irrigation 186
bast 184
batch culture 49, 292
bearing 113
―― branch 111
―― habit 111
―― orchard 200
―― shoot 112
bed 32
―― soil 261
bench 321
bent neck 322
bentonite 322
benzyladenine 321
berries 28
berry 73
―― drop 225
―― fruits 175
―― setting 363
―― shatter 292
―― shattering 225
―― thinning 253
biennial 17
―― bearing 55
―― fruit 33
bifurcation 313
bitter pit 298

binding 114
bioassay 199
biological assay 199
―― control 199
―― information 196
biomass 284
biosynthesis 191
biotechnology 284
biotron 284
bird damage 237
―― injury 237
bisexual catkin 220
―― flower 82
bitter pit 103
bitterness 275
black heart 181
―― rot 181
blanching 273
blassinolide 309
blasting 311
blended juice 312
blight 224
blind 309, 342
blindstoken 292
bloom 70, 312
blooming 45
blossom end 67
―― -end rot 179
blueing 311
bolting 237
bonsai 330
boot leaf 270
border effect 162
―― flower bed 97
boron deficiency 33, 326
bostryx 117
bottled foods 303
bottling 84
bottom growth 154
―― weed 154
bound auxin 113
―― gibberellin 113, 305
―― water 113
bouquet spur 65
bourse 65
bowed-branch layering 3
box packing 289
bract 327
―― leaf 327
branched root 89
branching 313
―― angle 315

—— habit 315
breba 2
breeder's seed 117
　—— stock 117
breeding 14
　—— by isolation 316
　—— by separation 316
　—— for ecological traits 195
Brix 311
broadcast application 208
　—— seeding 148
　—— sowing 148
brown checking 309
browning of fruit flesh 68
bruise 39
bud break 291
　—— -burst 291
　—— grafting 340
　—— mutation 30
　—— pollination 246
　—— scale 73, 367
　—— sport 30
　—— union disorder 244
budding 340
budwood 328
buffer action 81
　—— action of soil 262
　—— capacity 81
bulbil 162
bulblet 89, 328
bulbous plant 92
bulbs 92
bulk breeding 161
　—— crossing 133
　—— density 184
bulky organic matter 214
bull head 311
bur 92
burned tip 289
burrknot 89, 293
bursting of head 370
bush 308
buttoning 292

C

$C_3 \cdot C_4$ 151
cactus type 55
calcium deficiency 74
calli 74
callus 74
　—— culture 74

Calvin cycle 74
calyptra 131
calyx 54, 319
　—— deciduous fruit 349
　—— perpetual fruit 349
　—— splitting 56
　—— tube 55
CAM plant 151
cambium 108
can 84
canderable training 85
candied fruit 258
cane 246
canopy volume 163
capillary water 342
capitulum 260
caprification 70
capsule 143
caput 260
carbohydrate 230
　—— metabolism 230
carbon dioxide application 229
　—— dioxide enrichment 229
　—— dioxide excess injury 229
　—— dioxide fixation 229
　—— dioxide generator 229
　—— -nitrogen ratio 230
carbonized chaff 343
carina 91
carotene 75
carotenoids 75
carpel 184
carpet flower bed 342
carrier 230
caryopsis nuts 55
caryotype analysis 54
cascade 115
castration 179
catabolism 13
cataphyll 124
catchup 111
cation exchange capacity 34
catsup 111
caudate subterranean stem 297
cavity spot 92
cell 140
　—— division 143
　—— fusion 142
　—— suspension culture 142
cellar storage 4

cellulase 203
center-bloom fruit 236
central axis 63
　—— fruit of a cluster 236
　—— leader type training 163
certation 97
chalaza 73
chance seedling 102
character 155
　—— of fruit 58
characteristics of fruit 58
cheesecloth 86
chelate 99
chemical control 51, 115
　—— fruit thinner 252
　—— fruit thinning 346
　—— injury 345
　—— regulation 51
chemosystematics 51
chemotaxonomy 51
chilled juice 242
chilling injury 248
　—— requirement 249
　—— treatment 248
chimera 91
chip budding 213
chi-square test 48
chloropicrin 106
chloroplast 357
chlorophyll 357
chlorosis 106
chroma 138
chromatography 105
chromosome 205
chronic toxicity 333
cider 366
cincinnus 129
citric acid 102
citrus fruit 78
clarified juice 261
class 47
classification 316
clay 178
　—— loam 178
　—— mineral 281
　—— pot 190
clean bench 104
　—— cultivation system 192
　—— tillage system 192
cleaning 195
　—— crop 104

cleistogamous flower *318*
cleistogamy 318
climacteric rise *104*
climatron *182*
climbing plant *358*
clingstone 280
clonal line 27
—— selection 27
—— strain 27
clone 27
cloning separation 28
close breeding 99
—— -cross 99
closed-frame cutting *335*
cloudy juice 133
cluster base 65
—— flowering 307
—— thinning 252
C-N ratio *149*
coaction *210*
coated fertilizer 129, 299
coating 129
—— seed 129
coconut milk *129*
cockscomb berry 262
coefficient of variation 322
colchicine *131*
cold air lake 369
—— chain [system] 130, 249
—— frame 369
—— hardiness 217
—— injury 77
—— protection 323
—— resistance 217
—— storage 369
—— storage of plant 70
—— tolerance 217
—— wind damage 77, 85
collenchyma *120*
color 21
—— chart 73
colored film 236
—— plastic film 236
colorimetric analysis *297*
coloring *137, 236*
column chromatography 73
combined water 113
combining ability *104*
common layering 57
compact ball of roots 280
compaction 242
companion planting *133*

compatibility 375
compensation point 329
complementary gene 329
complete dominance 83
—— flower 82
—— leaf 83
component of fruit 59
compost 219, 284
compound bud *133*
—— fertilizer 65
—— flower-bud 133
—— layering 290
—— leaf 306
—— umbel 306
concentrate *277*
concentrated juice 282
condiment crop *124*
—— herb 124
conditional gene 175
conductive tissue 243
constant temperature short duration method of the removal of astrygency 155
constituent of fruit 59
contact herbicide 202
—— transmission 202
continuous culture 371
—— layering 172
—— lighting *162*
contour cropping 259
contractile root 115
control of combined environmental factors 305
controlled atmosphere storage *149*
—— release fertilizer 79
cool temperature 364
—— temperature zone 369
cooling *370*
—— load 369
cooperative shipping 97
—— sorting 97
copigment *130*
copper deficiency 259
cordon training 131
core 63
—— breakdown *181*
coring *130*
cork cambium *130*
corky core 163
corm 92

cormel 89, 328
cormlet 89
cortical layer *297*
Cornal Geneva clone 152
corolla 52
corona 305
corpus 272
correlation coefficient *210*
corrugated cardboard 232
cortex *297*
corymb 148
cotyledon *174*
cover crop *299*
—— plant 235, 299
covering gene 299
—— material 299
—— method 299
cracked stem 104
cracking of bulb 370
—— of head 370
creased stem *16*
creeping 329
critical day-length 116
—— temperature 115, 365
crop rotation 366
cropping *371*
—— type *143*
cross 122
—— fertilization 222
—— pollination 222
—— protection 123
crossing *122*
—— branch 122
crotch angle 315
crown *104*
—— bud 346
crystallized water 114
cultivar 302
—— raising higher light intensity *147*
—— raising moderate light intensity 147
cultivated soil 127, 300
cultivation *119*
—— by rotary 373
cultivar for processing 57
cultivator with harrow 373
culture control *124*
—— in highland *127*
—— medium 286
—— solution 286
cumulative temperature 201

curd 67
curing 92
curvature test 103
cut-dried product 99
―― flower 98
cuticle 102
cuttage 144
cutting 143
―― back pruning 98
CV 302
cyanidin 149
cycle of fruit setting 111
cyclic lighting 79, 135
cytokinin 138
―― assay 140
cytoplasmic inheritance 142

D

damage in handling and transport 275
damping-off 224
dark germinating seed 10
―― reaction 10
daughter bulb 328
―― corm 119
―― tuber 119
daylength 276
dead ripe 129
deciduous fruit tree 360
decorative flowered type 253
deep planting 305
―― plowing 182
―― rooted 183
―― tillage 182
defoliant 360
defoliation 252, 360
defrosting 49
degeneration 41, 217
degradation 217
degree of freedom 161
―― of maturity 163
―― of ripeness 163
degreening 137
dehiscence 370
―― of anther 49
dehydrated vegetable 83
delayed pollination 233
―― release fertilizer 234
―― sprouting caused by freezing damage 280
delphinidin 254

denitrification 225
dense sowing 4
deoxyribonucleic acid 248
derooting 228
deshooted vigorous wood 359
deshooting 253
determinate 184
―― inflorescence 348
development 291
developmental phase 291
―― stage 291
devernalization 225, 254, 362
diagnosis of nutrient condition 28
diamond training 217
dichasial cyme 90
dichogamy 159
diclinism 159
diclinous 159
―― flower 230
dieback 75
dietary fiber 179
dikegulac 151
dilutor 90
diluvial soil 125
dioecism 159
diploid 277
diploidy 277
direct sowing 150
disappearance of flower anthocyanin pigment 21
disbudding 253, 340
disc 69
―― floret 260
disease resistance 222
―― symptom 300
―― tolerance 222
disk 69
―― flower 236
diclinous flower 82
dissimilation 13
dissolved oxygen 354
distribution 257
diurnal range 275
division 70, 280, 314
domestic variety 143
domestication 173
dominant species 349
donor 97
dormancy 95
dormant bud 96
―― pruning 259

―― wood cutting 96
dorming 270
dot 67
double bud 227
―― cropping 277
―― cross 306
―― fertilization 162, 239
―― flowered 345
―― double sigmoid curve 226
doubling 284
drain tile 271
drainage 284
dressing 313
dried flower 270
―― fruit 76
―― vegetable 83
drill seeding 187
dripped 364
dripping method 255
dropper 271
dropping 64, 154
―― impact 361
drought 85
―― injury 76
―― resistance 217
―― tolerance 217
drupes 55
dry-cold storage 83
―― juice sac 185
―― matter production 121
―― set 328
Dutch light greenhouse 225
Duncan's multiple-range test 228
duration of bright 275
dust 314
―― coating 313
―― diluent 212
dusting 148
dwarfed plant culture 374
dwarfing rootstock 375
dwarfism 374
dwarfness 374

E

early crop growing [of root vegetables] 293
―― diagnosis 210
―― flowering 293, 375
―― generation testing 210

―― maturing 375, 211
―― ripening 375
―― season 375
earthing 246
―― up 246
easily reducible manganese 13
EC 254
ecological control 196
―― niche 196
ecospecies 196
ecosystem 195
ectomycorrhiza 49
ectotrophic mycorrhiza 49
Eh 147
electric conductivity 254
―― -heated hotbed 256
―― heating 256
electron beam 255
―― microscope 255
electronic leaf 254
electrophoresis 254
elementary species 91
elongating growth 183
emasculation 179
Embden-Meyerhof-Parnas pathway 34
embryo 283
―― culture 286
embryoid 284
embryoless seed 339
emergence 169
EMP pathway 12
empty seed 149
emulsion 277
emulsifiable 277
end-season crop 180
―― -season fertilization 332
endocarp 272
endogenous auxin 272
―― rhythm 272
endomycorrhiza 272
endoparasitism 272
endoplasmic reticulum 177
endotrophic mycorrhiza 272
entomophilous flower 237
entomophily 237
environmental control 79
―― regulation in biology 198
enzyme 125

―― induction 126
―― -linked immunosorbent assay 126
epicotyl 177
―― dormancy 176, 177
epidermal cell 301
epidermis 301
epinasty 177
epiphytic 234
erosion control 183
escaped species 18
espalier hedging 54
essential oil 200
establishment of orchard 44
ethephon 30
Ethrel 30
ethylene 31
―― chlorohydrine 32
etiolation method 37
eutrophication 305
evaporative cooling 87
evapotranspiration 177
even-span greenhouse 364
ever-bearing 150
―― blooming 150
―― flowering 150
evergreen fruit tree 178
―― tree 178
everlasting flower 27
exalbuminous seed 339
excess damage 62
―― injury 62
―― moisture injury 154
―― moisture tolerance 220
―― water injury 154
―― water tolerance 220
excessive vine growth 247
exchangeable base 233
―― cation 233
exhausting 224
exotic species 49
expansion growth 298
explantation 48
exposure dose 176
extena 212
extender 212
external dormancy 97
exotic variety 49

F

F_1 146

―― hybrid 17, 33
F-test 33
factorial experiment 351
fading 221
falase fertilization 90
fall crop 2
―― cropping 294
―― -cycle growth 2
―― flowering chrysanthemum 2
―― flush of growth 2
―― planting 2, 294
―― planting bulb 2
―― seeding 2
―― shoot 294
―― [season] vegetable 2
fallowing 92
false fertilization 90
―― fruit 87
―― hybrid 89
family 65
farmyard manure 94
fantasy type 105
far-red light 35
fasciation 202, 217
fasciculate 213
fatty acid 158
feeder root 135
female flower 149
―― plant 38
―― sterility 153
fermentation 291
fertility 281
fertilization 171
fertilizer efficiency 297
―― response 297
―― responsiveness 221
fibrous root 297
field-grafting 2
―― moisture capacity 329
―― resistance 328
―― -working 2
filament 57
fine root 135
―― sand 135
firming 242
firmness 127
first crop 18, 292
―― filial generation 146
―― season crop 2
fixation 129
flag leaf 270

flake 158
flash pasteurization 173
flavedo 8
flavone 311
flavonoid pigment 311
flavonoids 311
flavonol 311
flavor 312
flesh 68
—— beverage 68
fleshy root 298
floating leaf 308
—— plant 307
flood irrigation 230
floral axis 58
—— diagram 57
—— induction 65
—— leaf 72
—— stimulus 45
—— tube 68
floret 175
floricultural science 53
floriculture 53
florigen 313
florist crops 53
flower and ornamental plants 53
—— bed 66
—— -bud 50, 73
—— -bud abscission 360
—— -bud differentiation 52
—— -bud formation 52
—— -bud initiation 52
—— cluster 71
—— color 63
—— disk 69
—— garden 66
—— induction 46, 65, 135
—— infection 54
—— inhibiting substance 46
—— initiation 52
—— organ 53
—— pot 24
—— stalk 71
—— stalk development 237
—— thinning 251
—— vegetables 57
—— visiting insect 323
flowering 45, 135
—— behavior 45
—— habit 45
—— hormone 46

—— substance 65
—— trees and shrubs 72
fluctuation 324
fluid drilling 311
fluorescence microscope 108
fluorescent antibody technique 108
flushing 311
fog-and-fan system 143
—— apprecation 35
fogging 35
foliation 257
foliage treatment 111
foliar absorption 357
—— application 357
—— bud 352
—— spray 357
—— treatment 111
forcing culture 213
—— of sprouting 135
forecasting of disease and pest occurrence 300
—— of occurrence 291
foreign 290
foundation seed 117
—— stock 117
fragrance 121
frame 312
free gibberellin 350
—— spindle training 311
—— water 161
freestone 362
freeze drying 259
freezing 369
—— damage 258
—— injury 258
—— method 300
—— point 114
—— resistance 221
—— storage 369
freshness 207
—— retention 207
frost belt 158
—— damage 209
—— free period 339
—— hardiness 221
—— injury 209
—— protection 326
—— resistance 221
frostless period 339
frozen concentrate 370
fructose 68, 311

fruit abscission 361
—— and vegetables 191
—— apex 67
—— bearing age 111
—— bunch 64
—— cluster 64, 71
—— cracking 370
—— cracking of the calyx end 319
—— cracking of the stylar end 67
—— diameter 56
—— drop 361
—— gardening 61
—— grading 203
—— hardenig disorder 120
—— juice 60
—— juice powder 315
—— of unequal halves 322
—— orcharding 61
—— piercing moths 94
—— receptacle 66
—— scar 57
—— science 61
—— set 113
—— shape 56
—— sorting 203
—— splitting 370
—— stalk 71
—— temperature 58
—— thinning 251
—— thinning agent 252
—— tree 60
—— vegetables 57
—— vinegar 59
—— wine 58
fruitification 113
fruiting 113
—— habit 111
fruitlet 352
fumigation 107
fungi 100
fungicide 145
fungus 100
furrow application 26
—— irrigation 26

G

GA 156

gamete 284
gamma irradiation 85
gamopetalous flower 127
garden crop 35
―― cultivar 35
―― flower 248
―― trees 277
―― trees and shrubs 277
―― variety 35
gas chromatography 64
―― damage 64
―― injury 64
gaseous phase 90
Gaussian distribution 191
geitonogamy 365
gel 215
gelatinization 203
gene 19
―― analysis 20
―― mutation 20
genera 213
genetic resource 20
genome analysis 115
genotype 19
genus 65
genushybrid 163
germination ability 291
―― percentage 291
geocarpy 233
geotropism 103
germ pore 291
germination 291
―― in matured fruit 59
―― power 291
―― rate 291
―― substratum 291
―― test 291
germplasm 159, 195
gibberellin 156
―― assay 157
girdling 81
glacéing 258
gladioli-like flower 292
glandular hair 208
glass sash 73
glassiness 335
glucose 105, 308
glycoside 286
Gorgi apparatus 130
―― body 130
grading 204
―― by weight 162

gradually acting 215
graft chimera 244
―― -hybrid 244
―― incompatibility 244
―― -take 67
―― transmission 244
―― union disorder 244
graftage 244
grafting 243
―― wax 246
gramnegative bacteria 104
grampositive bacteria 104
granulation 104
granule 363
―― application 148
grass mulch sod culture 150
―― mulch sod system 150
―― swade system 211
gravel culture 370
gravitational water 162
gravitropism 162
grazed pot 111
green manure 365
―― mature fruit 365
―― meter 105
―― plant vernalization 365
greenhouse 41
greening 364
greenwood 364
―― cutting 365
―― grafting 365
ground color 149
―― cover 234
―― cover plant 235
group planting 358
growing in highland 127
―― in plastic greenhouse 287
―― in plastic tunnels 271
―― point 198
―― under plastic tunnels 271
―― without stake 338
growth 196
―― activity 197
―― analysis 197
―― and development 191
―― cabinet 105
―― chamber 105
―― curve 198
―― cycle 198
―― hormone 198

―― inhibitor 198
―― phase of cell 142
―― potential 197
―― promoter 198
―― retardant 374
―― test 183
guard cell 89
guideline for safe use 9
gummosis 168
guranulation 185
guttation 284

H

habituation 173
hail damage 300
―― injury 300
hair 342
hand pollination 183
hanging 64, 154
―― branch 64
―― -drop culture 118
―― shoot 64
haploid 294
hard end 16
―― seed 123
hardening 120
hardness 127
hardwood cutting 96, 163
harvesting stage 160
harvestor 160
hastening of germination 135
head 260
―― formation 112
―― irrigation 187
heading back pruning 98
healing 350
heat balance 279
―― budget 279
―― conductivity 279
―― culture 50
―― efficiency 278
―― injury 119
―― insulation culture 50
―― insulating material 231
―― loss coefficient 327
―― method 280
―― resistance 221
―― summation 201
―― therapy 279
―― tolerance 221
―― transfer 256

heater 231
heating 231, 234
—— degree hour 232
—— load 232
—— methods of frost protection 281
—— soil 345
heavy metal injury 160
—— metal pollution 160
—— pruning 97
hedge [row] 16
—— -espalier training 54
—— -row training 54
hedging 54, 73, 319
heeling-in 63
height of trunk 84
helicoid cyme 117
heliophilous seed 121
heliotropism 103
herb 212
herbaceous cutting 145
—— perennial 226
herbicide 179
heredity 18
heritability 20
hermaphrodite flower 82
hetero 319
heteroploidy 17
heterosis 146
heterostyle 15
heterostyly 16
heterozygote 319
high productive age 101
—— temperature injury 119
—— temperature treatment 120
Hill reaction 301
hill seeding 256
—— sowing 256
hilling 104
hilum 214
hip 298
histogram 297
histological flower-bud differentiation 109
home gardening 67
—— seed-raising 150
hollow axis 236
—— center 236
home seed 330
homogamy 159
homostyle 15

homozygote 329
horizontal layering 172
horticultural crop 35
—— science 34
horticulture 34
—— under structure 154
host plant 90
hot air heater 43
—— cap 329
—— -water heating 43
—— -water treatment 43
hotbed 42
hours of sunshine 275
H-shaped 27
hue 150
humus 307
—— soil 307
hunger sign 114
hybrid 145
—— cultivar 123
—— variety 123
hybridization 122
hydro-cooling 369
hydroponics 351
hygrophytes 155
hygrophytic plant 155
hygroscopic water 94
hypobaric storage 115
hypocotyl 177
hypogeal cotyledon 233
hyponasty 177
hyposophyll 124

I

IAA 21
IBA 22
identifying double and single flowered forms 345
imbricated bulb 211
immaturity 334
immediate seeding after harvest 271
—— sowing after harvest 271
immune rootstock 341
immunity 341
—— resistance 341
imperfect flower 82
—— pistil 305
—— seed 305
imposed dormancy 97

—— rest 226
improved variety 50
inarching 278
inbreeding 153
—— depression 153
incompatibility 312
incomplete dominance 83
—— flower 82
—— leaf 305
indehiscent fruit 318
indeterminate inflorescene 338
indicator plant 155
indigenous variety 143
individual selection 129
indole acetic acid 21
—— butyric acid 22
indoor-grafting 2
—— -working 2
induced mutation 350
infected field 39
infection 82
inflorescence 61
—— with leaves 150
infrared gas analyzer 200
—— rays 200
inheritance 18
inhibiting gene 358
inhibition of germination 291
inhibitor 213
In-Line juice extractor 22
innate dormancy 155
inner branch 308
—— perianth 272
inoculation 202
inorganic nutrient 338
insect gall 338
—— resistance 221
—— transmission 237
—— vector 284
insectborne infection 237
insecticide 146
insectivorous plant 178
integument 170
interaction 121, 210
intercropping 80
interfacial tension 49
interfascicular cambium 14
interference microscope 80
intergeneric hybrid 163
internal dormancy 155
internode 202
interspecies hybrid 163

interspecific hybrid 163
intermediate plant 236
—— stock 236
interplanting 133
interstock 236
internal bark necrosis 215
—— breakdown 130
—— cork 163
intramolecular respiration 315
intrastyler pollination 67
introduced variety 49, 261
inversion layer 91
invertase 22
in vitro 22
in vivo 22, 195
involucre 212
ion-exchange resin 13
—— leakage 13
IQ sorter 1
iron deficiency 253
"Ironuke" of flower 21
irradiation 324
irregular fruit 361
—— type 105
irreversible wilting point 27
irrigation 77, 78
—— interval 84
isoenzyme 1
isolated bed 56
isolation 56
—— chamber 7
—— net-house 7
isotope 1
isozyme 1

J

jam 159
Japanese pickle 246
jelly 203
Jiffy pot 156
juice sac 145, 176
juicy 224
jumble-pack 293
June drop 174
juvenile stage 353
juvenility 353

K

kairomone 50
Kanumatsuchi 69
karyotype analysis 54
keel 308, 363
keeping freshness 207
—— quality 241
ketchup 111
kinetin 49
king flower 236
—— fruit 236
kinin 49
knife purunig 272
knuckling 272
knuckle cut 272
"Kubiore" 103

L

labor saving cultivation 178
labellum 184
lamina 354
land classification 269
—— reclamation in natural slope 347
landscape planting 364
lanolin 361
late flowering 39, 293
—— frost damage 295
—— maturing 39
—— ripening 39
—— season 294
—— season citrus cultivars 237
latent bud 21
—— heat 207
lateral bud 213, 237
—— branch 213
—— flower 213
—— fruit 313
—— shoot 18
lath 360
latin-square design 361
layering 270
laying-in 308
leaching 355
leaf abscission 360
—— absorption 357
—— age 358
—— analysis 356
—— area 357
—— axil 351
—— blade 354
—— bud 352
—— burn 293
—— color chart 354
—— color meter 354
—— cushion 355
—— cutting 289
—— fall 360
—— fruit ratio 352
—— mold 309
—— picking 252
—— position on the stem 351
—— primordia 353
—— primordium 353
—— scorch 293
—— sheath 353
—— stalk 356
—— temperature 352
—— vegetables 353
leafing 257
leafless inflorescence 150
leaflet 177
leafy 363
lean-to greenhouse 66
least significant difference 34, 137
lenticel 299
lethal dose (50%——) 34
—— gene 234
liana 247, 261
liane 247
light break 9, 126
—— compensation point 297
—— culture 255
—— germinating seed 340
—— -inhibited seed 117
—— -intercepting characteristics 165
    interception characteristic 165
—— permeability 260
—— pruning 158
—— reaction 10
—— saturation point 296
—— seeding 4
—— -sensitive seed 296
—— sowing 4
—— transmittance 125
lignification 342
lignin 362
limb sport 30
line 110
—— selection 110
—— separation 110

linear regression 240
linkage 366
lip 184
lipid 152
liquid chromatography 29
—— culture 29
—— culture medium 29
—— fertilizer 29
—— formulation 28
—— manure 29
—— phase 29
loam 176
lobation 99
local meteorology 98
—— variety 235
locule 152
long-day plant 239
—— -day treatment 239
—— -short-day plant 239
—— -styled flower 238
loose-skin character 85
low oxygen injury 250
—— pressure storage 115
—— temperature injury 248
—— temperature requirement 249
—— temperature storage 248
—— temperature treatment 248
—— temperature transportation 249
LSD 137
lye peeling 8
lysimeter 360

M

macronutrient 227
—— element 227
magnesium deficiency 331
main root 165
—— stem 163
—— vine 41
major nutrient 227
male catkin 348
—— plant 38
—— sterility 349
malformed flower 88
malic acid 366
maleic hydrazide 34
malformed fruit 88

mallet cutting 172
mammamilla 135
manganese deficiency 333
manure mixed with seed 290
manuring after harvest 369
marginal flower 162
—— temperature 115
—— variegation 306
marmalade 333
marrons glacés 333
masking 332
mass method of breeding 161
—— selection 161
matted row culture 332
—— row fertilization 332
matter production 308
mature green fruit salting 364
mature orchard 200
—— tree 199
maturing 195
maximum water holding capacity 138
mealiness 315
mealy break down 328
mechanical grading 87
—— sizing 87
—— sorting 87
media 286
medium 286
—— flowering 272
—— maturing 272
medium ripening 272
medulary ray 325
meiosis 118
mentor method 341
mericlone 343
meristem 317
meristematic tissue 317
mesophyll cell 355
metabolism 220
metaxenia 90
method of establishing orchard with large nursery stocks 38
—— of fertilizer application 202
—— of the removal of astringency 224
microbial biomass 297
microbiotic seed 232
microclimate 297

microflora 297
micro-meteorology 297
micronutrients 301
microscope 118
—— method 255
microtome 334
mid-season citrus cultivars 237
midvein 236
milk-ripe 277
mineral deficiency symptom 114
—— element 338
—— nutrition 337
minor elements 301
mist blower 334
—— cooling 143
—— culture 316
—— propagation 334
mitochondria 336
mixed bud 133
—— cropping 133
—— flower bud 133
—— planting 133
—— pollination 133
mixoploidy 133
mode of inheritance 20
modified leader type training 321
moisture constant 186
—— equivalent 186
—— holding ability 329
—— tension 186
molar concentration 343
molarity 343
molybdenum deficiency 343
monocarpie plant 231
monochromatic light 230
monoecism 159
monoembryony 231
monopodium 228
monsoon 90
morphactins 343
morphogenesis 109
mosaic 343
—— flower bed 343
mother bulb 328
—— corm 328
—— plant 328
—— stock 328
—— tree 328
mother tuber 328

mottled *304*
mound layering *343*
mounding *104*
mulch *333*
—— sod system *150*
mulching *333*
multi flowering *307*
multigerm seed *226*
multispan greenhouse *371*
multiple alleles *306*
—— bud *227*
—— correlation coefficient *161*
—— cropping *227*
—— fruit *222*
—— genes *259*
—— shoot *222*
multiplication *211, 314*
multivariate analysis *226*
mushroom *100*
musk *158*
mutable gene *20*
mutation *269*
mycelium *100*
mycoplasma *331*
mycorrhiza *100*

N

NAA *273*
1-naphthaleneacetic acid *273*
1-naphthy acetic acid *3*
NAR *174*
naringin *273*
native *118*
—— variety *143, 235*
natural crossing *154*
—— enemy *255*
—— flowering *89*
—— form training *154*
—— juice *256*
—— mutation *154*
—— pollination *154*
—— selection *154*
—— system *154*
naturalized plant *87*
navel *319*
—— aperture *162*
—— structure *162*
necrosis *278*
nectar *278*
nectary *335*

negative geotropism *286*
negatively photoblastic seed *10*
neighboring pollination *365*
nematoda *205*
nematode *205*
nerve *356*
nest rosette *373*
net *279*
net assimilation rate *174*
net-cultivation of orchard *280*
netted bench *68*
netting *6*
new leaf *96*
—— scale *184*
—— wood bloom *150*
—— wood bloom inflorescence with leaves *350*
night break *9, 126*
nitrate nitrogen *176*
—— reductase *176*
nitrification *175*
nitrogen deficiency *235*
—— dioxide gas injury *3*
—— metabolism *235*
—— starvation *234*
nitryfying bacteria *175*
node *199*
non-bearing orchard *200, 335*
—— -hardy plant *298*
—— -mealy *280*
—— -reducing sugar *79*
—— -selective herbicide *297*
—— -showy flowered *156*
—— -sulfate fertilizer *363*
—— -symbiotic culture *338*
—— germination *338*
—— -woven fabric *307*
nondestructive internal quality evaluation *298*
—— quality measurement *298*
nondripped *364*
normal cutting *102*
—— distribution *191*
nose *282*
notching *225, 282*
nucellar embryo *169*
—— seedling *169*
nucleic acid *55*
nucleotide *277*
number of days to anthesis *258*

—— of days to flowering *258*
—— of days to ripening *195*
—— of intermittent days *84*
—— of leaves per fruit *352*
nursery bed *272*
—— plant *272*
—— stock *272*
—— test *355*
nutriculture *351*
nutrient absorption ability *94*
—— deficiency symptom *114*
—— element *355*
—— film technique *33*
—— mist *356*
—— solution *286*

O

obsevation box *280*
off-crop season *289*
—— -flavor *40*
—— -season culture *307*
—— -year *26, 308*
offset *223*
offshoot *223*
offspring *126*
—— test *154*
oil gland *350*
—— paper sash *5*
oiling *5*
old flower pollination *372*
—— leaf *96*
—— scale *97*
—— tree *372*
—— wood bloom *150*
oleification *5*
oleocellosis *129*
olericulture *346*
one-season blooming *18*
—— -season flowering *18*
—— sided test *66*
—— -tailed test *66*
onion set *40*
on-year *41, 273*
open centers *372*
—— -center training *48*
—— culture *372*
—— ditch drainage *340*
—— field nursery *372*
—— -head training *48*
—— pollination *154*

opposite [leaf] 221
oppositional factor 362
orangelo 228
orchard heater 40
organ culture 87
―― formation 87
organic acid 348
organoleptic test 85
organogenesis 87
original 116
―― seed 117
ornamental foliage plant[s] 85
―― plant[s] 80
―― trees and shrubs 80
―― woody plants 72, 80
osmosis 183
osmunda 39
outbreeding 48, 153
outcrossing 224
outdoor culture 372
outer perianth 46
out-of-season growing 307
ovary 157
overall application 208
overhead flooding 81
―― flooding resistance 217
―― flooding tolerance 217
―― irrigation 169
―― watering 169, 187
overripening 61
overwintering 32
ovule 284
―― culture 284
own root 151
oxidant 38
oxidation-reduction enzyme 147
―― -reduction potential 12
oxidative phosphorylation 147
oxidoreductase 147
ozone 40

P

packaging 326
packing 242
pad and fan system 292
paddy-upland rotation 256
palisade tissue 49
palmate compound leaf 176

―― fruit 176
palmette training 294
panel test 293
panicle 35
paper chromatography 319
―― pot 319
―― tent 72
―― wick medium 319
―― wick method 319
PAR 121
paraffin 293
parasitic plant 90
parenchyma 49, 161
parenchymatous cell 161
parthenocarpy 227
parthenogenesis 227
partial correlation 321
―― sterility 308
parts per million 299
partly clay pot 222
―― glazed pot 222
pathogenicity 300
PCA 169
PE 329
peat-moss 298
pectin 318
pectinase 203
pedate compound leaf 239
pedicel 175
pedigree 110
―― -mass selection 110
―― selection 110
―― separation 110
peduncle 71, 185
peel 69
―― puffing 26
pelargonidin 319
pelargonin 319
pelleted seed 129
pellicle 156
peonidin 318
peonin 318
perclinical chimera 160
perennial crop 27
―― plant 169
perfect flower 82
perianth 69
pericarp 68, 69
periderm 162
periferal chimera 160
perigone 50
periodic lighting 121

perlite 293
permanent wilting point 27
peroxidase 320
peroxyacetyl nitrate 296
perpetual flowering 150
persistence in soil 264
pesticide 146
―― residue standard 282
pest resistance 221
petal 71
petiole 356
petaloidy 321
phage 289
phase-contrast microscope 17
―― transition 212
phellogen 130
phenol 305
phenotype 300
phloem 156
pheromone 305
phosphate absorption coefficient 366
phospholipid 367
phosphorus deficency 366
phosphorylation 366
photoautotrophism 337
photomorphogenesis 296
photoperiodism 123
photoperiod 276
―― sensitivity phase 79
photoperiodic induction 124
―― reaction 123
―― response 276
―― treatment 276
photophase 80
photophosphorylation 297
photorecepting mechanism 296
photorespiration 296
photosensitivity 79
photosynthesis 121
photosynthetically active radiation 121
phototropism 103
phyllocladium 354
phylloidy 352
phyllotaxis 353
phyllotaxy 353
phylogenetic systematics 111
physical properties of soil 267
physiological disease 200
―― disorder 200

—— flower-bud differentiation 200
—— fruit drop 200
—— injury 200
phytoalexin 304
phytochrome 304
phytohormone 179
phytotoxicity 345
phytotron 304
picotee 306
picking stage 160
pickles 298
pigmentation 236
pinching 252
pinnately compound leaf 26
pioneer species 204
pistil 153
pit 339
—— splitting 56
pithiness 185
pithy tissue 185
pitting 178, 184, 298
place of origin 117
placenta 220
plant community 178
—— growth regulator 178
—— height 102
—— hormone 179
—— patent 178
—— protection law 178
—— quarantine law 178
—— spacing 138
—— vigor 211
planter 290
planting 137, 250, 308
—— density 138
—— distance 138
—— furrow 26
—— pot 25
—— system 138
—— time 251
—— trench 26
plastic film 310
—— film greenhouse 310
—— greenhouse culture 287
—— house 310
—— -tunnel culture 271
plastid 150
plasmalemma 117
plasma membrane 117
plow layer 143
plowing to replace surface soil

with subsoil 255
plumule 352
pod 147
—— setting 113
polarity 97
polarizing microscope 321
pollen 70
—— mother cell 71
—— parent 71
—— sterility 71
—— transmission 71
—— tube 71
pollination 171
pollinium 71
pollinizer 172
poly-carpic plant 227
—— cross 224
polyembryony 226
polyethylene 329
—— film 329
polygene 329
polymeric genes 259
polyphenol 329
—— oxidase 329
polyploid 285, 286
polyploidy 285
polysaccharides 225
polyurethan foam 26
polyvinyl chloride 34
polyxency 226
pomaceous fruits 180
pome fruits 180
pomology 61
pompon type 330
pore space 121
positively photoblastic seed 340
possible duration of sunshine 62
pot 24
—— bound 280
—— culture 290
—— plant 290
—— seedling 329
potassium deficiency 73
potboundness 280
potency 362
potential of free energy 296
—— of hydrogen 296
potherbs 161
potmum 329
potted plant 290

potting 290
preceeding cropping 204
powdered juice 315
precipitation intensity 119
precocious plant 18
precocity 18
precooling 359
precursor 204
pre-germinated seed 135
premature bolting 210
—— seeding 210
preservation 329
preservative 98
preserve 312
prestorage chemicals 241
—— conditioning 359
pretreatment 359
previous condition 208
—— history 208
prickle 261
prolification 245
principal component analysis 169
primary constriction 17
—— dormancy 17
—— root 179
—— scaffold branch 167
—— scaffold limb 167
—— shoot 18
—— tissue 17
primordia 116
primordium 116
private shipping 129
processing method 57
processing suitability 57
productivity 192
progeny 126
—— test 154
proliferation 245
promotion of flowering 45
prophyll 124
prop root 152
protandry 348, 349
protease 231, 312
protected cultivation from rain 6
—— horticulture 154
protocorm 312
protogyny 149, 153
protoplasm 116
protoplast 312
prototype 116

provenance *117*
pruning *206*
pseudobulb *87*
pseudocarp *180*
pseudogamy *90, 170*
pubescence *342*
puffy fruit *102*
pulvinus *355*
pupa *275*
purebred variety *15, 129*
—— flower bud *174*
—— line *174*
—— line separation *174*
—— water *174*
purée *300*
purity *195*
PVC *34*
pycn[i]ospore *318*
pyramid training *35*

Q

quadrat method *129*
qualitative chilling requirement *155*
—— long-day plant *155, 202*
—— low-temeprature requirement *155*
—— short-day plant *155, 202*
quality *301*
quantitative character *155*
—— long-day plant *212, 364*
—— short-day plant *212, 364*
quarantine *115*
quick acting *215*
—— acting fertilizer *215*
—— acting manure *215*
—— freezing *94*
quiescence *97, 226*

R

raceme *211*
rachis *58, 185*
radiation cooling *325*
radiative heating *325*
—— refrigeration *325*
radical leaf *124*
radiative cooling *325*
radicle *353*
radioactivity *325*

radioisotope *360*
radioactive isotope *324*
rainfall intensity *119*
raisedbed *2*
raising [of] seedling *15*
—— [of] seedling with root pruning *229*
—— seedling in highland *127*
—— seedling in kneaded nursery bed *280*
—— seedling on soil block *209*
ramification *313*
random sampling *338*
randomized block design *361*
rate of fertilizer application *203*
ratio of sales to production *177*
ray floret *200*
—— tissue *325*
receptacle *62, 66*
reciprocal action *212*
—— crossing *91, 212*
reciprocal translocation *211*
recombinant DNA technology *19*
recombination of genes *19*
recommended application rate of fertilizer *202*
—— method of fertilizer application *202*
—— rate of fertilizer *202*
recontamination *135*
red earth *1*
—— soils *1*
redifferentiation *140*
redox potential *12*
reduced pressure storage *115*
reducing sugar *79*
reduction division *118*
reefer container *363*
reflorescence *50*
refractometer *103*
refrigeration *369*
—— storage *369*
regeneration *138*
registered seed *117*
registration of variety *303*
regreening *49*
regulation of flowering *45*

reinfection *135*
rejuvenation *375*
—— pruning *124*
rejuvenescence *375*
removal of astringency *156*
—— of astringency with carbon dioxide *229*
—— of astringency with alcohol *8*
—— of astringency with ethanol *227*
—— of astringency with warm water *350*
remote sencing *363*
renovation pruning *124*
replanting *48*
repulsion *212*
reproductive development *195*
—— growth *195*
—— organ *195*
reserve nutrient *242*
—— organ *240*
—— substance *242*
reserve tissue *241*
reserved organ *241*
—— seed *298*
residual effect *147*
resin *168*
resinosis *168*
resistance *249, 341*
—— for submergence *217*
—— to wind damage *222*
—— rootstock *249*
resistered variety *261*
respiration *127*
response group *362*
—— to temperature *76*
—— to cold treatment *248*
rest *155*
resting bud *96*
retardant *213*
retarding culture *358*
revernalization *137, 362*
reverse selection *92*
reversion *205*
Rf value *8*
rhizoid *57*
rhizome *132*
rhizophore *229*
rhizosphere *132*
—— soil *133*
RI *324*

rib 356
ribbon flower bed 320, 363
ribonucleic acid 8, 363
rice-chaff charcoal 343
rice seedling with infected
    Gibberella fujikuori 288
ricy 363
ridge 25
ridging 246
right land 252
rigid polyvinyl chloride film 123
rill erosion 143
rind 69
—— puffing 26
rind-oilspot 128
ringed stem 280
ringing 81
ripeness to flower 61
ripening 124, 260
—— maturity 195
RNA 363
rock garden 373
rock wool 373
rolling bench 373
room temperature storage 174
root apex 133
—— ball 280
—— box 368
—— cap 131
—— cutting 278
—— grafting 278
—— hair 131
—— -knot nematode 278
—— -lesion nematode 278
—— nodule 134
—— pressure 131
—— primordium 132
—— pruning 228
—— pruning prior to transplanting 280
—— rot 278
—— spread 280
—— sucker 297
—— system 131
—— tip 133
—— -to-seed method 329
—— tubercle 134
—— vegetables 133
rooting 291
—— zone 132
rootstock 217, 278

—— over growing scion 217
rosette 372
rotary culture 49
rough bark 215
row 26
runner 361
russent 146

S

saccharification 258
saccharimeter 261
saccharometer 261
salinization 35
salt accumulation 35
—— injury 34, 36
—— tolerance 217
salting 35
salty damage 238
—— injury 238
—— wind damage 239
—— wind injury 239
sand 146
—— culture 143
sandy loam 145
sap inoculation 160
saturation deficit 324
sauce 214
scald 346
scale 367
—— propagation 367
scaly bulb 365
scaly leaf 367
—— rhizome 367
scanning electron microscope 211
scape 56
scent 121
schizopetalous flower 127
scion 328
—— bud 246
—— grafting 31
—— overgrowing rootstock 222
—— root 151
sclerenchyma 120
sclerotia 100
sclerotium 100
scooping 186
scorpioid cyme 129
seal packaging 336
season flowering 89

second season crop 2
secondary corm 119
—— dormancy 275
—— fruit 162
—— scaffold branch 168
—— scaffold limb 167
—— shoot 18
—— tuber 119
—— vine 129
sectorial chimera 104
seed 165
—— and seedling 170
—— and seedling disinfection 171
—— and seedling test 171
—— bulb 163
—— coat 170
—— corm 163
—— disinfection 168
—— farm 137
—— harvesting 135
—— impregnation 226
—— potato 225
—— production 135
—— scar 135
—— stalk formation 237
—— tape 155
—— testing 168
—— transmission 168
—— tuber 225
—— vernalization 168
seeded 337
—— fruit 348
seeder 290
seeding 237, 289
—— assay 355
seedless 337
—— fruit 337
—— test 354
seedling 272
segment 176
segregation 316
selection 207
selective fertilization 205
self-fertilization 149
—— -incompatibility 150
—— -pollination 149
—— -supplied manure 150
—— topping 184
—— -topping of the shoot 149
selfing 153

semi-double 295
semi-forcing 295
semifreestone 295
seminal root 168
semi-permeable membrane 295
senescence 372
—— hormone 372
sensitivity to photoperiod 79
sensory evaluation 85
separation 314
serological classification 114
—— diagnosis 114
—— reaction 114
serpentine layering 290
serration 98
setting 250
—— time 251
severe pruning 97
sex differentiation 199
—— expression 198
—— -linked inheritance 294
—— ratio 198
sexual organ 195
—— propagation 338, 349
—— reproduction 338, 349
shade 301
—— culture 158
—— leaf 22, 357
—— plant 354
—— tolerance 217
—— tree 353
shaded culture 37
shading 301
—— material 159
shallow-rooted 204
shape index 108
—— index of fruit 56
—— of leaves 287
sheath leaf 177
shelf life 225
shell 40
shelter belt 327
—— hedge 327
shield budding 225
shipment 169
shipping 169
—— quality 350
shoot 183, 300
—— apex 109
—— apex culture 110
—— mass 222

—— tip 109
short-day plant 230
—— -day treatment 230
—— -lived seed 232
—— -long-day plant 230
short-styled flower 228
shot berry 337
shoulder 89
shrink-package 172
—— -packing 172
shrinkage 16
shrubby 127
sick soil 20
sickle-shaped cyme 117
side dressing 243
—— -grafting 293
—— shoot 306
sieve tube 156
sigmoid curve 151
significance tests 348
silt 179
simple layering 57
—— leaf 232
—— storage 76
simulation 158
single bud 227
—— cropping 18
—— cross 228
—— grained structure 232
single plant selection 129
—— span 230
—— variety planting 230
sink 181
sinus 113
size of fruit 47
—— sorter 109
sizing 47
skin 69
—— color 63
—— cracking 371
slag 122
slender-spindle training 190
slope planting system 159
slow acting 215
—— release fertilizer 79
sludge cake 40
small fruit 175
smoke injury 34
—— screen method 35
smoking 106
—— treatment 107
snow covering load 82

—— damage 201
—— resistance 221
sod culture system 211
—— -mulch system 212
soft polyvinyl chloride 273
softening 273
softwood cutting 365
—— grafting 365
—— greenwood 364
soil acidity 264
—— aeration 266
—— air 262
—— air heat exchange [system] 234
—— application 266
—— base 262
—— bed 155
—— block 209
—— block rasing seedling 209
—— -borne 266
—— classification 267
—— color 268
—— color chart 268
—— colloid 263
—— conditioner 262
—— conservation 267
—— covering 306
—— culture 261
—— diagnosis 265
—— disinfection 264
—— dressing 92
—— erosion 265
—— fertility 242
—— fumigant 263
—— fungistasis 266
—— hardness 263
—— horizon 269
—— layer 269
—— loss 268
—— management 262
—— microbe 266
—— microorganism 266
—— mix 284
—— moisture 265
—— phase 262
—— preparation 196
—— productivity 242
—— series 266
—— sickness 20
—— solution 268
—— sterilization 264

—— test 263
—— texture 268
—— type 262
—— warming 234
—— water 265
soilless culture 351
sol 215
solar radiation 275
solid-acid ratio 85
—— culture 362
—— matter 128
—— phase 129
solitary inflorescence 230
soluble solids 73
—— solid-acid ratio 85
—— powder 186
solution culture 351
solvent wax 215
somatometry 195
source 181
sowing 289
—— method 290
spacing drill 256
span-roof greenhouse 364
spathe 308
specific electric conductivity 298
—— conductance 298
—— gravity 184
species 65
—— hybrid 163
spectrophotometer 314
spectrum 189
speed sprayer 187
sphagnum moss 334
spice crop 124
spider flowered type 102
spike 63
spindle 326
—— -bush training 188
spindly growth 269
spine 261
spiral phyllotaxis 360
spiroscalate phyllotaxis 360
split-pit 56
splitting 314
spongy tissue 49
spontaneous land 153
—— mutation 154
spore 324
spray 147
—— irrigation 147

—— type 189
sprayer 315
spreader 255
spring cropping 294
—— planting 294
—— planting bulb 294
—— seeding 294
—— shoot 294
—— sowing 294
sprinkler 188
—— control 189
sprout seeding 135, 340
sprouting 323
spur 228, 238
—— group 175
—— type 187
stable manure 219
stake 154
stalk cavity 119
stamen 349
staminate catkin 348
staminodium 72
standard 91
—— application rate of fertilizer 202
—— deviation 300
starch 257
starter 187
static-pressure air-cooling 135
steam heating 175
—— sterilization 175
stem 185
—— absorbing root 108
—— pitting 187
—— vegetables 108
sterile culture 338
sterility 281
steroid 187
steroscopic microscope 155
sticker 255
stigma 237
stimulative parthenocarpy 225
stipule 223
stock 110, 217
—— plant 328
stolon 187
stoma 89
stomata 89
stone 54
—— cell 201

—— fruits 55
—— hardening stage 120
—— wall culture 16
stool-layering 343
stopping 252
storability 241
storage 329
—— by heat insulation 327
—— condition 241
—— disease 241
—— disorder 240
—— organ 241
—— quality 241
—— room 240
—— root 240
—— tissue 241
straight line training 18
—— test 183
strain 110
stratification 212
straw mulching system 151
stress 187
style 66
stylar scar 292
subculture 26
suberization 130
subgynoecious 305
subirrigation 233, 234
submergence 81
subsoil 65, 183
subspecies 2
subterranean stem 233
—— heat 155, 235
subtropical fruit tree 279
suburban gardening 100
succeeding cropping 4
successful union 67
succession 203
successive continuous cropping 371
succulent growth 269
—— plant 225
—— shoot 269
—— sprout 269
sucker 94
suckering 70
sucrose 179
sugar-acid ratio 85
—— glazing 258
sulfate fertilizer 363
sulfur deficiency 13
—— dioxide gas injury 8

sulfuring 13
summer annual 294
　—— crop 2
　—— cropping 294
　—— -cycle growth 272
　—— flowering chrysanthe-
　　　mum 272
　—— pruning 54
　—— shoot 294
sun drying 257
　—— leaf 357
　—— plant 354
　—— tree 353
sunburn 299
sunscald 299
supercooling 74
superficial root 26
supplement application 243
supplemental lighting 328
supplementary planting 329
support pole 154
surface irrigation 235
surface soil 300
susceptibility 341
suture 324
sympodial 58
sympodium 228
synergism 211
synergist 97
synonym 155
systemic disease 205
　—— insecticide 183
synthetic auxin 124
synthetic fertilizer 65
syringe 179
syringing 179

T

t-test 249
table of orthogonal arrays 240
　—— ripe 252
　—— variety 195
take 67
tamazukuri 226
tangelo 228
Tanginbohzu 228
tangor 228
tannin 230
tap root 165, 240
　—— root vegetables 240
tartaric acid 169

tartness 148
tasty substances 251
T-budding 250
temperate 42
temparature and humidity
　　gradient 42
　—— control 43
　—— range 43
temporary planting 63
tender plant 298
tendril 331
tensiometer 254
tentative storage 73
terminal 239
　—— bud 237
　—— flower 239
　—— fruit 239
terrace 254
　—— field 49
terrestrial 234
　—— stem 233
tertiary vine 332
test of hypothesis 65
　—— tube fertilization 151
testa 170
tested seed 118
tetrad 156
texture 275
thallophyte 354
thawing 49
the seeds and seedling law
　　171
thermal conductivity 279
thermocouple 279
thermo-junction 279
thermonegative 146
thermopositive 146
thermosensitivity 76
thermotherapy 279
thick seeding 4
thickening root 298
thigmomorphogenesis 202
thigmotropism 202
thin layer chromatography
　　280
　—— sowing 4
thinning 85, 332
　—— -out tree 333
thorn 261
three phases distribution 148
　—— phases of soil 263
　—— -quarter greenhouse

　　156, 190
　—— way cross 147
threshold value 150
TIBA 271
tight-skin character 100
tile drainage 9
tillage 119
　—— by rotary 373
tiller 314
tillering 314
time-temperature-tolerance
　　251
timing 222
tip burn 235
　—— layering 143
tissue culture 214
tongue grafting 154
top cutting 254
　—— dressing 37, 243, 270
　—— dressing after harvest
　　369
　—— -grafting 223
　—— -root ratio 248
　—— -working 223
topping 252
topple 103
total sugar-acid ratio 261
toxicity 261
trace element 301
tracer 271
tracheid 258
training 192, 348
trallis training 226
tramping [the soil] 242
transitory bud 236
translocation 257
transmissivity 258
transmittance 258
transpiration 175
transplanting 17
transverse breaks of the
　　upper portion of the scape
　　103
tree age 172
　—— canopy 163
　—— crown 163
　—— fern 319
　—— figure 165
　—— form 165
　—— nuts 116
　—— performance 165
　—— shape 165

—— thinning 85
—— vigor *169*
trellis *61*
—— training 225
trench method 147
trencher 271
trichome *342*
triple cross 147
trifoliate 147
2, 3, 5-triiodobenzoic acid 271
tropical fruit tree *279*
tropism *97*
truck gardening *350*
true bred variety *129*
—— fruit *180*
—— leaf *174*
trumpet *305*
trunk *163*
—— circumference 80
—— diameter 79
—— girth 80
trusted seed production 17
tuber *47*
tuberous root *47*
—— root vegetables 48
tubular floret *260*
tunica *44*
turbidity 289
turgor pressure *323*
turning 98
twin 308
two crop system 277
—— -sided test 364
—— -tailed test 364
tyhoon damage 222
tying 348
type of cropping *143*

U

ultramicroscope 115
ultraviolet rays 149
umbel 147
unclarified juice 133
under growth *154*
underdrainage 9
unglazed pot 190
uniformity of fruit 226
unisexual catkin 348
—— flower 82
unit heater 350
univalent chromosome 18

unripe seed 375
unseasonable blooming *105*
—— bolting 307
—— flowering *105*
—— reflorescence *105*
unusual defoliation *17*
—— leaf fall *17*
upright-terminal fruit 256

V

vacuole *29*
vacuum cooling 181
—— dehydration *180*
—— freeze drying *180*
—— infiltration *180*
—— package 181
—— packing 181
value 340
vapor method 98
—— phase 90
variation *320*
variety *302*
variegated *304*
variegation *158*
variety for processing 57
vascular blockage *14*
—— browning *187*
—— bundle *13*
—— disease 14
vase life 293, 299
vegetable 346
—— crop science *346*
—— gardening *346*
—— sprout 246
vegetation *178*
vegetative branch *291*
—— cone 197
—— embryo *338*
—— growth *196*
—— hybrid 28
—— propagation 28
—— shoot *291*
vein 356
Venlo-type greenhouse 305
ventilation 78
véraison 320, 335
vermiculite 293
vernalization *173*
vertical wound 225
verticillate 367
very early 128

vesicle 145, 176
vessel 258
—— disease *259*
vexillum *91*
vibrating impact 183
vigolating rootstock 97
vine *246*
—— without pole *338*
vinyl mulch 298
viroid 24
virus 23
—— disease 23
—— -free clone 24
—— -free stock 24
visible light 58
—— rays 58
viviparity 329
volatile compound 90
volatiles 90

W

Wagner pot *375*
warm-air heater 43
—— -air heating 43
—— bath method 43
—— region horticulture 230
wart 20
washer 204
water core 335
—— culture *334*
—— deficit 186
—— erosion 186
—— holding ability 329
—— permeability 260
—— pore 185
—— retentivity 329
—— saturation deficit 327
—— shoot 269
—— soaking 186
—— sprout 269
—— -stable aggregate 221
—— stress 186
—— -tolerant aggregate 221
—— transmission *186*
—— tube mulch 186
—— vapor pressure saturation deficit 185
watering 78
wax coating 375
waxing 375
waxy substance 372

weed killer *179*
weeping *154*
—— branch *64*
—— shoot *64*
weight loss *341*
wet-cold storage *155*
—— injury *154*
wettable powder *186*
wetting agent *255*
whip grafting *154*
—— tail *321*
whitewash *329*
whorl of branches *105*
whorled *367*
wide breeding *99*
—— cross *99*
—— crossed species *258*
wild species *346*
wind abrasion fruit *304*
—— damage *304*
—— erosion *305*

—— injury *304*
—— selection *305*
—— tolerance *222*
windbreak *327*
—— forest *327*
—— hedge *327*
windbreaking *327*
wine *308*
wing *91*
winnowing *305*
winter cropping *294*
—— flowering *308*
—— pruning *259*
—— sucker *260*
wood part *342*
wound hormone *350*

X

xanthophyll *90*
xenia *90*

xerophyte *82*
X-shaped training *30*
xylem *342*

Y

year-round culture *161*
yellow ripe *37*
yield components *162*
—— forecast *162*
—— prediction *162*
young fruit *352*
—— plant test *354*
—— tree *356*

Z

zeatin *191*
zinc deficiency *1*
zoospore *349*
zygote *202*

園 芸 事 典 (新装版)　　　　　定価はカバーに表示

1989 年 4 月 20 日　初　版第 1 刷
2001 年 9 月 20 日　　　　第 7 刷
2007 年 12 月 10 日　新装版第 1 刷
2012 年 3 月 25 日　　　　第 3 刷

編者　松　本　正　雄
　　　大　垣　智　昭
　　　大　川　　　清

発行者　朝　倉　邦　造

発行所　株式会社 朝倉書店
　　　　東京都新宿区新小川町 6-29
　　　　郵便番号　162-8707
　　　　電話　03(3260)0141
　　　　FAX　03(3260)0180
　　　　http://www.asakura.co.jp

〈検印省略〉

© 1989〈無断複写・転載を禁ず〉　　　中央印刷・渡辺製本

ISBN 978-4-254-41031-0　C 3561　　Printed in Japan

JCOPY〈(社)出版者著作権管理機構 委託出版物〉

本書の無断複写は著作権法上での例外を除き禁じられています．複写される場合は，そのつど事前に，(社)出版者著作権管理機構（電話 03-3513-6969, FAX 03-3513-6979, e-mail: info@jcopy.or.jp）の許諾を得てください．

好評の事典・辞典・ハンドブック

火山の事典（第2版） 　下鶴大輔ほか 編　B5判 592頁

津波の事典 　首藤伸夫ほか 編　A5判 368頁

気象ハンドブック（第3版） 　新田 尚ほか 編　B5判 1032頁

恐竜イラスト百科事典 　小畠郁生 監訳　A4判 260頁

古生物学事典（第2版） 　日本古生物学会 編　B5判 584頁

地理情報技術ハンドブック 　高阪宏行 著　A5判 512頁

地理情報科学事典 　地理情報システム学会 編　A5判 548頁

微生物の事典 　渡邉 信ほか 編　B5判 752頁

植物の百科事典 　石井龍一ほか 編　B5判 560頁

生物の事典 　石原勝敏ほか 編　B5判 560頁

環境緑化の事典 　日本緑化工学会 編　B5判 496頁

環境化学の事典 　指宿堯嗣ほか 編　A5判 468頁

野生動物保護の事典 　野生生物保護学会 編　B5判 792頁

昆虫学大事典 　三橋 淳 編　B5判 1220頁

植物栄養・肥料の事典 　植物栄養・肥料の事典編集委員会 編　A5判 720頁

農芸化学の事典 　鈴木昭憲ほか 編　B5判 904頁

木の大百科 ［解説編］・［写真編］ 　平井信二 著　B5判 1208頁

果実の事典 　杉浦 明ほか 編　A5判 636頁

きのこハンドブック 　衣川堅二郎ほか 編　A5判 472頁

森林の百科 　鈴木和夫ほか 編　A5判 756頁

水産大百科事典 　水産総合研究センター 編　B5判 808頁

価格・概要等は小社ホームページをご覧ください．